SV

Hans Peter Duerr
Der Mythos vom
Zivilisationsprozeß

Band 3

Hans Peter Duerr
Obszönität und Gewalt

Suhrkamp Verlag

Dem Andenken von
George Devereux

Zweite Auflage 1993
© Suhrkamp Verlag Frankfurt am Main 1993
Alle Rechte vorbehalten
Satz und Druck: MZ-Verlagsdruckerei GmbH, Memmingen
Printed in Germany

»Wenn er eine Rezension verfertigt,
habe ich mir sagen lassen, soll er allemal
die heftigsten Erektionen haben.«

Georg Christoph Lichtenberg

Inhalt

Einleitung 9
§ 1 »Mit den Waffen einer Frau« 33
§ 2 Die aggressive Entblößung der Brüste 47
§ 3 Die Frau auf der Barrikade 54
§ 4 Die versöhnende Entblößung der Brüste 72
§ 5 Die Vulva als Schreckmittel 82
§ 6 Das Lachen der Götter 91
§ 7 Die Entblößung der Vulva als Beleidigung 105
§ 8 Die Macht der Frauen 120
§ 9 Die Frau als Vergewaltigerin 134
§ 10 »Leck mich am Arsch!« 148
§ 11 Der bedrohliche Phallus 158
§ 12 Penisfutterale und das Problem der öffentlichen Erektion 172
§ 13 Der Hosenlatz und die Schamkapsel 193
§ 14 Die Wurzeln der Männlichkeit 211
§ 15 Rammbock und Festungstor 220
§ 16 Das »Ficken« von Feinden und Rivalen 242
§ 17 Die homosexuelle Vergewaltigung 259
§ 18 Die Kastration des Mannes als Unterwerfung ... 274
§ 19 Die sexuelle Verstümmelung der Frau als Entehrung 284
§ 20 Die Entblößung als Demütigung 296
§ 21 Im Vorhof der Hölle 309
§ 22 Die sexuelle Belästigung von Frauen im Mittelalter und in der frühen Neuzeit 319
§ 23 Das ›Betatschen‹ und ›Begrapschen‹ von Frauen in späterer Zeit und heute 333
§ 24 Der Griff des Mannes an die Brüste der Frau 343
§ 25 Der Griff der Frau an den Penis oder »Huy fotz, friss den Mann!« 354
§ 26 Die Vergewaltigung von Frauen im Mittelalter und in der frühen Neuzeit 363

§ 27 »Schreiender mund und nasse füd« 373
§ 28 Die Täter und ihre Strafe 382
§ 29 Kriegsvergewaltigungen und die »Truppe der
 Samennehmerinnen« 391
§ 30 Notzucht und Zivilisationsprozeß 408
§ 31 »Nix Jüdin, du Frau!« 413
§ 32 Die Vergewaltigung als Entwürdigung 428
§ 33 Die Lust des Täters und die Lust des Opfers 438
§ 34 Der Widerspenstigen Zähmung 452

Anmerkungen 461
Bibliographie 659
Register 731

Einleitung

Als gegen Ende des 16. Jahrhunderts ein Autor feststellte, daß »the people which inhabited in old time the countrie where we dwell now, were as rude and uncivill three thousand years agoe, as are Savages that have lately been discovered by the Spaniards and Portingales«,[1] formulierte er damit eine Ansicht, die bis zum heutigen Tage das Selbstverständnis des ›westlichen‹ Menschen geprägt hat. Sich auf Grund einer vermeintlich höheren ›Zivilisiertheit‹ anderen Gesellschaften überlegen zu fühlen, ist natürlich nicht spezifisch ›westlich‹ oder ›europäisch‹. Was die Europäer indessen auszeichnete, war die Tatsache, daß sie in viel ausgeprägterer Weise als die Menschen in anderen Weltgegenden aus ihrer ›Überlegenheit‹ die Legitimation, ja die Pflicht ableiteten, die ›Kulturlosen‹ zu ›kultivieren‹, wenn nötig mit Feuer und Schwert. So verlautete etwa im Jahre 1606 der englische König in den anläßlich der Kolonisierung von Virginia ausgegebenen Freibriefen, daß »die Ungläubigen und Wilden, die jene Landesteile bevölkern, zur rechten Zeit der menschlichen Zivilisation und einer gefestigten und friedlichen Ordnung« zugeführt werden sollen, da es jeden Menschen auf Gottes Erde, wie es drei Jahre später in einem Traktat heißt, »nach der zivilisierten Gesellschaft« verlange. Habe man dies erkannt, »dann ist es eines jeden Pflicht, über Meer und Land zu reisen und seine Person oder sein Vermögen dafür einzusetzen, daß die barbarischen Wilden einem zivilisierten und christlichen Regiment zugeführt werden, unter dem sie lernen sollen, wie man ein frommes, gerechtes und sittsames Dasein in dieser Welt führt«.[2]

Zwei Jahrhunderte später hatte sich an dieser Einstellung nichts Wesentliches geändert, es sei denn, daß jetzt, im 19. Jahrhundert, akzentuiert wurde, die Zivilisierung wilder und barbarischer Gesellschaften sei keine Frage des Wollens oder Nichtwollens, da im ›Prozeß der Zivilisation‹ ein ehernes Gesetz der Evolution zum Ausdruck komme, dem sich niemand widersetzen könne. So verlautet z.B. im Jahre 1852 die *Allgemeine Auswanderungs-Zeitung*: »So sehr der Menschenfreund auch das traurige Schicksal der rothen Söhne der Wälder beklagen muß, so ist dasselbe nichts desto weniger eine Folge des Entwicklungsgesetzes der Menschheit. Vor der Cultur muß die rohe Gewalt weichen; die Cultur, welche den mit Stahl bekleideten Feudalherrn des Mittelalters entweder in ihren Schoß aufnahm oder von dem Erdboden verschwinden ließ, wird und muß entweder den Indianer civilisieren oder ihn zu vertilgen suchen.«[3]

Wer sich nicht zu seinem eigenen Vorteil ›belehren‹ ließ, wer die ›Europäisierung‹ seiner Kultur nicht hinnahm, der wurde »vertilgt«, eine Alternative, mit der heute, im ›nachkolonialistischen‹ Zeitalter, vor allem die ›Dritte Welt‹ die ›Vierte Welt‹, also die der sogenannten ›Stammesgesellschaften‹, konfrontiert. War vor einem halben Jahrtausend die Devise der Portugiesen das »amāsar e apaceficar«,[4] so legitimiert im ausgehenden 20. Jahrhundert – um nur ein Beispiel zu nennen – die indonesische Regierung die völkerrechtswidrige Besetzung und Unterwerfung des westlichen Teils von Neuguinea damit, daß es ihr ja darum gehe, die in zahlreiche und völlig unterschiedliche Ethnien zersplitterten Primitiven zu »befrieden« und zu »zivilisieren«.[5]

All diesen kolonialistischen und imperialistischen Programmen liegt also die Überzeugung zugrunde, daß die fremden Gesellschaften, die man sich anschickt zu unterjochen und auszubeuten, *primitive* Gesellschaften sind, deren Mitglieder häufig mit Kindern verglichen werden, da sie ähnlich wie diese nur auf unvollkommene Weise ihre Affekte, Emotionen und Aggressionen zu zügeln verstehen. Und wie die Erwachsenen die Aufgabe haben, die Kinder zu anständigen und gesitteten Menschen heranzuziehen, haben die zivilisierten Nationen nicht nur ein ›Naturrecht‹, sondern die moralische Pflicht, den Unzivilisierten die frohe Botschaft der Zivilisation zu unterbreiten und die Uneinsichtigen zu bestrafen.

In der Vergangenheit haben immer wieder Wissenschaftler verschiedenster Provenienz dazu beigetragen, solche Ansichten von den ›kulturärmeren‹ und relativ unzivilisierten ›Kindern der Natur‹ zu vertiefen, und in der Gegenwart ist es vor allem Norbert Elias gewesen, der für die zweite Jahrhunderthälfte vielleicht einflußreichste und anregendste Soziologe, der mit seiner ›Zivilisationstheorie‹ das althergebrachte Bild von den ›triebungehemmteren‹ Menschen in vergangenen und fremden Gesellschaften gleichsam theoretisch abgesegnet hat. Denn auch für Elias bilden die »strengere Regelung«, die Zivilisierung des Verhaltens und der Affekte »für die kolonisierenden Europäer wichtige Instrumente ihrer Überlegenheit über andere«, und er stellt fest, daß es »nicht wenig bezeichnend für den Aufbau der abendländischen Gesellschaft« sei, »daß die Parole ihrer Kolonisationsbewegungen ›Zivilisation‹ heißt«. Denn in der Tat verlange »die Einbeziehung der anderen Völker in das arbeitsteilige Geflecht der eigenen« die Kultivierung dieser Menschen, »es erfordert wirklich eine Zivilisation der unterworfenen Völker«.[6]
Kein Punkt meiner bisherigen Kritik an der Eliasschen ›Zivilisationstheorie‹ hat eine vergleichbare Empörung unter den gelehrten Damen und Herren ausgelöst wie die angebliche »Unterstellung« einer papierenen Komplizenschaft des Meisters mit den Theoretikern des Kolonialismus. Schon Elias selber hat mir vorgeworfen, ich wolle ihn »ins Unrecht setzen und öffentlich beschämen«, indem ich ihn als »potentiellen Kolonialisten« an den Pranger stelle, und dem gegenüber geltend gemacht, daß ihm »die Vorstellung einer naturnotwendigen Entwicklung« völlig fremd sei,[7] eine etwas seltsame Argumentation, wenn man bedenkt, daß es hier ja überhaupt nicht darum geht, ob Elias einen ›sozialen Determinismus‹ vertreten hat oder nicht. Ein anderer Kritiker konstatiert lakonisch, meine »zentrale Fehlleistung« sei es gewesen, »Elias' Argument in die Nähe einer Rechtfertigung kolonialer Ausbeutung zu rücken«,[8] allerdings ohne zu begründen, *warum* dies eine »Fehlleistung« gewesen sei; und schließlich meint

ein dritter Kritiker, der die Empfindung hat, mein »Anliegen« sei »politischer Natur«: »In der von Elias und anderen vertretenen Zivilisationstheorie, so glaubt (Duerr), sei die Grundlage einer imperialistisch-kolonialistischen Ideologie geliefert worden, was es zu entlarven gelte.« Dagegen hält er fest, das Eliassche Werk enthalte »keine erkennbare Wertung« des Prozesses der Zivilisation, »etwa in dem Sinne, daß eine Überlegenheit des ›zivilisierten‹ Menschen über die ›Wilden‹ behauptet würde«.[9]
Hätte der Kritiker sich die Theorie, die er verteidigt, etwas näher angesehen, wäre ihm vermutlich nicht verborgen geblieben, welchen Wert Elias auf die Feststellung legt, daß die fortgeschrittene Zivilisierung ihrer animalischen Natur den »kolonisierenden Europäern« erst »ihre Überlegenheit über andere« Gesellschaften garantiert habe[10] und daß es eben diese Kultivierung der Triebe und Affekte sei, die den kolonisierten Völkern abgehe: »Diese Zivilisation ist das unterscheidende und Überlegenheit gebende Kennzeichen der Okzidentalen.«[11]
Selbstverständlich hat Elias keine expliziten Werturteile gefällt oder gar verkündet: »Gehet hin und macht euch die fremden Völker untertan!« Was ihn und seine Anhänger in die Nähe der Kolonialideologen rückt, ist vielmehr die Tatsache, daß sie die Überlegenheit der westlichen Gesellschaften gegenüber anderen nicht nur als eine technisch-militärische, *sondern als eine Überlegenheit in der Modellierung der Triebstruktur* sehen. Ohne terminologische Kosmetik ausgedrückt, heißt dies, daß der Okzident die übrige Welt unterwerfen und ausbeuten *konnte, weil er die höhere Zivilisation besitzt.*
Zahlreiche Kritiker – und nicht zuletzt Elias selber – haben mir unterstellt, daß ich diese Theorie der Zivilisation aus moralischen und politischen Gründen in Frage gestellt habe, und zwar just in einem Augenblick, in dem der Zeitgeist mir mit einer steifen Brise in den Rücken blase. In der Tat ist die Stunde, in der vor allem in Deutschland viele Intellektuelle die Wunden lecken, die ihnen Imperialismus, Rassismus und

›Eurozentrismus‹ geschlagen haben, günstiger für eine solche Kritik denn je. Mein ›Argument‹ gegen die Eliassche ›Zivilisationstheorie‹ ist aber kein *moralisches*. Mir geht es vielmehr darum, die Behauptung, ›westlichen‹ Menschen sei innerhalb der letzten fünfhundert Jahre das, was Nietzsche »die Tierzähmung des Menschen« genannt hat, wesentlich besser gelungen als den Orientalen, den Afrikanern oder Indianern, als *falsch* aufzuweisen.

Deshalb ist es auch ohne Sinn, mir vorzuhalten, »die globale Vorherrschaft Europas (incl. Nordamerikas)« sei keine »imperialistische Ideologie, sondern eine Tatsache und zu einem Teil der akzeptierten Identität nicht-europäischer Völker geworden«. So würden z. B. »Geschäfte gemacht mit dem Verkauf gebrauchter Kleidungsstücke von Europa nach Afrika – eben weil sich die dortigen Kleidungsgewohnheiten an die europäisch-amerikanischen anpassen, und dies« sei »doch wohl ein Indiz für die Ausbreitung der zugehörigen Verhaltensstandards«.[12]

Selbstverständlich stelle ich nicht in Abrede, daß die ›westlichen‹ Verhaltensstandarde sich fast über die ganze Welt verbreitet haben, daß dem Siegeszug der Kolonialmächte der weitgehend erfolgreiche Versuch einer ›Europäisierung‹ der ›Mentalitäten‹ auf dem Fuße folgte. Das Problem besteht indessen darin, ob und mit welchem Recht man sagen kann, daß unsere Verhaltens- und Affektstandarde, die in den Gesellschaften der Besiegten »eingeführt« wurden, im Sinne von Elias *zivilisiertere Standarde* sind.

Fast zynisch mutet es in diesem Zusammenhang an, wenn Schröter, ohne mit der Wimper zu zucken, geltend macht, daß unsere »gebrauchten Kleider«, die heute von den Afrikanern getragen werden, doch ein Teil ihrer »akzeptierten Identität« geworden seien. Damit wird der Eindruck erweckt, als hätten gleichsam in einem freien Wettbewerb der Verhaltensstandarde diejenigen des Westens über die der Unterworfenen und Gedemütigten triumphiert, als hätten die kolonisierten Völker die »globale Vorherrschaft« der euroamerikanischen

Standarde dankbar »akzeptiert«, weil diese den eigenen objektiv überlegen waren!
»Sie haben zu nichts weniger Lust«, stellte demgegenüber bereits im 18. Jahrhundert ein Streiter Gottes über die Delawaren und Irokesen fest, »als ihre Lebensart mit der europäischen zu vertauschen. So wenig der Fisch zur Lebensart des Vogels sich paßt, und nach Gottes Absicht passen soll: ebensowenig, sagen sie, würde es sich schicken, wenn die Indianer europäisch leben wollten.«[13] Im umgekehrten Falle hätten indessen die von den Indianern gefangenen Weißen – und dies sollte im darauffolgenden Jahrhundert immer wieder bestätigt werden – an der Lebensform und den Verhaltensweisen der Rothäute durchaus Gefallen gefunden: »Viele derselben finden mit der Zeit die Indianische Lebensart so angenehm, daß sie bey der Auslieferung der Gefangenen, nicht wieder zu den ihrigen zurückkehren wollten.«[14] Als sich beispielsweise einer gewissen Mary Jemison, die im Jahre 1758 als junges Mädchen von Indianern verschleppt worden war, kurze Zeit später die Gelegenheit bot, in die Welt der Weißen zurückzukehren, lehnte sie dies ab und lebte noch 75 Jahre lang bis zu ihrem Tod bei den Seneca. Was ihr an den ›Wilden‹ im Gegensatz zu den Europäern so gut gefiel, war in gewisser Hinsicht die ›Zivilisiertheit‹ der Indianer, und im Jahre 1823 diktierte sie als steinalte Frau ihrem Biographen James Seaver: »Sie waren mäßig in ihren Wünschen, zurückhaltend in ihren Gefühlen und ehrlich und ehrenwert im Ausdruck ihrer Gefühle jedem Thema gegenüber, das wichtig war.«[15]
Ich zitiere diese Urteile nicht, um den Mythos vom Edlen Wilden oder das romantische Bild des besseren Lebens in ›traditionellen‹ Gesellschaften aufzufrischen, sondern um zu illustrieren, daß die europäischen Verhaltensstandarde nicht einfach als wünschenswert erkannt und »akzeptiert«, sondern auf die eine oder andere Weise *aufgezwungen* oder erst dann »freiwillig« übernommen wurden, wenn die betreffende Kultur vorher ›weichgeklopft‹ worden war.[16] »Zweifellos«, so Schröter, »bringt die ›abendländische‹ Form der Zivilisation

einen Selektionsvorteil im Konkurrenzkampf der Völker mit sich.«[17] Wir sind also wieder bei der Feststellung unseres Autors der *Allgemeinen Auswanderungs-Zeitung* vom Jahre 1852 angelangt, der etwas unverblümter seinen Lesern deutlich gemacht hatte, daß den »rothen Söhnen der Wälder« ihre »Selektionsnachteile« zum Verhängnis würden und ihnen nur die Wahl zwischen der »Civilisation« und dem »Vertilgtwerden« bleibe. Allerdings sollte jedem, der den Grad der »Zivilisiertheit« oder der »Kultivierung« einer Gesellschaft vorrangig daran bemißt, wieweit es ihr gelingt, erfolgreich andere menschliche Lebensformen niederzumachen und auszumerzen, wissen, daß er sich mit einer solchen Argumentation nicht nur in die Nachbarschaft des Kolonialismus begibt.[18]
Als ich vor einigen Jahren dem Gesamtprojekt dieses Buches den Titel *Der Mythos vom Zivilisationsprozeß* gegeben habe, war mir noch nicht deutlich, wie zutreffend in diesem Zusammenhang das Wort vom »Mythos« sein sollte, ist es doch für diejenigen, durch die ein Mythos lebt und die ihn aufrechterhalten, kennzeichnend, daß sie zum einen meist namenlos bleiben und daß sie zum anderen immer wieder dasselbe erzählen. Denn auffällig ist, daß seit dem Erscheinen des zweiten Bandes dieses Buches die Kritiker und Rezensenten es immer häufiger vorziehen, anonym zu bleiben, vermutlich aus Bescheidenheit, um allein die Argumente wirken zu lassen, und daß sie, wohl um dem Leser diese Argumente einzuprägen, sich ohne Unterlaß wiederholen.
Da die Mehrzahl der deutschsprachigen Intellektuellen sich einer ungemein komplizierten Sprache bedient und dadurch den Eindruck erweckt, mühelos die komplexesten Zusammenhänge durchschauen zu können, erstaunt es sehr, daß sie oft große Schwierigkeiten hat, ganz einfache Sachverhalte zu verstehen. So sind die meisten Kritiker offenbar nicht in der Lage, trotz meiner gemeinverständlichen Ausführungen zu diesem Thema,[19] zwischen der These der *Universalität* der Körperscham und der Behauptung, die Körperscham sei *angeboren*, zu unterscheiden, und deshalb fahren sie fort, mir

ad nauseam die Behauptung zu unterstellen, die Scham sei in der menschlichen »Natur genetisch codiert«,[20] nachdem bereits Elias selber mit der rhetorischen Frage aufgewartet hatte, ob ich denn behaupten wolle, daß bereits ein neugeborenes Kind sich schäme.[21]

Ich habe freilich an keiner Stelle behauptet, daß die Körperscham ›angeboren‹ sei,[22] vielmehr, daß ihre Universalität sich aus ihrer Funktion für *jede* bekannte Form menschlicher Gesellung erkläre:[23] Begreift man die körperliche Scham in erster Linie als Restriktion der Aussendung sexueller Reize, so liegt es nahe, anzunehmen, daß die Funktion einer solchen ›Privatisierung‹ darin besteht, exklusive Partnerbindungen zu verstärken[24] und zu fördern und gleichzeitig soziale Spannungen, die sich vor allem bei Primaten mit ›verwischten‹ Brunftzeiten aus einer schrankenlosen ›Veröffentlichung von Sexualität‹ ergeben würden, namentlich Rivalitäten unter den potentiellen Sexualpartnern, zu reduzieren.[25]

Elias sieht diese ›positive‹, partnerschaftsstabilisierende Funktion der körperlichen Scham, die für die menschliche Gesellschaft, wie wir sie aus Gegenwart und Vergangenheit kennen, *konstitutiv* ist, nicht, da er diese Scham lediglich als »eine Angst vor der sozialen Degradierung, oder, allgemeiner gesagt, vor den Überlegenheitsgesten Anderer« ansieht.[26] Für ihn ist die Scham im Grunde eine Frage der Machtausübung: Wer die Macht hat, schämt sich nicht vor den Machtlosen. In dem Maße, in welchem eine Person einer anderen unterlegen oder ausgeliefert ist, schämt sie sich in den entsprechenden Situationen vor ihr, und folgerichtig muß im »Prozeß der Zivilisation« mit der Verlängerung der menschlichen »Interdependenzketten« auch die Scham zunehmen, allerdings nur unter der fragwürdigen Eliasschen Voraussetzung, daß die durch die Arbeitsteilung bedingten »Interdependenzen« als *Machtbeziehungen* begriffen werden, worauf ich gleich eingehen werde. Eine *allgemeine* Körperscham ist nach Elias das Produkt der neuzeitlichen und vor allem der modernen Gesellschaft; erst »wenn die funktionelle Abhängigkeit aller von allen noch stärker wird und alle Menschen in der Gesellschaft sozial um einige Stufen gleichwertiger, dann erst wird allmählich eine solche Entblößung außerhalb bestimmter, enger Enklaven in Gegenwart jedes anderen Menschen zu einem Verstoß«. In den Zeiten davor habe sich dagegen der Höher- vor dem Niedrigerstehenden, etwa der Mann vor der Frau, nicht oder kaum geschämt, ja, die Entblößung konnte sogar, »wie della Casa es« im 16. Jahrhundert »ausdrückt, als ein Zeichen des Wohlwollens für den Niedrigerstehenden gelten«.[27]

Ich bestreite nun keineswegs, daß Macht- und Herrschaftsbeziehungen in gewissen Situationen die Gefühle der Körperscham *beeinflussen* können,[28] aber ich halte es zum einen für völlig verfehlt, die Körperscham *als solche* als ein Angstgefühl des Unterlegenen gegenüber einem sozial Höherrangigen zu bezeichnen oder die Körperscham als einen Sonderfall jener Art von Scham zu sehen, die man empfindet, wenn man bestimmten gesellschaftlichen Normen nicht genügt oder gegen sie verstoßen hat. Es mag bisweilen durchaus so sein, daß ein Subalterner, der von einem Höherrangigen nackt gesehen wird, intensivere Scham empfindet, als wenn es sich um einen Gleichrangigen oder einen unter ihm Stehenden handelte – doch kann genausogut das Gegenteil der Fall sein. Und selbstverständlich mögen eine Frau mit Hängebrüsten oder ein Mann mit Bierbauch sich schämen, wenn jemand sie ohne Textilien erblickt, weil die Brüste bzw. der Bauch nicht den gesellschaftlichen Idealen entsprechen. Aber es verhält sich ja nicht so, daß Frauen, die ›stehende‹ Brüste haben, keine ›Brustscham‹ entwickelt hätten und ihren Oberkörper auf ähnlich unproblematische Weise entblößten wie ihre Unterarme oder Füße.

Zum anderen wirft die Eliassche These die folgenden Probleme auf: Wenn sich einstens nur der Niedrigerstehende vor dem Höherstehenden geschämt hat, dann muß sich jeder außer dem am höchsten Stehenden geschämt haben – etwa dem Kaiser. Wie aber ist dies vereinbar mit der angeblich weitgehenden und allgemeinen Abwesenheit der Körperscham bei beiden Geschlechtern in jener Zeit, die Elias ja behauptet? Und wie paßt dies zu der Tatsache, daß bei mehreren mittelalterlichen und frühneuzeitlichen Kaisern gerade deren ungewöhnlich große Körperscham hervorgehoben wurde? So berichtet etwa Michel de Montaigne über Kaiser Maximilian I., »qu'il n'eust jamais valet de chambre si privé, à qui il permit de le voir en sa garderobbe. Il se desroboit pour tomber de l'eau, aussi religieux qu'une pucelle à ne descouvrir ny à qui que ce fut les parties qu'on a accoustumé de tenir cachées.«[29]

Wie schon angedeutet, besteht das zweite Problem darin, daß es schwerfällt, einzusehen, wieso mit der Nivellierung von Macht- und Herrschaftsbeziehungen die Schamschranken wachsen und nicht sinken sollten. Denn vor wem könnten die Menschen sich denn noch schämen, wenn es – tendenziell – gar niemanden mehr gibt, der sie beherrscht oder auf sie Macht ausübt? Elias würde hierauf erwidern, daß die gegenseitigen Abhängigkeiten der Menschen in einer immer arbeitsteiliger gewordenen Gesellschaft vielfältiger, daß die »Interdependenzketten« länger geworden seien, aber die gegenseitige Abhängigkeit *von Gleichen* ist schließlich nicht gleichbedeutend mit dem Verhältnis von Herrscher und Beherrschten, sondern etwas völlig anderes!

Ist die Körperscham auf Grund ihrer Funktion für die auf Partnerbindungen, auf ›Familien‹ aufbauende menschliche Gesellschaft universell, so bedeutet dies natürlich nicht, daß die Schamschranken und Peinlichkeitsbarrieren in sämtlichen Gesellschaften *gleich hoch* waren oder sind und daß die Unterschiede, die es gibt, nicht erklärt werden können. Obgleich ich niemals die Position vertreten habe, die Schamschranken seien in allen Gesellschaften gleich hoch, sind mir entsprechende Behauptungen von Kritikern immer wieder auf teilweise naßforsche Weise in den Mund geschoben worden. So meint etwa ein auf hohem Roß sitzender Streiter, dessen ›Argumente‹ freilich eher die Vermutung nahelegen, daß es sich doch nur um einen einfachen Infanteristen handelt:

»Allerdings nutzt Duerr« seine »Materialfülle ausschließlich dazu, gegen Elias kurzerhand eine anthropologische ›Wesenhaftigkeit‹ der Scham zu behaupten, womit er sich selbst der theoretischen Mittel entschlägt, die von ihm aufgezeigten Variationen nun noch irgendeiner Erklärung zuzuführen«.[30]
Nun habe ich nirgends eine »*Opposition* von anthropologischen Universalien einerseits, historischen Verhaltens- und Mentalitätsänderungen andererseits« postuliert oder die »Universalität von Körperscham [...] als *Gegenbeleg* gegen Veränderungen von Verhaltensstandards« angeführt, wie mir ein anderer Kritiker unterstellt.[31] Denn es ist in der Tat völlig unverständlich, wieso man sich der Mittel »entschlage«, Variationen in der ›Schwellenhöhe‹ zu erklären, wenn man gleichzeitig die Universalität einer elementaren Körperscham behauptet.[32]
Wenn also beispielsweise Peter Burke mir die Auffassung zuschreibt, »daß im Grunde alle Kulturen gleich sind«,[33] so ist dies in dem Sinne zutreffend, daß in sämtlichen menschlichen Gesellschaften die gleichen elementaren Gefühls- und Verhaltensdispositionen anzutreffen sind. Daß diese These keineswegs trivial ist, läßt sich unschwer an der Verbissenheit erkennen, mit der beispielsweise die Legende von der weitgehenden oder völligen Abwesenheit von Körperscham bei »gewissen« (und nie beim Namen benannten) »Naturvölkern« verteidigt wird.[34]
Selbstverständlich ist es richtig, wie ein Kritiker konstatiert, daß die ›Universalitätsthese‹ »nicht bei der Deutung der unterschiedlichen Muster von Scham« helfe,[35] aber das *soll* eine solche These ja auch nicht leisten, und insofern ist diese Feststellung auch kein triftiger Einwand. Ähnliches gilt für das Argument eines anderen Kritikers, der zu bedenken gibt, daß die Suche nach »anthropologischen Konstanten« von dem ablenke, worin sich die einzelnen Gesellschaften *unterschieden*: »Dies verstellt ihm aber den Blick nicht nur auf die ›feinen‹, sondern auch manche großen Unterschiede.«[36]
Man kann diesen Einwand als psychologischen oder als logi-

schen sehen. Faßt man ihn als psychologische Bemerkung auf, so leuchtet er ein: Sucht jemand Hirschkäfer, so »verstellt« ihm dies gewiß den Blick auf die Maikäfer, die ihm über den Weg laufen mögen. Versteht man den Einwand als logische Bemerkung, so ist er trivial: Selbstverständlich vernachlässigt derjenige die Unterschiede, der nach den Gemeinsamkeiten sucht. Das ist aber *das Wesen* der Abstraktion. Interessiere ich mich dafür, was Hirsch- und Maikäfer miteinander verbindet, dann werde ich auf ihre beißenden Mundwerkzeuge, die hornigen Flügeldecken oder auf ihre Verwandlung vom Ei über Larve und Puppe bis zum ›Endtier‹ achten und die geweihähnlichen Kiefer bzw. die exzessive Blattfreßfreude beiseite lassen.

Was der Kritiker außerdem mißversteht, ist die Tatsache, daß ich keine allgemeine Kulturgeschichte des menschlichen Verhaltens schreibe,[37] sondern der Frage nachgehe, ob denn wirklich die Affekte, Emotionen und die Bereitschaft zu Aggression und Gewaltausübung bei den Menschen in vormodernen oder außereuropäischen ›traditionellen‹ Gesellschaften in geringerem Maße ›restringiert‹ und ›modelliert‹ worden sind als in den ›westlichen‹ Gesellschaften der Gegenwart. Es ist deshalb nicht so, daß ich, wie ein bereits zitierter Kritiker insinuiert, »Veränderungen und Unterschiede prinzipiell aus (m)einem Denken ausklammer(e)«,[38] sondern daß ich mich im Zusammenhang dieses Buches in erster Linie für historische Veränderungen und regionale Unterschiede in der Intensität und dem Umfang von Triebkontrollen und -modellierungen interessiere. So habe ich z.B. versucht zu zeigen, daß das ›Treiben‹ an den heutigen Stränden und in den Freibädern im allgemeinen ›lockerer‹ und schamfreier ist als in den spätmittelalterlichen Badstuben oder Wildbädern, so daß von einer stärker gewordenen Triebkontrolle nicht die Rede sein kann, und es grenzt schon an Frechheit, wenn jetzt Richard van Dülmen daherkommt und mir *entgegenhält* (!), »im Körperbewußtsein, im Verhältnis« der Menschen zu ihrem Körper, habe sich »vom Spätmittelalter bis zum 19. Jahrhundert«

doch »Wesentliches geändert, und dies nicht nur in der Oberschicht«, denn »im 15./16. Jahrhundert« habe »man eben« noch »nicht öffentlich nackt gebadet«![39] Van Dülmen, der, *salva venia*, seine Voreingenommenheit nur mühsam hinter einer professoralen Fassade verbergen kann, gehört zu jenem Typus des inzwischen immer häufiger auftretenden ›Ick-bün-all-hier‹-Kritikers, der so tut, als habe er alles das, was ich gegen Elias vorgebracht habe, schon immer gewußt. So stellt er wie selbstverständlich fest, es gäbe keine Quellenbelege, die darauf hinwiesen, daß im späten Mittelalter und in der frühen Neuzeit »Männer wie Frauen zusammen und nackt gebadet hätten, weder in Badestuben noch in Wildbädern«,[40] nachdem er noch unmittelbar vor der Lektüre meiner beiden Bände in braver Eliasscher Manier geschrieben hatte: »Während im 16. Jahrhundert noch öffentlich und nackt gebadet wurde, wäre dies im 18. Jahrhundert kaum noch vorstellbar gewesen.«[41]
Ungeachtet der Tatsache, daß das von zahllosen Kulturhistorikern verbreitete und auch von Elias kritiklos übernommene Bild von der im Vergleich zu heute geringen Triebkontrolle in der spätmittelalterlichen Gesellschaft unzutreffend ist, kann man doch in jener Epoche *im Vergleich zu den Zeiten davor* eine Lockerung der ›Überwachung‹ des einzelnen und eine relativ große Verhaltensfreiheit beobachten, ein Faktum, das ich im zweiten Band mit dem Schwächerwerden der vor allem durch die Familienverbände, durch Verwandtschaftsgruppen und durch die Nachbarn in der Face-to-Face-Gesellschaft ausgeübten ›archaischen‹ Verhaltenskontrollen zu erklären versucht habe.[42]
Im späteren Hochmittelalter, vor allem im 12. und 13. Jahrhundert, waren bekanntlich – bedingt durch eine Bevölkerungsexplosion – immer mehr Land erschlossen und gerodet[43] sowie neue Städte gegründet worden, in die ein Teil der Landbevölkerung zog. Diese Städte waren durch eine, gemessen an den vorangegangenen Jahrhunderten, außergewöhnliche Mobilität und Bevölkerungsfluktuation gekenn-

zeichnet, die wiederum die erwähnte Lockerung der sozialen Kontrolle und damit auch größere Möglichkeiten des Wandels und der Innovationen mit sich zogen – nicht umsonst waren es, um nur ein Beispiel zu erwähnen, fast ausschließlich die spätmittelalterlichen Städte, in denen sich die »schamlose« Frauen- und Männermode entfaltete.[44] Bereits im 12. Jahrhundert galt namentlich Paris als ein Sündenbabel, als Ort der Ausschweifung und Unzucht,[45] aber auch die anderen größeren Städte, und es ist bezeichnend, daß sie es waren, in denen sich die ersten homosexuellen ›Subkulturen‹ entwickeln konnten, weil hier die notwendige Anonymität herrschte sowie die Chance, Gleichgesinnte zu treffen: so im 15. Jahrhundert in Venedig[46] oder in Deutschlands größter Stadt, in Köln, wo sich, wie der Pastor von Groß-Sankt-Martin einer Ratskommission berichtete, auf dem Heumarkt (»hewmart«) »eyn vuyle geselschafft« zu treffen pflegte, und zwar »van eyme ende zo deme anderen«.[47]

Die Anonymität und der hohe Prozentsatz von Fremden, die keiner Familien- oder Nachbarschaftskontrolle unterworfen waren, ließen aus einer Stadt wie Paris, die im 14. Jahrhundert selbst nach heutigen Maßstäben eine Großstadt war und in der es zahlreiche unübersehbare Seitenstraßen, Hinter- und Sackgassen sowie einsame Winkel und Friedhöfe gab, einen Ort des Verbrechens werden,[48] an dem eine Frau es sich für gewöhnlich zweimal überlegte, ob sie nach Einbruch der Dämmerung noch das Haus verließ. In London beispielsweise waren die Vergewaltiger meistens Ausländer, und auch in den anderen größeren Städten Englands begingen sehr häufig Fremde dieses Verbrechen, da bei Einheimischen die Chance, erkannt und anschließend gefaßt zu werden, ungleich höher war.[49] Doch unabhängig davon, ob die Täter nun Fremde waren oder nicht, galt im späten Mittelalter der Satz: »Die Stadt drängt zum Verbrechen«, und allem Anschein nach entsprach dem auch die Wirklichkeit: So nimmt man an, daß im 15. Jahrhundert in den Loire-Städten etwa doppelt so viele Straftaten begangen wurden wie in ihrem

Umland,[50] und innerhalb der Städte waren es meistens die am dichtesten besiedelten Gegenden mit der größten Fluktuation, wo sich die Mehrzahl der schweren Verbrechen ereignete. In Venedig beispielsweise wurden im Trecento die meisten Sittlichkeitsverbrechen, vor allem Vergewaltigungen, nicht in den dünn besiedelten Außenbezirken der Stadt begangen, sondern in den Gegenden um den Canale Grande, und dort vor allem in der weiteren Umgebung der Kathedrale San Marco.[51]

Aber nicht nur die Sittlichkeits*verbrechen* waren häufiger, auch das sexuelle Leben überhaupt war in den Städten freizügiger als auf dem Lande,[52] obgleich die jungen Mädchen in der Stadt ihren Liebhabern viel ausgelieferter waren als auf dem Dorf, wo die Gemeinschaft ungleich strenger darauf achtete, daß die jungen Männer ihre Heiratsversprechen einhielten.[53] Auf der anderen Seite gingen viele der geschwängerten Landmädchen, die nicht damit rechnen konnten, geheiratet zu werden, in die großen Städte, um dort anonym ihr Kind zur Welt zu bringen und es anschließend im Stich zu lassen. Viele dieser Mädchen verdienten danach ihren Lebensunterhalt als Prostituierte, so daß z. B. im Jahre 1615 in London eine Ordonnanz herausgegeben wurde »for the finding out of Queans that leave their children in the streets whereof some by reason of the cold and lack of sustenance have died«.[54]

Meines Wissens gibt es keine Quellen, die dies beweisen, aber es ist sicher nicht unwahrscheinlich, daß die Dorfbewohner auch im Mittelalter – ähnlich wie heute im Orient[55] – die Stadtbewohner als sittenlos und unmoralisch angesehen haben. Jedenfalls ist eine solche Einstellung auf der ganzen Welt verbreitet, wenn sie auch meist mit ambivalenten Gefühlen verbunden ist. So fühlen z. B. auf Tahiti die Leute, die ihr Dorf verlassen, um nach Papeete zu gehen, meist große Erleichterung, einmal dem »Auge des Dorfes« entwischen zu können, obgleich sie andererseits vor dem ›regel- und zügellosen‹ Leben in der Stadt Angst haben,[56] vor der Anonymität, dem Mangel an Gegenseitigkeit und Sicherheit, vor dem Verbrechen und der Sittenlosigkeit. So konnten es bei den Sori und Mokerang auf den Admiralitäts-Inseln die Leute nicht glauben, daß es unter den Amerikanern Menschen gebe, die homosexuelle Beziehungen miteinander hätten, und sie fragten die Ethnologin, ob dies möglicherweise daran läge, daß in Amerika zu viele Menschen lebten, so daß die Anstands- und Schicklichkeitsregeln ihre Gültigkeit verlören.[57]

Vermutlich meinten diese Südsee-Insulaner völlig zu Recht, daß solche Regeln nur dann befolgt würden, wenn sie auch von einem »Auge des Dorfes« einigermaßen effektiv überwacht werden können, was in einer ›anonymen‹ Gesellschaft nicht mehr der Fall sei. So schrieb im 17. Jahrhundert William Bradford über die kleinen Siedlungen in Massachusetts: »Here the people are but few in comparison of other places, which are full and populous, and lye hid, as it were, in a wood or thickett, and many horrible evills by yt means are never seen nor knowne; whereas hear, they are as it were, brought in ye light, and set in ye plaine feeld, or rather on a hill, made conspicuous to ye view of all.«[58] Und entsprechend verlautete um die Mitte des 19. Jahrhunderts der Amtsarzt von Grönenbach im bayerischen Schwaben, auf den Dörfern werde die Unsittlichkeit vornehmlich eingeschränkt »durch die Durchsichtigkeit des Lebenswandels. Auf dem Lande liegen die Wege des Einzelnen gewissermaßen offen vor den Augen, in grössern Städten verlieren sie sich oft in obscoene Gesellschaften und Bordelle. Der Heiligenschein von manchem Städter würde bald auf dem Lande verbleichen.«[59] Und ein Afrikaner bemängelte am Leben in den großen Städten Mitteleuropas: »Es gibt wirklich Gründe zum Mißtrauen. Die Hauptschuld daran trägt dieses chaotische Zusammenwürfeln von Menschen unterschiedlicher Herkunft, die sich vorher nicht gegenseitig ausgesucht haben, und der ständige Wohnungswechsel. Man bleibt unbekannt und fühlt sich von niemandem beobachtet. Die Menschen sind und werden gleichgültig gegenüber den anderen. Ob einer auf der Straße pinkelt, ob einer in der U-Bahn-Station erbricht, ob einer auf

einen anderen schimpft, ob einer weint, ob man sich heiß küßt, ob man Sex auf der Straße betreibt, ob man jemanden im Kaufhaus stehlen sieht, ob einer wegen Betrunkenheit oder überhaupt hinfällt – in allen diesen Fällen reagiert man ziemlich unbeteiligt und geht weiter seines Weges.«[60]
Norbert Elias macht sich ein völlig anderes Bild von den ›traditionellen‹, vormodernen Gesellschaften, und darin liegt meines Erachtens *die Wurzel seiner unzutreffenden Vorstellung vom Zivilisationsprozeß*. Nach diesem Bild lebten die Menschen von ehedem noch so unabhängig voneinander, daß es im Vergleich zu heute eine sehr viel geringere soziale Kontrolle gab, d.h., der gesellschaftliche Druck ungleich schwächer war: »Die gesellschaftliche Kontrolle« in den Epochen vor der Neuzeit »ist verglichen mit später milde«,[61] und vor allem ab dem 16. Jahrhundert wird »der Zwang, den die Menschen aufeinander ausüben«, immer »stärker«.[62] Und während damals die einzelnen sich viel größere Freiheiten herausnehmen konnten, ohne Gefahr zu laufen, auf Sanktionen zu stoßen, bleibt dem modernen Menschen nur die Anpassung an die übermächtig gewordenen Zwänge oder das Schicksal des Outcasts: »Heute legt sich der Ring von Vorschriften und Regelungen eng um den Menschen, die Zensur und der Druck des gesellschaftlichen Lebens, die seine Gewohnheiten formen, ist so stark, daß es für den Heranwachsenden nur eine Alternative gibt: sich der gesellschaftlich geforderten Gestaltung des Verhaltens zu unterwerfen oder vom Leben in der ›gesitteten Gesellschaft‹ ausgeschlossen zu bleiben.«[63]
Zu dieser Entwicklung des eigentümlichen »psychischen Habitus des zivilisierten Menschen«, der sich »klar und deutlich« von dem des »Primitiven« der Vergangenheit und der Gegenwart unterscheide, kam es nach Elias durch den historischen Prozeß der gesellschaftlichen Differenzierung: Weil »die Abhängigkeitsketten, die sich in den Einzelnen kreuzen, dichter und länger werden«,[64] war ein neuartiger Persönlichkeitstypus gefordert, der sich durch eine konsequentere Triebregelung von den vorherigen Typen abhebt und aus-

zeichnet, durch eine stärkere Dämpfung der spontanen Gefühlswallungen und eine größere Zurückhaltung der Affekte und Aggressionen: »Das Verhalten von immer mehr Menschen muß aufeinander abgestimmt, das Gewebe der Aktionen immer genauer und straffer durchorganisiert sein, damit die einzelne Handlung darin ihre gesellschaftliche Funktion erfüllt. Der Einzelne wird gezwungen, sein Verhalten immer differenzierter, immer gleichmäßiger und stabiler zu regulieren.«[65]
Selbstverständlich bestreite ich nicht, daß es einen Zivilisationsprozeß im Sinne eines Wandels der gesellschaftlichen ›Makrostruktur‹ gegeben hat, eine Entwicklung der Zivilisation in technischer und materieller Hinsicht, tiefgreifende Umbrüche und Innovationen in Verwaltung, Polizei- und Militärwesen, Arbeitsorganisation, Verkehrswesen, Güterversorgung, Entsorgung usw. Was ich bestreite, ist zum einen, daß diese Entwicklung eine Intensivierung der sozialen Kontrolle mit sich brachte, und zum anderen, daß sie dem Menschen einen ganz andersartigen »Triebhaushalt« angezüchtet hat, einen neuen »psychischen Habitus«, der sich durch höhere Schamschranken und Peinlichkeitsbarrieren, durch eine Reduktion von Unmittelbarkeit, Spontaneität, Aggressivität und Grausamkeit sowie eine Intensivierung und Stabilisierung von Höflichkeit, ›Etikette‹ und gegenseitiger Rücksichtnahme vom früheren »Habitus« unterscheidet.[66]
Zunächst ist es einfach unzutreffend, daß die Mitglieder vorneuzeitlicher oder ›traditioneller‹ Gesellschaften, daß mittelalterliche Dorfbewohner oder Angehörige von ›Stammesgesellschaften‹ sich einer größeren Autonomie erfreut,[67] daß sie unabhängiger voneinander und mit weniger gegenseitigen Verpflichtungen gelebt hätten als, sagen wir, moderne Großstadtbewohner. Im Gegenteil waren jene auf viel intimere Weise in engmaschigen sozialen Netzen eingebunden, in konsanguinalen und affinalen Verwandtschaftsgruppen, Allianzsystemen, Alters-, Geschlechter-, Berufs- und Nach-

barschaftsverbänden, Geheim- und Kriegergesellschaften integriert als die Menschen in modernen Gesellschaften. Dies bedeutet aber, daß die Einzelpersonen entgegen der Eliasschen Behauptung *einer wesentlich effektiveren und unerbittlicheren sozialen Kontrolle unterworfen waren* als heute[68] – wir erinnern uns an die Erleichterung, die der tahitianische Dorfbewohner empfindet, wenn es ihm gelingt, in die Stadt zu gehen und damit dem beinahe allgegenwärtigen »Dorfauge« zu entwischen.

Dieser intensiven sozialen Überwachung ist es zuzuschreiben, daß Gegenseitigkeit, Höflichkeit, Aggressionslosigkeit und Zurückhaltung frühzeitig verinnerlicht werden. »In der fidschianischen Kultur«, so eine Amerikanerin, die einen Fidschianer geheiratet hatte und lange Zeit in einem Dorf auf einer kleinen Insel des Archipels lebte, »nehmen [...] Höflichkeit, gute Umgangsformen und Respekt der Tradition gegenüber einen hohen Stellenwert ein. Menschen, die seit Generationen auf engstem Raum zusammenleben, müssen gut miteinander auskommen. Deshalb ist es oberstes Gebot, seinen Beitrag zum harmonischen Gemeinschaftsleben zu leisten. Egoismus, Selbstdarstellung und Konkurrenzdenken sind verpönt. Humor und Umgänglichkeit werden dagegen begrüßt. Lachen erleichtert den Alltag und den Umgang miteinander.«[69]

Was mir an der Eliasschen Konstruktion am problematischsten erscheint, ist die Annahme, daß die Affektmodellierung »um so stärker und umfassender« ist, »je größer die Funktionsteilung und damit die *Anzahl* der Menschen wird, auf die die Handlung eines Einzelnen abgestimmt sein muß«.[70] Fragwürdig und unthematisiert bleibt bei diesem Modell, ob die Trieb- und Affektmodellierung wirklich in erster Linie eine Funktion der *Länge* von Interdependenzketten ist und nicht viel eher eine Funktion vom *Modus* der gegenseitigen Abhängigkeiten und von den Substitutionsmöglichkeiten der Interaktionspartner, die zu einer »Tyrannei der Intimität« führen können, wenn sie gering sind oder ganz fehlen. Das

»Dorfauge« ist ein viel vollkommeneres Überwachungsinstrument als die »tausend Augen« der großen, anonymen Gesellschaft. Das erstere sieht – fast wie das Auge des lieben Gottes – tendenziell alles, und was es sieht, fügt sich zu *einem* Bild zusammen, an dem alle oder die meisten Mitglieder der Gemeinschaft teilhaben. Die Menschen in der modernen Gesellschaft sehen nur Aspekte, und diese Aspekte werden nicht zusammengesetzt, da die »tausend Augen« – ungleich den vielen Facetten des Insektenauges – untereinander nur locker oder gar nicht verbunden sind. Oder anders ausgedrückt: Gewiß ist heute der einzelne mit *mehr* Menschen verbunden als ehedem, aber die Interaktionspartner sind nicht so sehr ›Gesamtpersönlichkeiten‹, sondern eher ›Personfragmente‹, weshalb das, was man von den anderen weiß, auch viel fragmentarischer bleibt. Dies bedeutet aber wiederum, daß Normverstöße und Fehlverhalten im allgemeinen konsequenzenloser bleiben: Der Betreffende verliert nicht *das* Gesicht, sondern *eines* seiner Gesichter.[71]

Schließlich hat Elias keinen rechten Begriff von dem ungeheuren Konformitätsdruck und der Effektivität der sozialen Kontrolle in vorneuzeitlichen und ›Stammesgesellschaften‹, weil er die Ausübung von Anpassungszwängen in viel zu starkem Maße an die Herausbildung von – in weitestem Sinne – staatlichen Machtmonopolen bindet, etwa dort, wo er über die mittelalterliche Gesellschaft schreibt: »Es gibt hier keine Zentralgewalt, die mächtig genug ist, um die Menschen zur Zurückhaltung zu zwingen.«[72] Aus diesem Grunde ist bei Elias auch kein Platz für die Frage, ob denn die staatlichen oder quasi-staatlichen Maßnahmen nicht häufig dann erst auf den Plan traten, als durch die Veränderungen in Lebensweise und Sozialstruktur die althergebrachten Formen der sozialen Kontrolle nicht mehr so recht ›gegriffen‹ haben.[73] In diesem Sinne kann man beispielsweise die spätmittelalterlichen Verordnungen der Obrigkeit – etwa die Kleidermandate – als neuartige Versuche begreifen, »die nicht mehr funktionierende innere Sozialkontrolle der Gesellschaft« mit ›von außen‹ an die Menschen herangetragenen Verfügungen wiederherzustellen.[74]

Für Elias ist dagegen der »Zivilisationsprozeß«,[75] also die einander ergänzende Monopolisierung der Kontrolle durch den ›Staat‹ und die Entwicklung einer immer ausgeprägteren »Selbstzwangapparatur«, der Garant für eine Gesellschaft, in der die Ausübung »blanker Gewalt« immer weniger möglich ist und die wie keine andere »die Chance« bietet, »langfristige Lebenspläne in einer relativ geschützten Umgebung zu entwickeln«.[76] Und so schreibt er am Vorabend der »Reichskristallnacht«: »Wie die Monopolisierung der physischen Gewalt die Angst und den Schrecken verringert, die der Mensch vor dem Menschen haben muß, aber zugleich auch die Möglichkeit, anderen Schrecken, Angst und Qual zu bereiten, also die Möglichkeit zu bestimmten Lust- und Affektentladungen, so sucht auch die stetige Selbstkontrolle, an die nun der Einzelne mehr und mehr gewöhnt wird, die Kontraste und plötzlichen Umschwünge im Verhalten, die Affektgeladenheit aller Äußerungen gleichermaßen zu verringern.«[77]

Nachdem ich mich in den beiden ersten Bänden dieses Buches vorwiegend mit der Frage befaßt habe, ob sich die Scham- und Peinlichkeitsstandarde bezüglich des menschlichen Körpers und einige seiner Funktionen im Sinne von Elias verändert haben, beschäftigt sich der vorliegende Band mehr mit dem Problem, ob Elias recht hat mit der Behauptung, daß das Ausleben von Aggressivität und Grausamkeit und die »Lust« an ihnen sowohl im Krieg wie in Friedenszeiten im Verlaufe des »Zivilisationsprozesses« tatsächlich von einer zu Selbstzwängen gewordenen »Unzahl von Regeln und Verboten« gebändigt und unterdrückt worden sind.[78] Dabei soll z. B. gefragt werden, ob wirklich die Frauen in wesentlich geringerem Maße als vor 500 Jahren oder in »primitiven« Gesellschaften als »Objekte der sinnlichen Befriedigung« von Männern gesehen werden, ob sie weniger die Opfer von Nötigungen, Vergewaltigungen, Entwürdigungen und Demütigungen sind, wie Elias behauptet,[79] und ob es stimmt, daß solche Ver-

brechen heutzutage praktisch »nur noch im Traum oder in einzelnen Ausbrüchen, die wir als Krankheitserscheinungen verbuchen«,[80] in Erscheinung treten.
Als Norbert Elias zwei Jahre vor seinem Tode in einem Fernseh-Interview gefragt wurde, wie er zu meiner These stehe, daß es gar keinen Zivilisationsprozeß der Trieb- und Affektmodellierung gegeben habe, erwiderte er unter anderem: »Aber denken Sie an die unterentwickelteren Länder, [...] an die ständigen Kämpfe, die z. B. die Menschen in Uganda kämpfen müssen, um von der Stufe des Stammes auf die Stufe des Staates zu gelangen. Da finden Sie die frühere Stufe der Zivilisation, die es im europäischen Gebiet auch einmal gegeben hat.«[81] Zu fragen wird also sein, ob die Menschen in den Gesellschaften, denen – laut Elias – die »zivilisatorischen Fortschritte«, die wir im Verlaufe des letzten halben Jahrtausends gemacht haben, noch nicht im vollen Umfang zuteil geworden sind, und die sich noch auf der relativ niedrigen Entwicklungsstufe des Stammes befinden, sich lediglich eine relativ schwache »Triebverhaltung« auferlegen, so daß sie – nicht viel weniger als bei uns die Kinder oder Erwachsenen, die ungenügend sozialisiert wurden – ihre Triebe, ihre Lust an der Zerstörung, am Quälen und an der Grausamkeit relativ ungehemmt ausleben.
Von der Beantwortung dieser Frage wird es unter anderem abhängen, wie weit man der Eliasschen Behauptung folgen kann, »alles« spreche »dafür«, daß man »die heutige Modellierung des menschlichen Verhaltens und Erlebens als ›besser‹« bezeichnen könne, »verglichen mit entsprechenden Standards früherer Entwicklungsstufen«.[82]
Aus Platzgründen habe ich meine Ausführungen über Pornographie und ›Unschicklichkeit‹ in der Kunst sowie die Diskussion der inzwischen veröffentlichten Kritik an den ›empirischen‹ Aussagen der ersten beiden Bände in den vierten Band verschoben.
Der vorliegende Band ist dem Andenken George Devereux' gewidmet. Nicht allzu häufig kam es vor, daß wir in Sachfra-

gen einer Meinung waren. Bis heute ist mir die Psychoanalyse ziemlich fremd geblieben, und viele von Georges Auffassungen erschienen mir stets recht seltsam. Er wiederum fand, daß ich ein Romantiker sei, der die Vergangenheit, die »Primitiven« und die Frauen idealisiere. Trotzdem verband uns eine Freundschaft, die durch wissenschaftliche und weltanschauliche Differenzen nie getrübt wurde. Noch auf dem Sterbebett in seiner mit Schriften und Manuskripten vollgestopften Wohnung in der Nähe von Paris, deren Zugang wie ein mittelalterliches Burgtor mit einem breiten Balken gesichert war, bat er mich eindringlich, dieses Buch zu schreiben, ein Buch, von dem er wußte, daß es noch mehr Unwillen erregen würde als meine vorherigen Publikationen. George Devereux war ein emotionaler, impulsiver Mensch mit einem ungeheuren Wissen, scharfsinnig und zugleich eine »wilde Seele«, einer der letzten Überlebenden einer untergegangenen Epoche.

Heidelberg, im Sommer 1992   Hans Peter Duerr

§ 1
»Mit den Waffen einer Frau«

Zu Beginn des Jahres 1720 fischten englische Piraten auf offener See einen schiffbrüchigen jungen Mann auf, der nicht nur zu frieren schien – denn er zog sich die Jacke eng über der Brust zusammen –, sondern der auch merkwürdig glatthäutig war, so als habe er sich gerade rasiert. Da sich jedoch ein auf seinen rundlichen Oberarm tätowiertes ›P‹ über einem Totenschädel mit gekreuzten Schenkelknochen fand, welches ihn als Piraten auswies, stand seiner Eingliederung in die Besatzung nichts im Wege.

Mac Read – so nannte sich der junge Mann – schien zwar sehr schamhaft zu sein, aber, wie sich bald herausstellte, war er draufgängerisch und kühn im Kampf und erfreute sich deshalb unter den Männern großer Hochachtung. Entgegen allem Piratenbrauch befand sich indessen auch eine als Mann verkleidete Frau an Bord, die berühmt-berüchtigte Anne Bonny, Geliebte und Mitstreiterin des Kapitäns Rackam.[1] Diese Frau, die als wild und couragiert beschrieben wird, war offenbar weniger zurückhaltend als das neue Besatzungsmitglied. Nachdem sie nämlich Feuer gefangen hatte, machte sie sich an den jungen Mann heran, doch als sie ihm über die Brust strich, mußte sie zu ihrer Überraschung feststellen, daß Mac Read zwei weibliche Brüste hatte, d. h., daß er in Wirklichkeit eine Frau war.[2] Anne teilte ihrem Liebhaber, dem Kapitän, die Entdeckung zwar mit, doch behielten die beiden das Geheimnis für sich.

Mary Read[3] – so lautete der wahre Name Mac Reads – verliebte sich unterdessen ihrerseits in einen jungen Seemann, den die Piraten auf einem geenterten Schiff zwangsrekrutiert hatten, und offenbarte sich ihm, »en lui montrant, comme par mégarde, une gorge d'une blancheur extraordinaire«, wie es vier Jahre später ein Chronist der karibischen Freibeuterei formulierte. Als sich nun – es war mittlerweile Frühling geworden – ihr Favorit mit einem anderen Seeräuber duellieren wollte, fürchtete Mary um das Leben des Geliebten. »Dans cette Résolution«, so der Chronist, »elle fait une querelle d'allemand (= einen unmotivierten Streit) au Pirate, & le défie au combat. Le Pirate accepte le défie, & s'étant trouvés au rendez-vous deux heures avant le temps marqué pour le combat de son amant, ils se battirent avec le sabre & le pistolet, & Mary Read eu le bonheur de vaincre leur ennemi commun qu'elle tua sur la place.«[4] Bevor sie ihm freilich den tödlichen Säbelhieb versetzte, habe sie, so heißt es, das Hemd aufgerissen und höhnisch ihre weißen Brüste vor dem Gegner entblößt, der Augenblicke später gedemütigt sein Leben aushauchte.

Von diesem Tag an lebte Mary als Frau auf dem Seeräuberschiff, wenn sie auch, genauso wie Anne Bonny, die jetzt gleichermaßen ihr wahres Geschlecht offenbarte, aus praktischen Gründen vor dem Kampf Männerkleider anlegte. Als Rakkam schließlich im Oktober 1720 vor Jamaica ein Handelsschiff aufbrachte und entern ließ, fielen einem weiblichen Passagier zwei sich besonders wild gebärdende Piraten auf, doch als Frau ließ sie sich nicht täuschen: »Von der Größe der Brüste her hielt ich sie für Frauen«, sagte diese Passagierin, Dorothy Thomas, vor Gericht aus, nachdem Rackam und seine Mannschaft einen Monat nach dem Überfall gefangen worden waren.[5]

Was aber, so wird man fragen, war der Sinn jener Geste Mary Reads, kurz bevor sie den Piraten tötete? Handelte es sich, wie Historiker behaupten, um eine ganz bewußte Geste, mit der sie den Mann beschämen wollte, »daß er sich von einer Frau habe einschüchtern lassen«? Hatte sie deshalb »*zum Beweis* ihre Brüste entblößt«?[6]

Daß Mary absichtlich ihr Hemd aufgerissen hätte, um dem Seeräuber vor Augen zu führen, daß er schmählich einer Frau im Kampf unterlegen war, ist wohl kaum anzunehmen. Hatte sie sich doch über Jahre hinweg größte Mühe gegeben, ihr wahres Geschlecht vor ihrer Umwelt zu verbergen, und

1 Die Seeräuberin Mary Read, 1725.

wußte sie doch, daß nach den Statuten der karibischen Piraten keine Frau an Bord eines Schiffes geduldet wurde. Viel wahrscheinlicher ist es deshalb, daß Mary sich zu einer Geste hinreißen ließ, mit der – wie wir sehen werden – zu allen Zeiten und in den verschiedensten Gesellschaften Frauen versucht haben, einen Gegner abzuwehren oder einzuschüchtern.
Als beispielsweise Freydis, die Tochter Erichs des Roten, die Thorfinn und Snorri nach Vinland begleitet hatte, dort mitansehen mußte, wie ihre Landsleute im Kampf mit den Indianern zurückwichen, »da rief sie: ›Was rennt ihr davon, ihr, so tüchtige Männer, vor solchen Schandkerlen? Es wäre doch das Natürliche, dünkt mich, daß ihr sie wie Vieh hinschlachtet. Trüg' ich nur Waffen! Mich deucht, ich schlüge mich dann besser als jedweder von euch!‹ [...] Da holten die Skrälinger sie ein. Sie riß die Brüste aus dem Hemde und schlug dawider mit dem flachen Schwerte« eines gefallenen Wikingers, das sie vom Boden aufgehoben hatte. »Darob erschraken die Skrälinger, liefen davon bis auf ihre Kähne und fuhren des Weges.«[7]

Scheint es hier klar zu sein, daß die Frau ihre Brüste auf aggressive Weise gegenüber *dem Feind* entblößt, ist dies in anderen Fällen zweifelhafter. Manche Stämme des Moab, z. B. die der Šammār und der Ša'lān, führten bei ihren Kriegszügen eine als Braut gekleidete Jungfrau (*'otfa* oder *'atfa*) mit sich, die das Haar nicht – wie für junge Mädchen üblich – aufgesteckt, sondern frei über die Schultern fallend trug. Dezent heißt es, die Jungfrau habe während des Kampfes gewisse Gesten gemacht. Um was für Gesten es sich dabei handelte, erhellt wohl ein ähnlicher Brauch der Rwala-Beduinen: Wenn diese in die Schlacht zogen, wurden sie von einer Tochter oder einer Schwester des Emirs begleitet. Sie war in kostbare Kleider gehüllt, ihre Augenwimpern waren mit Antimon gefärbt, und ihr Haar war gesalbt. Im Kampfesgetümmel aber entblößte sie ihre Brüste, so in der Schlacht bei Dsu-Qār im Jahre 601, als die Perser von den Beduinen des Stammes Bekr geschlagen wurden.[8] Bereits beim Ausritt zum Kampf riefen die Krieger ihren Frauen zu: »Löst eure Schläfenlocken, löst sie! Zeigt eure beiden Brüste, zeigt sie!«[9] Und die Frauen sangen über die unbeschnittenen persischen Krieger: »Wenn sie siegen, dann stecken sie ihre Vorhaut in uns hinein! Also auf! Ein Lösopfer für euch, ihr Söhne 'Idšls!« Und als später für einen Augenblick die arabische Schlachtreihe wankte, rief eine Jungfrau vom Klan Šaibān: »Ihr Söhne Šaibāns, schließt euch in Reihen zusammen, denn flieht ihr, so stecken sie uns die Vorhaut hinein!« Auch in der Schlacht gegen die Taḡlib führte der Scheich seine beiden Töchter mit, die sich vor den Kriegern entblößten.[10]

Allem Anschein nach richteten also die Beduinenfrauen, und zwar vornehmlich die jungen Mädchen, ihre Brüste nicht so sehr gegen den Feind, vielmehr entblößten sie ihre »Kostbarkeiten« vor den eigenen Kriegern. Aber wozu? Wollten sie die Männer noch einmal an das erinnern, was nach einer Niederlage den Feinden in die Hände fiele? Dafür spricht zunächst nicht allein die Tatsache, daß die Beduininnen den Männern ihres Stammes einschärfen, daß sie in einem solchen

Falle von den fremden Kriegern vergewaltigt würden. Gestützt wird diese Deutung auch durch jene berühmte Nachricht des Tacitus, der über germanische Stämme schreibt: »Man erzählt Beispiele, daß wankende, ja schon weichende Schlachtreihen von den Frauen zum Stillstand gebracht wurden, durch unablässiges Bitten und Flehen und indem sie mit entblößter Brust sich vor den Männern hinwarfen und die Gefangenschaft als ihr nächstes Los schilderten.«[11]
Nun will ich gar nicht bestreiten, daß es ein solches *flehentliches* Entblößen der Brüste gibt, und zwar nicht nur gegenüber den eigenen Kriegern, sondern auch gegenüber dem Feind. Dies taten beispielsweise nach der Schlacht von Murten im Jahre 1476, in der Karl der Kühne eine schmähliche Niederlage erlitt, die burgundischen Troß- und Lagerhuren, die den siegreichen Eidgenossen die nackten Brüste und noch intimere Körperteile zeigten (Abb. 2). Im Bauernkrieg soll so

2 Nach der Schlacht v. Murten entblößen die burgund. Troßhuren vor den Schweizern die Scham. Berner Chronik des Diebold Schilling, 1478.

3 Rudolf Hofmann: ›Die Gräfin Helfenstein
bittet um das Leben ihres Gatten‹, 1850.

die Gräfin Helfenstein vergeblich um das Leben ihres Mannes gefleht haben (Abb. 3), und es heißt auch, daß im Jahre 315 Olympias, die Tochter des Epirotenkönigs Neoptolemos, dem Tod durch die heranstürmenden Krieger des Kassandros entgehen wollte, indem sie das Gewand von ihrem Oberkörper zog (Abb. 4). Das wohl bekannteste Beispiel stammt schließlich von Caesar, der berichtet, daß während des Sturms auf Segovia keltische »matres familiae« die Brust entblößt, die Arme ausgestreckt und die Römer beschworen hätten, sie zu schonen, weil sie befürchteten, wie zuvor die Frauen von Avaricum niedergemacht zu werden. »Einige ließen sich sogar an den Händen über die Bollwerke hinab und gaben sich den Soldaten hin.« Als freilich gallische Truppen eintrafen, hätten sich die Frauen sofort diesen zugewandt, »nach Keltenbrauch« ihr Haar gelöst (»more Gallico passum capillum ostentare«) und ihre Kinder hochgehoben.[12]

4 Jean-Joseph Taillasson: ›Olympias‹, 1799.

Ich will in diesem Zusammenhang nicht auf die Frage eingehen, ob Caesar die Entblößung der keltischen Frauen richtig verstanden und ihr anschließendes Verhalten auch nur einigermaßen verläßlich wiedergegeben hat. Vieles spricht dafür, daß sie eher mit entblößten Brüsten die eigenen Krieger zum Kampf antreiben wollten, wie es von den Frauen des germanischen Stammes der Kimbrer überliefert ist, die auf einer aus dem vergangenen Jahrhundert stammenden Illustration (Abb. 5) selber mit nacktem Oberkörper im Kampf gegen die Römer stehen.[13]

Und so verhielt es sich wohl auch mit den erwähnten Beduininnen. Kämpften allein die Männer mit Waffen, so bedienten sich vor allem die jungen, noch ungezügelten, noch von keinem Manne unterworfenen Mädchen der ›Waffen einer Frau‹: Mit der Entblößung der Brüste und anderer Teile des Körpers, die sie unter normalen Bedingungen in der Öffentlichkeit streng bedeckt hielten, brachten sie ihre Aggressivität zum Ausdruck, die sich auf die Krieger des eigenen Stammes übertragen sollte. Deshalb führten manche Beduinen des Zweistromlandes auf ihren Kriegszügen in einer Sänfte auf

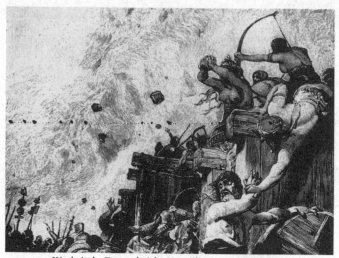

5 Kimbrische Frauen bei der Verteidigung gegen die Römer. Kupferstich, 19. Jh.

einer Kamelstute ein schönes und hochrangiges Mädchen mit sich, das den Schlachtreihen voranritt und schließlich sein Gesicht entschleierte. Wie die Beduinen sagten, sollte diese Entblößung die Männer mitreißen und zum Kampf anstacheln.[14] Bei den Paschtunen ist es noch heute üblich, daß die Frauen ihren Schleier wegziehen und in den Staub werfen, wenn ihre Männer zögern, in den Kampf zu ziehen.[15]

In derselben Weise ist meines Erachtens auch die Tatsache zu verstehen, daß beim Auslaufen der britischen Flotte im Falklandkrieg zahlreiche junge Frauen im Hafen die Brüste entblößten (Abb. 6) – eine Geste, die zwar unmittelbar den Marinesoldaten, mittelbar aber den Argentiniern galt. Gleichzeitig drohten die Zeitungsredakteure eher ›phallisch‹, allerdings auf dem Papier: »Schiebt ihn eurer Junta hinten rein!« verlautete die *Sunday People*, und ein anderes Blatt stellte ein für allemal fest: »Die Zeit des Redens ist vorbei – unsere Boys wollen sie naßmachen!«[16]

Soll sich also in diesen Fällen die Kampfbereitschaft der Frauen auf die Männer übertragen, so richtete sich die weibli-

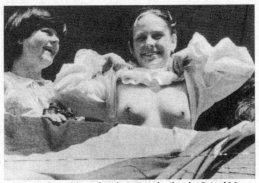

6 Englische Soldatenfrau beim Auslaufen der Royal Navy zum Falklandkrieg.

che Angriffslust bei Mary Read, bei Freydis und, wie wir sehen werden, auch bei anderen direkt auf den Gegner. In einem avarischen Märchen beispielsweise hat sich eine Königstochter entschlossen, nur denjenigen zu heiraten, der sie im Zweikampf bezwingt. Vor dem ersten Freier entblößt sie ihre Brüste – der junge Mann wird ohnmächtig, und sie schlägt ihm den Kopf ab. Einem zweiten ergeht es ebenso. Der dritte aber wendet auf Rat eines Weisen die Augen ab und besiegt auf diese Weise die Jungfrau.[17] Durch Entblößen ihrer Brüste schlägt die Fruchtbarkeitsgöttin der Ainu den Dämon des Mangels in die Flucht,[18] und in einem babylonischen Text heißt es über die Lamaštû, deren Name in dem der Lamia der griechischen Mythologie und in dem der *lamiae* des spätmittelalterlichen Hexenglaubens weiterlebt: »Sie taucht aus dem Dickicht des Schilfrohres auf. Ihre Haare sind aufgelöst, ihre Brüste sind entblößt.«[19]

Bei den Yoruba begrüßte eine Frau jemanden, dem sie mißtraute, damit, daß sie den Blick abwandte und die Brüste gegen den oder die Betreffende hochpreßte, um damit einen potentiellen Bösen Blick abzuwehren,[20] und in den meisten Küchen der Nsukka-Igbo gibt es Lehmkegel in der Form von weiblichen Brüsten: Auf diese Kegel stellen die Frauen ihre Töpfe, denn sie halten die bösen Geister ab oder niederträch-

7 Brüsteweisende Dämonin.
Trägerfigur, Canterbury, Spätmittelalter.

tige Nachbarn, die versuchen könnten, das Essen zu vergiften.[21] Teilweise kombiniert mit einer zur Schau gestellten Vulva, deren Schamlippen häufig auseinandergezogen werden, erscheint die Brustgeste bei zahlreichen Figuren an mittelalterlichen Kirchen wie z. B. an der Kathedrale von Notre Dame in Amiens, aber auch an vielen anderen Gotteshäusern in Frankreich, England oder in Deutschland, sowie an anderen Gebäuden wie dem zum erstenmal im Jahre 1379 urkundlich erwähnten Rathaus von Miltenberg. Diese ›Sigla na gcíoch‹, anglisiert ›Sheila-na-gig‹ – was wohl soviel wie ›Titten-Sheila‹ heißt[22] –, genannten Figuren sollten wohl kaum *dem menschlichen Betrachter* Obszönitäten vor Augen führen, was man vor allem daran sieht, daß die Figuren an Stellen angebracht wurden, wo sie meist für das Auge schwer oder gar nicht auszumachen sind.[23] Vielmehr sollten auch sie in erster Linie fliegende Dämonen abwehren.

Wenn die Sizilianerinnen ihren Feinden drohten, sie niederzuschmettern, faßten sie in ihre Blusen und zogen die Brüste heraus,[24] wie auch im Trecento die Perugianer nach zehnjähriger erfolgloser Belagerung von Arezzo vor den Mauern der

Stadt öffentliche Huren mit entblößten Brüsten einen Wettlauf durchführen ließen, ein Spektakel, das auch die Pisaner vor den Toren von Florenz veranstalteten.²⁵
Werden die Männer der Eipo im Hochland von Neuguinea durch ihnen unbekannte oder furchteinflößende Dinge – z. B. eine Gummispinne oder ein Gummikrokodil – erschreckt, dann schnippen sie mehrmals hintereinander in schneller Folge mit dem Daumennagel gegen ihre Peniskalebassen – offenbar die Andeutung einer phallischen Drohung. In derselben Situation ergreifen jedoch die Frauen ihre Brüste – bisweilen auch nur eine Brust, heben sie hoch und drücken sie (Abb. 9). Die Geste wird *moum bariltaleb*, »von unten anhebend anfassen« genannt. Dabei spritzen stillende Frauen nicht selten Milch heraus.²⁶ Beide Geschlechter begleiten ihre Gesten mit dem Ausruf *basam kalye!*, doch die Männer rufen manchmal auch *sanib fotong!* und die Frauen *wanye!* Das erste Wort bedeutet »Schwein ›heiliges‹ Bauchfett« – der Speck des Schweines wird als Medizin verwendet; das zweite bedeutet »Kasuarfeder« – der Kasuar ist ein ›heiliges‹ Tier; und das dritte schließlich ist der Name einer wilden Yams (*Dioscorea bulbifera*), die bei der Initiation der Jungen verspeist wird. Alle drei Wörter sind jeweils Tabuwörter – ruft man sie aus, dann hat das die gleiche Bedeutung, wie wenn wir bei Ärger,

8 Kirche Sainte-Radegonde, Poitiers, Spätmittelalter.

9 Brüsteweisende Eipo-Frau.

Überraschung oder in Angst »Heiliges Kruzifix!« oder ähnliches ausrufen.[27]

Die Verhaltensforscher, denen wir diese Beschreibung verdanken, interpretieren nun die Geste der Frauen ganz anders als die der Männer, nämlich als »an appeasement response by which women signal that they are mothers«, vor allem wohl deshalb, weil die stillenden Frauen dabei häufig Milch spritzen. Während die Männer also – zumindest tendenziell – drohen, handle es sich bei dem Brüsteweisen der Frauen letzten Endes um ein »formalisiertes Stillanbieten«, d. h., die Gefahr

10 Frau der Dugum-Dani beim Brüsteweisen.

wird abgewendet, indem die Frauen dem Feind in Aussicht stellen, daß er gesäugt und damit beruhigt wird.[28]
Warum aber, so läßt sich fragen, sollten die Frauen mit Hilfe ihrer Brüste nicht ebenso drohen wie die Männer mit dem Penis? Es ist durchaus denkbar, daß eine stillende Frau, die ihre ›volle‹ Brust preßt, ohne Absicht Milch spritzt. Aber selbst wenn sie dies ›willentlich‹ tut, muß keine Stillabsicht dahinter stehen. Könnte es nicht sein, daß die Abwehrhandlung in einer *Ejakulation* besteht – so, wie beispielsweise der balinesische Dämon Buta ènggèr in aggressiver Weise Sperma ejakuliert? (Abb. 188) Dafür spricht etwa, daß die Mohave-Frauen mit einer solchen Geste des angedeuteten Milchspritzens ihre Gegner *beleidigten*,[29] und wenn im Jahre 1549 Heinrich Aldegrever bezeichnenderweise die Allegorie der *lascivia* so darstellt, daß diese aus einer ihrer Brüste Milch spritzt[30] (Abb. 11), dann dürfte es sicher sein, daß es hier ebensowenig um eine mütterliche Beruhigung geht wie bei der weiblichen Allegorie der »Emanzipation«, die gegen

11 Heinrich Aldegrever: ›Lascivia‹, 1549.

Ende des 19. Jahrhunderts auf dem Titelblatt der Zeitschrift *Libre* ihre Brüste preßt, so daß die Milch herausspritzt.[31]
Bei vielen Frauen scheinen bei starker Erregung, und zwar gleichgültig, ob diese Erregung eine sexuelle ist oder nicht, die Brustwarzen zu erigieren, so wie bei manchen Männern der Penis steif wird, wenn sie wütend sind. Dies ist bereits bei Kindern der Fall, und eine Frau berichtet, ihr Bruder habe ihr einmal beim gemeinsamen Bad »seinen Pimmel gezeigt und gesagt: Der richtet sich dann auf. Das konnte ich mir gar nicht vorstellen. Ich wollte aber auch nicht zurückstecken und habe geantwortet: Aber bei mir richten sich die Brustwarzen auf!«[32] George Devereux berichtet von lesbischen Frauen, daß diese nicht nur die erigierten Brustwarzen an der Klitoris der Partnerin rieben, sondern auch davon phantasierten, ihre Nippel in deren Vagina einzuführen.[33] Außerdem hat man bei manchen Frauen beobachtet, daß sie bei sexueller Erregung Milch ausspritzen,[34] und ein palästinensischer Freund erzählte mir, daß seine (stillende) Frau in einem heftigen Streit gleichermaßen Milch ejakuliert habe – so wie Männer bisweilen in der Wut oder während aggressiver Handlungen Sperma ejakulieren.

Daß es in gewisser Weise eine Gleichung ›weibliche Brust = Penis‹ gibt, bringt auch jene Frau zum Ausdruck, die sagte, ihre beiden Brüste seien jedem Penis überlegen, denn sie könne ihre Milch weiter spritzen als jeder Mann sein Sperma,[35] aber auch die transsexuellen *hijrās*, die sich mit der Göttin Bahuchara Mātā identifizieren: Denn während die Göttin einst auf einer Reise, als sie in einem Wald in Gujarāt von Räubern überfallen wurde, diesen in Ermangelung männlicher Genitalien eine ihrer Brüste opferte, die sie mit einem Dolch vom Leib trennte, amputieren die *hijrās* vor dem Bildnis der Muttergöttin Penis und Hodensack.[36]

§ 2
Die aggressive Entblößung der Brüste

Daß man ein solches Entblößen und Pressen der Brüste bei den Frauen in ›vorneuzeitlichen‹ oder ›primitiven‹ Gesellschaften findet, bei Kelten, Beduinen oder den Eipo, wird wohl kaum jemanden verwundern, und man wird vielleicht auch noch bereit sein, solche Gesten einer Seeräuberin des frühen 18. Jahrhunderts zuzugestehen. Erstaunlicher mag erscheinen, daß in unserer Zeit britische Frauen versuchen, mit derartigen Gesten ihre Kriegsmarine anzuspornen, sollte man doch annehmen, daß die Peinlichkeitsstandarde der modernen Zivilisation solche ›archaischen‹ Gefühlsäußerungen im Normalfalle verhindern. Handelt es sich also bei dem Benehmen der die Falklandflotte verabschiedenden Britinnen um einen Anachronismus?

Als ich Mitte der siebziger Jahre in einem Seminar an der Universität Zürich die These vom ›aggressiven Brüsteweisen‹ der Frauen erläuterte, meldete sich eine Studentin zu Wort und erzählte, sie habe unlängst in einem heftigen Wortgefecht mit einem jungen Mann ihre Bluse aufgerissen und ihrem Kontra-

12 Marguerite Rolland in *Un Mâle* am Théâtre de l'Avenir Dramatique, 1891.

henten die entblößten Brüste entgegengehalten. »Es« sei »einfach über sie gekommen«, sie habe nichts dagegen tun können, habe aber ihre Brüste wie eine Waffe empfunden. Eine solche Geste vollführte etwa die Schauspielerin Mme Marguerite Rolland in dem Stück *Un Mâle*, das 1891 im Théâtre de l'Avenir Dramatique auf dem Boulevard Poissonière in Paris aufgeführt wurde[1] (Abb. 12), aber auch eine Frau im Sommer 1990 in einem Heidelberger Kaufhaus: Als ein Detektiv zwei Diebinnen stellte, zog die eine ihre Bluse hoch und reckte dem Gesetzeshelfer die nackten Brüste entgegen. Der Mann war so verdattert, daß er die beiden laufen ließ.[2]

Geradezu Berühmtheit hat jene Episode erlangt, die sich am 22. April 1969 im Hörsaal VI der Frankfurter Universität abgespielt hat: Zwei Studentinnen traten vor den auf dem Podium lehrenden Theodor W. Adorno und vertrieben den Gesellschaftskritiker mit ihren entblößten Brüsten aus dem Saal.[3] »Nicht nackte Gewalt war es«, schrieb später ein Kommentator, »was den Philosophen stumm machte, sondern die Gewalt des Nackten.«[4]

Als in Tondo, dem Slumviertel von Manila, zahlreiche Häuser abgerissen werden sollten, weil sie dem Bau eines Containerhafens im Wege standen, warfen sich viele Frauen vor die Planierraupen, wobei etliche von ihnen verletzt und sogar ge-

13 »Flash!«

tötet wurden. Als Militär eingesetzt wurde, griffen die Anwohnerinnen »zum letzten Mittel. Sie machten den Oberkörper frei und schafften es, das durch die unerwartete Barbusigkeit so vieler Frauen vollkommen schockierte Militär ohne weitere Waffen (*sic!*) zu vertreiben.«[5]

Daß Frauen bisweilen ihre Brüste als Waffen empfinden, zeigt nicht nur der Fall der oben zitierten Studentin: So begründete eine Frau ihren Wunsch nach einer kosmetischen Operation ihrer Brüste damit, daß diese »die wichtigste Waffe der Frau« darstellten,[6] und eine französische Universitätslehrerin meinte selbstbewußt, sie könne alle ihre Konkurrenten mit einem »coup de sein« ausschalten.[7] Solche Bruststöße erhielt ein homosexueller Filialleiter wiederholt von seiner Vorgesetzten, so daß er sich schließlich offiziell beschwerte: »Ihm war das unangenehm, er empfand das als Ausdruck von Herrschsucht.«[8]

Während des Rugby-Länderspiels England–Australien in Twickenham im Jahre 1982 stürmte plötzlich eine junge Frau auf den Rasen und entblößte vor den Gästespielern den Busen, bis die Polizisten sie einfangen und die anstößigen Körperteile mit ihren Helmen bedecken konnten.[9] Doch nicht nur harte Männer können das Opfer der Attacke sein: So berichtet etwa eine amerikanische Photographin von einer Frau,

14 Aus einer Anleitung für amerikanische Militärpolizisten, siebziger Jahre.

die sie geistesgegenwärtig knipste, als diese beim Einsteigen in ein Auto aus heiterem Himmel den Pullover hochzog: Sie »got this twinkle in her eye, and before her boyfriend could even turn around ... flash!«[10] (Abb. 13).

Zumindest in den späten sechziger und in den siebziger Jahren verunsicherten junge Demonstrantinnen durch das Entblößen ihrer Brüste so häufig die US-Polizisten, daß die Ordnungshüter in einer eigens zu diesem Zwecke verfaßten Broschüre mit dem Titel *Keeping Your Cool in a Civil Disturbance* auf solche Schockmomente vorbereitet werden mußten (Abb. 14).

Eine junge Amerikanerin meinte in jener Zeit bewundernd über die Frauen in Aristophanes' *Lysistrata*: »The leader of the protest has her shoulders drawn back so her pointy nipples are thrust out proudly. That is an image I have of my own breasts, and of myself, too, I guess – impudent and sassy!« Und pointierter noch bringt schließlich ein ehemaliges Callgirl zum Ausdruck, daß sie ihre Brüste als Machtmittel und Waffe fühlt und einsetzt: »My breasts have always made me feel sexy, but it's more than that – my breasts give me *power*! I love using that power against men because basically I really hate them. I loathe them and despise the cocksuckers! I'd love to castrate every fucking one of them!«[11]

Vor allem der Gerichtssaal ist seit Jahrtausenden ein bevorzugter Ort der Demonstration weiblicher Brüste gewesen.

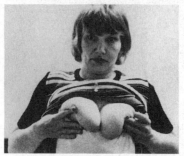

15 Frau entblößt Brüste vor Polizisten des Hamburger Reviers ›Davidwache‹.

16 Jean-Léon Gerôme: ›Phryne devant l'Aréopage‹, 1861.

Berühmtestes Beispiel ist das der Hetäre Phryne aus Thespiä, die sich allerdings in der Überlieferung nicht selbst das Gewand vom Oberkörper streift: Vielmehr tut dies der Redner Hypereides. Als er sieht, daß er bei den Richtern nichts mehr für die des Frevels gegen die Götter Angeklagte erreichen kann, entblößt er der »Prophetin und Tempeldienerin der Aphrodite« die Brust – in der Salonmalerei des 19. Jahrhunderts ist es aus naheliegenden Gründen der ganze Leib[12] (Abb. 16). Die Richter aber packt bei diesem Anblick die »Furcht vor dem Dämonischen«,[13] vielleicht ähnlich wie den Menelaos, dem nach der Eroberung Trojas das Schwert aus der Hand fällt, als seine Frau Helena, die er aus Rache töten will, vor ihm die Brüste entblößt.[14]

Unbekannt ist hingegen die Reaktion des Gerichtes, vor dem – wie auf einer aus dem späten 19. Jahrhundert stammenden Karikatur zu sehen ist (Abb. 17) – die erste Rechtsanwältin die Robe öffnet.[15] Einen Skandal lösten indessen im Dezember 1968 Mitglieder eines »Weiberrates« aus, die während des Prozesses gegen eine wegen Landfriedensbruches angeklagte Kommilitonin in einem Hamburger Amtsgericht den Oberkörper entblößten (Abb. 18) und dies im linken Jargon der Zeit wie folgt begründeten: »Die Sexualität, in der Werbung als Waffe zur Aufrechterhaltung spätkapitalistischer Herrschaft in der Konsumgesellschaft mißbraucht, soll sich zur

17 A. Willette: ›Mit den Waffen einer Frau‹. Karikatur, 1897.

Waffe in unserem revolutionären Kampf emanzipieren: Deshalb machen wir unsere Brüste frei, um die Verhältnisse zum Tanzen zu bringen.«[16]

»Topless«, d.h. »oben ohne« in der Öffentlichkeit zu erscheinen, hatte zumindest in den späten sechziger und in den siebziger Jahren für viele junge Frauen eine revolutionäre und emanzipatorische Bedeutung, wie auch die Verbannung des Büstenhalters in die Kleiderkammer insbesondere in Nordamerika einen Protest gegen den vor allem dort verbreiteten ›Brustfetischismus‹, aber auch gegen die Disziplinierung des

18 Demonstration vor einem Hamburger Amtsgericht am 12. Dezember 1968.

weiblichen Körpers überhaupt darstellte. So zogen am 1. August 1969 in San Francisco etwa fünfhundert Frauen öffentlich dieses Kleidungsstück aus,[17] nachdem schon im Jahr zuvor in Atlantic City zahlreiche junge Amerikanerinnen die dort abgehaltene Wahl der Miss America lächerlich gemacht hatten: Nach der Krönung eines Schafes zur Siegerin füllten sie eine riesige Tonne mit »Abfall und den Folterinstrumenten des weiblichen Lebens«, mit Perücken, Lockenwicklern, Hüfthaltern, falschen Wimpern und vor allem mit Büstenhaltern. Fälschlicherweise berichtete die Boulevardpresse über BH-Verbrennungen, was zur Folge hatte, daß in der Öffentlichkeit der Ausdruck »bra burners« zu einem Synonym für Feministinnen wurde[18] (Abb. 19).

19 Cartoon von Emmwood, *Daily Mail*, 1971.

Seit dieser Aufbruchszeit gehören Demonstrationen, auf denen junge Frauen »topless« erscheinen oder den Büstenhalter ausziehen, der in den späten siebziger Jahren wieder zurückgekehrt war, zum Protestalltag in den großen Städten Nordamerikas, besonders der Westküste, wobei die vorerst spektakulärsten Aktionen vielleicht der barbusige Aufmarsch gegen Reagans Steuerreformpläne im Jahre 1985[19] sowie die Proteste Tausender junger Kanadierinnen im Juli 1992 gegen das ›Topless-Verbot‹ ihrer Regierung waren.[20]

§ 3
Die Frau auf der Barrikade

Auch in der Ikonographie der westlichen Kultur entblößt die aufbegehrende oder kämpferisch erregte Frau ihren Busen. Schon in den mittelalterlichen Ausgaben des *Tacuinem sanitatis* oder bei Giotto in der italienischen Frührenaissance wird Ira, die weibliche Allegorie des Zorns, als eine Frau dargestellt, die ihr Haar aufgelöst hat und ihr Gewand aufreißt[1] (Abb. 20). Die den Philosophen unterjochende herrschsüchtige Frau (Abb. 21) hat ihre Brustwarzen ebenso entblößt wie Judith, als sie dem Feldherrn Holofernes mit dem Schwert den Kopf abschneidet (Abb. 22),[2] oder wie Salomé im Augenblick des Triumphes, wenn ihr der Kopf Johannes des Täufers auf dem Tablett serviert wird.[3] Im ›Streit um die Hosen‹ ist die siegreiche Frau so barbusig[4] wie die beherzte Marktfrau, die auf der Gasse den dreisten Kavalier zu Boden schlägt (Abb. 23). »Die zarte, fleischige Brust«, fragt im ausgehen-

20 Giotto: ›Ira‹, um 1306.

21 Urs Graf: ›Aristoteles und Phyllis‹. Federzeichnung, 1521.

den 18. Jahrhundert irritiert eine männliche Stimme, »wäre zum Widerstehen, der so verletzbare Busen zum Entgegenstemmen gemacht?«[5]

Ganz allgemein gilt für beide Geschlechter, daß das ›sich Brüsten‹, ›sich in die Brust Werfen‹, ein die Fessel der Kleidung sprengendes tiefes Einatmen, das den Brustkorb erweitert

22 Rubens: ›Judith mit dem Kopf des Holofernes‹, um 1617.

23 »Sal Dab giving Monsieur a Reciept in full.«
Englische antifranzösische Karikatur, 1766.

(Abb. 24), gleichbedeutend ist »mit einer Zunahme an Kraftgefühl und Unternehmungslust«[6] – ganz im Gegensatz zu der den Brustkorb einengenden Haltung der Venus Pudica, die Schwäche, Angst und Scham ausdrückt.

24 Robert Mapplethorpe:
Lisa Lyon, Weltmeisterin im Bodybuilding, 1980.

25 Eine Frau greift Herakles an. Pelike aus Tarquinia.

Schon die alten Griechen stellen solche ›sich in die Brust werfenden‹, aggressiven Frauen dar, die ihre Brüste drohend gegen den Feind richten: So etwa die wütende Dienerin des Proteus, die auf einer aus Tarquinia stammenden Pelike keinen Geringeren als Herakles angreift (Abb. 25), oder Helena, Gespielin der Korona, die auf einem Amphorenbild des Euthymides (Abb. 26) mit entblößter Brust auf Theseus zueilt, der – auf der Rückseite des Gefäßes – versucht, die Freundin zu rauben (sprich: zu vergewaltigen).[7]

26 Theseus raubt die Korone.
Vasenmalerei des Euthymides, um 510 v. Chr.

Als am 5. Oktober 1789 die Pariser Marktfrauen, nach royalistischer Propaganda angeführt von der Girondistin Théroigne de Méricourt, nach Versailles zogen, entblößten sie vor dem flandrischen Regiment, das feuerbereit Stellung bezogen hatte, aggressiv die Brüste, und Théroigne wurde später auch in revolutionärer Pose mit freier Brust das Sinnbild für die Freiheit überhaupt (Abb. 27).[8] Der Revolutionsberichterstatter Campe brachte manchen seiner deutschen Leser das Gruseln bei, wenn er von den aufbegehrenden Pariserinnen mit »entblößter Brust« schrieb, in deren Augen er ein »wildes wollüstiges Feuer« brennen sah, während im Oktober 1790 das *Braunschweigische Journal* angewidert mitteilt, was es auf den Straßen der französischen Hauptstadt zu sehen gibt: »Und endlich Nuditäten, welche Wuth, Wahnsinn und Sturm mit gleicher Schamlosigkeit aufgedeckt hatten, und deren lederfarbene, bald in tiefe Falten zusammenfallende, bald schlauchartig schweppernde, scheußliche Kontoure dem Auge wie dem Gefühle die Tortur gaben.«[9]

Im Frühsommer des Jahres 1848 tauchten diese Frauen auf den Barrikaden in den Straßen von Paris wieder auf. Victor Hugo bezeichnete sie als »Freudenmädchen« und Charles Drügge als »jene schamlosen Weiber mit dem langen, zottigen Haar«; Friedrich Engels dagegen nannte sie »zwei junge,

27 Théroigne de Méricourt, »la belle Liégoise«, um 1792.

schöne Grisetten«, die als beherzte Bannerträgerinnen des Volkes auf einer Barrikade der rue de Cléry von der Nationalgarde erschossen worden seien.[10] Andere Quellen sprechen von einer jungen, wunderschönen Hure mit offenem Haar, die auf eine Barrikade gestürmt sei, ihr Kleid hochgezogen, ihren nackten Leib präsentiert und geschrien habe: »Feuert, ihr Feiglinge, wenn ihr es wagt, auf den Bauch einer Frau!« Daraufhin sei sie von einem Geschoßhagel niedergestreckt worden.[11] Und schließlich berichtet am 1. Juli 1848 der Pariser Korrespondent der Londoner Wochenzeitschrift *The Examiner*, eine tadellos gekleidete junge Frau sei mit einer Fahne in der Hand über die Barrikade gesprungen und auf die Nationalgardisten zugelaufen. Als sie diese mit Worten provoziert habe, hätten die Soldaten zunächst gezögert, sie dann aber erschossen, worauf sie von einer zweiten Frau angegangen worden seien, die dann das gleiche Schicksal ereilt habe.[12]

Dreiundzwanzig Jahre später, am 28. Mai 1871, schrieb der Brite Edwin Child aus Paris über die »pétroleuses« der Kommune in einem Brief an seinen Vater: »The women behaved like tigresses, throwing petroleum everywhere & distinguishing themselves by the fury with which they fought; a convoi of nearly four thousands passed the Boulevards this afternoon, such figures you never saw, blackened with powder, all in tatters and filthy dirty, a few with chests exposed to show their sex, the women with their hair dishevelled & of a most ferocious appearance.«[13]

Aber auch in unserer Zeit ist sie wieder da, die Barrikadenfrau mit den entblößten Brüsten, etwa während der britischen Bergarbeiterstreiks des Jahres 1984, wo sie auf dem Dach eines Taxis steht und ein Transparent der ›National Union of Mineworkers‹ in die Höhe hält, was ein Augenzeuge, der Korrespondent des *Guardian*, als »absonderlich« bezeichnete.[14]

Vor allem im 18. Jahrhundert wird die jugendliche Frau mit entblößter Brust oder völlig unbekleidetem Oberkörper zur

Allegorie des freiheitlichen Kampfes, die Frau, die mit den Fesseln der Konvention auch die der Kleidung sprengt. Auf dem Kupferstich ›Molly Pitcher at the Battle of Monmouth‹ aus dem Jahre 1778 beispielsweise lädt die amerikanische Freiheitsheldin mit weit geöffneter Bluse die Kanone,[15] und Johann Josef Zoffanys Gemälde ›Nach dem Sturm auf die Tuilerien‹ vom Jahre 1794 zeigt eine Frau mit entblößten Brüsten und einem Messer in der Hand, mit dem sie wohl die Schweizergardisten kastriert hatte, auf deren übereinandergeworfenen Leichen sie steht.[16] Barbusig ist fast immer die über den Mann triumphierende Frau, sei es die preußische Kaiserin Augusta, die – halb entblößte Germania, halb Todesengel – auf den Gerippen der von ihr hingemetzelten französischen Soldaten steht (Abb. 28),[17] sei es die Allegorie des Sieges der Gebrüder Le Nain, die gleichermaßen den Leichnam des Gefallenen mit Füßen tritt und als Triumphgeste ihre rechte Brust hält (Abb. 29).

1830 schwärmt der revolutionäre Dichter Auguste Barbier von der ›Liberté‹ als ›une forte femme aux puissantes mamel-

28 Die preußische Kaiserin Augusta als Mörderin der Franzosen. Federlithographie von Faustin, 1870.

29 Gebrüder Le Nain: Allegorie des Sieges, um 1635.

les‹, und es mag sein, daß Delacroix – der ansonsten alles andere als ein Sozialrevolutionär war – sich ebenso von dieser Allegorie der Freiheit inspirieren ließ wie von der legendären Marie Deschamps, »toujours belle et nue avec l'écharpe aux trois couleurs«[18] oder von Alexandre-Gabriel Decamps' Françoise Liberté, die dieser als eine an den Pranger gekettete junge Frau darstellte, mit nackten Brüsten und phrygischer Mütze, »née à Paris en 1789« und »coupable du crime de révolte dans les journées de 27, 28 et 29 juillet 1830«.[19] Überdies hat man auch vermutet, Delacroix sei durch die Lektüre einer kleinen Schrift angeregt worden, die unter dem Titel *Ein unbekanntes Ereignis vom Juli 1830* erschienen war: In ihr wird berichtet, daß in jenen bewegten Tagen eine junge Wäscherin namens Anne-Charlotte D. mit halb entblößten Brüsten und im Unterrock (»jupon«) auf der Suche nach ihrem jüngeren Bruder sämtliche Barrikaden abgesucht habe. Schließlich fand sie ihn entkleidet und von zehn Gewehrkugeln durchsiebt. Da tat sie den Schwur, nicht eher zu ruhen, als bis sie zehn Gardisten getötet habe, und in der Tat erschoß sie neun,

30 Eugène Delacroix: ›Die Freiheit führt das Volk‹, Ausschnitt, 1830.

bis eine tödliche Kugel sie selber traf, als sie auf den zehnten anlegte.[20]

Wie dem nun auch sein mag, Delacroix' ›La Liberté guidant le peuple‹ ist das Bild der halbentblößten ›Freiheit‹ par excellence, und es wurde in der nachrevolutionären Zeit offenbar von vielen als subversiv bis schamlos angesehen. Immerhin erwarb das Innenministerium das Gemälde, doch wurde es in einen dunklen Korridor des Louvre verbannt, bis die revolutionären Ereignisse des Jahres 1848 die ›Freiheit‹ wieder zeitweise ins Rampenlicht stellten.[21] 1831 empfand man die gemalte Freiheitsheldin als ebenso obszön und dirnenhaft wie siebzehn Jahre später viele Kommentatoren ihre realen Schwestern auf den Barrikaden der rue de Cléry: als schamlose Hure, unwürdig, eine so hehre Idee wie die der Freiheit zu verkörpern. So schrieb beispielsweise Fabien Pillet am 9. Mai 1831 in *Le Moniteur Universel*: »Cette tête sans caractère, ce corps à demi-nue, ce sein déformé, dont les carnations sont flétries, ne répondent certainement ni à la pensée du peintre, ni à l'idée que nous avons de la liberté noble et généreuse qui a triomphé le 28 juillet.« Noch deutlicher wurden das *Journal de Paris*, in dem es hieß: »Dans ces grandes journées, ce n'était pas la canaille qui portait le mousquet sur les barricades«, und *L'Avenir*, das dem Maler die Frage stellte: »Votre Liberté semble une femme de mauvaise vie; et puis en quelle compagnie la mettez-vous? au coin de quel bois avez-vous ramassé ces figures?«

Doch auch Teile der linksbürgerlichen Presse sprachen von einer »canaille«,[22] und ein Mann wie Heinrich Heine schloß sich dem an, wenn er feststellte, daß die Freiheit mit den entblößten Brüsten ihn an »jene Schnelläuferinnen der Liebe« erinnere, »die des Abends auf den Boulevards umherschwärmen«. Und immer wieder ist es die nackte Brust, die Empörung hervorruft: »Et sa gorge«, schimpft etwa Charles Farcy im *Journal des Artistes et des Amateurs*, »qu'est *toute nue* et toute sale! C'est pas mal indécent!«[23] War es doch zu allen Zeiten das Kennzeichen der öffentlichen Huren, daß sie zum Kundenfang auf der Gasse die Brüste sehen ließen!

31 Eugène Delacroix:
›Griechenland auf den Ruinen v. Missolonghi‹, 1826.

Daß die *aggressiv* entblößte Frauenbrust im Horizont der zeitgenössischen Kommentatoren nicht vorkommt, mag vielleicht nicht überraschen. Erstaunlich ist indessen, daß allem Anschein nach auch heute die meisten Kunsthistoriker und selbst die Kunsthistoriker*innen* der Auffassung sind, daß der nackte Oberkörper der ›Liberté‹ entweder eine erotische Bedeutung habe oder aber eine mütterliche, da die Liberté die »Mutter des Volkes« sei.[24]
Zweifellos *hat* Delacroix solche mütterlichen Brüste dargestellt: So fleht auf seinem Bild ›La Grèce sur les ruines de Missolonghi‹ die weibliche Allegorie des am Boden liegenden Griechenland mit dezent geöffnetem Kleid den Westen um Hilfe gegen die Türken an (Abb. 31). Daß ›La Grèce‹ *flehentlich* die Brust entblößt, wird auch durch die Skizze bestätigt, die Delacroix für das Gemälde angefertigt hatte und die sich an einer von ihren Kindern umgebenen Niobe auf einem römischen Sarkophag orientiert, die verzweifelt ihre Brüste entblößt hat.[25] Es handelt sich hierbei um eine Darstellung, die in der ikonographischen Tradition des ›klagenden Landes‹ steht, die von der Antike über das Mittelalter bis in die Moderne reicht: So hat etwa in einer Illustration zum böhmischen Exemplar der *Goldenen Bulle* vom Jahre 1400 die Personifikation Italiens wehklagend ihr Gewand so weit geöffnet, daß ihre Brüste sichtbar sind.[26]
Die nackte Brust der ›Liberté‹ ist dagegen keine stillend-besänftigende und auch keine sexuell-stimulierende, sie ist die Brust der offensiven, vorwärtsstürmenden Frau, weshalb auch heute politisch radikale und initiative Frauen – allerdings karikierend – in dieser Pose wiedergegeben werden (Abb. 33). Stellt das bürgerliche Lager von 1848 die ›Freiheit‹ meist ruhend, mit strenger Frisur und bedeckten Brüsten dar, – ›La République éclairant le monde‹ sitzt beispielsweise zugeknöpft auf ihrem Thron – so ist die ›Liberté‹ der Volksbewegung eine Frau mit nackten Brüsten, wehendem Haar und in bewegter Pose.[27] Und wieder 1870 preßt die junge ›Republik‹ ihre »puissantes mamelles« nach vorne und sagt mit Be-

32 Streikaufruf, 1969.

friedigung »ça pousse«,[28] während kurz danach die weibliche ›Kommune‹ im kurzen, kaum knielangen Rock häufig sogar den ganzen Oberkörper entblößt hat.[29] An jene Tage des Umsturzes erinnert Théophile Alexandre Steinlen, wenn er 1885 die Anarchistin Louise Michel mit entblößten Brüsten

33 »Die Mutter aller Schlachten«. Aus *Bunte Illustrierte* 1992.

auf einer Pariser Barrikade malt oder wenn im Jahre 1903 auf der Titelseite der revolutionären Zeitschrift *Ni Dieu – ni maître* eine Frau in gleicher Aufmachung den programmatischen Spruch der anarchistischen Bewegung in eine Wand meißelt.[30]

Doch nicht nur die radikale Linke nimmt die kämpferische Frau in Beschlag: Gleiches tut die Rechte, wenn auch in ›völkischer‹ Variante. So bläst etwa auf einem Wahlplakat des antisemitischen Kandidaten Adolphe Willette zu den ›Élections législatives‹ des Jahres 1889 eine altkeltische kriegerische Marianne in Hosen und mit nackten Brüsten zum Sturm: »En avant Gaulois et Francs!«[31] Und 1914, als die Verhältnisse erneut in Bewegung geraten, öffnet auch die ›Freiheit‹ wieder ihre Bluse oder sie schlüpft sogar völlig aus ihrem Kleid, etwa dort, wo sie, die Rechte lässig, aber auch sexuell anzüglich auf das Rohr der Kanone gelegt, mit phrygischer Mütze und kaum verhülltem Schoß den Erbfeind provoziert (Abb. 34).[32] Im Jahre 1940 ist es schließlich wieder soweit, und die barbusige ›Liberté‹ weist den Söhnen Frankreichs mit dem Schwert in der Hand den Weg.[33]

34 Edouard Bernard: ›Honneur au 75‹. Stich a. d. J. 1914.

35 Jean Joseph François Tassaert:
›Mlle. Anne Charlotte Corday‹, um 1793.

Auch eine kämpferische Jungfrau wie Charlotte Corday, die Mörderin Marats, ist in neuerer Zeit nicht nur mit entblößten Brüsten, sondern völlig nackt dargestellt worden, doch ist diese Nacktheit ein Ausdruck für die ›Sexualisierung‹ der von Frauen gegenüber Männern ausgeübten Gewalt. Daß gerade Charlotte Corday dafür herhalten mußte, entbehrt allerdings nicht einer gewissen Ironie, war es doch eher ihr Opfer, Marat, das den Frauen zu nahe trat, etwa der Malerin Angelica Kauffmann, die ihn abblitzen ließ, worauf er als Rache die Lüge verbreitete, er habe sie beschlafen.[34] Charlotte dagegen war für ihre Tugendhaftigkeit bekannt, und trotz der brütenden Julihitze trug sie am Tage des Mordes ein hinten an der Taille fest verschnürtes Fichu, das ihre weiblichen Reize verhüllte (Abb. 35). Als bei der Vernehmung nach der Tat Kommissar Chabot in ihren Busen greifen wollte, weil er dort das Manifest der Gironde vermutete, warf sie sich, in den Worten Michelets, »so heftig nach rückwärts, daß die Taillenbänder rissen und man einen Augenblick lang den keuschen, heldenmütigen Busen sehen konnte«, was Charlotte zutiefst beschämte.[35] Eine weitere Demütigung erwartete sie auf dem

36 ›Marat assassiné‹. Lithographie von Edvard Munch.

Schafott, als der Henkersknecht Frémin ihr »mit einem Ruck« das Fichu herunterriß, worauf sie tief errötete, und selbst nach ihrem Tode blieb ihr – so will es jedenfalls die Legende – eine letzte Entwürdigung nicht erspart. Nachdem nämlich ihr vom Fallbeil abgetrennter Kopf in den Korb gefallen war, habe ein Zimmermann namens Legros ihn an den Haaren hochgerissen und geohrfeigt. Daraufhin seien ihre Wangen vor Scham abermals errötet.[36]

37 Michael Mathias Prechtl:
›Der unglückselige Tod des Jean-Paul Marat‹. Aquarell, 1976.

38 Alfred Hrdlicka: ›Der Tod des Marat‹, 1987.

Die initiative, ihre Frauenrolle hinter sich lassende Revolutionärin scheint zum ersten Mal in dem Drama *Charlotte Corday* der Hamburgerin Christine Westphalen aufzutreten,[37] doch die Frau, deren Mord gleichzeitig eine Vergewaltigung ist, die Rebellierende, die den Mann besteigt und ihn

39 Aldo Renato Guttuso: ›Libertà, Marat, David‹, 1983.

40 Judith und die Leiche des Holofernes. Kupferstich von Barthel Beham, 1525.

Die Braut des Terrors – Gudrun Ensslin. QUICK berichtete über „Ulrike Meinhof und ihre grausamen Mädchen"

41 Aus *Quick*, 1978.

mit dem Messer sexuell penetriert, ist vor allem ein Thema der bildenden Kunst geblieben (Abb. 36 bis 39).

Schon in der frühen Neuzeit stellte Beham den von der Judith unterworfenen und ›bestiegenen‹ Holofernes dar (Abb. 40), und wie in unserer Zeit das Magazin *Quick* zu berichten weiß, war auch die Grausamkeit der »Bräute des Terrors« nichts anderes als eine sadistische Vermählung mit dem Opfer (Abb. 41). Aber auch heute hat die Phantasie von der sich emanzipierenden Frau, deren unersättliche Forderungen an den Mann auch – oder vielleicht sogar vorwiegend – sexuelle Forderungen sind, nichts von ihrer Aktualität verloren: »Selbst bei den Grünen«, verlautete unlängst der *Playboy*, »die in der Öffentlichkeit resolut gegen chauvinistische ›Übergriffe‹ wettern, läßt sich frau mit Begeisterung an den Brüsten lecken, kneifen, saugen, kneten ... die Grünen Minnas sind am unersättlichsten.«[38]

§ 4
Die versöhnende Entblößung der Brüste

Im Gegensatz zur vorwärtsstürmenden, kämpferischen ›Liberté‹, die bereit ist, dem Feind einen ›coup de sein‹ zu versetzen, gibt es freilich auch die Frau, die ihre Brust entblößt, um der Aggressivität des Gegners Einhalt zu gebieten, um ihn zu besänftigen und versöhnlich zu stimmen. Indem sie ihrem Gegenüber die nackte Brust zeigt, demonstriert sie allerdings eher, daß sie eine Mutter ist, der Schonung gebührt, als daß sie dem Feind ein Stillangebot macht.
Während seines Aufenthaltes im Süden Indiens erzählte man Marco Polo folgende Geschichte: Als der König mit seinem Bruder kämpfen wollte, sei deren Mutter auf die beiden Streithähne zugetreten, habe ihre beiden Brüste entblößt und gedroht, daß sie sich diese, »die euch ernährt haben«, vom Leibe reiße, falls sie nicht voneinander abließen.[1]
Nachdem sich Dschingis Khan von einem Schamanen hatte überreden lassen, seinen gefangenen Bruder Hasar hinzurichten – so lautet eine Episode –, habe deren Mutter, Ho' elun, auf heftige Weise interveniert: »Die Mutter kam in ihrem Zorn heran, stieg vom Karren und löste dann selber Hasars zusammengebundene Ärmel und befreite ihn. Dann gab sie ihm Mütze und Gürtel zurück. Und unfähig, ihren Zorn zu unterdrücken, setzte sich die Mutter nieder mit untergeschlagenen Beinen, nahm ihre beiden Brüste heraus, breitete sie voll auf ihre beiden Knie und sprach: ›Seht ihr sie? Das sind die Brüste, an denen ihr gesogen habt!‹«[2]
Als Hektor die Bereitschaft zeigt, sich vor den Toren der Stadt Achilles zum Kampf zu stellen, löst Hekabe, seine Mutter, offenbar eine der Nadeln oder Broschen, die den Peplos über den Schultern halten, so daß das Gewand auf der einen Seite bis zum Gürtel herabfällt und eine der Brüste freilegt:[3]
»Drüben jammerte auch die Mutter mit fließenden Tränen, / Machte den Busen sich bloß und hob die Brust mit der Lin-

42 Tonwenna entblößt sich vor ihrem Sohn Brennius.
Aus Geoffrey v. Monmouth: *Historia Regem Brittanniae*, um 1240.

ken. / Unter Tränen sprach sie zu ihm die geflügelten Worte: / Hektor, scheue,[4] mein Sohn, den Anblick, erbarme dich meiner / Selbst, wenn ich je die schmerzenstillende Brust dir geboten.«[5]

Sowohl die indische Königsmutter als auch Ho' elun, Hekabe und Tonwenna, die ihren Sohn Brennius davon zurückhalten will, mit seinem Bruder einen Zweikampf auszutragen (Abb. 42), setzen also offenbar auf die besänftigende Wirkung der Mutterbrust. Gleichzeitig rufen sie aber auch ihren Söhnen in Erinnerung, daß sie die Mütter und als solche bis zu einem gewissen Grade immer noch Autoritätspersonen sind, die weniger flehen als fordern oder sogar gebieten, was vor allem bei der wütenden Mongolin offensichtlich wird,[6] aber auch bei Klytaimestra, die vor ihrem Sohn Orestes die Brust entblößt, was natürlich auf der Bühne nur angedeutet werden konnte, da ja auch die Frauenrollen von Männern gespielt wurden:[7] »Halt inne, Sohn, vergreif dich, Kind, nicht an der Brust / Aus der du schlummernd oft, zahnlosen Mundes noch, / Die süße Milch gesogen, die dein Leben war!«[8]

Diesen Appell hat auch der hl. Hieronymus im Sinn, wenn er in dem Brief ›ad Heliodorum‹ mahnt: »Mag dir auch dein kleiner Neffe am Halse hängen, mag auch deine Mutter mit aufgelösten Haaren und zerrissenen Kleidern dich an ihre Mutterliebe erinnern, mit der sie dich gepflegt«,[9] so sei dies doch alles kein Grund, nicht zur Fahne Christi zu eilen; oder wenn im Anschluß an den Kirchenvater im Jahre 1474 Albrecht von Eyb in seinem *Sittenspiegel* den Leser daran erinnert, daß er dem lieben Gott mehr verpflichtet sei als der Verwandtschaft: Das solle er auch dann nicht vergessen, wenn »die muter vor dir stuend mit außgepraitem har / mitt offen klaidern / vnd dir zaiget die prüst damit sy dich gemuetret het«.[10]

Ihre ganze Macht aber entfaltet die Mutter erst dort, wo sie, ihre Kinder verfluchend, diesen Fluch noch damit verstärkt, daß sie ihr Kleid über den Brüsten zerreißt und den Undankbaren drohend entgegenhält.[11] Hier scheinen die aggressive und die appellative Funktion der Brustentblößung miteinander zu verschmelzen.

Rein appellativ scheint indessen die Geste dort, wo die Frau um ihr Leben fleht – wie z. B. die Jungfrau auf John Vanderlyns Gemälde ›The Death of Jane McCrea‹ vom Jahre 1804, die von zwei Indianern gepackt und mit Tomahawks niedergeschlagen wird[12] – oder wo sie um Mitleid bittet, wie auf einer Illustration zu einer Handschrift des *Livre du cuer d'amours espris* aus dem Jahre 1457 (Abb. 43),[13] um Erbarmen für sich selber oder für ihr Kind, wie im 11. Jahrhundert die Mutter des Johannes von Velletri: Nachdem ihr Sohn durch Bestechung die Papstwürde erlangt hatte, wurde er einige Zeit später auf einem in Siena stattfindenden Konzil abgesetzt. Während er in der dortigen Salvatorkirche seiner geistlichen Gewänder entkleidet wurde und die Verbrechen vorlesen mußte, die man ihm zur Last legte, entblößte seine Mutter laut klagend und jammernd ihre Brüste.[14]

Am bekanntesten ist freilich die Geste der Madonna avvocata, der hl. Jungfrau, die am Jüngsten Tag im Rechtsstreit mit dem Teufel das letzte Register zieht und vor ihrem Sohn die mütterliche Brust entblößt, die ihn einst genährt hatte.

43 Aus *Livre du cuer d'amours espris*, fol. 25 v, 1457.

Das Motiv der auf diese Weise um die Rettung der menschlichen Seelen besorgten Frau läßt sich bis zum hl. Irenaeus im 2. Jahrhundert zurückverfolgen[15] und wurde häufig mit einer Stelle aus dem Lukasevangelium in Verbindung gebracht, an der es heißt: »Und es begab sich, da er so redete, erhob eine Frau aus der Volksmenge ihre Stimme und rief ihm zu: ›Selig ist der Mutterschoß, der dich getragen, und die Brüste, die dich genährt haben!‹«[16]

Um das Jahr 1320 schildert ein Kanonikus von Bayeux in seiner Schrift *Advocacie Nostre Dame*, mit welchen Worten die Jungfrau um das Heil der Menschheit kämpft: »»Beau Filz, ne croy pas cel Deable / Qui me hèt, il est bien veable (= ersichtlich). / Ha! beau douz Filz, je suy ta Mere / Qui te portey. IX. mois entiers: / Tu me dois oïr volentiers. / Je t'enffantey mout povrement / Et te nourri mout doucement. / Ta Mère suy, Mère m'apeles: / Beau Filz, regarde les mameles / De quoy aleitier te souloie, / Et ces mains dont bien te savoie / Souef remuer et berchier!‹ / Einsi la douce Virge sainte, / Fesoit a son Filz sa complainte, / Com Mere qui enfant doctrine / En demonstrant li sa poytrine.«[17]

Seit dem Beginn des 14. Jahrhunderts wird Maria in dieser

44 Votivbild des Zunftmeisters Ulrich Schwarz, Augsburg 1508.

Szene immer häufiger als einfache Bäuerin und nicht als Königin des Himmels dargestellt,[18] und sie entblößt sich auch nicht mehr so oft vor ihrem Sohn, sondern eher vor Gottvater, während Jesus diesem in einer analogen Geste seine Seitenwunde zeigt. So spricht auf einem 1508 entstandenen Votivbild des Augsburger Zunftmeisters Ulrich Schwarz (Abb. 44) die hl. Jungfrau die Worte: »Her thůn ein dein schwert / deß du hast erzogen / Vnd sich an die brust / die dein sun hat gesogen.« Und Jesus deutet auf die Wunde, die man ihm am Kreuz zugefügt hatte, und sagt: »Vatter sich an mein / wunden rot / Hilf den menschen auß aller not / durch meinen bittern tod.« Da hat der Vater ein Einsehen und steckt das

Schwert, mit dem er die Sünder richten wollte, in die Scheide zurück. Auf dem Titelbild der im Jahre 1509 in Antwerpen erschienenen Schrift *Der zielen troost* spritzt die Muttergottes sogar aus ihrer entblößten Brust Milch in einen Kelch. Gleichzeitig spritzt ihr Sohn aus seiner Wunde Blut in das Gefäß, das von einem Engel an die im Fegefeuer leidenden Seelen gereicht wird.[19]

In anderen Fällen, in denen die Madonna dem Betrachter des Bildes oder der Skulptur, aber auch Personen im Bild die Brust entgegenhält oder auf sie verweist (Abb. 218), bezeichnet sie lediglich ihre Mutterschaft, und so ist die Geste auch häufig bei fremden Völkern zu verstehen, etwa bei den nordaustralischen Wik-Mungkan[20] oder im Hochzeitstanz der Mbuti-Frauen[21] (Abb. 45).

45 Liebestanz (*elima*) der Mbuti-Frauen.

Vielleicht noch verbreiteter ist jedoch die Geste im Sinne einer sexuellen Aufforderung, wobei die Frau oft die Brüste von unten und der Seite her nach vorne preßt (Abb. 46). Das Brüstepressen findet man in dieser Bedeutung höchstwahr-

46 Peter Handel: ›Sibylle‹. Öl auf Holz, 1986.

scheinlich bereits in den frühesten neolithischen Zivilisationen des Vorderen Orients, etwa bei der sogenannten »Krötengöttin« von Hacilar[22] und später bei der Fruchtbarkeitsgöttin vom Typ der Inanna-Ischtar und der Astarte-Aphrodite, die auf eine Πότνια θηρῶν zurückgehen. Häufig ist diese sexuell initiative Frau ein Prototyp der Hure, und ihr Brustpressen bedeutet nicht, wie arglose Altertumsforscherinnen meinen, ein »Bereitmachen der Brüste zum Säugen«,[23] sondern eher das, was auf einer Brustplatte der mesopotamischen Inanna steht: *tu-di-tum lú-gá-nu-gá-nu*, »Mann, komm, komm!«[24] Eine solche Frau ist auf einer aus der ersten Hälfte des zweiten Jahrtausends stammenden Tontafel zu sehen: Auf einem Bett umfaßt eine langhaarige Frau mit einem Arm die Hüfte eines Mannes und hält ihm gleichzeitig ihre Brust entgegen.[25]

Das Brustweisen ist auch im Mittelalter und in den nachfolgenden Zeiten eine der kennzeichnenden Gesten der unanständigen Frau, die den Mann von sich aus fordert und reizt – in der Wirklichkeit die öffentliche Hure und in der Kunst die heidnische Göttin Venus (Abb. 47) und die Allegorie der Las-

47 Venus. Aus *Livre des Echecs amoureux*, 15. Jh.

civia (Abb. 48), wobei diese meist nur eine ihrer Brüste halten oder pressen.[26] Aber auch die angeblich so sexuell initiativen Frauen in »wilden« Gesellschaften werden oft auf diese Weise dargestellt, von der frühen Neuzeit bis ins 20. Jahrhundert:[27] So faßt sich beispielsweise auf der Titelseite von Amerigo Ve-

48 Lascivia im Chorstuhl der Kathedrale Notre-Dame in Amiens, frühes 16. Jh.

spuccis *Mundus Novus* aus dem Jahre 1505 eine Indianerin als Zeichen ihrer ungezügelten Geilheit an die Brust. Denn wie berichtet wird, kennen diese Wilden nicht einmal das Inzesttabu und pflegen mit jedem den Beischlaf, der ihnen über den Weg läuft.[28]

Von Verhaltensforschern, besonders von Eibl-Eibesfeldt, ist die These vertreten worden, daß auch dieses erotische Brüsteweisen letzten Endes auf das weibliche Stillangebot zurückzuführen sei, also auf das Versprechen des befriedigenden Nährens und Beruhigens. Ist es aber wirklich einigermaßen plausibel, anzunehmen, daß die Göttin der sinnlichen Liebe, die vor den Männern ihre Brüste preßt, dies tut, weil sie »männliche Aggressionen abpuffern« will? Und ist es überzeugend, daß entblößte Brüste in der Werbung den Kunden »beschwichtigen« sollen, da die Werbung als solche ansonsten zu aufdringlich wäre?[29] Viel näherliegend scheint es mir, daß der potentielle Sexualpartner der Liebesgöttin ebenso wie der Käufer des Produktes aufgefordert werden, ›zuzugrei-

49 Hannah Wilke: ›Beware of Fascist Feminism‹, 1974.

fen‹. Denn wenn es ein aggressives Brüsteweisen gibt,[30] das nicht auf ein defensives Stillangebot reduzierbar ist – warum sollte es dann nicht auch eine erotische Brustgeste sui generis geben?[31] Und wie z. B. die defensive Variante der Brustgeste nicht selten eine aggressive Komponente hat, so fehlt auch der erotischen Geste häufig die provokativ-aggressive Bedeutung nicht. Deutlich wird dies etwa an Hannah Wilkes Plakat ›Beware of Fascist Feminism‹ (Abb. 49), auf dem die Künstlerin in Jeans, mit entblößten Brüsten und in die Seiten gestemmten Händen zu sehen ist. Das Bild wendet sich gegen einen ›puritanischen‹, lust- und männerfeindlichen Feminismus enttäuschter und verbitterter Frauen[32] und vereinigt auf unmittelbar einsichtige Weise erotische und aggressive Momente.

§ 5
Die Vulva als Schreckmittel

Als Cú Chulainn, eine Art keltischer Berserker, sich Emain Macha näherte, so berichtet die altirische Saga *Táin Bó Cúalnge*, war Conchobor mac Fechtna, der König von Ulster, zunächst ganz verzweifelt, weil keiner wußte, wie man die Kampfeswut des jugendlichen Helden eindämmen könne. Doch schließlich kam den Verteidigern der rettende Gedanke:
»Und der Plan, den sie ersannen, war wie folgt: das Frauenvolk hinauszuschicken, um dem Jüngling zu begegnen, dreimal fünfzig Frauen, das sind zehn und siebenmal zwanzig Frauen, alle splitternackt, an der Spitze ihre Anführerin, Scannlach, um ihre ganze Nacktheit und Scham vor ihm zu entblößen (*do thócbáil*). All diese jungen Frauen brachen hervor und deckten ihre ganze Nacktheit und Scham vor ihm auf. Der Jüngling verbarg das Gesicht vor ihnen (*foilgiseom a gnúis*) und wandte sein bestürztes Gesicht zum Streitwagen, damit er die Nacktheit der Frauen nicht sehen mußte. Dann wurde der Jüngling aus seinem Wagen gehoben. Man steckte ihn in drei Bottiche mit kaltem Wasser, um die Hitze seiner Kampfeswut zu löschen.«[1]
Wird hier Cú Chulainn von einer Vielzahl von Frauen durch deren Nacktheit außer Gefecht gesetzt, so schwinden in derselben Saga den Kriegern beim Anblick der halbentblößten Königin Medb zwei Drittel ihrer Kraft. Sie, die ebenso draufgängerisch ist in der Liebe wie im Kampf, eine schöne Frau mit weißer Haut und langem goldblondem Haar, führt die Truppen von Connacht an und stürzt sich mit Schwert und Speer ins Gewühl.[2]
Man hat vermutet, daß die mittelalterlichen Sheila-na-gigs, die an den Kirchen ihre Schamlippen auseinanderziehen, um die Dämonen zu verscheuchen, auf Gestalten wie die Medb zurückgehen,[3] aber auch auf hexenartige Wesen wie jene Frau

im *Togail Bruidne Da Derg*, einer wohl im 8. Jahrhundert niedergeschriebenen Saga, die ihre grauenhafte Vulva mit bis zu den Knien herabhängenden Schamlippen vor dem legendären König Conaire Mor entblößte.[4]

Nach altirischem Gesetz wurde strengstens bestraft, wer einer Frau das Schamhaar schor[5] – eine seltsame Bestimmung, die vermuten läßt, daß solche Handlungen auch tatsächlich vorkamen. Vielleicht schnitten manche Männer Frauen als besondere Demütigung das Schamhaar ab, damit die Vulva deutlich sichtbar wurde – ein Akt von Schamlosigkeit ohnegleichen,[6] der möglicherweise auch Licht auf die Tatsache wirft, daß manche Sheila-na-gigs, die ihre Vulva exponieren, eine Schere in der Hand halten,[7] ein Motiv, das noch in der frühen Neuzeit auftaucht, wenn sich die Allegorie der Lascivia das Schamhaar epiliert (Abb. 50).

50 Die Epilation des Schamhaars. Holzschnitt von Peter Flötner, 16. Jh.

Richtet sich die Entblößung der Frauen von Ulster wie die der Sheila-na-gig direkt gegen den Feind, so gibt es auch – analog der Brustentblößung der Beduinenfrauen vor ihren Männern in § 1 – das ›Genitalweisen‹ der Frauen gegenüber der wankenden Schlachtreihe der eigenen Krieger. So ist etwa auf der Miniatur eines französischen Manuskriptes aus dem 13. Jahr-

51 Vor dem Angriff, 13. Jh.

hundert zu sehen, wie die Frauen den Rittern, die vor dem Feind weichen wollten, »monstrerent leur charz toutes nues« (Abb. 51). Da faßten die Ritter neuen Mut und warfen sich wieder in die Schlacht, bis »leurs anemies aresterent«.[8] Wenn früher die Krieger der Zulu in die Schlacht zogen, liefen Frauen neben ihnen her, die ihre Röcke rafften und den Männern die Genitalien präsentierten, wodurch sie, wie es heißt, »stimulated the men to frenzied courage«.[9] Wie erregt jedenfalls die Ritter auf unserer Miniatur geworden sind, ist durch die Erektion des Pferdes angedeutet – ein im übrigen nicht unübliches Darstellungsmittel: In der ersten Hälfte des 19. Jahrhunderts kopierte der Maler George Catlin ein Bild auf einer Büffelrobe der Cheyenne, auf dem ein Krieger mit einer Büffelkappe zu Pferde gegen Feinde kämpft, wobei sowohl der Penis des Indianers als auch der seines Pferdes erigiert sind.[10]

An die Episode von Cú Chulainn erinnert wiederum eine Geschichte, die Plutarch überliefert und von der er sagt, sie klinge wie ein Mythos, doch spreche vieles für ihre Wahrheit. Als der blutdürstige und brutale Pirat Chimarrhus die lykische Küste heimsuchte, habe Bellerophon nicht allein diesem eine vernichtende Niederlage beigebracht, sondern zugleich die Amazonen vertrieben, die in das Land eingefallen waren.

Freilich erntete der Held nur Undank. »Deswegen watete Bellerophon ins Meer und betete zu Poseidon, daß das Land als Vergeltung gegen Iobates«, der ihm seine Taten nicht gelohnt hatte, »unfruchtbar und unergiebig werden sollte. Nach seinem Gebet ging er daraufhin zurück, und eine Woge erhob sich und überschwemmte das Land. Es war grausig anzusehen, wie das Meer sich, ihm folgend, hoch in die Luft erhob und die Ebene zudeckte. Die Männer flehten Bellerophon an, ihm Einhalt zu gebieten, doch als sie sich ihm gegenüber keine Geltung verschaffen konnten, traten die Frauen, ihre Gewänder hochraffend, ihm entgegen; und als er sich, vor Scham, wieder zum Meer hin zurückzog, ging die Woge, so heißt es, ebenfalls zurück.«[11]

Während also im Mythos die sich entblößenden lykischen Frauen dem Bellerophon über die xanthische Ebene entgegeneilen, um den Helden und mit ihm die Flutwelle zurückzuwerfen, gilt es als wahrscheinlich, daß die griechischen Krieger auf ihren Schilden Abbildungen der Vulva oder zumindest Vulvasymbole trugen,[12] um den Feind zu verwirren und zu beschämen. Dies hatten auch die Römer im Sinn, wenn sie auf ihren Steinschleuderkugeln Graffiti über die ausgeleierte Klitoris einer pompejanischen Hure anbrachten, denn im alten Rom wurde eine hervorstehende Klitoris als ebenso obszön empfunden wie lange Schamlippen im alten Irland, und es gab nichts Schamloseres, als in der Öffentlichkeit über eine solche zu reden.[13]

Vor allem die Chinesen haben die weiblichen Genitalien in kriegerischen Auseinandersetzungen immer wieder als Waffe eingesetzt. Bei der Belagerung von K'ai-fêng im Jahre 1642 schickte beispielsweise die angreifende Armee nackte Frauen vor die Stadtmauer, die dort die Beine spreizten, um die Kanonen der Verteidiger unschädlich zu machen; doch diese konterten, indem sie ihrerseits auf dieselbe Weise die feindlichen Geschütze ruinierten.[14] Im gleichen Jahrhundert soll der berüchtigte Feldherr Chang Hsien-chung beim Sturm auf eine befestigte Stadt den Blicken der Verteidiger die entblöß-

ten Leichen erschlagener Huren dargeboten haben,[15] während im Jahre 1774 der Rebellenführer Wang Lun bei der Belagerung der Stadt Lintsing in Shantung den Anblick lebender Huren ertragen mußte: Die Verteidiger hatten auf den Mauern öffentliche Frauen postiert, die ihr Haar lösten, den Unterleib entblößten und urinierten, was, wie erwartet, den Zauber brach, den Wang ausgesprochen hatte, um die Kanonen der Stadt unbrauchbar zu machen, so daß die Geschützkugeln bald die Reihen der Angreifer lichteten.
Sehr viel später behaupteten auch die »Boxer«, sie hätten deshalb so schwere Verluste hinnehmen müssen, weil ihre Gegner »eine nackte Frau« ins Kampfgetümmel geschickt und mit Bildern entblößter Frauen ihre Gewehre und Geschütze lahmgelegt hätten. Als es ihnen überdies mißlang, eine Pekinger Kirche durch Rezitieren von Zauberformeln in Brand zu setzen, erklärten sie diesen Mißerfolg damit, daß die christlichen Missionare die Dachziegel mit Menstruationsblut beschmiert hätten.[16]
Die Tatsache, daß man dem nackten Frauenkörper derartige Wirkungen zutraute, wird vielleicht besser verständlich, wenn man weiß, welche Obszönität vor allem die Entblößung des weiblichen Genitalbereiches seit Jahrtausenden[17] für die Chinesen bedeutet.
Im traditionellen China wäre es in allen Bevölkerungsschichten skandalös gewesen, wenn ein Mann und seine Frau sich gegenseitig völlig nackt gesehen hätten, und deshalb stellte auch das gemeinsame Baden des Ehepaares eines der anrüchigsten Vergehen dar,[18] vor dem schon das Kapitel ›Regeln für den Haushalt‹ des konfuzianischen *Li chi* warnt.[19] Selbst eine öffentliche Hure, so heißt es, würde sich über die Tatsache, daß ein Kunde ihre Vulva gesehen hätte, ungleich mehr schämen als darüber, daß er sie beschlafen habe,[20] denn bis zum heutigen Tage bleiben normalerweise selbst Ehepartner beim Koitus bekleidet.[21] Zumindest auf dem taiwanesischen Dorf müssen die Mädchen nicht nur im Wachzustand beim Sitzen, sondern auch während des Schlafens, auf der Seite lie-

gend, fest die Beine zusammenhalten: Wird ein junges Mädchen dabei erwischt, daß es auf dem Rücken schläft, dann schlägt ihm die Mutter auf die Beine, bis es aufwacht, und schimpft es anschließend aus.[22]

Sah ein Mann den entblößten Genitalbereich einer Frau, so galt sie als entehrt, und bereits im 13. Jahrhundert berichtet ein chinesischer Reisender konsterniert, daß die Kambodschanerinnen nackt in Teichen badeten: Die in der Gegend ansässigen chinesischen Kaufleute veranstalteten deshalb Gruppenreisen, deren Teilnehmer aus Verstecken heraus die Badenden beobachteten.[23] Und bezeichnenderweise teilt der 1733 gestorbene Lan Ting-Yuan in seinen Lebenserinnerungen mit, er habe die Mitglieder einer nach dem Überfall auf ein frischverheiratetes Paar gefaßten Räuberbande als erstes gefragt, ob sie die betreffende Frau nackt ausgezogen hätten. Die Übeltäter gestanden dies freimütig, meinten aber, daß sie dadurch die Frau keineswegs entehrt hätten: Sie sei nämlich schon einmal verheiratet gewesen, und eine Frau, die zweimal heirate, habe keine Ehre, die man ihr nehmen könne.[24]

Selbst bei Bildern oder Skulpturen von Tieren wurde herkömmlicherweise alles weggelassen, was man als eine Andeutung von Genitalien hätte verstehen können,[25] und es wird daher niemanden verwundern, daß es in China keine Tradition der Darstellung des nackten menschlichen Körpers gibt. Ja, als im 17. Jahrhundert die Jesuiten Heiligenbilder verteilten, auf denen die Leiber der Gottesfürchtigen in traditionelle Gewänder gehüllt waren, war die Bevölkerung darüber schockiert, wieviel nacktes Fleisch zu sehen war.[26] Zwar gab es in China – wie auch in Japan – die sogenannten ›Frühlingsbilder‹ (*ch'un hua*), auf denen nackte Frauen in den verschiedensten Stellungen den Beischlaf ausüben, doch handelt es sich bei diesen Bildern um verbotene Pornographie, die unter anderem bezeichnenderweise wegen ihrer abschreckenden Wirkung als Präventivmittel gegen Feuer und andere Naturgewalten Verwendung fand.[27]

Auch unter kommunistischer Herrschaft hat sich an der traditionellen chinesischen Prüderie kaum etwas geändert, es sei denn, daß jetzt jede Thematisierung menschlicher Sexualität als »bürgerlich« und »konterrevolutionär« gebrandmarkt wird. So wurde beispielsweise im Jahre 1982 das Betrachten von Bildern mit nackten Frauen und erotischen Szenen mit der Begründung verboten, die Betrachter würden zu »Sexualverbrechen« angereizt, wie etwa das ›Peepen‹ in Frauentoiletten,[28] und im selben Jahr wurde ein Mann, der in Macao Pokerkarten mit Abbildungen nackter Frauen gekauft und nach China geschmuggelt hatte, zu 2½ Jahren Gefängnis verurteilt.[29] Drei Jahre später ging man verschärft gegen jede Art von unzüchtigen Bildern vor, und die »Regulierungen bezüglich des strengen Verbots obszöner Waren« untersagte auch den Besitz von Kunstbüchern mit Aktdarstellungen sowie entsprechenden wissenschaftlichen und medizinischen Werken.[30]

Bereits im Jahre 1979 war es wegen des von Yuan Yun-sheng ausgeführten Wandgemäldes ›Fest des spritzenden Wassers, Lied des Lebens‹ im Ausländer-Speisesaal des Internationalen Flughafens von Peking, auf dem das Frühlingsfest der Tai, eines Volkes im Südwesten des Landes, dargestellt ist, zu er-

52 Detail eines Wandgemäldes, Pekinger Flughafen.

regten Debatten gekommen. Kritiker hatten festgestellt, daß Nacktbilder kein Bestandteil der chinesischen Tradition seien und deshalb ungeeignet, Ausländern nach ihrer Ankunft in China als Blickfang zu dienen.³¹ Zunächst verbarg man den anstößigen Teil des Gemäldes (Abb. 52) hinter einem Vorhang. Nachdem jedoch in den folgenden Monaten ganze Menschenmengen den Speisesaal überfluteten, um hinter den Vorhang zu schauen, entschloß sich die kommunistische Parteiführung im März 1981, den betreffenden Teil zumauern zu lassen.³²

1979 waren auch zum ersten Mal in der Geschichte der Volksrepublik China in einer öffentlichen Ausstellung Aktbilder gezeigt worden, und zwar ebenfalls in Peking. Die dadurch ausgelöste Empörung war noch wesentlich größer als im Falle des Wandgemäldes im Flughafen, und es gab sogar Morddrohungen gegen die Künstler. Als besonders obszön sah man dabei ein Bild mit dem Titel ›Das Erwachen Tarims‹ an, weil die dargestellte Frau angeblich im Begriffe war, die Beine zu öffnen.³³

Die erste große Aktausstellung wurde indessen erst zehn Jahre danach, zu Beginn des Jahres 1989 in der Pekinger Na-

53 Schockierter Besucher einer Akt-Ausstellung in der Pekinger Kunsthalle, Januar 1989.

tionalgalerie eröffnet, in der Bilder von Künstlern der ›Zentralen Akademie der Schönen Künste‹ gezeigt wurden, und der geradezu vorprogrammierte Skandal übertraf anscheinend alles bisher Dagewesene. Es gab einen unglaublichen Publikumsandrang, aber offenbar reagierten viele Besucher auf die Bilder nackter Frauen ebenso schockiert (Abb. 53) wie über zwei Jahrhunderte zuvor die Krieger des Rebellen Wang Lun, als die entblößten Huren auf der Stadtmauer die Beine spreizten. Am meisten aber schämten sich wohl die Studentinnen, die sich den Künstlern meist ohne Wissen ihrer Eltern oder Ehemänner als Modelle zur Verfügung gestellt hatten, allerdings unter der Bedingung, daß die Bilder niemals in der Öffentlichkeit gezeigt würden. Noch heute gilt das Modellstehen in China als ebenso verächtlich wie die Prostitution,[34] und unmittelbar nach Ausstellungseröffnung hatten auch bereits zwei Ehemänner die Scheidung eingereicht.[35]

§ 6
Das Lachen der Götter

Im *Kojiki*, der im frühen 8. Jahrhundert niedergeschriebenen ›Geschichte der Begebenheiten im Altertum‹, wird erzählt, wie der Sturmgott Susa-no-wo-no-mikoto (›Ungestümer-Mann‹) in die Decke eines Hauses, in dem Frauen die himmlischen Kleider weben, ein Loch bohrt, durch welches er einen geschundenen Schecken, ein Pferd, dem er das Fell abgezogen hatte, fallen läßt. Da ängstigen sich die Weberinnen und »impegerunt privatas partes adversis et obierunt«, wie es in der Übersetzung dezent auf lateinisch heißt. Entsetzt über das ungebärdige Benehmen ihres Bruders zieht sich Amaterasu-oho-mi-kami (›Himmlische-Scheinende-Große-Erhabene-Gottheit‹), die Sonnengöttin, in eine Höhle zurück und verschließt sie von innen mit einem Felsbrocken. Als sich daraufhin die Erde verdunkelt, beraten die Götter, was zu tun sei: »Ame-no-uzume-no-mikoto (›Ihre Hoheit-Himmlische-Beängstigende-Frau‹) wand himmlisches Bärlapp vom Himmlischen Berg Kagu als Schärpe um sich, machte aus dem himmlischen Spindelbaum ihre Kopfbedeckung, band die Bambusblätter des Himmlischen Berges zu einem Strauß für ihre Hände, legte ein Schallbrett (*uke fusete*) vor den Eingang zur Himmlischen Felsenwohnung, stampfte auf, bis es tönte, und benahm sich, als ob sie von einer Gottheit besessen sei, und zog die Nippel aus ihren Brüsten, zog ihr Rockband herunter usque privates partes. Da bebte die Ebene des Hohen Himmels, und die achthundert Myriaden von Göttern lachten gemeinsam. Darüber war die Himmlische-Scheinende-Große-Erhabene-Gottheit verblüfft.«[1]
Allem Anschein nach handelt es sich bei dieser »beängstigenden« Uzume um eine Schamanin, die, gleichsam von einer Gottheit besessen, also in Trance, den Versuch unternimmt, durch Entblößen der Brüste und der Vulva den Sturm zu vertreiben, durch den sich der Himmel verfinstert hat. So ver-

sucht auch im *Nihongi* auf ähnliche Weise A-n-u durch Entblößung und höhnisches Angrinsen das Ungeheuer Sarutohiko zu verscheuchen.²

Warum aber lachen die Myriaden von Götter über den Anblick der sich entblößenden Schamanin? Heutige japanische Kommentatoren, die ein bestimmtes Bild vom Prozeß der Zivilisation haben, behaupten, in der damaligen Zeit sei für die Japaner das Entblößen »der Brüste und der Scham der Frau durchaus nicht obszön« gewesen, sondern »heilig«, und Uzume habe, auf dem Klangbrett tanzend, »eine heilige Handlung« vollführt.³

Nun gilt es freilich festzuhalten, daß wir über keinerlei Quellen verfügen, die ein solches Urteil rechtfertigen. Ganz im Gegenteil spielen Szenen der Entblößung der Vulva bereits in der frühesten japanischen Pornographie, vor allem auf den ›mittelalterlichen‹ Voyeurismusbildern,⁴ eine ebenso große Rolle wie später. Überdies geht auch aus nichtmythologischen Texten der Heian-Zeit hervor, daß die überraschende Konfrontation mit dem nackten Leib einer Frau selbst für Angehörige des eigenen Geschlechts etwas Erschreckendes und Beängstigendes an sich hatte. So berichtet beispielsweise Shikibu Murasaki zu Beginn des 11. Jahrhunderts in ihrem Tagebuch über das Entsetzen, das einige Frauen packte, als sie eines Nachts zwei nackte Hofdamen erblickten, denen Einbrecher die Kleider entwendet hatten, »denn unvergeßlich schrecklich ist der nackte Körper«.⁵

In vielen Geschichten wird erzählt, wie ein solcher Anblick die Männer, vornehmlich die heiligen, schwach werden läßt. So heißt es etwa in dem aus dem 14. Jahrhundert stammenden *Tsurezuregusa*: »Als der Berggenius Kume die weißen Waden einer Wäscherin sah, soll er, was ich gerne glauben will, die Kraft zu fliegen verloren haben. Ja, das reine Weiß an üppigen Armen und Beinen ist nicht künstlich aufgetragen!« In einer älteren Version dieser Geschichte im *Konjaku monogatari* aus dem 11. Jahrhundert wird mitgeteilt, daß Kume ein Sennin wurde und zum Himmel aufflog: »Dabei sah er beim Yoshino-Fluß eine junge Frau Kleider waschen; um die Kleider zu waschen, schürzte sie ihr Kleid bis zu den Waden, und Kume sah, wie weiß die Waden waren; darauf wurde das Herz Kumes beschmutzt, und er fiel vor dieser Frau hin.«[6] Was der Verfasser mit den Worten kommentierte: »Sennin mo furusato wo bōji-gataku ochi«, d.h.: »Auch ein Sennin kann schwer das Heimatdorf vergessen und fällt herab.«[7] Dieser Zusatz erhellt, daß der magische Flieger nicht durch einen Blick auf die Unterschenkel zum Absturz gebracht wurde, wie es schamhaft heißt, sondern durch den Anblick des »Heimatdorfes«, aus dem ein jeder stammt, nämlich der Vulva.

Wird in dieser Geschichte jedoch die Vulva zufällig sichtbar, so verwenden in einem anderen Fall, der uns zur Uzume zurückbringt, die Frauen ihre Genitalien bewußt als Waffe. Als nämlich Dämonen (*oni*) zwei Frauen verfolgen und ihnen den Fluchtweg abschneiden, ruft in letzter Sekunde eine Göttin den beiden zu, sie sollten den Verfolgern geschwind ihre »wichtigen Teile« (*daijina tokoro*) zeigen, und geht ihnen dabei mit gutem Beispiel voran. Drei Vulven auf einmal ist für die Dämonen mehr, als sie verkraften können: Sie halten inne, brechen in ein lautes Lachen aus und suchen ihr Heil in der Flucht.[8]

Hier stellt sich erneut die Frage: Warum lachen die Dämonen? Offensichtlich werden sie ja keineswegs erheitert, sondern schockiert, denn sie fliehen ja augenblicklich, nachdem die drei Frauen sich vor ihnen entblößt haben.

Überall auf der Welt, vor allem aber in Südost- und Ostasien ist das Lachen eine typische Spannungslösung, eine Reaktion, die peinliche und beschämende, aber auch Situationen akuter Gefährdung überspielen und neutralisieren soll: ein ›Nichtakzeptieren‹ der Gefährdung durch eine Dokumentation von Freundlichkeit, also von Affekten und Emotionen, die man in solchen Augenblicken gerade nicht empfindet. So heißt es beispielsweise, daß japanische Kinobesucher lachten, wenn auf der Leinwand extreme Grausamkeiten gezeigt würden,

und während des Vietnamkrieges beobachtete ein Amerikaner, wie sich vietnamesische Frauen vor Lachen geradezu ausschütteten, als sie Photos ihres Heimatdorfes betrachteten, auf denen Dutzende von getöteten und verstümmelten Kindern, darunter viele nahe Verwandte, zu sehen waren.[9] Lächelnd fragte ein japanisches Dienstmädchen ihre Herrin, ob sie zum Begräbnis ihres Mannes gehen dürfe, und später zeigte sie lachend und mit den Worten »Hier ist mein Mann« auf die Urne, die seine Asche enthielt.[10] Von Kavik, einem alten Eskimo-Jäger, wird erzählt, daß er stets Tränen lachte, wenn er von seinen größten Mißgeschicken berichtete,[11] und ein Ethnograph teilt mit, er habe sich zunächst geweigert, einem Mann der Djelgobe-Peul ein Aspirin zu geben, als dieser lächelnd über Kopfweh klagte.[12] Auch auf der Insel Bali lernen die Kinder sehr schnell, Ärger und Peinlichkeit durch Lächeln und Freundlichkeit zu verbergen, um das »innere Selbst« zu schützen. Gleichzeitig wird aber das Leben der Balinesen von *lek*, einer Art ›Lampenfieber‹ beherrscht,[13] nicht nur von der Angst, einen Fauxpas zu begehen, sondern davor, daß dieses »Selbst« einmal aufbrechen könnte – was im übrigen zeigt, daß die Insulaner so gar nicht dem ›prämodernen‹ Menschen entsprechen, bei dem laut Norbert Elias »die entscheidende Gefahr noch nicht aus einem Versagen der Selbstregelung, aus einem Nachlassen der Selbstkontrolle kommt.«[14] »Scham (*malu* oder *ngidalem*) ist das Maß des Menschen«, sagen die Balinesen, aber dies beinhaltet auch, daß man gewissermaßen in der Scham Scham zeigt und sie nicht übertreibt. Immerhin wahrt anscheinend das junge Mädchen, das strahlend vom Tod ihres Verlobten erzählt,[15] ebenso das Mittelmaß wie die peinlich berührten Frauen, die den mit offenen Beinen und entblößten Brüsten am Strand liegenden westlichen Touristinnen mit Lachen begegnen.[16]
Auch in Japan ist Lachen die gängigste Reaktion auf Obszönität. Als beispielsweise gegen Ende des vorigen Jahrhunderts erstmalig Aktbilder öffentlich ausgestellt wurden, lachten die schockierten Besucher,[17] und bezeichnenderweise nannte

man pornographische Bilder *warai-e*, Bilder, »über die man lacht«, und den Dildo *warai-dōgu*, »Ding über das man lacht«.[18] Im Striptease-Salon ›Toji Deluxe‹ in Kyōto ist die eigentliche Attraktion die sogenannte »Öffnung«. Dabei rücken die Stripperinnen zum Bühnenrand und öffnen unmittelbar vor der ersten Publikumsreihe langsam die Beine. Nachdem eine Reihe von Besuchern mit Hilfe von Taschenlampen und Vergrößerungsgläsern mit gynäkologischer Genauigkeit die Beschaffenheit von Schamlippen, Klitoris usw. untersucht haben, beenden tosender Beifall und ein befreiendes Lachen die Vorstellung.[19] Es ist kein Zufall, daß diese ›Peep-Girls‹, Prostituierte und Geishas, in ihren Schreinen die Uzume verehren,[20] die auch Otafuku, ›Großbrüstige‹, genannt wird,[21] und die heute noch – allerdings auf sehr dezente Weise – im volkstümlichen Nō-Theater[22] wie auch im modernen Buto den Sturmgott vertreibt (Abb. 54).

54 Buto-Tänzerin Eji Ikuyo.

Aber auch in völlig anderen Gesellschaften begegnet uns das Lachen als Abwehr von Obszönität. So ruft etwa der gehörnte Hephaistos den Göttern zu, sie sollten sich doch das in flagranti delictu gefangene Liebespaar, seine Frau Aphrodite und Ares, anschauen: »Kommt und seht hier Dinge zum Lachen *und nicht zu ertragen*!«²³ Was diese auch tun – allerdings im Gegensatz zu den weiblichen Gottheiten, deren Schamhaftigkeit eine solche Indiskretion verbietet: »Aber die Göttinnen blieben vor Scham in ihren Gemächern. Unter die Pforte traten die Götter, die Geber des Guten. Unauslöschlich Gelächter erscholl bei den seligen Göttern.«²⁴

Als der polynesische Trickster Maui in die scharfzahnig umrandete Vagina der schlafenden Hine-nui-te-po einsteigt, wird er zerquetscht, weil die Unterweltsgöttin durch das laute Lachen der Vögel, die den obszönen Akt beobachten, wach wird.²⁵ Leiser und, laut Presseberichten, »etwas verkrampft«, lachte auch im Jahre 1981 Hamburgs Erster Bürgermeister Hans-Ulrich Klose, als sich im Rathaus sieben Schüler und Schülerinnen ausziehen und ein junges Mädchen vor ihm demonstriert, wie sie zu masturbieren pflegt,²⁶ und im selben Jahr lachte der Berliner Polizist, der eine nackte ›Tuwat‹-Demonstrantin zur erkennungsdienstlichen Behandlung führt (Abb. 55).

Fraglicher scheint hingegen, welche Bedeutung die Entblößung der Magd Iambe vor Demeter im Hause des Keleos und das darauffolgende Lachen der Göttin haben. Bekanntlich

55 ›Tuwat‹-Demonstrantin und Berliner Polizist, 1981.

zieht Iambe – von den Orphikern Baubo genannt – vor der um den Verlust ihrer Tochter trauernden Frau den Peplos in die Höhe und entblößt die Vulva, um die Göttin zu trösten, wie es bei Clemens von Alexandrien und Arnobius heißt.[27] Darauf lacht die Demeter ebenso wie bei den Eleusinischen Mysterien, wo sie schwarzverschleiert auf dem »Stein des Lachens« sitzt, während die Iambe den schwarzen Mantel, unter dem sie nackt ist, vor ihr abwirft.[28] In diesem Falle scheint das Lachen die Lösung einer Spannung zu sein, aber in einem etwas anderen Sinne: Vermutlich handelt es sich um das, was später das »Osterlachen« genannt wurde, das Lachen als Ausdruck der Erleichterung über die jährliche Wiederkehr der entschwundenen Fruchtbarkeit.[29] Persephone, die in die Unterwelt entführte Tochter der Demeter, Inbegriff der in der Sommerhitze verdorrenden Vegetation, scheint der trauernden Mutter für immer verloren, bis Iambe der Göttin die Vulva zeigt, durch die das Leben immer wieder neu geboren wird. Demeter erkennt, daß der Rückzug der *natura naturata* in das Innere der Erde nur temporär ist, ähnlich wie der Teilnehmer an den Eleusinischen Mysterien, vor dem maskierte Frauen auf der Brücke über den Bach Kephissos das Gewand hochgezogen haben und dem das in einer κίστη verborgene Bild einer Vulva gezeigt worden ist, auf diese Weise daran erinnert wird, daß auf den Tod ein neues Leben folgt.[30]

Wenn diese Interpretation zutrifft, dann ist – zumindest im *klassischen* Griechenland – im vorliegenden Falle die Entblößung der Vulva kein apotropäischer Akt, sondern das tröstende Vorzeigen des Symbols der ›Ewigen Wiederkehr des Gleichen‹, und das Lachen ist der Ausdruck der Erleichterung darüber, daß nicht alles zu seinem Ende gekommen ist.

Eine wohl eher erotische Bedeutung hat das Lachen als Reaktion auf die Entblößung der Vulva in einer anderen, noch älteren Geschichte, die allerdings, wie es scheint, ebenfalls einen ›mythologischen‹ Hintergrund besitzt. Nachdem der phallische Fruchtbarkeitsgott Baba, der ›Stier der Paviane‹,[31] den

Sonnengott Rê-Harachte mit den Worten »Dein Schrein ist leer«, d. h. wohl »Du bist impotent«, verhöhnt hatte, nahm Rê sich dies sehr zu Herzen: »Da verbrachte der große Gott einen vollen Tag, auf dem Rücken liegend, in seiner Halle, tief getroffen und ganz allein. Nach einer langen Weile kam Hathor, die Herrin der südlichen Sykomore, trat vor ihren Vater, den Allherrn und entblößte ihre Scham vor ihm. Da mußte der große Gott über sie lachen. Er richtete sich auf.«[32]

Die Hathor ist eine sehr verführerische und sexuell initiative Frau,[33] was auch eine andere Geschichte vor Augen führt, in der ein Kuhhirte im Schilf, dort, wo die Wildkuh Hathor lebt, auf eine Frau trifft, die ihm nicht menschlich scheint. Es ist die Göttin, sie ist nackt, ihr Haar ist zerzaust und sie will den Hirten zum Beischlaf nötigen, aber der ist entsetzt von dem Anblick und treibt, so schnell es geht, seine Herde nach Hause.[34]

Anders verhält sich Rê, denn nicht *er* scheint sich aufzurichten, sondern sein Penis, ähnlich wie der ›tote‹ Osiris von seiner Schwester Isis zum ›Leben‹ erweckt wird, indem diese ihn bis zur Ejakulation stimuliert.[35] Auch Rê wird durch den Anblick der entblößten Vulva seiner Tochter nach einem Tag der Niedergeschlagenheit revitalisiert, und sein Lachen ist das Indiz für seine wiedergewonnene sexuelle Energie. So heißt es auch in der berühmten Inschrift im Terrassentempel der Hatschepsut in Deir el-Bahari über die Königin Aḥmes-nebt-ta, als Amun-Rê sich ihr, der sterblichen Manifestation Hathors, in Gestalt des Königs nähert: »Sie lachte seiner Majestät entgegen«. Auf das Lachen der Königin hin tut der Gott etwas, das wörtlich übersetzt: »Er machte ḫꜣd gegen sie«, übertragen aber höchstwahrscheinlich: »Er ließ vor ihr sein Glied steif werden« lautet. Woraufhin die Königin seine »Schönheit«, d. h. seine Erektion, bewundert und mit ihm schläft.[36]

Hathor zeigt dem Sonnengott nicht nur ihre Genitalien – sie selber ist gewissermaßen die personifizierte Vulva: Ihr Name, Ḥwt-Ḥr, bedeutet »Haus des Horus«, wobei Ḥwt wohl eine

Metapher für den weiblichen Schoß ist.³⁷ Und sie ist ausdrücklich der Schoß, der den Mann zum Koitus einlädt: *ḥtp* heißt »glücklich sein«, »befriedigen«³⁸ und als Hathor-Nebet-Hetepet ist sie die »Herrin der geschlechtlichen Befriedigung«.³⁹

Diese Göttin wird »die Hand des Atum, die alle berauscht«, genannt,⁴⁰ auch »Hand des Rê«,⁴¹ und was für eine Hand gemeint ist, wird bereits durch ihre zur Zeit des Königs Thutmosis III. erfolgte Identifikation mit der Göttin Jusaâs ersichtlich, eine Gleichsetzung, die vermutlich auf ein Wortspiel mit dem Ausdruck für Masturbation durch Reiben des Penis (*iwsꜣw*) zurückgeht.⁴²

Die Hand, mit der die Göttin ihren Partner masturbiert, bezeichnet nun im übertragenen Sinne nicht nur ihre Vulva, vielmehr ist ›Gotteshand‹ (*ḏrt nṯr*) ein Name der Hathor selber, und wenn es heißt, daß »die Hand des Atum« das Unwetter vertreiben könne,⁴³ dann zeigt dies, daß auch den alten Ägyptern die Vulva als Schreckmittel nicht unbekannt gewesen ist.

Bereits im Alten Reich wurde auch die Bastet (*Bꜣstjt*, griechisch Βουβαστις, »die von Bubastis«) mit der Hathor gleichgesetzt,⁴⁴ und noch zweitausend Jahre später berichtet Herodot über das Fest dieser Bast von Bubastis, die er Artemis nennt: »In einzelnen Barken kommen sie daher gefahren, eine große Menge Volks, Männer und Frauen durcheinander. Manche Frauen haben Klappern, mit denen sie rasseln, manche Männer spielen während der ganzen Fahrt die Flöte, und die übrigen Frauen und Männer singen und klatschen dazu in die Hände. Kommen sie auf ihrer Fahrt an einer Stadt vorüber, so lenken sie die Barken ans Ufer und tun folgendes. Einige Frauen rufen die Frauen jener Stadt an und verspotten sie, andere tanzen, wieder andere stehen auf und entblößen sich.«⁴⁵

Warum aber entblößten sich die Frauen auf der Nilfahrt nach Bubastis vor der am Ufer stehenden Bevölkerung? Und um welche Frauen handelte es sich? Waren es Priesterinnen der

Bastet-Hathor, welche tanzten, klapperten und die das Nilufer Säumenden durch Präsentation der Vulva ›zum Lachen brachten‹, d. h. sexuell erregten?

Bleiben wir zunächst beim Klappern oder Klirren. Nach einer altägyptischen Deutung gibt das Klirren des Sistrums das Rascheln der Papyrusstengel wieder, das die Wildkuh Hathor erzeugt, wenn sie aus dem Papyrusdickicht hervorbricht[46] – wir erinnern uns an die Geschichte, in der die nackte Hathor aus dem Schilf tritt, um den Kuhhirten zu verführen. Nach dem Ausdruck sšš wꜣḏ, »mit dem Papyrusstengel rascheln oder klappern«, hieß das Sistrum sšš.t,[47] und mit dem Klirren eines solchen Instrumentes annonciert in einem thinitischen Pyramidenspruch der tote König seiner Mutter, der »großen Wildkuh«, die im Papyrusdickicht des Deltas lebt, daß er bereit ist, mit ihr zu schlafen.[48]

Nach einer anderen Deutung stellt das Sistrum die männlichen Genitalien dar: Sein phallusförmiger Griff ist der erigierte Penis und das Flagellum »die Hoden des Seth«.[49] Wenn also in einem Sargspruch der Tote als Verkörperung Ihis', des Sohnes der Hathor und des Rê, die Worte spricht: »Meine Hände sind ihr Sistrum, das sich meine Mutter Hathor gibt, um sich zu erfreuen; meine Schenkel sind ihr ḫn-kt-Gewand, das sich meine Mutter gibt«,[50] und wenn die Ahmose-Nofretete den Namen trägt: »Die das Sistrum mit wunderschönen Händen hält, um ihren Vater Amun zu erfreuen«,[51] so ist hier in mehr oder weniger diskreter Sprache von Koitus und Masturbation die Rede. Schüttelt eine Frau vor einem Mann das Sistrum, dann tut sie auf symbolische Weise dasselbe wie die ›Gotteshand‹, also die Hathor oder ihre Verkörperung, die den Gott »erfreut«, indem sie seinen Penis reibt und gewissermaßen die Hoden klappern läßt.[52]

Hathor ist aber nicht nur die ›Herrin des Sistrumspiels‹, sie ist auch die ›Herrin des Menît‹, einer Halskette, deren Klirren als sexuell erregend empfunden wurde.[53] Man hat vermutet, daß mnj.t etymologisch mit mn.t, »Schenkel, Schoß« zusammenhängt,[54] was wohl bedeuten würde, daß die Hathor, die dem Mann die Menîtkette darbietet und ihn auffordert: »Lege deine Hand auf das Schöne«, ihren Partner symbolisch auf dieselbe Weise stimuliert wie die Hathor, die vor ihrem Vater Rê die Vulva entblößt. In der Tat tut genau dies die Königin als Verkörperung der Hathor gegenüber dem König, der sterblichen Manifestation des Rê:[55] Manchmal halst sie ihn sogar mit der Kette ein (*ms mnj.t*), wobei sie mit der Linken das Sistrum schüttelt,[56] d.h., sie *läßt sich* nicht beschlafen, sondern holt sich den Penis des Königs in ihre Vagina. ›Realistische‹ Beischlafszenen gibt es in der höchst sittsamen ägyptischen Kunst überhaupt nicht, lediglich symbolische Darstellungen des *hieros gamos*.[57] Doch auf pornographischen Abbildungen ist es ebenfalls nicht selten die Frau, die lockend die Beine spreizt und die den Penis des – bisweilen widerstrebenden – Mannes in die Vagina einführt (Abb. 56).

56 Pornographische Darstellungen auf dem Papyrus 55001.

Nicht nur Menîtkette und Sistrum waren für den Kult der Hathor charakteristisch, sondern auch ein eigentümlicher Tanz, der im Alten Reich *jb3* und in späterer Zeit *ḫbj.* genannt wurde.[58] Auf Mastaba-Darstellungen in Saqqāra, die aus der 6. Dynastie stammen, ist ein solcher Tanz zu sehen: Die Tänzerinnen, die sich durch den kurzen, vorne abgerundeten

Schurz als ›Dienerinnen‹ der Hathor ausweisen, beugen den Oberkörper weit nach hinten und reißen dann ein Bein in die Höhe, wobei sie die Arme parallel zu den Beinen ausstrecken. Andere junge Mädchen sorgen durch Klatschen oder durch das Rascheln des Sistrums für den Rhythmus der Darbietung.[59]
Auf einem Wandbild im Grab des Intefiker, eines Wesirs Sesostris I., dessen Frau Hathorpriesterin war, bilden die klatschenden Mädchen eine Gasse, durch welche die Tänzerinnen schreiten, während eine weitere Gruppe von Tänzerinnen auf sie zukommt. Eine Inschrift, die sich höchstwahrscheinlich auf die erste Gruppe bezieht, lautet: »Siehe, das Gold (*nbw*) kommt«, wobei »Gold« eine Bezeichnung für die Hathor ist. Eine zweite Inschrift bezieht sich wohl auf die andere Gruppe von Tänzerinnen, die keine Locke haben und vermutlich männliche Partner darstellen, und lautet: »Die Türflügel des Himmels öffnen sich, damit der Gott (= Rê) hervorgehe.«[60]
Allem Anschein nach wird hier auf tänzerische Weise die Ouvertüre zum Beischlaf zwischen der Hathor und dem Sonnengott dargestellt oder, genauer gesagt, angedeutet,[61] worauf auch die Handgesten der Tänzerinnen hinweisen: Die ›weiblichen‹ halten die Hand geschlossen, während die ›männlichen‹ den Zeigefinger ausstrecken, was sich so interpretieren läßt, daß erstere die Hand bereithalten, die den Penis masturbiert oder in die Vagina einführt, und letztere mit dem Finger den erigierten Penis imitieren, also eine *ḥꜣd*-Geste machen.[62]
Wir sind also wieder bei den Ausgangsszenen angelangt. So wie sich raschelnd der Papyrus teilte und die Hathor dem Kuhhirten die Vulva zeigte, und wie die Tochter ihren Vater auf gleiche Weise aufzuheitern suchte, genau so präsentierten vielleicht die Tänzerinnen beim Rascheln des Sistrums und beim Klirren der Menîtkette, die sie häufig trugen, die Vulva, über der vermutlich lediglich ein flatterndes Tuch hing.[63] Anscheinend taten sie dies auf tänzerische Weise entweder so, daß sie zurückgebeugt das Bein hochrissen oder sich aber

57 Tänzerin, Ostrakon, 18. Dynastie.

in die Brücke begaben. *Daß* es sich bei der Tanzfigur auf Abb. 57 um eine Brücke handelt, läßt sich zwar nicht mit der gängigen These vereinbaren, nach der das Bild gewissermaßen die Momentaufnahme eines Überschlages ist,[64] doch dem steht wiederum die Tatsache entgegen, daß man diese Figur des sich weit Zurückbeugens noch heute bei nubischen Tänzerinnen beobachten kann (Abb. 58).

Warum aber stimuliert die Hathor ihren Vater auf diese Weise? Wir erinnern uns, daß der Affengott Baba die Potenz des Sonnengottes in Frage gestellt hatte, und in der Tat lag

58 Tänzerin in Omdurman. Photo von Hugo Bernatzik, 1927.

dieser den ganzen Tag lang kraftlos auf dem Rücken, bis seine Tochter ihn wieder zum Lachen brachte, d.h., ihm seine Kraft zurückgab. Meines Erachtens steht hinter dieser Episode die Vorstellung von der täglichen Revitalisierung der Sonne im Leib der Muttergöttin.[65] Hathor kann nicht nur die Tochter, sondern auch die Gattin und Mutter von Rê sein[66] – letzteres ist sie bereits in den Pyramidentexten, wo sie als Hesatkuh jeden Morgen den Sonnengott als »Kalb des Goldes« zur Welt bringt, um ihn abends wieder in ihren Leib aufzunehmen.[67] Dieser *regressus ad uterum*[68] heißt ẖnm m ꜥnḫ, »Vereinigung mit Leben«,[69] und wird als ein Geschlechtsakt gesehen. »O Rê«, lautet entsprechend ein Text, »schwängere (nk) den Schoß (ẖt) der Nut mit dem Samen (mtwt).«[70]

Auch der berühmte Bericht Diodors, in dem es heißt, daß nur diejenigen Frauen den Tempel des Nil im Gebiet von Heliopolis betreten durften, die dem Apisstier ihre Scham zeigten, um fruchtbar zu werden,[71] scheint auf eine ähnliche Tradition zu verweisen, die sich bis in prähistorische Zeiten zurückverfolgen läßt: Auf die von Kamutef, der Stiergottheit, die sich im Leib der Wildkuhgöttin regeneriert.[72]

§ 7
Die Entblößung der Vulva als Beleidigung

Da in sämtlichen Gesellschaften der Vergangenheit und der Gegenwart der Geschlechtsverkehr eine private Handlung ist und war, dürfte es niemanden verwundern, daß normalerweise die Präsentation der Vulva als sexuelle Einladung auf den Privatbereich beschränkt bleibt, es sei denn, die Entblößung fände in ritualisierter Form statt wie bei den Dienerinnen der Bastet auf den Nilbarken. Ganz anders verhält es sich jedoch meist dann, wenn eine Frau die Vulva als Ausdruck tiefster Verachtung entblößt, denn in solchen Fällen scheint es ihr häufig völlig gleichgültig zu sein, ob Unbeteiligte Zeugen der Gebärde werden oder nicht. Und diese Gebärde findet man in diesem Sinne in so verschiedenen Kulturen und Zeiten, daß man versucht sein könnte, sie als eine Universalie zu bezeichnen.

Im Rechnungsheft des Kremser Stadtrichters Heinrich Stökhel vom Jahre 1470 heißt es beispielsweise: »Item zwo frawn von Fuertt habent diepreyn aneinander zigen«, worauf sie wegen der unzüchtigen Handlung bestraft wurden.[1] Hundert Jahre später kamen in Sankt Gallen der Hafner Cuntz und die Kapfnerin vor Gericht. Nachdem Cuntz eine Maß Wein getrunken hatte, waren die beiden miteinander in Streit geraten, und er hatte die Frau als »ehrlose schändliche hur und sockh« beschimpft, worauf diese ihm zunächst erwiderte, er sei ein »schelm«. Als er jedoch immer noch keine Ruhe gab, habe sie schließlich ihren Rock »gegen In vfgehept«.[2] Und im Spätsommer des Jahres 1532 zeigte in Dubrovnik Fiorio Petrovich eine gewisse Mara Radanovich an, weil sie an seine Hausschwelle gekommen, ihn eine »gehörnte Ziege« genannt und entsprechende Zeichen gemacht habe. Um noch eins draufzusetzen habe sie dann, »um mir eins auszuwischen, ihre Kleider hochgehoben und ihre geheimen Orte gezeigt«. Damit nicht zufrieden, habe Mara ihm zu guter Letzt zugerufen,

»er sei ein Sodomit, der Textilarbeiter mit nach Hause nehme und es dort mit ihnen treibe«.[3]

Wenn Burmesinnen ernsthaft miteinander stritten, konnte es vorkommen, daß eine der Frauen in der Wut ihr Hüfttuch herunterriß, mit der Hand auf die Vulva klatschte und der anderen etwas Obszönes an den Kopf warf.[4] Allerdings scheint es der hohe burmesische Schamstandard verhindert zu haben, daß eine Frau so etwas auch im Streit mit einem Mann getan hätte; vielmehr lupfte sie in einem solchen Falle den Rock bis zu den Knöcheln und bei äußerster Wut bis zu den Knien. Sehr wenige burmesische Männer haben ihre Frauen jemals nackt gesehen und auch zum Geschlechtsverkehr zog man sich nicht aus.[5] Dies hat sich im dörflichen Bereich auch heute kaum geändert: Wenn ein Mädchen acht oder neun Jahre alt ist, entkleidet sie sich selbst vor ihrer Mutter nicht mehr, und wenn die jungen Mädchen und die Frauen sich voll bekleidet am Dorfbrunnen waschen, wechseln sie hinterher mit einer solchen Geschicklichkeit die Kleidung, daß niemand ›etwas‹ sehen kann.[6]

Vor allem wenn ein Mann in Bereichen auftauchte, die als ausgesprochene Frauensphären herkömmlicherweise für das andere Geschlecht tabu waren,[7] konnte er damit rechnen, daß die aufgebrachten Frauen ihm die Vulva zeigten. Ein solcher Ort, an dem kein Mann etwas verloren hatte, war vornehmlich der Waschplatz – Waschen, Spülen und Bleichen gehörten zu den wenigen Tätigkeiten, bei denen Frauen sich in der Öffentlichkeit trafen, wo sie die Arme und teilweise auch die Schenkel entblößten, wo Klatsch und Tratsch, das »Gewäsch«, blühten und wo sich die weibliche ›Solidargemeinschaft‹ über den ›Geschlechtsfeind‹ äußern konnte: »Wenn die Weiber waschen und backen, haben sie den Teufel im Nacken«.[8]

In Frankreich machten früher die jungen Burschen die Waschfrauen mit dem zweideutigen Zuruf »Lavez-vous blanc?« (»L'avez-vous blanc?«) an, worauf diese ihre Kleider rafften und von vorne und von hinten die Vulva präsentierten, aber sie taten dies auch von sich aus, und ein Reisender, der im 18. Jahrhundert die Seine hinauffuhr, berichtet über die Wäscherinnen im Châtillonais: »A Chaillot, les femmes qui étaient sur la grève à essanger leur linge, battre et laver leur lessive, nous dirent en passant mille sottises que la pudeur ne permet point de répéter. Les passagers ont répondu par des répliques si corsées que la plus vieille de ces mégères, enragée de se voir démontée, a troussé sa cote mouillée et nous a fait voir le plus épouvantable postérieur qu'on puisse jamais voir.«[9]

Ethnographische Beschreibungen der Vulvapräsentation in beleidigender Absicht beziehen sich häufig auf Frauen in afrikanischen Gesellschaften, und Feministinnen haben z.B. aus entsprechenden Berichten über Kikuyu- oder Tubufrauen den Schluß gezogen, daß in solchen Fällen die Nacktheit «offensichtlich als ein *Zeichen von Würde* verstanden» werde, »wie Jahrtausende früher die Großen Göttinnen nackt dargestellt wurden zum Zeichen ihrer Hoheit«.[10]

Davon kann freilich nur sehr bedingt die Rede sein. Zum einen gibt es keinerlei Hinweise darauf, daß die neolithischen ›Urmütter‹ und ihre jungpaläolithischen Vorfahrinnen »zum Zeichen ihrer Hoheit« ohne Kleidung dargestellt wurden, und dies ist auch ganz unwahrscheinlich.[11] Zum anderen zogen sich die Kikuyufrauen dann vor ihrem Mann aus, wenn dieser sie mit einer anderen Frau betrogen hatte. Auf diese Weise zeigten sie ihm ihre Verachtung und demonstrierten den Abbruch jeglicher sexueller Beziehungen mit ihm.

Doch nicht nur ihren Ehemann beschämen die Frauen der Kikuyu auf diese Weise, sondern auch fremde Personen. Vor kurzem traten beispielsweise zwölf Kikuyufrauen unter einem großen Zelt auf einem öffentlichen Platz Nairobis in einen Hungerstreik, um damit gegen die Inhaftierung ihrer Söhne und Brüder zu protestieren, die als politische Häftlinge in einem Gefängnis festgehalten wurden. Als eine Eliteeinheit der Polizei das Zelt stürmen wollte, entblößten sich einige der Frauen völlig und tanzten mit hüpfenden Brüsten vor den Po-

lizisten umher, die sofort innehielten und verlegen zur Seite schauten. Später sagte eine der Frauen dem deutschen Fernsehkorrespondenten, der das Ereignis hatte filmen lassen: »Ich kann mir nicht erklären, warum ich es tat – es war mir schrecklich peinlich!« Und eine andere meinte: »Plötzlich fühlte ich eine Macht in mir, zu kämpfen. Damit wollte ich sagen: Jetzt kämpfen wir!«[12]
Die Frauen der Tubu im Tschad schließlich beschämen durch eine öffentliche Entkleidung ihren Mann dann, wenn dieser sie vor anderen beleidigt und gedemütigt hat.[13] Der Gedanke liegt nahe, daß die Frau sich deswegen entblößt, weil sie demonstrieren will, daß ihr Mann bei ihr keine sexuellen Privilegien mehr genießt. So ist mir der Fall einer Dame bekannt, die sich auf einer Party splitternackt auszog und damit auch dem Blick aller anderen männlichen Gäste preisgab, nachdem ihr Gatte auf geschmacklose Weise mit einer anderen Frau geflirtet hatte. Ein ähnliches Schicksal ereilte den französischen Rechtsradikalenführer LePen, der in einem Interview über seine geschiedene Frau hergezogen war. Diese ließ sich nämlich mit entblößten Brüsten und gespreizten Beinen in einer der nächsten Nummern der betreffenden Zeitschrift abbilden, was anscheinend von zahlreichen Französinnen – und vermutlich auch von politischen Feinden – mit großem Jubel aufgenommen wurde.[14]
Wenn in Afrika ein Mann eine Frau beleidigt oder gedemütigt hat, fühlen sich häufig die Frauen als Kollektiv betroffen, vor allem wenn es sich um sexuelle Beleidigungen und Ehrverletzungen handelt, die als ›frauenfeindlich‹ empfunden werden. Sagt beispielsweise bei den Bakweri ein Mann vor Zeugen, d. h. in der Öffentlichkeit, zu einer Frau: »Deine Möse stinkt!«, dann ruft diese alle anderen Frauen des Dorfes zusammen. Sie umringen den Übeltäter, entblößen vor ihm die Vulva, verlangen ein Schwein als Kompensation für die Beleidigung des weiblichen Geschlechts und eine zusätzliche Buße für die Frau, der er die schmutzigen Worte an den Kopf geworfen hat. Dabei singen sie obszöne Lieder sowie ein Lied,

59 Frauen der Bete an der Elfenbeinküste haben die Männer verjagt und versperren die Straße.

in dem es heißt: »*Titi ikoli* (= tausend Mösen) sind kein Gegenstand von Beleidigungen, wunderschön, wunderschön!« Die anderen Männer aber suchen schleunigst das Weite, um zu vermeiden, die entblößten Genitalien der Frauen zu sehen, denn vor allem der Anblick des nackten Unterleibs der mit ihnen bluts- oder affinal verwandten Frauen würde sie zutiefst beschämen.[15]

Wird bei den Parakuyo-Massai ein Mann des versuchten oder vollendeten Inzests beschuldigt, rotten sich sämtliche Frauen der Nachbarschaft zusammen und halten ein *enkishuroto* ab: Sie ziehen sich splitternackt aus, laufen unter lautem Geschrei zum Haus des Täters und präsentieren ihm die Vulva. In einer solchen Situation steht der Mann auf verlorenem Posten: Kein anderer wird es wagen, ihm zur Seite zu stehen, denn die Frauen sind dann »zu fürchten«, und es bleibt ihm nichts anderes übrig, als ihnen zwei Kühe als Buße zu überlassen.[16]

Ähnliches blüht auch dem Mann der Tugen, der eine Frau mit obszönen Worten beleidigt oder tätlich angegriffen hat und der es anschließend versäumt, sich bei ihr zu entschuldigen: Alle Mitglieder der Altersklasse des Opfers ziehen nackt und unanständige (»sehr, sehr schreckliche«) Lieder singend vor sein Haus und präsentieren in lasziven Stellungen ihre Geni-

talien[17] – eine Unerhörtheit, denn bereits ein Kind darf unter keinen Umständen seine Eltern oder andere Erwachsene nackt sehen, weil dies einer Verfluchung gleichkäme.[18] Gelingt es den nackten Frauen gar, in das Haus des Übeltäters einzudringen, »dann wird das Feuer im Haus dieses Mannes sterben«, d.h., er wird unfruchtbar werden.[19]
Wie eine Frau durch das Auseinanderziehen der Schamlippen ihren Sohn erniedrigen kann, erlebte mein Freund Wolf Brüggemann bei den Lyela. Bessana, ein wohlhabender Bauer von etwa 40 Jahren, legte sich eines Tages eine fünfte Frau zu, eine aus Togo stammende Prostituierte, die er in der nahe gelegenen Provinzhauptstadt kennengelernt hatte: »Seit drei Monaten lebt sie nun auf seinem Hof, und der Hof ist empört. Hier lebt neben mehreren Frauen, die Bessana von seinem verstorbenen Vater übernommen hat (seine »petites mères«), auch seine eigene Mutter, eine resolute Dame von ca. 60 Jahren. Sie ist Kopf und Sprachrohr der Opposition. Der Knatsch erreicht (wohl nicht zufällig) seinen Höhepunkt, als ich mit drei Freunden zu Gast bin, um ein ›Erntedankfest‹ aufzunehmen, bei dem unter anderem der Ahnensegen für das kommende Jahr erbeten wird. Die Opferhühner, die in ihrem Todeskampf die Zukunft enthüllen, fallen jedoch ›falsch‹ und sterben auf dem Bauch anstatt auf dem Rücken. Für die ›Opposition‹ ist der Grund klar: das Mädchen. Die Alte tut nun etwas sehr Ungehöriges: Lautstark mischt sie sich ein und fordert ihren Sohn auf, das Mädchen auf der Stelle fortzuschicken. Bessana, schwitzend und frustriert, verliert die Nerven. Er brüllt (nicht weniger unpassend) seine Mutter an, sie solle sich heraushalten oder sie könne sich selber vom Hof scheren. Und nun passiert es: die Alte rafft ihre Röcke empor, spreizt die Schenkel, zerrt ihre Schamlippen auseinander und schreit: ›Hier, hier, aus diesem Loch bist du herausgekrochen, naß wie ein Fisch...!‹ Der Redeschwall, der dieser schönen Einleitung folgt, gipfelt in der empörten Frage: ›Wie kannst du es wagen, mich aus dem Haus deines Vaters zu weisen, als wäre ich eine Peul?‹ Flam-

mend vor Entrüstung, von Bessanas Frauen und ›kleinen Müttern‹ halb gestützt, halb getragen, verschwindet sie in ihrer Hütte. Bessana sitzt reglos und mit gesenktem Kopf da, seine Opfergehilfen ebenfalls. Ich verständige mich mit meinen Freunden durch Blicke, wir erheben uns und bitten um Erlaubnis, gehen zu dürfen. Drei Tage später erfahre ich, daß das Mädchen fort ist.«[20]

Bei den Pokot würde unter normalen Umständen nur eine verrückte (*kipoiyi*) Frau ihren Genitalbereich vor anderen entblößen, und ein Mann, der dies sähe, wäre zutiefst beschämt. Wenn freilich ein Mann seine Frau sexuell vernachlässigt, dann kann es passieren, daß eine Gruppe von Frauen ihn einkreist, auslacht, mit Stöcken auf seinen Penis schlägt und spottet, daß er »keinen hochkriege«. Schließlich entblößen sie ihren Unterleib, stoßen dem auf den Boden gerissenen Mann die Vulva ins Gesicht, urinieren und defäkieren auf ihn und singen laut: »Wozu brauchst du deine Eier? Du bist ja doch kein Mann!«[21]

Andererseits drohten die Frauen der Baule an der Elfenbeinküste Männern, die sie vergewaltigen wollten, damit, vor ihnen die Vulva zu entblößen, angeblich mit der erhofften Wirkung, denn lediglich »gelegentliche Übergriffe von Maskentänzern« sollen erfolgreich gewesen sein. Wenn indessen die Ethnologin, der wir diese Mitteilung verdanken, der »zerstörerischen Kraft« der Vulva eine »lebensrettende« Kraft gegenüberstellt,[22] die sich dann entfaltet hätte, wenn die Frauen versuchten, im Kriege den Feind und in Dürreperioden oder bei Epidemien die bösen Geister zu vertreiben, dann sieht sie zwei verschiedene Funktionen der Entblößung, wo es doch ganz offenkundig nur *eine* gibt: Denn die Frauen bedrohten im einen Falle die Vergewaltiger und im anderen die feindlichen Krieger und die Geister. Bei solchen Gelegenheiten tanzten die Frauen mit verhüllten Brüsten und entblößter Vulva den *adjanu*, und es ist ganz unplausibel, daß sie dabei durch die Präsentation der Genitalien die weibliche »Fähigkeit zu gebären« dargestellt haben. Denn warum sollte ausge-

rechnet die Demonstration dieser Fähigkeit den Feind vertreiben?
Die Entblößung der Vulva zur Abschreckung feindlicher Krieger findet sich allenthalben auf der Welt. Als beispielsweise die finnischen Tschuden auf ihren Raubzügen sengend und mordend in das Gebiet der Lappen einbrachen, soll eine alte Frau gesagt haben: »Ruft mich nur, wenn das fremde Schiff mitten im Sund ist!« Als dies geschah, bückte sie sich und entblößte den Unterleib. Da brach augenblicklich ein wilder Sturm los, der das Schiff zum Kentern brachte, so daß alle die Mordbrenner ertranken.[23] In der *Gullthoris Saga* versucht eine Frau, durch Präsentieren der Vulva das Schwert des Feindes stumpf zu machen,[24] und auch die Jungfrauen der Pueblo-Indianer sollen einst auf diese Weise die feindlichen Krieger in die Flucht geschlagen haben.[25]
Verbürgt ist jedenfalls, daß dies einstmals den Waliserinnen gelang. Als nämlich im Jahre 1797 französische Truppen bei Goodwick in der Nähe der Fishguard Bay gelandet waren, marschierten zahlreiche Frauen der Gegend in ihrer Nationaltracht mit roten Röcken, Umhängetüchern und leuchtenden Hauben sowie Besen in den Händen auf. In Sichtweite der feindlichen Soldaten hoben sie die Röcke und präsentierten den nackten Unterleib. Die Landungstruppen aber hielten die Frauen irrtümlicherweise für britische Soldaten mit roten Röcken und weißen Hosen – eine Panik brach aus, und sämtliche Franzosen suchten unter Zurücklassung ihrer Musketen das Weite.[26]
Eine solche Szene, in der französische Frauen unter der Führung Théroigne de Méricourts den österreichischen Soldaten von vorne und von hinten die Vulva zeigen, ist auf Abb. 60 zu sehen, aber auch auf einer Karikatur, mit der die politisch aktiven Frauen der Revolution des Jahres 1848 verspottet wurden. Auf dem Bild entblößt eine Gruppe von jungen Frauen die Brüste und Genitalien vor einem Gendarmen, der ihnen von einem Zettel vorliest, auf dem geschrieben steht: »Dieser Damen Club muss sich aufheben« (Abb. 61).[27]

60 ›Grand Débandement de l'armée anticonstitutionelle‹.
Aus dem *Journal général de la cour et de la ville*, Februar 1792.

Man mag nun der Meinung sein, daß solche Genitalentblößungen vor dem Feind den Persönlichkeitstypus einer vergangenen Epoche voraussetzen, einen Typus, der schon seit langem dem Evolutionsprozeß der Peinlichkeitsstandarde zum Opfer gefallen ist; daß zwar noch eine Caterina Sforza auf den Mauern einer Zitadelle den Mördern ihres Mannes Rache schwören konnte, indem sie »mostrò loro le membra genitali«,[28] daß aber von einer normalen europäischen Frau eine derartige Reaktion nicht mehr zu erwarten sei.

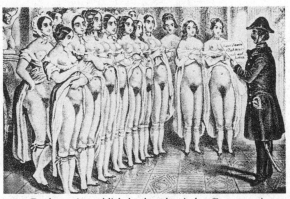

61 ›Der letzte Augenblick des demokratischen Frauenvereins‹.
Karikatur, 1848.

Dem widerspricht indessen nicht nur das weiter oben erwähnte Racheverhalten von Mme LePen, einer durchaus ›normalen europäischen Frau‹, sondern auch zahlreiche andere Beispiele aus der Gegenwart. So berichten etwa Psychoanalytiker, daß manche Mütter ihre Kinder damit einschüchtern, daß sie sich vor ihnen entblößen,[29] und von einer Engländerin heißt es, sie habe im Jahre 1914 bewaffnete Bauern, die in ihr Haus eingedrungen waren, dadurch vertrieben, daß sie vor ihnen die Vulva präsentierte.[30]

Eine polnische Karikatur aus der Zeit des Zweiten Weltkrieges zeigt eine Soldatin, die durch das Entblößen des Unterleibes und der Brüste für Panik im deutschen Schützengraben sorgt[31] (Abb. 62), eine Szene, die sich mit der in Gerhart Hauptmanns *Die Weber* vergleichen läßt, wo es heißt:

Ein alter Weber (im ›Hause‹): »Paßt ock uf, nu nehmen sie's Militär hoch.«

Ein zweiter Weber (fassungslos): »Nee, nu seht bloß de Weiber! Wern se ni de Recke hochheben! Wern se ni's Militär anspucken!«

62 »Hände hoch!« (?) Polnische Karikatur aus dem Zweiten Weltkrieg.

Eine Weberfrau (ruft herein): »Gottlieb, sieh dir amal dei Weib an, die hat mehr Krien wie du, die springt vor a Bajonettern rum, wie wenn se zur Musicke tanzen tät.«[32]
Man wird vielleicht einwenden, es handle sich hier um eine Karikatur und um ein Schauspiel, und es sei doch durchaus denkbar, daß den dargestellten Szenen in der Wirklichkeit gar nichts mehr entsprochen habe.
Freilich läßt sich dieser Einwand durch zahllose Beispiele aus der Wirklichkeit widerlegen. So entblößten sich im März 1985 Anhängerinnen der Friedensbewegung vor dem US-Stützpunkt Waldheide bei Heilbronn, um auf diese Weise gegen Atomraketen und Weltraumwaffen zu protestieren, und im selben Jahr wurde Präsident Reagan auf seiner Autofahrt zur Burg Hambach so von Jugendlichen begrüßt, die den Weg säumten.[33] Auf Abb. 63 sind deutsche Kernkraftgegner beiderlei Geschlechts zu sehen, die sich über die deutsch-französische Grenze hinweg verächtlich der französischen Polizei präsentieren, nachdem schon einige Jahre vorher ein schockierter Nationalgardist unmittelbar nach dem berüchtigten Einsatz seiner Truppe an der Universität von Kent in Ohio, bei dem mehrere Studenten erschossen wurden, zu Protokoll gab: »It seemed like all the young women were shouting obscenities or giving obscene gestures. I had never seen that before.«[34]

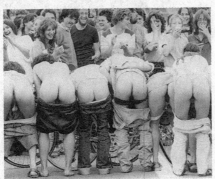

63 Deutsche Kernkraftgegner entblößen sich vor der französischen Polizei, nachdem ihnen die Einreise verweigert worden ist; 1981.

Nicht nur andere Menschen werden durch das Vulvaweisen vertrieben oder abgeschreckt, sondern auch schädliche Geister und Dämonen. So entkleideten sich beispielsweise im alten China die Schamaninnen (*wu*), um die Dämonen der Trockenheit zu verscheuchen,[35] und noch in unserer Zeit zog sich in der Provinz Kan-su ein »Zauberweib« splitternackt aus, um eine Dürre zu beenden.[36] Ohnehin vertraten die Frauen das *yin*, das Feuchte und Kühle, weshalb es die Anordnung gab, daß während einer Trockenheitsperiode die Frauen auf den öffentlichen Plätzen erscheinen, die Männer aber in ihren Häusern bleiben sollten. Zudem öffnete man lediglich die Nordtore der Stadt, weil der Norden die *yin*-Richtung ist, aus der man den Regen erwartete.[37] Bereits Wilhelm von Rubruk berichtet, daß die Mongolinnen sorgsam darauf bedacht seien, nie bei hellichtem Tage ihren Unterleib zu entblößen, um sich zu waschen, weil sie befürchteten, ansonsten ein Unwetter mit Blitz und Donner herbeizuführen, und noch heute soll es mongolische Frauen geben, die sich aus diesem Grunde nicht einmal in der Unterwäsche vor dem Himmel zeigen.[38]

Im späten Mittelalter und in der frühen Neuzeit erwehrten sich die Frauen auf diese Weise mit Vorliebe des Teufels, sei

64 Der Teufel und die butternde Frau, Goslar 1526.

es, daß sie sich von vorne zeigten, sei es, daß sie sich so weit vornüber beugten und die Röcke rafften, daß von hinten die Scham zu sehen war, wie es auf Abb. 64 mit aller Dezenz angedeutet ist.[39] An diesen Anblick scheint sich der Böse freilich auch in den folgenden Jahrhunderten nicht so ganz gewöhnt zu haben, denn wie auf Abb. 65 zu sehen ist, schok-

65 Illustration zu La Fontaines ›Le Diable de Papefiguiere‹ von Charles Eisen. Kupferstich, 1762.

kierte ihn das »schreckliche Ding« selbst noch im aufgeklärten Zeitalter so sehr, daß er sich bekreuzigen mußte: »A ces mots au folet / Elle fait voir ... Et quoi? chose terrible. / Le diable en eut une peur tant horrible, / Qu'il se signa, pensa presque tomber: / Onc n'avoit vu, ne lu, n' oui conter / Que coups de grife eussent semblable forme.«[40]
Wer diese Reaktion des Teufels für übertrieben hält, der lese folgende Passage aus einem autobiographischen Roman des Fin-de-siècle, in der sich der Autor an ein ähnliches Erlebnis mit einem Dienstmädchen erinnert: »Sie stellte sich einige

Schritte vor mich hin, hob rasch die Röcke und zeigte ihre strammen, wohl geformten Beine. Sie war ein hinreichend fesches Mädchen, aber etwas ordinär. Sie hielt die Röcke so hoch, daß ich die behaarte Gegend genau sehen konnte, in deren Mitte ein riesiges Ding war. Es stieß mich ab. Es war viel größer als das von Mademoiselle und von Beatrice und machte einen weit greulicheren Eindruck. Welch ein Ungeheuer, welch ein Apparat! Der könnte einem den letzten Blutstropfen aussaugen. Ich zitterte.«[41]

Als sicher darf es auch gelten, daß die berühmte Lady Godiva durch Entblößung ihres Leibes Unheil von der Stadt Coventry abwenden wollte, wenn es auch heute nicht mehr möglich ist, zu rekonstruieren, worin diese Gefahr bestand. Wie es scheint, stellte die Nacktheit der blaublütigen Dame bereits im Mittelalter eine Zumutung für das Anstandsgefühl der Zeitgenossen dar, und der Chronist Roger von Wendover legt im 12. Jahrhundert Wert auf die Feststellung, daß Godiva vor dem legendären Nacktritt durch die Stadt ihr langes Haar geöffnet habe, das züchtig ihren ganzen Körper mit Ausnahme der schönen weißen Schenkel bedeckte. Im 16. Jahrhundert teilt Richard Grafton aus Coventry unter Berufung

66 Lady Godiva, zweite Hälfte des 16. Jh.s.

auf eine mittelalterliche Quelle mit, die Lady habe als Bedingung für ihr Unternehmen von der Bevölkerung strengste Wahrung des Anstands verlangt, »requiring of them for the reuerence of womanhed, that at that day and tyme that she should ride (which was made certaine vnto them) that streight commaundement should be geuen throughout all the City, that euerie person should shut in their houses and Wyndowes, and none so hardy to looke out into the streetes, nor remayne in the stretes, vpon a great paine«.[42] Offenbar hielt sich ein jeder an die Verordnung und »her honestie« war »saued«, ganz im Gegensatz zu den pikanteren Versionen der späteren Zeit: So taucht erstmals im Jahre 1659 ein »Peeping Tom« auf, der durch die Finger schaute.[43] Seit dieser Zeit gibt es auch Darstellungen der Lady zu Pferde, auf denen die langen Locken nicht viel mehr als den Genitalbereich bedecken (Abb. 66) – doch immer noch reitet sie züchtig im Damensitz: Eine nackte Frau im Herrensitz wäre wohl auch für die Spätrenaissance eine unzumutbare Obszönität gewesen.

§ 8
Die Macht der Frauen

In Indien werden Jungen mit effeminiertem Wesen meist verachtet und verlacht: Die älteren Jungen nötigen sie zum Analverkehr und anderen sexuellen Praktiken, und die Eltern setzen sie häufig dermaßen unter Druck, ›normal‹ zu werden, daß sie von zu Hause weglaufen, in den großen Städten stranden oder sich den übers Land ziehenden Wanderschauspieltrupps anschließen und in »cheap sexy plays« die weiblichen Rollen übernehmen.[1] Viele der Jungen landen in den Gemeinschaften der *hijrās*, die Frauenkleider tragen und die sich entweder als Frauen fühlen, so daß man sie als Transsexuelle bezeichnen kann, oder aber von sich sagen, daß sie weder Frauen noch Männer sind.[2] Werden sie in die Gemeinschaft initiiert, müssen die künftigen *hijrās* zwar meistens geloben, von nun an auf jede sexuelle Betätigung zu verzichten,[3] aber tatsächlich arbeiten die meisten als Stricher oder prostituieren sich in Badehäusern, wobei sie etwa 50 % des Lohnes an die Besitzer oder Pächter des Etablissements abführen.[4]
Die *hijrās* identifizieren sich mit der Muttergöttin Bahuchara Mātā[5] – weshalb sie sich, ähnlich wie einst die Anhänger der Kybele, Penis und Hodensack operativ entfernen lassen –, und diese Identifikation verleiht ihnen gleichsam magische Fähigkeiten. Auf den Straßen und in den Läden erbetteln sie Almosen, indem sie vor den Passanten oder den Ladeninhabern in die Hände klatschen: Geben die Betreffenden ihnen aber kein Geld oder werden die *hijrās* sogar beleidigt, indem man zu ihnen sagt: »In Wirklichkeit bist du ja ein Mann!«, dann entblößen sie ihren kastrierten Genitalbereich, was einem schlimmen Fluch gleichkommt. Um böse Geister abzuwehren, tun sie dies aber auch dort, wo gerade ein Kind, vor allem ein Junge, geboren wurde, oder bei Hochzeiten, wo sie obszöne Tänze aufführen und Lieder singen, die meistens auf Kosten des Bräutigams und seiner Familie gehen.[6]

Auch die *dilukai* oder *dilngáy* genannten Relieffiguren, die an den Giebelplanken der Gemeinschaftshäuser (*bai*) der Jugendlichen auf der mikronesischen Insel Palau angebracht waren und die Frauen darstellen, welche ihre Beine weit spreizen und auf diese Weise die Vulva exponieren (Abb. 67), sollten böse Geister daran hindern, in die Häuser einzudringen, d.h., sie hatten genau dieselbe Funktion wie die Sheila-na-gigs an den mittelalterlichen Kirchen. Sie durften nur von eigens dazu befugten Spezialisten hergestellt werden, denn jeden anderen hätte beim Schnitzen unweigerlich der Tod ereilt. Nach Ansicht der Insulaner band man einst – um einen unliebsamen Gesellen loszuwerden, der sich auf keine andere Weise vertreiben ließ – zwei nackte Frauen »in der Stellung, wie die *dilukai* abgebildet ist«, an die Türpfosten seines Hauses. Früher hatten die Palauer, was die weiblichen Genitalien anbetrifft, sehr hohe Schamstandarde – so mußte z.B. ein Mann, der in die Nähe eines Badeplatzes kam, laut auf sich

67 *Dilukai* am Giebel eines Gemeinschaftshauses auf Palau.

aufmerksam machen, und derjenige, welcher eine Frau beim Baden überraschte, wurde so bestraft, wie wenn er sie vergewaltigt hätte[7] –, so daß man sich den Schock des Mannes vorstellen kann, als er heimkam (Abb. 68). Er floh entsetzt und

68 Mann trifft auf nackte Frau mit gespreizten Beinen; Palau.

wurde nie wieder gesehen. Man sagte, er habe sich in eine Sternschnuppe verwandelt, doch niemand wußte dies genau. Um also vor ihm sicher zu sein, schnitzte man die *dilukai*-Figuren und brachte sie an den Häusern an.[8]
Allein schon diese *Abwehr*funktion der *dilukai* und der Sheila-na-gigs hätte bei all jenen Interpreten Zweifel aufkommen lassen müssen, die auf Grund eines bestimmten Bildes vom Zivilisationsprozeß behaupten, solche Figuren seien keineswegs »obszön aufgefaßt« worden, sondern der Ausdruck einer »leibverherrlichenden Ideologie« gewesen: Sie stammten nämlich aus Zeiten und Gesellschaften, in denen der weibliche Körper noch »nicht domestiziert«, vielmehr »verherrlicht« worden sei.[9]
Die Frage bleibt aber weiterhin offen: *Warum* ist die exponierte Vulva abschreckend? Warum ergreifen Menschen und Dämonen die Flucht, wenn eine Frau oder auch nur das Bildnis[10] einer Frau den Unterleib entblößt und die Beine spreizt?
Einige Verhaltensforscher haben die These vertreten, daß beispielsweise die germanischen Frauen und Männer, die aus ihren sturmumtosten Behausungen dem Unwetter ihren nackten Hintern entgegenstreckten, sich gewissermaßen dem Sturmgott zur vaginalen bzw. analen Penetration angeboten hätten, um ihn mit dieser Unterwerfungsgeste zu beruhigen und zu versöhnen.[11] Wenn nach der in § 4 diskutierten These die Frau, die dem Gegner die Brüste entgegenhält, diesem sozusagen ein Stillangebot macht, dann stellen sich hier die

Männer und Frauen mit ›hingehaltenem‹ Unterleib homo- bzw. heterosexuell zur Verfügung, um die Aggressivität des Überlegenen »abzupuffern«. Man hat z. B. beobachtet, daß sich Pavian-Weibchen den Männchen nicht nur sexuell präsentieren, wenn sie daran interessiert sind, sich mit ihnen zu paaren, sondern auch dann, wenn sie Angst vor ihnen haben. Und sie tun dies auch in anderen Fällen, in denen es vorteilhaft ist, freundlich und unaggressiv zu erscheinen, etwa um zu einer Annäherung einzuladen: So präsentiert sich z. B. ein erwachsenes Weibchen einem Kleinkind und ermuntert es dadurch, näherzukommen. Oder ein jugendliches Weibchen präsentiert sich einer Mutter, damit diese zuläßt, daß es deren Kindchen hätschelt.[12]

Nun liegt es mir fern zu bezweifeln, daß in manchen Fällen eine Frau durch Präsentation der Vulva den Aggressor gewissermaßen ›auf andere Gedanken‹, nämlich auf sexuelle bringen will, um ihn zu besänftigen. Bekanntlich wird bereits Enkidu dadurch gezähmt, daß Gilgamesch eine Tempelhure der Ischtar (sumerisch *kar. kid*; akkadisch *harimtu*) ausschickt, die dem Wilden die Vulva zeigt und ihm in einem sechs Tage und sieben Nächte dauernden Koitus seine wilde Kraft nimmt.[13] Unter der aus Niniveh stammenden Statuette einer nackten Frau steht geschrieben, daß der König Assurbelkala »diese Skulpturen (*alamgate annate*) zum Lachen (*ina muhhisi ahi*)« aufgestellt habe,[14] und es ist anzunehmen, daß die Göttin, die auf Siegeln der nachakkadischen Zeit die Vulva entblößt, ihren Partner auf die gleiche Weise »zum Lachen« bringen will. Höchstwahrscheinlich handelt es sich um die Ischtar, die im Mythos vor dem Meeresdrachen ihren Genitalbereich präsentiert und damit das Ungeheuer besänftigt.[15]

Von den Ona (Selk'nam) wird berichtet, daß sie einmal, als sie von Feinden angegriffen wurden, eine ihrer jungen Frauen zwangen, vor den Feinden die Vulva zu entblößen, und zwar nicht, um diese zu vertreiben, sondern um sie anzulocken und dann aus dem Hinterhalt zu erledigen.[16] Die Frauen der

Bashu stellten sich während der Jagd der Männer auf einen Hügel, präsentierten die Genitalien und riefen: *uli nyama y'omukali!*, »Du bist ein Tier der Frau!«, womit der Büffel angelockt und gezähmt werden sollte, so daß die Jäger ihn töten konnten.[17] Und schließlich wird in einer mittelalterlichen Beschreibung der Jagd auf das abessinische Einhorn das Fabeltier dadurch hilflos gemacht, daß man es mit Hilfe eines die Beine spreizenden Affenweibchens sexuell erregt. Ganz offensichtlich vertritt die Äffin hier die Jungfrau, die in anderen Versionen der Geschichte mit ihrem Geruch oder mit ihren entblößten Brüsten das Einhorn ködert, welches daraufhin seinen Kopf in den Schoß der Jungfrau legt und einschläft, so daß die Jäger es ergreifen können.[18]

Weniger als sexuelle Lockgebärde, sondern als ausgesprochene Unterwerfungsgeste ist sicher auch der Begrüßungsmodus der Fulbe-Frauen zu sehen, die Personen von hohem Status wie z.B. den Kolonialherren demütig den Hintern und damit die Vulva hinhielten (Abb. 69)[19] – ein Brauch, dem

69 Fulbe-Frauen grüßen den Kolonialherrn.

auch die Frauen der Gurage folgten[20] –, oder die Körperhaltung der jungen Frau beim Selbstbezichtigungsritual der AAO-Kommune in den siebziger Jahren (Abb. 70). Auch die javanischen Frauen wandten sich von den Europäern ab,

70 Weibliches Mitglied der AAO-Kommune beim Selbstbekenntnis-Ritual. Photo von Günter Zint, 1975.

beugten sich nach vorne und reckten ihnen den Hintern entgegen, während sich die Männer lediglich niederkauerten. »Die kleinen Jungen«, so berichtete im vergangenen Jahrhundert ein Reisender, »machen es wie ihre Mütter und nehmen aus Ehrerbietung eine Stellung ein, die, da sie keine Hosen tragen, in Europa für den Ausdruck des Gegentheils gelten würde.«[21]

Allerdings war auch bei uns das *demütige* Hinternweisen verbreitet, das noch heute in dem Ausdruck »vor jemandem die Hosen herunterlassen« nachwirkt. So gab es etwa während der Renaissance in Florenz den Brauch, daß zahlungsunfähige Schuldner auf dem Neuen Markt vor der Menschenmenge die Hosen herunterließen und den nackten Hintern auf einen sich dort befindlichen großen Pflasterstein (*lastra*) stießen, wodurch sie zugunsten der Gläubiger ihr Vermögen abtraten, jedoch von jedem persönlichen Zwang freiblieben,[22] ein Brauch, von dem sich die italienische Redensart *batter il culo sul lastrone*, »bankrott machen« herleitet.[23]

Ich vermute, daß es sich dabei weniger um die Demonstration der Bereitschaft zum homosexuellen Analverkehr handelt, sondern eher um die Imitation der weiblichen Bereitschaftsgebärde zur vaginalen Penetration von hinten, einer Stellung, bei der die Frau besonders *passiv* bleibt: So entblößen beispielsweise die Männer der Sambia in Neuguinea vor den Jungen, von denen sie sich fellationieren lassen, verführerisch den Hintern, obwohl in dieser Gesellschaft jeglicher Analverkehr unbekannt ist.[24] Und bezeichnenderweise gab es im mittelalterlichen Pfaffenhofen bei Güglingen den Brauch, daß derjenige, welcher bei einer Tätigkeit ertappt wurde, *die nur für Frauen schicklich war*, entweder dem vor dem Rathaus tagenden Gauchgericht zwei Maß Wein spendieren oder aber »in die Lade schwören« mußte: Dieses »Schwören« sah so aus, daß der Betreffende vor der versammelten Bürgerschaft die Hosen herunterließ, worauf ihm der zu diesem Zwecke gewählte Ladenmeister die drei Eidfinger »an den Hintern legte«. Die Überlieferung will, daß sich noch nie ein Straffälliger zu dieser entehrenden Prozedur bereit erklärt hatte, bis im Jahre 1556 zwei junge Männer sich den Wein doch lieber selber auftischen lassen wollten. Ihr Auftritt mit nacktem Hintern soll von der Bürgerschaft jedoch als so obszön empfunden worden sein, daß der größte Teil der Zuschauer sich beschämt vom Rathaus zurückgezogen habe.[25]

In all diesen Fällen handelt es sich um sexuelle Lock-, Demuts- und Unterwerfungsgesten, doch es ist völlig unplausibel, anzunehmen, daß sich auch jene Entblößungen auf sie zurückführen ließen, die keinen besänftigenden, sondern einen aggressiv-beleidigenden Charakter haben. Um diese Gebärden zu erklären, scheint deshalb zunächst eine andere These attraktiver, die ebenfalls vorwiegend von Verhaltensforschern vertreten wird. Danach sind die Präsentationen des Unterleibes *vorgespielte* Demutsgesten,[26] und zwar solche, so darf man wohl hinzufügen, in denen dem Gegenüber signalisiert wird, *daß* es sich nur um eine scheinbare Bereitschaft zum vaginalen oder analen Penetriertwerden handelt. Die Frau also, die jemandem ihre Vulva zeigt, verhöhnt den Betreffenden, indem sie ihm etwas zu gewähren scheint, was sie ihm gleichzeitig entzieht, ähnlich wie das Kind, das an den anderen Kindern vorbeirennt, für einen Augenblick innehält, sich auffordernd präsentiert und ruft: »Ätschi-bätschi,

kriegst mich aber nicht!« So sah ich einmal vor vielen Jahren in der Mannheimer Neckarstadt, wie drei etwa siebenjährige Mädchen vor einer Gruppe sich grün und blau ärgernder Buben auf einer Mauer herumtanzten, den Hintern rausstreckten und zu der bekannten Schlagermelodie sangen: »Es muß was Wunderbares sein, von euch gefickt zu werden!«
Etwas dezenter als die kleinen Mannheimerinnen tänzeln bisweilen die Frauen und die jungen Mädchen der !Ko-Buschleute im Verlaufe des Tages voreinander herum, unterhalten sich mit ihren Gefährtinnen und heben dabei kokett die Schamschürzen, wohl wissend, daß die Männer dies aus einiger Entfernung mitkriegen. Direkt vor einem Mann den Genitalbereich zu entblößen wäre allerdings zu unanständig,[27] es sei denn, es handelte sich um einen Scherzpartner, dem gegenüber man sich ohnehin Freiheiten herausnehmen kann. Ein Mädchen zog die beobachtende Verhaltensforscherin damit auf, daß sie ihr den Rücken zuwandte, sich tief nach vorne beugte und mit dem Hintern wackelte. Kurze Zeit danach näherte sich eine Frau, stellte sich mit gespreizten Beinen vor die filmende Dame aus Europa und urinierte im Stehen, während eine alte Frau ihren Schamschurz lüpfte, die Vulva und anschließend den Hintern präsentierte, wobei sie Koitusbewegungen machte.[28] Um die Buben zu ärgern, beugen sich die Mädchen unter Gekichere und Heimlichtun nach vorne und zeigen ihnen die Vulva, deren Schamlippen sich dabei ein wenig öffnen. Manchmal furzen sie die Buben auch an oder sie halten Sand zwischen den Hinterbacken fest, gehen frontal auf sie zu, drehen sich dann um und lassen den Sand beim Vornüberbeugen herunterrieseln.[29]
Alle diese Gebärden sind bei den Buschleuten in hohem Maße obszön,[30] aber es handelt sich bei ihnen ganz deutlich nicht allein um ironische Beischlaufforderungen, sondern sogar in der Mehrzahl um die Andeutung oder Ausführung anderer Akte – Urinieren, Defäkieren, Flatulieren –, die normalerweise strengstens zum Privatbereich gehören. Indem die Frauen und Mädchen Privates öffentlich machen, mißachten

sie demonstrativ jeden, der Zeuge dieser Handlungen wird. Bisweilen verschärfen die Frauen solche Situationen noch dadurch, daß sie die Männer zu Reaktionen stimulieren, die gleichermaßen zum Intimbereich gehören: So nehmen beispielsweise die Frauen der Loritja gewisse Männer dadurch hoch, daß sie vor ihnen die Hüften kreisen lassen, die Beine öffnen und schließen (*mampatintum*), mit dem Becken stoßen wie beim Koitus oder sich mit dem Rücken auf den Boden legen und die Beine spreizen. Sehen sie dann, daß der Penis des Betreffenden steif geworden ist, laufen sie schnell weg.[31] Auch bei den Lesu auf Neu-Irland zeigen die Frauen bisweilen einem Mann, den sie auf dem Kieker haben, die Vulva und warten, bis sich bei ihm eine Erektion bemerkbar macht. Darauf lassen sie den Unglücklichen stehen und schütten sich später, wenn sie den anderen Frauen die Geschichte erzählen, vor Lachen aus.[32]

Freilich spielt hier noch ein anderes Moment herein, nämlich das Machtgefühl, das die Frauen empfinden, wenn sie den Mann zu körperlichen Reaktionen bringen, die er willentlich nicht kontrollieren kann. Eine amerikanische Toplesstänzerin meinte etwa: »When I dance topless, I see the *way* the guys look at me, and I ... uh ... sorta get this thing inside of me that says, Hell, I'm teasin' *you*, and you can't touch *me*! ... It's a real power trip.« Und eine Kollegin sagte, sie empfände es wie eine Vergewaltigung der Männer, wenn sie mit nackten Brüsten vor ihnen tanze: Sie mache die Männer geil und ließe sie dann hängen. Dies sei die Rache der Frauen am anderen Geschlecht.[33] Auch eine Stripperin in einem Frankfurter Nachtlokal bestätigt dies: »Die Männer sitzen da unten, und du siehst ihre geilen Blicke. Du stehst oben und strippst. Da haste für Momente ein Machtgefühl. Denn du bist unerreichbar für die.« Das findet sie faszinierend, »Männer heiß machen, um sie dann nach jedem Vier-Minuten-Auftritt an der Theke abblitzen zu lassen: ›Nee Junge, is nich. Verpiß dich.‹«[34]

In vielen Fällen der aggressiven oder aggressiv gefärbten Genitalentblößung scheinen die betreffenden Frauen aber noch auf eine ganz andere Weise Macht auszuüben, und zwar eine Macht, die nichts mit Tabubruch und der Fähigkeit, sexuell zu stimulieren, zu tun hat. Bei den spanischen Zigeunerinnen, so heißt es beispielsweise, sitzen Mut und Aggressivität in der Vulva (*coña*, »Möse«). »Diese Gitana ist eine wahre Kämpferin«, sagten die Männer bewundernd, »sie hat wirklich eine Möse unter all den Haaren!« Und als einmal eine Mutter ihr wildes Kind nicht bändigen konnte, sagte eine weibliche Verwandte zu ihr: »No tienes el coño pa' pegarle!«, »Du hast nicht die Möse, ihm eine zu scheuern!«[35]

Die Nduindwi auf Aoba, einer Insel der Neuen Hebriden, sind der Auffassung, daß die »größte Macht« frei werde, wenn die Frauen ihre mit roter Farbe bemalten Schamlippen und die Männer ihre auf gleiche Weise gefärbte Eichel in der Öffentlichkeit exponierten – was im übrigen auf eklatante Weise gegen die guten Sitten verstößt, denn weder die Männer noch die Frauen entblößen jemals vor anderen den Genitalbereich.[36]

Besonders im Falle der spanischen Zigeunerinnen mag nun der Gedanke naheliegen, daß die ›Gefährlichkeit‹ der Vulva mit deren Unreinheit zusammenhängen könnte, mit ihrer Fähigkeit, all das zu beflecken, was mit ihr in Berührung kommt. Bei den Róm ist der genital-anale Bereich der Frau nicht nur äußerst schambesetzt,[37] sondern auch – wegen seiner Sekretionen und Ausflüsse – gefährdend, ganz im Gegensatz zum Körper oberhalb der Taille, dessen Sekrete, wie z.B. Speichel oder Tränen, keineswegs befleckend sind. Anders als das Venenblut verunreinigt vor allem das Menstruationsblut: Vor der Menarche ist ein Mädchen noch ein Kind (*shey*), das kurze Röcke tragen und unbekümmert herumspringen darf. Hat es freilich damit begonnen, periodisch zu bluten, darf es nicht mehr über die Wäsche schreiten, aber auch nicht mehr über Sitzplätze, über Wasser, mit dem jemand in Berührung kommen könnte, oder über die ausgestreckten Beine einer sitzenden Person. Sieht ein Mann die

Genitalien einer Frau, etwa wenn sie defäkiert oder uriniert, so macht ihn dieser Anblick unrein, ja sogar das bloße Reden über weibliche Genitalien, Menstruation, Geschlechtsverkehr usw. ist befleckend. Eine englische Zigeunerin muß beim Sitzen die Beine stets fest geschlossen halten, und eine stehende Frau darf sich nie so vornüberbeugen, daß sie einem Mann den Hintern und damit auch die Vulva entgegen streckt. Über eine Engländerin, die das Lager mehrfach besucht hatte, meinte eine Frau: »When that Gorgio woman first came on this site she didn't understand. She kept bending – in a skirt right up here ... the men had to cover their eyes ... and she had a low neck, that was terrible!« Auch die Frauenunterwäsche darf nie so auf die Leine gehängt werden, daß man sie sehen kann. Vielmehr muß sie durch die übrige Wäsche verdeckt sein, was allerdings wiederum die Gefahr in sich birgt, daß ein Mann ahnungslos unter der Leine durchgeht.[38] Wurde früher ein Mann aus seiner Gruppe ausgestoßen, machte ihn eine Frau dadurch unrein, daß sie ihm einen Fetzen ihres Rockes ins Gesicht warf.[39]

Ist also die ›Macht‹ der Vulva eine Funktion ihres befleckenden, verunreinigenden Ausflusses? Hat sie in diesem Sinne eine negative, zersetzende Kraft?

Dem widerspricht, daß es *positive* Eigenschaften sind, die in der Vulva ›sitzen‹, wie Mut, Initiative, Draufgängertum, Durchsetzungskraft, Vitalität, und vor allem die Tatsache, daß die Vulva diesbezüglich in Analogie zu den männlichen Genitalien gesehen wird, zur Eichel und zu den Hoden (*cojones*), in denen die Kraft des *macho* sitzt, eine Kraft, die nichts zu schaffen hat mit zersetzenden Sekreten oder gar mit Menstrualblut.

Hat aber nicht Sigmund Freud die Auffassung vertreten, die »Ursache des Grauens«, das eine entblößte Vulva beim männlichen Betrachter hervorrufe, liege darin, daß dort, wo dieser einen Penis erwarte, gar keiner sei, so daß der Mann die Empfindung habe, die Frau sei »kastriert«?[40] Nach dieser Vorstellung, die auch heute noch ungebrochen durch die psychoanalytische Literatur geistert,[41] hat die Vulva nur einen negativen Charakter, sie ist sozusagen nicht *etwas*, sondern *die Abwesenheit* von etwas, ein bloßes Loch, ein den Mann angähnendes Nichts. In diesem Sinne hat Freud die Behauptung aufgestellt, die weibliche Körperscham sei ursprünglich nichts anderes als die »Absicht« der Frau, »den Defekt des Genitales zu verdecken«, wobei dieser Defekt der Vulva wiederum darin besteht, daß sie kein Penis ist,[42] und ein Schüler Freuds hat dem schließlich hinzugefügt, genitaler Zwangsexhibitionismus komme bei Frauen deshalb so selten vor, weil jede Frau sich die narzißtische Kränkung ersparen wolle, beim Herunterziehen der Unterhose feststellen zu müssen, daß sie gar nichts habe, was sich vorzeigen ließe.[43]

Solche psychoanalytischen Spekulationen werden indessen, so scheint es, durch Vorstellungen wie die der spanischen Zigeuner von der Vulva als Sitz von Macht und Mut widerlegt, denn offensichtlich ist die Vulva in solchen Fällen nicht nur kein Nichts, sondern wie die männlichen Genitalien mit positiven Eigenschaften belegt.

Hierauf entgegnen wiederum einige Psychoanalytiker, daß die Frauen, die auf mehr oder weniger aggressive Weise ihre Genitalien entblößen, einfach nur einen *Phallus imaginierten* und das männliche Penisweisen *imitierten*: Ähnlich wie die Frauen, die ihre Brüste als »Waffe« empfinden, diesen die »Rolle eines erigierten Penis« gäben,[44] »phallisierten« die betreffenden Frauen ihre Vulva. So stellt beispielsweise Devereux fast beiläufig fest, daß die ›Baubo-Geste‹ »selbstverständlich als eine phallische Geste aufzufassen« sei.[45]

Ich will nun nicht in Abrede stellen, daß es in der Tat Frauen gibt, die ihre Genitalien so empfinden, daß sie ›da unten‹ nichts oder jedenfalls im Vergleich zu den Männern nichts Nennenswertes haben.[46] Doch dies bedeutet keineswegs, daß derartige Empfindungen gewissermaßen eine objektive Grundlage hätten, daß sie im Wesen der Frau oder in den natürlichen Funktionen des weiblichen Genitalapparats wurzelten. Es gibt nicht den Primat des Phallus vor der

Vulva in der Weise, daß eine Frau, die auf aggressive Weise die Beine spreizt, sich damit notwendigerweise »phallisch« verhielte. Denn gehen wir – psychologisch gesehen – nicht vom Mann, sondern von der Frau aus, d.h. vom Präsentieren der Vulva, dann können wir mit gleichem Recht das Penisweisen des Mannes als eine ›Vulvisierung‹ des Penis bezeichnen.[47]

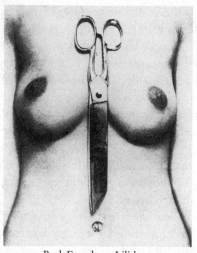

71 Ruth Francken: ›Lilith‹, 1973.

Dies schließt natürlich keineswegs aus, daß es weibliche Kastrationsdrohungen gegenüber Männern so wie Kastrationsängste bei Männern gibt, aber diese resultieren nicht aus einem angeblichen Erschrecken des Mannes über die Penislosigkeit der Frau, sondern eher aus der Vorstellung vom verschlingenden, auf- und aussaugenden weiblichen Genital. Diese Angst wird sehr gut von einem indischen Mythos veranschaulicht, in dem von einer Schlacht zwischen den Göttern und den Dämonen die Rede ist. Die Schlacht will nicht enden, weil der Guru der Dämonen, Śukra (= »Sperma«), jeden Dämon augenblicklich wieder zum Leben erweckt, sobald die Götter ihn getötet haben. Śiva weiß, daß Śukra unsterblich ist, und deshalb läßt er aus seinem dritten Auge eine schreckerregende Frau hervorgehen, mit wild wehenden Haaren, dickem Bauch, riesigen Hängebrüsten, einem Mund gleich einer großen Höhle und einer Vulva mit Zähnen und Augen. Daraufhin sagt Śiva zu ihr: »Halte den bösen Guru der Dämonen in deiner Vagina fest, während ich Jalandhara töte. Dann laß ihn frei!« Die wilde Frau stürzt sich auf Śukra, packt ihn, zieht ihn splitternackt aus und steckt ihn sich in die Vagina. Dann lacht sie laut auf und verschwindet mit ihm.[48]

Hier stellt sich allerdings die Frage: Sind solche Geschichten lediglich der Ausdruck von Männerängsten, handelt es sich um bloße »Männerphantasien«, oder gibt es sie auch in Wirklichkeit, die Frau, die auf aggressive Weise die Vulva entblößt, die dem Mann damit droht, ihn zu verschlingen, ihm sein *śukra*, sein Sperma auszusaugen?[49] Ist die Gitana mit der »mächtigen Möse« die Frau, die den Mann überwältigt, die ihn »fickt«?

§ 9
Die Frau als Vergewaltigerin

Von Bronislaw Malinowski stammt der inzwischen geradezu notorische Bericht, nach welchem auf den südlichen Trobriand-Inseln bisweilen die gemeinsam in den Gärten jätenden Frauen einen fremden Mann, der in Sichtweite vorübergehe, anfielen und zu Boden rissen. Nach Beseitigung seiner Schambedeckung präsentierten sie vor ihm die Vulva und masturbierten ihn bis zur Erektion. Sobald sein Penis steif geworden sei, kauerte sich eine der Frauen über ihn, führte den Penis in ihre Vagina ein und ›bearbeitete‹ ihn so lange, bis er ejakuliere. Daraufhin versuche die nächste Frau, ihn zu einer Erektion zu bringen, und wenn ihr dies gelänge, besteige sie ihn und vergewaltige ihn erneut. Dann defäkierten und urinierten sie auf ihn ihm Kollektiv, bis er sich vor Ekel übergäbe, und in manchen Fällen rieben sie ihm zu guter Letzt auch noch die Vulva ins Gesicht[1] und führten – da wohl mit einer dritten Erektion nicht mehr zu rechnen sei – seine Finger und Zehen in ihre Vaginas ein.[2]
Malinowski selber war sich nicht schlüssig, wieviel Realitätsgehalt er solchen Erzählungen seiner Informanten beimessen sollte,[3] doch einige Jahrzehnte später bestätigte ein Mediziner, der fünf Jahre lang Distriktsarzt auf einer der Trobriand-Inseln gewesen war, daß es diesen Brauch, *yausa* genannt, tatsächlich gebe, und zwar im Süden Kiriwinas und auf der Insel Vakuta. Allerdings werde er nur sehr selten ausgeübt.[4]
Wie mir schließlich ein deutscher Ethnologe mitteilte, widerfuhr ihm im Jahre 1978, als er in Kiriwina die Yams-Ernte und die damit verbundenen Rituale filmen wollte, das Folgende: Nachdem er schon einmal in der Gegend von Yalumugwa von jungen Mädchen, die den »rhythmischen erotischen Tanz *mweki*« aufführten, an der Weiterfahrt gehindert worden war, beobachtete er später in den Gärten dieses Dorfes, wie die Frauen und die jungen Mädchen die Yams in Körbe

72 Trobrianderinnen nach dem Angriff auf den Ethnographen.
Photo von Dietrich Winkler, 1978.

füllten und diese dann ins Dorf trugen: »Als die Frauengruppe zurückkehrte, merkten wir schnell, daß da etwas im Busch war. Sie reihten sich in einer Entfernung von ca. 50 Metern vor uns auf, begannen den *mweki* zu tanzen und rannten dann auf uns los. Drei junge Männer hielten ihre Tragebalken im Dreieck um mich, so daß ich einigermaßen geschützt war. Die Männer dürfen sich bei diesen Attacken nur passiv wehren. Mokenana wurde der Kassettenrekorder abgenommen, und von mir erwischten sie die Mütze (Abb. 72). Nach einer Weile hatte sich alles beruhigt, und ich filmte weiter, nun aber ohne Ton. [...] Nach einer langen Zeit tauchten die Frauen wieder auf, und das gleiche Ritual lief ab, nur diesmal ca. 20 Meter vor uns. Ich konnte gerade noch ein paar Meter filmen, und die Attacke ging los. Das Ziel war ich. Ich rannte erst in die Yamslaube, aber da krachten auch schon die trockenen Palmwedel beiseite. Ich versuchte mich an der Yamshalterung am Boden festzuklammern, um wenigstens die Filmkamera zu retten. Da begann ein fürchterliches Gezerre an mir. Wie furchtbar, merkte ich erst hinterher. Doch weil, wie ich später hörte, die verheirateten Frauen sich ebenfalls beteiligt und sich mit reichlich obszönen Bemerkungen nicht zurückgehalten hatten, waren die älteren Männer sehr ärgerlich geworden, und so hatte sich schließlich die Szene ›beruhigt‹ [...] Auf dem Rückweg schlichen wir uns durch Büsche davon. [...] In den Dörfern, die wir durchquerten, war das gerade Erlebte *die* ›Story‹, und die alten Frauen freuten sich hämisch und begannen sofort zu singen und rhythmisch zu tanzen.«[5]

Die Mehináku am Rio Xingú erzählen, daß früher ein fremder Mann, der zufällig während eines Frauenfestes das Dorf betrat, von einer ganzen Horde von Frauen vergewaltigt worden sei, und so seien die Frauen auch mit einem Voyeur aus dem eigenen Dorf umgesprungen, der einen Blick auf ihre Genitalien erhaschen wollte. Heute würden solche Männer allerdings lediglich von den Frauen zusammengeschlagen.[6]

Noch zu Beginn unseres Jahrhunderts überfielen im südkärntner Gailtal die jungen Brechlerinnen, also die Frauen, die den Flachs ernteten und dörrten, während der »Brechelzeit« ahnungslose männliche Passanten, »herzten« und »überstiegen« sie, rissen ihnen die Hosen herunter und mißhandelten sie vorzüglich an den Genitalien.[7] Ähnlich rauhe Sitten gab es in Tirol und in Weißrußland, aber auch im Schwarzwälder Murgtal: Dort lauerten die Frauen vor allem den halbstarken Hirtenjungen auf, befreiten diese ebenfalls von ihren Hosen, rieben ihnen die Hoden und ließen sie kurz vor dem Samenerguß unter Hohn und Spott wieder laufen. Anschließend tanzten sie mit entblößtem Genitalbereich umher und schlugen sich dabei mit Gerten auf die nackten Lenden.[8] Betrat im salzburgischen Großarltal ein Mann die Spinnstube, rissen ihm die Frauen die Hosen herunter und drohten, ihn zu kastrieren,[9] was in der Tat einem Unglücklichen namens Battos widerfahren sein soll, der sich während der kyrenischen Thesmophorien als Voyeur hatte erwischen lassen.

Beim Fest der jungfräulichen Zulu-Göttin Nomkubulwana zogen sich die Frauen und Mädchen nackt aus, sangen laszive Lieder und vollführten obszöne Gebärden, was – wie es hieß

– zum Gedeihen der Ernte notwendig war.[10] Die Männer und die Buben hielten sich hier ebenso zurück wie bei dem Treiben, das die Gusii-Frauen nach der Klitoridektomie der Mädchen veranstalten. Jene ahmen den Koitus nach, raufen miteinander, schlagen die anderen mit Stöcken, die einen Phallus repräsentieren, und rufen obszöne Wörter wie z.B. »Fikken!« Als einmal bei einer solchen Gelegenheit die Frauen nach einer Weile ermüdeten, rief eine alte Witwe laut: »Ich werde euch kein Essen geben, denn ich habe keine gesehen, die ihren Rock so hochgezogen hat!«, worauf sie ihren Genitalbereich entblößte und die übrigen Frauen ihrem Beispiel folgten. Wenn sie auf diese Weise außer Rand und Band geraten, läßt sich kein Mann blicken, der nicht riskieren will, sexuell beschämt, gequält und zusammengeschlagen zu werden, besonders in den folgenden Nächten, wenn die Frauen unter sich laszive Nackttänze aufführen.[11]

Alle diese sexuellen Quälereien und Nötigungen von Männern finden in mehr oder weniger ritualisierter Form als Begleiterscheinungen von Frauenfesten statt, die um ›weibliche Ereignisse‹ kreisen wie z.B. Geburt, Menstruation und Beschneidung, oder aber im Verlaufe von Arbeiten, die Frauen im Kollektiv und unter Ausschluß der Männer ausführen, wie etwa Waschen, Bleichen, Ernten, Jäten usw.

Davon verschieden sind all die Fälle, in denen im Alltag Männer von Frauen vergewaltigt werden, und auch sie beweisen, daß die Verhaltensforscher und Sexologen unrecht haben, die behaupten, nur Männer seien in der Lage, jemanden zu vergewaltigen, und zwar unabhängig davon, daß sie physisch stärker seien als die Frauen, was im übrigen nicht verwunderlich sei, wenn man bedenke, wie oft doch auch ›in der Natur‹ das Männchen um den von ihm gewünschten Sex kämpfen müsse.[12]

So kommt es z.B. bei den Kogi in der kolumbianischen Sierra Nevada de Santa Maria manchmal vor, daß zwei oder drei verheiratete Frauen sich im Feld oder neben der Landstraße auf die Lauer legen, um einen vorübergehenden Mann zu vergewaltigen,[13] und auch von den Frauen der Sedeq in den Bergen Formosas heißt es, daß früher einige besonders laszive unter ihnen sich gelegentlich zusammengerottet hätten, um mit der gleichen Absicht draußen in der Wildnis einen Mann zu überfallen.[14]

Bei den Kaska berichteten die Informanten, daß eine besonders kräftige Frau gelegentlich einen Mann überfiel, ihn rücklings zu Boden warf und sich auf ihn setzte. Obwohl bei diesen Indianern normalerweise die Frauen nie die männlichen Genitalien mit den Händen berührten,[15] wurde in diesem Falle das Opfer bis zur Erektion masturbiert, worauf sein Penis in die Vagina eingeführt wurde.[16]

Natürlich ist es in manchen Fällen für den Ethnologen schwer, wenn nicht unmöglich, festzustellen, ob das, was ihm erzählt wird, Realität oder ›Männerphantasie‹ ist. So erzählen sich die Männer der Thakali im nordwestlichen Nepal sehr gerne Geschichten von Bandenvergewaltigungen, in denen Thakali das Opfer tibetischer Frauen geworden sind. Die Tibeterinnen stehen in dem Ruf, sexuell offensiv zu sein, ein Verhalten, das bei den Thakali selber keine normale Frau, sondern nur die Hexen an den Tag legten. Als eine solche Hexe galt folgerichtig eine Ethnologin, »weil sie sich ihre Informationen ›erbumste‹«.[17] Und zu Beginn des 18. Jahrhunderts hörte ein holländischer Reisender über die Frauen im Hinterland der Goldküste: »Sie sind so feurig, daß, falls sie einen jungen Mann alleine bekommen können, sie seine Geschlechtsteile freimachen und sich auf ihn werfen.«[18]

Zahllose Geschichten der Zuñi bringen die Angst der Männer zum Ausdruck, von den Frauen vergewaltigt zu werden,[19] und auch die antike Mythologie ist voll von weiblichen Wesen, die ihr männliches Opfer gewaltsam »reiten« und ihm das Sperma abzapfen, wie die Sirenen (Abb. 73) und die Sphinx[20] oder die phönizische Anat, von der es heißt: »Sie ist leidenschaftlich und greift ihn sich am Hodensack.«[21]

Auch in späterer Zeit ist die Vergewaltigung des Mannes Thema der Literatur und der gelehrten Erörterung. Beruft

73 Sirene koitiert einen Mann. Marmorrelief, 1. Jh. v. Chr.

sich Sinistrari noch auf eine antike Autorität wie Seneca, wenn er behauptet, daß vermännlichte Frauen mit einer übergroßen Klitoris mitunter Männer niederringen und anal penetrieren,[22] so macht sich ein mittelalterlicher Dichter die Vorstellung von der triebhaften Natur der Bäuerinnen zunutze, wenn er in einer Pastorelle dezent andeutet, daß er von einer »vilaine«, die ihn gefangen hatte, zum Koitus gezwungen wurde: »(Elle) me descouvri / et me foula et ledi / plus que je ne di.«[23]

In dem um 1408 entstandenen Stundenbuch des Jean de Berry beobachtet der schockierte Eremit Paulus, wie eine teuflische Frau einen Herrn, der sich nicht wehren kann, weil er gefesselt ist, masturbiert, um ihm zu der Erektion zu verhelfen, die sie für eine Vergewaltigung benötigt. Der Mann scheint zu fühlen, wie die Lust in ihm hochsteigt, doch er ist so fromm und moralisch standhaft, daß er sich, um diese Lust einzudämmen, die Zunge abbeißt und der unverschämten Dame, die in Wirklichkeit gar keine ist, das Blut ins Gesicht spuckt (Abb. 74).[24] Kurz vor seinem Tode teilte mir George Devereux mit, er sei in der ethnologischen Literatur auf einen Bericht gestoßen, nach dem ein christlicher Missionar auf Veranlassung eines afrikanischen Häuptlings, der ihn demütigen

74 Die Masturbation des Standhaften.
Aus *Les Belles Heures de Jean de Berry*, um 1405.

wollte, von einer Frau masturbiert wurde. Und in der Tat habe der fromme Mann eine Ejakulation verhindert, indem er sich die Zunge abbiß.[25]

Etwas weniger fromm war indessen ein junger Dinka, der eine Frau vergewaltigen wollte, aber nicht damit gerechnet hatte, daß seinem Opfer ein beherztes Mädchen namens Ajok zu Hilfe eilen würde, die aus dem Jäger einen Gejagten machte und ihn schließlich auch erlegte: »Sie griff mich auf eine Weise, die ich bis heute hasse, / Sie griff mich am Hodensack. / Dann pflückte sie mich wie eine Kokosnuß / Und quetschte mich aus wie einen Fruchtsaft, / Wie wenn ich eine Milch gebende Ziege wäre. / Oh, Ajok hat mich gemolken wie eine Kuh!«[26]

Tatsächlich ist in Gerichtsakten überliefert, daß beispielsweise 1703 im Bambergischen junge Mädchen einen Halbstarken, der sie geärgert hatte, zu Boden warfen, worauf ihm Dorothea Dietzin »uff das hertz geknyt, seine hosen aufgerissen und hart geknötschet«.[27] Im England des frühen 17. Jahrhunderts rang eine Frau einen Mann nieder, »and threw him on his back and took out his privy member«. Zwei ihrer Geschlechtsgenossinnen »did bind Thomas Perry and laid him upon a board and pulled out his privy member and would have had him to have carnal knowledge of the body«. Andere Bauernmädel begnügten sich freilich damit, die Männer am Penis zu packen, »and rolled them up and down in her hands«. Die Männerhosen waren an der Taille nicht allzu fest zugebunden und ein fester Ruck brachte jede Frau schnell zum Ziel ihrer Wünsche. Dies nannte man »to untie his breeches«.[28]

Den gouch berupffen.

Die wyber mancßen geüchschen tropffen
Der maß entblötzen vnd beropffen
Das er so gar nym fliegen kan
Stünde jm schon lyb vnd leben dran.

75 »Wyber entblötzen vnd beropffen den gouch.«
Holzschnitt aus Thomas Murners *Geuchmatt*, Basel 1519.

Im Jahre 1683 wurde eine gewisse Elizabeth Massey aus Peverhouse in Leighton vor Gericht zitiert, nachdem sie sich öffentlich damit gebrüstet hatte, daß »she did get Jack of Cobbs an idiot or natural fool into a house and rub his privities till she or they made it stand«. 1635 hätte die Schankmagd Ann Savage beinahe einen Mann vergewaltigt. Sie zerrte ihn in einen Schuppen, riß ihm die Hosen herunter und begann

»to pull his privy member«, doch sie tat es so grob, daß ihr Opfer vor Schmerz laut aufschrie. Das war sein Glück, denn ein paar Frauen, die in der Nähe spannen, kamen herbeigelaufen und retteten ihn vor dem Schlimmsten. Ann Savage war eine wilde, impulsive Frau, die ihrem Namen alle Ehre machte und die mit drei anderen Schankmägden in einer Kammer schlief – sie in dem einen und die übrigen in dem anderen Bett. Eines Nachts sprang sie wie von der Tarantel gestochen auf das Bett der schlafenden Mädchen, die erwachten und »thought they were about to be ravished«, denn allem Anschein nach hatte keine der drei den geringsten Zweifel daran, daß Ann auch eine oder gleich mehrere Frauen vergewaltigen würde. Und tatsächlich wollte sie gerade eines der Mädchen besteigen, als der Schankwirt im Nachthemd nahte, um den dreien beizustehen. Auf der Stelle packte Ann den Mann an seinen Genitalien und setzte ihn nicht nur außer Gefecht, sondern fuhr fort, »to handle his member violently«, so daß er von zu Hilfe eilenden Nachbarn aus seiner mißlichen Lage befreit werden mußte. Was sich wie ein Ausschnitt aus einem billigen Pornostück anhört, war kein Einzelfall, denn Ann war dafür bekannt, daß sie in den Schenken die Röcke hochzog »and show her nakedness before several persons & clap her hand to the bottom of her belly«. Für gewöhnlich ging sie die Männer an, »whinnying like a horse and say, ›Take him Ruffe‹«. Dann packte sie die Hand des Betreffenden und führte sie zwischen ihre Beine, oder sie zog den Männern das Hemd aus der Hose und faßte ihnen vorne hinein, »(to) handle their members & shake & commend some of them very beastly and bawdy«.[29]

In der Folgezeit wurden Vergewaltigungen von Männern durch Frauen strafrechtlich meist anders behandelt als die ›gewöhnliche‹ Notzucht: Entweder wurden »die Weibsbilder, die sich unterstehen, die Mannsbilder und Jünglinge zur Unzucht mit Gewalt anzuhalten, [...] bloß willkürlich und nach richterlichem Ermessen abgestraft«[30], oder ihr Vergehen wurde überhaupt nicht zur Kenntnis genommen: Die ersten

Staaten Nordamerikas, in denen eine Frau wegen Vergewaltigung verurteilt werden konnte, waren in den späten siebziger Jahren des 20. Jahrhunderts Texas und New Hampshire.[31] War die Tat auch meist strafrechtlich irrelevant, so bedeutet dies keineswegs, daß sie nicht vorkam, und es gibt auch keinerlei Anhaltspunkte dafür, daß sie heute seltener geworden wäre – eher scheint das Gegenteil der Fall zu sein: Zwar waren beispielsweise in den USA im Jahre 1986 lediglich 1,1 % der überführten Täter Frauen,[32] doch gehen Fachleute von einer enormen Dunkelziffer aus, da es einem männlichen Opfer noch schwerer falle als einem weiblichen, die Tat anzuzeigen. Immerhin gaben im Jahre 1988 von den 17 % der männlichen US-Militärangehörigen, die von »male or female colleagues« sexuell belästigt worden waren, 60 % an, daß es sich dabei um Frauen oder Frauengruppen gehandelt habe.[33]

Die Entwürdigung und Erniedrigung, die ein Mann erleidet, wenn er von einer Frau vergewaltigt wird, scheint auf alle Fälle nicht geringer zu sein als die eines weiblichen Opfers. Nachdem beispielsweise in Wyoming ein junger Mann von einer Gruppe von sechs Frauen zunächst masturbiert und anschließend vergewaltigt worden war, beging er kurze Zeit später aus Scham Selbstmord,[34] und ein dreiunddreißigjähriger Homosexueller, der von einer Frau vergewaltigt worden war, sagte hinterher: »I felt violated, speechless, almost paralyzed with fear.«[35]

76 Algerische Lithographie, um 1850.

Ein großer und kräftiger amerikanischer LKW-Fahrer wurde von einer Gruppe von Frauen überwältigt, nackt ausgezogen, geknebelt und an ein Bettgestell gefesselt. Vier der Frauen manipulierten ihn und bestiegen ihn dann nacheinander, eine davon mehrmals, wobei er zwei Male und sehr schnell ejakulierte. Als ihm daraufhin keine Erektion mehr gelang, drückten ihm die Frauen ein Messer zwischen die Hoden und sagten ihm, sie würden ihn kastrieren, wenn er »keinen mehr hochbekäme«. Nachdem er – seinem Empfinden nach – einen ganzen Tag und eine Nacht lang sexuell gequält worden war, ließen die Frauen endlich von ihm ab. Er machte nie eine Anzeige, da er fest davon überzeugt war, daß ihn dann alle Welt für »less than a man« hielte, »because he had been raped by women«. Fortan blieb der Mann, wie im übrigen auch viele andere Opfer, impotent.[36] Gerade für einen *macho* ist es offenbar schlimmer, von einer Frau ›entehrt‹ zu werden als von einem Mann, und so hatte man in den lateinamerikanischen Gefängnissen sehr schnell herausgefunden, daß ein männliches Opfer viel leichter erniedrigt werden konnte, wenn man es von Frauen und nicht von Männern sexuell foltern ließ.[37]

Viele Männer sind völlig konsterniert über die Tatsache, daß sie während der Tat, die von ihnen keineswegs als lustvoll erlebt wird, sexuell reagieren, und sie empfinden ihre Erektion und Ejakulation – ähnlich wie jene weiblichen Opfer, die bei einer Vergewaltigung einen Orgasmus erleiden, – als besonders erniedrigend. So sagte z. B. ein Mann über die Frau, der er zum Opfer gefallen war: »I felt (from her) a ferocity and aggressiveness. I felt helpless to stop her. No matter what my feelings, she was going ahead. I couldn't believe I had an erection. I was so scared. I had always equated erection with sexual excitement. And then she was sitting on me and she had a quick orgasm. And it was over. I didn't ejaculate. I felt confused and humiliated.« Die Täterin begründete übrigens vor dem Therapeuten die Tat auf ähnliche Weise wie viele männliche Vergewaltiger: Sie habe sich in einem Zustand der Raserei befunden, und ihr eigentliches Motiv sei gewesen,

den Mann zu verletzen. Den »sex« habe sie lediglich als ein Mittel benutzt »of expressing her rage at him«.[38]
In diesem und in vielen anderen Fällen wurde eine vaginale Vergewaltigung möglich, weil das Opfer eine Angsterektion hatte: Nicht selten kommt es ja bei Männern in Situationen starker Spannung und Torschlußpanik, aber auch während Angstträumen[39] nicht nur zu Erektionen, sondern auch zu Ejakulationen, etwa im Verlaufe von Examina, weshalb man früher auch von »Abiturserektionen« gesprochen hat.[40] Frauen erleben gelegentlich Angstorgasmen, und Ladendiebinnen haben die Angst vorm Erwischtwerden als Auslöser intensiver sexueller Lustgefühle bezeichnet.[41]

77 Erich Stöhr: Illustration zu *Ver Sacrum*, 1899.

In der Mehrzahl der Fälle scheint es sich allerdings eher um das zu handeln, was man aufgezwungene »neuroperiphere Reizungen« genannt hat[42] und die von den Täterinnen durch Masturbation oder Fellatio erzielt werden: Bekanntlich vergewaltigen ja auch manche »Queers« junge Männer, indem sie diese gegen ihren Willen »blasen«,[43] und griechische Krieger taten dies bei unterlegenen Feinden, um sie zu entehren.[44]
In wieder anderen Fällen ist das Opfer aus irgendeinem

Grunde hilflos – in der *Historia de los Mexicanos* aus dem 16. Jahrhundert ist z. B. die Rede von einer Frau, die in der Regierungszeit Chimalpopocas (›Rauchender Schild‹), des dritten Königs von Mexiko, gesteinigt wurde, weil sie einen Betrunkenen vergewaltigt hatte[45] – oder es handelt sich eher um das, was man »sexuelle Nötigung« nennt: So zwingen manchmal bei den zentralindischen Kamar gewisse Frauen junge Männer dadurch zum Beischlaf, daß sie ihnen damit drohen, ansonsten im Dorf herumzuerzählen, sie seien von ihnen vergewaltigt worden.[46]

Doch nicht nur Männer wurden und werden sexuelle Beute von Frauen, sondern auch Frauen. Bereits im frühen Trecento deutet Cino de Pistoia an, daß es Frauen gebe, die andere Frauen vergewaltigten, also mit ihnen das täten, was normalerweise das Privileg der Männer sei, und im Jahre 1619 gibt die Nonne Bartolomea in Pescia zu Protokoll, ihre Äbtissin habe gegen ihren Willen »bis zu zwanzig Mal« ihre Genitalien geküßt, sie mit den Fingern erregt und ihre Vulva so auf ihrer eigenen gerieben, daß sie zum Orgasmus gekommen sei.[47] Im Jahre 1797 kam in Amsterdam eine gewisse Christina Kip vor Gericht, nachdem sie ein vierzehnjähriges Mädchen mit Hilfe eines Dildos vergewaltigt hatte. Während des Prozesses sagte eine der Zeuginnen aus, sie habe die Angeklagte einmal gefragt, warum sie denn nicht heiraten wolle, worauf Chris geantwortet habe: »Bloß zum Ficken? Wenn das alles ist, was ich brauche, dann kann ich das selber besorgen!«[48]

Auch in Frauengefängnissen zwingen manche Frauen ihre Mithäftlinge zu Cunnilingus und gegenseitiger Masturbation, während die gewaltsame Einführung phallusartiger Gegenstände in Vagina und After seltener vorkommt,[49] und über Vergewaltigungen durch weibliche Kapos berichten auch ehemalige Insassinnen der deutschen Konzentrationslager.[50] In der ›Sorority‹ einer US-amerikanischen Universität wird eine neue »Schwester« damit initiiert, daß ihre künftigen Genossinnen sie nackt ausziehen und ihr einen Besenstiel in die Vagina einführen,[51] doch ähnliches ist auch bereits an

Schulen vorgefallen: so wurde beispielsweise in Kalifornien ein neunjähriges Mädchen von drei älteren Mitschülerinnen mittels einer Bierflasche vergewaltigt.[52]
Schließlich fordern auch amerikanische Frauengangs mitunter die sexuelle Unterwerfung eines künftigen Mitglieds. Eine verheiratete Frau berichtet etwa, sie sei im Bett davon aufgewacht, daß eine andere Frau sie bestieg, während zwei weitere sie festhielten: »Diese Große Schwester, die wie ein König war, legte sich zu mir auf mein Feldbett und streichelte mich. ›Magst du das, Baby? Nun, du tust besser daran, wenn du es magst, denn wir sind eine Gang und entweder du gehörst dazu oder du wirst geschlagen. Wenn du dich uns nicht anschließen willst, wirst du getötet, und die Bullen rühren keinen Finger für dich‹.« Darauf wurde sie von den beiden anderen an die Wand gepreßt und die »Große Schwester« drückte eine brennende Zigarette zwischen ihren Brüsten aus. Als sie später ihrem Mann davon berichtete, erzählte sie ihm nicht alles von dem, was die Frauen mit ihr gemacht hatten, nachdem sie diese gewähren ließ.[53]

§ 10
»Leck mich am Arsch!«

Mag es nun plausibel sein, daß in manchen Fällen die Präsentation der Vulva *von vorne* eine Vergewaltigungsdrohung ist, so gilt dies wohl kaum für all die Situationen, in denen eine Frau ihre Genitalien von hinten zeigt, ja, es ist häufig nicht einmal sicher, ob sie wirklich ihre Genitalien präsentiert und nicht eher ihren Hintern oder zumindest beides. Hinzu kommt, daß nicht selten die den Hintern bezeichnenden Wörter anstelle der Begriffe für die Vulva verwendet wurden, weil man jene auch im Mittelalter als anständiger empfand.[1] Doch selbst wenn in den Texten des späten Mittelalters und der frühen Neuzeit von der *fud* einer Frau die Rede ist, ist es manchmal unsicher, ob wirklich die Genitalien gemeint sind: Zwar heißen die mhd. Wörter *fud, fut, vut* zunächst »Vulva«, aber bald auch »After«, weshalb auch von der *fud* eines Mannes die Rede sein kann.[2] So wurde beispielsweise im Jahre 1552 ein Simon Huber in St. Gallen für zwei Tage ins »Stübli gelait«, weil er unter dem Spisertor öffentlich gesagt hatte: »Wo sind die die den Abt hand wellen erstechen; er ist dennocht hie innen / vnd plasind Im Ins Füdloch.«[3]
So läßt sich vielleicht niemals aufklären, was beispielsweise die Bürgersfrauen von Fritzlar vor den feindlichen Truppen entblößt haben, als sie von der Stadtmauer herab »den blanken Spiegel« zeigten,[4] oder was genau die Frauen des bernischen Burgdorf taten, als sie, wie es heißt, auf nämliche Weise den angreifenden Aargauer Landadel vertrieben.[5]
In anderen Fällen scheint es dagegen sicherer zu sein, daß wirklich der Hintern entblößt wurde – so etwa im Wallis, wo die Frauen *und* die Männer von Salvan zur Abwendung des Feullaton, eines gefürchteten Wirbelwindes, diesem den nackten Hintern zeigten. Manchmal tat man freilich auch zuviel des Guten, wie im Jahre 1653 in der Nähe von Sorau in Schlesien: Dort sollen nämlich die Bleicherinnen eine 16 Wo-

chen währende Trockenheit verursacht haben, weil sie jeder Regenwolke, die sich am Himmel zeigte, mit hochgerafften Röcken rückwärts und mit den Worten »Regne mir in den Hintern und nicht auf meine Leinwand!« entgegengegangen seien.[6]
Von den Südslawen heißt es, daß beide Geschlechter als Ausdruck tiefster Verachtung den Genitalbereich entblößt und die Frauen noch zusätzlich mit der Hand auf ihre Vulva geschlagen hätten: Allein den Frauen sei es vorbehalten gewesen, die Röcke zu raffen und mit der Hand auf die Hinterbakken zu klatschen.[7] Doch war diese Beschränkung des Hinternweisens auf das weibliche Geschlecht keineswegs überall verbreitet, ja, sie scheint nicht einmal für alle Südslawen gegolten zu haben: Als sich nämlich im Mai 1913 der Dampfer ›Belgrad‹ bei Smederevo dem ungarischen Donauufer näherte, verhöhnten an Bord mehrere serbische Soldaten und Zivilisten die an diesem Ufer postierte ungarische Wachmannschaft »durch das Entblößen eines gewissen Körperteils«, worauf die Ungarn auf das serbische Schiff das Feuer eröffneten und den Kapitän und einen Passagier durch die Kugeln verletzten.[8] Ähnliches ereignete sich laut Johann Reinhold Forster etwa hundertfünfzig Jahre früher, nachdem nämlich die Expedition Kapitän Cooks vor der Insel Tana im Archipel der Neuen Hebriden die Anker ausgeworfen hatte: »During we were on board, a fellow a shore was very saucy & shewed the Lieutenant of the Marines his naked backside.« Der Offizier verstand die Botschaft wohl, legte sogleich auf den Insulaner an und traf ihn auch.[9]
Im späten Mittelalter wurde ein solches Hinternweisen durchweg streng geahndet – so wurde beispielsweise im Jahre 1436 der Konstanzer Gerber Kratt immerhin für ein halbes Jahr aus der Stadt gewiesen, weil er am Aschermittwoch »allenthalben in der statt die lút in ars hat lassen sehen«[10] –, und es ist deshalb völlig unzutreffend, zu behaupten, wie dies häufig geschieht, daß solche Gebärden damals nicht schamlos gewesen seien. So heißt es beispielsweise, das Hinternweisen

hätten die mittelalterlichen Menschen als »nichts Unflätiges« empfunden. Und weiter: »Heute würden jene mittelalterlichen Gebärden mit dem Po von zivilisierten Menschen nicht mehr als magische Abwehr aufgefaßt, vielmehr als beleidigender Affront, wenn nicht sogar als strafbare Handlung.«[11] Wer so argumentiert, vergißt, daß die Gebärde ja nur deshalb eine »magische« Bedeutung haben konnte, weil sie *unflätig* und deshalb schockierend war. Und er ignoriert die Tatsache, daß vor einem halben Jahrtausend das Hinternweisen gegenüber einer anderen Person für den Täter noch sehr viel unangenehmere Konsequenzen hatte als heutzutage. Dies gilt nicht nur für die Gebärde selber, sondern auch für entsprechende Verbalinjurien, die allerdings häufig die Entblößung des Hinterns flankierten. So verunglimpfte beispielsweise Ueli Ruetiner im 14. Jahrhundert in Zürich eine Elsi Rebmann mit den nicht sehr schmeichelhaften Worten: »Du usgesnity, ab verhity, geschnyendue huor; abgerity, malazigi hoerr!«, sowie »Du usgesnity, mallizigi diebin!« (»Du ausgefickte, abverreckte, fickende Hure!« bzw. »Du ausgevögelte, aussätzige Diebin!«), und »liess si in den arss sechen und smacht sie offenlich«.[12] Nach Luzerner Ratsprotokollen gab des Jenzis Vasbindas Weib ihrem Gemahl die unmißverständliche Anweisung: »Leck den gabelman und fach mir im ars an und kuss mir die mutzen im zünglin«, und in einer Bamberger Beleidigungsklage vom Jahre 1454 heißt es: »Auch sprache sie, er solle sie im Arse lecken und an ihre Brüche küssen.«[13]

So wie im Mittelalter zahlreiche Kirchen durch die ihre Vulva präsentierenden Sheila-na-gigs geschützt werden sollten, waren auch viele Stadtmauern und öffentliche Gebäude durch hinternweisende Steinfiguren gesichert. Diese Figuren stellten meist sich nach vorne beugende Männer dar, die den Hintern entblößt haben und durch ihre Gebärde häufig auch den Hodensack zur Schau stellen, wie z. B. die Figur am Basler Rathaus (Abb. 78), und manchmal auch den herabhängenden Penis.[14] Aus Schicklichkeitsgründen zeigten allerdings oft

78 Konsole des Basler Rathauses.

auch Affen, die Allegorien der Schamlosigkeit, den Hintern, so z. B. am Heidelberger Brückenturm, durch den man einstens die Stadt von Norden her betrat.
Auf der Stadtmauer von Buchen im Odenwald stand vor langer Zeit die Steinskulptur des »Bleckers«, die Figur eines knienden Mannes, der den draußen Stehenden höhnisch angrinste und ihm den Hintern entgegenstreckte (»bleckte«),[15] und bis zur Mitte des vorigen Jahrhunderts war im Oberen oder Rappoltsweiler Tor in der Stadtmauer des elsässischen Bergheim eine ähnliche Steinfigur angebracht: Dieses sogenannte ›Männlein von Bergheim‹, vor dem jeder Häscher umkehren mußte, der einen in der Stadt Schutz Suchenden aufspüren und ergreifen wollte, soll zusätzlich zum Hinternweisen noch eine »verfängliche Handbewegung« gemacht haben,[16] wobei allerdings nicht mehr ganz klar zu sein scheint, worin diese Geste bestand. Wahrscheinlich zog das ›Männlein‹ ähnlich wie die Sheila-na-gigs, die ihre Schamlippen auseinanderziehen, die Hinterbacken auseinander – dies tun noch heute die vorpubertären Buben der Eipo, wenn sie sich gegenseitig anfurzen, um einander hochzunehmen.[17] Auch Eibl-Eibesfeldt berichtet, eine erzürnte Yanomamö-Mutter

habe ihm den Hintern ihres Säuglings entgegengehalten und dabei dessen Hinterbacken auseinandergezogen.[18]

Vielleicht aber war die Geste des ›Männleins‹ auch irgendeine Aufforderung, es ›im Arsch zu lecken‹ oder, etwas dezenter ausgedrückt, es »hinten zu lecken«, wie sich bekanntlich Götz von Berlichingen gegenüber dem auf der Mauer stehenden Krautheimer Amtmann ausgedrückt hat.

Daß es sich dabei um eine *sexuelle* Provokation handelt, nämlich um die Aufforderung zum Anilingus, oder gar um eine euphemistische Variante des »Fick mich in den Arsch!« im Sinne einer ironischen Aufforderung zum Analverkehr, halte ich im übrigen für ganz unwahrscheinlich, obgleich dies immer wieder behauptet wird. Zwar gibt es den Anilingus – im Nuttenjargon »Algierfranzösisch« genannt – vor allem als sexuelle Praktik mit Prostituierten und unter Homosexuellen,[19] doch existieren keinerlei Hinweise darauf, daß im Mittelalter und in der frühen Neuzeit solche Praktiken bekannt gewesen seien.[20]

Was es allerdings gab, war das ›Arschlecken‹ in einem nichtsexuellen Sinn als extreme Form der Entwürdigung und Demütigung einer Person. So unterwarf sich beispielsweise der Teufel auf dem nächtlichen Hexentanz die künftige Hexe, indem er sich von ihr den After küssen ließ, und nach einer Sage schenkte Friedrich Barbarossa nach der Eroberung Mailands all jenen Bürgern – die zuvor seine Frau gedemütigt hatten – das Leben, die bereit waren, ihre Nase in die Vulva einer Eselin zu stecken und gleichzeitig eine Feige in den After des Tieres zu drücken, wieder herauszuziehen und zu schlucken. Es heißt, sehr viele der Bürger hätten einer solchen Schmach den Tod vorgezogen und seien auf der Stelle hingerichtet worden.[21]

Als *sexuelle* Selbsterniedrigung hat es den Anilingus vielleicht sogar in unserer Zeit gegeben. Jedenfalls behauptet der Sexualforscher Masters, Gespräche mit ehemaligen Soldaten der alliierten Besatzungsarmee in Deutschland hätten ergeben, daß unmittelbar nach dem Ende des Zweiten Weltkrieges viele Frauen der Besiegten aus eigener Initiative den Siegern den After geleckt haben: »This activity occurred almost entirely among women having sexual relations with members of the armed forces of the occupying Allied powers. The pleasure derived by German females from this practice seems to have been quite masochistic, and to have aimed at and successfully evoked a sadistic response in the male participants. The act symbolized the total subjection of the conquered to the conquerors.«[22]

Kam es im Mittelalter gelegentlich vor, daß irgendein Mann durch die Gassen streifte, um »die lút« in seinen »ars« sehen zu lassen, so ist es rückblickend schwer, wenn nicht unmöglich, die Motive des Betreffenden festzustellen, da für die Richter meist lediglich der Straftatbestand von Interesse war. Deshalb bleibt fast durchweg im Dunkeln, ob es sich z. B. um eine Provokation der Öffentlichkeit, um ein »épater les bourgeois« handelte oder aber um eine ›Zwangshandlung‹, um »Exhibitionismus« im modernen Sinne einer sexuellen Deviation.

Wie wir später sehen werden, gibt es aus jener Zeit klare Fälle von *genitalem* Exhibitionismus bei Männern, doch scheint es einigermaßen eindeutige Beispiele für die Entblößung des Hinterns als sexueller ›Zwangshandlung‹ erst aus späterer Zeit zu geben. So teilt etwa Rousseau mit, daß er im Alter von ungefähr 18 Jahren, also um das Jahr 1730, »dunkle Alleen und abgelegene Orte« aufgesucht habe, »wo ich mich weiblichen Personen aus der Ferne in der Stellung zeigte, in der ich gerne in ihrer Nähe gewesen wäre. Was sie zu sehen bekamen, war nicht der unzüchtige Gegenstand, denn an den dachte ich nicht einmal, sondern der entgegengesetzte, der lächerliche. Mein albernes Vergnügen, ihn vor ihren Augen zu wölben, läßt sich nicht beschreiben. Ich brauchte schließlich nur noch einen Schritt weiter zu gehen, um die ersehnte Behandlung wirklich zu erfahren, denn ich zweifelte keineswegs, daß irgendeine Entschlossene mir im Vorübergehen das seltsame Vergnügen wohl wirklich einmal hätte zuteil werden lassen, wenn ich den Mut gehabt hätte, es abzuwarten.« Was Rousseau im Sinne hatte – ob er auf den Hintern geschlagen werden wollte oder ob er nach etwas anderem trachtete –, wird nicht ganz klar. Jedenfalls verschaffte er auf diese Weise nach eigener Einschätzung den jungen Mädchen »ein mehr lächerliches als verführerisches Schauspiel. Die Geschicktesten taten so, als sähen sie nichts, andere brachen in helles Lachen aus, und wieder andere hielten sich für beleidigt und schlugen Lärm«.[23]

Das Hinausstrecken des Hinterns ist in der Folgezeit besonders von Frauen geradezu als aggressiver Akt beschrieben worden, etwa von der erfolgreichen Schriftstellerin und Geschäftsfrau Mrs. Peel, die sich erinnert, als junges Mädchen in den späten achtziger Jahren des 19. Jahrhunderts den künstlichen »derriere«, auch »false bums« genannt, nachgerade als Waffe eingesetzt zu haben: »I tied the strings of my bustle so tightly that it stuck out aggressively and waggled when I walked.«[24]

Im 19. und im frühen 20. Jahrhundert werden auch Berichte über das »Mooning« vor allem junger Mädchen und Frauen häufiger, also des herausfordernden, prahlerisch-aggressiven Entblößens des Hinterns in der Öffentlichkeit,[25] bis schließlich gegen Ende der fünfziger Jahre unseres Jahrhunderts ein neues Phänomen von sich reden machte, nämlich das »Mooning« (Abb. 79) ganzer Gruppen von jungen Männern und ab der Mitte der siebziger Jahre auch immer häufiger von jungen Frauen.[26] So stellten sich beispielsweise die Insassinnen eines Berliner Frauengefängnisses regelmäßig hinter ihren Zellenfenstern zur Schau, wobei sie sich mit den vor der Strafanstalt aufmarschierten männlichen Exhibitionisten, die mit heruntergelassenen Hosen ›zurückschossen‹, regelrechte Schlachten lieferten.[27] Etwa um dieselbe Zeit provozierten an einem College in Iowa die Studentinnen ihre männlichen Kommilitonen, indem sie sich abends vor den Fenstern ihrer hellerleuchteten Zimmer bis auf die Slips und Büstenhalter entkleideten: »At night«, so berichtet eine der Teilnehmerinnen der

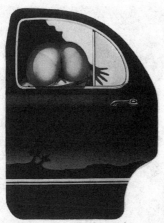
79 ›Mooning‹, kanadische Postkarte, 1980.

Veranstaltungen, »after we were locked in at midnight, stripping and dancing in the windows took place, to tease the boys. Normally this never went beyond bra and pants. One night, when the ringleaders were happy-drunk, instead of a peep or strip show, it was decided to do a ›mass moon‹. In each room, one girl was ready in the dark, standing on a chair bending over with her bottom pressed against the window. Another girl then flicked the light on for a few seconds. It was like a dare. It was considered naughty and wicked – they decided to have a go.«[28]

Das provokative, bewußt regelverletzende Moment teilte das »Mooning« mit dem zu Beginn der siebziger Jahre in Nordamerika aufgekommenen »Streaking« (Abb. 80), das etwas später auch in Deutschland als »Blitzen« Einzug hielt. Das »Streaking«, an dem sich anfangs fast nur junge Männer, später aber immer häufiger auch junge Frauen beteiligten, hatte um die Mitte der siebziger Jahre eine solche Verbreitung gefunden, vor allem an der amerikanischen Westküste, daß ein Sender in Los Angeles spezielle »streak alerts« durch den Äther schickte.[29] Auch das »Blitzen« war indessen keine Erfindung des 20. Jahrhunderts, denn bereits im späten Mittelalter und in der frühen Neuzeit hatten immer wieder junge

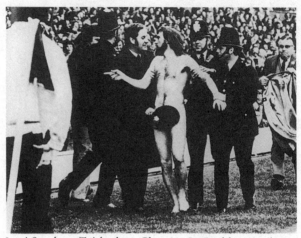

80 ›A Streaker at Twickenham‹. Photo von Ian Bradshaw, April 1974.

Leute die Öffentlichkeit mit »Nackttänzen« provoziert – so wurde z. B. im 16. Jahrhundert eine junge Frau »eins tails mit der gefengknus«, zugleich aber auch »in seckel gestraft«, weil sie »mit andern leutfertigen personnen iresgleichen mermals ganz nackendt denz gehalten«.[30] Diese »denz« wie auch das modische »Blitzen« der jungen englischen Adligen, die aus Übermut und um die Bürger vor den Kopf zu stoßen, splitternackt durch die Gassen des frühneuzeitlichen London rannten,[31] waren mitnichten die Ausdrucksformen einer Gesellschaft mit niedereren Schamstandarden, sondern bewußte Tabubrüche, die meistens strenger geahndet wurden als heute.[32]

Es ist natürlich nicht auszuschließen, daß sich beim »Mooning« wie beim »Streaking« stets auch Exhibitionisten beteiligt haben,[33] wobei allerdings bemerkt werden muß, daß Frauen im allgemeinen der für Männer so typische zwanghafte Exhibitionismus fremd ist.[34] Zwar begründete beispielsweise ein siebzehnjähriges Mädchen, das vor allem vor Soldaten ihre entblößten Genitalien präsentierte, die Handlung damit, es reize sie, die Männer zu »erschrecken«, und sie verspüre dabei »angenehme« Empfindungen,[35] doch gehören solche

Fälle eher zu den Seltenheiten. Meist wollen die sich entblößenden Frauen den Betrachter nicht erschrecken, sondern sexuell reizen[36] oder seine Aufmerksamkeit auf sich lenken,[37] und wenn sie erschrecken wollen, dann ziehen sie normalerweise aus der Angst ihres Gegenüber keinen sexuellen Genuß. In der Mehrzahl der Fälle reagieren die ›Opfer‹ auch weniger erschrocken oder schockiert, sondern eher ungläubig und peinlich berührt, zumindest dann, wenn sie hinter der Handlung keine aggressiv-verächtliche Absicht vermuten, wie z. B. bei einer jungen Frau, die sich nur mit einem Regenmantel bekleidet auf den Straßen aufhielt und diesen vor männlichen Passanten öffnete.[38] Entsprechend kann auch nach § 183 Abs. I StGB eine Frau keine strafbare exhibitionistische Handlung ausführen, und zwar auf Grund von »sozialer Bedeutungslosigkeit und fehlendem strafrechtlichem Interesse«.[39] Trotzdem oder vielleicht gerade deshalb rechnen Fachleute mit einem großen Dunkelfeld von weiblichem Exhibitionismus.[40]

§ 11
Der bedrohliche Phallus

Bekanntlich ist der männliche Exhibitionismus unvergleichbar häufiger als der weibliche, und meist ist auch die Motivation eine ganz andere. Ähnlich wie die sich zur Schau stellenden Frauen stammen zwar auch die betreffenden Männer häufig aus einem ›puritanischen‹ Elternhaus, in dem jegliche Entblößung verpönt war,[1] doch wollen sie nicht so sehr sexuell werben als ›Macht ausüben‹: Der entblößte und bei der Mehrzahl der Fälle erigierte Penis soll möglichst riesenhaft erscheinen und vor Kraft strotzen, weshalb z. B. ein fünfundvierzigjähriger Mann sein Auto vor belebten Trottoirs zu parken pflegte, die Fensterscheibe hinunterkurbelte und einen überdimensionalen künstlichen Phallus, den er über seine entblößten Genitalien gestülpt hatte, zum Fenster hinausstreckte.[2] Doch nicht nur imponieren wollen die meisten Exhibitionisten,[3] sondern auch Angst und Entsetzen auslösen und ihr Gegenüber in die Flucht schlagen, weshalb sie sich nicht so sehr reifen, sondern eher jungen Frauen und Mädchen sowie Kindern zur Schau stellen, von denen sie annehmen, daß sie sexuell unerfahren und deshalb leichter zu schockieren sind.[4]

Viele der Männer berichten, daß sie »pronounced feelings of power and strength« haben, wenn sie die Angst der Frauen genießen, und einer beschrieb seinen Zustand so, daß er sich während des Exhibierens stark fühle, »wie wenn er geradewegs durch eine Hauswand gehen könne«.[5] »Ich mag es«, so ein anderer, »wenn ich diesen Ausdruck der Angst auf ihrem Gesicht entdecke. In diesem Augenblick kommt es mir.«[6] Aus diesem Grunde frustriert es natürlich einen Exhibitionisten, wenn ein vermeintliches Opfer selbstsicher und geringschätzig reagiert (»Wat, so'n Kleener?«) oder wenn es sich gar erheitert zeigt. Ein Mann, der eigens in die Handelsmarine eingetreten war, um sich in fremden Ländern zur Schau stel-

81 G. Léonnec: ›Herein!‹. Aquarell, um 1927.

len zu können, mochte beispielsweise Indien überhaupt nicht, weil dort die Frauen »einfach lachten und ich mich elend fühlte«. Schließlich trat er einem Nudistenclub bei, weil er glaubte, dort eher auf seine Kosten zu kommen.[7]

Werden die *habituellen* Exhibitionisten von einer übermächtigen sexuellen Erregung zur Tat gezwungen, so sind bei ›Gelegenheitsexhibitionisten‹ meist weniger Lustgefühle, sondern Ärger, Wut und Haß Auslöser der Zurschaustellung, und diese Männer sind es wohl auch hauptsächlich, die den ›Mythos vom harmlosen Exhibitionisten‹ ramponieren: Nach einigen Untersuchungen fassen etwa 20 % aller Exhibitionisten dem Opfer an die Brüste und Genitalien oder ›schießen‹ es mit Sperma ›ab‹, nachdem sie es mit aggressiv-obszönen Bemerkungen bedacht haben, wie jener Mann, der sich einer Briefträgerin zeigte und ihr zurief: »Ich zeige dir, was du brauchst, du Hure! Ich geb's dir! Genau das brauchst du, du Hexe! Komm her, und ich besorg dir die tollste Nummer deines Lebens!«[8]

Von Anhängern der Eliasschen Zivilisationstheorie ist nun behauptet worden, eine negative Einstellung zu derartigen se-

xuellen Verhaltensweisen sei erst neueren Datums, und namentlich Jos van Ussel hat die Meinung vertreten, der Exhibitionismus sei erst »im Laufe des 18. und besonders des 19. Jahrhunderts« als »sexuell abweichend und sträflich angesehen« worden.[9]
Davon kann freilich keine Rede sein; ja, man gewinnt sogar den Eindruck, daß Männer, die in der Öffentlichkeit aus welchen Gründen auch immer ihre Genitalien zur Schau stellten, im Mittelalter und in der frühen Neuzeit ungleich härter abgestraft worden sind als heutzutage, und sie durften in der älteren Zeit froh sein, wenn man ihnen nicht die Hand abschlug, mit der sie den Frauen ihr Schamteil entgegengehalten hatten. So heißt es z. B. im Jahre 1307 in Nürnberg: »Rosenlacher sententiavit se de civitate per duos annos ad quinque miliaria sub pena truncationis manus pro eo, quod ostendit virilia sua in platea in facie dominarum in die beati Gregorii anno Domini millesimo CCC° VII°.« Und 1348 lautet ein Urteil daselbst: »Vlrich dem beutler ist di stat verboten 5 jar 5 meil hindan bei der hant darumb, daz er ungezogen ist gewesen mit seinem geschirr und zeigt ez den frauwen.«[10] 1496 wurde in Breslau ein Mann ins Loch geworfen und am Seckel gebüßt, weil er vor einer Frau die Scham »aufgedeckt«,[11] und 1527 widerfuhr in Freiburg im Breisgau einem Mann dasselbe, der vor anderen die »scham und menlich gelid haruß gezogen«.[12] Im Januar des Jahres 1550 wurde in Venedig ein gewisser Domenego, der sich wiederholt während der hl. Messe vor den anwesenden Frauen entblößt hatte, zu sechs Monaten Gefängnis und anschließender zehnjähriger Verbannung verurteilt;[13] 1591 warf man den Juden Irzing von Utzmemmingen in den Nördlinger Turm, weil er »vor weibspersonen das wasser entblößt«,[14] und vier Jahre später notiert der Gerichtsschreiber im hessischen Steinbach: »3 fl Johan Schmit zu Steinbach, das er Matthias Eulnern sein Scham in den Hudt vberm Tisch gehengt.«[15]
Vor allem wenn sie sich in den Schenken vollgesoffen haben, fühlen manche Männer den Drang in sich aufsteigen, ihr »Ge-

schirr« aus der Hose zu holen, um vor den anwesenden Frauen und Männern damit zu prahlen, über was für einen gewaltigen ›Schwengel‹ sie doch verfügten. So legte beispielsweise im Jahre 1609 ein bezechter Wirtshausbesucher »sa partie honteuse sur ung tranchoir« und forderte seinen Saufkumpan auf, ein Gleiches zu tun, damit man sehen könne, wer den Größeren habe,[16] und 1732 wurden im pfälzischen Waldgrehweiler ein Wirt und sein Gast wegen Erregung öffentlichen Ärgernisses bestraft, weil dieser, »da der Wirt zu ihm sagte, er hätte keinen Mut bei seiner Frau, in die Hose gegriffen und in Gegenwart verschiedener Leute das Membran ausgewiesen«.[17]

Genauso oft ziehen aber Männer ihre Genitalien als Prélude zu einem von ihnen erwünschten Geschlechtsverkehr aus der Hose, sei es, um der betreffenden Frau mit ihrer Pracht zu imponieren, sei es, um sie einzuschüchtern, damit die Opfer sie gewähren lassen. So verklagte im Jahre 1623 die Dienstmagd Mary Whoods aus Roydon einen gewissen William Stace aus Horndon, dem sie gerade noch hatte entfliehen können, wegen unzüchtiger Entblößung und versuchter Vergewaltigung: »& drew out his privy members, and swore that she should goe no further, untill he had the use of her bodye«.[18] Nachdem 1631 in Prescot ein James Houghton in Erfahrung gebracht hatte, daß der Mann von Elizabeth Hey aushäusig war, erschien er vor ihrem Fenster, nahm sein steifes Glied aus der Hose und rief zu ihr hoch, »that is was seaven yucks long« – sie könne es nachmessen, wenn sie es nicht glaube. Allerdings fügte er einschränkend hinzu, »that she could have five yuckes of it« und nicht mehr, denn er »would keep two for (his) own wife«.[19]

Zwanghaften Exhibitionismus konnte man dagegen eher in den großen Städten antreffen, in denen die Täter die Vorzüge der Anonymität nutzten, wie in Paris, wo, um nur ein Beispiel zu nennen, im Jahre 1736 ein blutjunger Arbeiter namens Saintard verhaftet wurde, nachdem er auf der Straße vor einer Frau masturbiert hatte,[20] oder in London: Dort war man allerdings im frühen 19. Jahrhundert geteilter Meinung, ob ein Zurschaustellen der Genitalien, das »wilfully« geschehe, und zwar »with the intent to insult any female«, gesetzlich unter Strafe gestellt werden solle oder nicht. Während die einen meinten, es müsse Aufgabe der Polizei sein, die Täter zu verhaften, vertraten die anderen eher die Auffassung, das Vergehen sei eines, »which may safely be left to the castigation of the public« – so der *Morning Chronicle* im Jahre 1823. Auch das Konkurrenzblatt *Courier* verlautete, jene »ruffians«, die auf solch unzüchtige Weise die Passantinnen beleidigten, sollten am besten von männlichen Passanten mit einem Gefühl für Anstand niedergeschlagen werden (»be felled to the ground«).[21]

Auch bei den Tungusen gab es Männer, die bei gewissen Gelegenheiten vor Frauen den Penis entblößten und ihn rieben, bis er steif wurde, doch die Tungusinnen benötigten keinen Gentleman, der für sie den Übeltäter vertrieb. Denn ähnlich wie die weiter oben erwähnten Inderinnen, die dem amerikanischen Schausteller das Spiel verdarben, indem sie ihn auslachten, wenn er die Hosen herunterließ, brachen auch die Tungusinnen angesichts der Exhibitionisten in brüllendes Gelächter aus. Es heißt, daß der Mann, der sich während der Tat in einer Art Trance befand, durch die lauten Heiterkeitsausbrüche der Frauen in die rauhe Wirklichkeit zurückgerufen wurde: Sein Glied erschlaffte augenblicklich, und er suchte meist schamerfüllt sein Heil in der Flucht. Weit davon entfernt, sich durch solche Entblößungen bedroht zu fühlen, hätten die Tungusinnen sie eher als ein Amüsement betrachtet, das der Zerstreuung gedient habe.[22]

Handelt es sich hier um einen zwanghaften Exhibitionismus vor dem anderen Geschlecht, so gab und gibt es freilich auch in zahlreichen Gesellschaften ein Penisweisen als Reaktion auf starke Gemütsbewegungen. Bei den Sikka auf der Insel Flores beispielsweise beobachtete ich mehrfach, daß jüngere Männer bei heftigen Auseinandersetzungen durch die Kleidung ihren Penis rieben. Bei den Asmat und den Auyu in

Neuguinea spreizten die Männer, die keine Peniskalebassen trugen, ein wenig die Beine, ergriffen den Penis, rieben ihn bis zur Erektion und vollführten dabei Beckenstöße, und zwar, wenn sie aufgeregt, voller Angst, freudig erregt oder sehr überrascht waren: Während des Abschieds von Fremden, die man freundschaftlich beherbergt hatte, nach dem siegreichen Kampf mit Feinden, nach anstrengenden gemeinsamen Unternehmungen und während angsteinflößender Ereignisse, z. B. dem Brand einer Hütte oder im Verlaufe eines heftigen Sturmes.[23] Ein Europäer berichtete über eine unerwartete Begegnung mit einer kleinen Gruppe von Asmat: »At a sharp bend of the river we met five people in their dugout. The men were surprised because of our silence and sudden close proximity. The first two screamed in barking tones, seized their penises and threatened us several times in this way. [...] It is amazing that in response to our sudden appearance, the initial reaction of the people was a phallic threat, followed by a scramble for weapons.«[24]

In dem 1816 erschienenen Buch *Voyages de découvertes aux terres australes* ist eine Gouache abgebildet, die der Expeditionsmaler Petit im Jahre 1802 in Tasmanien angefertigt hatte. Auf ihr ist unter anderem ein Mann zu sehen, der sich mit der Linken an seinem Penis zu schaffen macht (Abb. 82), eine

82 Nicholas-Martin Petit:
›Eine Gruppe tasmanischer Eingeborener‹, 1802.

Szene, deren Deutung alsbald einen polemisch geführten Streit in der Gelehrtenwelt entfesselte. Die eine Partei sah in der Gebärde des Tasmaniers sicherlich zu Recht »une insulte cynique, dont il ne serait pas bien difficile de trouver l'équivalent dans les basses classes de nos grandes villes«, während die andere eine Geste der Schamhaftigkeit zu erkennen glaubte. Der Eingeborene, so hieß es, »ramène avec soin son prépuce sur le gland, que ce repli cutané est destiné à recouvrir. La notion de pudeur masculine se traduisait de la même manière chez certains Polynésiens«.[25]

Sind sie sehr erregt, erfreut oder erstaunt, schnippen die Dani mit dem Daumennagel gegen ihre aus der getrockneten Frucht des Flaschenkürbis hergestellte Penishülle und rufen dabei laut *wah-wah-wah!*,[26] ähnlich wie die Eipo, die bei Schreck oder Überraschung gegen ihre Peniskalebassen schnippen (Abb. 83), so daß ein Klickgeräusch entsteht.[27]

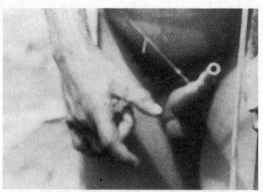

83 Eipo schnippt gegen seine Peniskalebasse.

Auch die Eipomänner stoßen bei dieser Gelegenheit ein Wort hervor, und zwar eines, das eine ähnlich schützend-abwehrende Funktion hat wie unser »Oje!« oder »Herrgotts!«[28] Bisweilen lockern sie auch die Schnur, die ihre Peniskalebasse hält, und stoßen mit dem Becken mehrfach hintereinander in Richtung des Gegners, so daß die Kalebassen stark wippen: Als beispielsweise einmal die Leiche einer als Hexe getöteten

Frau in einen Bach geworfen wurde, kletterte ein Mann auf einen Felsen und führte, auf ihm herumhüpfend, Beischlafbewegungen in Richtung der ›Hexe‹ aus.[29]
Ein Ethnologe berichtet, daß die Männer der Bime, wenn sie aufgeregt über spannende Kriegserlebnisse redeten oder wenn sie unmittelbar vor dem Abmarsch zu einem Tanzfest in eines der Nachbardörfer standen, sich vor ihm aufpflanzten und mit Beckenstößen auf- und niederhüpften, so daß die Peniskalebassen in Schwingbewegungen versetzt wurden.[30] Bei den Manus und den Matankol auf den Admiralitäts-Inseln stülpten sich die Männer vor den Kriegszügen und vor dem Kriegstanz ihre Penismuschel über: Die Tänzer schlenkerten dann durch ruckhafte Beckenbewegungen den Penis hin und her und stießen ein dumpfes Gebrüll aus.[31] Von malaiischen Amok-Läufern heißt es schließlich, daß sie vor ihren tödlichen Ausbrüchen häufig den Penis so festbanden, daß er wie erigiert vom Körper abstand.[32]
Wer glaubt, solche ›archaischen‹ Gebärden seien charakteristisch für den »Persönlichkeitstypus« einer »niederen Zivilisationsstufe«, auf welcher die Gemütsbewegungen noch viel unmittelbarer in äußeres Verhalten umgesetzt werden, der nehme sich, falls er es nicht ohnehin schon tut, samstags abends eine halbe Stunde Zeit und betrachte die ›Berichte aus der Bundesliga‹ in der Fernseh-Sportschau. Dort wird er nach fast jedem erfolgreichen Torschuß einen Fußballer übers Gras eilen sehen, der mit dem Becken und mit den Fäusten ›Rammel‹- und Stopfbewegungen ausführt, die unterstreichen, daß er den Gegner soeben ›gefickt‹ hat. Wir werden später auf dieses Thema zurückkommen – es genügt im Augenblick darauf hinzuweisen, daß man auch bei uns heute die Geste des Penisweisens nicht nur bei Dresdner Neonazis antrifft (Abb. 84): Nachdem beispielsweise am 23. August 1991 in Lettland die KP verboten worden war, verließen kommunistische Spitzenfunktionäre in Riga ihr Parteigebäude und wiesen den sie filmenden Kameraleuten des Fernsehens vor ihren Hosenlätzen symbolisch den Penis.[33]

84 Neonazis in Dresden, 1991.

Die Art und Weise, wie dem männlichen Gegner, vorzugsweise aber Frauen, der Penis gewiesen wird, diese also symbolisch ›gebumst‹ werden, zeigt eine große Variationsbreite. So brachen etwa eines Abends fünfundvierzig amerikanische Verbindungsstudenten in den Speisesaal eines Mädchen-Colleges ein, kreisten die etwa dreißig am Eßtisch sitzenden Studentinnen ein und nötigten sie, einer Rede über die psychoanalytische Theorie des Penisneids zuzuhören, während ein weiterer Student an einem Gummiphallus die verschiedenen Techniken des Onanierens demonstrierte. Unterdessen starrten die jungen Frauen beklommen, und ohne ein Wort zu sagen, vor sich auf den Fußboden. »It's tradition«, erläuterten später die Eindringlinge und fügten hinzu, daß sie das jedes Jahr so machten.[34]

Eine Lesbierin berichtet: »Ein Nachbar steckte mir eine Zeichnung seines Schwanzes unter der Wohnungstür durch«, und ein lesbisches Paar schildert ähnliches: »Männer haben ans Fenster onaniert und gespritzt, als wir in einer Erdgeschoßwohnung lebten.« Andere Lesbierinnen gaben wiederum an, daß sich am Strand gewisse Männer – bei denen es sich anscheinend nicht um zwanghafte Exhibitionisten handelte – vor ihren Augen demonstrativ entblößt und masturbiert hätten.[35]

Nachdem sich Lisa Olson, eine junge Reporterin des *Boston Herald*, auf der Suche nach einer Story in die Umkleidekabinen des Football-Teams ›The New England Patriots‹ vorgewagt hatte, zogen einige der dort anwesenden Spieler unter obszönen und anzüglichen Bemerkungen die Hosen herunter und präsentierten der Frau ihre Genitalien. Als die Reporterin daraufhin wegen »mental rape« klagte, sagten die Spieler aus, sie hätten das Verhalten Lisa Olsons als »weibliche Zudringlichkeit« empfunden. Auf einem Bankett setzte später Victor Kiam, der Besitzer des Patriot-Teams, noch einen drauf und sagte, die irakische Armee und Lisa Olson hätten eines gemeinsam: Beide hätten nämlich Patriot-Raketen von nahem gesehen, was die Reporterin zu einer zweiten Klage veranlaßte.[36]

Besonders aus der Zeit des späten 19. und des frühen 20. Jahrhunderts gibt es zahllose Berichte von und über Fabrikarbeiterinnen, vor denen ihre männlichen Kollegen, um sie zu verhöhnen, die Genitalien aus der Hose zogen,[37] und in der Gegenwart gibt eine Hamburger Krankenschwester folgende Schilderung aus ihrem Alltag: »Als Nachtdienst muß man morgens die Waschschüsseln verteilen und die Patienten zum Waschen ans Waschbecken schicken, wobei einige sehr lange nackt durchs Zimmer hin und her gehen. Bei Frauen habe ich das noch nie erlebt. Frauen waschen sich und ziehen einen Bademantel an, Männer laufen nackt. Dieses demonstrative Verhalten ist mir auch bei Männern in der Sauna aufgefallen. Die laufen viel länger nackt herum, auch wenn sie keine Anwendungen haben und setzen sich meist auffällig breitbeinig hin, damit man überall hinsehen kann. Im Krankenhaus sind es oft Männer zwischen 40 und 50 Jahren, die sich da besonders hervortun. Die wissen ganz genau, daß die Schwester morgens ihr Bett machen kommt. Dann schlägt man die Bettdecke auf, und sie liegen da und sind nackt. Dann gucken sie einem ganz hämisch ins Gesicht und sagen: ›Na, was sagst du nun. Wirst du noch rot?‹ Darauf folgt ein dröhnendes Gelächter im ganzen Zimmer.«[38]

Auch Saunaforscher bestätigen dies: Regelmäßige Besucherinnen ›gemischter‹ Saunen erzählten ihnen, daß einige Männer demonstrativ breitbeinig dasitzen und »ihren Pimmel stets zur Schau tragen«. Ein männlicher Besucher merkte indessen an, daß manche »Emanzen« ihnen mittlerweile nicht nachständen. Sie »machen es zu einer Sache ihrer Ideologie, auch in der Sauna mit geöffneten Beinen dazuliegen bzw. zu sitzen. Die scheißen sich überhaupt nichts.«[39]

Aber auch mit dem Konterfei des erigierten Penis haben die Männer seit eh und je die Frauen aufs Korn genommen. So trug man beispielsweise im Jahre 1664 während des Karnevals einen hölzernen Phallus, »groß wie der eines Pferdes«, durch die Gassen von Neapel, und zwar eigens, um damit die Frauen zu schockieren,[40] und bei den Kaska-Indianern gab es einst einen Mann, der eine Vorliebe dafür entwickelt hatte, mit selbstgefertigter Pornographie das Schamgefühl des anderen Geschlechts zu strapazieren. Er schnitzte aus Treibholz große männliche Geschlechtsorgane und warf sie in die Strömung des Dease-Flusses, damit die Frauen schockiert wurden, die mit dem Kanu den Fluß entlangfuhren. Diesem Hobby ging auch ein anderer Mann nach, der allerdings seine Schaustücke in die Bäume hing oder sie an Wegrändern aufpflanzte.[41]

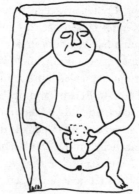

85 Mann präsentiert Penis mit zurückgezogener Vorhaut;
Savignac-d'Auros, Spätmittelalter.

Freilich wurden auf diese Weise nicht nur die Frauen beleidigt, sondern auch die ›magischen‹ Mächte abgewehrt, etwa durch phallische Reliefs an den Straßenecken der römischen Städte[42] oder durch Steinskulpturen penisweisender Männer in den Chören und an den Außenmauern gotischer Kirchen (Abb. 85). Bis zum Ende des 17. Jahrhunderts soll es den Brauch gegeben haben, daß der Maharadscha von Paṭiyālā im Panjāb einmal im Jahr mit entblößtem Unterleib, lediglich bekleidet mit einem Brustharnisch aus 1001 nahtlos aneinandergefügten blauweißen Diamanten, vor dem Volk erschienen sei, um die dem Land und seiner Fruchtbarkeit übelgesonnenen Mächte zu vertreiben,[43] und die Alfuren auf der Insel Ceram sagten, sie zeigten den bösen Wettergeistern den Penis, damit diese sich schämten und abzögen.[44]

In einigen Gegenden Montenegros gab es noch im Jahre 1941 den Brauch, daß ein Zauberer eine stillende Mutter mit Brustschmerzen auf folgende Weise heilte: An einem Abend beschrieb er zunächst mit seinem erigierten Glied einen Kreis in die Richtung der untergehenden Sonne und strich dann mit seinem Phallus über die kranke Brust, wobei er sagte: »Hau ab, du dreckiges Ding!« Ein berühmter »Brustzauberer« (*zavarc grudi*) war der im Jahre 1915 verstorbene Bogdan Lakićević aus Kosanica, der stets verlangte, daß die Frau während des Rituals ein Tuch über ihr Gesicht breitete, damit sie seinen Penis nicht sehen konnte.[45]

Um sich vor dem *mal'occhio* des *jettatore* zu schützen, nahmen die kalabresischen Bauern ihren Penis in die Hand – wobei ihnen allerdings das Schamgefühl verbot, dies zu tun, wenn sie nicht alleine waren[46] –, und ein Gleiches taten die Zigeuner von Kosovo-Metohija: Wenn sie die Ochsen aus den Ställen führten und anjochten, faßten sie in ihre Hosen und rieben den Penis, bis er steif wurde. Dies bewahrte die Tiere davor, verhext zu werden.[47] Freilich mußte man bei solchen Aktionen und Entblößungen vorsichtig sein, denn auch wenn man sich allein wähnte, war man selten allein, weshalb bereits Hesiod den Rat gab, sich nirgends – ob im Haus oder draußen – sorglos zu entblößen: »Und schlag nicht zur Sonne gewendet im Stehen das Wasser ab. (Aber wenn sie unterging, bis sie aufgeht, denke daran.) Und pisse nicht auf den Weg noch neben den Weg im Gehen, (und auch nicht von Bekleidung entblößt; die Nächte gehören den Göttern.) Im Hocken tut's der recht fromme Mann, der Verständiges weiß, oder er geht an die Mauer des wohlumschlossenen Hofes. Und zeig nicht im Haus die Scham mit Samen bedeckt dem Herd aus der Nähe, sondern meide das.«[48]

Auch bei Tieren und insbesondere bei Affen hat man beobachtet, daß sie bei großer Aufregung, namentlich bei Angst und Aggressionen nicht nur Erektionen bekommen, sondern daß sie den Artgenossen, ähnlich wie die Männer, ihre Genitalien präsentieren – ganz offensichtlich eine Homologie, mag diese auch immer wieder aus ideologischen Gründen bestritten werden. So spreizen beispielsweise die Männchen einer Unterabteilung des Totenkopfäffchens (*Saimiri sciureus*) in der Paarungszeit die Schenkel, reiben den Penis bis zur Erektion, urinieren ein bißchen und stoßen dann dem anderen Tier ihr erigiertes Glied ins Gesicht. Gegenüber Weibchen ist dies wohl Werbeverhalten, gegenüber anderen Männchen offensichtlich der Versuch, sich diese unterzuordnen: Bleiben diese nämlich nicht still und unterwürfig sitzen, werden sie – meist auf brutale Weise – angegriffen.[49] Und wie es beim Menschen das dem Penisweisen entsprechende Vulvaweisen gibt, so demonstrieren auch die Weibchen der Totenkopfaffen gelegentlich ihre Überlegenheit gegenüber Artgenossen dadurch, daß sie die Hinterschenkel spreizen und ihre große, bisweilen erigierte Klitoris zeigen.[50]

Ähnlich bedrohen auch Hirsche, Antilopen und die Angehörigen zahlreicher Affenarten einander durch die Präsentation des erigierten Penis,[51] während Schimpansenmännchen allerdings nicht selten den erigierten Penis vor ranghöheren Männchen bedecken: Mit dieser Vorform männlicher Körperscham wollen sie vermutlich eine Herausforderung der überlegenen Männchen durch das vermeiden, was als Domi-

86 Bonobo präsentiert vor einem anderen den Penis. Zoo von San Diego.

nanzgebärde empfunden werden könnte, aber mehr noch entgehen sie wohl auf diese Weise den Angriffen und Belästigungen, denen häufig jene Tiere ausgesetzt sind, die vor den anderen ihre Kopulationsbereitschaft dokumentieren.[52]
Bei den Bonobos, also den Primaten, die dem Menschen am nächsten stehen, präsentieren die Männchen den erigierten Penis gleichermaßen in Situationen, die affektiv in hohem Maße besetzt sind. So stellten sich z.B. zwei Bonobos, die einander fremd waren und zum ersten Mal aufeinander trafen, gegenseitig zur Schau: »First, the two moved around each other with an emotional dialogue of rapidly alternating screams. Both had erections, which they regularly presented to each other [...]. Their screaming concert lasted a full six minutes; it did not sound aggressively at all, rather extremely nervous. It was as if each male wanted to make contact but did not know whether the other could be trusted.« Schließlich umarmten sich die beiden, und jeder rieb seinen erigierten Penis an dem des anderen.[53]

§ 12
Penisfutterale und das Problem der öffentlichen Erektion

Nachdem Kapitän Cook vor der Insel Malekula im Archipel der Neuen Hebriden die Anker hatte auswerfen lassen, wunderte er sich alsbald über die seltsame Aufmachung dieser Südsee-Insulaner, die auf so eklatante Weise die Schicklichkeitsnormen des Rokoko-Zeitalters verletzten. »The Men go naked«, notierte der Kapitän in seinem Tagebuch, »it can hardly be said they cover their Natural parts, the Testicles are quite exposed, but they wrap a piece of cloth or leafe round the yard which they tye up to the belly to a cord or bandage which they wear round the waist.«[1] Auch der ihn begleitende Georg Forster konstatierte: »Fast alle andre Völker haben aus einem Gefühl von Schaamhaftigkeit, zur Bedeckung des Körpers, Kleidungen erfunden; hier aber waren die Geschlechtstheile der Männer blos mit Zeug umwickelt, und so, in ihrer natürlichen Form, aufwärts an den Strick oder Gürtel festgebunden, mithin nicht sowohl verhüllt, als vielmehr sichtbar gemacht, und zwar, nach unsern Begriffen, in einer höchst unanständigen Lage.«

Immerhin bewegte Forster die Frage, ob es sich bei dieser grotesken Umwicklung, die kaum den Namen ›Bekleidung‹ verdiente, nicht doch um den Ausdruck einer, wenn auch rudimentären Schamhaftigkeit handeln könnte. Allein, er verwarf diesen Gedanken, da »diese sowohl als die Keuschheit« ja nichts anderes seien als »bloße Folgen unserer Erziehung, nicht aber angebohrne Begriffe«, was durch die Tatsache bewiesen werde, »daß Schaam und Keuschheit, im Stande der Natur, ganz unbekannte Tugenden sind«. So ganz wohl scheint sich Forster allerdings bei dieser Art von Argumentation nicht gefühlt zu haben, denn er fügte hinzu, daß die Männer von »Mallikollo«, hätten sie wirklich ein Schamgefühl verspürt, wohl kaum auf den Gedanken verfallen wären, den Penis in einer so auffälligen Weise zu verbergen, was im übrigen sicherlich auch auf ihre Weiber zutreffe, denn es sei sehr die Frage, »ob sie den elenden Strohwisch, der ihnen statt Schürze dient, nicht vielmehr aus Begierde zu gefallen, als aus Gefühl von Schaamhaftigkeit tragen«.[2]

Anscheinend hegte Forster den Verdacht, daß der nach oben gebundene Penis der Männer von Malekula eine Art permanenter phallischer Drohung, vielleicht auch eine Betonung ihrer Manneskraft, darstellten, denn bezüglich der ähnlich staffierten Tana-Insulaner bemerkte er, daß die Expeditionsmitglieder »eine leibhaftige Vorstellung jener furchtbaren Gottheit zu sehen glaubten, welcher bey den Alten die Gärten geweyhet waren«,[3] also des Priapus, der bekanntlich den Obstdieben damit drohte, sie zur Strafe anal zu penetrieren.

Während sich Georgs Vater, Johann Reinhold Forster, bei der Entscheidung des Problems, ob diese Sitte nun einem Schamgefühl Rechnung trage oder nicht, vorsichtig zurückhielt,[4] hat sich im Verlaufe der nächsten 200 Jahre die Auffassung seines Sohnes allgemeine Geltung verschafft, so daß es heute kaum einen Ethnologen, Soziologen oder Historiker gibt, der bezweifelte, daß derartige Peniswickel, -futterale oder -kalebassen die Aufmerksamkeit der Umwelt auf die Genitalien lenken sollen, was im übrigen auch beweise, daß die Körperscham keine menschliche Universalie sei.[5]

Allerdings stellten die Feldforscher, die sich längere Zeit auf Malekula aufhielten, sehr bald fest, daß die dortigen Männer sich ungemein schämten, wenn andere Leute sie ohne ihre Penisbedeckung sahen,[6] und in den Teilen der Insel, wo die Eichel durch eine rituelle Beschneidung freigelegt wurde, bedeckte man jene mit einer *namba* genannten Penishülle, damit die Blöße den Blicken entzogen war.[7] Auch auf Tana, einer ganz im Süden des Archipels liegenden Insel, wickelten die Männer, da sie eine ungeheure Angst davor hatten, jemand könnte ihre von der Vorhaut entblößte Eichel sehen, ganze Meter von Kaliko um den Penis, so daß die Umhüllung schließlich bis über 60 cm lang war, während der Hodensack frei blieb.[8]

Die kleinen Buben der Dani des Baliem-Tals im Hochland von Westirian erhalten ihre den Penis bedeckenden Kürbiskalebassen (*holim*) im Alter von vier bis sechs Jahren (Abb. 87). Das *holim* wird ebenfalls lediglich aus Schamgründen getragen und außer vor dem Urinieren nie abgelegt, weshalb die Männer stets auf dem Rücken liegend schlafen.[9] Die bei den Erwachsenen bis zu 60 cm lange Kalebasse wird einerseits mit einer Faser an der Hüftschnur, andererseits am Hodensack befestigt, und zwar so straff, daß dieser durch die Schnur geteilt wird und die Hoden einem ständigen Druck ausgesetzt sind, ein Faktum, das man zur Erklärung der niedrigen Fruchtbarkeitsrate dieses Volkes herangezogen hat.[10] Anscheinend hat die Peniskalebasse, so merkwürdig das klingen mag, keinerlei »phallische« Bedeutung, wie es unter den Dani auch keine phallische Protzerei oder auch nur irgendeine Betonung des Penis als Inbegriff von Kraft, Angriffslust oder Geschlechtslust geben soll,[11] ja, die Dani sind sogar als außergewöhnlich »undersexed« geschildert worden.[12]

87 Dugum-Dani mit Peniskalebasse.

Wie dem aber auch sein mag, ungeachtet der Tatsache, daß solche Hüllen und Futterale den Penis betonen, steht außer Zweifel, daß ihre Träger durchweg eine wesentlich größere Eichelscham an den Tag legen als beispielsweise die heutigen Europäer oder Nordamerikaner. Bei den bereits erwähnten Eipo erhalten die Heranwachsenden den Rotan-Wickelgürtel und die Peniskalebasse (*sanyum*) in dem Alter, in dem die ersten Erektionen auftreten.[13] Bezüglich des Penis und mehr noch der Eichel sind die Eipo außerordentlich prüde, und sie binden sich auf alle Fälle vor der Eichel die Vorhaut zu, wenn sie aus irgendeinem Grunde das *sanyum* ablegen müssen. So verdankten die Forscher es »dem unkonventionellen Mut Mutubs, daß sie das An- und Ablegen des *sanyum* filmen konnten; allerdings hatte sich Mutub zuvor die Vorhaut mit einer Faser so zusammengebunden, daß keine Gefahr der Bloßlegung der Eichel bestand«.[14] Bei den Umeda am Sepik erhält ein Junge seine Peniskalebasse (*peda*) im Alter von 16 Jahren als Ausdruck dafür, daß von nun an seine Sexualität »unter Kontrolle« steht, und auch er bindet sich stets die Vorhaut zu, wenn er die Kalebasse einmal abnimmt. Zu einem rituellen Fruchtbarkeitstanz trägt der Kassowari-Tänzer (*eli*) ein besonderes Penisfutteral (*pedasuh*), das wesentlich größer ist und im Gegensatz zur Alltagskalebasse eine ›ithyphallische‹ Bedeutung hat.[15]

Verwendete man im Inneren von Neuguinea meist getrocknete und ausgehöhlte Früchte als Penishüllen, so griff man in Küstengegenden eher auf das zurück, was man am Strand und im seichten Wasser fand und mit dem auch der Maler Jan Gossaert zu Beginn der Neuzeit aus Anstandsgründen seinen Neptun eingekleidet hatte (Abb. 88): So zogen beispielsweise die Männer der Manus und der Matankol auf den nordöstlich von Neuguinea gelegenen Admiralitäts-Inseln ihre Vorhaut über die Eichel und klemmten dann den ganzen Penis in die Öffnung einer weißen Amphiperas-Muschel, deren Windungen sie vorher herausgeschlagen hatten. Selbst vor anderen Männern hätte sich ein Mann unter keinen Umständen nackt,

88 Jan Gossaert: ›Neptun u. Amphitrite‹, 1516.

d.h. ohne seine Penismuschel, gezeigt,[16] und zumindest die Bewohner der Admiralitäts-Insel Taui hatten in der Muschel eine kleine Öffnung angebracht, so daß sie das Gehäuse auch zum Urinieren nicht abzunehmen brauchten.[17]
Die gleiche Penis- und vor allem Eichelscham findet sich auch bei sämtlichen Indianerstämmen des südamerikanischen Tieflandes, was z.B. ein amerikanischer Ethnologe erfahren mußte, der bei den Shavante die Leute schockierte, als er – sich unter ›Kindern der Natur‹ wähnend – ohne Badehose in die Fluten eines Flusses watete.[18] Die Shavante erachten es nämlich als extrem beschämend, wenn irgendeine Frau, aber auch ein Mann die Eichel eines anderen Mannes sehen würde, und sollte jemandem – etwa bei athletischen Übungen – die kleine konische Spirale aus Palmrinde, die man über die Penisspitze stülpt, herunterfallen, bedeckt er auf der Stelle die Genitalien mit der Hand. Und während die Frauen im Stehen urinieren, hocken sich die Männer hin, weil sie auf diese Weise besser den unbedeckten Penis verbergen können.[19]

89 Auca-Jäger im ecuadorianischen Regenwald.

Die Surára und Pakidái machen in ihre Hüftschnur (*nhamaaxí*) vorne eine Schleife, durch die sie die Vorhaut des nach oben gebundenen Penis ziehen. Würde einem Mann einmal aus irgendeinem Grunde in der Öffentlichkeit der Penis aus der Schleife rutschen und nach unten baumeln, so wäre dies nachgerade eine Katastrophe und die Frauen, die dies sähen, würden laut aufschreien und die Hände vors Gesicht schlagen. Könnte man dabei gar seine Eichel sehen, dann gälte das Mißgeschick als »ein geradezu fluchwürdiges Verbrechen« und der Unglückliche würde zu seiner Schande auch noch von den anderen zusammengeschlagen.[20] Aus diesem Grunde zogen die Sirionó in der Zeit, als sie noch völlig nackt gingen, andauernd an ihrer Vorhaut, damit diese möglichst lang wurde und die Eichel ganz bedeckte.[21]

Die Tupari schließlich pressen den Penis in den Unterleib zurück und bringen über der Falte, die sich dort bildet, wo der Penis veschwunden ist, einen *támaram* genannten Stulp an. Sollte diese Schambedeckung beim Spiel oder bei der Jagd abfallen, bedecken die Tupari die Stelle augenblicklich mit der Hand. Ihr Ethnograph berichtet, daß es nur ganz wenige freche Indianer gab, die sich während der Besäufnisse einen Spaß daraus machten, vor ihren Zechkumpanen oder sogar in Anwesenheit von Frauen und jungen Mädchen den Penis aus seiner Leibeshöhle heraustreten zu lassen. Die Frauen quittierten dies mit Bestürzung und die Kumpane teils mit Beschämung, teils mit obszönem Gelächter. Das Verhalten der ›zivilisierten‹ Gummizapfer, die bisweilen nackt baden, wird von den Tupari als scham- und würdelos empfunden, und man vergleicht derartige Männer mit Affen oder Tapiren.[22]

Auch in den afrikanischen Gesellschaften achteten die Männer auf peinliche Weise darauf, daß die Eichel unter allen Umständen bedeckt war, sei es, daß sie die Vorhaut unter der Hüftschnur durchsteckten, wie die Bobo im Gebiet des Schwarzen Volta, (Abb. 90), sei es, daß sie den Penis in ein Futteral steckten: Ein solches aus Wühlmaus- oder Rattenfell hergestelltes Futteral trugen beispielsweise einst die Zulu, die sich jedes Mal, bevor sie einen Fluß durchquerten und das Penisfutteral abnahmen, die Vorhaut zubanden.[23] Sich völlig nackt zu zeigen wurde nicht nur als unanständig, sondern als Sittlichkeitsverbrechen erachtet, und jedermann stand das Recht zu, den Betreffenden totzuschlagen.[24]

90 Junger Mann und Jungfrau der Bobo.

Aber auch in anderen Weltgegenden, z. B. in der Südsee, war eine vor anderen entblößte Eichel der Gipfel der Unanständigkeit. So durften zwar auf manchen polynesischen Inseln die Männer im Gegensatz zu den Frauen das Lendentuch abnehmen, doch nur unter der Bedingung, daß die Eichel durch eine um die Vorhaut gewickelte Bastschnur den Blicken entzogen war,[25] und von den Marquesanern heißt es z. B., daß sie peinlichst genau darauf achteten, daß die Schnur sich nicht lockerte oder riß.[26] In der Wilhelminischen Ära konstatierte ein Arzt, daß die Schamhaftigkeit der Samoaner in bezug auf ihren Penis und ihr Getue bei ärztlichen Untersuchungen »oft geradezu lachenerregend« sei,[27] und auf Mangaia, einer südlichen Cook-Insel, war die Bevölkerung darüber entsetzt, mit welch kindlicher Unschuld die Europäer beim Baden den Unterleib entblößten, denn auch dort darf ein Penis, der »keinen Hut mehr hat«, der also beschnitten[28] oder dessen Vorhaut im Laufe der körperlichen Entwicklung zurückgerutscht ist, nicht mehr gezeigt werden.[29] Freilich hatte man es im allgemeinen auch nicht gerne, daß die anderen Männer und vor allem die Frauen einen Penis »*mit* Hut« sahen, und wenn z. B. auf der Insel Tikopia die Männer – die im übrigen nie gemeinsam mit den Frauen badeten – aus dem Wasser kamen,[30] bedeckten sie mit der einen Hand die Genitalien, während sie sich mit der anderen trocken rubbelten. Hielten sich an der Stelle, an welcher man sich das Salzwasser von der Haut spülte, Frauen auf, die dort ihre Gefäße mit Süßwasser füllten, riefen die Männer ihnen von weitem zu, sie sollten sich aus dem Staube machen.[31]

Sobald auf dem türkischen Dorf ein Junge beschnitten ist, darf er sich vor den anderen nicht mehr entblößen,[32] und der Mutter ist es von nun an untersagt, den Penis ihres Söhnchens zu berühren:[33] Idealiter findet nämlich die Beschneidung dann statt, wenn bei dem Jungen ›die Scham erwacht‹, eine Scham, die den Beschnittenen fortan nicht mehr verläßt. So sagte mir beispielsweise eine Fachärztin für Haut- und Geschlechtskrankheiten, daß ihre türkischen Patienten zwar bei der Untersuchung Penis und Hodensack entblößten, die Eichel aber stets mit der Hand bedeckten. Dies konnten die griechischen und die etruskischen Athleten bei ihren Übungen natürlich nicht tun, weshalb sie entweder die Vorhaut mit der κυνοδέσμη zubanden[34] oder sie nach oben durch den Hüftgürtel zogen, wie es z. B. der etruskische Speerwerfer im ›Grab des Affen‹ demonstriert (Abb. 91).[35]

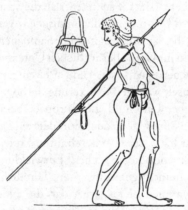

91 Etruskischer Speerwerfer.
›Grab des Affen‹, Chiusi, frühes 5. Jh. v. Chr.

Gegen die These, daß der Penis und besonders die Eichel aus Gründen der Scham in die Leibeshöhle gepreßt, mit Schnur umwickelt und in ein Futteral gesteckt werden, hat man indessen den Einwand erhoben, dem widerspreche, daß in manchen Gesellschaften diese Sitte weiterbestehe, obwohl die Männer doch inzwischen europäische Hosen trügen, die in jedem Falle der Schamhaftigkeit Genüge leisten müßten.[36] Allerdings läßt sich diese Tatsache zwanglos mit dem ›Konservativismus‹ in den traditionellen Gesellschaften erklären. So trugen beispielsweise die Oldtimer unter den Comanche noch im Jahre 1936 den herkömmlichen Schamschurz unter den westlichen Hosen, weil sie es eben gewohnt waren, daß ein Mann ohne Schamschurz sich unanständig benahm,[37] und die Parintintin oder Kavahém (oft nach dem Singular Kavahib genannt) am Rio Madeira betrachteten die weißen Männer als schamlos, weil diese unter den Hosen »nackt« waren.[38] Auch die Männer der Bhaca im Transkei trugen noch bis vor kurzem unter den europäischen Hosen ein kleines, die Eichel bedeckendes Futteral (*incitsho*), das aus weicher Ziegenhaut, einer hohlen Baumfrucht, Gras oder dem Kokon einer Raupe hergestellt war, denn ohne das Hütchen »ist es«, wie sie sagten, »so, als ob man nackt sei«.[39]

Warum aber ist gerade die Eichel so schambesetzt wie kein anderer Teil des männlichen Körpers? Die völlig entblößte Eichel ist eines *der* Kennzeichen der sexuellen Erregung des Mannes, da die Vorhaut bei der Erektion gedehnt wird. Im Gegensatz zu den vorpubertären Jungen, deren Eichel von der Vorhaut bedeckt ist, und zu den männlichen Säugetieren, deren Penis in einer Art ›Vorhauttasche‹ verborgen ist, zieht sich bei den meisten Männern im Verlaufe des sexuellen Reifungsprozesses die Vorhaut so weit zurück, daß auch im schlaffen Zustand zumindest der vorderste Teil der Eichel sichtbar wird. Dieser teilentblößte Penis erinnert nun an einen erigierten Penis, d.h., er übt auf den potentiellen Sexualpartner eine verstärkte stimulierende Wirkung aus und reizt vermutlich zudem die anderen Männer zum sexuellen Konkurrenzkampf, worauf wir später zurückkommen werden. Die für andere sichtbare nackte Eichel hat also keine andere Wirkung als die – etwa durch geöffnete Beine beim Sitzen – sichtbar gewordenen Schamlippen und Klitoris bei der Frau. Und genau wie in allen bekannten menschlichen Gesellschaften die Frauen es vermeiden, ihre Vulva öffentlich zur Schau zu stellen, so vermeiden auch die Männer im allgemeinen zumindest die öffentliche Sichtbarkeit ihrer Eichel, in den meisten Fällen aber auch des Penis insgesamt. So heißt es beispielsweise in einem Bericht aus dem vergangenen Jahrhundert, daß die Männer der Mōfu im südlichen Bagirmi zwar ein Gazellen-, Ziegen- oder Wildkatzenfell um die Hüften trugen, doch dieses Fell bedeckte lediglich das Gesäß vollständig. Um zu vermeiden, daß andere Leute ihre Genitalien sahen, klemmten deshalb die Männer beim Gehen und Stehen den Penis zwischen die Oberschenkel. Obwohl sie dies mit äußerster Geschicklichkeit taten, waren natürlich Laufen, Springen und hastige Bewegungen mit den Beinen ausgeschlossen.[40] Die männlichen Angehörigen der Stämme in der Nähe des Merauke-Flusses in Neuguinea ließen zwar, wenn sie unter sich waren, auf natürliche Weise den Penis nach unten hängen, doch sobald sich irgendeine Frau näherte, zogen sie die Vorhaut über die Eichel und klemmten sie nach oben durch den Hüftgürtel.[41] Um jede Möglichkeit auszuschließen, daß irgend jemand – gleichgültig ob Mann oder Frau – ihren Schambereich sehen konnte, nestelten die Mbowamb andauernd an ihren Schürzen herum und keiner der Männer war bereit, vor einem Arzt, der ihre Unterleibskrätze behandeln wollte, die Genitalien zu entblößen,[42] da dies ihr Schamgefühl (*pipitl*) verletzt hätte.

Doch nicht nur die Genitalien selber, auch ihre Bezeichnungen und die ihrer Bedeckungen sind häufig schambesetzt. So war es beispielsweise den Waropen-Papuas äußerst peinlich, als der Ethnograph von ihnen die Wörter für Penis, Vorhaut und dergleichen erfahren wollte,[43] und auch die Männer der Kanum-irebe in der Nähe der Grenze zwischen Papua und Westirian genierten sich, untereinander die Namen der Melo-Muschel und der Zwergkokosnuß, die sie als Schambedeckkung verwendeten, auszusprechen.[44]

Diese und zahllose weitere Beispiele, die sich anführen lassen,[45] zeigen, daß nichts falscher sein könnte als die Behauptung Jos van Ussels, die starke Schambesetzung des Genitalbereiches sei typisch für die spätneuzeitliche westliche Gesellschaft, welche bezeichnenderweise auch die These aufgestellt habe, der Mensch hätte sich als erstes Kleidungsstück ein Lendentuch zugelegt. Doch auch in dieser Gesellschaft könne man eine solche »genito-zentrale Progression« erst in den letzten Jahrhunderten beobachten: Sie sei »unter dem Einfluß der wachsenden Prüderie« vor sich gegangen, wohingegen sich »zu anderen Zeiten und in anderen Kulturen […]

eine andersartige Empfindlichkeit feststellen« lasse.[46] Unterstützt wird diese Behauptung von weiteren Anhängern der Eliasschen Zivilisationstheorie, die im Sinne des Meisters konstatieren, noch in der frühen Neuzeit habe es keine nennenswerte Genitalscham gegeben.[47]

Ist nun die Eichel der schambesetzteste Körperteil des Mannes, so stellt in allen menschlichen Gesellschaften eine Erektion in der Öffentlichkeit das Nonplusultra der Peinlichkeit dar, die unter allen Umständen vermieden werden muß. So meinte etwa ein Ilahita-Arapesh, ein großer Vorteil der europäischen Hosen liege darin, daß ihr Träger ungewollte und hochnotpeinliche Erektionen besser verbergen könne. Die Angst vor solchen Erektionen, die, wie wir sehen werden, in der Öffentlichkeit kaum auftreten, scheint bei den Arapesh trotzdem ein ständiges Thema zu sein, und die Tatsache, daß sie vom Willen weitgehend unabhängig sind, beunruhigt die Männer genauso sehr wie einst den hl. Augustinus. Die Arapesh erzählen sich beispielsweise die Geschichte, daß bei einem Überfall auf ein feindliches Dorf eine Frau von einem Speer in der Leistengegend getroffen worden war. Um die Waffe herauszuoperieren, scharten sich die Sieger um die Frau, doch da der Bambus beim Eindringen in das Fleisch gesplittert war, erwies die Operation sich schwieriger als erwartet. Noch schwerwiegender war allerdings die Tatsache, daß jeder, der dabei sein Glück versuchte, nicht umhin konnte, auf die Vulva der Patientin zu schauen, was wiederum zur Folge hatte, daß sie alle nacheinander eine Erektion bekamen und sich beschämt zurückziehen mußten. Schließlich hatte jemand die Idee, sich die Augen verbinden zu lassen, so daß der Speer doch noch entfernt werden konnte.[48] Auch die Kiwai-Papua erzählen eine Geschichte, in der ein junger Mann mit einem Mädchen eine Kanufahrt unternahm, wobei letztere so dasaß, daß er unter ihren Grasrock schauen konnte. Auch diesem Jungen gelang es nicht, eine Erektion zu vermeiden, und es blieb ihm nichts anderes übrig, als ins Wasser zu springen.[49]

Von solchen mehr oder weniger fiktiven Geschichten einmal abgesehen, ist es freilich charakteristisch, daß die Männer in diesen Gesellschaften ihre Erektionen auf nahezu perfekte Weise kontrollieren können, d. h., sie verfügen über jene gut funktionierende »Selbstzwangapparatur«, die nach Elias »als ein entscheidender Zug im Habitus« der »›zivilisierten‹ Menschen« hervortrete[50] und auf der »niedereren Entwicklungsstufe« gar nicht oder kaum vorhanden sein dürfte.[51] So berichtet etwa Pierre Clastres, der fast ein Jahr bei den Aché verbrachte, er habe es kein einziges Mal erlebt, daß einer der nacktgehenden Männer von einer Erektion überrascht worden sei,[52] was auch Lévi-Strauss von den Nambikwara bestätigt: Selbst wenn ein Ehepaar einander, in der Hängematte liegend, gestreichelt und sich »des jeux amoureux« hingegeben hat, habe der Penis des männlichen Partners nie seinen Zustand verändert.[53] In einer solchen Situation, in der ein Tapirapé an seiner Frau herumspielte, begann freilich dessen Penis steif zu werden, worauf der Mann sofort von der Hängematte sprang und – mit dem Rücken zu dem Ethnographen stehend – sagte, seine Frau und er müßten in den Urwald gehen: *angkuruk!*, »Wir gehen pinkeln!«[54]

Vorfälle dieser Art scheinen jedoch zu den großen Seltenheiten zu gehören, denn auch ein anderer Ethnograph berichtet, er habe auf Neubritannien selbst bei den Schlafenden niemals auch nur die Andeutung einer Erektion bemerkt,[55] und ein so erfahrener Feldforscher wie Jan van Baal teilte mir brieflich mit, daß auch die Marind-anim die äußeren Kennzeichen sexueller Erregung nahezu vollständig unter Kontrolle hatten: Selbst bei den erotischen Tänzen seien Erektionen nicht vorgekommen, ja, er habe kein einziges Mal auch nur eine entblößte Eichel gesehen.[56] Auch Evans-Pritchard sagte mir einmal, in der langen Zeit seines Aufenthalts bei den Nuer sei er nie Zeuge einer Erektion geworden, doch habe er beobachtet, wie die Männer, wenn sie sich unbeobachtet fühlten, ihre Vorhäute langzogen, damit die Eichel vollkommen bedeckt war.[57] Und schließlich schreibt mir Godfrey Lienhardt, der gleichermaßen bei den Dinka kein einziges Mal eine Erektion bemerkte, man habe ihm gesagt, daß einem Mann, dem in der Öffentlichkeit ein solches Mißgeschick widerfahre, mit dem Gedanken an Selbstmord spiele.[58] Von den Yanomamö heißt es, daß die Anzeichen einer Erektion größte Peinlichkeit auslösen würden,[59] und die Ethnologen, die noch bei unbekleideten australischen Aborigines gelebt haben, berichten in dezenter Terminologie, daß »some alteration in the recumbent posture of his genitalia« einen Mann sehr beschämt hätte: Beim Sitzen oder Hocken war der Penis zwar sichtbar, doch vor dem Schlafen oder dem Sichausstrecken in der Sonne verstauten die Männer ihre Genitalien meist sorgsam zwischen den Beinen, so daß in keinem Falle die Eichel hätte gesehen werden können.[60]

Doch auch wenn der Penis von der Vorhaut oder von einem Futteral und dergleichen bedeckt war, galt es als ungehörig, direkt auf die Genitalien zu schauen. Als beispielsweise ein etwa fünfjähriger Junge der Kavahib einem Mann beim Baden auf den Penis geschaut hatte und später seiner Mutter erzählte, der Mann habe so einen »dicken Schwanz« gehabt, schimpfte die Frau mit ihm und sagte: »Wenn du älter bist und auf den Pimmel eines anderen guckst, dann wirst du blind!« Als der Junge den Mann wieder einmal traf, fragte er ihn: »Wie ist er denn so dick geworden?« »Nun«, erwiderte der Mann, »ich besorg es meiner Frau sehr oft – deshalb ist er so dick.« Als er dies wieder seiner Mutter erzählte, flippte die Frau aus: »Wie kommst du nur auf die Idee, ihn so etwas zu fragen! Das tut man nicht!« Als da der Junge antwortete: »Ich wollt's halt wissen!«, ergriff die Frau einen Riemen und noch dazu einen Stock, und walkte ihren Sprößling kräftig durch.[61]

Wie aber verhielt man sich in solchen Gesellschaften gegenüber den gelegentlich auftretenden Erektionen der kleinen Jungen, die es noch nicht gelernt hatten, solche Peinlichkeiten zu vermeiden? Bei den Kwoma in Neuguinea wurden sie bereits im frühen Alter gedrillt, ›nicht hinzusehen‹, wenn eine

92 Kwoma-Frauen im Dorf Yeshan, 1912.

nackte Frau oder ein entwickeltes Mädchen (Abb. 92) vorübergingen. Versteifte sich der kleine Penis aber trotzdem, dann war es üblich, daß die Frauen oder Mädchen, falls sie es bemerkten, so lange mit einem Stöckchen auf den Penis schlugen, bis dieser sich wieder senkte. Ja, im allgemeinen wurde sogar die ältere Schwester eines Jungen dazu abkommandiert, die Erektionen ihres Bruders zu überwachen und bei Eintritt derselben sofort Sanktionen folgen zu lassen. Seine älteren Brüder taten in solchen Fällen nichts, außer daß sie ihn hänselten und ihm sagten, er solle sich schämen und das ja nicht die Frauen und Mädchen sehen lassen. Offenbar wirkte diese Mischung aus Beschämung und Bestrafung so gut, daß bei den älteren Jungen und den Männern, die ebenso wie die Frauen keine Kleidung trugen, öffentliche ungewollte Erektionen nie vorkamen. Zudem lernten die Jungen schon in zartem Alter, nicht an ihren Genitalien herumzufingern, indem man ihnen einbleute, der Penis gehöre nicht ihnen selber, sondern ihrer zukünftigen Frau. Die Knirpse verinnerlichten dies so gründlich, daß sie ihren Penis später nicht einmal beim Urinieren anfaßten.[62]

Die Peinlichkeit der für andere sichtbaren Erektion ist auch in Europa ein altes Thema, und noch in unserem Jahrhundert führt ein Kritiker des Nudismus als Hauptargument gegen die Freikörperkultur an, daß ein Mann zwar vor der eigenen Gattin eine Erektion vermeiden könne, nicht aber vor seinen erwachsenen Töchtern und fremden Frauen: »Mag der Mann noch so sittenrein, keusch und asketisch geschult sein, sein Unterbewußtsein macht es ihm einfach unmöglich, sobald sich Weiber nackt nahen, unverändert zu bleiben, mag er mit seinem Willen noch so sehr dagegen ankämpfen.«[63] Aber auch Jahrzehnte später erzählt ein Nudist von den Ängsten, die ihn plagten, bevor er zum ersten Mal ein FKK-Gelände aufsuchte: »Die Aussicht, ungeschürzte Frauen zu sehen, ohne durch ein Schlüsselloch blicken zu müssen, lockte mich; ich bekenne es. Eine Angst, die ihr Daseinsrecht kannte, wies die Neugierde jedoch fürs erste in die Schranken. Es war die Angst des Mannes, eines Teiles von sich so wenig Herr zu sein wie der Wünschelrutengänger der Wünschelrute.«[64]

Diese Eigenwilligkeit der ›Wünschelrute‹ hat der hl. Augustinus bekanntlich als bedauerliche Folge des Sündenfalles dingfest gemacht: Konnte Adam im Paradiese den Penis noch in der Weise steif werden lassen, wie wir den Arm heben oder wie einige von uns mit den Ohren wackeln, wurde der Ungehorsam der Stammeltern mit dem Ungehorsam der Genitalien vergolten.[65] Die paradiesischen Erektionen waren außerdem lustfrei, denn wie doch das die Lust begleitende Schamgefühl beweise, konnte im Stande der Unschuld die sexuelle Erregung noch nicht existiert haben, und es schien plausibler, anzunehmen, sie sei erst nach dem Sündenfall als Strafe eingeführt worden.[66] Gegen Ende seines Lebens war sich Augustinus nicht mehr so sicher, aber immerhin hielt er fest, daß die paradiesische Lust, wenn es sie gab, eine dem Willen unterworfene Lust gewesen sein mußte, die das Urmenschenpaar nicht entwürdigte, da sie unter seiner Kontrolle stand.[67]

Auch Albertus Magnus war später der Überzeugung, Gott

habe die Menschen damit gestraft, daß er ihnen die Herrschaft über die Geschlechtsorgane entzogen habe,[68] während im ausgehenden Mittelalter Heinrich Cornelius Agrippa den Sündenfall mit dem ersten Koitus identifizierte: Die Schlange, welche die Eva angereizt habe, sei nichts anderes gewesen als das steife Glied des Adam: *serpere* heiße nämlich nicht nur »kriechen«, sondern auch »anschwellen«. Nach einem erektionslosen paradiesischen Dasein hatte der Urvater die Urmutter schwach werden lassen, indem er seinen erigierten Penis vorwies.[69]

Auch der Jesus des Lukasevangeliums sprach zu den Sadduzäern, daß die engelsgleichen Existenzen nach der Auferstehung von den Toten nicht länger von Erektionen und Geschlechtslust heimgesucht würden,[70] eine Verkündigung, die später vor allem von einigen Sekten bereitwillig aufgenommen wurde: So gab es beispielsweise nach den Shakern dereinst im Himmel weder Erektionen noch Geschlechtsverkehr, und die wahrhaft christlichen Naturen waren schon in dieser Welt angehalten, solche paradiesischen Zustände vorwegzunehmen.[71]

Es ist natürlich nicht leicht, einzuschätzen, inwieweit derartige Jenseitsvorstellungen auch Ausdruck volkstümlicher Anschauungen gewesen sind und wie sehr sie diese andererseits beeinflußten – fest scheint zu stehen, daß im späten Mittelalter die Erwartung eines himmlischen Geschlechtslebens durchaus verbreitet war,[72] und es ist nicht unwahrscheinlich, daß der Samtweber Lorenzo Bustamante aus Toledo eine gängige Einstellung widergab, wenn er im Jahre 1555 an seinen Freund Diego de la Costa schrieb: »Wenn es im Paradies Huren gibt, die ich bumsen kann, ja dann geh ich gerne hin. Ansonsten geh ich lieber in die Hölle, wenn ich sie dort kriegen kann.«[73]

Wie dem aber nun auch sein mochte, das peinlich berührende ›Eigenleben‹ des männlichen Gliedes war nicht nur Gegenstand der Erörterungen von Kirchenautoritäten, sondern ein vielbeschriebenes Thema sowohl in unserer eigenen als auch in fremden Kulturen, und es ist gänzlich unzutreffend, wenn beispielsweise van Ussel bezüglich der vormodernen Zeit schreibt: »Sexuelle Handlungen wurden nicht als partielle Aktivitäten fast unabhängiger Organe gesehen.«[74]

So redet etwa in dem spätmittelalterlichen Märenfragment ›Der geile Mönch‹ derselbe über seinen unruhigen Penis: »Do begunde yme der zympe ragen / Und syne cloiße vaste wagen. / Lange daichte er wieder sich: / ›Wie lympt sich myn dynck also suberlich‹, / Sprach er zu yme selber doe, / Nu gesach ich mynen zympen nye so froe.«[75]

Hängt den Männern der vorwitzige Geselle zwischen den Beinen, so sitzt den Frauen ein ebenso eigenwilliges wie unersättliches Geschöpf im Bauch, denn wie der Rabelaissche Rondibilis dem Panurg erklärt, sind die Weiber von einer »Art, daß Ihr sie, hätt' ihnen die Natur nicht die Stirn mit ein wenig Scham beträufelt, wie Besessene ihren Gelüsten würdet nachrennen sehen«. Die Weiber werden nämlich von einem »Tier« regiert, das in ihrem Bauche hockt: »Gebühret also in Summa denen keuschen Weibern nicht wenig Lob, die schamhaft und untadelig gelebt und die tugendliche Kraft besessen haben, dies zügellose Tier ihrer Vernunft Herrschaft zu unterwerfen. Und will schließen mit dem Vermerk, daß, wenn dies Tier (sofern's überhaupt möglich ist) durch *die* Nahrung gesättigt wird, die ihm von der Natur im Manne bereitet ward, all seine Bewegungen aufhören, sein ganzer Hunger gestillt, sein ganzer Grimm beruhigt ist.«[76]

Auch die Muria neigen dazu, den männlichen wie den weiblichen Genitalien ein Eigenleben zuzuschreiben,[77] doch in den meisten Gesellschaften scheint es der Penis zu sein, von dem es heißt, daß er tut, was er will. So sagen die Sambia in Neuguinea, es sei der eigene Wille des Penis, der diesen in den Mund des jugendlichen Fellators treibe – »Der Penis hat sein eigenes Denken; er wird nach eigenem Willen steif«[78] –, und in einer völlig anderen Kultur schreibt Leonardo da Vinci, es scheine, daß der Penis »ein eigenes Empfinden und einen vom Menschen unabhängigen Verstand« habe.[79]

Auch für einen Mann wie Gandhi war offenbar die Tatsache, daß der Mann seinen Penis nicht beherrschte, erniedrigend und »viehisch« wie die Sexualität überhaupt, und er versuchte, seine Kontrollapparatur nach einer alten indischen Tradition dadurch zu perfektionieren, daß er jahrelang mit jungen Mädchen das Bett teilte: »Only he who has burned away the sexual desire in its entirety«, so verlautete er, »may be said to have attained control over his sexual organ.«[80] Wie Johannes Cassianus berichtet, hatte ein Engel dem Wüstenasketen Paphnutius den Tip gegeben, er solle eine schöne und nackte Jungfrau umarmen: Fühle er dann keine Versteifung seines Gliedes, so könne er sicher sein, daß er die Sinnlichkeit überwunden habe.[81] Dem entspricht eine Art ›Ritual‹, das in einigen amerikanischen Studentenverbindungen durchgeführt wird, um die Fähigkeit zur Selbstbeherrschung zu testen: Während die jungen Männer sich pornographische Kurzfilme anschauen, knipst jemand plötzlich das Licht an. Daraufhin muß jeder aufstehen, und man schaut nach, an wessen Hosen eine verräterische Ausbeulung zu sehen ist.[82]

In manchen Fällen gelingt es pubertierenden Jungen nicht, den sich verändernden Penis in ihr ›Körperschema‹ zu integrieren: Seitdem er gewachsen ist, häufig erigiert und Ejakulat von sich gibt, empfinden sie ihn als Fremdkörper, und ein junger Mann verlangte sogar, daß man ihm den Penis amputiere.[83]

In zahlreichen Gesellschaften sind es aber die Frauen, die sich über die Selbständigkeit des Penis lustig machen[84] und sie als einen Ausdruck der Triebhaftigkeit und mangelnden Selbstbeherrschung der Männer geißeln. So meinte eine Mzeina-Beduinin aus dem südlichen Sinai verächtlich zur israelischen Ethnologin: »Männer – wie kannst du jemandem trauen, dessen Schwanz gleich steif wird!?«[85] »Wenn der Schwanz steht, ist der Verstand im Eimer«, gab auch eine Domina vom Kiez ihrem Interviewer zu verstehen,[86] und al-Ghazālī lehrte im 11. Jahrhundert, daß es auf Erden keinen Mann gebe, der

noch Widerstand leisten könne, wenn er eine Erektion bekomme, denn »sie ist des Teufels stärkstes Mittel gegen die Söhne Adams«: »Fayyād b. Najīth sagte: ›Wenn der Penis steif wird, verliert man zwei Drittel seines Verstandes‹; andere sagen: ›Man verliert ein Drittel seines Glaubens‹.«[87] Schließlich ermahnte im Jahre 1883 die amerikanische Feministin Angela Heywood den Mann, er »should have solemn meeting with, and look serious at his own penis until he is able to be lord and master of it, rather than it should longer rule, lord and master, of him and of the victims he deflowers«.[88]
Allerdings kann man sagen, daß die Peinlichkeit, die eine Erektion vor anderen sowie ihre Unbeherrschbarkeit hervorrufen, innerhalb der letzten beiden Jahrzehnte in den westlichen Gesellschaften spürbar schwächer geworden ist. Zwar antwortete noch vor einiger Zeit ein amerikanischer Nudist auf die Frage des Soziologen, was er denn seinen Kindern sagen würde, wenn ein nackter Mann vor ihnen eine Erektion bekäme: »I'd tell them the man is sick or something«,[89] doch gilt inzwischen eine Erektion unter Erwachsenen in vielen Kontexten im Vergleich zu früher als négligeable[90] oder schlimmstenfalls als Geschmacklosigkeit: Der Männerstripper Alexis von den ›Liberty Boys‹ meinte beispielsweise: »Uns reizen zwar die Frauen da, aber das kommt ja dann danach. Wenn die Show zu Ende ist, kommen die Frauen zu uns. Aber wie sieht es aus, wenn ich in der Show mit nem Ständer rumlaufe, das geht doch gar nicht... Das wäre dann kein Strip mehr, das wäre vulgär.«[91]
In der ›Sexualsprechstunde‹ der *Neuen Revue* klagt Herr A. L. aus Ratekau: »Da ich (28) sehr schnell ein steifes Glied bekomme, traue ich mich nicht an einen FKK-Strand«, doch der Teufel will es, daß seine Freundin ihn just dorthin abschleppen möchte: »Ich würde schon mitfahren, aber da ich unten stattlich ausgebildet bin, würde ich mich doch schämen, wenn ich am Strand mit einem steifen Glied ginge oder läge. Es bleibt doch nicht aus, daß gutaussehende Frauen vorbeikommen, und dann habe ich einen großen Steifen.« Die

Freundin meint nun, das sei doch albern – was solle er also tun? Worauf der Fachmann und Ratgeber, Prof. Dr. Borneman, antwortet: »Ihre Freundin hat recht. Was Sie schreiben, ist wirklich albern. Entweder werden Sie in der Öffentlichkeit gar keine Erektion bekommen. Oder wenn Sie eine bekommen, nimmt es Ihnen niemand übel.«[92]

In einer Verhaltensempfehlung für Ärztinnen heißt es schließlich: »Manche Ärztin hat festgestellt, daß das Tragen von Handschuhen bei der Untersuchung männlicher Genitalien derartige Kontakte für sie wie auch für den Patienten ›desexualisiert‹. Sie sollte stets erklären, was sie nun unternehmen wird, sollte die Empfindlichkeit des Skrotums berücksichtigen und darauf hinweisen, daß durch die Berührung des Penis eine Erektion auftreten könnte. Tritt eine Erektion ein, sollte sie den Patienten beruhigen und auf die Häufigkeit dieser Reaktion hinweisen.«[93]

§ 13
Der Hosenlatz und die Schamkapsel

Als Vater und Sohn Forster im Sommer des Jahres 1774 auf der Südsee-Insel Malekula die eigentümliche Mode der melanesischen Männer betrachteten, den Penis mit »Zeug« zu umwickeln und ihn dann nach oben zu binden, meinte der Vater, daß diese »Erfindung«, falls sie sich tatsächlich der Schamhaftigkeit verdanke,[1] »eben nicht die glücklichste zu seyn« scheine, doch er vergißt nicht, angesichts einer frühneuzeitlichen europäischen Modeerscheinung hinzuzufügen, daß wir diesbezüglich den Melanesiern nichts vorzuwerfen hätten: »Jedoch, an unsern alten Rüstungen, ingleichen an den Kleidertrachten des 15ten und 16ten Jahrhunderts, vermißt man ja, in diesem Punkt, die Delikatesse eben so sehr.«[2] Auch Sohn Georg fühlte sich an jene »Trachten« erinnert, wie sie damals »an allen europäischen Höfen Mode waren«, und meinte, daß man auch diese »jetzt für äusserst unanständig halten« würde. Doch sind wir im 18. Jahrhundert, so fuhr Georg fort, wirklich anständiger geworden? »Wer getraut sich aber darum zu behaupten, daß heut zu Tage mehr Schaamhaftigkeit als damals in der Welt vorhanden sey?«[3] Was die Forsters im Auge hatten, waren natürlich die elaborierten frühneuzeitlichen Hosenlätze, häufig Braguettes genannt, die sich im Verlaufe des 16. Jahrhunderts zu regelrechten Schambeuteln entwickelten und die in der Tat – wie Vater und Sohn mutmaßten – ein genaues Analogon zu den Peniskalebassen und -futteralen der neu entdeckten ›exotischen‹ Völker darstellten. Wenn diese aber in erster Linie Verhüllungen waren, die dem Schamgefühl Rechnung trugen – wie verhält es sich dann diesbezüglich mit der Braguette? Was war *ihre* Funktion? Hat beispielsweise Philippe Ariès recht, wenn er als einer von zahllosen Kulturhistorikern behauptet, dieses Accessoire, »qui simulait plus ou moins l'érection«, sei nur in jener Zeit möglich gewesen, in der die Genitalscham, wie er glaubt, gering war?[4] Und kann man Jos van Ussel folgen, der auf ähnliche Weise aus der Braguette-Mode ableitet, »daß in früheren Zeiten das Genital weniger stark tabuisiert« gewesen sei?[5] Oder lassen sich diese Theoretiker auf Grund eines vorgefaßten Bildes des Zivilisationsprozesses erst gar nicht darauf ein, die Entwicklung und die Funktion dieses Kleidungsstückes näher zu untersuchen?

Werfen wir einen Blick auf diese Entwicklung. Nach alter germanischer Tradition war das männliche ›Beinkleid‹ zweigeteilt, und zwar in die Bruche (*brókr*, altenglisch *brec*, altfranzösisch *braie*), also das, was wir heute Unterhose (*niderwat*) nennen würden, und in die *hosa*. In älterer Zeit reichte die Bruche von der Hüfte bis zum Knie und die *hosa* von den Knien bis zum Fuß,[6] doch im Verlaufe des Mittelalters wurde die linnene Bruche immer kürzer und die ›Strumpfhosen‹ wurden immer länger. An der Stelle, wo die – meist mit Bändern am Gurt (*bruoc gordel*) locker verbundenen[7] – ›Strumpfhosen‹ (Abb. 93) einander berührten oder sich überlappten,

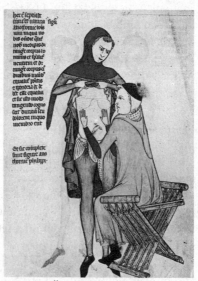

93 Ärztliche Untersuchung.
Illustration zur *Anothomia* des Guy de Vigevano, 1345.

bildeten die Genitalien sich mehr oder weniger deutlich ab, was allerdings nicht besonders tragisch war, da ein Mann nur selten ohne Oberbekleidung in der Öffentlichkeit erschien.[8] Dies änderte sich freilich in dem Augenblick, als im 14. Jahrhundert die Röcke mancher junger Männer, die ehedem mindestens bis zu den Knien gereicht hatten, kürzer wurden und der Unterleib nicht mehr vollständig von den Rockschößen bedeckt war. Zwar gilt es als sicher, daß der weitaus größte Teil der Männer konservativ war und die neue Mode sich zumindest noch im 14. Jahrhundert auf gewisse – meist sehr jugendliche – Modegecken beschränkte,[9] doch dies genügte, um allenthalben im westlichen Europa heftige Empörung hervorzurufen. Im spätmittelalterlichen Italien beispielsweise waren die *brache* oder *panni di gamba* im allgemeinen noch recht weit,[10] doch im Verlaufe des Trecento entwickelten sie sich zu den zum Teil hautengen linnenen *zarabullas*, über die im Jahre 1388 Giovanni de Mussi in Piacenza klagte, »quod ostendunt medias nates, sive naticas, & membrum & genitalia«.[11] Im frühen Quattrocento wetterte Bernardino de Siena in Florenz, die Eltern seien an den homosexuellen Neigungen ihrer Sprößlinge selber schuld, wenn sie es zuließen, daß diese sich schamlos und aufreizend kleideten: Könne man sich da noch wundern, daß die älteren Sodomiten bei solchen Anblicken sexuell erregt würden? Und er fragte weiter, ob die Eltern denn noch nie etwas davon gehört hätten, daß es eine schwere Sünde sei, »ein Wams zu schneiden, das nur bis zum Nabel reicht (und) Strümpfe mit einem kleinen Flecken vorne und einem hinten, so daß sie den Sodomiten eine Menge Fleisch zur Schau stellen?«[12]

In Deutschland waren homosexuelle Beziehungen kein so brennendes Thema wie in Italien, weshalb man sich eher um die Unschuld der jungen Mädchen und das Schamgefühl der Frauen sorgte: Bedeckte der Männerrock noch den Unterleib, dann bekamen jene dennoch etwas zu sehen, wenn der junge Mann sich vornüberbeugte. »Wan er sich dan wil bukken«, so heißt es etwa in dem Gedicht *Der Kittel*, »So beginnent die frouwen gucken; / Sie lachen alle vnd sind gemeit; / Das ist die minne, die man treit.«[13] Und die Thüringer Chronik verlautet zum Jahre 1465, »das ein menlich persone so kurtze rocke vnde mentele tragenn vnd das ore vnder joppin in der mytte des liebis wendin, das sie yren schemen (= Schamteile) nicht mogen bedecken, das nu vor togintlichen fromen frawen vnnde jungkfrawen eyne grosz missestehin ist (itzvnd sol es auch fein vnd wolstehen vnnd eine ehre sein sonderlich zu hoffe kurtze cleider das man eim in hindern sich, got stroffe)«.[14]

Jenseits des Kanals entrüstet sich im 14. Jahrhundert Geoffrey Chaucer über »the horrible disordinat scantnesse of clothing, as been thise cutted sloppes or hainselins that thurgh hir shortnesse ne covere nat the shameful membres of man, to wikked entente. Allas! somme of hem shewen the boce of hir shap and eek the buttokes of hem faren as it were the hindre part of a she-ape in the fulle of the mone.«[15] Und in Frankreich verurteilt schließlich im Jahre 1346 der Mönch von Saint-Denis die zeitgenössische »deshonnesteté« der Männer, deren »robes si courtes« seien, »qu'elles ne leur venoient que aux fesses« und »si estroites qu'il leur falloit aide pour les vestir et les despouiller et sembloit que on les escorchoit quand on les despouilloit«.[16]

Viele empfanden die so gekleideten Jünglinge als effeminiert und verglichen sie mit jenen Tieren, die der Schamlosigkeit als Allegorie dienten: mit den am Hofe gehaltenen Äffchen, die meist ein kurzes Röckchen und ›unten ohne‹ trugen.[17]

Freilich begnügte man sich nicht damit, die neue Mode als obszön zu verurteilen, man ging auch offiziell gegen sie vor. So ließ bereits im Jahre 1335 Robert von Anjou, der König von Neapel, auf öffentlichen Anschlägen die »übertriebene und lächerliche« Männermode anprangern, und ein paar Jahre danach folgten ihm darin die großen Städte wie Mailand, Florenz oder Rom.[18] Im Jahre 1390 gebot der Konstanzer Rat seinen Bürgern und den anderen Bewohnern der Stadt: »Item war ouch, ob dehain man in ainem blossen wamsel gon wält ze tantz oder ze strass, der sol dass erbarlich machen, dasz er sin scham hinden und vornen decken müg, dass man die nit sehe«,[19] nachdem bereits im Jahre 1354 die Göttinger Kleiderordnung spezifiziert hatte, daß kein Männerrock kürzer sein dürfe als ¼ Elle vom Knie aus gerechnet.[20] Und in der Straßburger Stadtordnung vom Jahre 1480 heißt es schließlich: »Sodann der manne schampern kurtzen cleidunge und ungestalt halb, vorn und hinden sin scham zuo sehen, ist erkant das man die fürbasz nit me gestatten soll zuo tragen, sunder ein jeglich burger und hindersehsz, der der stat gewant ist, und sin gesinde, soll sin cleidung, es sy rock oder mantel, zuorihten machen das die zuom mynesten ein halb vierteil gange für sin scham.«[21]

Es ist natürlich heute nicht mehr möglich, genauer festzustellen, ob sich vorwiegend die Obrigkeit und einige Moralisten oder aber breitere Bevölkerungskreise über die neue, »schamlose« Mode empört haben. Immerhin hat es den Anschein, daß mehr und mehr junge Stadtbewohner dazu übergingen, Röcke von einer Kürze zu tragen, die sie noch zu Beginn des 14. Jahrhunderts mit Bestimmtheit an den Pranger gebracht hätten, und die Annahme ist vermutlich zutreffend, daß die Bürger des ausgehenden Mittelalters dieser Männermode ähnlich begegnet sind wie ihre Nachfahren in den frühen siebziger Jahren unseres Jahrhunderts den sich am T-Shirt abzeichnenden weiblichen Brustwarzen oder dem Oben-ohne-Gehen am Strand.

Wie dem aber auch sein mag: Fest steht, daß man gezwungen war, etwas gegen das Sichabzeichnen der Schamteile zu unternehmen. So stellte man zum einen »gancze hosen« her, d. h., man nähte die Strumpfhosen zusammen, so daß »die scham bedecket wird / obschon der rock oder das gantze kleid hinweg wehet«[22], und leitete so eine Entwicklung ein, die zu den neuzeitlichen Hosen (Plural!) führte. Zum anderen brachte man vor dem Genitalbereich Lätze an, die meistens an der Unterseite angenäht und oben an die Hosen geknöpft oder genestelt wurden.

Allerdings empörte man sich jetzt allenthalben darüber, daß nicht nur der obere Teil der Hosen zu sehen war, sondern auch »die hosenestel«, d. h. der Latz, der zwar die Genitalien verdeckte, durch seine Form aber deutlich vor Augen führte, was sich hinter ihm verbarg. Zudem stopften einige junge Männer den »sichtigclich« getragenen Latz auch noch aus – vermutlich um die Weiber aufzugeilen, wie man bereits um die Mitte des 14. Jahrhunderts in England argwöhnte: »Sum set þeir myndes galantes to asspye, / Beholdynge þe schort garmentes round all abouȝt / And how þe stuffying off þe codpece berys ouȝt.«[23]

Im 15. Jahrhundert verlautet eine Nürnberger Ratsverordnung: »Wann auch von ettlichen mannsspersonen eyn unzüchtige und schanndbare übung und gewonhait entstannden ist, also das si ire letz an den hosen on notturft grössen lassen und dieselben an tenntzen und annderthalben vor erbern frowen und junckfrowen unverschawmbt ploss und unbedeckt tragen, das dann nit alleyn Got, sonder auch erberkeyt und manlicher zucht wider und unzymlich ist.«[24]

Man hat in der Gegenwart die Meinung vertreten, daß hier »mit Hilfe optischer Manipulationen die Bewahrung männlicher Überlegenheit mindestens im sexuellen Bereich demonstrativ zur Schau gestellt werden sollte«, da im Spätmittelalter »das Selbstbewußtsein bestimmter Teile der Männergesellschaft offensichtlich soweit unterhöhlt« gewesen sei, daß solche »Demonstrationen von Männlichkeit« nötig wurden.[25] Freilich scheint mir diese feministische Interpretation der spätmittelalterlichen Latzmode kaum angemessen zu sein, handelte es sich doch um eine Erscheinung, die eher als ›effeminiert‹ und ›unmännlich‹ empfunden wurde, vielleicht in gewisser Hinsicht vergleichbar der männlichen Hippie-Mode aus den sechziger Jahren unseres Jahrhunderts: Denn es spricht vieles dafür, daß die jungen Männer der Spätgotik mit ihren kurzen Röcken und ausgestopften Lätzen die Mädchen keineswegs einschüchtern und vor ihnen ihre Macht demonstrieren wollten. Vielmehr versuchten sie – gewissermaßen nach Frauenart – das andere Geschlecht zu locken und sexuell zu erregen. So beschwerte sich beispielsweise in England ein gewisser Alexander Barclay, man verdanke den Franzosen nicht allein die Syphilis, sondern auch »variable Garmentes« für Männer, die den Zweck hätten, die jungen Mädchen zu verwirren und sie zum Geschlechtsverkehr zu verführen: Jetzt seien es nicht mehr die Frauen, die versuchten, die Männer sexuell zu erregen, vielmehr machten umgekehrt die Männer die Frauen scharf.[26] Entsprechend klagte noch im Jahre 1509 ein Kommentator in Straßburg, die jungen Männer brächten vor den Genitalien dermaßen viel Stoff an, »so die metzen wenen, es sie zumpen (= Penisse), so sind es lumpen«,[27] und die Ensisheimer Chronik zum Jahre 1492 verlautet: »Und trug das jung volck röck, die giengen nit mehr dann einer hand breyt under den gürtel, und sah man ihm die bruoch hinten und vornen, und war so scharf gemacht, daß ihm die hoßen die arßkerb austheilten, das was ein hüpsch ding, und hatten zullen vor ihn groß vnd spitz voraus gohn, und wan einer vor dem tisch stund, so lag ihm die zull uf dem tisch. Also gieng man vor kaiser, könig, fürsten und herren, und für ehrbare frauen. Und gieng es so schandbar zu unter frauen und mannen, dasz es gott leyd was.«[28]

»Zulli« bedeutete im Elsässischen zunächst »Saugbeutel«, auch »lutschi« oder »züpfel« = »Schnuller« genannt, dann »Penis« und weiter übertragen »Schamlatz«,[29] und diese Lätze wurden im Verlaufe des 16. Jahrhunderts immer größer, bis sie sich schließlich zu gesteiften und innen wattierten kugeligen oder länglichen Kapseln, den sogenannten »braguettes«, entwickelt hatten, die bisweilen auch noch mit Fransen, Schleifen und ähnlichem ausstaffiert waren.[30]

Es wird immer wieder gesagt, die Braguette habe sich aus metallenen Halbkugeln entwickelt, die an den Rüstungen angebracht worden seien, um die ritterlichen Familienjuwelen vor feindlichen Schwertstreichen zu schützen, doch ist dies falsch. Einmal abgesehen davon, daß der Reiterharnisch im After- und Genitalbereich ›offen‹ war, da sonst der Ritter auf den blanken Stahlteilen gesessen und zudem keinen Halt im Sattel gefunden hätte,[31] sucht man auch bei den spätmittelalterlichen Fußkampfharnischen eine Metallbraguette vergebens. Zwar kommt sie bei frühneuzeitlichen Rüstungen vor (Abb. 94), doch handelt es sich eindeutig um Nachahmungen

94 Fußkampfrüstung mit Stahlhosen aus dem Besitz Heinrichs VIII., 1520.

der ›Alltags-Schambeutel‹, ähnlich wie z. B. die eisernen »Kuhmäuler« der Landsknechte die vorne geraden Schuhe der allgemeinen Mode imitieren und nicht umgekehrt.[32] Daß die Braguette keine Schutzfunktion hatte, sieht man im übrigen etwa daran, daß die Fahnen- und Spießträger der Landsknechthaufen, die als Elitesoldaten in der ersten Hälfte des 16. Jahrhunderts in vorderster Reihe kämpften, ihre Genitalien keineswegs mit Metall schützten, sondern zum eisernen Harnisch die normale Braguette aus Stoff trugen.[33]

Wie allerdings Friedrich Dedekind 1549 in seiner Parodie *Grobianus* ausführt, trugen zunächst besonders die »Jünger des Mars« die Braguette,[34] und auch aus anderen Quellen geht hervor, daß vor allem die Reisläufer dem Kleidungsstück zum modischen Durchbruch verhalfen.[35] »Und da ich mich eine Zeitlang, ein Jahr zum mindesten, von den Kriegskünsten

verschnaufen und heiraten möchte«, sagt etwa der Rabelaissche Panurge, »trag' ich keinen Latz und folgerichtig auch keine Hosen mehr. Denn der Latz ist in des Kriegsmanns Ausstattung das erste Rüststück. Bis zum Feuer – exklusive! – halt' ich dran fest, daß die Türken unzulänglich bewaffnet sind, da ihnen verboten ist, Hosenlätze zu tragen.«[36]
Auf diese Braguette nun scheint das oben erwähnte feministische Diktum zuzutreffen: In der Tat gibt sie »une érection permanente« des virilen Kriegers vor,[37] jedenfalls in ihrer länglichen Form (Abb. 95), während die kugelige Ausgabe

95 Urs Graf: Landsknecht. Federzeichnung, 1519.

eher einen prall gefüllten Hodensack vortäuscht. Mit der Braguette hat der Mann geprotzt und die Frauen herausgefordert und ›angemacht‹, wie etwa aus folgendem Bericht von den Ausuferungen während eines Basler Fastnachtsspiels im Jahre 1536 hervorgeht. »Als man ein spyl uff dem kornmerckt hatt ghept / ist diser Thoman inn hosen und wammest fornen uff der brügy gstanden und wer hinuff hatt wellen stygen hatt (er) hindersich gstossenn. Under andern ist der meister zum Beren ouch gestanden und hinuff begert zu sehen / dem hatt er mit dem ellenbogen inn das angesicht gestossen / und wann die frowen oder töchtern haben wellen hinnuff griffen / hatt er inen sinen latz dargebotten / und geredt / an demselben nagel sollent sy sich heben.«[38]

Daß Macht und Herrschaft in der Braguette verkörpert waren, zeigt sich aber auch dort, wo die aufmüpfige Frau den von ihr untergebutterten Ehemann seiner Insignien beraubt und ihn dadurch symbolisch entmannt. So hilft z. B. auf dem um 1555 entstandenen Holzschnitt ›De Strijd om de Broek‹ der Mann seiner Frau gezwungenermaßen dabei, die Bruche anzuziehen und jammert währenddessen um seine »voerbroeck«, d. h. um seinen Latz: Sie hat ihm nicht nur das Signum der Herrschaft abgenommen, sondern zudem seinen Schambereich entblößt, was seine Schwäche und Jämmerlichkeit noch unterstreicht (Abb. 96).[39] Nach der *Zimmerischen*

96 ›De Strijd om de Broek‹. Niederländischer Holzschnitt, um 1555.

Chronik widerfuhr etwas Ähnliches einem Mann, dem ein Schelm »die nestel an der hosen« abgeschnitten hatte, so daß die Frauen »im das hinderthail« sahen, »und auch an die schellen, darauss nit ain clein gelechtert volget«, worüber der Mann sich fast zu Tode schämte.[40] Und Boccaccio erzählt im *Decamerone*, wie ein junger Frechdachs einem Richter aus

97 Demütigung eines Richters. Illustration zu einer französischen Ausgabe des *Decamerone*, 15. Jh.

Ancona den Bund der Bruche löste, »so daß der Richter nakkend und bloß dastand« (Abb. 97).[41]

Immer wieder werden vor allem wehrhafte und aggressive Männer mit einer prominenten Braguette dargestellt, Henker, Büttel (Abb. 98), Herrscher und Landsknechte, die nicht selten breitbeinig dastehen und die Hände in die Seiten stem-

98 Basler Werkstatt: Geißelung Christi, um 1515.

men – eine Haltung, die als martialisch galt und offenbar von manchen jungen Männern nachgeahmt wurde: Denn Erasmus und viele andere Sittenrichter tadelten diese Gebärde und gaben zu Bedenken, daß sie nicht schon deshalb schicklich sei, weil sie den Narren gefiele.[42] Sogar dann, wenn sie lediglich eine knappe Bruche anhaben, werden aggressive oder kampfbereite Männer manchmal mit einer Braguette wiedergegeben, die seltsame Formen annehmen kann, wie z.B. auf einer um das Jahr 1501 entstandenen Zeichnung Hans v. Kulmbachs, auf der ein spärlich bekleideter Mann zu sehen ist, der im Begriffe steht, blank zu ziehen (Abb. 99).[43] An-

99 Zeichnung von Hans Süß v. Kulmbach, um 1501.

scheinend soll auch hier die Braguette den erigierten Penis darstellen, um die Angriffslust des Trägers zu unterstreichen, ähnlich wie in fremden Gesellschaften die Aggressivität des Kriegers mitunter durch Penisfutterale oder -kalebassen betont wurde: So gingen beispielsweise die Mabuiag-Insulaner früher im Alltag nackt, doch zum Kampf stülpten sie eine bestimmte Muschel über die Eichel.[44]

Der Latz, der ursprünglich lediglich aus Anstandsgründen über den vorderen Hosenzwickel geknüpft worden war, hatte sich also am Beginn der Neuzeit zu einem hypertrophen Gebilde entwickelt, dessen Funktion bei weitem nicht mehr in der Wahrung der Schicklichkeit aufging.[45] Ganz im Gegenteil wurde er allem Anschein nach in weiten Kreisen der Bevölkerung selber als schamlos und unanständig empfunden. So gebot etwa der Rat von St. Gallen im Jahre 1527, sämtliche Mannspersonen hätten ab sofort die »groben und wüsten Lätz an den Hosen« wegzulassen,[46] und zwei Jahre später gaben die Ratsherren von Nürnberg den Stadtknechten die Anweisung, »an den tentzen den gesellen zu untersagen, nit in hosen wames, sunder in rocken zetanzen oder man werd sie straffen«, ja, im Frühling des Jahres 1540 befahlen sie den zum Tanz aufspielenden Pfeifern und Trommelschlägern, »wan dj gesellen In hosen und wames tanzen, das sj aufhören sollen zuschlagen«.[47]

Doch nicht allein die Obrigkeit nahm Anstoß an den »wüsten Lätzen« – auch ein Mann wie Montaigne wandte sich gegen »cette vilaine chaussure«, also die Braguette, »qui montre si à descouvert nos membres occultes«,[48] und im Jahre 1558 riet Giovanni della Casa, der Latzträger solle sich auf keinen Fall so hinsetzen, »daß etwa die Glieder deß Menschlichen Leibes / so billich allezeit mit den Kleydern bedeckt bleiben sollen / möchten entblöset vnd gesehen werden. Deñ diß vnd dergleichen pflegt man nit zuthun / ohne allein vnter den Personen / dafür man sich nicht schämet.«[49]

Zwar wird von praktisch allen Kulturhistorikern behauptet, daß die offen getragene Braguette »nicht gegen das allgemeine sittliche Empfinden der Zeit« verstoßen habe,[50] aber in dieser Verallgemeinerung ist die Aussage mit Bestimmtheit unrichtig. So heißt es etwa im Jahre 1539 in Zwickau tadelnd, bezüglich der »beinkleider« würde »großer furwitz geupt, des allen unsere vorfahren sich geschempt« hätten, und zwar von den »jungen gesellen«, die ihre Lätze nicht bedeckten: »die gehen auch in gotsheusern und zu straßen vor erbarn mannen, frauen und jungfrauen mit aufdeckung der glidmas, welche die natur / bedeckt wil haben, so ganz unvorschampt, das es auch unter haiden und turken so schendlich nicht befunden wirdet«.⁵¹ Christoph Hegendorf empört sich im Jahre 1529 über die Jünglinge, die Schimpf und Schande über sich und alle Welt brächten, weil sie in Gegenwart ehrenhafter Mädchen und unbescholtener Matronen frech ihre »membra virilia« zur Schau stellten und ihre Lehrer mit Verwünschungen bedächten, wenn diese sie dazu aufforderten, ihre großen Lätze zu verbergen, und er erinnert an Cicero, der gesagt habe, es sei bereits unanständig, das männliche Glied auch nur beim Namen zu nennen,⁵² während etwas später Andreas Musculus von einem Maler erzählt, der auf einem Bild des Jüngsten Gerichtes den Teufel mit einer Braguette dargestellt habe: »do sei der Teuffel komen, vnd dem Maler einen gewaltigen backenstreich geben«. Was seien denn das für schamlose Männerröcke, so fährt er fort, »die nit die nestel, geschweige dann den latz bedecken. Vnd die hosen so zu ludern lassen, den latz forn also mit hellischen flammen vnd lumpen, vnmenschlich vnd gros machen, die teüffel auff allen seitten lassen also rauß gugken, dann allain zu ergernuß vn böser anraitzung der armen vnwissendē vn vnschuldigē Meidlein, welche was sie für gedancken not halben vnd vnwiederstreblich fassen vnd haben müssen, nach dem du in also für die augen tritest, geb ich dir selber zubedencken, du weist es auch vnd thust es darumb.«⁵³

Wenn Rabelais die riesige Braguette Gargantuas beschreibt, die »im Innern wohl bestallt und verproviantiert war und in nichts jenen scheinheiligen Schambeuteln ähnelte, die zum großen Verdruß des weiblichen Geschlechts eitle Windbeutel und Lumpensäcke sind«,⁵⁴ dann gibt er vermutlich eher seine ›Männerphantasie‹ von den geilen Weibern wieder, die nach einem dicken ›Schwanz‹ lechzen, als die tatsächlichen Empfindungen der Frauen gegenüber der phallischen Protzerei der jungen Männer. Daß die Braguette zumindest auf manche Frauen wie eine exhibitionistische Handlung einschüchternd gewirkt hat, geht vielleicht aus einer Stelle bei Andreas Gryphius hervor, an der ein Diener namens San Diego dem bei

100 Spottbild auf die Schamkapsel, 16. Jh.

»den Frauenzimmern« erfolglosen Daradiridatumtarides sagt, dies liege sicher daran, daß die Weiber dächten, er habe »todos los diabolos in der Vorbruch, wie die Schweizer in dem Hosenlatz«.[55] Mag nun dieses literarische Beispiel nicht allzuviel Aussagekraft haben, dann um so mehr ein anderes: Als nämlich in Italien im Jahre 1553 die Frauen getadelt wurden, ihre Röcke seien so kurz, daß man ihre Füße sehen könne, erwiderten einige der Gescholtenen, die Braguette der Männer sei noch viel schamloser und sie seien es leid, diesen Apparat ständig im Blickfeld zu haben.[56]

Ähnlich wie die Frauen häufig kleine Wertgegenstände im Busen oder unter dem Strumpfband und manchmal sogar in der Vagina versteckten, benutzten die Männer nicht selten ihre Braguette als Geldbeutel – so berichtet z. B. Hans v. Schweinichen, daß er in seinem »Deutschen Hosenlatz etliche Stücke Goldes auf einem Nothfall vernähet hatte«[57] –, genauso, wie heutzutage die Dani ihre Geldscheine in der Peniskalebasse aufbewahren.[58] Als besonders peinlich für die Frauen erachtete man nun die Tatsache, daß die Männer gelegentlich im Beisein des anderen Geschlechts am Latz herumfummelten, um an ihre Münzen zu gelangen – ein Ärgernis, das bereits gegen Ende des 14. Jahrhunderts in dem Gedicht ›Von den newen siten‹ zur Sprache kam: »So hant sie ein syeten schentlich, / Dez ich dicke han geschemet mich: / Der seckel bey der nyederwat, / Der vor allen dyengen übel stat. / Der ich mich dick han geschamt. / Ich wölt, daz ym die hant wer abe, / Der ye den ersten hienck dar! / Nu nement allesampt war / An dem boesen verschamten man! / Wan er sol ein pfennyng han und er bey schoenen frauwen stat, / So muesz er auff heben die wat, / Als ob er sich dez waßers wolle loesen.«[59]

Wie bereits aus dem Zitat von Gryphius hervorgeht, blieben auch im 17. Jahrhundert, also nach dem Niedergang der klassischen Braguette, ›unanständige‹ Hosen im Gebrauch, und zu Beginn dieses Jahrhunderts wurden z. B. in der Schweiz Klagen darüber laut, die Bauern verzichteten häufig auf das Wams, so daß sich bei ihnen Körperteile abzeichneten, deren Formen dem Auge besser verborgen blieben. Das Ärgernis blieb für die nächsten 200 Jahre erhalten, und im Jahre 1733 forderte die Regierung die Pfarrer von Unterwalden auf, gegen die schamlose Mode vorzugehen. Die Hosenmacherinnen, die unanständige Beinkleider herstellten, wurden empfindlich bestraft und mußten im Wiederholungsfalle ihr Handwerk aufgeben. Doch noch im späten 18. Jahrhundert erstaunte sich ein gewisser Dr. Ebel, als er in einer Wirtschaft im Kanton Appenzell auf diese Art gekleidete Sennen antraf: »So unanständig schien mir diese Anzugssitte, wodurch gewisse Theile bei Körperbewegungen und besonders bei den sitzenden Stellungen dem Auge in ihrer ganzen Form, nur von dem dünnen Hemde bedeckt, recht sichtbar gemacht werden.«[60]

Zwar gab es im 18. Jahrhundert manche Leute, denen die frühneuzeitliche Braguette »äusserst unanständig« vorkam, wie Georg Forster es ausdrückte, und gewisse ›Puritaner‹ übermalten sogar die Schamkapseln auf Bildern von Bruegel oder Holbein,[61] doch lagen andererseits die gewirkten oder gestrickten Culottes des ausgehenden Barockzeitalters dermaßen eng an, daß kaum ein anatomisches Detail der Öffentlichkeit verborgen blieb. So hieß es in einer im Jahre 1727 erschienenen *Apologie ou la Défense des paniers*, daß die Männer, deren Hosen so eng anlägen wie Pistolenfutterale, keinerlei Recht zu einer Kritik an der »Unzüchtigkeit« der zeitgenössischen Damenmode hätten,[62] und Mercier meinte am Vorabend der Großen Revolution, im Vergleich zu den Herren, die in ihren Hosen steckten wie in einem Handschuh, sei Adam mit seinem Feigenblatt bedeutend anständiger gekleidet gewesen. Von dem Herzog von Lévis erzählte man, seine Hosen hätten so stramm gesessen, daß er sich nicht setzen konnte, während der Herzog von Artois sein Hosenpaar nicht einmal auf normale Weise anziehen konnte: Vielmehr hätten seine Diener ihm das Beinkleid hingehalten und der blaublütige Herr sei in es hineingesprungen.[63]

Die Revolution änderte an der Mode der engen Hosen nichts, wie man sogar auf Gemälden, etwa dem Portrait des Deputierten von Santo Domingo, Jean-Baptiste Belley (Abb. 101),

101 Anne-Louis Girodet-Trioson:
›Portrait de Jean-Babtiste Belley‹,
um das Jahr V (1797).

sehen kann,⁶⁴ und es wurde immer wieder getadelt, daß die Damen sich bei der Unterhaltung aufs genaueste informieren konnten, wie ihr Gesprächspartner ›unten‹ ausgestattet war. »Wenn der verstorbene hl. Vater zu Rom«, heißt es etwa 1795 im Weimarer *Journal des Luxus und der Moden*, »diese engen Beinkleider untersagte, um den züchtigen Bewohnerinnen seiner Residenz alle Ärgernis zu ersparen, hatte er da wohl unrecht? – Nein, gewiß nicht. Man könnte ebenso ganz nakkend erscheinen.«⁶⁵ Zu Beginn des 19. Jahrhunderts meinte der Amerikaner Thomas Branagan über die aus Europa herüberschwappende ›Nacktmode‹, im Falle der Frauen nötige sie geradezu »the male of ardent passions to acts of violence«, während die hautengen Wollhosen der Männer dem weiblichen Auge nicht zu empfehlen seien,⁶⁶ und bezeichnenderweise war um dieselbe Zeit die Holländerin Geertruid van den Heuvel, die als Korporal in der Bürgerwehr diente, zur Wahrung ihrer falschen Geschlechtsidentität gezwungen, über der Vulva einen Lederriemen mit einer Kupferschnalle zu tragen, der sich wie ein Penis an der Hose abzeichnete.⁶⁷

§ 14
Die Wurzeln der Männlichkeit

Wollten die Landsknechte ihren Feinden oder den Frauen mit ihrem ledernen bzw. textilen »Phallus« imponieren, so war und ist auch in anderen Zeiten und in fremden Gesellschaften der erigierte Penis ein Inbegriff des Willens zur Macht, der Angriffslust und des Kampfesmuts. Diese eigentümliche Verschränkung von sexueller Lust und Aggressivität zeigte sich z. B. bei den australischen Pitjantara, wo die Teilnehmer der Blutrache-Expeditionen sich unmittelbar vor ihren Unternehmungen gegenseitig den Penis bis zur Erektion rieben,[1] oder bei den Mehináku am Rio Xingú, deren Männer sagen, daß der Penis, wenn er erigiert, »böse« (*japujapai*) wird.[2] *Awhea to ure ka riri? Awhea to ure ka tora?*, »Wann wird euer Penis böse? Wann wird euer Penis steif?«, sangen die Krieger der Maori herausfordernd, wenn sie kurz vor Beginn des Kampfes vor ihren Feinden herumtanzten, und wenn der Anführer des Kriegszuges morgens mit einer Erektion aufwachte, dann galt das als ein gutes Omen.[3]

Auch wenn ein Maori davon überzeugt war, daß irgend jemand ihn verhext hatte, nahm er häufig seinen Penis in die Hand, zog die Vorhaut zurück und sprach die Worte: »Der Penis ißt die Dämonen. / Der Penis ißt das *tapu*. / Der Penis ißt deine Zauberkraft!«[4] Das Wort für »tapfer, mutig«, *toa*, bedeutete gleichzeitig »sexuell leistungsfähig, geil«,[5] und in zahlreichen polynesischen Geschichten ist die Rede davon, daß der Held während des tödlichen Kampfes eine mächtige Erektion hat: Je strotzender sein Glied ist, um so größer ist sein Mut.[6] So hatten die Maori auch ein Ritual, in dem die Krieger zwischen die Beine des *tohunga* traten, um aus dem Penis des Priesters das *mana* zu übernehmen, das sie vor den Geistern (*atua*) bewahrte, die den Kämpfenden schwächlich oder feige werden ließen.[7] Auf den Tubuaï-Inseln im südlichen Polynesien wurde der Oberhäuptling *uretu*, »steifes

Glied«, genannt, und auch auf vielen anderen polynesischen Inseln zog man den kleinen Buben ständig das Pimmelchen lang, damit sie später einen möglichst großen und strotzenden Phallus hätten.[8]

Nach einer arabischen Überlieferung entblößte im frühen Mittelalter auch ʿAmr b. ʿAbd Wudd seine Genitalien, als er gegen ʿAli kämpfte. Es heißt zwar, ʿAmr habe dies getan, weil er gehofft habe, ʿAli würde aus Schamhaftigkeit den Blick abwenden, so daß er ihn in diesem Augenblick töten könne,[9] doch haben allem Anschein nach die späteren Bearbeiter der Geschichte den Sinn der Handlung nicht mehr verstanden, mit der ʿAmr seinen Gegner symbolisch koitieren, d.h. töten wollte.

Mut, Durchsetzungskraft, aber auch Reichtum verkörpern sich im erigierten Penis. Wenn z.B. die *washoga*, die passiven Homosexuellen von Mombasa, zum Ausdruck bringen wollen, daß ihr ›aktiver‹ Liebhaber (*basha*) sehr finanzkräftig ist, sagen sie, er habe einen »harten Schwanz«,[10] und die Laymi in den bolivianischen Anden sagen von jemandem, der etwas Außerordentliches geleistet hat, er habe einen »großen Penis«, auf Aymará *jach'a alluni*.[11] »Cocksure«, »schwanzsicher« ist ein verbreiteter englischer Ausdruck für eine ›machistische‹ Selbstsicherheit,[12] und für zahlreiche Männer hat das Empfinden, einen zu kleinen Penis zu haben, die schlimmsten Folgen für ihr Selbstwertgefühl, was z.B. dazu führt, daß sich manche, anscheinend vor allem Amerikaner, Silikonstangen in den Penis einpflanzen lassen, und zwar auch dann, wenn sie keineswegs an Erektionsschwäche leiden.[13]

Voller Stolz notierte auf der anderen Seite ein Mann wie James Boswell, nachdem er im Jahre 1762 einer Londoner Hure sein erigiertes »member« vorgezeigt hatte: »She wondered at my size, and said if I ever took a girls' maidenhead, I would make her squeak.«[14]

Ob sie es wahrhaben wollen oder nicht, die Frauen erkennen, oder besser, sie spüren, nach ›machistischer‹ Überzeugung, daß der erigierte Penis ihr Herr und Gebieter ist. »Le pouvoir

102 Photo v. Thomas Hennig.

est au bout du phallus!«, riefen Pariser Studenten den an einer Feministinnenversammlung in der Sorbonne teilnehmenden jungen Frauen zu,[15] nachdem bereits siebzig Jahre vorher Otto Weininger konstatiert hatte: »Ich meine keineswegs, daß die Frau den Geschlechtsteil des Mannes schön oder auch nur hübsch findet. Sie empfindet ihn vielmehr ähnlich wie der Mensch das Medusenhaupt, der Vogel die Schlange; er übt auf sie eine hypnotisierende, bannende, faszinierende Wirkung. Sie empfindet ihn als das Gewisse, das Etwas, wofür sie gar keinen Namen hat: er ist ihr Schicksal, er ist das, wovon es für sie kein Entrinnen gibt. Nur darum scheut sie sich so davor, den Mann nackt zu sehen, und gibt ihm nie ein Bedürfnis danach zu erkennen: weil sie fühlt, daß sie in demselben Augenblick verloren wäre. Der Phallus ist das, was die Frau absolut und endgültig *unfrei* macht.«[16]

Der mexikanische *macho* sehnt sich geradezu verzweifelt nach einem ›großen dicken Schwanz‹ und befürchtet, bei der Ausstattung mit diesem Körperteil zu kurz gekommen zu sein oder gar eines Tages impotent zu werden, während sich andererseits die mexikanischen Frauen keineswegs Sorgen darüber machen, frigide zu sein – dies fiele bei dem gängigen

Sexualverhalten der Männer überhaupt nicht auf –, vielmehr haben sie Angst vor Sterilität.[17] Vielleicht noch bedeutsamer als der Penis sind in diesem Zusammenhang die Hoden, und es scheint auch, als ob die pralle runde Braguette in der frühen Neuzeit noch häufiger getragen worden ist als die längliche. Einen richtigen *macho*, der aggressiv und selbstbewußt auftritt, nennt man in Andalusien einen *cojonudo*, einen Mann mit »dicken Eiern«, und wenn er beispielsweise in einem Café andere Männer trifft und sich bestätigen muß, dann greift er sich häufig mit einer charakteristischen Geste an die Hoden (*cojones, huevos*). *Tener uno cojones* heißt »verwegen sein«, doch ist ein *cojonudo* oder *huevón*, ein »Eierträger«, je nach Kontext und Situation ein mutiger, aktiver oder aber ein ängstlicher, behäbiger oder einfältiger Mann. Entsprechend wird eine draufgängerische und selbstbewußte Frau, die sich nichts vormachen läßt, *cojonuda* genannt, und man sagt von ihr, daß »sie die Eier innen hat«. »Qué va a hacer con un mujer con dos huevos así de gordos?«, sagen die Männer mitleidig über jemanden, der mit einer solchen Frau verheiratet ist, »Was kann er schon tun, mit einer Frau, die zwei so dicke Eier hat?«, und sie machen dabei eine Handbewegung, als ob sie etwas Schweres abwögen.[18]

Auch in Sizilien wird ein sehr mächtiger Mann häufig als einer beschrieben, der einen so großen Sack und so dicke Eier hat, daß sie auf dem Boden schleifen, und von einer sehr geachteten Frau heißt es, sie sei »una donna a cui mancano i coglioni«, also eine, der bloß noch die Eier fehlen.[19] Und gleichermaßen sagen die Nordamerikaner nicht nur über gewisse Männer, daß sie »Eier« hätten,[20] sondern auch von einer selbstsicheren Frau »that she's got balls«.[21]

Im späten Mittelalter und in der frühen Neuzeit wurde das Wort für die Hoden nicht selten als Interjektion verwendet[22] – so heißt es z. B. bei Rabelais: »Escoute, couillon« oder »di, couillon« – ähnlich wie die paschtunischen Männer während erregter Unterhaltungen bisweilen *kehr!*, »Penis!« rufen.[23] Statt ihn beispielsweise »Feigling!« oder »Schlappschwanz!«

zu nennen, verhöhnt im 16. Jahrhundert eine Frau ihren Mann, indem sie ihn anherrscht, er habe »keine Eier«,[24] wie auch entsprechend das Ausschneiden der Hoden die vielleicht schlimmste Demütigung war, die einem Mann zugefügt werden konnte. In den *fabliaux* schneidet der Schmied einem Priester, der Eier so dick wie Nieren und einen Sack hat, der so groß ist, daß man eine Geldbörse daraus machen kann (»Le pel est si grant et si rosse / Q'an en poïst faire une borsse«), beides ab, nachdem der geile Gottesmann die Frau des Schmiedes ›gebumst‹ hat,[25] und die *Weissenhorner Historie* berichtet, daß dieses Schicksal tatsächlich im Jahre 1480 einem Priester zuteil geworden ist: »Henßlin von der Aych was ain gantz beser bub, der schnit aynem alten minch, der was pfarrer an Amendingen bey Memingen, die höden auß.«[26] ›Kleine Eier‹ sind auch noch Jahrhunderte später *das* Indiz für mangelnde Geschlechtslust sowie für geringe Tapferkeit, so daß im Jahre 1791 der Arzt B. C. Faust in seinem Plädoyer für die Abschaffung der Hosen schreiben kann, die Hochland-Schotten hätten im Siebenjährigen Krieg und in Nordamerika deshalb so mutig gekämpft und die Huren hätten eine so große Freude an ihnen, weil sie in Ermangelung von Beinkleidern über ungewöhnlich große und starke Hoden und männliche Glieder verfügten.[27] *Versteckte* Hoden sorgen bei den Frauen dafür, daß diese herrschsüchtig und aufmüpfig werden. Schon ein französisches *fabliau* aus dem 13. Jahrhundert bedient sich dieses Themas, indem es einen jungen Grafen seiner dominanten Schwiegermutter sagen läßt, ihre Eigenart liege daran, daß sie in ihrem Körper versteckte Hoden habe. Er führt zwei, drei Schnitte an ihrem Oberschenkel aus und zeigt dann ein Paar Stierhoden vor, die er angeblich herausoperiert hat. Daraufhin bricht die Frau ohnmächtig zusammen, aber nachdem sie wieder zu sich gekommen ist, scheint ihre Herrschsucht wie verflogen.[28]

Warum aber ist in den verschiedensten Gesellschaften ein mit ›dicken Eiern‹ gefüllter Hodensack ein Zeichen für Zeugungskraft, Geschlechtslust und Mut? Einmal abgesehen von

der Tatsache, falls es eine ist, daß größere Hoden mehr Sperma produzieren, so daß – soziobiologisch gesehen – große Hoden dort von Vorteil sind, wo die Weibchen von vielen Männchen begattet werden,[29] die Männchen also sexuell miteinander rivalisieren, schwellen während der sexuellen Plateauphase die Hoden durch Vasokongestion an und werden um 50-100% größer als im Normalzustand.[30] Auf der anderen Seite hat man beobachtet, daß bei Angst, aber auch während der Unterwerfung oder Unterordnung eines Mannes dessen Penis und Hodensack häufig schrumpfen, wie wenn der Betreffende in kaltes Wasser gestiegen wäre.[31] Außerdem kontrahiert der Kremastermuskel und zieht die Hoden hoch. Bei mehr als 90% jugendlicher Untersuchungspersonen stiegen die Hoden in solchen Situationen in den Leistenkanal und schienen für kurze Zeit zu verschwinden. In diesen Augenblicken fühlten die jungen Männer eine schnelle Aufwärtsbewegung im Hodensack und umgriffen diesen mit einer charakteristischen Geste,[32] die an jene Gebärde des jungen Andalusiers erinnert, wenn er das Café betritt, in dem seine Konkurrenten sitzen.
Meerschweinchen können ihre Hoden sogar vom Sack in die Unterleibshöhle und zurück bewegen. Drohen sie einem anderen Männchen, so richten sie den Hintern auf und lassen die Hoden in den farbigen Sack schnellen. Dagegen ziehen gewisse Makakenmännchen beim Nahen eines Ranghöheren die Hoden in den Leistenkanal zurück, so daß das überlegene Männchen lediglich einen leeren, ›kraftlosen‹ Sack vor sich baumeln sieht,[33] der ihn in keiner Weise herausfordern kann, was wiederum an die weiter oben angeführten Schimpansen erinnert, die mit der Hand vor ranghöheren Tieren ihre Erektion verbergen.[34]
Hat nun der erfolgreiche und mutige Mann große Genitalien, so wird der feige und unterlegene häufig auf symbolische Weise mit weiblichen Genitalien ausgestattet oder geradezu mit ihnen ›identifiziert‹. Benannte man in Rußland eine kecke, aufmüpfige Person, auch wenn es sich um eine Frau

handelte, mit einem obszönen Wort für ›Penis‹, so sagte man von einem Schwächling, er sei eine »Votze«,[35] so wie man auch bei uns einen Mann ohne Ehre, einen, der sich nicht zur Wehr setzt, als »Hundsfott«, d. h. als Vulva einer Hündin bezeichnet.[36] Feiglinge, aber auch feindliche Krieger wurden bereits von den alten Ägyptern ḫmtj genannt,[37] was man mit »Votzen« übersetzen kann,[38] und Herodot berichtet, Pharao Sesostris III. habe seine Feinde, die sich als wenig kühn erwiesen hatten, symbolisch zur Frau gemacht: »Hatte er aber die Städte eines Volkes leicht und ohne Kampf eingenommen, so setzte er dieselbe Inschrift (seiner Ruhmestat) auf die Säulen wie bei den tapferen Völkern und fügte eine weibliche Scham hinzu, um anzudeuten, daß es feige gewesen sei.«[39]
Von dem König, der einst die Fürsten des Deltas niederwarf, heißt es in einer Inschrift, er sei der »starke Herrscher, der Stiere zu Weibern machte«,[40] und auf einer um 2900 v. Chr. entstandenen Schminkpalette ist in der Tat der König zu sehen, der, wie es scheint, gerade dabei ist, als Stier den niedergeworfenen Feind anal zu vergewaltigen, d. h. ihn definitiv zur Frau zu machen (Abb. 103). Ob die Ägypter tatsächlich besiegte feindliche Krieger anal penetriert haben, ist zwar nicht nachweisbar, aber das Thema taucht auch in einer altägyptischen Geschichte auf, in welcher der Gott Seth die als Mann verkleidete Anat vergewaltigt, um den vermeintlichen Geschlechtsgenossen zu schädigen.[41]

103 Der König demütigt als Stier den Feind.
Ägyptische Schminkpalette, vor 2850 v. Chr.

Nachdem die Irokesen im Jahre 1742 die Delawaren besiegt hatten, machten sie, wie es heißt, die unterlegenen Feinde »zu Weibern«. Ob die Delawaren vergewaltigt wurden, ist nicht überliefert, doch ist es sicher, daß sie Frauenkleider anziehen mußten[42] – erstaunlich bei einem Volke, das immer wieder als Paradebeispiel für eine ›matriarchalische‹ Gesellschaft herhalten muß.[43] Die Winnebago erzählten, daß einst eine Gruppe von Männern auf dem Kriegspfad vernichtend geschlagen wurde. Einer der Krieger kam zurück und berichtete, er verdanke sein Überleben allein der Tatsache, daß die Feinde ihn für tot gehalten hätten. Allerdings tauchte nach einiger Zeit ein weiterer Überlebender auf, der mit einer ganz anderen Version des Ereignisses aufwartete: Danach hatte sich der erste Krieger wie ein Feigling verhalten und im Gebüsch versteckt. Daraufhin steckte man den kampfesunwilligen Lügner in Frauenkleider, und er mußte entehrt und verachtet den Rest seines Lebens als ›Frau‹ verbringen.[44] Dies geschah zwar mit dem aztekischen Herrscher Motecuzoma nicht, aber auch er wurde als »Weib« verhöhnt, weil er gegen die Spanier keine Härte zeigte. Nachdem Motecuzoma nämlich von der Terrasse des Palastes, in dem die Spanier ihn gefangenhielten, zu seinem Volk gesprochen hatte, erhob sich Cuauhtemoc, der »Herabstoßende Adler«, und sagte mit lauter Stimme: »Was will denn dieser Wicht Motecuzoma, diese Frau der Spanier, wie man ihn getrost nennen kann, da er sich ihnen doch mit weibischem Gemüt aus reiner Angst ergeben hat!?«[45]

Auch die Plains-Indianer zwangen mitunter die feigen Krieger aus den eigenen Reihen sowie Kriegsgefangene, die Rolle eines *berdache*[46] anzunehmen und benutzten sie dann als Kulis sowie als Sexualpartner, die von manchen Männern anal koitiert wurden oder diese fellationieren mußten.[47] Die Cheyenne pflegten wenigstens symbolisch ihre Feinde zu ›Frauen‹ zu machen, und eine solche Szene ist vermutlich auf einem Büffelgewand dargestellt: Dort sind Cheyenne-Krieger zu sehen, die, mit mächtigen Erektionen ausgestattet, ihre Feinde töten und skalpieren, während die Unterlegenen bezeichnenderweise überhaupt keine Genitalien haben.[48] Außerdem sind die Krieger mit dem Kopfschmuck des Büffels dargestellt,[49] also eines Tieres, das als ebenso kampfeslustig wie libidinös galt[50] und dessen todbringende Hörner einem erigierten Penis gleichgesetzt wurden (Abb. 104).[51] Nach der Überlieferung schliefen die Cheyenne vor ihren Kriegszügen nicht mit ihren Frauen, um alle ›sexuelle Energie‹ für ihre Feinde aufzubewahren,[52] und nicht nur bei den Weißen, sondern auch bei anderen Indianervölkern waren die Cheyenne-Krieger als üble Frauenschänder berüchtigt.[53]

104 Pfeifenkopf der Cheyenne aus schwarzem Stein, um 1850.

Als »dirty cunt« oder »Pussy« bezeichnen auch heute häufig die amerikanischen Ausbilder den Rekruten, und bei der deutschen Wehrmacht herrschte der Kompanie-Spieß den Soldaten mit den Worten »Ich mache Sie zur Votze« an.[54] Doch nicht nur der eigene Schütze, sondern vor allem der Feind wurde gerne als weich und weiblich gesehen. So heißt es in einer Geheimen Kommandosache für das Verhalten deutscher Beamter in den zu besetzenden Gebieten der UdSSR vom 1. Juni 1941: »Die Russen wollen aus ihrer weibischen Veranlagung heraus auch im Männlichen einen Makel finden, das Männliche verachten können. Deshalb werdet nie unmännlich, bewahrt Eure nordische Grundhaltung!«[55]

§ 15
Rammbock und Festungstor

Seit Jahrhunderten werden Städte, Länder und ganze Kontinente als Frauen beschrieben, die darauf warten, von einem Eroberer sexuell ›genommen‹ zu werden oder als Jungfrauen, die, teils ängstlich, teils begierig, ihrer Defloration entgegensehen. So notiert etwa Ernst Jünger am 8. August 1944 in sein *Pariser Tagebuch*: »Noch einmal auf der Plattform von Sacré-Cœur, um einen Abschiedsblick auf die große Stadt zu tun. Ich sah die Steine in der heißen Sonne zittern wie in der Erwartung neuer historischer Umarmungen. Die Städte sind weiblich und nur dem Sieger hold.«[1]
Von Goebbels hieß es, er habe sich Berlin wie eine widerspenstige Geliebte unterworfen,[2] während Carl Zuckmayer die Stadt eher als eine Art Demi-Vièrge beschreibt, die den Verehrer kirre macht, um ihn dann meistens stehenzulassen: »Man sprach von Berlin, solange man es nicht besaß, wie von einer begehrenswerten Frau, deren Kälte und Koketterie allgemein bekannt ist und auf die man um so mehr schimpft, je weniger Chancen man bei ihr hat. Wir nannten sie arrogant, versnobt, parvenuhaft, kulturlos, ordinär. Insgeheim aber sah sie jeder als das Ziel seiner Wünsche: der eine füllig, mit hohem Busen in Spitzenwäsche, der andere schlank mit Pagenbeinen in schwarzer Seide, Unmäßige sahen beides, und der Ruf ihrer Grausamkeit reizte erst recht zum Angriff. Jeder wollte sie haben, jeden lockte sie an, jedem schlug sie zunächst die Tür vor der Nase zu. Dabei gelang es den Halbwertigen, den Blendern und Schaumschlägern, noch eher, durch einen Spalt zu schlüpfen und sich vorübergehend in ihre Gunst einzuschmuggeln.«[3]
Vergleicht der libanesische Schriftsteller Elias Khoury Beirut mit einer Prostituierten, die damit fertig wird, ohne Unterlaß penetriert zu werden – »Und was ist diese Stadt? Eine Hure. Wer kann sich vorstellen, daß eine Frau von tausend Männern

gebumst wird und weiterlebt? Die Stadt kriegt tausend Bomben und trotzdem existiert sie weiter«[4] –, sehen seine Vorfahren in den Städten der Levante keusche Jungfrauen, die sich dagegen sträuben, den Kriegern zu Willen zu sein. »Und Akka, sondergleichen an Schönheit«, schwärmt etwa der Dichter al-Ṣaftī, »birgt pharaonisches Wesen ohne Siegel. / Um sie warb manch Fremder vergeblich, / Wie ein Impotenter beim Versuch der Entjungferung.« Freilich schlägt jeder Jungfrau die Stunde, und Scheich Rifāʿa al-Ṭahṭāwī fügt den Versen des Dichters hinzu: »Doch unser Landesherr hat das Siegel ihrer Jungfräulichkeit gebrochen, und mit ihrer Unberührtheit ist es vorbei! Man hatte angenommen, er sei ihr gegenüber impotent. Aber er ist stark und fähig, sämtliche Städte Syriens und außerhalb von Syrien zu deflorieren.«[5]

105 Der Perser Nadir Shah erobert Delhi. Nepalesische Gouache, um 1830.

Auf einer um 1830 entstandenen Gouache (Abb. 105) ist zu sehen, wie der auf seinem Pfauenthron sitzende Perser Nadir Shah die Stadt Delhi erobert, ein Schicksal, das sich die freie Reichsstadt Köln ersparen wollte, weshalb sie – in einem vermutlich aus dem 17. Jahrhundert stammenden Spruch – von den Bürgern verlangt, ihre Unberührtheit, symbolisiert durch die intakten, uneingenommenen Stadtmauern, zu verteidigen: »Drumb rath ich dir, ò Colnisch man / Was dein vorfarn erworben han / Dasselb beschutz bey deinem leib, / Das ich ein ware jungfraw bleib.«[6]

Als Sir Walter Raleigh im Jahre 1596 versuchte, der englischen Königin die Eroberung Guianas, des Landes der Amazonen, schmackhaft zu machen, führte er der Unberührten die Unberührtheit dieses Landes vor Augen: »Guiana is a Countrey that hath yet her Maydenhead, never sackt, turned, nor wrought, the face of the earth hath not beene torne, nor the vertue and salt of the soule spent by manurance, the graves have not beene opened for gold, the mines not broken with sledges, nor their Images puld down out of their temples. It hath never been entred by any armie of strength and never conquered and possessed by any Christian Prince.«[7] Auf einem wenig später entstandenen Stich Jan van der Straets liegt die im wahrsten Sinn des Wortes ›entdeckte‹ Allegorie Amerikas splitternackt und mit leicht geöffneten Beinen auf einer Hängematte vor ihrem Entdecker Amerigo Vespucci, wohl in der Erwartung, so ›genommen‹ zu werden, wie im Norden die englischen Kolonisatoren dem jungfräulichen Land – Virginia – die Blüte genommen hatten.[8] 400 Jahre danach ereilte das Mutterland freilich dasselbe Schicksal. So beschrieb die britische Presse das Graben des Eurotunnels nach England als ein sexuelles »Vorspiel« zu einem »Geschlechtsakt«, in dem Britannien »seine Unschuld verliert«, und klagte über »die Eroberung der Jungfrau England« durch den »gigantischen, 1500 Tonnen schweren Bohrer«, der in der Stunde bis zu eineinhalb Meter tief eindringt.[9]

Im Vietnam-Krieg wurden nicht nur die vietnamesischen Frauen, sondern ein ganzes Land vergewaltigt – »This war ain't about freedom«, sagt einer der Marines in Stanley Kubricks *Full Metal Jacket*, »it's about pussy«[10] –, und lange bevor sich die US-Presse über »the rape of Kuweit« empörte,[11] plakatierte man »Uncle Sam's political sex-dream«, der darin bestand, »to fuck South America« (Abb. 106). Das hatten al-

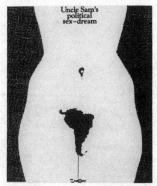

106 Karikatur von Nicolas Pecareff, 1985.

lerdings bereits vor Jahrhunderten auf gründliche Weise die Spanier besorgt, die – nach einer gängigen andalusischen Redensart – bei der Eroberung Amerikas in der einen Hand das Kreuz und in der anderen ihren Schwanz hielten,[12] während sich bei der »Penetration« Afrikas, der »vagina gentium«, wie sich der deutsch-dänische Sklavenhändler Römer ausdrückte,[13] verschiedene Nationen die Arbeit teilten.

Es ist nur folgerichtig, wenn unter solchen Umständen der Penis seit den frühesten Zeiten als eine Waffe gesehen wird – als der Hammer des Gottes Thor, der in der *Edda* der Jung-

107 Robert Grossman: ›How the West Was Won‹.

108 Von Hausierern vertriebenes handkoloriertes Bildchen, Deutschland, um 1890.

frau bei der Hochzeit in den Schoß gelegt wird,[14] als Lanze, Messer, Speer oder Pfeil: In den *Priapea* heißt es, daß der Phallus Priaps nicht bedeckt sei, weil kein Gott seine Waffen verstecke,[15] und auf dem spätgotischen Kupferstich eines Jungbrunnens des Bandrollenmeisters fordert ein junger Mann eine Frau zum Geschlechtsverkehr auf, indem er sein Messer in die Höhe der Genitalien hält und mit dem Finger darauf deutet: *knyf* ist auch ein gängiger Ausdruck für den

109 ›Zweikampf um eine Frau‹. Japanischer Holzschnitt.

Penis bei Chaucer[16] und anderen Autoren des Mittelalters, und in der Tat scheint so mancher Mann ein Messer anstelle seines Penis benutzt zu haben, wenn er keine Erektion zustande brachte. So sagte beispielsweise im Jahre 1671 ein gewisser George Booth nach seiner Verhaftung vor dem Gericht in Macclesfield aus: »I gott my hand under her Apron and could not gett any pricke stand but took out my knife haft and put it in her breach and could have finished my work but Mr. Johnson came in.«[17]

»You may be valiant, sir«, läßt Henry Parrot die unternehmungslustige Witwe zu dem zurückhaltenden Soldaten sagen, »but seeme vnlusty, / That either haue no weapon, or tis rusty.«[18]

Verglich man auf der einen Seite den Rammbock, der das Tor in der Ringmauer der Stadt zerschmetterte, mit einem erigierten Glied, das gewaltsam den weiblichen Schoß öffnete (Abb. 110), so auch umgekehrt dieses mit dem Belagerungsinstru-

110 Ungarisches Exlibris, 1931.

ment: »Nun kommen wir zu einer«, läßt etwa Pietro Aretino im *Ragionamento delle corti* eine seiner Huren sagen, »die vor Lust umkam, sich den Sturmbock von einem Bauernkerl ins Festungstor rennen zu lassen.«[19]

Bei den Baegu auf der Salomonen-Insel Malaita benutzte man das Wort *alafolo*, mit dem man eine bestimmte Kriegskeule bezeichnete, als Metapher für den Penis,[20] und die sudanesischen Koma, die bis zum Jahre 1930 immer wieder von Skla-

111 Thomas Rowlandson:
›Progress of Gallantry, or Stolen Kisses Sweetest‹, 1814.

venjägern überfallen wurden, klagten: »Was haben wir schon? Wir haben keine Gewehre. Wir sind wie die Frauen. Wir sind keine Männer, wir haben keine Pimmel!«[21]
Seit Jahrhunderten werden vor allem in Karikaturen Kanonenrohre als erigierter Phallus gebraucht[22] (Abb. 111 u. 112)

112 Szene aus einem bundesdeutschen Spielfilm, 1968.

und – etwas weniger anspruchsvoll – Handfeuerwaffen, Musketen und Flinten: Shakespeare beispielsweise nannte den Penis häufig »pistol«, und das ejakulierte Sperma waren die »bullets«, mit denen der Mann die Frau abschoß,[23] wie auch heute noch *pistola* auf Kreta eine geläufige Bezeichnung für das männliche Glied ist,[24] und das Zeichen für »Fuck you!«, bei dem der Daumen zwischen Zeige- und Mittelfinger durchgesteckt wird, in Kolumbien *la pistola* heißt.[25]

Ist nun eine solche Sichtweise der männlichen Genitalien kennzeichnend für einen ›vormodernen‹, relativ ›unbefriedeten‹ Persönlichkeitstypus, der seine Aggressionen noch unmittelbarer in der Sexualität ausgelebt hat? Ein Blick auf das Sexualvokabular des heutigen ›westlichen‹ Menschen zeigt, daß es keine Veranlassung gibt, davon auszugehen, dieses und die Empfindungen, die es zum Ausdruck bringt, seien weniger martialisch geworden.

So begründete etwa während des Zweiten Weltkrieges ein Soldat die ›situative‹ Homosexualität seiner Kameraden unter anderem damit, daß so mancher nicht wisse, »wohin er sein Gewehr abstellen solle«,[26] und ein Vietnam-Veteran meinte, immer mit einem Gewehr herumzulaufen sei, wie wenn man einen ›Dauerständer‹ habe: »Carrying a gun constantly was like having a permanent hard one«.[27] »What is a soldier?«, lautet ein amerikanischer Spruch, »A hard cock with a man at the end of it.«[28]

113 Karikatur von Lou Myers.

Bereits im Ersten Weltkrieg hatten Jagdflieger berichtet, daß sie eine Erektion bekamen, wenn sie im Sturzflug angriffen,[29] was auch zahlreiche Vietnam-Piloten bestätigten, von denen einer voller Begeisterung sagte: »When you're in the airplane, and you fire a rocket, and you hear that shoosh leave your wing: then all of a sudden it hits. POW. It's like an orgasm.« Bomberbesatzungen aus dem Zweiten Weltkrieg meinten sogar, die Ejakulationen, die sie beim Ausklinken der Bomben über den deutschen Städten gehabt hätten, seien »besser« gewesen als die auf einer Frau.[30]

In Jean Genets aus dem Jahre 1950 stammendem Film *Un chant d'amour*, der damals nicht öffentlich aufgeführt werden durfte, gibt es eine Szene, in der ein Wachbeamter, der sich nicht traut, einen Gefangenen zu bitten, ihn zu fellationieren, dadurch zur Ejakulation kommt, daß er dem Mann die Pistole in den Mund drückt, während in dem bekannten japanischen Film *Schwarzer Schnee*, der fünfzehn Jahre später gedreht wurde, der Held seinen Samenerguß dadurch erreicht, daß er während des Koitus einen abschußbereiten Revolver in der Hand hält.[31]

114 Karikatur von Kochan, 1983.

In dem Männermagazin *Hustler* war ein Bild zu sehen, auf dem ein Mann einer Frau seine Pistole in den Mund steckte und sie zwang, daran zu saugen,³² und in dem Magazin *Chic* wurde unter dem Titel ›Columbine Cuts Up‹ eine Blondine gezeigt, die sich in sexueller Verzückung ein großes Küchenmesser in die Vagina stößt, so daß das Blut spritzt.³³
Derartige Szenen bleiben nun keineswegs auf Filme oder Abbildungen in Zeitschriften beschränkt, sondern finden sich nicht selten auch in der Wirklichkeit. Als beispielsweise eine Prostituierte, die von einem Vergewaltiger überfallen worden war, diesen bat, er solle aufhören, sie zu mißhandeln, sie sei ja zu einer ›Gratisnummer‹ bereit, steigerte dies seine Brutalität, und er stieß ihr, als er ›fertig‹ war, den Lauf seines Revolvers in den After. Schließlich hielt er noch eine Zeitlang die geladene Waffe auf ihre Vulva, drückte aber nicht ab.³⁴ Viele Vergewaltiger berichten, daß sie beim Abschießen von Feuerwaffen oder manchmal auch nur beim Betrachten von Waffen Erektionen und Samenergüsse haben: »Ich habe das Gewehr an einem Montag gekauft«, sagte einer, »das weiß ich noch bestimmt. Am Abend des gleichen Tages schaute ich die Waffe an und habe an diesem Abend das erste Mal Geschlechtserguß gehabt, es war dies, als ich das Gewehr auspackte. [...] Samenerguß bekam ich jedesmal, wenn ich mir vorgestellt habe, ich tu schießen. Dabei hab ich mir manches Mal vorgestellt, ich schieße auf Menschen.« Und ein anderer: »Von allen Frauen, die ich geschossen habe, hat die sich am meisten gewehrt. Dann habe ich sie auf den Boden geworfen und ihr die Kleider heruntergerissen und dann abgespritzt.«³⁵
Der im Jahre 1975 verurteilte Sexualverbrecher Joseph Kallinger konnte meist nur dann eine Erektion bekommen, wenn er ein Messer in der Hand hielt und sich dabei vorstellte, einer Frau den Bauch aufzuschlitzen oder ihre Brüste abzuschneiden. Er ermordete eine Frau, weil diese sich geweigert hatte, einem Mann, den er mit einer Pistole in Schach hielt, beim Fellationieren den Penis abzubeißen, und während er sie erstach, ejakulierte er.³⁶

115 Charles Bronson, 1970.

Man mag nun einwenden, hier handle es sich um extreme Fälle kranker Triebtäter und Lustmörder, aus denen man keine Rückschlüsse auf den Standard der Triebmodellierung ziehen dürfe, der für die Männer der modernen ›westlichen‹ Gesellschaft charakteristisch sei. Wie verhält es sich also diesbezüglich mit den als ›normal‹ geltenden Männern?

»Es ist, wie wenn man mit einer Waffe in sie eindringt, ganz tief hinein« – so charakterisierte etwa ein ›normaler‹ Amerikaner seine Empfindungen während des Geschlechtsverkehrs mit einer Frau, und ein zweiter beschreibt, daß er mit seinem Sperma eine Frau als die seine ›markiert‹ wie ein Hund einen Baum mit seinem Urin: »Wenn ich zum ersten Mal Geschlechtsverkehr mit einer Frau habe, spüre ich hinterher, daß ich sie mit meinem Samenerguß erobert und sichergestellt habe, daß sie mir gehört, wenn wir uns wiedersehen.«[37]

Über einen ›normalen‹ Mann, nämlich den in Auschwitz für die Krematorien zuständigen Oberscharführer Moll wird berichtet, er habe aus einem gerade eingetroffenen Transport die zwanzig schönsten Frauen ausgewählt, worauf diese sich nackt ausziehen und in einer Reihe am Rande der Glühgrube aufstellen mußten. Dann habe er mit seinem Revolver auf die

Geschlechtsteile gezielt und den Frauen in die Vagina geschossen, so daß sie ins Feuer stürzten: »Einige Frauen wurden mehrmals getroffen, bevor sie starben.«[38]
In einer Nürnberger Flugschrift vom Jahre 1561 heißt es, die russischen Soldaten hätten sich in Livland auf barbarischste Weise an den Frauen und Jungfrauen vergriffen, »und wann sie die selben durch schand und unzucht geschwecht / das sie kaum mehr leben können / so hengen sie die geschwechten Nackend an die Bäum / unnd schiessen mit jhren Bogen darnach / wer die Scham an die gehenckten treffen kan / der wirdt gerümbt.«[39] (Abb. 116).

116 Greuel der Moskowiter in Livland.
Holzschnitt aus der *Neuen Zeitung*, Nürnberg 1561.

Nach Norbert Elias widerspricht ein solches Verhalten dem »psychischen Habitus des zivilisierten Menschen«, der inzwischen solche »Ausbrüche« nur noch von seinen Träumen her kenne oder aus den seltenen realen Fällen, die wir heutzutage als pathologisch bezeichneten.[40] Man darf also fragen, wie sich vier Jahrhunderte nach den Greueltaten der russischen Soldaten in Livland deren Nachfahren bei der Eroberung Ostdeutschlands gegenüber den »Frauen und Jungfrauen« verhalten haben.
Zahllose Zeugen berichten, daß die Rotarmisten den von ih-

nen vergewaltigten Frauen mit besonderer Vorliebe Holzpfähle in die Vagina trieben und Eisenstäbe hineinrammten:[41] »In einem Fall«, so heißt es etwa aus dem schlesischen Striegau, »hatte ein siebzehnjähriges Mädel einen Besenstiel etwa 30 cm weit im Unterleib stecken«,[42] und Lew Kopelew teilt mit, was er im ostpreußischen Neidenburg sah: »In einer Seitenstraße lag an der Zierhecke eines Hauses, das vom Trottoir durch ein hohes Gitter getrennt war, die Leiche einer alten Frau: ihr Kleid war zerrissen, zwischen ihren mageren Schenkeln stand ein Telefonapparat, der Hörer war ihr, so gut es ging, in die Scheide gestoßen.«[43]
Vaginale Pfählungen kamen auch während des Vietnamkrieges häufig vor,[44] und sie gehören zum Folteralltag in vielen Ländern der Welt, in denen gefangenen Frauen Stöcke, Flaschen und Knüppel in Vagina und After gestoßen werden – so etwa der jungen Türkin Ayşe Semra, der man noch zusätzlich an den Schamlippen Stromstöße versetzte.[45] Im Hauptquartier der paramilitärischen Organisation ›Operação Bandeirantes‹ (OBAN) in São Paulo hängte man nackte Frauen mit gespreizten Beinen den Kopf nach unten an eine horizontale Stange, *pau de arara*, »Papageienschaukel« genannt, und mißhandelte sie mit Gegenständen und Elektroschocks an den Genitalien, während man ihren neben ihnen hängenden Männern das eine Ende eines Schilfrohres in den After stieß und dann einen um das andere Ende gewickelten, mit Benzin getränkten Lappen anzündete.[46]
In Ermangelung realer Frauen pflegten vor einiger Zeit die Soldaten der Festungskompanie II/6 im Berner Oberland auf eine Schießscheibe zu zielen, die aus dem vergrößerten Photo einer nackten, hingebungsvoll den Kopf zurückwerfenden Frau bestand (Abb. 117). Zwar brachte manchmal auch ein Treffer in Nabel, Brüste oder Hals der Frau die höchste Punktzahl, meist jedoch der erfolgreiche Schuß in die Vagina, etwa beim sogenannten »Glücksschießen«, bei dem vorher nicht bekanntgegeben wurde, welche Stelle der Schütze treffen mußte.[47] In der ›Rambo Wet Panties Night‹, die jeden

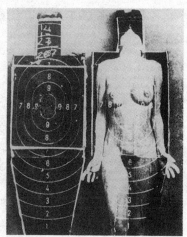

117 Schießscheibe der Schweizerischen Armee, 1982.

Donnerstagabend in der Detroiter Topless-Bar *Booby Trap* stattfindet, schießen die Amateur-Rambos aus dem Publikum mit Spielzeug-Maschinenpistolen scharfe Wasserstrahlen auf den Genitalbereich junger Frauen, die mit gespreizten Beinen und lediglich einem knappen Durchziehschurz bekleidet auf der Bühne stehen. »Mag sein«, konzedierte der Manager Rick Salas, »daß manche der Männer frustriert sind; aber immer noch besser, sie schießen mit einer Wasserpistole, als daß sie eine Frau vergewaltigen.«[48]

Wie die aus dem Jahre 1820 stammende Schießscheibe des Barons Lohs beweist, zielten bereits in vergangenen Zeiten die Schützen auf die »Rose«, d.h. auf die Vulva der Jungfrauen.[49] So steht auf der von dem tief dekolletierten jungen Mädchen gehaltenen Tafel: »Ob ich gleich eine Jungfer bin / So halt ich doch mein Körbchen hin; / Ein guter Schütz darf sich nicht schämen / Der kan mir meine Rose nehmen«[50] (Abb. 118). Die nördlichen Magar im Himalaya führen noch heute beim Sonnenwendfest einen Bogenwettstreit um die Hand einer Frau durch, wobei die jungen Freier durch eine aufgehängte Frauenhalskette auf den die weiblichen Genitalien repräsentierenden schwarzbehaarten Teil einer Schwei-

118 Hölzerne Schießscheibe des Carl Baron Löhs, Ungarn, 1820.

neschwarte (*kundele*) schießen. »Fast hätte ich deine Schweineschwarte durchbohrt«, sagen auch im Alltag die jungen Männer zu den Mädchen, »Beinahe wäre es mir gelungen, dich zu bumsen.« Bei den westlichen Tamang wird der Pfeil auf einen *pisya*, »Möse« genannten Kreidekreis auf einem Holzbrett geschossen, wobei das Abschießen des Pfeils *byaba* genannt wird, was die Ethnographen mit »ficken« übersetzt haben.[51] Und bei der Chisungu-Zeremonie der nordöstlich des Bangweolo-Sees lebenden Bemba schießen die jungen Männer über die Köpfe ihrer Bräute hinweg in eine runde Markierung an der Wand und stellen anschließend den Fuß auf den Kopf der betreffenden Jungfrau. In diesem Augenblick rufen alle Anwesenden: »Er hat sie geschossen!«[52]

In einem spätmittelalterlichen Fastnachtspiel brüstet sich ein Armbrustschütze, er könne einer Jungfrau seinen Bolzen in die Möse schießen, daß sie neun Monate zu tragen habe: »Herr der wirt, ich heiß der Strulfengrutz / Und bin mit der armbrust ein guter schutz / Und kan eim das swarz auß dem ars schießen / Und kan mein zen mit wein begießen. / So scheuß ich auch geschuht wachteln; / Wenn sie mein polz trifft in ir schattaln, / Davon sich do ir pauch geswelt.«[53]

Im Mittelalter wird der Geschlechtsverkehr häufig als ein »scharfes Stechen« beschrieben, in dem der Ritter versucht, der Dame seine »Turnierstange« ins Schwarze zu stoßen. So heißt es etwa um die Mitte des 15. Jahrhunderts bei Anthoine de La Sale, daß der Edelherr die Madame bekriegt, während der gnädige Herr gegen die Sarazenen kämpft. Und an anderer Stelle: »Sobald die Tür geschlossen war, warf er sein Wams, mehr hatte er nicht am Leibe, ab, sprang auf das Bett und rückte seiner Dame, die Lanze in der Hand, dicht an den Leib und bot ihr die Schlacht an. Als er sich der Grenze nahte, wo das Scharmützel stattfinden sollte, faßte und packte die Dame die Lanze, die wie ein Kuhhorn aufrecht stand, und sobald sie sie hart und kräftig gefunden, schrie sie auf und erklärte, ihr Schild wäre nicht kräftig genug, um den Angriff einer so starken Waffe auszuhalten. Was auch immer unser Mann tun mochte, es gelang ihm nicht, an diesen Schild und zu diesem Lanzenstechen gelassen zu werden.«[54]

119 Fränkischer Ritter stößt seine Lanze durch den von einer Dame gehaltenen Ring, 1594.

Erregt von den für arabische Verhältnisse aufreizend gekleideten Frauen der Kreuzritter in Aleppo, brüstet sich Ibn al-Qaisarānī, er könne die fränkischen Weiber allemal besser ›stechen‹ und ›reiten‹ als deren Männer – »Ihre Ritter sind im Stechen sowieso nicht mutiger und keine besseren Reiter als ich es bin«[55] –, während Scheich Nafzawi in seinem *Duftenden Garten* den Koitus als ein Turnier beschreibt, dessen Sieger vorher noch nicht feststeht: »Lob sei Gott«, so preist er zunächst den Allmächtigen, »der die größte Freude des Mannes in die Spalten der Frauen gelegt hat und die Lust der Frauen in den Lanzenspitzen der Männer ihren Höhepunkt finden läßt.« Diese Spalte ist der Kampfplatz, auf welchem der Lanzenträger siegt oder stirbt: »Zwischen die Schenkel hat Gott den Kampfplatz gelegt, der, reich ausgestattet, dem Haupt eines Löwen ähnelt. Er wird Vulva genannt. Oh, wie vieler Männer Tod lauert an ihrer Schwelle!? Und wie viele von ihnen sind Helden! Gott hat diesen Gegenstand mit einem Mund, einer Zunge und zwei Lippen ausgestattet; er gleicht der Gazellenspur im Wüstensand.« Den Kampf in der Spalte verliert, wer von den beiden als erster ›kommt‹ – »Wer zuerst das Sperma ergießt, ist besiegt, der Zögernde also Sieger bleibt: wahrlich ein herrlicher Kampf«[56] –, wohingegen im abendländischen »Turnier der Liebe« nach einer bestimmten Sichtweise stets die Frauen siegen, weil irgendwann des Ritters »Lanze« in der Spalte bricht.[57]

»Die weiblichen Genitalien sind die Töterinnen der Männer«, sagten die Maori, denn seit den ersten Zeiten hätten sie den Kampf des Geschlechtsaktes gewonnen, indem sie das steife Glied des Mannes »sterben« ließen,[58] eine Auffassung, die auch ein Mann wie Giacomo Casanova geteilt hätte, allerdings eher in der Variante Scheich Nafzawis, nach welcher derjenige ›stirbt‹, der als erster die Kontrolle über sich verliert und ejakuliert. So schreibt er über eine seiner Partnerinnen: »Dieser letzte Kampf hatte sie total erschöpft. Ich hatte sie die aufrechte Kerze machen lassen und sie in dieser Stellung hochgehoben, um ihrem Tempel der Liebe mit Mund und

Zunge meine Gunst zu erweisen, womit ich ihr zu verstehen geben wollte, daß auch sie ihrerseits meiner Waffe dieselbe Gunst erweisen sollte, die sie dem Tode so nahe gebracht hatte. Nach dieser Heldentat erschöpft, stellte ich sie wieder auf den Boden zurück und mußte sie um einen Waffenstillstand bitten.«[59]

Ausdrücke wie »schießen«, »stechen«, »schlagen«, »töten«, »schlachten« als Umschreibungen für den vom Mann ausgeführten Geschlechtsakt finden sich zu allen Zeiten und in den verschiedensten Gesellschaften. »If they are old enough to bleed«, lautet etwa ein ebenso beliebter wie brutaler amerikanischer Spruch, »They are old enough to butcher«[60], und bezeichnenderweise sagten die Jatmül-Männer über die Frauen: »Ja, wir ficken sie, aber sie rächen sich nie dafür.«[61] Im 18. Jahrhundert führt das *Dictionary of the Vulgar Tongue* als verbreitetste Wörter für ›mit einer Frau schlafen‹ »to knock« und »to wap«, »schlagen, klopfen« an,[62] während der österreichische Halbstarken-Jargon der fünfziger Jahre unseres Jahrhunderts »zusammenhauen« bevorzugte. »›Hast sie zammg'haut?‹ lautete die Frage und die Antwort zumeist: ›Nein, nur aus'griffen‹.«[63]

Die Frauen der Mzeini-Beduinen im südlichen Sinai empfinden jede Art von sexueller Annäherung seitens ihrer Männer als einen aggressiven Akt, den sie notgedrungen über sich ergehen lassen müssen, obgleich sie sich manchmal bei Streitigkeiten nach dem Ratschlag der Lysistrata durchsetzen. Besonders in den Anfangsjahren der Ehe müssen allerdings die meisten Männer ihre Frauen im wahrsten Sinne des Wortes niederkämpfen, bis sie in sie eindringen können, und wem es nicht gelingt, nimmt mit einem Haustier vorlieb. »Was für euch Israelis die Hure ist«, meinte ein Mann zur Ethnologin, »ist für uns der Esel.« Die Männer nennen den Penis ʿasā oder ʿasāya, ein Wort, das die Geisel bezeichnet, mit der die Kamele gezüchtigt werden, und der Koitus heißt ḍarabha bil ʿasā, »sie mit der Kamelgeisel schlagen«.[64] Auch bei den Kamano, Usurufa, Fore, Jate und anderen Ethnien im östlichen

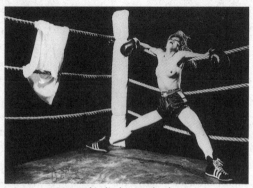

120 Neuseeländisches Werbephoto, 1983.

Hochland von Neuguinea wird der Geschlechtsverkehr als eine Art bewaffneter Kampf gesehen, in dem der »Inhaber des Pfeils« mit seiner Ejakulation die Frau »abschießt«. Beide Geschlechter verhalten sich während des Koitus äußerst aggressiv zueinander – sie beißen, kratzen und versengen sogar den anderen –, und selbst dann, wenn die Frau den Geschlechtsakt will und ihn eingeleitet hat, läuft er wie eine Vergewaltigung ab.[65] Auf die Spitze des Bambuspfeils (*biaka*), mit dem die Baruya die Schweine und ihre Feinde töteten, malte man früher eine Vulva, und die Keraki im Trans Fly-Gebiet betrachteten das Töten bei der Kopfjagd als eine Art sexueller Vergewaltigung: Wenn sie mit der Keule einem Opfer den Schädel einschlugen, schrien sie »Tokujenji fickt dich!«, wobei dies der Name des mythischen Schwirrholzes ist.[66] Aber auch der andalusische Matador muß mit seinem Degen den Stier »ficken«, da dieser ihn sonst mit seinen Hörnern »fickt«.[67]

Doch nicht nur bei »Naturvölkern« oder in »traditionellen« Gesellschaften wird eine so enge Verbindung zwischen dem Töten und dem sexuellen Penetrieren einer Frau hergestellt. In einer englischen Satire heißt es beispielsweise von einem Gentleman, daß, selbst wenn »the Nymph be so fair or willing / His limber weapon is too weak for killing«,[68] und im Vietnam-Krieg hieß »einen Vietcong erschießen« »to fuck a gook«, wie auch im amerikanischen Alltag »jemanden mit dem Blick fixieren« »to eye-fuck someone« genannt wird.⁶⁹ Im Französischen bedeutet *baiser* im Sinne von »jemanden ficken« soviel wie »jemanden hereinlegen«, aber man sagt z. B. auch: »Il s'est fait baiser par la police«, »er hat sich von der Polizei schnappen lassen«.⁷⁰

Weltweit verbreitet ist auch die Metapher der Jagd für die Vorbereitung und den Vollzug des Geschlechtsverkehrs, wobei der ›Aktive‹ der Jäger und der ›passive‹ Partner der Gejagte ist, wie z. B. auf einer griechischen Schale, wo der Schenkelverkehr zwischen dem ›aktiven‹ ἐραστής, also demjenigen, der seinen Penis ›einführt‹, und dem ἐρόμενος, der den Penis zwischen den Oberschenkeln ›aufnimmt‹, in Parallele gesetzt wird zum Gejagtwerden eines Hasen durch einen Hund (Abb. 121).⁷¹ Ganz häufig ist die Kaninchenjagd in diesem Sinne in den mittelalterlichen Marginalien anzutreffen, wobei im Französischen noch das Wortspiel *conin*, »Kaninchen« und *con*, »Möse« eine Rolle spielt,⁷² und »einen Hasen schießen« ist auch heute noch vor allem in Österreich ein beliebter Ausdruck für »eine Frau bumsen«.

Bei den Rindi im Osten der Insel Sumba wird der Junge unmittelbar vor der Beschneidung gefragt: »Wieviel Schweine hast du schon gespeert?«, worauf er die Anzahl der Frauen

121 Erastes und Eromenos beim Geschlechtsverkehr.

nennen muß, die er bereits ›flachgelegt‹ hat,[73] aber auch bei den Kaguru südlich der Massai-Steppe werden die Frauen als ›Schweine‹ gesehen, die ›gejagt‹ werden: Während der Reifezeremonien der Mädchen gibt es eine symbolische Wildschweinjagd, auf welcher ein das weibliche Geschlecht repräsentierendes Schwein (*guluwe*) erlegt, d. h. koitiert wird, und bezeichnenderweise wird für »ejakulieren« dasselbe Wort verwendet wie für »töten«. Auch die umschreibenden Wörter für den Koitus, die im Alltag gebraucht werden, wie z. B. »hineinrammen«, »zu Boden schlagen« oder »beleidigen«, haben einen gewalttätigen bzw. entehrenden Charakter und spiegeln die Realität des Geschlechtsverkehrs adäquat wider, der in der Regel äußerst brutal durchgeführt wird.[74]
In der Sprache der Desana-Indianer am Rio Vaupés bedeutet das Wort für »jagen«, *vaí-merä gametarári*, »die Tiere bumsen«, und die Jäger untersuchen und betrachten nach Erlegen der Beute genauestens deren Genitalien. Auf die Frage des Ethnographen, ob die Jagd sie denn sexuell errege, antworteten die Informanten: »Töten ist Bumsen!«[75] In der Sprache der Ojibwa heißt *nenochean* je nach Kontext »ich jage jemanden« oder »ich schaffe mich (sexuell) auf jemanden«, *nenoche besheway* »ich jage einen Luchs«, aber auch »ich spiele einer Frau an der Vulva herum«.[76]
Wenn es im vergangenen Jahrhundert einem oberbayerischen Burschen gelungen war, ein Bauernmädchen ›aufs Kreuz‹ zu legen, dann hatte er eine »Rehgeiß geschossen« oder »heimgebracht« – »Und's Gams im Gebirg«, heißt es in einem Lied, »tuat an Schuß nit scheuchn, / und mei Deandl im Bett, / tuat aa nix dergleichn, / – bei der Nacht«[77] – ähnlich wie mehr als sechs Jahrhunderte vorher der Held in Gottfried von Straßburgs Epos *Tristan und Isolde* mit Beute von der Jagd heimkam: »Tristan erjaget het an der küniginne / daz wâre wilt der minne / daz er selbe âne hunde erlief.«[78]
Man wird vielleicht aus diesen Beispielen martialischer oder weidmännischer Sexualmetaphorik den Schluß ziehen, daß der Geschlechtsverkehr in der Mehrzahl der menschlichen

Gesellschaften einen gewalttätigen Charakter hat, oder man mag sogar geneigt sein, jenen Feministinnen Recht zu geben, die behaupten, der vom Mann ausgeführte Geschlechtsakt sei seinem Wesen nach ein aggressiver Akt der Unterwerfung des anderen Geschlechts. Oder wie es etwa Andrea Dworkin formuliert hat: »Fucking is the means by which the male colonizes the female. Fucking in or out of marriage is an act of possession. The possessor is the one with a phallus.«[79]
Einmal abgesehen davon, daß der Geschlechtsakt nicht *eo ipso* eine Besitzergreifung des weiblichen Körpers durch den Mann ist und daß Dworkin ironischerweise eine spezifische, nämlich ›machistische‹ Betrachtungs- und Empfindungsweise ›anthropologisiert‹ hat, wird in der Tat in allen diesen Beispielen aus den unterschiedlichsten Kulturen und Zeiten der Geschlechtsverkehr nach einem Täter-Opfer-Modell ›konstruiert‹. Allerdings sollte man sich davor hüten, in *jeder* ›erotischen Jagd‹ den Ausdruck eines Gewaltverhältnisses zu sehen. So lieben es beispielsweise die Nharo-Buschfrauen sehr, als sexuelle Ouvertüre ›gejagt‹ zu werden: Sie lüften vor dem jungen Mann, auf den sie es abgesehen haben, kurz, aber herausfordernd den Schamschurz und laufen dann schnell weg, in der Erwartung, daß der Mann die Verfolgung aufnimmt. Dies tun sogar verheiratete Frauen gegenüber ihren Scherzpartnern, allerdings mit dem Unterschied, daß solche ›Jagden‹ nicht zum Geschlechtsverkehr führen. In jedem Falle aber sind die ›erotischen Jagden‹ frei von jedem Zwang und jeder Gewalttätigkeit, und sowohl die Frauen als auch die Männer der Nharo waren entsetzt und konnten es nicht glauben, als ihnen der Ethnologe von Vergewaltigungen in der ›zivilisierten‹ Welt berichtete: Die Vorstellung, daß ein Mann dazu fähig sein könnte, eine Frau mit Gewalt sexuell zu ›nehmen‹, schockierte die Buschleute richtiggehend, die nicht einmal wußten, daß es so etwas überhaupt gab.[80]

§ 16
Das »Ficken« von Feinden und Rivalen

Wenn in Nordamerika die siegreichen Krieger bisweilen ihre unterlegenen und namentlich die feigen Gegner, aber auch Kampfesunwillige aus den eigenen Reihen ›zu Weibern machten‹, indem sie ihnen Frauenkleidung anzogen oder sie sogar zwangen, ›Mannfrauen‹, *berdaches*, zu werden, die dann zu sexuellen Dienstleistungen herangezogen wurden, ›entmännlichte‹ man seine Feinde nicht selten auch auf andere Weise, etwa dadurch, daß man sie durch Einführen von spitzen Gegenständen wie Lanzen, Pfeilen oder Stöcken in den After vergewaltigte. »Eins nahm mich Wunder«, berichtet beispielsweise im 16. Jahrhundert Jacques Le Moyne über die Krieger der Timucua in Florida, »daß sie von dem Ort, da die Schlacht gehalten worden, nicht eher wichen, bis sie zuvor den toten Körpern, welche also verstümmelt, einen Pfeil zum Hintern eingesteckt hatten.«[1]

Während der Siegesfeiern der Mohave rannten früher alte Frauen und passive Homosexuelle – wir würden heute »Tunten« sagen – hinter jenen Kriegern her, die sich als Feiglinge erwiesen hatten, und versuchten, ihnen künstliche Phallen in den After zu stoßen, um sie zu demütigen.[2] Eine ähnliche Szene ist – wie es scheint – auf einer Illustration Theodor de Brys aus dem Jahre 1592 zu sehen: Obgleich es im Begleittext heißt, die Tupinamba-Frau versuche den After der Leiche zu verstopfen, damit beim Zerstückeln keine Eingeweide austreten,[3] ist es viel wahrscheinlicher, daß die Frau dem erschlagenen Feind einen Stock in den After stößt, um ihn noch nach seinem Tode ›zur Frau‹ zu machen (Abb. 122).

Der Historiker Niketas Choniates berichtet, daß der byzantinische Kaiser Andronikos I., der im Jahre 1185 während einer Empörung entthront worden war, von Frauen und Männern mißhandelt und ermordet worden sei. Zunächst habe man der Leiche die Schambedeckung gelassen, diese dann aber herun-

122 Tupinamba-Indianerin penetriert die Leiche eines Kriegsgefangenen anal. Aus Theodor de Bry: *America*, 1592.

tergerissen, die Genitalien verunstaltet und schließlich »mit beiden Händen ein Krummschwert in seinen After« getrieben, »um zu schauen, wessen Waffe schärfer sei«.[4]
Solche Untaten empfand man zwar auch im Mittelalter als barbarisch und schamlos und verurteilte sie allenthalben, doch wurden sie bisweilen sogar an Lebenden verübt. Im Jahre 1101 berichtet Albert v. Aachen empört, die »schamlosen und ungehobelten« Kreuzfahrer hätten »einer ganz geringfügigen Streitsache wegen auf einem offenen Marktplatz einem jungen Ungarn mit einem Pfahl durch gewisse geheime Körperteile gestoßen«,[5] und im Jahre 1470 widerfuhr zwanzig auf Befehl König Eduards IV. durch den Earl of Worcester in Southampton gehängten Verrätern das Folgende: »And after that thei hanged uppe by the leggys, and a stake made scharpe at bothe endes, whereof one ende was putt in att bottokys, and the other ende ther heddes were putt uppe one.« Die Öffentlichkeit empörte sich jedoch sehr über diese schmählichste aller Hinrichtungsarten, »for the whiche the peple of the londe were gretely displesyd; and evere after-

123 Nach der Schlacht von Murten stoßen die Eidgenossen den auf die Bäume geflüchteten Burgundern die Langspieße in den After, 1515.

warde the Erle of Worcestre was gretely behatede emong the peple, for ther dysordinate dethe that he used, contrarye to the lawe of the londe«.⁶ Trotzdem oder gerade weil es die schlimmste Entehrung war, die einem Mann zugefügt werden konnte, pflegte man vor allem in Kriegen und Bürgerkriegen überwältigte Gegner auf diese Weise zu töten, wie z.B. auf der Darstellung der Verfolgung burgundischer Soldaten durch die Eidgenossen nach der Schlacht von Murten im Frühsommer des Jahres 1476 (Abb. 123) oder auf Goyas Illustration einer Szene des Volksaufstandes der Spanier gegen die Franzosen im Jahre 1808 (Abb. 124) zu sehen ist.⁷

Aber auch Frauen wurden gelegentlich dadurch entwürdigt, daß man ihnen Stöcke oder andere spitze Gegenstände in die Vagina stieß,⁸ und vor allem in der Hölle blühte eine solche Strafe nach dem *lex talionis* allen unanständigen Frauen: Auf Taddeo di Bartolos Fresko in San Gimignano aus dem Jahre 1396 stößt beispielsweise ein Teufel mit wollüstiger Miene einer unzüchtigen Frau das Horn des Einhorns, das bekanntlich den Penis symbolisierte, in das Organ, mit dem sie auf

124 Blatt aus Goyas Zyklus ›Desastres de la guerra‹, um 1815.

Erden zu sündigen pflegte (Abb. 125), nachdem schon Ordericus berichtet hatte, was dem Priester Galchelin in einer Vision während der Neujahrsnacht 1091 widerfahren war: Dem frommen Mann war nämlich eine »cohors mulierum« zu Pferde begegnet, und zwar offenbar von adeligen Damen, die

125 Fresko von Taddeo di Bartolo in San Gimignano, 1396.

von glühenden Nägeln in ihren Sätteln gequält wurden, »pro illecebris et delectationibus obscenis quibus inter mortales immoderate fruebantur«.⁹ Noch im 18. Jahrhundert schrieb Ann Lee, die Gründermutter der Shaker, die als Mädchen Ekelgefühle vor jeder Art von Sexualität hatte und später den Geschlechtsverkehr mit ihrem Mann einstellte, daß nach dem Tode alle Frauen, denen der Koitus Vergnügen bereitet hatte, an den sündigen Körperteilen malträtiert würden: »Those who live in the gratification of their lusts, will be screwed through those parts and tormented.«¹⁰

Freilich wurden die fliehenden oder niedergeworfenen Feinde nicht nur mit Stöcken oder mit Lanzen penetriert – man entehrte sie auch durch anale Vergewaltigung mit dem Penis oder machte sie zumindest durch die Androhung des ›Geficktwerdens‹ symbolisch ›zur Frau‹. Ein solches ›Ficken‹ der Feinde war schon bei den Israeliten gang und gäbe,¹¹ und entsprechend heißt es in Psalm 78,66 über den Herrn: »Er stieß seine Feinde in den Hintern (*āhōr*) und gab sie ewiger Schande preis.« (Abb. 126). Im Mittelalter wurde diese Szene

126 Stuttgarter Psalter: »Percussit inimicos in posteriora« (folio 94 v, Psalm 77).

auch häufig dadurch illustriert, daß ein Affe oder ein nacktes Mischwesen seinen Hintern darbot, auf den ein Schütze mit Pfeil und Bogen anlegte, und dezente Interpretatoren, die dem alttestamentarischen Gott nicht zutrauen wollten, daß er seine Feinde bestieg und anal vergewaltigte, haben diese gotischen Marginalien so gedeutet, daß das Abschießen des Pfeiles eine Allegorie der Strafe Gottes für die Sünder sei, die wiederum versuchten, durch das Exponieren des Gesäßes die drohende Gefahr abzuwenden.¹² Allerdings ist auch überliefert, daß die Truppen des Titus nach der Eroberung Jerusalems die Priester im Tempel des Herodes anal penetrierten, und eine solche Vergewaltigung scheint auch den Gesandten König Davids von den Ammonitern nicht erspart worden zu sein. Wenn nämlich geschrieben steht: »Da nahm Hanun die Knechte Davids und ließ ihnen den Bart halb abscheren und die Kleider halb abschneiden bis unter den Gürtel« (2. Samuel

127 Schmähung der Sendboten.
Miniatur aus dem Krumauer Sammelbuch, um 1420.

10,4), dann ist dies offenbar so zu verstehen, daß die Männer des Ammoniterkönigs die Israeliten zunächst so ›nahmen‹ (*yiqqah*, cf. arabisch *liqāh*, »Sperma«) wie wir heute sagen, daß jemand eine Frau »nimmt«.¹³ Freilich gab es noch andere Mittel, mit Hilfe deren die Israeliten ihre Feinde ›zu Weibern machten‹. Dazu gehörte vor allem, daß sie den unterlegenen Männern »das Haar der Füße« (*sha'r ha-raglîm*) schoren, wobei das Wort »Füße« – wie so oft im Alten Testament¹⁴ – »Genitalien« bedeutet, d. h., sie rasierten den Feinden das Schamhaar ab und machten sie so symbolisch zu Frauen, da nur die

Frauen ihr Genitalhaar zu epilieren pflegten:[15] »Zu derselben Zeit wird der Herr das Haupt und die Haare an den Füßen abscheren und den Bart abnehmen durch ein gemietetes Schermesser, nämlich durch die, so jenseits des Stromes sind, durch den König von Assyrien« (Jesaja 7,20).[16]
Schließlich gab es auch als spiegelnde Strafe für denjenigen, der eine fremde Frau mit dem Penis ›gepfählt‹ hatte, die anale Pfählung mit Todesfolge. So soll beispielsweise Zimi ben-Salu, dem Häuptling des Stammes der Simeoniter, der in flagranti mit der midianitischen Prinzessin Cozbi bath-Zur erwischt worden war, von einem Priester ein Speer durch After und Unterleib getrieben worden sein, der anschließend der Ehebrecherin durch die Vagina hindurch in den Bauch gestoßen wurde.[17] Im antiken Athen hatte ein gehörnter Ehemann das Recht, den Nebenbuhler durch die ῥαψανίδωσις zu bestrafen, d. h. ihm einen großen Rettich in den After einzuführen,[18] während die Römer nicht selten den Verführer einer verheirateten Frau gleichermaßen mit diesem Gemüse oder wahlweise mit einer Meeräsche entwürdigten.[19]
Wie am Terrakottamodell eines römischen Gladiators ersichtlich, trugen anscheinend manche dieser Schaukämpfer vorne am Helm einen Phallus,[20] und sie scheinen in der Arena ihre Gegner ebenso ›gefickt‹ zu haben wie die römischen Streitkräfte mit ihren aus Blei gefertigten Schleuderkugeln (*glandes*, »Eicheln«) den Feind – so etwa Oktavian im Jahre 41 v. Chr. die Besatzung und die Einwohner der Stadt Perusia, die er belagerte und schließlich einnahm.[21]
Wer jedoch in einen Garten eindrang, um sich widerrechtlich an den dort wachsenden Früchten zu laben, dem drohte die den Ort bewachende Priap-Herme mit der Strafe der Vergewaltigung, ja, man gewinnt sogar den Eindruck, daß Priapus geradezu lüstern darauf lauerte, einen Obstdieb mit Gewalt penetrieren zu können, sagt er doch, daß der Einbrecher genießen könne, was sein Garten bietet, wenn er ihm dafür gebe, was sein, also des Diebes, Garten enthalte (»quod meus hortus habet, sumas impune licebit, / si dederis nobis, quod

tuus hortus habet«). Und einem diebischen Landstreicher droht er: »Wenn du meine Feigen kriegst, dann will ich die Feige haben, die du hinten hast.«

Daß Priapus mit Genuß vergewaltigte, sieht man auch daran, daß er wie ein ἐραστής erwachsene Männer (»Bärtige«), die keinen so schönen, glatten und haarlosen After wie Knaben haben, lieber oral penetrierte (»Percidere puer, moneo: futuere puella: / barbatum furem tertia poena manet«). Doch war er keineswegs das, was wir heute »schwul« nennen würden, denn er ›fickte‹ genauso gerne Frauen und Mädchen, die sich an seinem Obst vergreifen, und zwar von vorne wie von hinten und in alle Körperöffnungen. So drohte er etwa den jungen Mädchen, er werde ihnen seinen Riesenschwengel hineinrammen (»bis zu deiner siebten Rippe«), und den Frauen, er werde ihr Arschloch dermaßen ausweiten, daß er selber hindurchspazieren könne.[22]

Machte ihm alles das Vergnügen, so wollte Priapus eines auf alle Fälle vermeiden, nämlich dem Opfer Lust zu bereiten – es ging ihm ja darum, zu vergewaltigen und zu entehren. Ganz einfach scheint dies nicht gewesen zu sein, denn in einigen Versen behauptete Priapus, er werde wegen seines gewaltigen Penis von Frauen und Tunten geradezu überlaufen: So brächen nachts Frauen – so geil wie die Spatzen – in den Garten ein, um sich von ihm ›durchbumsen‹ zu lassen, und anschließend sei er so schwach, daß er die wirklichen Diebe nicht mehr bestrafen könne. Nahm er die Frauen und Mädchen meist noch her, ließ er die Tunten außen vor und tat so, als bemerke er sie nicht: »Quidam mollior anseris medulla / furatum venit huc amore poenae: / furetur licet usque: non videbo.« (»Ein gewisser Mann, weicher als das zarte Fleisch einer Gans, / kommt her um aus Liebe zur Strafe zu stehlen; / so soll er doch stehlen – ich sehe ihn nicht.«[23]

Für einen normalen Mann oder Knaben war es freilich eine große Schande und Entwürdigung, ›gefickt‹ zu werden wie eine Frau oder eine Tunte, und Priapus warnte die Diebe, doch bloß nicht zu denken, daß keiner die Vergewaltigung mitkriege, denn, wie er – auf die Doppelbedeutung von *testes* (»Zeugen«, »Hoden«) anspielend – erinnerte, gibt es immer Zeugen des Aktes.²⁴ Mit Sicherheit kann man davon ausgehen, daß sowohl in Griechenland als auch in Rom unterlegene Männer von ihren Bezwingern auch sonst häufig koitiert worden sind. Dies findet sich nicht nur in der Literatur – so führt in einem Gedicht Theokrits ein Ziegenhirte als Beweis für seine Überlegenheit gegenüber einem Schafhirten an, daß er diesen ›arschgefickt‹ habe²⁵ – oder im Volksglauben, in dem Pan die jungen Hirten vergewaltigt (Abb. 128), sondern

128 Pan verfolgt einen jungen Hirten. Attischer Krater.

auch in der Realität: Vor allem junge Männer und vorpubertäre Jungen scheinen so gefährdet gewesen zu sein wie heutzutage junge Frauen und Mädchen, weshalb z. B. ein gewisser Demokles ausschließlich private Bäder besucht haben soll. Als er freilich trotzdem einmal allein erwischt und vergewaltigt wurde, habe er sich, wegen der Unerträglichkeit der Schande, in kochendes Wasser gestürzt.²⁶

So ist es auch nicht unwahrscheinlich, daß sich Szenen wie die auf einer attischen rotfigurigen Oinochoe dargestellte wirklich nach militärischen Niederlagen abgespielt haben. Auf der Weinkanne beugt sich ein persischer Bogenschütze nach

129 »Wir haben die Perser gefickt«. Oinochoe, um 460 v. Chr.

vorne und sagt: »Ich bin Eurymedon. Ich stehe vornübergebeugt«, während sich ihm von hinten ein Grieche nähert, der seinen erigierten Penis in der Hand hält (Abb. 129). Das Bild bezieht sich auf Kimons Sieg über die Perser am kleinasiatischen Eurymedon-Fluß im Jahre 466 v. Chr. und besagt soviel wie: »Wir haben am Eurymedon die Perser gefickt«.[27]
Im Jahre 1962 widerfuhr diese Demütigung der »Grande Nation«, als in Algier ein französischer Diplomat in aller Öffentlichkeit von algerischen Nationalisten anal vergewaltigt wurde. In Frankreich empfand man den Vorfall als eine solche Schmach, daß er von sämtlichen Regierungsblättern verschwiegen wurde, und lediglich die anti-gaullistische Oppositionspresse erwähnte, peinlich berührt, »les derniers outrages«, die dem Landsmann zugefügt worden waren.[28]
Schon in der Zeit zuvor waren die Franzosen in Nordafrika immer wieder auf diese Weise provoziert und lächerlich gemacht worden, etwa in Tunesien, wo der kommandierende General René Millet Aufführungen verbieten ließ, in denen ein Schauspieler so tat, als ›ficke‹ er gewaltsam einen Kollegen, der als französische Marianne verkleidet war, in den Hintern.[29] Mitte der achtziger Jahre wurde in Teheran ein

130 Tomi Ungerer: ›La Conception de l'Empire‹. Plakat, 1989.

westlich gekleideter iranischer Student, der auf einer Kundgebung gelacht hatte, von einer Gruppe jugendlicher Revolutionswächter vergewaltigt,[30] und der mittelalterliche Dichter Ibn al-Habbāra erinnert sich angeblich, wie er einmal Zeuge eines solchen Ereignisses wurde. Als eine Gruppe von weisen und hochgestellten Männern beieinandersaß und Friede in die Runde eingekehrt war, rief plötzlich einer der Gäste laut um Hilfe. Die Anwesenden blickten auf und sahen zu ihrer Verwunderung, daß ein gewisser Abū Jaʿfar al-Qaṣṣāṣ den alten und blinden Dichter Abū al-Ḥasan b. Jaʿfar al-Bandanījī von hinten überrumpelt hatte und dabei war, ihn zu koitieren. Nachdem er schließlich ejakuliert hatte, erklärte er seinem Opfer ohne mit der Wimper zu zucken: »Eigentlich wollte ich schon immer Abū l-ʿAlāʾ al-Maʿarri wegen seines mangelnden Glaubens (*kufr*) und seines Atheismus arschficken, doch es ergab sich nie die Gelegenheit dazu; als ich deshalb dich sah, einen gelehrten und blinden alten Mann, habe ich dich statt seiner gefickt!«[31]

»Er hat meine Ehre gefickt!«, sagt ein beleidigter Palästinenser heute,[32] und wenn in den ›Rededuellen‹ der türkischen Jugendlichen jemandem auf eine ›phallische Beleidigung‹, mit welcher ihm, seiner Mutter oder seiner älteren Schwester scherzhaft das Geficktwerden in Mund, After oder Vagina angedroht wird, keine passende Retourkutsche einfällt, gilt er als ›verbal gefickt‹.[33]

In Andalusien läßt sich ein Mann, der anderen zu viele Konzessionen macht, von diesen »ficken«, und das Nachgeben eines Unternehmers gegenüber seinen Arbeitern wurde als »bajando los pantalones a los obreros« beschrieben, als das »Herunterlassen der Hosen vor den Arbeitern«. Während die andalusischen Frauen sich ein Zäpfchen geben lassen, wehren sich die meisten Männer kategorisch gegen eine solche Entwürdigung – sie lassen sich ›hinten‹ nichts reinstecken, keinen Gegenstand und schon gar nicht den Finger eines Arztes, denn das ist *mariconada*, eine Sache der *maricones*, der Tunten, und es wird darüber gewitzelt, daß einer, der dies zuließe, daran Gefallen finden und selber ›schwul‹ werden könnte.[34] Ähnlich verhielt es sich früher auch bei den Chané in Bolivien, und die weißen Herren demütigten die Indianer häufig damit, daß sie ihnen ein Klistier verabreichen ließen. In der Mehrzahl der Fälle war dies anscheinend ein Todesurteil, denn die Betreffenden fühlten sich dermaßen erniedrigt, daß sie verschwanden, und man nahm an, daß sie Selbstmord begingen.[35] Bei den Pilagá im Gran Chaco lautet die Drohformel der Kinder und Jugendlichen beiderlei Geschlechts »Ich ficke dich!« oder »Ich ficke dich in den Arsch!« Die Ethnologen beobachteten etwa, wie ein Mädchen mit entblößter Vulva zwei andere durch das Dorf jagte, eines der beiden überwältigte, festhielt und koitusartige Beckenstöße gegen ihren gewaltsam entblößten Unterleib ausführte, während das Opfer sich beide Hände vor den Genitalbereich hielt. Ein anderes Mädchen verfolgte zwei Jungen, wobei es ein Stück eines Gummischlauchs zwischen den Oberschenkeln festhielt.[36] Von den Yanomamö heißt es, daß sich früher der Verlierer eines Stockduells dem Sieger gegenübersetzen, seine Oberschenkel um dessen Hüften schlingen und sich dann von diesem anal penetrieren lassen mußte.³⁷

Diese aggressive Lust mancher Männer, nicht nur Frauen, sondern auch hilflos ausgelieferte und unterlegene Geschlechtsgenossen zu koitieren, brachte auch ein Mann zum Ausdruck, der bekannte: »Als mein Vater meinem Schwager in einer Prügelei hoffnungslos unterlegen war, hatte ich plötzlich den Wunsch, mit meinem Vater anal zu verkehren«,³⁸ und es ist sicher kein Zufall, wenn man früher in den Kolonien die Negersklavinnen zum Auspeitschen mit gespreizten Beinen so festband, daß ihre Genitalien zur Schau gestellt wurden, während die männlichen Sklaven häufig in einer Weise auf den Boden gebunden wurden, daß sie ihren Peinigern den After darbieten mußten. So etwas machte man natürlich im Mutterland nicht allzu gerne publik, und als z. B. im Jahre 1843 Marcel Verdier sein Gemälde ›Châtiment de quatre piquets dans les colonies‹ dem Pariser Salon unterbreitete, auf dem ein Schwarzer, der zu fliehen versucht hatte, in dieser entehrenden Stellung zu sehen war (Abb. 131), lehnte der Salon eine öffentliche Ausstellung des Bildes ab.³⁹

131 Marcel Verdier: ›Châtiment des quatre piquets dans les colonies‹, 1843.

Von den 434 männlichen politischen Gefangenen des Zuchthauses ›La Esperanza‹ in San Salvador gaben zwei zu Protokoll, sie seien von ihren Folterern anal vergewaltigt worden; 65 weitere gaben an, daß man ihnen die Vergewaltigung angedroht hatte, und 76 % der Insassen klagten über sexuelle Folter, zu deren Langzeitfolgen häufig Impotenz, verminderte Libido und Ejaculatio praecox gehörten, um von den seelischen Schädigungen im engeren Sinne gar nicht erst zu reden. Häufig nutzte man die Homophobie der Männer und zwang sie zur gegenseitigen Masturbation, Fellatio und Analverkehr mit Mitgefangenen, um sie zu demütigen und ihnen die Selbstachtung zu nehmen.[40]

Die charakteristische Mischung aus sexueller Begierde und der Lust an der Erniedrigung des anderen, die der Folterer häufig entwickelt, findet sich in harmloseren Formen auch dort, wo männliche Jugendliche für eine gewisse Zeit zusammenleben. So berichtet z. B. ein Amerikaner: »Im Camp – ich war damals 12 oder 13 – hatte unsere Gruppe ein Ritual, *wasbah* genannt, bei dem mehrere Jungen einen ihrer Freunde packten, ihm die Hose herunterzogen und ihm alles mögliche, Rasiercreme, Aftershave, Deodorants usw. auf die Genitalien spritzten und schmierten. Das sollte brennen.«[41] Eine lange Tradition hat auch das Zwangsmasturbieren von Kameraden in den Schlafsälen der Internate und Offiziersschulen, bei dem der Penis des festgehaltenen Opfers so lange manipuliert wurde, bis er zum Vergnügen des ganzen Saales steif geworden war,[42] eine Praktik, die auch in den ›prüden‹ fünfziger Jahren nichts von ihrer Beliebtheit eingebüßt hatte: »Ein Opfer wurde ausgezogen – und wurde onaniert. Alle standen schützend-gierig darum herum. Wurde der Ausgewählte, trotz Angst und Scham, erregt, ›kam‹ er gar, war das ein großer Sieg des Rudels, und wir anderen lachten laut, schwer atmend. Keiner hätte je zugegeben, daß ihm sein Schwanz stand. Soweit ich mich erinnern kann, waren die ›Opfer‹ keineswegs nur die jeweiligen Schwarzen Schafe der Klassen, sondern häufig auch solche, die sich bezwingen, festhalten, onanieren ließen, um zu zeigen, wie potent sie waren.«[43] Auch die Androhungen analer Vergewaltigung sind heute noch so verbreitet wie eh und je: Kündigte man z. B. früher in Mannheim an, man werde jemanden heftig an den Senkel stellen, sagte man: »Demm werrisch de Grumbler nöimache«, d. h., »Dem werde ich den Penis hineinstoßen!«,[44] während man heute eher sagt »Der wädd glei gfiggt!« Spritzen die Neonazis: »Fickt die Türken in den Arsch!« an die Mauern

132 Graffito an der Nürnberger Reichsparteitagstribüne, 1984.

(Abb. 132), so lautet ein bekannter amerikanischer Fluch, der etwa dem deutschen »Scheiße« entspricht, »Bugger it!«, also »Arschficke es!« Dem entspricht die Geste, bei der die Hand mit dem Rücken nach unten gehalten und der Mittelfinger leicht gebogen nach oben gestreckt wird,[45] aber auch die herkömmliche ›Feige‹ (*fica*), bei der man den Daumen zwischen Zeige- und Mittelfinger hindurchsteckt.[46] Solche ›Feigen‹ in der Form von Pferdegeschirranhängern fand man unlängst in der sogenannten Niewedder Senke, einem Engpaß zwischen dem Großen Moor und dem Kalkrieser Berg, dem mutmaßlichen Ort, an dem im Jahre 9 n. Chr. die Legionen des Varus vernichtet wurden,[47] und noch im 19. Jahrhundert verwendete man z. B. im Bayerischen Wald hölzerne ›Neidfeigen‹ als Türgriffe, mit denen die Hexen oder Zauberer ›gefickt‹ wurden, wenn sie das Haus oder den Stall betreten wollten.[48] ›Feigen‹ waren im übrigen geschlechtsunspezifische Gesten, d.h., sie standen den Männern wie den Frauen zu Gebote. So heißt es z.B. 1613 im Salzburgischen über eine Frau, sie habe einem Mann »unvermaint die Feygen enntgegen gezaigt« und über eine andere gar: »Die Tanzpergerin hat ihme die Feygen unter die Naßn gestoßen, daß ihme daß Pluet herabgeflossen«,[49] während etwas später in einem ›Ostermährlein‹ von einer Frau die Rede ist, die den Leuten durch ein Spundloch »die Feigen heraus zaigte«.[50]

Wie schon das »Bugger it!« erahnen läßt, spielen anale Vergewaltigungsdrohungen in der US-amerikanischen Gesellschaft eine ähnlich große Rolle wie in den Macho-Gesellschaften des mediterranen Raumes oder des Vorderen Orients. Stehen auf einem amerikanischen Antikriegsplakat aus dem Jahre 1970 über einer Landkarte Vietnams die Worte »Fuck you, Nixon! Guard your rear!«,[51] so war auch für Präsident Johnson »Fikken oder Geficktwerden« die Frage während des Vietnamkrieges. So meinte er etwa, wenn er einen Bombardierungsstopp anordne, »then Ho Chi Minh shoves his trucks right up my ass«,[52] nachdem er bereits im Jahre 1964 die Verabschiedung der Golf-von-Tonking-Resolution mit den Worten kommentiert hatte: »I didn't just screw Ho Chi Minh, I cut his pecker off«,[53] »Ich habe eben Ho Chi Minh nicht nur ge-

133 Präsident Johnson. Collage von Tomi Ungerer.

fickt, ich habe ihm den Schwanz abgeschnitten« – im übrigen eine Empfehlung, die von den US-Soldaten gegenüber den Vietcong in die Tat umgesetzt werden sollte.

134 Lateinamerikanische Karikatur auf die drohende Intervention der USA in Nikaragua.

Aus späterer Zeit stammt eine amerikanische Karikatur (Abb. 134), auf der Präsident Reagan als Kriegsheld Rambo den Sandinistenführer Daniel Ortega verfolgt und mit einer Rakete auf dessen Hintern zielt. Hinter einem Busch schaut Fidel Castro dem Geschehen zu und singt dabei ein Lied, das auf einen lateinamerikanischen Tanz anspielt, für den koitusartige Beckenstöße charakteristisch sind. Nach dem amerikanischen Luftangriff auf Libyen verkündete Larry Speakes, der Pressesprecher des Weißen Hauses in Washington, die US-Streitkräfte hätten Oberst Ghaddafi ihre »Bomben in den Arsch geschoben«, und entsprechend wurde der libysche Präsident auf einer Fotomontage in einem offiziellen Bericht von US-Behörden als geschminkte und aufgedonnerte Frau, d.h. als Tunte dargestellt.[54]

§ 17
Die homosexuelle Vergewaltigung

Wurde im antiken Athen ein Mann das Opfer einer analen Vergewaltigung (ὕβρις), war er nicht nur entwürdigt, sondern auch entehrt (ἀτφαζεω), und zwar in dem realen Sinne, daß er als »zur Frau Gemachter« seine Bürgerrechte verlor.[1] Im Mittelalter und später war dies zwar nicht der Fall, aber die Schmach, die das Opfer traf, blieb bestehen, und sie war noch größer als die einer genotzüchtigten Frau, die ja schon eine war und nicht erst zur Frau gemacht zu werden brauchte.[2] Wie in der Antike waren vor allem junge, schmächtige Männer sowie Jungen bedroht, und dies nicht nur deshalb, weil sie leichter zu überwältigen waren, sondern weil sie ›mädchenhafter‹ oder ›androgyner‹ waren als erwachsene Männer und insofern eher dem erotischen Ideal jener Täter entsprachen, die in erster Linie zur Befriedigung ihrer Geschlechtslust vergewaltigten. So trat beispielsweise im spätmittelalterlichen Regensburg homosexuelle Vergewaltigung überwiegend als »notzwang und frevel an knaben« auf,[3] und auch in Norditalien hatten es die Täter meist auf Jungen abgesehen,[4] die sie manchmal erdolchten, nachdem sie sich an ihnen befriedigt hatten.[5] Im Jahre 1518 beispielsweise wurden in Dijon zwei Leineweber aus der Stadt verbannt und ihr gesamtes Vermögen wurde eingezogen, »pour certain gros et énorme crime que l'on appelle de soudomye«. Mehrere Wochen lang hatten sie einen dreizehnjährigen Lehrling vergewaltigt, »et lui disoient que c'estoit comment il faisoit bon de monter sur les filles«.

Auch vorpubertäre Mädchen wurden bisweilen anal vergewaltigt – so etwa 1527 ebenfalls in Dijon ein junges Dienstmädchen –, und zwar anscheinend häufig deshalb, weil es den Tätern nicht gelang, in die Vagina des Kindes einzudringen,[6] oder weil sie einfach – was vor allem für die Italiener galt – den Analverkehr vorzogen.[7]

Gewaltsam ging es anscheinend auch häufig in der Pariser Schwulenszene des frühen 18. Jahrhunderts zu. So wurden z. B. im Jahre 1724 in den Tuilerien drei Herren verhaftet, von denen einer, ein Brigadegeneral, vor einem Passanten den Penis aus der Hose gezogen und zu ihm gesagt hatte: »Attends que je te foute!« Bevor der Betreffende irgend etwas erwidern konnte, wurde er von dem General und seinen beiden Begleitern brutal an der Hüfte gepackt. Nicht selten wurden junge Männer, die sich zufällig – oder auch nicht zufällig – in der Gegend aufhielten, von ›Freiern‹ vergewaltigt, die auf der Suche nach Strichern waren,[8] und ähnlich ging es zur selben Zeit in Amsterdam zu, allerdings mit dem Unterschied, daß sich dort auf den öffentlichen Toiletten eine Bande herumtrieb, die ihre Opfer überfiel und offenbar anal vergewaltigte. Nachdem sie zehn Jahre lang ihr Unwesen getrieben hatte, wurden die Bandenmitglieder schließlich gefaßt und ihre Anführer am Galgen aufgeknüpft.[9]

Im 17. und im frühen 18. Jahrhundert machten in London die sogenannten »mollies«, also Homosexuelle, die zum Teil effeminiert waren und Frauenkleider trugen, und die sich sexuell ›passiv‹, teilweise aber auch ›aktiv‹[10] verhielten,[11] gelegentlich andere Männer betrunken und vergewaltigten sie dann. Manchmal machten sie sich auch die Tatsache zunutze, daß damals in den Wirtshäusern häufig zwei Männer in einem Bett übernachteten.[12] Nachdem er und sein Bettgenosse sich zur Ruhe begeben hatten, begann beispielsweise ein gewisser George Duffus damit, seinen jeweiligen Nachbarn zu betasten und zu küssen. Stieß er auf Widerstand, so ›nahm‹ er den Betreffenden bisweilen mit Gewalt, indem er ihn anal penetrierte oder zumindest zwischen seinen Schenkeln ejakulierte. So erwachte der neunundzwanzigjährige John Fennimore eines Nachts »with a violent pain and agony which I was in, and found his y—d in my body«.[13] Andere wiederum, die vermutlich gar keine »mollies« waren, masturbierten die Männer mit Gewalt und erpreßten diese dann mit der Drohung, sie würden sie als »Sodomiten« anzeigen.[14]

Vor allem Schiffsjungen, die zwangsläufig mit Männern zusammenleben mußten, die für längere Zeit keinen Zugang zu Frauen hatten, mußten häufig den Seeleuten ihren After als »Möse« zur Verfügung stellen. So wurde beispielsweise der Matrose Charles Ferret einmal davon wach, daß ein gewisser Henry Newton den Schiffsjungen Thomas Finney vergewaltigte, worauf er den Täter am Hodensack ergriff: »I put my left hand up and got hold of his stones fast, the other part was in the body of the boy, I asked him what he had got there, he said cunt.«[15]

Handelt es sich in den beschriebenen Fällen eher um Männer mit homosexuellen Neigungen oder gar mit einer mehr oder weniger bewußten homosexuellen ›Identität‹, die das Opfer ohne Rücksicht auf dessen Willen zu ihrer Befriedigung gebrauchen, so gibt es darüber hinaus den Fall, in dem der Täter sich eher sexueller Mittel zu bedienen scheint, um nichtsexuelle Ziele zu erreichen.

In diesem Sinne drohte etwa Catull seinen Feinden Analverkehr und Fellatio an: »Pedicabo ego vos et irrumabo« (»Ich werde euch arschficken und euch in den Mund vögeln!«),[16] wobei in der Antike allem Anschein nach die Fellatio noch entehrender war als der Analverkehr, denn Priapus droht dem unbelehrbaren Dieb, er werde vom ›Arschficken‹ zur Fellatio übergehen, falls dieser mit dem Stehlen nicht aufhöre.[17] Und Pan verkündet einem Mann zunächst, er werde ihn anal penetrieren; merke er jedoch, daß der Betreffende dies genieße, werde er ihm ›in den Mund ficken‹, was im übrigen für den ›Aktiven‹ besonders attraktiv war, denn vom ›Gelutschtwerden‹ hieß es, daß nichts auf Erden lustvoller sei: Jeder Penis, der im After oder in der Vagina keine Freude mehr fände, werde im Mund belohnt.[18]

In den pompejanischen Wandkritzeleien gehören die Unterstellungen, jemand habe einen anderen ›geblasen‹ oder eine Frau ›gelutscht‹, zu den übelsten Beleidigungen,[19] und im klassischen Griechenland wie in Rom waren lediglich passive Homosexuelle, Strichjungen (πoρνoς) und sehr teure Huren

– bei Catull ist die Rede von »der stinkenden Spucke einer vollgepißten Nutte« (*commictae spurca saliva lupae*) – zur Fellatio bereit.[20]

Die Mitglieder marokkanischer Räuberbanden vergewaltigten Reisende, die sie überfallen hatten, häufig so, daß sie zunächst diese fellationierten, sich dann von ihnen »melken« ließen und schließlich die Männer splitternackt und ausgeraubt zurückließen.[21] Noch deutlicher wird freilich der aggressive Charakter, den das Fellationieren haben kann, in einer Geschichte des tibetischen Heiligen Drukpa Künleg. Als dieser sich einmal vor dem Eingang einer Höhle zur Ruhe begab, sprach er laut zu sich selber: »Möge ich selbst Mitleid haben!« »Mitten in der Nacht wurde er von einem wilden Dämon aus dem Schlaf gerissen, dessen Haar im Wind flatterte. ›Wer bist du, dein eigenes Mitleid anzurufen‹, fuhr ihn der Dämon an. ›Was hast du so Besonderes an dir?‹ ›Ich habe das hier!‹ entgegnete der Lama und zeigte dem Dämon seinen stahlharten Penis. ›Oh! Er hat einen Kopf wie ein Ei, einen Rumpf wie ein Fisch und ein Unterteil wie der Rüssel eines Schweins‹, rief der Dämon aus. ›Was ist denn das für ein seltsames Tier?‹ ›Das werde ich dir gleich zeigen‹, rief Künleg, richtete seinen flammenden Donnerkeil der Weisheit auf den Dämon und rammte ihm diesen ins Maul, so daß dem Dämon sämtliche Zähne in den Rachen gestoßen wurden.«[22]

Auch in kriegerischen Auseinandersetzungen – so etwa unlängst im Libanonkrieg – wurden die Feinde vor und nach ihrem Tode dadurch entehrt, daß man ihnen ihren eigenen abgeschnittenen Penis in den Mund stieß,[23] doch auch im ›normalen‹ Geschlechtsverkehr scheinen zahlreiche Männer das Fellationieren als Demütigung ihrer Partnerin oder ihres Partners zu genießen: »If I got her to perform fellatio«, meinte z. B. ein Amerikaner, »it was an achievement. I associate somehow the act of having a woman take my penis in her mouth as a sign of degrading her.«[24]

Aus diesem Grunde ist es nicht verwunderlich, wenn in einigen Gesellschaften das freiwillige Berühren der Genitalien

135 Selbstdemütigung eines Bellona-Insulaners, Melanesien, 1958.

des anderen mit dem Mund oder der Nase oder die Bereitschaftserklärung, dies zu tun, eine formalisierte Unterwerfungs- oder zumindest Good-will-Geste ist. So preßten sich die polynesischen Bellona-Insulaner im Salomonen-Archipel bisweilen bei einem Friedensschluß als Zeichen der Selbsterniedrigung gegenseitig die Nasen an die Genitalien (Abb. 135). Bekanntlich war das Nasenreiben oder das Aneinanderpressen der Nasen (*'ongi*) – eigentlich das Einatmen des Duftes des anderen[25] – bei den Polynesiern das funktionale Äquivalent unseres Küssens, das die Südseeinsulaner als Obszönität so schockierte;[26] folglich führten die Bellona-Insulaner gewissermaßen eine ›Fellatio‹ bei ihrem früheren Feind aus, was insofern besonders erniedrigend war, als die Genitalien für übelriechend und unsauber galten.[27]

Wenn bei den Asmat im westlichen Neuguinea ein Mann unabsichtlich einen anderen so beleidigt hat, daß dieser wütend zu den Waffen greift, nimmt er den Penis des Beleidigten in den Mund und saugt ihn, bis der Betreffende sich wieder beruhigt hat. Diese Demutsgeste erlaubt es dem gekränkten Mann, ohne Gesichtsverlust auf eine gewaltsame Vergeltung zu verzichten.[28] Ähnlich ist wohl auch die allgemeine Begrüßungsformel der Gende – »Ich esse deine Genitalien« (*moka nue*) – zu verstehen,[29] oder die Tatsache, daß bei den Simbu

(Chimbu) eine Frau einem Mann als Ausdruck der Zuneigung sagt »Ich esse deinen Penis (*monie*)«, was im übrigen so formelhaft ist, daß sie dies auch zu einer Frau sagen kann.[30] Läßt man sich in diesen Fällen real oder symbolisch fellationieren, so deutet der Brauch der Gahuka-Gama, einen Angehörigen des eigenen Geschlechts durch das Berühren von dessen Genitalien zu begrüßen,[31] eher darauf, daß man den Betreffenden in einer Unterwerfungsgeste oder um ihn zu ›beruhigen‹ masturbiert. Bei freilebenden Schimpansen kommt es manchmal vor, daß ein Tier – sei es nun männlich oder weiblich – den Penis eines aggressiven Männchens reibt, um dieses zu beruhigen. Ebenso hat man beobachtet, daß Männchen ein wütend erregtes Weibchen beruhigen, indem sie dessen Vulva manipulieren.[32] In Arnhemland gab es früher ein Ritual, mit dem man sich endlos hinziehende Streitereien zu einem friedlichen Ende brachte. Dabei führte man den Penis in die locker geschlossene Faust des Gegners ein und zog ihn dann langsam wieder heraus. Da dieses Ritual als anstößig empfunden wurde, mußten sämtliche Frauen und Kinder das Gesicht verhüllen, damit sie nichts sehen konnten.[33]

Masturbieren, fellationieren oder koitieren sich also zwei Konkurrenten gegenseitig, dann bringen sie damit zum Ausdruck, daß beide gleichzeitig Über- und Unterlegene sind, d. h., daß es keinen Sieger gibt. Erlaubt jemand, daß diese Handlungen an ihm ausgeführt werden, wie z. B. die neuen Mitglieder gewisser französischer Jugendbanden, die sich als Initiation von ihrem künftigen »Chef« anal penetrieren lassen,[34] dann bekunden sie, daß sie die Dominanz des anderen akzeptieren. Umgekehrt ist es bezeichnend, daß beispielsweise während der Kolonialzeit in Niederländisch Indien zehn javanische ›Kulis‹ einen belgischen Plantagenbesitzer, gegen den sie sich empört hatten, einer nach dem anderen anal vergewaltigten,[35] womit sie zum Ausdruck brachten, daß die Zeit seiner Herrschaft abgelaufen war.

Auch bei einer großen Anzahl von amerikanischen Männern, die andere Männer vergewaltigt hatten, waren die Untersucher davon überzeugt, daß sie ihre Opfer in erster Linie unterwerfen wollten. Die Hälfte der Täter war heterosexuell, davon ein Viertel verheiratet, 38 % bisexuell (davon ein Drittel verheiratet), während der Rest – also relativ wenige – ausschließlich mit Männern Geschlechtsverkehr ausübte. Die eine Hälfte der Opfer war körperlich überwältigt, während die andere Hälfte durch Drohungen gefügig gemacht worden war. In 64 % der Fälle wurde das Opfer anal penetriert, in 36 % ließ sich der Täter fellationieren, und in 12 % zwang er das Opfer, ein anderes Opfer zu fellationieren. Erstaunlich mag erscheinen, daß in der Hälfte aller Fälle der Täter Anstrengungen unternahm, das Opfer zur Ejakulation zu bringen – 32 % versuchten es, dies durch Fellationieren des Opfers zu erreichen –, und zwar ganz offensichtlich, um damit den Überwältigten vollends zu ›besitzen‹. Und in der Tat fühlten sich alle die Männer besonders entwürdigt, die vom Täter zum unfreiwilligen Samenerguß gebracht worden waren.[36] »I always thought a guy couldn't get hard«, meinte eines der Opfer, »if he was scared, and when this guy took me off it really messed up my mind. I thought maybe something was wrong with me.« Auch die Aussagen der Täter bestätigen, daß diese dann, wenn das Opfer ejakulierte, eine Art ›Orgasmus der Herrschaft‹, ein Höchstgefühl von Dominanz erlebten. Als sein Opfer »gekommen« sei, so drückte es einer der Täter aus, »I felt in total control of him«.

38 % der Täter hatten vorher schon andere Männer vergewaltigt, ein Viertel ausschließlich Frauen und 12 % Männer und Frauen, aber allen heterosexuellen Tätern schien das Geschlecht des Opfers gleichgültig zu sein, denn sie gaben an, daß sie ebenso eine Frau vergewaltigt hätten, wenn es sich so ergeben hätte. Dagegen sagten die bi- und homosexuellen Täter aus, daß sie nur daran interessiert waren, einen Mann zu vergewaltigen. Doch unabhängig davon scheint die Dominanz über eine andere Person, ihre Entwürdigung und Beherrschung zwar nicht bei allen, aber bei den meisten Delinquenten im Vordergrund zu stehen, wobei manche Täter mit

136 Zeichnung von Pierre Klossowski, 1981.

heterosexuellem Selbstverständnis sogar Wert darauf legen, daß ihr Verbrechen nicht als eine homo*sexuelle* Handlung mißverstanden wird. So berichtet etwa einer der Vergewaltiger, der unter der Dusche einen Mann angegangen war, weil dieser ihn beleidigt hatte, das Opfer habe ihn gefragt, »if I wanted a hand-job. I said, ›What do yo think I am, a homo?‹ Then I told him, ›You're going to give me some ass‹, and I fucked him. It wasn't for sex. I was mad and I wanted to prove who I was and what he was.« Und ein anderer: »I had the guy so frightened I could have made him do anything I wanted. I didn't have an erection. I wasn't really interested in sex. I felt powerful, and hurting him excited me. Making him suck me was more to degrade him than for my physical satisfaction.«[37]

Viele oder sogar die meisten dieser Vergewaltigungen sind also dadurch gekennzeichnet, daß die Wut der Täter unmittelbar in den Drang umschlägt, denjenigen, der diese Wut ausgelöst hat, oder eine andere beliebige Person sexuell zu unterwerfen, wobei den Tätern durchaus bewußt zu sein scheint, daß es sich nicht um das Bedürfnis nach einer normalen sexuellen Befriedigung, sondern um eine sadistische Lust handelt, um den Genuß der Erniedrigung und Verletzung des anderen. So ergab etwa eine Umfrage unter türkischen

Frauen, daß die Hälfte der türkischen Männer, die regelmäßig ihre Frau verprügeln, unmittelbar danach ein heftiges Verlangen verspüren, die Frau zu koitieren, und die Widerstrebende dann auch meist vergewaltigen,[38] und eine Nichttürkin sagte über ihren Mann: »Letzthin, bei einem Streit, sagte er, er zahle es mir nachher zurück. Darauf weinte die kleine Tochter und sagte: ›Ja, ich weiß, mit dem Pimmel!‹«[39]

Wenn die Männer der Mbowamb in Zentralneuguinea sehr zornig werden, ziehen sie ihren Schamschurz besonders straff zwischen den Beinen hindurch, und zwar wahrscheinlich deshalb, weil sie vermeiden wollen, daß man ihre Zornerektionen bemerkt,[40] und bei den Sedang Moi scheinen Zorn und geschlechtliche Erregung so eng miteinander verbunden zu sein, daß die Erektion *tleu hō*, »der Penis ist zornig«, heißt.[41]

Sexuelle Erregung bei Wut und Zorn, aber auch im Gefolge anderer Emotionen wird gleichermaßen von Frauen berichtet, und bereits im Jahre 1903 schrieb ein deutscher Arzt, eine junge Patientin habe ihm mitgeteilt, »bei jedem Ärger, namentlich aber wenn sie sich dabei ängstige, z. B. wenn sie sich bei einer Besorgung zu lange aufgehalten habe und nun schnell laufen müsse, um noch zurecht zu kommen, gerathe sie in eine geschlechtliche Aufregung, die völlig der Empfindung der Cohabitation gleiche und mit einem Schleimverlust ende«. Und sein Kollege Stanley Hall berichtete von Patientinnen, »daß ein erethischer Zustand der Brüste oder der Geschlechtsorgane zu den physischen Äußerungen des Zorns gehörte und daß in einem Falle jeden heftigen Zornausbruch eine Ejakulation begleitete«.[42]

›Wutkopulationen‹, also die Tatsache, daß in Zorn geratene Tiere männlichen und weiblichen Artgenossen aufreiten, Koitusbewegungen machen oder das andere Tier anal oder vaginal koitieren, sind bereits seit langem von See-Elefanten, Affen und anderen Säugetieren bekannt,[43] und wie bei den Menschen sind es auch andere heftige Emotionen, die dieses

Verhalten auslösen. Bei großer Aufregung ›besteigen‹ beispielsweise die Weibchen der Stumpfschwanz- oder Bärenmakaken andere Weibchen[44] und koitieren sie auf Weibchenart bisweilen bis zum Orgasmus, indem das ›besteigende‹ Weibchen – anders als die Männchen – das Partnerweibchen an den Hüften packt und zu sich auf den Schoß zieht. Als man sechs Weibchen, die normalerweise getrennt lebten, zusammenbrachte, erzeugte dies »a flurry of aggression followed by a series of mounts, as if some of the aggressive arousal had been transformed into sexual arousal«.[45] Auch in der unmittelbar vor der Fütterung aufkommenden Aufregung besteigen einander nicht nur die Bärenmakaken beiderlei Geschlechts,[46] sondern auch Männchen und Weibchen der Bonobos (*Pan paniscus*), und man hat gemutmaßt, daß dieser Geschlechtsverkehr die Funktion habe, die durch die Fütterung aufkommenden Konflikte und Spannungen zu reduzieren.[47]

Von den ›Wutkopulationen‹ zu unterscheiden sind wohl die meisten der sogenannten homosexuellen ›Gefängnisvergewaltigungen‹, obgleich auch in diesen Fällen die Tatsache, daß in US-Gefängnissen nach einer Untersuchung 71 % der Opfer schwarzer Täter Weiße waren, während kein einziger weißer Täter einen Schwarzen vergewaltigt hatte, wahrscheinlich macht, daß hier ebenfalls Dominanzstreben bisweilen eine Rolle spielt. Auch im ›normalen‹ Leben vergewaltigen wesentlich mehr Schwarze weiße Frauen als Weiße schwarze, und man fühlt sich an Eldridge Cleavers Aussage erinnert, er habe als Rache am weißen Mann ausschließlich weiße Frauen vergewaltigt.[48]

›Gefängnisvergewaltigungen‹ hat es vermutlich zu allen Zeiten gegeben – schon im *Šumma alu*, einem babylonischen Wahrsage-Manual, heißt es, daß derjenige, welcher im Kerker solche Gelüste entwickle, »Schlechtes erfahren« werde[49] – aber entweder kamen sie seltener vor als heute oder sie wurden weniger angezeigt, verfolgt oder überliefert. Anscheinend sind derartige Vergewaltigungen erst seit dem

18. Jahrhundert dokumentiert – so etwa jene, die in den französischen »bagnes« stattfanden[50] –, und 1836 berichtet Hippolyte Raynal, zahllose ältere Gefangene zwängen die jüngeren dazu, sie zu fellationieren.[51]
Auch in den deutschen Konzentrationslagern der Nazizeit waren es vorwiegend Minderjährige, die »fremdvölkischen« Wachmannschaften, privilegierten jüdischen Häftlingen,[52] vor allem aber kriminellen Lagerinsassen wie Berufsverbrechern zur sexuellen Beute wurden. Angehörige der SS waren dagegen kaum unter den Tätern zu finden, da diese Form der »Rassenschande« besonders streng geahndet wurde, doch wird berichtet, daß manche SS-Männer gelegentlich masturbiert hätten, während sie Gefangene folterten.[53] Ein ehemaliger Häftling des KZ Ebensee berichtet: »So wurde ein junger ungarischer Jude eines Nachts in der Dunkelheit ergriffen, von Leuten, die er nicht erkennen konnte und die untereinander deutsch sprachen und nach Alkohol stanken, in eine Werkstatt verbracht und dort von mehreren Männern der Reihe nach vergewaltigt. Er wurde schwerverletzt zum Verbinden und zur Behandlung in das Lagerrevier gebracht, wo von Häftlingsärzten protokollarisch Vergewaltigung mit zerrissenem Teil und Dauerfolgen festgestellt wurde. Dies ist nur ein Fall von vielen.«[54] Allerdings wurden solche Taten vor allem dann, wenn »Arier« an ihnen beteiligt waren, mehr oder weniger intensiv verfolgt, und in Auschwitz wurden deutsche Häftlinge, die einen jungen Juden oder Polen vergewaltigt oder auch nur verführt hatten, einer sogenannten »freiwilligen« Kastration zugeführt, während der Junge erschossen wurde,[55] was an die mittelalterliche Sitte erinnert, ein Tier, das Opfer »sodomitischer« Handlungen geworden war, zu verbrennen. Um solche Vergewaltigungen zu verhindern oder ihre Zahl wenigstens einzudämmen, wurden in manchen KZs Bordelle eingerichtet, die allerdings von jüdischen Lagerinsassen nicht aufgesucht werden durften, da die dort arbeitenden Frauen Nichtjüdinnen waren.[56]
Heutzutage werden homosexuelle Vergewaltigungen vor al-

lem aus nordamerikanischen Gefängnissen berichtet, wo sie gewissermaßen zur Tagesordnung gehören. Besonders häufig scheinen sie in den sechziger und siebziger Jahren gewesen zu sein, als zahlreiche junge und unerfahrene weiße Männer wegen Drogendelikten ins Gefängnis kamen, wo sie meist Schwarzen zum Opfer fielen, die die weißen, langhaarigen »hippies« als schwach und effeminiert und deshalb als idealen Frauenersatz empfanden.[57]

In den Zuchthäusern von Philadelphia wird praktisch jeder schmächtige oder schlanke junge Mann ein oder zwei Tage nach seiner Einlieferung sexuell angegangen, und nach der Kerkerdevise »fight or get fucked« entscheidet es sich in dieser Zeit, ob er sozusagen sein Geschlecht behalten darf oder nach der ersten Vergewaltigung für die gesamte Dauer seines Aufenthaltes als Opfer stigmatisiert ist und immer wieder ›gefickt‹ werden wird. Wer einmal penetriert worden ist, gilt als *punk*, als Schwächling oder Feigling, der nicht kämpfen kann oder will, und der *wolf*, der ihn ›fickt‹, vollzieht eigentlich keinen homosexuellen Akt, sondern ›holt sich‹ nach Meinung vieler eher ›einen runter‹, wobei der *punk* die ›Wichsvorlage‹ ist.[58] Während der *punk* ein heterosexueller junger Mann ist, dessen Wille gebrochen und der sexuell benutzt wird, ist der *fag* – an der Westküste *queen* genannt – meist ein effeminierter Homosexueller, eine ›Schwuchtel‹, die das ›Geficktwerden‹ genießt: »Punks«, so heißt es, »are made, but fags are born.«[59] Weil der *punk* aber gegen seinen Willen penetriert wird, ist er noch ›passiver‹ als der *fag*, der wenigstens seiner eigenen Lust folgt und insofern ›aktiv‹ ist, und deswegen steht der vergewaltigte Mann in der Rangordnung noch unter den ›Schwuchteln‹,[60] die im Gegensatz zum *punk boy* meist *sissy*, *freak* oder *girl* genannt werden.[61]

Der *wolf*, auch *ripper*, *jocker* oder *gorilla* genannt, ist meistens schwarz und häufig ein Gewaltverbrecher oder Vergewaltiger von Frauen.[62] Der *punk* ist meist weiß, und die schwarzen Täter sagen, es sei »infinitely sweeter«, einen Weißen gegen seinen Willen »durchzuficken«, als einen Schwarzen. Ein Mann, der darauf verzichtet, jemanden zu vergewaltigen, wird fast immer lächerlich gemacht und als »pervers« abgestempelt, und in Rhode Island erkämpften sich schwarze Neuzugänge die Achtung ihrer »brothers«, indem sie wenigstens einmal den *ripper* spielten und einem Weißen »den Arsch aufrissen«.[63] Doch geht es dabei nicht allein um ihren Platz in der Hierarchie, sondern auch um ihre Sicherheit, und manche Häftlinge scheinen allein deshalb zu vergewaltigen, um nicht selber vergewaltigt zu werden.

Dabei gehen die Täter kaum ein Risiko ein, denn die Gefängniswärter schreiten gegen die Vergewaltigungen, die sie meistens mitkriegen, praktisch nie ein, ja, nicht selten verhöhnen sie das Opfer sogar hinterher. Manche Neuzugänge wehren sich bis zur totalen Erschöpfung, und die unbeteiligten Häftlinge sowie die Wärter lauschen und warten ab: »Sie wußten, da wurde eine junge Frau geboren, und manche warteten nur darauf, sie danach selber zu gebrauchen.« Aber auch die Opfer selber unternehmen wenig: In Philadelphia zeigten von 2000 Vergewaltigten lediglich 96 die Tat an, und von diesen Fällen wurden nur 26 von der Gefängnisleitung der Polizei gemeldet.[64] Nach Meinung von Insassen des Staatsgefängnisses Atmore in Alabama billigte oder förderte die Gefängnisverwaltung sogar diese »Verhältnisse«, da sie der Überzeugung war, daß ein Mann, der einen anderen ›unterworfen‹ und zu seiner ›Frau‹ gemacht hatte,[65] besser kontrolliert werden könne: »Man war der Ansicht, ein ›Teufel‹«, also einer der ›harten Burschen‹, »der ein ›Mädchen‹ habe, arbeite besser, bringe keine Aufseher und Insassen um, noch unternehme er Fluchtversuche. Er sei ruhig wie ein Ehemann.«[66]

Für das Opfer ist die Vergewaltigung normalerweise die schlimmste Demütigung, die es jemals erfahren hat, und fast alle *punks* verlassen später das Zuchthaus entehrt und voller Haß und Scham. »Nichts hat mich jemals *als Mensch* so geschädigt«, sagte ein Entlassener, »nichts hat meine individuelle Integrität so geschändet, noch mir jemals so weh getan wie diese Vergewaltigung.«[67] Im Staatsgefängnis von Philadelphia berichtete ein Zeuge über einen vierundzwanzigjährigen Mitgefangenen, der bereits zwei Stunden lang hintereinander von zwölf Schwarzen anal vergewaltigt worden war: »After this he came back to his bed and he was crying and he stated that ›They all took turns on me‹. He laid there for about 20 minutes and Cheyenne came over to the kid's bed and pulled his pants down and got on top of him and raped him again. When he got done Horse did it again and then about four or five others got on him. While one of the guys was on him, raping him, Horse came over and said, ›Open your mouth and suck on this and don't bite it!‹ He then put his penis in his mouth and made him suck on it. The kid was hollering (= schrie) that he was gagging (= gewürgt würde) and Horse stated, ›you better not bite it or I will kick your teeth out.‹ While they had this kid they also had a kid named William in another section in E Dorm. He had his pants off and he was bent over and they were taking turns on him. This was Horse, Cheyenne, and about seven other colored fellows. Two of the seven were brothers. Horse came back and stated, ›Boy, I got two virgins in one night. Maybe I should make it three.‹ At this time he was standing over me. I stated, ›What are you looking at?‹ and he said ›We'll save him for tomorrow night‹.«[68]

Hierzulande scheinen Gefängnisvergewaltigungen seltener vorzukommen als in den USA, was nach Ansicht von Fachleuten vielleicht »an der in Deutschland üblichen Unterbringung« der Häftlinge »in relativ kleinen Zellen« liegt. Die »Macker« selber, wie hier die *wolves* genannt werden, meinen allerdings, Vergewaltigungen erübrigten sich meist, denn die jungen Neuankömmlinge würden, wenn sie erst einmal Zeugen eines Analverkehrs geworden seien, derart »aufgegeilt«, daß sie sich praktisch alle freiwillig »bumsen« ließen.[69] Diese Behauptung darf indessen bezweifelt werden, denn zahlreiche ehemalige Insassen deutscher Gefängnisse berichten von regelmäßigen Vergewaltigungen, an denen sich nicht nur Häftlinge, sondern auch Wärter beteiligen. So schreibt etwa ein Mann, der im Alter von 17 Jahren wegen Mordes in ein Jugendgefängnis eingeliefert worden war: »Da waren beispielsweise im Nachtdienst einige Beamte, die sich in Arrestzellen von irgendwelchen Gefangenen einen blasen ließen und denen dafür Tabak gaben. Oder schnell mal einen wegsteckten mit Spucke. Ein paar Sados waren auch dabei, die machten es dann auf die harte Tour und quälten ein bißchen. Splitternackt ausziehen und dann Trockenfick. Die fuhren richtig drauf ab. Kam drauf an, wer Nachtwache hatte. Waren richtige Säue darunter, die den Jungs vor dem Fick noch den Gummiknüppel reinschoben. Nur so zum Spaß, um ihnen weh zu tun. Gab aber keine Anzeigen.«[70] Und aus dem Gefängnis Tegel stammt der folgende Bericht: »Nachdem S. eingewiesen ist, wird er mittels Kartenspiel verlost. [...] Oraler und rektaler Verkehr zwischen S. und den anderen Gefangenen. Die Zelle wird zu einer Art Bordell; Gefangene aus anderen Zellen lassen sich einschließen, um ihre Bedürfnisse zu befriedigen. Nach der Entlassung des Gefangenen T. kam Ersatz in die Zelle: der Gefangene K. Er hat fünf Jahre wegen Raubüberfalls. K. wollte S. umsonst. Am ersten Abend sollte S. bei ihm oral tätig werden. S. weigerte sich. K. bot ihm Schläge an. Als das nichts fruchtete, wurde S. eine Decke über den Kopf geworfen, er wurde auf den Tisch gelegt, festgehalten, während T. ihn rektal vergewaltigte. S. schrie. Der Wachtmeister betrachtete den wimmernd in der Ecke liegenden S. und gab ihm eine Schlaftablette. Einige Tage später. Der unwillige S. wird von K. und L. nackt ausgezogen, geknebelt und auf den Tisch gefesselt. Er wird vergewaltigt, wehrt sich, wird geschlagen, erhält eine offene, blutende Wunde am Kopf.«[71]

§ 18
Die Kastration des Mannes als Unterwerfung

Während die amerikanischen »Gefängniswölfe« ihre Opfer mit den Worten »We're going to take your manhood« anal entehrten, gibt es eine andere herkömmliche Weise, den Feind zu entmannen, nämlich seinen Penis oder seine Hoden abzuschneiden. Als der große hawaiianische Häuptling Keoua sich seinem siegreichen Rivalen Kamehameha ergab, schnitt er sich als Zeichen der Unterwerfung vor dessen Altar zwar selber die Eichel ab,[1] doch wurde die Entehrung normalerweise vom Sieger vorgenommen. So heißt es beispielsweise im 18. Jahrhundert über die Delawaren (Lenape) und Irokesen: »Wollen sie ihre Feinde noch mehr erbittern, so verstümmeln sie den Körper des Erschlagenen auf eine Weise, wodurch sie anzeigen wollen, daß sie ihre Feinde nicht für Männer halten.«[2] Vor allem solche ›barbarischen‹ Kriegsbräuche waren es, die den Europäern vor Augen führten, wie ›wild‹ und ›unzivilisiert‹ doch die Rothäute und andere fremde Völker im Vergleich zu ihnen selber waren, wobei sie allerdings keinen Gedanken daran verschwendeten, daß zur selben Zeit, im Jahre 1746, die ›zivilisierten‹ Engländer nach der Schlacht von Culloden ›Barbaren‹ wie den gefallenen Hochlandschotten die Genitalien abgeschnitten hatten.[3]

Schon Pharao Merneptah ließ anläßlich seines Sieges über die Libyer am Tempel von Karnak eine Inschrift anbringen, in welcher es heißt, daß die heimkehrenden Krieger Esel vor sich hertrieben, »beladen mit Penissen (*krnt*) des Landes Libu«, d. h. mit unbeschnittenen männlichen Geschlechtsteilen,[4] und es ist nicht unwahrscheinlich, daß die Ägypter ihren Feinden auch – wie Horus dem von ihm besiegten Seth – die Hoden ausschnitten, um sich auf diese Weise deren Lebenskraft anzueignen.[5] Vor allem im Nordosten Afrikas ist die kriegerische Genitalverstümmelung seit Jahrtausenden überliefert, und in der Antike sagte man, daß die Römer »pro aris

137 Die Zulu kastrieren ihre Feinde und schmücken sich mit Halsbändern aus den getrockneten Genitalien. Kupferstich, spätes 16. Jh.

et focis«, für Herd und Heim, die Nubier hingegen »pro mentula et coleis«, für Penis und Hoden, kämpften.[6] Die äthiopischen Konso beispielsweise schneiden den erschlagenen Feinden die Genitalien ab und tragen die in der Sonne gedörrten Penisse stolz als Armbänder. Auf dem Grab eines Kriegers, der einen Feind getötet und entmannt hatte, errichtete man früher phallische Steine, die 'daga 'deeruma, »Steine der Männlichkeit«, genannt wurden.[7] Auch die Kaffa schnitten ihren Gegnern Penis und Hodensack ab, und wenn ein Krieger besonders mutig und tüchtig gewesen war, verlieh man ihm einen metallenen Phallus, den er künftig im Krieg und als Accessoire zu seiner Festtracht trug: Er symbolisierte die sexuelle und kriegerische Potenz, die man dem Feind gewaltsam entzogen hatte und nun selbst besaß. Den mächtigsten Phallus trug jedoch der Kaiser von Kaffa: An seiner Krone, die zur Schande des ganzen Volkes im Jahre 1897 von den Amhara erbeutet wurde, war ein silberner Penis mit drei Eicheln angebracht.[8]

Die Mazedonier, Montenegriner und auch die Sizilianer, die

nach der ›Sizilianischen Vesper‹, also der Ermordung der verhaßten Fremdherrscher, im Frühling des Jahres 1282 ganze Tonnen voll französischer *membra* mit Hilfe ihrer Fischer verschickt haben sollen,[9] trugen die den Feinden abgeschnittenen Penisse als Unheil abwehrende Amulette, als ›phallische Drohungen‹ gegenüber den bösen Mächten bei sich,[10] doch auch im übrigen mittelalterlichen Europa war die Entmannung der Gefallenen weithin üblich,[11] obgleich der Brauch als »unritterlich« gebrandmarkt wurde: So verurteilte etwa der Chronist die Verstümmelung der Leiche Simon de Montforts nach der Schlacht von Evesham im Jahre 1265 und machte darauf aufmerksam, daß diese Untat »contra disciplinam ordinis militaris« sei.[12]

Auch in den nachmittelalterlichen Zeiten bestand dieser Brauch weiter, und es gibt keine Anzeichen dafür, daß er weniger verbreitet gewesen sei. So berichtet beispielsweise im 16. Jahrhundert Sastrow, daß die durchziehenden spanischen Truppen im Feindes- wie im Freundesland die Bauersfrauen vergewaltigten und deren Männern die Genitalien vom Leib trennten,[13] und von den »Polacken« und »Cosaggen«, die im Jahre 1634 Höchstädt eroberten, heißt es, daß sie viele der männlichen Einwohner »bey den Gemächteren auffgehenckt / vnd dareyn mit Nadlen gestochen etc.« hätten.[14]

Mehr noch als bei ›offiziellen‹ kriegerischen Auseinandersetzungen wie Schlachten oder Eroberungen befestigter Orte wurden in Bürgerkriegen, bei Volksaufständen, in Fällen von Lynchjustiz und ähnlichen Ereignissen Männer auf grausamste Weise ihrer Genitalien beraubt oder an Penis und Hoden gequält, wobei sich nicht selten – wohl als Ausdruck eines ›Geschlechterantagonismus‹ – Frauen hervortaten. Im Jahre 1078 ließ der Breisgaugraf Berthold II. einem Teil der von ihm niedergeworfenen Bauern, die gegen ihn zu den Bischöfen von Basel und Straßburg gehalten hatten, bei lebendigem Leibe die Genitalien abschneiden,[15] und auch in der Bartholomäusnacht wurde eine große Anzahl von Männern nackt ausgezogen und kastriert.[16]

Zahlreiche Augenzeugen berichten, daß nach dem Sturm auf die Tuilerien am 10. August 1792 besonders die Frauen den toten, aber auch den noch lebenden Schweizergardisten mit Säbeln und Messern die Penisse und die Hodensäcke abgeschnitten hätten, bevor man die Leichen und die Sterbenden auf dem Pflaster aufgeschichtet habe.[17] Nach der im folgenden Jahr in Chemnitz publizierten Schrift *Die rothe Freiheitskappe* »trugen die Weiber – welche schreckliche Schamlosigkeit – die Schamtheile der getöteten Schweizer und Hofbediensteten auf der Gasse zur Schau herum«,[18] und nach einer anderen Quelle wurden auch nach den ›Septembermorden‹ »die Schamtheile der Ermordeten von den Weibern zur Schau getragen«.[19] Von der 48er-Revolution berichtet Friedrich Hebbel, nach dem Sturm der Reaktion auf Wien seien die Leichen der Männer, denen man ihren eigenen Penis in den Mund gestopft hatte, auf den Gassen herumgelegen.[20]

Nun dürfte man wohl – nach der gängigen Zivilisationstheorie – annehmen, daß dem heutigen Persönlichkeitstypus, der ›saubere‹ Kriege führt, in denen der Feind eher per Knopfdruck als mit dem Seitengewehr erledigt wird, Grausamkeiten wie die geschilderten fremd und widerwärtig geworden sind und deshalb nur noch in Ausnahmefällen vorkommen. Schauen wir also, wie sich dieser moderne, ›zivilisierte‹ Mensch im Krieg verhält.

Während des Zweiten Weltkrieges war es eine verbreitete Praktik der deutschen Wehrmachtsangehörigen, getöteten Russen die Genitalien abzuschneiden,[21] und ein Einwohner von Charkow berichtet aus dem Jahre 1943: »Als wir eines Morgens aus dem Haus traten, sahen wir an der Tür einen gekreuzigten Rotarmisten. Die waagerecht ausgestreckten Arme waren festgenagelt, die Füße stießen gegen den Boden, der Kopf mit abgeschnittenen Ohren hing herab, die Geschlechtsorgane waren abgeschnitten, die Hosen bis zu den Knien herabgelassen.«[22] Nicht anders verhielten sich umgekehrt die Angehörigen der Sowjetarmee gegenüber den deutschen Soldaten, und gegen Ende des Krieges schnitten die

Rotarmisten zahlreichen wehrlosen deutschen Zivilisten bei lebendigem Leibe Penis und Hodensack ab.[23]
Auch bei den Amerikanern, die sich nach dem Kriege darüber entrüsteten, daß die ›unzivilisierten‹ japanischen Soldaten ihre hilflosen Feinde vornehmlich im Genitalbereich verletzt oder verstümmelt hatten,[24] ist das Abschneiden der Genitalien eine alte Tradition, und bereits in Sand Creek im Jahre 1864 schnitten die US-Kavalleristen den getöteten Cheyenne die Hodensäcke ab, um sich daraus Tabaksbeutel anfertigen zu lassen.[25] Während des Vietnamkrieges schnitten die Vietcong und die Amerikaner einander habituell die Genitalien und die Ohren ab, steckten dem toten oder sterbenden Feind den Penis in den Mund und photographierten ihn so.[26] Dieses Penisabschneiden, das von den Vorgesetzten geduldet oder sogar gefördert wurde, nahm dermaßen überhand, daß General Westmoreland in einem Befehl an alle Kommandeure diese und ähnliche Praktiken untersagte, und zwar mit der Begründung, sie seien »contrary to all policy and below the minimum standards of human decency«.[27] Welche »standards of human decency« andere hohe Stabsoffiziere indessen ›internalisiert‹ hatten, machte beispielsweise Oberst George S. Patton, Kommandeur des 11th Armored Cavalry Regiment und Sohn des berühmten Weltkriegshelden, deutlich, der auf seiner Abschiedsparty in Saigon seine Lieblingstrophäe, den Schädel eines Vietcong mit einem Einschußloch über der linken Augenhöhle, mit sich herumtrug,[28] und es sieht nicht so aus, als ob der Westmoreland-Befehl großen Eindruck gemacht hätte. So erzählte ein Soldat, daß er unmittelbar nach seiner Ankunft in Vietnam einen Truppentransporter mit »about 20 human ears tied to the antenna« sah,[29] und ein Veteran berichtet: »We used to cut their ears off. We had a trophy. If a guy would have a necklace of ears, he was a good killer, a good trooper. It was encouraged to cut ears off, to cut the nose off, to cut the guy's penis off. A female, you cut the breast off. It was encouraged to do these things. The officers expected you to do it or something was wrong with you.«

Wer also einem Vietcong nicht die Ohren oder den Penis und einer ermordeten Frau nicht die Brüste abschnitt, galt bei den Kameraden und den Vorgesetzten als ebenso ›abartig‹ wie zu Hause der Gefängnisinsasse, der dem Neuzugang nicht den Penis in den After stieß, wobei man in beiden Fällen allerdings vermied, die Sache gegenüber Außenstehenden an die große Glocke zu hängen. So erinnert sich ein anderer Vietnam-Veteran: »Of course, right away, my men would chop the ears off. They dry the ears and wear them around their necks. The CBS and UPI guys got there and the bodies don't have ears. The schmuck general (= Schwanz von General) went fucking nuts. He said, ›You get your men and you have them sewn back on the heads. I won't stand for this!‹«[30]

Doch nicht nur im Krieg, auch im amerikanischen Alltag kommt es bisweilen vor, daß z. B. Mitglieder des Ku-Klux-Klan wahllos Schwarze überfallen und ihnen die Hoden herausschneiden,[31] wie sich nachweislich Weiße, die Neger gelyncht oder verbrannt haben, schon immer besonders für die Genitalien ihrer Opfer interessiert und an ihnen herummanipuliert haben, bevor sie diese verstümmelten. Nicht selten teilten die Täter hinterher die abgeschnittenen Penisse und Hodensäcke unter sich auf, als ob sie die den »Niggern« zugeschriebene überlegene sexuelle Potenz dadurch in sich aufnehmen wollten.[32]

Auch gegenwärtig ist das Abschneiden der Genitalien eine als normal zu bezeichnende Begleiterscheinung von Kriegen und Bürgerkriegen: Serben entmannen Kroaten und Bosniaken, woran sich manchmal auch Frauen beteiligen wie die achtzehnjährige Monika Simonović, die im serbischen Internierungslager Brčko bosniakische Gefangene mit Flaschenscherben kastrierte und ihnen den Bauch aufschlitzte;[33] irakische Soldaten schneiden lebenden Kuweitis den Penis ab, und einer Mutter werden die Genitalien ihres siebzehnjährigen Sohnes in einem Plastiksack überreicht;[34] in der Polizeiinspektion des asturischen Sama de Langreo wird der streikende Bergarbeiter Silvio Zapico von den Hütern der Ordnung ka-

striert, indem man ihm die Hoden verbrennt,[35] und Ahmad el-Hadhod aus Nablus berichtet über seine Behandlung durch die Israelis: »Zuerst knallten die Polizisten mir mit hohler Hand auf die Ohren, bis Blut kam und ich nichts mehr hören konnte. Dann zogen sie mich völlig aus und legten mich mit dem Rücken auf einen Tisch. Ein Polizist nahm einen längeren Operationsfaden, wie ihn Chirurgen gebrauchen, und band das eine Ende stramm um meinen Hodensack. Das andere Ende spannte er an einen Nagel, der in das Tischende geschlagen war. Dann stellten die Geheimpolizisten abwechselnd solche Fragen wie: ›Willst du je noch Kinder kriegen?‹ oder ›Du brauchst gar nicht mehr zu heiraten, wenn du nichts sagst. Wir schneiden dir die Eier ab!‹«[36]
Auf einem ganz anderen Blatt steht die Entmannung als spiegelnde Strafe für all jene Verbrechen, die mit den Geschlechtsorganen begangen wurden. Sie taucht bereits in den frühen Volksrechten auf, wobei man nicht vergessen darf, daß auch bezüglich der Vollstreckung dieser Strafe die Vorschriften strenger als die Praxis waren und vor allem freie Männer äußerst selten einer solchen Entehrung ausgesetzt worden sind.[37] Wenn beispielsweise nach dem angelsächsischen Gesetz Ælfreds des Großen ein Sklave eine Sklavin vergewaltigte, schnitt man ihm die Hoden aus, während ein freier Mann in einem solchen Falle mit einer hohen Geldstrafe davonkam.[38] Dagegen berichtet im Jahre 1248 Matthäus von Paris, man habe den liebeshungrigen Ritter Godfrey de Millers bereits dafür entmannt, daß er die Kammer einer Jungfrau betreten habe,[39] und im 11. Jahrhundert nützte dem Bischof Heinrich von Augsburg die Tatsache, daß er die Schwester Kaiser Heinrichs IV. allem Anschein nach nicht vergewaltigt, sondern nur »geschwächt« hatte, nichts. Laut *Zimmerischer Chronik* ließ der Kaiser ihn ergreifen, und die Schergen »fürten ine zu aim block, daselbst zogen sie im das geschier und den weiber-werkzeug herfür, legten ime uf den block und zu seiner straf begangner handlung do schlugen sie ime ain hilzin pfal durch den schwanz«.[40]

138 Kastration eines Vergewaltigers, 16. Jh.

Die in England zu jener Zeit weithin übliche Strafe des Blendens und des Verlustes der Hoden für einen Vergewaltiger – eine Strafe, die im Spätmittelalter abgemildert wurde – hatte man insoweit eingeschränkt, als die Ehefrau des Täters, falls dieser verheiratet war, vor Gericht auftreten und die Hoden ihres Mannes als ihren Besitz beanspruchen konnte.[41] Dahinter stand der Gedanke, daß die unschuldige Ehefrau nicht mitbestraft werden sollte, denn ein Mann, dem die Hoden entfernt worden waren, war ja nicht mehr in der Lage, den ehelichen Pflichten in vollem Umfange nachzukommen.[42]
Nicht nur Vergewaltigung und Verführung, sondern auch andere, insbesondere ›widernatürliche‹ sexuelle Aktivitäten, die der Täter mit Hilfe seiner Geschlechtsorgane ausführte, bestrafte man häufig durch Kastration. So wurde beispielsweise im Jahre 1606 im schlesischen Frankenstein einem Totengräber, der »mit einer todten Jungkfrawē / in der kirchen / vnzucht getriben«, gemäß der *lex talionis* »das Manliche glid / mit glüeender zangen abgezwickt«, bevor man den Unglücklichen »auff Scheütter hauffen gesetzt / vnd verbrandt« hat.[43]
Vor allem aber wurden »Sodomiten« auf diese Weise abge-

straft, also Männer, die anderen Personen »in arss gemint«, wie es 1519 in Luzern heißt,⁴⁴ oder die ihren Penis in die Vagina eines Tieres eingeführt hatten. Nach den *Livres di Jostice et di Plet* vom Jahre 1260 ging der Täter beim ersten Mal seiner Hoden, beim zweiten Mal seines Penis und beim dritten Mal seines Lebens durch das Feuer verlustig,⁴⁵ und einige Jahrzehnte später wurde diese Bestimmung auch in die *Coutume de Toulouse* aufgenommen: »Diejenigen Männer, denen man Sodomie nachgewiesen hat, müssen ihre c.«, also ihre »couilles«, d. h. ihre »Eier«, verlieren. »Und falls jemand es ein zweites Mal tut, muß er sein Glied verlieren. Und wenn er es ein drittes Mal tut, muß er verbrannt werden. Tut eine Frau dies, so soll sie jedesmal ein Glied verlieren und beim dritten Mal verbrannt werden.«⁴⁶ (Abb. 139)

139 Kastration eines Sittlichkeitsverbrechers.
Aus *Coutume de Toulouse*, 1296.

Allerdings ging man besonders in der Neuzeit, im 16., 17. und 18. Jahrhundert dazu über, nicht nur Sexualverbrecher, sondern auch andere schlimme Übeltäter vor oder nach der Exekution durch eine Kastration zusätzlich zur Todesstrafe zu entwürdigen, was natürlich einer unehrbaren Person wie dem Scharfrichter überlassen blieb.⁴⁷ So wurde z. B. in London im Jahre 1681 einem Hochverräter vor der Vierteilung der Penis abgeschnitten, während der Henker dreizehn Jahre später in Brüssel wenigstens abwartete, bis der von ihm aufs Rad geflochtene Mörder gestorben war, bevor er ihn seiner »s.v. Scham-Glider« beraubte.[48]

Einem Mann die ›Manneskraft‹ zu rauben bedeutete also einerseits ganz praktisch, ihm die Fortpflanzungsfähigkeit zu nehmen, woran, wie wir gesehen haben, die Israelis den von ihnen gefolterten Palästinenser erinnerten. Man hat auch beobachtet, daß miteinander kämpfende Schimpansen häufig versuchen, dem Gegner in den Hodensack zu beißen,[49] was – soziobiologisch gesehen – eine durchaus sinnvolle Strategie darstellt, bezüglich der Fortpflanzungschancen gegenüber dem Konkurrenten einen Vorteil zu gewinnen. Andererseits nimmt man dem Gegner dadurch auch die nichtsexuelle Kraft und macht ihn symbolisch zur Frau, weshalb beispielsweise die Türken noch im vergangenen Jahrhundert in den von ihnen eroberten Gebieten die kleinen Buben kastrierten, und zwar mit der Begründung, auf diese Weise verhinderten sie, daß die Kinder später zu Kriegern würden.[50]

§ 19
Die sexuelle Verstümmelung der Frau als Entehrung

Werden dem Mann die körperlichen Manifestationen von Macht und Kraft, mit denen er andere bedroht und unterwirft, von seinen Gegnern und Konkurrenten gewaltsam entfernt, so sind auch die Frauen in der Geschichte immer wieder an den entsprechenden Körperteilen, nämlich der Vulva und den Brüsten, verstümmelt und gequält worden.
So berichtet z. B. Thietmar von Merseburg, die heidnischen Polen hätten einst als spiegelnde Strafe öffentlichen Huren die Schamlippen abgeschnitten und diese – jedem potentiellen Kunden zur Mahnung – an der Tür ihrer Häuser befestigt: »Et si qua meretrix inveniebatur, in genitali suo, turpi et poena miserabili, circumcidebatur idque, si sic dici licet, preputium in foribus suspenditur, ut intrantis oculus in hoc offendens in futuris rebus eo magis sollicitus esset et prudens.« Heute aber – d.h. im späten 10. Jahrhundert – trieben es die Frauen, ohne etwas befürchten zu müssen.[1]
Wie bereits erwähnt, sollte auch nach der *Coutume de Toulouse* im 13. Jahrhundert eine Frau, die »Sodomie« betrieben, d. h. sexuelle Beziehungen[2] zu einer anderen Frau oder einem Tier aufgenommen hatte, entsprechend dem männlichen »Sodomiten« bestraft werden, der beim ersten Mal seine »couilles« und beim zweiten den Penis verlor. Welche Teile der Vulva den Hoden bzw. dem Penis gleichgesetzt wurden, ist nicht bekannt, und man weiß auch nicht, ob eine solche Strafe bei einer Frau jemals Anwendung fand.
Allerdings ist es nicht unwahrscheinlich, daß auch in jenen Zeiten im Kriege oder bei manchen Vergewaltigungen Frauen die Genitalien verstümmelt wurden, und es mag sein, daß solche Vorkommnisse ihren literarischen Niederschlag etwa in jenen *fabliaux* fanden, in denen beispielsweise ein ›Trickster‹ einer Frau die Hinterbacken und die Vulva abschneidet, um

sie dem Herzog als Mund und Nase des Feindes zu präsentieren: »Le cul et le con li coupa, / En s'aloiere le bouta / ›Sire‹, dit il, la bouche i est / de Goulias et les narilles« (»Er schnitt Arsch und Votze ab / und steckte sie in den Sack / ›Herr‹, sprach er, ›hier sind Mund und Nüstern von Goulias.‹«[3] In einer spanischen *cantiga* aus dem 13. Jahrhundert mit dem Titel ›Lobgesang der hl. Jungfrau‹ verweigert ein sittsames Edelfräulein (»menina«), die gezwungenermaßen einen reichen Mann heiratete, den sie nicht liebte, diesem den Beischlaf. Zur Strafe läßt ihr Gemahl sie von vier Frauen ergreifen und ihr »en tal lugar que vergüenza me da nombrarlo« eine Wunde beibringen, wie es dezent heißt (Abb. 140), d. h. wohl, es werden ihr die Schamlippen und die Klitoris abgeschnitten. Die Madonna erbarmt sich ihrer jedoch und heilt sie auf wundersame Weise.[4]

Auch dem walachischen Fürsten Vlad Tepes wird nachgesagt, daß er Frauen und jungen Mädchen die Genitalien verstümmeln ließ, freilich aus dem entgegengesetzten Grund, nämlich weil diese zu freizügig mit ihrer Sexualität umgegangen waren,[5] und etwa zur selben Zeit heißt es in einer schwäbischen Chronik: »In der ersten Vastwochen ertranckt man ai-

140 Die gewaltsame Beschneidung eines Edelfräuleins.
Aus *Las Cantigas de Santa María*, 13. Jh.

nen zů Ulm, der hett seiner Frawen die Fotzen verneet mit ainem gewechsten Faden.«[6] Ob es sich dabei um eine besonders niederträchtige Bestrafung[7] oder um eine Vorsorgemaßnahme gegen sexuelle Eskapaden der Ehefrau handelte, ist nicht überliefert,[8] doch steht es angesichts der schweren Strafe für den Mann fest, daß die Tat als besonders grausam empfunden worden ist.

Häufiger als die Verstümmelung der weiblichen Genitalien scheint zu allen Zeiten das Abschneiden der Brüste gewesen zu sein, und nichts macht die Gleichsetzung der Brüste mit dem Phallus deutlicher als die Anweisung des ägäischen Heilers, Personen, die den Bösen Blick haben, wie folgt zu kastrieren: »Wenn es eine Frau ist, die das Auge geworfen hat, dann zerstört ihr die Brüste! Ist es ein Mann, dann zerschmettert ihm die Geschlechtsteile!«[9]

Bereits im altirischen Gesetz des Adamnaín aus dem 7. Jahrhundert wird von einer vergangenen Zeit geredet, in der man einer kämpfenden Frau – also einer Kriegerin – entweder den Kopf oder die beiden Brüste (cüch) abschnitt und als Trophäen mit nach Hause nahm.[10] Daß so etwas auch in anderen Kulturen und außerhalb des Krieges vorgekommen sein muß, sieht man wohl an der Bestimmung des alten friesischen Fivelgoer Rechtes, die verlautet, daß jeder, der einer Frau oder Jungfrau die Brüste abschnitt, ein volles Wergeld zu entrichten hatte, also genausoviel wie bei Mord und Kastration eines Mannes.[11] Nach dem aus der Zeit um 1300 stammenden Recht des altfriesischen Hunsegau wurde der Übeltäter zur Entrichtung von zwei Dritteln des Wergeldes verurteilt.[12]

Einer Frau die Brüste oder die Brustwarzen abzuschneiden war während des ganzen Mittelalters und darüber hinaus so ziemlich das Schlimmste, was ein Mann ihr antun konnte. Vor allem den Sarazenen und später den Türken sagte man eine Vorliebe für diese Grausamkeit nach (Abb. 141), wie auch einige christliche Märtyrerinnen – etwa die hl. Dorothea oder die hl. Barbara – auf solche Art geschändet worden sein sollen (Abb. 142). In der ersten Hälfte des 13. Jahrhunderts

141 »den weyblein schnydt er ab die prüst.«
Türken massakrieren Frauen und Kinder. Holzschnitt, 1529.

wurde über den jungen Herzog von Österreich, Friedrich den Streitbaren, der seine Schwester und seine Mutter ihrer Güter beraubt hatte und der als wild und unbeherrscht galt, die Horrorgeschichte verbreitet, er habe seiner Mutter ge-

142 Francisco Zurbarán: ›Die hl. Agathe‹, um 1635.

droht, ihr die Brüste abzuschneiden, was ihn nachhaltig diskreditierte.[13] Aber auch über die Juden verbreitete man das Gerücht, sie schlitzten christlichen Frauen die Brüste auf, um Blut für ihre finsteren Rituale zu gewinnen.[14]
Tatsache ist dagegen, daß namentlich während des Dreißigjährigen Krieges solche Greueltaten gegen Frauen vorkamen[15] und daß auch die frühe Neuzeit Gruselgestalten wie den viktorianischen Jack the Ripper kannte, der sich beim Ausweiden seiner weiblichen Opfer besonders für deren Brüste und Geschlechtsorgane interessierte.[16] So bekannte beispielsweise im Jahre 1570 der mährische Massenmörder Paul Wasansky, er und seine Kumpane hätten »2 Mägdlein tödgeschlagen / jnnen die Prüst abgeschnitten vñ 10 gr. genommen« und später hätten sie dasselbe bei einer Magd getan. Bevor man Wasansky auf grausame Weise hinrichtete, wurden ihm ebenfalls »die Brüst mit Zangen abgerissen«,[17] eine äußerst schmerzhafte Schandstrafe, die bis weit ins 18. Jahrhundert hinein[18] vornehmlich bei Verbrecher*innen* Anwendung fand. Während man etwa im spätmittelalterlichen Portsmouth nach dem Gesetz einen Dieb bestrafen konnte, indem man ihn »scalde and his eyen put owte«, hieß es bei einer Diebin, daß »her tetys shall be kyt of at Chalcrosse«,[19] aber auch Kindsmörderinnen[20] und vor allem als Hexen abgeurteilten Frauen wurden häufig mit glühenden Zangen die Brustwarzen abgezwickt.[21]
Für Norbert Elias sind solche ›archaischen‹ Verstümmelungen wie das Abschneiden der Brüste von Frauen Manifestationen einer Unbeherrschtheit und ungezügelten Grausamkeit, wie sie für das Mittelalter noch typisch gewesen seien, in dem z. B. die Krieger ihre Aggressionen und ihre Frauenverachtung noch relativ unrestringiert ausleben konnten. Die Soldaten späterer Epochen und namentlich die des 20. Jahrhunderts seien dagegen dermaßen zivilisiert, d. h. stabilen Selbstzwängen unterworfen, daß solche Grausamkeiten nur noch »in einzelnen Ausbrüchen, die wir als Krankheitserscheinung verbuchen«,[22] vorkämen: »Als Ausnahmeschei-

nung, als ›krankhafte‹ Entartung, mögen solche Affektentladungen auch noch in späteren Phasen der gesellschaftlichen Entwicklung auftreten.«[23]
Entsprechen solche Behauptungen der Realität oder handelt es sich eher um Gegenwartsverklärungen am Vorabend des Holocaust?
Aus zahlreichen Quellen geht hervor, daß während der Französischen Revolution die Mörder vor allem adeliger Frauen vor oder nach der Tat die Geschlechtsteile der Opfer entblößten, und zwar nicht nur, um diese zu betrachten, gleichsam als wollten sie die Spuren des angeblich so ausschweifenden Sexuallebens dieser Frauen auffinden, sondern auch um sie zu verstümmeln und herauszuschneiden. So heißt es beispielsweise, die Revolutionäre hätten die Gräfin Pérignan und ihre Töchter ausgezogen, die Frauen auf einem Tisch festgebunden und bis zu deren Tode die Brüste und die Genitalien zerschnitten[24] (Abb. 143). Im September 1792 ereilte nach allerdings zweifelhaften Berichten ein Mädchen, genannt ›La Belle Bouquetière‹, die angeblich aus Eifersucht ihren Geliebten kastriert hatte, ein ähnliches Schicksal: »Attachée nue à un poteau, les jambes écartées, les pieds cloués au sol, on brûla

143 Die Verstümmelung der Gräfin Perignac und ihrer Töchter. Kupferstich, um 1792.

avec des torches de pailles enflammée le corps de la victime. On lui coupa les seins à coups de sabre; on fit rougir des fers de piques, qu'on lui enfonça dans les chairs. Empalée enfin sur ces fers rouges, ses cris traversaient la Seine et allaient frapper d'horreur les habitants de la rive opposée.«[25]

In jenen Tagen wurde auch die wegen ihrer Schönheit berühmte Prinzessin Lamballe, die »confidante« der Königin, vom Pöbel gedemütigt und grausam ermordet. Schon seit längerer Zeit war die Lamballe in pornographischen Pamphleten und auf entsprechenden Illustrationen als Hure mit widernatürlichen Gelüsten dargestellt worden – in einer *La journée amoureuse ou les derniers plaisirs de Marie Antoinette* betitelten Schmähschrift treibt es z. B. die Königin mit der Lamballe und lehrt sie den Analverkehr mit einem Godemiché[26] – und ihre Mörder scheinen mit besonderer Begierde darauf gewartet zu haben, diese Frau abzuschlachten und zu verstümmeln. Michelet erzählt ihren Tod auf folgende Weise: »Ein kleiner Perückenmacher, Charlot, Trommler bei den Freiwilligen, geht auf sie zu und wirft ihr mit seiner Pike die Haube vom Kopf; ihre schönen Haare lockern sich und fallen nach allen Seiten herab.« Dies war das Zeichen: Die Prinzessin wurde niedergeschlagen und auf dem Boden liegend erstochen. »Sie hatte kaum den Atem ausgehaucht, als die Umstehenden aus einer unwürdigen Neugier, die vielleicht der Hauptgrund für ihren Tod gewesen war, sich auf sie stürzten, um sie zu betrachten. Die unzüchtigen Beobachter mischten sich unter die Mörder, im Glauben, irgendein schändliches Geheimnis an ihr zu entdecken, das die umlaufenden Gerüchte bestätigte. Man riß ihr alles ab, Kleid und Hemd; und nackt wurde sie an einem Eckstein hingebreitet, an der Mündung der Rue Saint-Antoine.« Um acht Uhr morgens ließ man ihre Leiche, die blutüberströmt auf dem Pflaster lag, von der Menge inspizieren. »Ein Mann stellte sich daneben auf, um die Flut zu hemmen; er wies der Menge den Körper: ›Seht ihr, wie weiß sie war? Seht ihr die schöne Haut?‹«[27] Was dann geschah, ist in den Einzelheiten nie völlig geklärt worden. Unbestritten

144 Die Verstümmelung der Leiche von
Marie-Thérèse Prinzessin v. Lamballe, um 1792.

ist aber, daß man ihr den Kopf und höchstwahrscheinlich die Brüste sowie die Geschlechtsorgane abschnitt (Abb. 144) – wie es damals üblich war[28] – und diese Teile auf den Spitzen der Säbel und Spieße herumtrug.[29]

Am Tage nach dem Sand-Creek-Massaker, das die Amerikaner im Jahre 1864 unter den Cheyenne angerichtet hatten, gruben Soldaten der First Colorado Cavalry unter dem Kommando von Oberst Chivington in der Nacht beerdigte skalpierte Indianerinnen aus »and pulled them open in an indecent manner«, wie Korporal Amos Miksch später zu Protokoll gab. Nach der Aussage von Oberleutnant James D. Connor, die von anderen Offizieren bestätigt wurde, hatten im Verlaufe und nach dem Blutbad zahlreiche Soldaten mit Billigung ihres Kommandeurs besonders den Frauen die Genitalien aus dem Leib geschnitten: »Men, women, and children's privates (were) cut out, &, I heard one man say that he had cut out a woman's private parts and had them for exhibition on a stick.« Und er führte weiter aus: »I also heard of numerous instances in which men had cut out the private parts of fe-

145 Little Wolf Ledger: Soldaten des Majors Reno ermorden vier Sioux-Frauen und ein Baby, 1877.

males and stretched over the saddle-bows and wore them over their hats while riding in the ranks.«[30]

Während des Zweiten Weltkrieges überfiel eine Einheit deutscher Soldaten in der Nähe der weißrussischen Stadt Borisow eine größere Gruppe fliehender Frauen. Sechsunddreißig Frauen wurden vergewaltigt und anschließend ermordet. Zu diesen gehörte ein sechzehnjähriges Mädchen, das gleichermaßen vor den Augen aller anderen vergewaltigt wurde. Anschließend nagelten die Soldaten die Sterbende auf Bretter und schnitten ihr währenddessen die Brüste ab.[31] Dies scheint kein Einzelfall gewesen zu sein, denn auch in Lemberg und anderen Orten vergewaltigten Angehörige der deutschen Wehrmacht Frauen und stellten hinterher deren entblößte und verstümmelte Körper, bei denen vor allem die Brüste aufgeschlitzt waren, nackt zur Schau.[32] Bekanntgeworden ist das Photo der jungen Partisanin Soja Kosmodemjanskaja, die 1941 in einem Dorf in der Nähe von Moskau von den Deutschen stranguliert worden war, nachdem diese unter anderem ihre linke Brust zerfleischt hatten (Abb. 146).[33] Das Photo – die Amateuraufnahme eines deutschen Soldaten, die man bei seiner Leiche fand – wurde später von der sowjetischen Kriegspropaganda verwendet (Abb. 147).

146 Die verstümmelte Leiche der Partisanin Soja Kosmodemjenskaja im Dorf Petrizewo bei Moskau, 1941.

Russische Partisaninnen wurden anscheinend fast durchgängig nackt ausgezogen und brutal an den Brüsten gepackt und herumgezerrt,[34] aber auch eine Jüdin berichtet über die Mißhandlung eines jungen Mädchens durch einen SS-Mann auf dem Transport ins KZ: »Er packt die Brust eines Mädchens, preßt sie mit ganzer Kraft. Das Mädchen schreit auf vor Schmerz und kann ein Goldstück nicht halten, das unter ihrer Zunge lag. Kowatsch lacht und setzt die Folter fort. Dabei brüllt er ›Mehr! Mehr!‹ Auch der Kommandant lacht. Das erstemal, daß wir ihn lachen sehen.«[35]

147 Sowjetisches Popagandaplakat, Zweiter Weltkrieg.

In gleicher Weise mißhandelten gegen Ende des Krieges sowjetische Soldaten die Frauen, wobei es ihnen meist völlig gleichgültig zu sein schien, ob es sich bei ihren Opfern um Angehörige verbündeter Nationen handelte, die sie gerade ›befreiten‹ oder um die Frauen ihrer Feinde. So schnitten die Rotarmisten zahlreichen Jugoslawinnen nach der Vergewaltigung die Brüste ab,[36] und in den deutschen Ostgebieten rissen sie während der Tat den schreienden Opfern häufig mit den Fingernägeln Brüste und Hinterbacken auf[37] und schnitten ihnen schließlich die Genitalien aus dem Unterleib: In Ostpreußen untersuchte beispielsweise eine aus Ärzten, Kriminalisten und ausländischen Journalisten bestehende Sonderkommission einen Berg von ca. 3000 Frauen- und Mädchenleichen. »Bei einer großen Zahl waren die Brüste abgerissen, die Geschlechtsteile zerstochen und der Unterleib aufgeschlitzt.«[38] Aus dem Banat schildert ein Zeuge, wie serbische Partisanen mit der Frau eines Lehrers verfuhren: »Sie wurde von zwei Partisanen gehalten, während ein dritter ihr den Bauch aufgeschnitten hatte und ihr gerade den Geschlechtsteil und das Fleisch von der Innenseite der Schenkel bis zum Knie herausschnitt. Der Partisan warf das Herausgeschnittene gegen einen Kasten. Die beiden Partisanen, die Frau Kucht niedergehalten hatten, drehten nun deren Körper um, wobei ich sah, daß sie ihr auch mit Messern die Brüste aufgeschnitten hatten.«[39]
Auch im Vietnam-Krieg wurden zahllose einheimische Frauen von ›US-Boys‹ auf bestialische Weise an den Geschlechtsorganen und Brüsten malträtiert und verstümmelt. So erzählten einige Soldaten, daß sie, nachdem jeder von ihnen eine Vietnamesin vergewaltigt hatte, einer Krankenschwester jeweils eine Handgranate in die Vagina und in den After steckten und dann abzogen.[40] Und über ein Mädchen von fünfzehn Jahren berichtet ein Veteran: »After we raped her, took her cherry from her, after we shot her in the head, you understand what I'm saying, we literally start stomping her body. And everybody was laughing about it. It's like see-

ing the lions around a just-killed zebra. You see them in these animal pictures, *Wild Kingdom* or something. The whole pride comes around and they start feasting on the body. We kicked the face in, kicked in the ribs and everything else. Then we start cutting the ears off. We cut her nose off. The captain says, ›Who's going to get the ears? Who's going to get the nose? So-and-so's turn to get the ears.‹ A good friend of mine – a white guy from California – he flipped out in the Nam. The dude would fall down and cry, fall down and beg somebody to let him have the ears. Captain says, ›Well, let So-and-so get the ears this time. You had the last kill. Let him get it this time.‹ So we let this guy get the ears. We cut off one of her breasts and one guy got the breast.«[41]

Entscheidend ist, daß es sich bei allen diesen deutschen, russischen oder amerikanischen Soldaten nicht um krankhafte ›Lustmörder‹ handelt, sondern um mehr oder weniger ›normale‹ Männer, die sich unter den außergewöhnlichen Bedingungen eines Krieges so verhalten wie unter den gewöhnlichen Bedingungen des amerikanischen Alltages der Vergewaltiger, der seinem Opfer in die Vulva beißt, um dessen »Weiblichkeit« zu zerstören,[42] oder wie der Besucher des ›Belle de Jour‹, eines öffentlichen Theaters auf der 19. Straße von West-Manhattan, in dem dieser für einen Eintrittspreis von 30 $ Frauen mit einer Zange in die Brüste zwicken oder ihnen flüssiges Wachs auf dieselben tropfen lassen darf.[43]

§ 20
Die Entblößung als Demütigung

Um den auf dem Schlachtfeld getöteten oder sterbenden Feind zu entehren, war es im Mittelalter weithin üblich, diesen seiner Brünne und Kleidung zu berauben, ja, man hat geradezu von einem *Ius spolii*, einem Kriegsrecht auf die Entkleidung des gefallenen Gegners, gesprochen.[1] Allerdings war die Entwürdigung des Feindes dabei nur eines der Motive. Ein anderes bestand darin, sich die Kleidung der Erschlagenen anzueignen, auf die man in ähnlicher Weise einen Anspruch erhob wie häufig der Henker und seine Knechte auf die Kleidung der von ihnen Gerichteten. Im allgemeinen wahrte man aber in beiden Fällen einen gewissen Anstand, indem man den Betreffenden zumindest die Unterkleidung beließ. Doch wie es raffgierige Scharfrichter gab, die voreilig »den armen Sündern / so geköpft / gehängt oder auffs Rad gelegt werden / die Hosen auszogen / daß die Gerichteten / zum höchsten Schimpff / und übler Nachrede / nackend und bloß / mit großem Ärgerniß / männiglich vor Augen gestellt werden«,[2] so gab es auch Soldaten, die den Gefallenen nicht einmal die *bruoch* beließen, und ein Chronist des Hundertjährigen Krieges berichtet, die Leichen hätten nackt wie die Kinder, wenn sie aus dem Leib der Mutter kommen, auf dem Schlachtfeld herumgelegen.[3]

Vor allem in späteren Zeiten scheint man auf Schicklichkeitsnormen kaum mehr irgendeine Rücksicht genommen zu haben. Notiert noch im Jahre 1418 der Zeuge einer Massenschlächterei in Paris, man habe in den Gassen keine hundert Schritt gehen können, ohne auf männliche Leichen zu stoßen, die nichts mehr am Leibe trugen »que leurs brayes«, und heißt es etwas später, daß die ermordeten Frauen auf das Pflaster geworfen worden seien »sans robbe que de leur chemise«,[4] so fielen beispielsweise nach der Schlacht von Culloden im Jahre 1746 Horden von Bettlern und Landstreichern über die toten oder sterbenden Hochlandschotten her und fledderten und entblößten sie bis auf die Haut. Während es diesen armen Leuten lediglich um die Kleidung und um Wertgegenstände ging, hatten die englischen Dragoner, die wahllos Zivilisten niedermachten, andere Interessen. Fast regelmäßig zogen sie jede schottische Frau, die sie erwischen konnten, splitternackt aus, bevor sie sie vergewaltigten und ermordeten. Ein Augenzeuge berichtet etwa, wie er außerhalb von Inverness auf eine Tote stieß, »stript and laid in a very indecent posture«.[5] Wie erwähnt, bestand auch während der Pariser ›Septembermorde‹ des Jahres 1792 eine der übelsten Demütigungen einer Frau, an der sich anscheinend auch Geschlechtsgenossinnen beteiligten, darin, das nackte Opfer mit gespreizten Beinen festzubinden oder festzunageln.[6]

Zwar gab es auch im späten Mittelalter vereinzelt Fälle, in denen Frauen auf solche Weise entwürdigt wurden, doch waren in jener Zeit derartige Unanständigkeiten keineswegs üblich, und so stießen sie auch auf einhellige Empörung. Der »bourgeois de Paris« hält beispielsweise im Jahre 1421 in seinem Tagebuch fest, daß der grausame Despot Denis de Vaurus eine ehrbare Frau[7] zu einer Ulme führte »et lui fist lier, et puis lui fist copper (tous) ses dras si tres cours que on la povoit veoir jusques au nombril, *qui estoit une des grans inhumanités c'om pourroit pencer*« (»was eine der größten Unmenschlichkeiten war, die man sich vorstellen kann«).[8]

Als zehn Jahre danach Jeanne d'Arc auf dem Scheiterhaufen vom Rauch erstickt war, zog man das brennende Holz von ihrem Leib weg, bevor dieser Feuer fangen konnte. Der Verfasser des *Journal* schreibt hierzu, die Jungfrau »fut bientost estainte et sa robbe toute arse, et puis fut le feu tiré ariere, et fut veue de tout le peuple toute nue et tous les secrez qui pevent estre ou doyvent (estre) en femme, pour oster les doubtes du peuple«,[9] unter dem es offenbar immer noch Leute gab, die bezweifelten, daß Jeanne eine Frau war. Aber auch diese Entblößung des weiblichen Körpers durch den Nachrichter, die so weit ging, daß die Umstehenden »auch die verborgenen

Dinge« sehen konnten, »die an einem Weib sein können oder müssen«, damit sie ein Weib ist, wurde allgemein als skandalös empfunden, ungeachtet der Tatsache, daß die Jungfrau schon tot war.[10]

Aus zahlreichen mittelalterlichen und frühneuzeitlichen Quellen geht hervor, daß ein Mann eine Frau, gleichgültig welchen Standes sie war, kaum mehr erniedrigen und beschämen konnte, als wenn er ihren Unterleib entblößte. Nachdem beispielsweise die Pilgerin Isabel Parewastel im Jahre 1366 von einer dreijährigen Reise ins Heilige Land nach Bridgwater heimgekehrt war, wußte sie als das schlimmste und entehrendste Erlebnis zu berichten, daß die Sarazenen sie einmal nackt ausgezogen und in diesem Zustand sogar mit dem Kopf nach unten an ein Gestell gehängt hatten,[11] offenbar eine Spezialität räuberischer Beduinen, die auf diese Weise auch in den nachfolgenden Jahrhunderten viele Ungläubige beiderlei Geschlechts entwürdigten.[12]

Als am 24. Juni 1552 die portugiesische Galeone ›São João‹ an der Küste Natals Schiffbruch erlitt, retteten sich Passagiere und Besatzung, darunter auch der Kapitän Manoel de Sousa Sepúlveda und seine Gemahlin Dona Leonor, an Land, wo sie zweimal von »Kaffern« – vermutlich Zulu – überfallen wurden. Diese »rissen ihnen die Kleider vom Leibe und ließen sie gänzlich nackt zurück. Hierüber erzählt man sich, daß sich Dona Leonor nicht habe entkleiden lassen und sich trotz aller Faustschläge und Ohrfeigen dagegen gewehrt habe, denn sie gehörte zu jener Art von Frauen, die sich eher von den Kaffern getötet als sich nackt vor diesen Leuten stehen sehen wollte. Und es besteht kein Zweifel, daß sie alsbald ihr Leben gelassen hätte, wenn nicht Manoel de Sousa gewesen wäre, der sie anflehte, sich doch entkleiden zu lassen, und der sie daran erinnerte, daß sie nackt geboren sei und daß es nun Gott gefiele, daß sie es wieder sei.« Schließlich ließ sie es zu, daß die Schwarzen sie entblößten. »Und als sich Dona Leonor nackt sah, warf sie sich sogleich zu Boden und bedeckte sich über und über mit ihrem Haar, das sehr lang war. Sie machte sich im Sand eine Mulde, in die sie sich bis zur Taille vergrub, um sich niemals wieder von dort zu erheben«, selbst dann nicht, als ihr Mann einen zerrissenen Schleier auftrieb, mit dem sie notdürftig ihren Genitalbereich hätte bedecken können, und als die portugiesischen Männer sich dezent ein Stück weit entfernten. Nach einiger Zeit, so teilten die Überlebenden mit, sei die standhafte Frau gestorben.[13]

Doch nicht nur in fremden Ländern, auch zu Hause konnte es einer Frau widerfahren, daß z. B. in einem heftigen Streit ein Mann über sie herfiel und versuchte, sie gewaltsam zu entkleiden, wie etwa im 13. Jahrhundert im umbrischen Todi ein gewisser Consolanus Bartholi, der während einer Auseinandersetzung auf der Straße eine verheiratete Frau namens Domina Rosana zunächst als »dreckige, niederträchtige Hure« bezeichnete, sie dann zu Boden stieß und ihr schließlich die Kleider vom Leibe riß.[14]

Auch Straßenräuber pflegten ihre Opfer auszuziehen, wobei man allerdings erwartete, daß sie ebenso wie die Soldaten auf dem Schlachtfeld gewisse Schicklichkeitsnormen respektierten und den Frauen zumindest das Hemd sowie den Männern die Unterhose beließen. Entsprechend reagierte man mit großer Entrüstung, wenn die Räuber sich über solche Regeln hinwegsetzten,[15] und es ist nicht unwahrscheinlich, daß sich in solchen Fällen manche der Überfallenen wie Dona Leonor verhielten oder wie der Mönch, dem man in einem mittelalterlichen Schwank geraten hatte, sich nur dann gegen Räuber zur Wehr zu setzen, wenn sie ihm auch noch die *bruoch* ausziehen wollten.

Der Dominikanermönch Felix Fabri berichtet, er habe, als er im Jahre 1480 in Kempten einkehrte, vier englische Pilger getroffen, die kurz zuvor von Straßenräubern ausgeplündert worden waren. Zwar seien sie zunächst »gänzlich« entblößt worden, weil die Spitzbuben ihre Kleider nach eventuell eingenähtem Geld untersuchten, doch hätten sie ihnen anschließend die »mindern« Kleidungsstücke zurückgegeben, damit sie wenigstens ihre Schamteile bedecken konnten.[16] Glück im

Unglück hatten im Jahre 1582 der holländische Maler Karel van Mander und seine Frau, die, nachdem sie die Stadt Courtray verlassen hatten, ebenfalls »gänzlich ausgeraubt« wurden, und zwar bis auf gewisse »Unterkleider«, in denen sie ihren größten Schatz, ein Goldstück, verborgen hatten. Daß die Räuber ihnen die Hemden aus Anstandsgründen beließen, liegt deshalb nahe, weil die Spitzbuben ansonsten alles – einschließlich der Windeln des Babys – wegnahmen, was das Paar an sich oder bei sich trug.[17]

Anders gingen solche Überfälle mitunter aus, wenn das Opfer die Täter beleidigte. Als beispielsweise im 17. Jahrhundert eine Frau, die von dem »highwayman« Thomas Cox ausgeraubt wurde, diesen unflätig beschimpfte, »nahm er die außerordentliche Mühe auf sich, sie fadennackigt vom Kopf bis zun Füßen auszuziehen«. Aber auch einer Prostituierten und ihrem Freier konnte es passieren, daß der Räuber sich plötzlich zum Sittenrichter über sie aufschwang. Dies tat z. B. der »highwayman« Ned Bonnet aus Cambridgeshire, der einen Mann in Begleitung einer öffentlichen Hure überfallen hatte. Er zwang die beiden, sich »mutterfadennackigt« auszuziehen, worauf der Mann sich so zwischen die Schenkel der Frau legen mußte, daß es aussah, als übten beide die Tätigkeit aus, für die man eine Hure normalerweise bezahlen muß. In dieser Stellung fesselte der Räuber das Paar aneinander, band es auf den Rücken eines Pferdes und gab diesem »die Geißel«. Angeblich brachte das Pferd die beiden bis nach Cambridge.[18]

Auch bei Aufruhr oder Krieg ließ man in früheren Zeiten den Frauen häufig wenigstens so viel, daß sie Brüste und Scham bedecken konnten. So verlautet etwas Sigmund Meisterlin über eine Bürgerempörung um die Mitte des 14. Jahrhunderts in Nürnberg: »Das kläglichste in dieser jämmerlichen Tragödie ist, daß sie die aller ehrbarsten, frummen, züchtigen Frauen und reinen keuschen Jungfrauen halbbloß schändlich und peinlich zogen zu der Diebswohnung.«[19] Und als ein Haufe während des Großen Bauernkrieges das Schloß Oberlauda genommen hatte, demütigten die Aufständischen die

Frau und die Kinder des Amtmannes Philipp von Riedern damit, daß sie die Gefangenen »bis auf die Hemden« auszogen.[20]

Während des Dreißigjährigen Krieges und in den Zeiten danach waren solche Rücksichtnahmen selten geworden. Nach der Eroberung Höchstädts durch die Russen wurden, wie es heißt, »sehr viel Manns- vnd Weibspersonen gantz nackend in der Statt an stricken hin vnd wider geführet«,[21] und im Jahre 1646 notiert der Abt Maurus Friesenegger über das Wüten der Kaiserlichen in sein Tagebuch: »Ohne Unterschied des Alters, und des Geschlechtes banden sie die Menschen, entblößeten sie ganz, und schändeten die einen zu Tode, und die andern jagten sie bei sehr kalter Herbstzeit ganz nackend von sich. Solche Bestien machet der anhaltende Krieg aus den Menschen!«[22]

Mehrere ausländische Zeitungskorrespondenten berichteten nach der Niederlage der Pariser Kommune, daß die Frauen im Gegensatz zu den Männern vor der Exekution in aller Öffentlichkeit nackt ausgezogen worden seien, und am 26. Mai 1871 teilte der Korrespondent der *Times* seiner Zeitung mit, dreizehn Frauen, »caught in the act of spreading petroleum« seien hingerichtet worden »after being publicly disgraced in the Place Vendôme«.[23] Auch nach ihrem Tode wurden die Aufständischen weiter entwürdigt, indem man sie – teilweise mit eigens zu diesem Zwecke entblößtem Genitalbereich – photographierte. Etwas Ähnliches taten auch die spanischen Anarchisten im Jahre 1909 in Katalonien und besonders im »kurzen Sommer der Anarchie« 1936, als sie die mumifizierten Leichen von Nonnen und Priestern exhumierten und vor allem die Nonnen mit entblößten Brüsten und Genitalbereich neben ihren Särgen öffentlich zur Schau stellten.[24]

Nach der Befreiung Frankreichs von der deutschen Fremdherrschaft im Jahre 1944 wurden zahlreiche Kollaborateurinnen und Frauen, denen sexuelle Beziehungen zu Wehrmachtsangehörigen nachgesagt wurden, nackt durch die Straßen von Paris und vielen anderen Städten geführt (Abb.

148 Eine Frau, die sich mit Deutschen eingelassen hatte, wird am 25. August 1944 durch die Straßen von Paris geführt.

148). Aus Périgueux berichtet ein Augenzeuge: »Meist brachte man die Frauen auf einen Platz, etwa vor das Rathaus [...]. Dann wurden sie auf Stühle gesetzt und von Männern festgehalten. Nach der Schur mußten sie, manchmal splitternackt, meist aber in Schlüpfer und BH, durch die Stadt gehen und kamen dann ins Gefängnis«, wo sie fast immer auf sadistische Weise weitergepeinigt wurden. Und aus der Nähe von Grenoble berichtet ein weiterer Zeuge über eine der Unglücklichen: »Völlig nackt wurde sie eine Stunde lang erst von M., dann von R., dann von F. vernommen. M. und G. versuchten, ihr die Schamhaare auszureißen.«[25]

Auf der Fahrt von Pommern ins sowjetisch besetzte Deutschland mußten sich im Jahre 1946 die deutschen Frauen vor den polnischen Soldaten völlig nackt ausziehen und »durchsuchen« lassen, und eine große Zahl wurde vor aller Augen vergewaltigt.[26] Viele der Deutschen – gleichgültig ob Männer, Frauen oder junge Mädchen –, die in das Vernichtungslager Lamsdorf eingeliefert wurden, zwang man gleichermaßen, sich zum Verhör vollständig zu entkleiden. Die Männer wurden von den Polen meist über einen Hackklotz geworfen und bewußtlos geschlagen, während die nackten Frauen während des Verhörs bisweilen vergewaltigt wurden. Den Mädchen traten die Peiniger mit den Stiefeln in die Brüste, oder sie steckten ihnen mit Petroleum getränkte Geldscheine in die Vagina und zündeten diese an, was zu schrecklichen Brandwunden führte.[27]

Während des Vietnamkrieges hatten es sich viele US-Soldaten zur Gewohnheit gemacht, jungen Vietnamesinnen, die ihnen zufällig über den Weg liefen, die Brüste und manchmal den ganzen Leib zu entblößen. In den Worten des Gefreiten Thomas Heidtman von den ›Burning 5th Marines‹: »Wenn wir durch ein Dorf kamen und eine Frau sahen, riß man ihr einfach das Kleid herunter, zumindest das Oberteil. Ich hab das oft gesehen und selbst mehrmals gemacht. Vielleicht dreißig bis vierzig Mal sah ich, wie man Zivilisten einfach die Kleider herunterriß, nur weil sie Frauen waren und alt genug, daß man seinen Spaß daran haben konnte.«[28]

149 Büttel treibt Verurteilten zum Galgen. Französische Miniatur, 1389.

150 Verbrennen aufs Rad geflochtener Juden.
Holzschnitt von Albert Kune, 1475.

Beachtete man bezüglich der Entblößung anderer Personen, insbesondere von Frauen, noch im späten Mittelalter häufig gewisse Anstandsregeln, so scheint dies in wesentlich geringerem Maße gegolten zu haben, wenn es sich bei den Opfern um ›outcasts‹, und zwar vor allem um Juden handelte. Wurden christliche Verbrecher zumindest in der *bruoch* ins Jenseits befördert (Abb. 149), so scheint es, daß man Juden – besonders bei Massenhinrichtungen – bisweilen ohne jegliche Bekleidung ums Leben brachte (Abb. 150), wie man sie auch sonst auf besonders demütigende Weise bestrafte, z.B. mit dem Kopf nach unten henkte.[29]

Vor allem im Verlauf der Pogrome wurden die jüdischen Frauen und Männer gewaltsam entkleidet, etwa im Jahre 1096 in Worms, wo die Kreuzfahrer in die Häuser eindrangen, auf die wehrlosen Bewohner einschlugen und -stachen, ihnen sämtliche Kleider vom Leibe rissen und die Sterbenden und Toten durch die Fenster auf die Gasse stürzten. Dort warf man die nackten Leichen und die noch Lebenden übereinander, bis sie hohe Haufen bildeten.³⁰ So »ließen sie sich töten wie Schlachtvieh«, klagt eine zeitgenössische jüdische Quelle, »ließen sich in den Gassen und Straßen umherzerren, wie Schafe zur Schlachtbank schleifen und nackt niederwerfen, denn die Feinde hatten sie entkleidet und nackt liegen lassen. Als die anderen ihre Brüder und die züchtigen Töchter Israels so nackt daliegen sahen, gaben sie notgedrungen dem Willen der Irrenden nach.« Nachdem das Massaker vorüber war, versuchten die Überlebenden als erstes, die Würde der Ermordeten dadurch wiederherzustellen, daß sie die Leichen vor der Bestattung bekleideten.³¹ Auch den Juden, die im Jahre 1349 in Straßburg ergriffen und zum Scheiterhaufen auf den Judenfriedhof geführt wurden, riß der Pöbel (*vulgus*) sämtliche Kleider vom Leib. Mehrere »schöne« Jüdinnen (*plures mulieres pulcre*) und zahlreiche Kinder wurden zwangsgetauft, alle übrigen verbrannt.³²

Solche öffentlichen Entblößungen müssen für die mittelalterlichen Juden beiderlei Geschlechts eine ungeheure Demütigung und Entehrung gewesen sein, zumal die jüdische Kultur sich seit alters durch sehr hohe Körperschamstandarde auszeichnete. Bereits in hellenistischer Zeit kritisierten die Juden die Nacktheit der griechischen Athleten mit dem Argument, die Bedeckung der Schamteile sei keine historische Zufälligkeit oder der gesellschaftlichen Konvention unterworfen, sondern in der Natur des Menschen verankert, da Gott das Stammelternpaar mit Lederkleidung versehen habe, bevor er es aus dem Paradies warf.³³ Bis in unsere Zeit hinein darf kein Jude die Genitalien – ʿ*erwāh*, »Nacktheit« oder »Blöße« genannt – einer anderen Person »aufdecken«, d.h. sehen, vor allem nicht ʿ*erwat dābhār*, die »schamvolle Nacktheit« der Frau, aber auch nicht die des Mannes.³⁴ Der Anstand (*tzeʾniut*) erfordert nicht nur, daß man nicht beten darf,³⁵ solange man unbekleidet ist, sondern auch, daß kein Mitglied der Familie sich vor einem anderen nackt zeigt,³⁶ woran vor allem das bekannte Beispiel Hams gemahnt. Als Noah zu tief ins Glas geschaut hatte und aufgedeckt in der Hütte lag, sah Ham seines Vaters Genitalien und machte seine Brüder Sem und Japheth auf sie aufmerksam. »Da nahmen Sem und Japheth ein Kleid und legten es auf ihrer beider Schultern und gingen rücklings hinzu und deckten ihres Vaters Blöße zu; und ihr Angesicht war abgewandt, daß sie ihres Vaters Blöße nicht sahen« (1. Mose 9,23). Nachdem aber Noah wieder nüchtern war und erfuhr, »was ihm sein jüngster Sohn getan hatte«, verfluchte er ihn und dessen Nachkommen. Dieses Verbot galt freilich nicht nur im Falle einer Respektsperson wie des Vaters, sondern gegenüber jedem und jeder anderen: »Weh dir, der du deinem Nächsten einschenkst und mischest deinen Grimm darunter und ihn trunken machst, daß du seine Blöße sehest!« (Habakuk 2,15), ja, im 12. Jahrhundert sagte Rabbi Judah he-Ḥasid, ein Mann dürfe nicht einmal dann nackt sein, wenn er allein ist, und vor anderen solle er nicht einmal mit entblößtem Oberkörper erscheinen.[37]

Wesentlich strenger noch waren die Schicklichkeitsbestimmungen für Frauen, und die jüdische Tradition hat immer wieder betont, welch einen Vorzug der Mensch vor dem Tier habe: Denn da die Brüste der Frau »an der Stelle der Vernunft«, also vor dem Herzen, sitzen, kann der Säugling nicht wie die Jungen der Tiere »jene Stelle«, also die mütterlichen Genitalien, sehen.[38]

Nach talmudischem Gesetz durfte ein Mann eine Frau nicht ansehen, wenn sie die Wäsche wusch und dabei Arme und Unterschenkel entblößte,[39] und nach einer Ezra zugeschriebenen Anordnung aus dem 5. Jahrhundert v. Chr. sollte jede Frau unter ihrer Kleidung eine Art Lendenschurz oder Unterhose (sīnār, ζωνάριον) tragen, um für alle Eventualitäten gewappnet zu sein.[40] Entblößte eine verheiratete Frau in der Öffentlichkeit auch nur ihren Unterarm mit Absicht, so galt dies schon als Scheidungsgrund,[41] und zerriß sie nach dem Tode ihres Mannes, Bruders oder Sohnes vor Schmerz ihr Kleid, so mußte sie unbedingt darauf achten, daß sie den Stoff nicht weiter als höchstens bis zur Hüfte einriß.[42]

Beim rituellen Bad nach der Menstruation sollte jede anstän-

dige Frau bis zum Hals im Wasser stehen und dieses mit den Füßen und Armen so in Wallung bringen, daß die anderen Frauen nicht ihre Blöße sehen konnten.[43] Auch die Gewohnheit, daß beim jüdischen Tauchbad, der sogenannten Proselytentaufe, dem sich jeder unterzog, der zum Judentum übertrat, der Mann bis zur Hüfte, die Frau jedoch bis zum Hals im Wasser stehen mußte, wurde damit erklärt, daß niemand die Brüste der Frau sehen durfte.[44]
Sah freilich jemand den Genitalbereich einer Frau, so verlor sie ihre Ehre, und entsprechend steht geschrieben: »Jerusalem hat sich versündigt; darum muß sie sein wie ein unrein Weib. Alle, die sie ehrten, verschmähen sie jetzt, weil sie ihre Blöße sehen; sie aber seufzet und hat sich abgewendet« (Klagelieder 1,8).[45] In gewissem Maße galt dies sogar dann, wenn der Betreffende der eigene Mann war. Zwar wurde den jüdischen Männern im allgemeinen nicht expressis verbis verboten, sich die Genitalien ihrer Frauen anzuschauen, doch heißt es immerhin im Talmud, Rabbi Jochanan ben Dahbai habe von den Engeln erfahren, daß Kinder blind zur Welt gekommen seien, weil ihr Vater der Mutter auf die Vulva geschaut habe.[46] Wie wenig die mittelalterlichen Juden den Anblick weiblicher Nacktheit gewohnt waren, kann man vielleicht auch an der Weise erkennen, in der sie nackte Frauen bildlich dargestellt haben. Auf einer jüdischen Bibelillustration vom Jahre 1197 aus Pamplona beispielsweise ist die Tochter des Pharao zu sehen, wie sie gerade mit zwei Dienerinnen das Kästchen mit dem kleinen Moses in den Fluten des Nils entdeckt hat (Abb. 151).[47] Obgleich die drei jungen Frauen völlig nackt sind, hat der Miniaturist sie mit den Halsausschnitten ihrer Kleider dargestellt.[48] Überdies haben sie keine Genitalien, und die Brüste sind lediglich angedeutet, so daß es den Anschein hat, als trügen sie das, was im vergangenen Jahrhundert »Nackttrikots« genannt wurde.[49]
Die ausgeprägte Körperscham blieb den Juden auch in den folgenden Jahrhunderten erhalten, und da es weiterhin untersagt war, den entblößten Genitalbereich anderer Juden zu

151 Die Auffindung des Mosesknaben.
Illustration einer hebräischen Bibel aus Pamplona, 1197.

sehen, war es beispielsweise für die Hersteller des Filmes *Genocide* ein Problem, wie sie mit jenen Szenen verfahren sollten, in denen ganze Massen nackter Menschen in die Gaskammern getrieben werden. Schließlich entschieden sie sich dazu, die Szenen erheblich zu kürzen und mit Hilfe eines Blaufilters zu verfremden.[50]

§ 21
Im Vorhof der Hölle

Wie einige Stellen im Alten Testament nahelegen, bestraften die Juden zu jener Zeit Ehebrecherinnen und Huren damit, daß sie deren »Blöße aufdeckten«,[1] was wohl so zu verstehen ist, daß das Gewand dieser Frauen vorne abgeschnitten oder hochgebunden wurde. So wird etwa einer Hure – und zwar im übertragenen Sinne der Stadt Niniveh – angedroht: »Ich will dir deine Säume aufdecken unter dein Angesicht und will den Heiden deine Blöße und den Königreichen deine Schande zeigen« (Nahum 3,5). Und der Hure Babylon sagt man: »Flicht deine Zöpfe aus, hebe die Schleppe (*šōbel*), entblöße die Schenkel, wate durchs Wasser, daß deine Blöße aufgedeckt und deine Schande gesehen werde« (Jesaja 47,2 f.).[2]
Auch von ihren Feinden wurden die Juden auf diese Weise geschändet. Davon, daß der Ammoniterkönig Hanon die Gesandten Davids unter anderem dadurch entehrte, indem er ihre Kleider halb abschneiden ließ »bis an die Lenden«, haben wir bereits gehört, aber auch die Assyrer demütigten ihre Feinde damit, daß sie deren Frauen vorne den Rock abschnitten (Abb. 152) oder sie zwangen, ihn hochzuraffen.[3]
Nicht nur in der Antike und im Mittelalter, sondern auch im 19. und im 20. Jahrhundert sind vor allem die jüdischen Frauen, die normalerweise vor dem anderen Geschlecht nicht mehr entblößten als das Gesicht und die Hände, auf diese

152 Von Salmanassar III. gefangene Juden und Jüdinnen.
Bronzerelief aus Tell Balawat, 9. Jh. v. Chr.

oder noch schlimmere Weise gedemütigt worden. Herkömmlicherweise verschleierten die Jüdinnen ihr Gesicht zwar nicht,[4] doch allem Anschein nach hätten sie dies zumindest in einigen islamischen Gegenden gerne getan, wenn man es ihnen erlaubt hätte, und zwar um sexuellen Belästigungen zu entgehen. So berichtet im Jahre 1876 der Orientalist Joseph Halévy, er habe im Basar von Marrakesch viele jüdische Mädchen gesehen, unverschleiert und mit unbedecktem Haar, die von den muslimischen Männern auf anzügliche Weise angestarrt wurden. Schließlich sei ihm gesagt worden, daß die Regierung das Verbot, sich zu bedecken, ganz bewußt als Druckmittel einsetze, um die Jüdinnen zu zwingen, zum Islam überzutreten, wohl wissend, daß sie ohne Schleier ihre Ehre nicht lange bewahren könnten.
In der Tat wurden die Jüdinnen in den islamischen Ländern häufig wie Prostituierte behandelt, betastet und sogar vergewaltigt, und im Jahre 1890 erneuerte beispielsweise der persische Schah Nasr-ad-Din ein Edikt, das jeder Jüdin mit der Vollstreckung der Todesstrafe drohte, die nicht, wie es bezeichnenderweise hieß, »gleich einer öffentlichen Hure« in der Öffentlichkeit das Gesicht entblößte. Für die muslimischen Männer waren solche unverschleierten jüdischen Frauen eine ständige sexuelle Verlockung, und wenn es zu Pogromen kam, waren sie durchweg die bevorzugte Beute, wie z.B. am dreizehnten Tag des Ramadan vom Jahre 1820, als die Muslims das jüdische Viertel von Fez plünderten, sämtliche jüdische Frauen und Mädchen nackt auszogen und anschließend vergewaltigten.[5] Nicht anders verhielt es sich in nicht-islamischen Gebieten, namentlich in Osteuropa, wo den Jüdinnen immer wieder vor den Massenvergewaltigungen die Kleider vom Leib gerissen wurden.[6] Verstärkt wurden solche Exzesse gewiß durch die herkömmliche ›Sexualisierung‹ der Jüdinnen, die sie zur Beute par excellence machte: Ähnlich wie die Weißen seit Jahrhunderten die Negerinnen als besonders triebhaft bezeichneten, war auch die angebliche Geilheit der Jüdinnen sprichwörtlich. »Wer wird

153 Spießrutenlaufen während eines Juden-Pogroms ukrainischer Miliz in Lemberg, 1942.

niemals satt? Des Juden Geldbeutel und der Jüdin Fotz«,[7] lautet ein solcher Spruch, und um diese Laszivität der Juden zu demonstrieren, trieben die Nazis im Warschauer Ghetto Männer und Frauen in einer Mikwe zusammen, zwangen sie, sich nackt auszuziehen und miteinander zu baden, und filmten sie dann dabei.[8]

Die Haupttriebkraft derartiger Zwangsentblößungen war allerdings weniger sexueller Voyeurismus als das Bestreben, die Würde und die persönliche Integrität der Opfer zu zerstören und ihnen damit auch jede Widerstandskraft zu rauben.[9] Aus diesem Grunde spielt die Entblößung des Körpers stets eine große Rolle in Initiationszeremonien, in denen es um eine Veränderung der Persönlichkeit geht, aber auch bei der Aufnahme in Institutionen wie Gefängnisse oder Bordelle. So wurden beispielsweise die jüdischen Mädchen, die vor dem Zweiten Weltkrieg von jüdischen Menschenhändlern insbesondere nach Buenos Aires verschifft wurden, nach der An-

kunft in speziellen Auktionshäusern splitternackt ausgezogen und von potentiellen Käufern untersucht und betastet, bevor sie in – meist billigen – argentinischen und brasilianischen Puffs verschwanden. Schon an Bord der Schiffe waren fast alle Mädchen durch Entkleidungen, Vergewaltigungen und unsittliche Handlungen so weit demoralisiert worden, daß sie später eine neue ›Identität‹ entwickeln konnten.[10]
In den Lagern des KGB wurden noch vor wenigen Jahren die weiblichen Gefangenen durch Zwangsentkleidungen gedemütigt und zermürbt, und der ›politische‹ Häftling Irina Ratuschinskaja berichtet: »Frauen sind schamhaft? Nun, beim Filzen werden Sie splitternackt ausgezogen. In Untersuchungshaft, wenn Sie ins Bad geführt werden, kommen ›rein zufällig‹ KGB-Offiziere vorbei und lachen sich eins. Und im Lager müssen Sie sich dem Arzt zeigen, dem Lagerkommandanten und dem Herrn Staatsanwalt.« Schlimmer noch ging es während des Stalinismus auf den ›Inseln‹ des ›Archipel GULAG‹ zu: »In der Lagerbanja, wo denn sonst?, wird die nackte Ware Weib in Augenschein genommen. Ob es Wasser in der Banja gibt oder nicht, die Läusekontrolle wie auch die Rasur der Achsel- und Schamhaare bieten den Friseuren (die in der Lagerhierarchie zu den Aristokraten zählen) Gelegenheit genug, die neuen Weiber zu begucken. Bald werden auch die übrigen Pridurki zu der Musterung herbeieilen.«[11]
Am brutalsten und unmenschlichsten aber wurden alle jene Jüdinnen und Juden ›initiiert‹, die während des Zweiten Weltkrieges in die Nazi-Konzentrationslager eingeliefert wurden, und ihre Entwürdigung kann wohl am besten durch die Worte charakterisiert werden, mit denen ein SS-Mann Neuzugänge in Dachau ›begrüßte‹: »Ihr seid ehrlos! Ihr seid wehrlos! Ihr seid ein Stück Scheiße und werdet auch danach behandelt!«[12]
Mußten die Juden schon auf der Fahrt ins KZ schlimme Demütigungen hinnehmen – so wurden z. B. aus Rhodos verschleppte Jüdinnen auf dem Weg nach Auschwitz zu ihrem Entsetzen gezwungen, »sich unter den Augen der SS-Leute

vollkommen nackt auszuziehen«[13] –, die größten Erniedrigungen erwarteten sie nach der Ankunft im Lager. Eine ungarische Jüdin erinnert sich an den Empfang in Auschwitz: »Innerhalb weniger Minuten treibt man uns in eine riesige leere Halle mit Steinboden, die einem großen Flugzeugschuppen gleicht. Kaum sind wir drinnen, als uns jemand mit Stentorstimme befiehlt, uns bis auf die Haut auszuziehen. Entsetzt und gedemütigt entkleiden wir uns und suchen nach einem Platz, um unsere Sachen aufzuhängen. Als die SS-Männer das bemerken, schreien Sie: ›Alles auf den Boden werfen!‹ Wir gehorchen und stehen vollkommen nackt zwischen den schallend lachenden Posten, die um uns herumlaufen und obszöne Bemerkungen machen. Selbst in unseren wildesten Träumen hätten wir uns eine solche Erniedrigung nicht vorstellen können.« In Gruppen werden sie daraufhin in kleinere Hallen getrieben. »Wieder werden wir von SS-Männern begafft und geprüft und wissen vor Scham nicht mehr, welche Körperteile wir mit unseren Händen bedecken sollen.«[14]

Viele der Frauen, auch die Prostituierten unter ihnen, weigerten sich zunächst, in Anwesenheit der glotzenden Wachmänner ihre Kleider auszuziehen,[15] bis man sie dazu prügelte. Das Schlimmste stand ihnen jedoch noch bevor. Die Prozedur, die nun folgte, so eine ehemalige Lagerinsassin, »wurde oft beschrieben, aber es war dies ein Schock, den ich nicht vergessen kann«.[16] Gemeint ist das Scheren sämtlichen Haupt- und Körperhaares, wobei dies auch bei Frauen und jungen Mädchen häufig durch Männer geschah: »Dann wurden wir ins Männerlager, das spätere B-Lager, geführt«, berichtet eine Frau über Birkenau, »mußten uns nackt ausziehen und wurden von männlichen Häftlingen, die schon Jahre keine Frau mehr gesehen hatten, überall rasiert.«[17]

Besonders beschämend war diese Prozedur für junge Mädchen, und eine Frau, die als Vierzehnjährige ins KZ Ravensbrück eingeliefert worden war, erinnert sich: »Da stand ich nun splitternackt vor diesen SS-Leuten mit einer Glatze. Bisher hatte mich ja noch niemand außer meinen Eltern nackt gesehen. Das war grauenhaft!«[18] In Auschwitz wurden nach der Rasur sämtliche Frauen zusammengetrieben und mußten vor den SS-Männern »die Kleider hochheben«. Alle diejenigen, die noch eine Schambehaarung aufwiesen, »wurden herausgeholt und schrecklich geschlagen«.[19] Das Scheren war zwar – oberflächlich betrachtet – eine Hygienemaßnahme, in Wirklichkeit jedoch eine besondere Demütigung vor allem der weiblichen Häftlinge, denen auf diese Weise der letzte Rest an Würde, der ihnen verblieben war, genommen wurde, was man vor allem daran sieht, daß von den »arischen« Lagerinsassen lediglich die verachteten Homosexuellen der Prozedur unterworfen wurden.[20]

Auch sonst behandelte man die Häftlinge »wie die Viecher« – so die Worte eines damals jungen Mädchens –, und besonders die Frauen wurden begutachtet und betastet »wie auf dem Viehmarkt, mit Mund aufreißen usw.« »Als ich an die Reihe gekommen bin, hat mich der SS-Arzt in die Brustwarze gezwickt und hergezogen und gesagt: ›Aha, eine Jüdin!‹.«[21] Bestandteil der unmenschlichen Prozedur war auch, daß den Männern auf brutalste Weise in den After und den Frauen noch zusätzlich in die Vagina gefaßt wurde, um dort versteckte Wertgegenstände aufzuspüren,[22] eine Entwürdigung, die im übrigen gegen Ende des Krieges auch zahllose deutsche Frauen durch die Rotarmisten erfuhren, die ihre Opfer, wie eine Zeugin aus Königsberg mitteilt, »gynäkologisch nach verstecktem Schmuck untersuchten«.[23]

Demütigungen dieser Art hörten aber auch später nicht auf, und die SS-Männer sowie die Kapos weideten sich geradezu an der verletzten Schamhaftigkeit der Frauen: »Vor der Baracke stand ein weiblicher Häftling, der in der Sauna arbeitete, und tauchte ein Tuch in einen Kessel mit einer Desinfektionslösung ein. Wir traten in einer Reihe hintereinander an. Jede von uns wurde unter den Achselhöhlen und zwischen den Beinen eingerieben, was bei den in der Nähe versammelten SS-Männern ein wahres Freudengelächter auslöste. Sie standen in Gruppen herum, und man sah, daß sie von unseren ungelenken und beschämten Bewegungen begeistert waren. Wollte eine Frau der Desinfektion entwischen, fingen sie sie ein und zerrten sie unter ordinären Beschimpfungen mit Gewalt dorthin. Die größte Begeisterung lösten bei ihnen die älteren Fauen aus, für die diese Nacktveranstaltung im Freien ein großer Schock war.«[24]

Unter den überlebenden Frauen, die ihre Erlebnisse im KZ niedergeschrieben haben, gib es so gut wie keine, die zu erwähnen vergißt, wie erniedrigend sie das »wollüstige« Glotzen der Wachmannschaften empfunden hat und wie sie darauf drangen, wenigstens ihre Unterhemden anbehalten zu dürfen, worauf die Wachen meist auf sie einschlugen.[25] Allerdings berichten auch einige der Frauen, daß mit der Zeit ihr Schamgefühl abstumpfte, und es ihnen kaum mehr etwas ausmachte, von den Männern betrachtet zu werden.[26]

Bereits während des Krieges wurden die weiblichen Insassen der Konzentrationslager auf amerikanischen Propagandaplakaten, die wie Reklamen für Hollywoodfilme aufgemacht waren, als sexuelle Beute der Nazi-Offiziere dargestellt

154 Amerikanisches Propagandaplakat, Zweiter Weltkrieg.

(Abb. 154), und in der Tat waren die Häftlinge ständig sexuellen Nötigungen und Vergewaltigungsversuchen ausgesetzt. Freilich waren die Täter nur in den allerwenigsten Fällen Angehörige der SS, da diese normalerweise allein schon aus Angst vor den harten Strafen, die auf jeder Art von »Rassenschande« standen, vor sexuellen Übergriffen im engeren Sinne zurückschreckten. So wurde beispielsweise SS-Untersturmführer Max Täubner, der Jüdinnen nackt photographiert hatte und von einem SS-Mann dabei ertappt worden war, wie er einer Frau mit einem Stock »zwischen den Beinen« herumstocherte, im Mai 1943 vom ›Obersten SS- und Polizeigericht‹ zu drei Jahren und wegen weiterer Delikte zu insgesamt zehn Jahren Zuchthaus verurteilt, aus der SS ausgestoßen und für »wehrunwürdig« erklärt. In der Urteilsbegründung hieß es, die »geschmacklosen und schamlosen Bilder« entblößter jüdischer Frauen seien »Ausdruck eines minderwertigen Charakters«.[27]

Trotzdem kamen sexuelle Demütigungen häufig vor, wie z. B. im KZ Stutthof, wo auf ›Stripteaseveranstaltungen‹ über Tod und Leben entschieden wurde: »In der Krankenbaracke veranstalteten die Nazi-Offiziere eine kleine, private ›Selektion‹ zu ihrer Belustigung. Sie zwangen die kranken Frauen, sich zu entkleiden und wie Modelle auf einer Modenschau vor ihnen auf und ab zu paradieren. Sie begutachteten sie eingehend, tauschten obszöne Witzeleien aus und entschieden, welche der Frauen fürs Arbeiten und welche für sexuellen Mißbrauch geeigneter waren. Sie weideten sich an der Scham ihrer Opfer, und wenn eines für ihren Geschmack zu mager oder zu schwach war, sprachen sie mit Behagen die gefürchteten Worte aus: ›Ab ins Krematorium!‹« Bezeichnenderweise waren es jedoch nicht diese Offiziere oder andere SS-Männer, die die kranken Frauen, die nicht umgebracht wurden, anschließend mißbrauchten, sondern Kapos, die immer wieder in den Krankenbaracken auftauchten und einzelne Frauen vor den Augen aller anderen koitierten.[28] Nach anderen Berichten steckten die Kapos auch den Frauen, die den frisch eingetroffe-

nen Jüdinnen das Haar schoren, Nahrungmittel zu, damit sie die nackten Neuankömmlinge im Bad betrachten durften,[29] und eine damals Zweiundzwanzigjährige berichtet über ihre Anfangszeit in Auschwitz: »Am nächsten Morgen nach dem Appell versteckte mich die Blockälteste gleich, denn die Kapos schnappten sich, was sie erwischen konnten.«[30]
Freilich waren nicht nur Jüdinnen, sondern auch andere Lagerinsassinnen den gemeinsten Entwürdigungen ausgesetzt. So berichtet z. B. eine deutsche Kommunistin, wie sie im KZ Ravensbrück auf den Bock geschickt wurde: »Meine Füße wurden in einer Holzzwinge festgemacht, und die Grünwinklige (= Berufsverbrecherin) schnallte mich über. Mein Rock wurde mir über den Kopf gezogen, so daß das Gesäß frei war – die Hosen hatten wir schon« vor den SS-Männern »auf dem Bock ausziehen müssen«.[31] Nach Verabreichung der Prügelstrafe zwangen die Schergen die Frauen, sich in einer Reihe aufzustellen, die Röcke hochzuziehen und sich vornüberzubeugen, so daß die Männer sich alles ganz genau anschauen konnten. Sie »lachten und machten dreckige Bemerkungen. Nach der Tortur auf dem Bock nun noch diese Demütigung!«[32]
Und wie schon während der Französischen Revolution wurden mit besonderer Vorliebe inhaftierte Nonnen entwürdigt, was auch die bereits erwähnte Kommunistin für Ravensbrück bestätigt: »Die SS machte sich einen Spaß daraus, den eingeschüchterten Nonnen beim Baden und Einkleiden zuzusehen, und der Lagerarzt machte besonders zynische Bemerkungen, wenn er sie nackt vor sich defilieren ließ.«[33]
Noch schlimmer wurden meist »Untermenschen« wie z. B. Polinnen behandelt, und ein Zeuge schildert, wie man im Jahre 1944 im KZ Neuengamme mit drei jungen polnischen Krankenschwestern und einem weiteren weiblichen Häftling verfuhr: »Die vier Betroffenen wurden in das Badehaus gebracht, und kurze Zeit später erschien eine ganze Anzahl SS-Leute, darunter auch (Oberscharführer) Klemmt. Dann mußten die jungen Frauen sich völlig entkleiden, und der La-

gerfriseur erhielt den Auftrag, alle Haare am Körper zu rasieren. Die SS-Leute sahen diesem Schauspiel belustigt zu, und Klemmt erklärte den Anwesenden: ›Die Weiber müssen gut rasiert werden, damit keine Mäuse ins Lager kommen‹. Trotz dieser Prozedur wurden die vier Mädchen einige Tage später im Bunker gegenüber dem Badehaus wiederum im Beisein einer Anzahl SS-Leute völlig nackt erhängt, nachdem sie vorher noch schikaniert und unmenschlich gequält wurden.«[34]
Auch bei den nach Deutschland gebrachten Fremdarbeiterinnen nahm man während der Entlausungen und der ärztlichen Untersuchungen in den Durchgangslagern – wo ihnen zudem das Kopfhaar kurz geschnitten sowie das Achsel- und Schamhaar abrasiert wurde – auf das Schamgefühl keinerlei Rücksicht, um es euphemistisch auszudrücken.[35] Eine Russin klagte später: »In Litzmannstadt wurden wir entlaust und um unsere Wäsche wieder zu bekommen, mußten wir nackt antreten und an einer Horde von deutschen Soldaten vorbei gehen. Es war sehr entwürdigend. Wir Mädchen waren doch erst 16 Jahre alt!«[36]
An solchen Behandlungsweisen nahmen allerdings auch manche Nazis Anstoß. So beschwerte sich z.B. im Herbst 1942 der Leiter des Facharbeitersammellagers Charkow über Zustände, die »der Würde und dem Ansehen des Großdeutschen Reiches« schadeten: »Von Entlausungsanstalten wurden insofern Mißstände bekannt, als dort teils männliche Bedienung oder andere Männer sich unter den Frauen und Mädchen im Duschraum betätigten oder herumtrieben – sogar mit Einseifung Dienst taten! – und in den Frauenduschräumen fotografierten. Da es sich bei der ukr. Landbevölkerung, die in den letzten Monaten hauptsächlich abtransportiert wurde, was den weibl. Bevölkerungsteil betrifft, um sittlich sehr gesunde und an strenge Zucht gewöhnte Frauen handelt, muß eine solche Behandlung als Volksentehrung empfunden werden.«[37]

§ 22
Die sexuelle Belästigung von Frauen im Mittelalter und in der frühen Neuzeit

Der herrschenden Zivilisationstheorie zufolge war es am Ende des Mittelalters gang und gäbe, daß ein Mann eine Frau »bei der Begrüßung, beim Gespräch und beim Tanz« an Stellen des Körpers berührt hat, die heute zum Intimbereich gehörten, z. B. an den Brüsten,[1] ja, selbst der Griff des Mannes zwischen die Beine einer Frau, und zwar in aller Öffentlichkeit, sei nicht als »obszön oder pikant« empfunden worden, da »die Problematisierung des Sexuellen« »aus der zweiten Hälfte des 18. Jahrhunderts« stamme.[2] Erst ab dem 16. Jahrhundert, so heißt es an einer anderen Stelle, seien die Genitalien allmählich »tabuisiert« – und damit »erotisiert« – worden und durften fortan nicht mehr auf so selbstverständliche Weise angefaßt werden wie, sagen wir, ein Finger. »Später« habe sich dieses »Tabu auch gegen nichtkoitale und nichtgenitale Formen« des Berührens »wie das der weiblichen Brust« gerichtet, während die in den letzten Jahrzehnten zu beobachtende Enterotisierung der Brüste »ohne Zweifel weiter in Richtung auf die Zustände im 16. Jahrhundert hin verlaufen« würde.[3]

Etwas weniger grobschlächtig argumentiert der Meister selber, doch daß auch er sich diesbezüglich die »Zustände« im 13. oder 14. Jahrhundert ähnlich vorstellt, wird z. B. dort offenkundig, wo Elias eine Manierenregel aus dem 15. Jahrhundert kommentiert, in der es heißt, der Mann solle die Frau, mit welcher er »heimlich« rede, nicht »mit den armen begrîfen«: Im Vergleich zur Zeit davor bedeute »dieses Maß von Rücksicht auf Frauen« einen Schritt im Zivilisationsprozeß, der für den Mann »ein beträchtliches Maß von Anstrengung erfordert« habe.[4] Allem Anschein nach setzt also auch Elias voraus, daß in früheren Zeiten ein Mann eine Frau ohne weiteres »begrîfen« konnte.

Auch zahlreiche Kultur- und Kunsthistoriker, von denen man annehmen könnte, daß sie es besser wüßten, haben ein ähnliches Bild des Umganges der mittelalterlichen Männer mit den Frauen gezeichnet. So heißt es beispielsweise, auf dem um 1460 entstandenen Kupferstich des Bandrollenmeisters könne man unter anderem »die Berührung der Braut durch den Bräutigam« sehen (Abb. 155), die im Mittelalter

155 Jungbrunnen. Detail eines Kupferstichs des Bandrollenmeisters, um 1460.

»Anagriff« genannt und erst später durch das »Hrotharit« als »unzüchtig« verboten worden sei. Danach habe man fortan dem zukünftigen Ehemann bis auf den Griff zwischen die Beine der Braut »sonst alle Freiheiten« gestattet.[5]

Diese Behauptung, die man in der Literatur immer wieder antrifft,[6] ist allerdings ohne jede Grundlage. Zum einen gibt der Stich des Bandrollenmeisters eine – im späten Mittelalter sehr beliebte[7] – Jungbrunnenszene wieder,[8] in welcher der verjüngte Mann mit dem Federhut demonstriert, zu welchen Griffen er mit Hilfe des Brunnenwassers wieder fähig ist. Zum anderen steht der Kupferstich in keinerlei Beziehung zu der Bestimmung im Gesetzbuch Rotharis, einem der bedeutendsten germanischen Volksrechtsedikte aus dem 7. Jahrhundert und der ältesten geschriebenen Rechtsquelle der Langobarden, in der es heißt: »Zieht ein freies Mädchen oder eine Witwe, ohne den Willen der Verwandten, zu einem Mann, wennschon zu einem Freien: da zahlt der Mann, der sie zur Frau genommen hat, je 20 Schillinge für die Antastung (*anagrip*) und 20 Schillinge um die Fehde.«[9]

Von einem Betasten der brautlichen Genitalien, das dem Bräutigam verboten worden sei, ist also in dieser Bestimmung überhaupt nicht die Rede,[10] vielmehr von dem Entgelt, das ein Mann für die nicht näher spezifizierte ›Berührung‹ einer Jungfrau oder einer Witwe zu zahlen hatte, nämlich 20 *solidi* – im übrigen eine stattliche Summe, die auch derjenige entrichten mußte, der eine freigelassene Frau gegen ihren Willen »nahm«, d.h. vergewaltigte.[11] Im *Lex Baiuvariorum* heißt es, daß ein Mann mit 6 Schillingen büßen müsse, wenn er bei einer Frau – gleichgültig ob verheiratet oder unverheiratet – das tue, was die Bayern *horcrift* nennen. Höchstwahrscheinlich handelte es sich bei diesem »Griff« nicht um eine Berührung der Vulva, sondern um die eines in diesem Zusammenhange ›minderen‹ Körperteiles, etwa der Brüste, denn es heißt weiter, daß ein Mann im Falle einer »Kleidzerrung«, also dann, wenn er einer Frau das Kleid über die Knie aufhob, 12 Schillinge entrichten müsse.[12]

Wer nach dem im 9. Jahrhundert erlassenen Gesetz des angelsächsischen Königs Ælfred einer gemeinfreien Jungfrau an die Brust faßte – »Gyf man on ceorliscne fæmnan brēost gefō« –, machte sich der versuchten Vergewaltigung (*niedhǣmed*) schuldig und hatte 5 Schillinge zu berappen (»mid fif scill' gebēte«). Doppelt so viel wie bei einer Laiin zahlte jedoch der Sittenstrolch, der aus Geilheit einer Nonne die Brüste betastete oder ihr auch nur ans Kleid faßte (»gyf hwā nunnan mid hæmedðinge oððe hire hrægl oððe on hire breōst buton hire leāfe gefō, sīe hit twybēte, swā we ǣr be I ǣwdum men fundon«).[13] Ebenfalls 10 Schillinge zahlte, wer eine gemeinfreie Jungfrau niederstieß, ohne in sie einzudringen (»gyf he hīe oferweorpe and mid ne gehǣme, mid X scill' gebēte«), 30 Schillinge, wenn es sich um eine verheiratete Frau handelte, und 60 Schillinge, wer eine Jungfrau deflorierte. War sie indessen *æðelborenran*, so kam ihn jede dieser Taten ungleich teurer zu stehen.[14]

Das altirische Gesetz des Adamnaín aus dem 7. Jahrhundert bestimmt die folgenden Bußzahlungen: »Im Falle der Vergewaltigung einer Jungfrau sieben halbe Cumale (*secht ccumal*) dafür. Wenn eine Hand auf oder in ihren Gürtel gelegt wird: zehn Unzen (*deich n-unga*) dafür. Wenn eine Hand unter ihr Kleid gelegt wird, um sie zu entehren: drei Unzen und sieben Cumale (*trī vinge for secht cumala*) dafür. Wenn es das Zerreißen ihres Kleides ist, sieben Unzen und ein Cumal (*secht n-unga for cumhail*) dafür.«[15]

Ungleich schärfer waren die Bestimmungen der *Grágás* (»Graugans«), des geschriebenen Rechts Altislands, nach dem ein Mann, der mit lüsterner Absicht eine Frau zu Boden stieß oder zu ihr ins Bett stieg, dem »Waldgang« (*skóggangr*), d. h. der lebenslangen Acht, verfiel. Trat er lediglich an ihr Bett oder fragte er sie, ob sie mit ihm schlafen wolle, oder »setzt sich einer Frauenputz auf, ein Weib zu trügen«, so stand auf diese Vergehen nur »Lebensringzaun« (*fjǫrbaugsgarðr*), d. h. die sogenannte »milde Acht«, die für gewöhnlich auf eine dreijährige Landesverweisung hinauslief.[16]

Bei den Bajuwaren galt bereits das Berühren des Fingers einer Frau oder Jungfrau (*hôrgrift*) als unzüchtiger Akt,[17] und nach der *Lex Salica*, dem Recht des fränkischen Stammes der Salier aus dem 8. Jahrhundert, kostete es einen freien Mann, der den Finger oder die Hand einer freien Frau berührt hatte – gerichtlich »Drücken« genannt – 15 Schillinge, wobei man bedenken muß, daß man für einen Pfennig 24 Pfund Brot, für einen Schilling eine gehörnte, stehende und gesunde Kuh und für 12 Schillinge ein Pferd oder eine komplette Brünne erwerben konnte. Je höher am Arm die unzüchtige Hand des Täters ›wanderte‹, um so tiefer mußte dieser in sein

Säckel greifen. »Drückte« er den Unterarm, mußte er schon 30 Schillinge zahlen, beim Ellenbogen 35 Schillinge und bei den Brüsten stattliche 45 Schillinge.[18] Wie scharf diese Strafe war, läßt sich daran ermessen, daß ein Mann, der einer anderen Person die Nase oder ein Ohr abschlug, lediglich 600 Pfennige oder 15 Schillinge, also ein Drittel der Summe aufbringen mußte.[19]

Nach dem alten friesischen Recht war auch das Streicheln der Wange einer Frau eine abzustrafende unzüchtige Handlung. In späterer Zeit wurde das Wort *maxillam* durch *mamillam* ersetzt, wobei unklar ist, ob es sich um eine Verwechslung des Schreibers handelt[20] oder um ein Indiz dafür, daß das Strafrecht der Friesen liberaler geworden war, so daß man später für das Betasten der Brüste so büßen mußte wie einst für das Streichen über die Wange. Wie dem auch sei, das unzüchtige Anfassen einer Frau blieb nach gewissen Kriterien gestaffelt. Nach dem Emsiger Recht des 14. Jahrhunderts mußte ein Mann, der eine Frau durch die Kleider hindurch berührte, drei Schillinge aufbringen. Faßte er sie unter die Kleider (*binna clathem*) auf die nackte Haut, so waren es schon neun Schillinge. War die Frau aber schwanger oder menstruierte sie gerade, empfand man die Schändlichkeit der Tat als ungeheuer und knöpfte dem Frevler eine Mark ab – für die meisten ein Vermögen und genausoviel wie die Summe, die derjenige bezahlen mußte, der einem anderen den Schädel eingeschlagen hatte. Empfindlich war auch die Strafe für denjenigen, der eine Frau so stieß oder schubste, daß sie unterhalb des Gürtels entblößt wurde (»thet hiu binitha gerdel blike«), nämlich 15 Schillinge.[21]

Auch das Küssen einer Frau wurde als eine Art unzüchtiger Berührung klassifiziert und hatte für den Täter häufig ernste Konsequenzen. So bestimmte beispielsweise die größtenteils aus dem 12. Jahrhundert stammende, aber in etwa mit den Rechtsauffassungen der Sagas übereinstimmende *Grágás*, daß ein Mann, der eine willige Frau, die nicht die seine war, küßte, und zwar vermutlich auf den Mund, drei Mark Strafe

zahlen mußte. Küßte er jedoch eine Frau gegen ihren Willen, so wurde er für vogelfrei erklärt, d. h., ein jeder durfte ihn ungestraft töten.²² Später wurde derjenige, der einer Frau einen Kuß raubte, zwar nicht mehr so drakonisch abgeurteilt, doch wurde die Tat meist immer noch dem unzüchtigen Betasten einer Frau, etwa an ihren Brüsten, gleichgesetzt, z. B. im alten Stadtrecht von Wisby und anderswo.²³
Wer schließlich im hochmittelalterlichen Kastilien einer Frau die Schenkel oder irgendeinen anderen Teil des Körpers entblößte, wer ihr an die Brüste, den Hintern oder gar an die Genitalien griff, kam am besten weg, wenn es sich um eine Jungfrau handelte, schon schlechter im Falle einer alleinstehenden Frau, noch schlechter bei einer Witwe und am allerschlechtesten, wenn die Betreffende verheiratet war. In einem solchen Falle verletzte der Täter nicht nur die Ehre der Frau, sondern auch die des Mannes und seiner Verwandtschaft, weshalb z. B. in Sepúlvedra zusätzlich zur Verhängung einer hohen Geldstrafe nach der *lex talionis* verfahren wurde, und zwar nach der Devise »Brüste um Brüste, Möse um Möse«. Die männlichen Verwandten des Opfers überfielen nämlich die Frau des Täters, eine Schwester oder eine nahe Verwandte, und griffen ihr – je nach der Tat – an die Brüste oder unter den Rock. Allerdings wahrten die Männer im allgemeinen die Anonymität der unschuldigen Frau, damit kein Makel auf sie fiel.²⁴
Welchen Anstoß es erregte, wenn ein Mann auch nur eine Jungfrau unsittlich berührte, mußte im Jahre 1466 das Gefolge des böhmischen Freiherrn Lew von Rožmital erfahren, das in einer Herberge der kastilianischen Stadt Olmedo von einer aufgebrachten Menschenmenge attackiert wurde, so daß die Böhmen sich mit ihren Armbrüsten zur Wehr setzen mußten, bis sie von einigen Edelleuten, die der König ihnen zu Hilfe geschickt hatte, entlastet wurden. Der Anlaß: Einer der böhmischen Ritter hatte einem jungen Mädchen an die Brust gefaßt und einen Spanier, der sich darüber entrüstete, aus der Wirtsstube geworfen.²⁵

156 Parzival faßt der schlafenden Jeschute an die Brust.
Illustration zu einer Handschrift, 1467.

Zwar wurde das unzüchtige ›Begreifen‹ einer Frau immer wieder als »unhöfisches« Benehmen charakterisiert, das den ›unzivilisierten‹ Bauerntölpeln eigen sei – so überfällt z. B. auf einer Handschrift-Illustration (Abb. 156) der auf einem Esel reitende und Narrenkleidung tragende, also »tumpe« Parzival die unter einem Zelt schlafende Jeschute und greift ihr an die Brust, womit er demonstriert, daß ihm der ›ritterliche‹ Verhaltenskodex fremd ist.[26] Doch spricht nichts dafür, daß sich die Männer in dieser Gesellschaftsschicht wesentlich anders verhalten hätten als die angeblich so triebhaften und schamlosen *gebûren*. Immerhin warnt im 13. Jahrhundert Robers de Blois in seinem *Chastoiement des Dames* die jungen, unerfahrenen Mädchen des Adels davor, daß es Lüstlinge gebe, die ihnen in den Ausschnitt fassen wollten, um »sentir ses mameles nues et taster sa char sus et jus«, und rät ihnen, über dem Busen eine Gewandnadel anzubringen, die der unverschämten Hand den Zugang zu den Brüsten erschwere: »Gardez qu'à nul home sa main / Ne lessiez metre en vostre sain, / Fors celui qui le droit i a; / Sachiez qui primes controuva / Afiche, que por ce le fist / Que nus hom sa main n'i méist, / En sain de fame où il n'a droit, / Qui espousée ne li soit.«[27]

Auch literarisch fand der Griff des Mannes an die Brüste und Genitalien der Frau ihren Niederschlag, wobei die Frauen mal als empörte Opfer, mal als Komplizinnen geschildert werden, die das Betastetwerden gerne dulden. »sus greif er mit der hende sîn / an die frouwen mit gelust / unde ruorte ir süezen brust, / diu sam ein apfel was gedrât«,[28] heißt es einmal, oder: »dâ nider ûf den grüenen clê / warf sie der knappe spæhe. / als ez dur schimpf geschæhe, / sus leite er ûf ir brüstelîn / die linden blanken hende sîn«.[29] Und Ulrich von Türheim läßt seine Isolt beschreiben, wie es die Männer gelüstet, ihr an eine ganz bestimmte Stelle zu fassen: »an mîme lîp ein dinc ich hân, / daz ist ein heinlichiu stat, / dâ hin gie nie mannes phat. / vil gerne man ez mohte phaden (= betreten), / obn enkelen (= Knöchel), ze berge den waden, / bî der huf (= Hüfte), ob dem Knie, / die man ez gerne grîffen ie, / sî iehent, ez sterke den gelust.«[30] Im *Ruodlieb* schließlich tut ein Ehemann, der bemerkt hat, daß ein gewisser »Rotschopf« auf seine Frau ›scharf‹ ist, so, als ob er aufs Klo (»secret«) ginge. In Wirklichkeit beobachtet er jedoch durch ein Loch in der Tür, wie der Lüstling mit der einen Hand an den Brüsten seiner Frau spielt und sich mit der anderen an ihren Schenkeln vortastet. Was er dort tut, kann der Ehemann freilich nicht erkennen, da die Frau ihr Pelzgewand über die entsprechende Stelle gebreitet hat (»Una manus mammas tractabat et altera gambas / Quod celabat ea super expandendo crusenna«).[31]

Vielleicht haben Stellen wie diese die Kulturhistoriker zu ihrer Behauptung verleitet, das Befühlen der erogenen Zonen einer Frau habe im Mittelalter eine völlig andere Bedeutung gehabt als heute und sei nicht als unanständig empfunden worden. Davon kann freilich keine Rede sein, ja, es gibt zahlreiche Hinweise darauf, daß in jener Zeit jeglicher Körperkontakt zwischen den Geschlechtern sehr viel verpönter war als heutzutage. So vermieden es sogar manche Damen – wie

z. B. Orgelûse de Lôgroys – einen Gegenstand zu berühren, den unmittelbar vor ihnen ein fremder Mann angefaßt hatte – eine Gewohnheit, die es noch bis vor kurzem in manchen Gegenden Ost- und Südostasiens gab: »dô nam mîn hêr Gâwân / den zügel von dem orse dan: / er sprach ›nu habt mirz, frouwe.‹ / ›bi tumpheit ich iuch schouwe,‹ / sprach si: ›wan dâ lac iwer hant, / der grif sol mir sîn unbekant.‹ / dô sprach der minne gernde man / ›frouwe, in greif nie vorn dran‹.«[32]

Gewiß gab es damals wie heute in allen Gesellschaftsschichten Männer, die bei günstiger Gelegenheit einer Frau an die Brust oder zwischen die Beine faßten, aber dies galt stets als ernsthafter Angriff auf die Ehre einer Frau und ihres Mannes oder ihrer Verwandten, und eine Frau, die solche Griffe zuließ, wurde als ein Flittchen angesehen. So traute man etwa den Beginen, die im späten Mittelalter weithin als lasterhaft angesehen wurden, zu, daß sie sich gerne abtasten ließen, und entsprechend klagt in einem Fastnachtspiel vom Jahre 1522 eine nicht mehr ganz junge Begine, daß keiner mehr hinfassen

157 Mann faßt Frau an die Brust.
Miniatur aus Gratians *Decreta*, Basel 1482.

möge »syd das min tutten anfiengen hangen / wie ein lerer sack an einer stangen«.³³ Berthold von Regensburg, der die Weiber allesamt für außerordentlich geil hält, hat sie im Verdacht, daß es ihnen gar nicht so unlieb ist, wenn man sie ›befummelt‹, und verdammt jene, »die sich mit den henden tasten lant, owe des! owe, daz ie touf an dich kom, wie griulich din marter wirt am grunde der helle!«³⁴ Und Geiler von Kaisersperg, der zwei Jahrhunderte später der gleichen Überzeugung ist, wettert in einer Predigt: »Die dritt Schell ist, ein Lust haben auff blosse haut szugreiffen, nemlich den Weibern oder Jungfrawē an die Bruestle zugreiffen. Dann es sein etliche darauff gantz geneigt, das sie meinē, sie koennen mit keiner redē, sie muessen jr an die Bruestle greiffen, dasz ist dann eine grosse geilheit.«³⁵

Natürlich darf man solche pauschalen Vorwürfe der Sittenprediger nicht allzu wörtlich nehmen, aber dennoch läßt sich an ihnen wohl ablesen, daß in den spätmittelalterlichen Stadtgesellschaften eine relative Lockerung der sexuellen Umgangsformen eingetreten war und daß auch sexuelle Belästigungen im allgemeinen nicht mehr ganz so streng geahndet wurden wie man es im frühen Mittelalter nach den germanischen Stammesrechten tat.³⁶ Nur so scheint es verständlich, daß manche junge Burschen es wagen konnten, auf der Gasse die jungen Mädchen mit einem »unzimblich vnd unehrlich angriff«³⁷ zu belästigen, worin z. B. der Autor des *Grobianus* eines der Indizien für den allgemeinen Sittenverfall in der frühneuzeitlichen Stadtgesellschaft sieht; wenn er die männliche Jugend ironisch auffordert, bedenkenlos ›zuzugreifen‹: »Dergleichen solt dich mercken lassen, / Wann dir ein Junckfraw auff der strassen / Begegnet, so mach dich zůthätig, / Mit greiffen, tasten, nur vnflätig. / (Dann jetzundt acht doch niemandt mehr / Auff erbarkeit, zucht, oder ehr).«³⁸

Wie jedoch zahlreiche Aburteilungen aus jener Zeit beweisen, wäre es verfehlt, anzunehmen, daß das unzüchtige Betasten einer Frau jetzt als *quantité négligeable* behandelt worden sei. Im Jahre 1520 beispielsweise wurde der Überlinger

Scharfrichter angewiesen, einem gewissen Bartholome Guntz auf Grund dieser Tat »sine hend vornen zuosamen (zu) binden«, desgleichen seine Beine, und ihn dann in den Bodensee zu stoßen, aber so, daß beim »schwemmen« der Kopf herausschaute, denn der Täter sollte nicht ertränkt werden.[39] Zehn Jahre zuvor wurde in Villingen der Vagabund Vitt Muoderer wegen versuchter Vergewaltigung abgestraft, weil er Frauen und Jungfrauen mit unziemlichen »gepärden« angefochten hatte,[40] während im Jahre 1517 ein immerhin vierundsiebzigjähriger Kellermeister der Weber, der in Augsburg »frauen und junge mädlin gehelst«, darunter eine Matrone von über 60 Jahren, mit Ruten aus der Stadt gepeitscht wurde.[41] 1553 wanderte in Sankt Gallen »der arm Hans von Wintzelenberg« wegen unsittlichen Betastens von »weibsbildern« in den Turm, und das gleiche widerfuhr etwas später einem Hans Giger, weil er im Spital »mit etlichen Maitlin unzüchtig sich benommen habe, mit Griffen und sonst«.[42] Anscheinend kamen besonders in den Spitälern sexuelle Belästigungen von Insassinnen und Dienstmägden vor, denn in einer Ergänzungsbestimmung zur Freiburger Siechenordnung vom Jahre 1507 wird den männlichen Insassen des Leprosenspitals ans Herz gelegt, sie sollten es lassen, gesunden wie auch aussätzigen »frowen oder tochten« an die Brüste oder sonstwohin zu greifen,[43] während sie im Straßburger Leprosenhaus angewiesen werden »die brüst« der dort arbeitenden Mägde in Ruhe zu lassen.[44]

Auch »Frotteure« gab es damals schon, also Männer, die ihr Opfer von hinten packten und es an sich preßten, wobei sie bis zur Ejakulation Beckenstöße ausführten. So heißt es etwa im Jahre 1592 über einen Nürnberger Juden: »Den 25 Aug. Hay Judt, so von Lichtenau herein geführt, wegen das er die Christen weiber hinterwertz überfallen, zu seinen Mutt willen gebrauchen, nöttigen wollen, und alle weil an ihnen gnolt, bis ihme aus frechheyt sein Natur entgangen, alhie mit Ruthen aus gestrichen.«[45]

Bisweilen kam es auch vor, daß Frauen ihren Geschlechtsge-

nossinnen an die Scham griffen, um die Betreffende zu schmähen. Normalerweise wurden solche Beleidigungen mit einer Geldbuße abgestraft wie in Gießen im Jahre 1568, wo es heißt: »1 fl Niclaus von Herborns Weib dergestallt, das sie Melchior von Dillenburgs Weib an iren Ehren angetascht.«[46] Schlimmer erging es 1587 einer Wirtstochter, die, wie der Nürnberger Scharfrichter Meister Frantz in seinem Tagebuch festhielt, diese Schmähung delegierte und »einem Schmidt darzu gereitzet«, ihrer Dienstmagd »daran zu greifen, und ihr allewegen ein war zeichen bringen müssen, etlich haar aus ihren Büschlein raufft und ihr geben, da dann die Magdt geschrien, hat sie ihr das Maul zugehalten, aber mit den Arsch auff das Maul gesessen, dero wegen aus gnaden allhie mit Ruthen ausgestrichen«.[47]
Als wie beschämend und entehrend zu Beginn der Neuzeit auch ein weniger brutales »Begreifen« empfunden wurde, geht aus einem Bericht Leonhard Thurneyssers zum Thurn hervor, in dem dieser die Laszivität und Hurenhaftigkeit seiner Frau veranschaulicht. Einst habe nämlich seine Gattin, mit der man ihn »beschissen« hatte, zu einer anderen, die sich empört zur Wehr setzte, als ein gewisser Stöcklein ihr zwischen die Beine griff, abwiegelnd gesagt: »Ob dir der Stöcklein gleich an die Futt gegriffen / so hat er dir dennocht noch kein Kindt gemacht / Wann ich allewege ein solchs geschrey / hette anfahen sollen / wann mir einer an die Futt gegriffen / so hett ich viel zu thun haben müssen / vnd angefangen zu weinen.« [...] Thurneysser, der alles von »oben im Stubenfenster angehört«, rief darauf zu seiner Frau hinunter: »Ich verbiete dir keins wegs / mit ehrlichen Personen dich zuersprachen / aber an Arß / vnd Futt / dich zubetasten / vnd die Tutten herauß ziehen zu lassen / wird dir von mir / nicht vergunt werden / darnach wisse dich zu richten.«[48]
Auch im darauffolgenden 17. Jahrhundert gingen zahllose Frauen vor Gericht, weil sie an »Arß, Futt vnd Tutten« gegriffen wurden, doch deutet alles darauf hin, daß dieses Vergehen – entgegen dem, was man nach der Eliasschen Zivilisa-

tionstheorie erwarten dürfte – im Verlaufe der Zeit kaum strenger geahndet worden ist. Wie freilich schon die Tatsache, daß die Frauen Anzeige erstatteten, beweist, bedeutet dies keineswegs, daß solche Griffe zu den normalen Umgangsformen – sei es in der Stadt oder auf dem Lande – gehörten, und so meint auch im Jahre 1615 ein Mann aus Compton Chamberlayne, gewisse schäkernde Gesten seien zwar bei den Dorfmädchen zulässig, aber keine anständige Jungfrau ließe sich jemals anfassen (»he never at any time knew any honest maidens to be groped, but other dallying gesture may be used to maidens without offence«).[49] Solche Mädchen oder Frauen, die einer fremden Hand an ihren Brüsten oder an ihrem Unterleib keinen Widerstand entgegensetzten, wurden bald als Flittchen und Dorfhuren angesehen und meist ebenso abgestraft wie ihr ›Gespiele‹. Im fränkischen Raitenbuch hatte z. B. ein Mann seiner Dienstmagd »in das herz oder brüst gegriffen, deswegen er heut pro 4 stund in stock abgebüeßet und das mensch«, das offenbar seine Hand an ihrem Herz geduldet hatte, sollte deswegen »in der geigen herumbgeführt werden«.[50] In Sankt Gallen verhaftete man im Jahre 1633 zwei Männer namens Mangus Zollikofer und David Schobinger, weil sie mit einer gewissen Gonzenbachin »allerlei Unzuchten und fleischliche Unreinigkeiten mit Küssen, unzüchtigen Angriffen und Betasten begangen«. Beide wurden zu einer saftigen Geldstrafe verdonnert, während die Frau aus der Stadt flüchtete und verfolgt wurde.[51] Zehn Jahre vorher war dagegen ein Richard Tench aus Bromham, der vor Gericht zugegeben hatte, die Frau von Robert Chaundler auf einem Tanz geküßt und an den Brüsten abgegriffen zu haben, wobei er betonte, dies sei ohne »evil intent«, also ohne Beischlafabsicht, geschehen, ebenso wie die Frau mit einer bloßen Verwarnung entlassen worden.[52]

Häufig faßten allerdings die Männer den Frauen unter den Rock und an die Brüste, um sie auf diese Weise zum Koitus aufzufordern. So z. B. Henry Hill aus Hale, der im Jahre 1676 vor Gericht gestand, auf der Holly Lane einer Catherine

158 Scheibe des Christoff Ludwig v. Schaumberg, 1630.

Wright an die »privities« gefaßt zu haben. Auf dieser Gasse »she stood as quietly to be done as his own wife«, und er hätte es ihr auch besorgt, »aber sein Schwanz wollte nicht stehen« (»and he would have been naughty but that his prick would not stand«).⁵³ Zwei Jahre davor gab auf der anderen Seite des Atlantik, in Neuengland, eine Elizabeth Knight zu Protokoll: »The last publique day of Thanksgiving in the evening as I was milking Richard Nevars came to me, and offered me abuse in putting his hand, under my coates, but I turning aside with much adoe, saved my self.«⁵⁴

In solchen Angriffen und Belästigungen übten sich mitunter schon Jungen, die sexuell noch gar nicht richtig flügge waren, aber auch sie entgingen normalerweise ihrer Bestrafung nicht. So wurden beispielsweise 1697 in Zürich vier Jungen wegen »unflätigen Betastungen« zu Hausarrest verurteilt. Außerdem strafte man sie gewissermaßen an ihrer künftigen Ehre, indem man ihnen verbot, nach Erlangung der Mannbarkeit ohne vorhergehende Gnade einen Degen zu tragen.⁵⁵

§ 23
Das ›Betatschen‹ und ›Begrapschen‹ von Frauen in späterer Zeit und heute

Auch in den folgenden Zeiten griffen die Männer den Frauen unvermindert an »sa partye«[1] oder »unter die Schürze«,[2] und es läßt sich keinerlei Anzeichen für einen Zivilisationsprozeß feststellen, der die Männer dazu gebracht hätte, sich sexuelle und andere Genüsse auf weniger schamlose und brutale Weise zu verschaffen als im Mittelalter oder in der frühen Neuzeit.

So hatten etwa 1781 im Fränkischen drei Knechte eine sechzehnjährige Dienstmagd auf einem Feld niedergeworfen, »solche entblößt, ihr den mund zugehalten, sich mit der größten empfindung auf sie gelegt, an denen geburts gliedern mir ihren unzüchtigen händen also beschädigt, daß sie das geblüth verloren, und die gantze nacht hindurch heftige schmerzen gefühlt«.[3] In einem Pariser Polizeibericht am Vorabend der Revolution heißt es: »10 juin 1785. Midi. Marie Jeanne Quelin, 54 ans, femme de P. Grignon, cordonnier, dépose qu'elle a été attaquée dans la rue, qu'ils levèrent ses jupes et lui firent des attouchements malhonnestes en lui portant les mains sur le ventre, les cuisses, et autres parties de son corps.«[4] Da nur wenige Frauen zur damaligen Zeit Unterhosen trugen, hatten die Männer leichtes Spiel, und zwar nicht nur unter Bauern und Großstadtproletariern, sondern auch in den feinsten höfischen Kreisen, in denen es anscheinend nicht selten vorkam, daß Damen ins Dekolleté oder unter die Röcke gefaßt wurden, wie z.B. im Jahre 1729 der Korrespondent der *Vossischen Zeitung* aus Paris vermeldet: »Als man neulich in hiesiger Haupt-Kirche den prächtigen Leichen-Dienst vor die verstorbene Königin von Sardinien gehalten, so hat sich ein grosses Aergernüß zugetragen, indem ein Musicant im Gedränge eine neben ihm befindliche Dame ungebührlich angerühret, und deshalb in Arrest genommen worden.«⁵ Keine Konsequenzen hatte dagegen allem Anschein nach die Art und Weise, wie sich im ausgehenden 17. Jahrhundert zu Hofe ein Rittmeister der Dragoner bei einer Dame revanchierte, die ihn öffentlich geohrfeigt hatte. Mit kaum verhohlener Schadenfreude schreibt Liselotte von der Pfalz in einem Brief: »Er nicht faul sagt: messieurs voila un action d'un homme et non pas d'une femme, il faut m'en esclaircir, springt drauff auf die fraw loß, hebt ihr alle röck über den kopff undt ruft: ›messieurs, reguardés bien; si c'est un homme, il faut nous couper la gorge ensemble, mais si c'est effectivement une dame, je luy feres la reverence et baisseres la main qui m'a frapé.‹ Alles rieff in der cammer: c'est une femme; darauff ließ er die röcke wieder fahlen.«⁶

Auch das angeblich so prüde 19. Jahrhundert, in dem sich die Sexualität sukzessive hinter die Kulissen des öffentlichen Lebens zurückgezogen haben soll, brachte bezüglich der sexuellen Belästigungen keine Änderung. Zahlreiche Quellen belegen etwa, daß im London jener Zeit den Passantinnen auf der Straße häufig vor aller Augen an die Brüste oder unter den Rock gefaßt wurde, und zwar ohne daß in der Mehrzahl der Fälle die Männer und Frauen, die Zeugen des Vorfalls wurden, eingegriffen hätten.⁷ Bekannt wurde in den fünfziger Jahren des vergangenen Jahrhunderts ein junger Mann, der auf dem Piccadilly zahllosen Frauen zwischen die Beine faßte, was die Londoner Tagespresse ganz offen und detailliert berichtete. Als er gefaßt wurde, verteidigte er sich damit, er sei schließlich Künstler und als solcher ein Mann mit häufigen Ausbrüchen von Leidenschaft.⁸

Wie wenig auch bei den Herren der gehobenen Stände die »Fremdzwänge« in »Eigenzwänge« verwandelt, d.h. in welch geringem Maße die Schicklichkeitsnormen »internalisiert« worden waren, zeigte sich spätestens dann, wenn diese Herren sich in einem anderen kulturellen Milieu bewegten, in dem sie Frauen gegenüber oft sehr schnell handgreiflich wurden. Hermann Fürst v. Pückler Muskau beschreibt beispielsweise, wie er in den vierziger Jahren des 19. Jahrhunderts in

Kairo einen Sklavenmarkt besuchte, wobei ihn ein französisches Konsulatsmitglied führte: »Ohne alle Umstände nahm er ein vierzehnjähriges Mädchen beim Arm und befühlte, ihr den Burnus abstreifend, in welchen sie sich gehüllt hatte, ihre jungen Brüste, wie man die Reife einer Frucht probiert. ›Fort bien‹, rief er, zu uns gewandt, ›c'est frais, cela a poussée comme une orange‹. Jetzt ergriff er unsanfter eine andere, aus zweiter Hand, und hob ihr, wenig auf ihr Sträuben achtend, den lang herabhängenden Überwurf auf, ließ ihn aber bald mit den Worten wieder fallen: ›Ce n'est rien, ça elle est faite.‹ Eine dritte, weit hübscher als die Vorhergehenden, aus Abessinien, wurde von der Schuhspitze bis zu ihren hundert Haarflechten untersucht, mußte dann noch die Zunge herausstrecken und die Zähne weisen, worauf ihr als Resultat der Visitation das Attest gegeben wurde: ›Voilà une jolie fille, bien portante, d'une belle chute de rein, mais la gorge est applatie en diable!‹«[9]

Besonders die Proletarierinnen, die gezwungen waren, in den Fabriken zu arbeiten, wurden häufig von ihren Vorgesetzten, aber auch von anderen Arbeitern als eine Art Freiwild angesehen und sexuellen Demütigungen unterworfen. So wurde z. B. in den englischen Baumwollmühlen der viktorianischen Zeit und des frühen 20. Jahrhunderts zahlreichen Frauen immer wieder an die Brüste und Geschlechtsteile gefaßt, und in Oldham bei Manchester heißt es im Jahre 1913, daß die Arbeiterinnen »gave the impression that they had been subjected to indignities but were too *ashamed* to admit it openly«.[10] Gleiches widerfuhr zu Beginn des Jahrhunderts den russischen Fabrikarbeiterinnen, die nicht nur verbal belästigt sowie betastet, sondern gelegentlich auch vergewaltigt wurden. Routinemäßig mußten sich die Frauen nach der Arbeit einer körperlichen ›Untersuchung‹ durch ihre Vorgesetzten unterziehen, die angeblich nachprüfen wollten, ob sie etwas gestohlen hatten. An den Frauenausgängen, wo die Kontrollen stattfanden, waren stets größere Mengen von Arbeitern versammelt, um das Spektakel zu beobachten und mit obszönen

Kommentaren zu begleiten. Dabei wurden die Frauen an allen Körperteilen abgetastet, und häufig wurden auch ihre Brüste entblößt, was viele dermaßen schockierte und demütigte, daß sie anschließend weinend nach Hause gingen. Aus Berichten von Arbeiterinnen geht auch hervor, daß sie wegen der extremen Hitze in den Fabriken meist in Unterwäsche arbeiten mußten, was sie als sehr entwürdigend empfanden.[11]
Auch in England war dies der Fall, und es mutet wie Ironie an, wenn im Jahre 1886 hundertsiebzig Arbeiter der ›Operative Cotton Spinners' Association‹ gegen die Beschäftigung dreier Frauen in einer Spinnerei bei Bolton mit dem Argument protestierten, diese seien gezwungen, in der feuchtheißen Mühle in Unterwäsche und in unanständigen Stellungen zu arbeiten.[12]
Eine delikate Situation, in der Männer den Frauen körperlich

159 Anprobe durch den Miedermacher. Kupferstich,
zweite Hälfte des 17. Jh.s

näher kamen, als es gewöhnlich der Fall war, was jene auch häufig ausnutzten, war herkömmlicherweise auch die, in welcher der Schneider einer Frau ein neues Kleidungsstück anprobierte. Schon Jeanne d'Arc mußte sich im Gefängnis eines frechen Schneiders erwehren, der ihr bei der Anprobe eines Frauenkleides »dulciter« an die Brust faßte, indem sie ihm eine Ohrfeige versetzte,[13] und auch in der Folgezeit befürchteten viele Damen bei solchen und ähnlichen Gelegenheiten unsittlich berührt zu werden. Die spanische Infantin Maria Teresia beispielsweise, die im Jahre 1660 Ludwig XIV. heiratete, war über die französische Sitte der Anprobe durch einen Schneider oder Miedermacher (Abb. 159) entsetzt und drängte ihren Gatten – allerdings vergeblich –, die barbarische Gewohnheit abzuschaffen. Zeitlebens verabscheute sie diese und bestand darauf, sich in solchen Augenblicken, aber auch bei Anwesenheit von Kammerdienern, hinter einen Wandschirm zurückzuziehen.[14]

Um das Jahr 1825 pries ein Münchner Miederfabrikant in drei Sprachen seine »Umstandskorsette« wie folgt an: »Auch sind

160 Illustration aus *La vie parisienne*, 1890.

die Damen der Nothwendigkeit überhoben, sich von fremder Hand am Körper Maass nehmen zu lassen, indem mittelst eines Zollbandes an einem schon getragenen Leibchen das nöthige Maass genommen werden kann.«[15] Und im Jahre 1890 schließlich teilt *La Vie Parisienne* über einen bekannten Brüsseler Prominentenschneider mit, daß er stets darauf achte, nicht die Brüste seiner Kundinnen mit der Hand zu berühren, und lobt seine »Discrétion admirable à l'égard de ses clientes; jamais une main profane ne les touche; c'est avec une baguette d'ivoire qu'il effleure le gorgerin de Mlle B., la belle cantatrice ou la fente du péplum de la grande tragédienne, pour indiquer à l'essayeuse les modifications à faire.«[16] (Abb. 160)
Was das Betasten und »Ausgreifen« von Frauen gegen deren Willen betrifft, so gibt es auch keine Anzeichen dafür, daß sich im späten 20. Jahrhundert die Männer ›zivilisierter‹ benähmen als in den Zeiten davor und daß sich in der Öffentlichkeit Szenen wie die von Hogarth dargestellte, in der ein Soldat einem Milchmädchen von hinten in den Ausschnitt an die Brust faßt und die sich erschrocken Umschauende auf den Mund küßt (Abb. 161), seltener abspielten. So berichtet beispielsweise eine Journalistin, die als Bedienung auf dem Münchner Oktoberfest gearbeitet hatte, sie sei beständig an die Brüste, das Gesäß und von hinten an die Genitalien gefaßt worden,[17] und auch zahllose andere Frauen bestätigen, auf offener Straße vor allem an den Brüsten »betatscht« worden zu sein,[18] aber auch am Hintern und zwischen den Beinen.[19] In den Hallenbädern der Großstädte sind solche sexuellen Belästigungen an der Tagesordnung, wobei vor allem junge Mädchen an sämtlichen Stellen des Körpers »befummelt« werden, und unter diesen besonders ausländische, etwa türkische Mädchen, die es kaum wagen, die Täter anzuzeigen, aber auch Jungen, denen pädophile Männer an die Genitalien fassen. In den Frankfurter und Hamburger Bädern haben solche Übergriffe dermaßen überhand genommen, daß inzwischen Streifen patrouillieren und Polizei-Fahnder in Badehosen eingesetzt werden.[20] Auf einem Ball in Erding bei

161 William Hogarth: ›The March to Finchley‹, 1750 (Detail).

München faßte der bayerische Kultusminister Zehetmair (CSU), »Vorsitzender des katholischen Männergesangvereins Tuntenhausen und leidenschaftlicher Verfechter des Schulgebets an Bayerns Schulen«,[21] zwei SPD-Landtagsabgeordneten an die Brüste, und Beobachter berichten aus Südostasien, daß westliche Touristen den Prostituierten oder Frauen, die sie für solche halten, hemmungslos in aller Öffentlichkeit zwischen die Beine greifen.[22]

Wenn früher Polizisten nicht selten protestierende Suffragetten absichtlich mit dem Kopf nach unten wegtrugen, so daß ihnen die Röcke über den Kopf fielen, oder sie beim Wegschleppen vorzugsweise zwischen den Beinen packten,[23] so wurden ein halbes Jahrhundert später linke Demonstrantin-

nen beim Abtransport häufig an den Brüsten gepackt und weggezerrt[24] oder von den Polizisten mit Knüppeln auf die Brüste geschlagen.[25] In den Räumen der Heidelberger Polizeidirektion wurden festgenommene Studentinnen »nach Waffen abgesucht«,[26] und immer häufiger scheint es vorzukommen, daß Frauen während der Vernehmungen an die intimen Stellen des Körpers gefaßt[27] oder daß jüngere mutmaßliche Diebinnen von Warenhausdetektiven »am ganzen Körper«, namentlich unter der Bluse und dem Slip nach gestohlenen Waren abgetastet und entblößt werden.[28]
Sagt also in diesem Zusammenhang ein Anhänger der Eliasschen Zivilisationstheorie, typisch für die frühneuzeitliche Affektlage im Gegensatz zu unserer heutigen seien die »explosions de sexualité«, und führt er als Beispiel für seine These den Fall einer Schankwirtin an, die 1567 in einem Luxemburger Dorf einem des Diebstahls verdächtigten Mann, der sich ausziehen wollte, um seine Unschuld zu beweisen, scherzhaft entgegnete, daß sie »n'a désir de veoir ung homme nu«,[29] so dürfte es kaum schwerfallen, auch für das 20. Jahrhundert eine ausreichende Anzahl solcher »explosions« aufzufinden.
Zwar wird von den ›Zivilisationstheoretikern‹ behauptet, die heutige »Zivilisierung von Verhalten und Triebregulierung« habe »den Frauen neue Freiräume« verschafft,[30] aber kaum einer dieser Theoretiker stellt sich die Frage, wie die – geradezu beschworene – »Zivilisierung« aussieht. Nach einer neueren Untersuchung gab jede dritte Frau an, allein am Arbeitsplatz sei sie mindestens einmal an den Hintern gefaßt worden; fast jeder vierten Frau wurde von einem Kollegen an die Brüste gegriffen, und vor 3 % der Befragten zogen Arbeitskollegen den Penis aus der Hose, um sie damit zu irgendeiner Form des Geschlechtsverkehrs aufzufordern.[31] Nach einer von der deutschen Frauenministerin in Auftrag gegebenen Untersuchung fühlten sich 72 % aller berufstätigen Frauen mindestens einmal an ihrem Arbeitsplatz sexuell belästigt, was die SPD-Abgeordnete Marliese Dobberthien, der

die angebliche Zivilisierung der zwischengeschlechtlichen Beziehungen entgangen war, zu der Bemerkung veranlaßte, die Männer bräuchten »endlich eine Beißhemmung«, und zwar in Form der Androhung einer saftigen Geldstrafe.[32] Nach einer amerikanischen Untersuchung wurden fast ein Drittel aller Studentinnen an US-Universitäten von Hochschullehrern taktil oder verbal sexuell ›angegangen‹,[33] und eine DGB-Studie konstatiert, daß im Jahre 1988 rund 200 000 Frauen ihre Stelle verloren, weil sie sich bei Sex-Attacken von seiten ihrer Vorgesetzten oder Kollegen nicht so verhielten, wie diese es erwarteten, oder weil sie von sich aus kündigten.[34]

»Betatschen, Busengrapschen, Zwischen-die-Beine-Greifen, In-den-Po-Kneifen usw.« erfüllen zwar nach § 185 StGB den Tatbestand der »tätlichen Beleidigung«,[35] und auch nach der ›Wisconsin bill # 450‹ ist die absichtliche Berührung der »intimate parts« des Körpers unter Strafe gestellt, wobei zu diesen »parts« Brüste, Gesäß, After und Genitalbereich einschließlich Damm und *mons veneris* zählen;[36] doch werden in der Praxis solche Betastungen häufig als Bagatellfälle behandelt, die den Tatbestand der »sexuellen Nötigung« nicht erfüllen. So lautet beispielsweise ein richterlicher Vermerk zu dem Fall, in dem ein Mann einer Frau auf einem Weg mehrfach an die Brüste und an die Genitalien gefaßt hatte: »Ein Verbrechen der sexuellen Nötigung liegt nicht vor. Der Tatbestand dieses Verbrechens erfordert einerseits einige Erheblichkeit der sexuellen Handlung, andererseits Gewalteinwirkung, von der bei überraschenden sexuellen Handlungen nicht gesprochen werden kann.«[37] Den Vogel schoß jedoch im Jahre 1986 das Oberlandesgericht Zweibrücken ab, als es einen Busfahrer freisprach, der einer Frau an die Brust gegriffen hatte, und zwar mit der Begründung, ein »kurzer Griff an die Brüste« sei »mangels Erheblichkeit« nicht als »sexuelle Handlung« einzustufen, weshalb der Tatbestand der Beleidigung oder gar der einer sexuellen Nötigung nicht erfüllt sei.[38]

Im November 1990 verurteilte schließlich das Zuger Strafgericht einen Gynäkologen zu zwölf Monaten Gefängnis mit Bewährung, weil dieser bei zahlreichen Patientinnen die Brüste und die Vulva »unzüchtig betastet und massiert« hatte, und zwar ohne Einwilligung der jeweiligen Frauen. Demgegenüber behauptete der Arzt, er habe die Patientinnen nicht aus sexueller Lust stimuliert, vielmehr habe er »ausschließlich im Rahmen einer medizinisch vertretbaren Therapie gehandelt«,[39] wohingegen die Frauen sich sexuell mißbraucht fühlten. Von einem Berufsverbot sah das Gericht ab. Laut Pressemeldungen führt der Zuger Frauenarzt »die Therapie seit der Strafuntersuchung noch immer zwei- bis dreimal pro Woche durch, allerdings bei strengerer Indikation und nur mit schriftlichem Einverständnis der Patientinnen«.[40]

§ 24
Der Griff des Mannes an die Brüste der Frau

Auch bei den sogenannten »Naturvölkern« und in anderen fremden Gesellschaften galt das Betasten der Brüste oder gar des Genitalbereiches als eine Entehrung der betreffenden Frau oder Jungfrau, und die Strafen, die dem Übeltäter blühten, entsprachen nicht selten ungefähr denen, die von den germanischen Stammesrechten des frühen Mittelalters verhängt worden sind, doch waren sie bisweilen erheblich schwerer.
Wenn ein Mann der Garo in Assam eine Jungfrau verführen wollte, faßte er sie häufig an die Brust, um sie sexuell zu stimulieren, damit sie seinen Wünschen nachgab. Ein solches Betasten galt als sehr beschämend und entehrend und wurde mit einer Zahlung von etwa fünf Rupien abgestraft. Als besonders strafwürdig empfand man es, wenn ein Mann einer Frau an die Brüste faßte, die lag oder sich in einer sonstigen Stellung befand, in der sie sich nicht wehren konnte: Ein solches ›Fummeln‹ hieß *sikdraa*.[1] Strenger noch ging es bei den Koch in den Garo-Bergen zu: Faßte dort ein Mann eine unverheiratete Frau an, und zwar gleichgültig an welchem Teil des Körpers und ob die Frau dem Griff zugestimmt hatte oder nicht, wurden er und manchmal sogar seine Eltern aus der Gemeinschaft vertrieben.[2] Wer auf der Insel Nias eine Frau an der Brust berührte, dem wurde die Hand abgeschlagen,[3] und die Sukawamayun in den Bergen Formosas erzählten, einst sei eine Frau von einem Angehörigen eines fremden Stammes scherzhaft an die Brust gefaßt worden, was als eine derartige Schamlosigkeit betrachtet wurde, daß die Verwandten der Frau den Betreffenden auf der Stelle totschlugen.[4]
Auf den burmesischen Dörfern wird das Berühren der Hand einer Frau – ganz zu schweigen von ihren Brüsten – als Ehebruch angesehen, aber auch das Anfassen eines jungen Mädchens wird streng geahndet, eine Gewohnheit, die sogar noch

in den modernen Großstädten beibehalten wurde: Als beispielsweise in Rangoon ein junger Mann in der Öffentlichkeit die Hand seiner Freundin streichelte, wurde er, obgleich er einen berühmten Rechtsanwalt engagiert hatte, zu einem Jahr Gefängnis verurteilt.[5]

Bei den Orang Belogili – d. h. Ata Kiwan (»Bergleute«) im äußersten Osten der Insel Flores – sagten mir Informanten, daß man früher einem jungen Mann, der eine Jungfrau an der Brust berührt hatte und der sich weigerte, sie entweder zu heiraten oder einen kleinen Elefantenzahn (*gading*) – der etwa von den Fingerspitzen bis zum Armgelenk reichte – als Buße zu entrichten, mit dem *parang* (Haumesser) den Kopf abschlug. Durch »die neue Religion« habe sich dies geändert, und heute werde der Lustmolch lediglich von den Brüdern des jungen Mädchens mit Holzknüppeln zusammengeschlagen, »daß er Blut pinkelt«.[6] Dagegen verargten die See-Dayak es einem jungen Mann nicht, wenn er einmal beim Herumalbern einer Jungfrau an die – frei getragenen – Brüste faßte. Tat er das jedoch bei einer verheirateten Frau, so war dies selbst dann, wenn er nicht wußte, daß sie verheiratet war, eine schwere Beleidigung, die eine Strafzahlung von 5 bis 8 *mungkul* nach sich zog.[7]

Die ebenfalls auf Borneo lebenden Berg-Dusun baten indessen jeden ›Busengrapscher‹, der sich an ein junges Mädchen gemacht hatte, zur Kasse. Nachdem beispielsweise ein Junge ein etwa fünfzehnjähriges Mädchen von hinten an die – bedeckt getragenen – Brüste gefaßt hatte, wurde er zur Entrichtung eines Schweines und zweier Hühner = 12 Dollar verurteilt. Ungleich teurer kam es freilich einen Mann zu stehen, wenn er eine verheiratete Frau ›betatschte‹, was wohl *auch* damit zusammenhing, daß Frauen im Gegensatz zu den Jungfrauen die Brüste frei trugen. Wenn ein Mann die Hand oder den Arm einer Frau auch nur streifte, zahlte er bereits ein oder zwei Hühner, im Falle der Brüste etwa 50 Dollar. Als ein betrunkener Mann einmal strauchelte und dabei unabsichtlich die Brust der Frau seines Gastgebers streifte, knöpfte man ihm einen Büffel = 40 Dollar ab.[8] Bei den näher an der Küste lebenden Dusun (Kadazan) in Sabah im nördlichen Borneo sind die Strafen wie folgt gestaffelt: Berührt ein Mann das Handgelenk eines jungen Mädchens, so zahlt er $ 0.50, im Falle des Oberarms $ 1.00, der Brüste $ 1.50, des Hinterns $ 2.50, der Oberschenkel $ 4.00. Das Hochheben des Sarongs erleichtert ihn um $ 2.50 und das Küssen – neuerdings – um $ 5.00. Betritt er jedoch in der Nacht das Haus eines Mädchens, um dieses zu betasten oder um sich auf sie zu legen, zahlt er $ 20 und aufwärts. Dabei richtet sich die Höhe der Strafgelder nach dem Intensitätsgrad der sexuellen Erregung, den die jeweiligen Berührungen auslösen oder auslösen können.[9]

Duldete eine Gilyakin eine fremde männliche Hand an ihren Brüsten oder Schenkeln, ohne sich ernsthaft zur Wehr zu setzen, dann galt dies als Zustimmung zum Beischlaf,[10] was im übrigen auch im ›traditionellen‹ Europa der Fall war: Ließ eine Frau es zu, daß ein Mann an ihren Brüsten spielte und ihr zwischen die Beine faßte, dann durfte der Betreffende auch weitergehen. So wurde noch im Jahre 1866 im Holsteinischen die Klage einer Dienstmagd, die einen Knecht wegen »versuchten gewalttätigen Überfalls« angezeigt hatte, abgewiesen, weil sie zuvor »auf seine Frage, ob er mal hinlangen dürfe, solches bewilliget«.[11]

Bei den Guajiro-Indianern wäre es noch heute ›undenkbar‹, daß ein Mann eine Frau an irgendeiner Stelle des Körpers berührte, und ein Klaps auf den Po etwa wäre eine ungeheure Beleidigung.[12] Die Berührung der nackten Hand einer fremden Frau, auch wenn sie unabsichtlich geschah, galt noch vor kurzem den Lesghiern im östlichen Kaukasus geradezu als Sexualverbrechen, und der Unglückliche, der auf diese Weise mit einer Frau in Kontakt kam, wurde mit ziemlicher Sicherheit vom Mann, einem Bruder oder einem Verehrer der Betreffenden umgebracht. Deshalb mußten die Männer insbesondere beim Tanz in einem überfüllten Raum peinlichst vermeiden, eine Frau auch nur zu streifen, obgleich sie den

Frauen bei den Tanzbewegungen bis auf wenige Zentimeter nahe kamen.¹³

Im strengen Sinn des Wortes ›unberührt‹ zu bleiben war in vielen ›traditionellen‹ Gesellschaften oberstes Gebot für jede Jungfrau, und noch im vergangenen Jahrhundert versuchten angeblich die bosniakischen Jünglinge, die unbedingt ein Mädchen freien wollten, das andere Pläne hatte, dieses wenigstens an der Hand zu zupfen oder einen Mantel auf sie zu werfen, damit sie ›berührt‹ war und nicht mehr umhin konnte, den kecken Gesellen zu ehelichen.¹⁴ Verwandt damit scheint die Vorstellung der Kirgisen und der nomadischen Tahtacī in der südlichen Türkei zu sein, nach der das von einem Jüngling verehrte Mädchen gar nicht mehr umhin kann, seinem Drängen nachzugeben, sobald er sie an ihren Brüsten hält. In türkischen Erzählungen aus dem 16. Jahrhundert kämpft ein Held mit seiner als Mann verkleideten Angebeteten. Als er sie schließlich packt und an ihren Brustwarzen festhält, ist der Zweikampf beendet und die beiden fallen sich in die Arme.¹⁵

Unter Plains-Indianern wie den Sioux oder den Cheyenne gab es eine – allerdings anrüchige – Sitte, nach welcher ein junger Mann unter seinesgleichen Prestige gewann, indem er eine Frau oder Jungfrau dadurch »entehrte«, daß er ihr unter den Rock an die Vulva faßte, was dem »counting coup«, dem Berühren des bewaffneten Feindes, gleichgesetzt wurde,¹⁶ denn auch ein solcher ›Grabscher‹ ging ein großes Risiko ein: Wie mir Cheyenne-Informanten sagten, kam es häufig vor, daß dem Betreffenden von den Frauen oder von Verwandten des Opfers der Bauch aufgeschlitzt wurde. Bei den Crow gab es junge unverheiratete Männer, die nachts um ein Tipi, in dem ein junges Mädchen schlief, herumlungerten und versuchten, an einer Stelle die Pflöcke herauszuziehen, »ut genitalia manibus tangere possent«. Erwischte man einen solchen Jungen, band man ihm Stöcke an die Arme und ließ ihn laufen. Der Brauch hieß *bierùsace*, aber nicht alle jungen Männer beteiligten sich an ihm, denn viele hielten ihn für reichlich unanständig, und bei der Neulebenshütten-Zeremonie (»Sonnentanz«) konnte – um nur ein Beispiel zu nennen – ein bestimmtes Amt nur mit einem anständigen Jungen besetzt werden, d. h. mit einem, der nie versucht hatte, einer Jungfrau zwischen die Beine zu greifen.[17]

Wenn überhaupt jemand einer Frau an die Brüste oder die Genitalien fassen durfte, so war das in den meisten Gesellschaften der Ehemann, und wenn ein Unverheirateter dies bei einer ledigen Frau tat, verpflichtete er sich häufig zur Eheschließung. Bei den Mandaya auf Mindanao galt es als schweres Vergehen, eine verheiratete Frau anzufassen. Nahm sich ein lediger Mann jedoch die Freiheit heraus, ein junges Mädchen an den Brüsten, der Ferse oder auch nur am Ellbogen zu berühren, so mußte er die Betreffende heiraten.[18]

Berührte ein verheirateter Aschanti die Brüste einer Frau[19] oder ihre Hüftschnur aus Perlen, so bedeutete dies einen doppelten Ehebruch, nämlich den der eigenen und den der anderen Ehe, weshalb er nicht nur eine saftige Bußzahlung an den Mann der Frau entrichten, sondern auch der eigenen Hauptfrau ein Entschädigungsgeschenk geben mußte. War die fremde Frau nur verlobt, hatte er bis zu £ 25 an den Bräutigam zu zahlen.[20] Auch bei den Efik galt der Griff an die Brüste einer Frau als Ehebruch,[21] und gestattete eine Akan-Frau einem Mann, an ihren Brüsten zu spielen, so war dies ein Scheidungsgrund.[22]

Im alten Griechenland wurde das Betasten der Brüste einer Frau meist als Prélude zu ihrer Vergewaltigung angesehen,[23] und dies ist auch die ikonographische Bedeutung des Brustgriffes in der antiken Kunst. So faßt z. B. auf einer im 7. Jahrhundert v. Chr. angefertigten Darstellung aus dem Heraion von Samos Zeus der Hera mit der rechten Hand an die Brust und mit der linken an den Nacken, während auf der Rückseite ein Kuckuck zu sehen ist, in dessen Gestalt bekanntlich Zeus die Göttin begattet hatte.[24] Zwar faßte auf den späteren erotischen Vasenbildern der Liebhaber seinem jungen Geliebten zärtlich an den Penis oder an die Hoden, doch findet man den

entsprechenden Griff an die Vulva einer Frau nur in den Bordellszenen der ausgesprochenen Pornographie. Normalerweise wird die heterosexuelle Kontaktaufnahme sehr viel dezenter dargestellt als die homosexuelle, indem nämlich der Mann gezeigt wird, wie er die Frau am Handgelenk zu sich her zieht[25] oder sie – als äußerstes – an die Brust faßt.
Ähnlich wie in vielen anderen Gesellschaften war dieser Griff an die weiblichen Brüste als sexuelle zugleich eine Herrschaftsgeste, und zwar nicht nur gegenüber der betreffenden Frau, sondern auch gegenüber deren männlichen Verwandten oder Ehemännern, die in solchen Fällen empfindlich zu reagieren pflegten. So berichtet etwa Herodot, daß die persischen Gesandten sich am makedonischen Hofe wider griechischen Brauch erbeten hatten, gemeinsam mit den Frauen zu speisen: »Die Frauen gehorchten, und gleich faßten die Perser, die viel Wein getrunken hatten, nach ihren Brüsten.« Darüber fühlten die Makedonier dermaßen ihre Ehre verletzt, daß König Amyntas sämtliche Perser von als Frauen verkleideten Jünglingen erstechen ließ.[26]

162 George Cruikshank: Der Tod greift in der Verkleidung der ›Radical Reform‹ der ›Freiheit‹ (Verfassung) an die Brust, 1819.

Der Griff des Mannes an die weibliche Brust bedeutet auch später entweder die Überrumpelung der Frau und ihre Unterwerfung unter den Willen des Angreifers (Abb. 162) oder aber die Herrschaft der Lust über die Frau, die zur Selbstbeherrschung nicht oder kaum fähig ist,[27] etwa auf der Darstellung an einem Kapitel von Vézelay aus dem 12. Jahrhundert: Der Teufel läßt seine Hand auf der Brust einer nackten Frau ruhen, womit er demonstriert, daß die Frauen die Sklavinnen ihrer eigenen Wollust sind.[28]

Auf Bildern der frühen Neuzeit ist auch der Mann wiedergegeben, der ein für allemal klarstellt, wer in Zukunft der Herr im Haus sein wird. So greift beispielsweise auf dem Gemälde von Pieter Pietersz aus dem 16. Jahrhundert ein Mann mit herrischem Blick seiner künftigen Frau, die mit gesenkten Augen Ergebenheit bekundet, an die Brust (Abb. 163), und

163 Pieter Pietersz: ›Paar in der Herberge‹, zweite Hälfte d. 16. Jh.s

ebenso ist wohl ein aus den zwanziger Jahren des 16. Jahrhunderts stammendes Gemälde eines unbekannten venezianischen Malers zu deuten, auf dem ein Mann einer jungen Frau die Linke um die Schultern gelegt hat, während er mit der Rechten in ihr Kleid faßt, wo er offenbar ihre nackte Brust hält. Für gewöhnlich wird die Szene als »scena amorosa« interpretiert,[29] doch der ebenso nüchterne wie stolze Blick des

Mannes, der den Betrachter fixiert, aber auch die Passivität der Frau, die unterwürfig die Augen geschlossen hat, machen es unwahrscheinlich, daß hier das sexuelle Vorspiel zwischen einer venezianischen Kurtisane und ihrem Kunden oder eines ineinander verliebten Paares zu sehen ist.[30]

Auf ähnliche Weise hat sich auch Lovis Corinth in seinem ›Selbstportrait mit Charlotte Berend und Champagnerglas‹ vom Jahre 1902 dargestellt. Bei der Frau, deren nackte Brust er so hält, daß die Brustwarze zu sehen ist (Abb. 164), handelt

164 Lovis Corinth: Selbstportrait mit Modell und Sektglas, 1902.

es sich um seine Schülerin und Geliebte, die er ein halbes Jahr später heiratete,[31] und als deren künftigen Gebieter der Maler sich hier wiedergegeben hat.

Die ikonographische Tradition, nach der ein Mann die Herrschaft über eine Frau dadurch bekundet, daß er seine Hand auf ihre Brust legt, ist Jahrtausende alt (Abb. 165), doch gibt es diese Geste nicht nur in der Kunst. In zahlreichen Gesellschaften zeigen die Männer auch in der Realität, daß sie nicht nur die weibliche Sexualität und Reproduktivität, sondern auch die Aggressivität und die Widerstandskraft der Frauen kontrollieren, indem sie den Körperteil, mit dem diese ›sich in die Brust werfen‹ und drohen können, ›fest im Griff‹ haben (Abb. 166 u. 167).

165 Memi-Sabu und seine Frau; Gizeh, ca. 2500 v. Chr.

In sämtlichen Kulturen der Vergangenheit und Gegenwart ist der männliche Griff an die weiblichen Genitalien und den After das Nonplusultra der Unterwerfungsgesten – »filles soumises« nannte man bezeichnenderweise im Paris

166 Englisches Zigeunerehepaar, 1983.

167 Photo von Lou Bernstein, 1941.

des vergangenen Jahrhunderts die öffentlichen Huren, die sich eine vaginale Untersuchung durch den Polizeiarzt gefallen ließen.[32]

Zwar gibt es herkömmlicherweise die Darstellung dieses Griffes als ›Zeichen‹ für Vergewaltigung, sexuelle Unzucht

168 Deutsches Werbephoto, 1983.

und zügellose Wollust, doch wäre sie als allgemeines Symbol der Herrschaft des Mannes über die Ehefrau oder die Geliebte zu obszön gewesen. Nach sukzessiver Herabsetzung der sexuellen Schicklichkeitsstandarde im 20. Jahrhundert ist es indessen nicht mehr ungewöhnlich, solche Dominanzgesten von Männern gegenüber Frauen allenthalben dargestellt zu sehen, etwa bei Werbephotos, auf denen ein Mann einer netzbestrumpften Frau durch die Beine hindurch an die Hinterbacken faßt (Abb. 168), oder einem Gemälde, auf dem der Künstler sein Modell mit geöffneten Beinen und sich selber zeigt, wie er ›den Daumen draufhält‹ (Abb. 169).

169 Peter Handel: ›Selbstportrait mit Akt‹. Ölgemälde, 1980.

§ 25
Der Griff der Frau an den Penis oder »Huy fotz, friss den Mann!«

Ist der männliche Griff an die Brüste und die weiblichen Genitalien das Signum der Herrschaft des Mannes über die Frau, so gilt umgekehrt das gleiche für den Griff der Frau an den Penis, der deswegen in vielen Gesellschaften nicht nur als Schamlosigkeit, sondern als Unbotmäßigkeit oder als Rebellion gegen die Dominanz des Mannes empfunden wird. So durfte bei den Kikuyu eine Frau während des Geschlechtsverkehrs unter keinen Umständen den Penis ihres Mannes mit der Hand berühren,[1] und auch für die Zulu-Frauen waren die Genitalien des Ehemannes tabu: Als einmal ein Mann seine Frau vergewaltigen wollte und diese ihn am Hodensack festhielt, damit er den Penis nicht einführen konnte, klagte er auf Scheidung.[2] »Kann eine Frau«, so sagen die Tugen, »sich der Schläge des Mannes nicht erwehren, dann versucht sie, seinen Penis zu fassen. Dann hört er sofort auf, sie zu schlagen, denn eine Frau darf den Penis eines Mannes nicht berühren. Sie muß, um ihn zu versöhnen, eine ihrer Ziegen schlachten.«[3]

Auch die Gusii-Frauen, die sich beim Koitus völlig passiv verhalten mußten, durften den Penis des Partners nie anfassen. Geschah dies aus Versehen doch einmal, so wurde die Betreffende von den Geistern bestraft und mußte ein Opfer abstatten, um diese wieder zu versöhnen.[4]

»Kein indianischer Mann«, sagte eine alte Pomo-Frau, »würde es einer Frau gestatten, ihre Hand zwischen seine Beine zu legen. Er will das nicht. Das ist schlecht, das ist gefährlich, sagen die Leute. Sie könnte ihn (d. h. den Penis) vernichten. Weiße Männer mögen es.«[5] Auch bei den Navaho war dies verpönt, aber manche Frauen liebten es, wenn ein Gast bei ihrer Familie übernachtete, sich zu dem Schlafenden zu schleichen, seinen Genitalbereich aufzudecken und ihm den Penis zu reiben, bis er steif wurde.[6]

Auf aggressive, aber symbolische Weise taten dies auch die Frauen der Cheyenne, also eines Stammes mit einer äußerst repressiven Sexualmoral. Nachdem sie gewisse ›phallische‹ Wurzeln ausgegraben hatten und mit diesen beladen ins Lager zurückkehrten, stimmten sie in Sichtweite der Männer ein Kriegsgeheul an. Daraufhin machten die Männer einen Scheinangriff auf die Frauen, und der Wagemutigste ergriff einige der Wurzeln und brachte sie in Sicherheit.[7]

In vielen Gesellschaften war der feste Griff an den Penis oder an die Hoden die letzte und häufig auch die wirksamste Waffe der Frau im Kampf mit dem Mann.[8] Wenn beispielsweise bei den Ingalik ein Mann eine Frau überfiel und sie zu vergewaltigen versuchte, schrie diese laut um Hilfe. Hörte eine andere Frau das Geschrei, so kam sie der Angegriffenen augenblicklich zu Hilfe, und für gewöhnlich gelang es den beiden dann auch, mit vereinten Kräften den Täter zu bezwingen. Sie warfen ihn rücklings auf die Erde, hielten ihn fest und entblößten seine Genitalien, um sie »zu befühlen«, was den Mann tief beschämte und entehrte.[9]

Noch etwas unsanfter scheint die Rottweiler Bürgerin ihren Ehemann, mit dem sie sich oft arg zerstritten hatte, angefaßt zu haben, von der es in der *Zimmerischen Chronik* heißt, »das sie zu ainer zeit mit gedachtem irem eheman sich also zertragen, das sie in der nacht im bet ufgewüscht, dem man die pfeifen erwüscht und im gar nahe die gar abbissen, das im die scherer, gleichwol nach langem und mit aller marter, darvon haben künden helfen. Aim solchen verkerten weib solt man die zen haben ussbrechen«.[10] Aus einem etwa zur selben Zeit angefertigten Gerichtsprotokoll aus Domfessel im Unterelsaß geht hervor, daß es dort zu einem »zulauff der weiber« gekommen war, nachdem ein Mann in einem Streit seinen Schwager verletzt hatte. Als auch der Pfarrer nicht schlichten konnte, nahm die Frau des Täters die Sache in die Hand, »die nimpt ihn beym sack, und würffet ihn in die stein und kot, biß dz hilffe von andern geschicht«.[11]

Wenn bei den Anyanja im Süden des Njassasees eine Frau mit

einem Mann kämpfte, versuchte sie, ihn am Penis oder am Hodensack zu greifen. Gelang ihr dies, zog sie diese Teile ruckartig nach unten, was den Gegner in den meisten Fällen außer Gefecht setzte.[12] Sollte allerdings eine Frau der Bahaya westlich des Victoriasees dies bei einem Streit mit ihrem Mann wagen und seinen Penis auch nur berühren, so wäre dies eine schwere Beleidigung – vergleichbar dem Wegreißen des Brusttuches der Mutter – und ein Scheidungsgrund.[13]

»Wenn zwei Männer hadern«, verlautet bereits das Alte Testament, »und des einen Weib läuft zu, daß sie ihren Mann errette von der Hand dessen, der ihn schlägt, und streckt ihre Hand aus und ergreift ihn bei seiner Scham, so sollst du ihr die Hand abhauen, und dein Auge soll sie nicht verschonen.«[14] (Abb. 170). Zwar wurde in der Folgezeit bei den Juden wie bei den Christen die Strafe nicht selten erheblich abgemildert – laut Talmud mußte die Betreffende lediglich ein Bußgeld zahlen,[15] doch hatte man in manchen Gegenden die mosaischen Bestimmungen keineswegs vergessen: Wenn im

170 »...vnd begreifet ienes mannes geschefte zu hant«.
Wenzelsbibel, 14. Jh.

11. Jahrhundert in Logroño am Ebro eine Frau einen Mann an den Genitalien packte oder zerrte, mußte sie soviel zahlen wie derjenige, der ihr eine Hand abschlug, oder sie wurde in aller Öffentlichkeit mit Ruten ausgestrichen.[16] Im Jahre 1642 meinte der Puritaner Charles Chauncy in Neuengland, daß einer Frau, die bei der Selbstverteidigung einen Mann an dieser seiner Schwachstelle packe, »her hand must be cut off for such impurity (and this is moral, as I conceive)«,[17] und noch in den fünfziger Jahren unseres Jahrhunderts war in Großbritannien die Höchststrafe für den absichtlichen Griff an die Genitalien eines Mannes fünfmal so hoch wie der zwischen die Beine einer Frau.[18]

Anscheinend war es auch beim Geschlechtsverkehr der anständigen Frauen Sache nicht, dem Ehemann so an die »Schellen« zu gehen wie umgekehrt der Mann seiner Frau an die »Fut«, und man überließ wohl meist »das klaine hantwerk spilen«, also das Herumspielen an Penis und Hoden, leichtfertigen Frauen und den öffentlichen Huren, wie eine Mär vom Frauenhausbesuch im Konstanzer Ziegelgraben es schildert.[19] Auch später werden nur Prostituierte dargestellt, wie sie dem Kunden an oder in den Latz greifen – so die Frauenwirtin, die, nachdem sie dem schwach gewordenen Kunden ein Potenzmittel gegeben hat, nachprüft, ob es wirkt, indes die Hure eingeschlafen ist[20] (Abb. 171). Bereits auf der Gasse griffen die öffentlichen Huren potentiellen Kunden in die Hosen und an die Genitalien und hielten sie daran fest, z. B. in London,[21] auf dem Strich in der rue des Estuves an der Stadtmauer von Montpellier[22] oder in Paris, wo es heißt: »Dans les rues, le sein découvert elles forcent les passants et jusqu'à de vieux prêtres à les palper«, was Mercier für ziemlich unverfroren hält, da ein jeder es beobachten könne.[23]

Der Besucher eines Bordells in Bornheim berichtet aus dem 18. Jahrhundert, wie es *in* dem Etablissement weiterging: »Das dritte Mädchen machte nun attaque auf mich. Sie sezte sich auf meinen Schoos, machte verschiedene Hand-manoeuvres, und ehe mich's versah, spürte ich so etwas artiges in

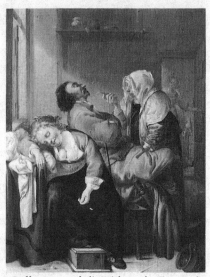

171 Puffmutter prüft die Wirkung des Potenzmittels.
Gemälde von Jacob Duck, 17. Jh.

mir, daß ich mich hin und her wandte. Sie merkte es, und gab mir verschiedene sanfte Drükke.«[24]
Doch nicht nur in eigentlichen Bordellen, auch in anrüchigen Schenken und Spelunken legten manche Frauen Hand an, was sie zumindest ihren Ruf kostete, sofern sie über einen verfügten. So sagte beispielsweise im Jahre 1663 ein Mann vor Gericht aus, er habe in einer Schenke in Macclesfield beobachtet, daß ein gewisser Samuel Elcocke seine Hand unter dem Rock einer Frau hatte, »holding her commodity«, während »she had her hand in Samuel's cod-piece, it being reputed in the area that Samuel was well given and scandalized him on that ground«.[25] Ob und wie die Engländerin abgeurteilt wurde, scheint nicht bekannt zu sein – im Gegensatz zum Fall der Ursul Grimmin, der Wirtin der Nürnberger Gaststätte zum Rotheherz, die im Jahre 1595 hart bestraft wurde, weil sie einer Reihe von Männern »zum Latz griffen, die Scham herausgezogen, und gesagt, sie sey ein Amme, könne greifen, welcher Mann ein Kind trage, der sols fluchs in ihr Maid

schieben, und sich aufdeckt und gesagt, Huy fotz, friss den Mann, desswegen an den Pranger gestellt, mit Ruthen ausgestrichen, bis zum Stock, Nachmals an beede Backen gebrannt, vom Stock folgents hinausgestrichen«.[26]
Hundert Jahre zuvor waren in Zürich Grethe v. Horgen und Grethe v. Lindoew zu einer recht hohen Stadtbuße von je einer halben Mark sowie zu einer Entschädigungszahlung von je einer Mark an Henman Dietrich wegen unbewaffneten Angriffs und Drückens der Hoden verurteilt worden, »Dz si in frefenlich uf nidern brugg an griffen und in sluogen und uf den herd (= auf die Erde) wurffen und im an sin gemecht griffen und in do trukten, dz im gar we beschach. Und taten im dz, dar ueber dz er in nuet getan hatt, dann dz er si tugendlich batt, dz si sin wip nit schalktin (= schmähten)«.[27]
Der sanfte Griff an den Penis war dagegen die weibliche Ouvertüre zum Beischlaf – so greift z. B. auf einer Zeichnung Jan Gossaerts unsere Urmutter mit der Linken nach dem Apfel und mit der Rechten nach dem Penis Adams, ihm dabei tief in die Augen schauend[28] –, und wenn eine Frau dies tat, so gab es für sie kein Zurück mehr. Deshalb versuchten nicht selten Männer, die wegen Vergewaltigung vor Gericht standen, dieses davon zu überzeugen, daß die Frau ihnen zuvor an den Latz gegangen war. Im Jahre 1527 gab etwa in Augsburg ein gewisser Franz Riem an, das vermeintliche Opfer habe ihn zunächst »gehalst, vnd nochmalln den nestel am laz wellen auffthun, als er solhs vermerckt, hette Er seines willens mit Ihr gehenndelt«.[29] Eine anständige Frau tat so etwas nicht, und so verlautete sechs Jahre später in der gleichen Stadt der Knecht Hans Hieber, er habe, nachdem er der Magd Margaret die Ehe versprochen, öfters bei ihr gelegen, da sie ihn »bei Ir an Irem bett wermen« ließ. Bei dieser Gelegenheit habe er sie abgetastet an ihren Brüsten und an »ihr Scham«, doch habe sie *ihm* kein einziges Mal »auf den Scham« gegriffen.[30]
Auch in den folgenden Jahrhunderten wurden immer wieder Frauen, die man als unzüchtig und sexuell initiativ diskreditieren wollte, bildlich beim Griff an den Penis dargestellt – so

172 Jean-Jacques Le Queu:
›Et nous aussi serons mères, car...‹. Stich, 1792.

etwa die Nonnen (Abb. 172) oder die »gekrönte Hure« Marie Antoinette in der antiklerikalen und antiroyalistischen Propaganda während der Französischen Revolution (Abb. 173) –, und 1893 schildert ein Autor unter dem Pseudonym Viscount Ladywood in seinem autobiographischen Roman *Gynecocracy* die Empfindungen, die er verspürte, als eine Frau

173 ›Le Payement du coeffeur ou Toute Peine merite salaire‹, um 1789.

mit seinen Geschlechtsorganen gleichsam ihn selber in die Hand nahm: »Sie steckte ihre Hand von rückwärts zwischen meine Beine und hielt das fest, dessen bloßen Besitzes ich mich vor ihr schämte. Sie zog daran, bis ich mir eingestehen mußte, daß ich mit Leib und Seele ihr Sklave sei. In diesen Augenblicken wurde mir zum ersten Male die verborgene Quelle klar, der die Macht des Weibes entspringt.«[31]

Im Gegensatz zum Griff des Mannes zwischen die Beine einer Frau haftet dem der Frau an den Penis des Mannes noch heute, wo längst schon Männer von Frauen auf diese Weise sexuell belästigt werden,[32] etwas Erheiterndes an, da das herkömmliche ›Herrschaftsorgan‹ des Mannes ›profaniert‹ wird. Etwa zur selben Zeit, als Viscount Ladywood »die Macht des Weibes« empfand, band sich ein Arbeiter, der seine Hose ausgezogen hatte, weil sie zerrissen war, eine Schürze um: »Da nun sprang die Rosa von ihrer Karre weg, zu dem mit der Schürze hin, und rief: ›Johann, es muß bald Mittag sein, ich möchte Mittag läuten!‹ Damit schob sie die vordere Schürze schnell auf die Seite und erfaßte ihn bei seinem Glied. ›Bim, baum, bim baum‹, rief sie immer dazu. Alles blieb stehen, denn niemand konnte vor Lachen weiterfahren.«[33]

Indessen gab es im Mittelalter *eine* Situation, in der in manchen Gegenden Süddeutschlands eine Frau gewissermaßen legalisiert war, einen Mann an seinem Gemächte zu packen. Im Stadt- und Landrechtsbuch des Ruprecht von Freising aus dem Jahre 1328 heißt es über die Frau, die vor Gericht einen Mann beschuldigt, sie vergewaltigt zu haben: »wirt ir aver ein kamph ertailt, sô sol man den nôtnufter ein di erd begraben untz an den nabel alsô, daz tzwischen sein und der erd ein wagensail umb gên mug, das er sich umb mug gereiben, und sol man im di tenken (= linke) hant hintter den rukk pinten. und sol im einen kamphcholben ein deu hant geben und sol einen rinch stræn um in mit strô ein der weit, daz er sei mit dem cholben erlangen mug. und sol man der frawen einen stain ein ir stauchen (= Kopftuch) geben, der ein pfunt hab des gewægs, daz ein markch tuo, und sol ir den stauchen niderhalb der hant untz in di hant bewinden, daz er rog (= lokker). und swen si den stauchen lazz hangen, sô sol der stain sweben dar inne ob der erd einer gesatzten hant hôch. man sol in paiden griezwærtel (= Schiedsrichter) geben nach champhes recht.«[34]

Hatte die Frau den mutmaßlichen Täter bezwungen, so nahm sie ihn mit dem rechten Arm in den Schwitzkasten, packte ihn mit der linken Hand »bei seinem Zeug« und zerrte ihn so aus seiner Grube. Die Szene ist auf einer Illustration zum Fechtbuch des Meisters Hans Thalhoffer vom Jahre 1467 zu sehen (Abb. 174), die nach der Textvorlage des Rechtsbuches Ruprechts von Freising angefertigt wurde, doch hat man bezweifelt, ob die gerichtlichen Zweikämpfe zwischen Frau und Mann wirklich so durchgeführt wurden.[35] Wie dem aber auch sein mag, ganz offensichtlich handelt es sich bei dem Griff um eine Erniedrigung des Vergewaltigers nach der *lex talionis*: Der Täter wird an der Stelle entehrt, die der entspricht, an welcher er seinem Opfer die Ehre genommen hatte, vergleichbar einer anderen spiegelnden Schandstrafe, nach welcher dem Notzüchtiger in Ermangelung einer Vagina ein Pfahl in den Unterleib getrieben wurde.[36]

174 ›Da hatt sie In gefaßt by dem halß. vnd by sinem zug. vnd wyl In uß der gruben ziehen‹; 1467.

§ 26
# Die Vergewaltigung von Frauen im Mittelalter und in der frühen Neuzeit

In der Silvesternacht des Jahres 1393 wurde in der unbeleuchteten rue de la Huchette in Paris die junge Witwe Ysablet des Champions von vier Fremden, die sich ihr in den Weg stellten, zum Geschlechtsverkehr aufgefordert. Die Frau, die auf dem Heimweg vom Einkaufen für sich und ihre Mutter war, wies dieses Ansinnen entrüstet zurück, worauf einer der Männer sagte, er wisse, daß sie eine Hure sei, denn er habe sie schon einmal, vor zwölf Jahren, »gefickt«. Daraufhin packten die Männer ihr Opfer und schleppten es durch die Hintergassen, wobei sie der Frau ein Messer zwischen die Schulterblätter hielten und auf sie einprügelten. Schließlich warfen sie ihr einen Mantel über den Kopf und schleiften sie so in eine abgelegene Spelunke, die ›La Heuze‹ genannt wurde. Dort fielen sie freilich auf und mußten dem Wirt versprechen, ihr Opfer in Ruhe zu lassen und auf friedliche Weise nach Hause zu bringen. Statt dessen zerrten sie jedoch die Witwe in eine berüchtigte Bordellgasse, die rue de l'Abreuvoir-de-Mâcon, und brachen in ein verlassenes Frauenhaus ein, wo die Frau von dreien der Männer vergewaltigt wurde.[1]
Gefährdet waren zu jener Zeit vor allem Frauen, die sich nach Einbruch der Dämmerung aus irgendeinem Grunde auf der Gasse bewegten. Aus diesem Grund bat beispielsweise eine Pariser Gilde um die Änderung der aus dem 13. Jahrhundert stammenden Vorschrift, nach der die Frau eines Stadtwächters in der Abenddämmerung Meldung erstatten mußte, falls ihr Mann den Dienst nicht antreten konnte. War es doch mittlerweile für eine Frau, allein oder mit Kind, »ob hübsch oder häßlich, alt oder jung, schwach oder stark«, zu gefährlich geworden, zu einer solchen Zeit abgelegene und unbeleuchtete Gassen entlangzugehen,[2] und legitimierten manche Täter ihr Verbrechen nachgerade mit der Begründung, außer

einer Hure habe zu dieser Tageszeit keine Frau etwas auf der Straße verloren.[3]

Auch jene Frauen, die ausgesprochene ›Männerorte‹ wie z. B. Tavernen betraten, weil sie etwa auf der Suche nach ihren Männern oder Vätern waren, wurden – wenn man sie nicht hinausjagte – für Huren gehalten und zumindest sexuell belästigt. Als in Paris einmal eine junge Frau eine Schenke betrat, hörte sie alsbald eine Männerstimme: »Es gibt hier 'ne kleine Brünette, die ich ficken will!« Noch bis ins 19. Jahrhundert hinein konnte es einer Frau in solchen Tavernen passieren, daß sie von Gästen weggeschleppt und vergewaltigt wurde. Dies widerfuhr z. B. im Jahre 1761 einer sechzehnjährigen Bürgerstochter, die unmittelbar nach Betreten einer Pariser Taverne von mehreren Männern genötigt wurde, sich an deren Tisch zu setzen. Dort hielten die Männer sie zunächst fest und zwangen sie später, mit ihnen zu einem abgelegenen Ort zu gehen. Unter den Tätern war ein adeliger Herr, der für sich das »droit de seigneur« in Anspruch nahm und das Mädchen als erster bestieg.[4]

Doch auch die Frauen, die abends brav zu Hause blieben, waren bisweilen gefährdet, wenn sie alleinstehend, d. h. ohne männlichen oder familiären Schutz waren[5] oder wenn sie zu marginalen Bevölkerungsgruppen, etwa den untersten sozialen Schichten oder den Juden gehörten, aber auch zu Neueinwanderern aus den Dörfern, die noch nicht in ein soziales Netz eingebunden waren.[6] In Paris etwa brachen nicht selten vermummte und bewaffnete Studenten gruppenweise in die Häuser jüngerer Witwen und anderer schutzloser Frauen ein und vergewaltigten sie einer nach dem anderen.[7]

Charakteristisch für die meisten spätmittelalterlichen Vergewaltigungen ist die Tatsache, daß die Täter ihr Opfer vor, während oder nach der Ausübung ihres Verbrechens als Hure oder Flittchen diskreditierten – »traiter de putain« war bezeichnenderweise im 14. Jahrhundert in der Normandie der geläufige Ausdruck für die Bandenvergewaltigung, an der – ähnlich wie in Paris, Dijon oder anderen Städten – ausschließlich junge Männer beteiligt waren.[8] Wie wir bereits gehört haben, sagten auch die Vergewaltiger der Ysablet der jungen Frau ins Gesicht, sie sei eine Hure, und als sich im Jahre 1516 einige Männer über eine Frau hermachten, riefen sie einer Nachbarin des Opfers zu: »Nous voulons prandre une ribaulde«, »Wir wollen uns eine Nutte schnappen.«[9]

Einige Historiker haben die Meinung vertreten, daß die Täter ihr Opfer deshalb so oft als Hure hinstellten, weil beispielsweise im Paris des 14. Jahrhunderts die Vergewaltigung einer Prostituierten nicht als Notzucht verurteilt worden sei, so daß sich für einen Täter das Risiko verringert habe.[10] Freilich scheint mehr dafür zu sprechen, daß dies häufig deshalb geschah, weil die Täter voreinander, vor eventuellen Zeugen und vor sich selber das Verbrechen gewissermaßen als Strafaktion gegen eine unzüchtige Frau *legitimieren* wollten. Denn zum einen war die Notzüchtigung einer öffentlichen Hure im damaligen Paris keineswegs straffrei – so wurde z. B. im Jahre 1392 ein gewisser Oudot Guigne gehängt, weil er an der Bandenvergewaltigung einer Prostituierten teilgenommen hatte[11] –, und zum anderen hätten ja die Täter vor Gericht *nachweisen* müssen, daß ihr Opfer eine »gemeine Frau« war. Richtig aber bleibt, daß viele Notzüchtiger sich in der Tat Huren und als Flittchen verschriene Frauen als Opfer aussuchten, daß vor allem die Studenten die *meretriculae* bisweilen geradezu als Freiwild betrachteten, auf der nächtlichen Gasse überfielen, nackt auszogen, an den Schamteilen betasteten und vergewaltigten.[12]

Das Opfer einer Vergewaltigung – und zwar insbesondere einer Bandenvergewaltigung – zu werden, war für die Frauen der damaligen Zeit zumindest eine ebenso große Entwürdigung und Entehrung wie für eine Frau in der Gegenwart, aber die Schande, d.h., der Makel, der auf sie fiel, war für sie im Mittelalter noch größer und die Tat war für die meisten gleichbedeutend mit dem ›sozialen Tod‹: Verheiratete Frauen wurden oft von ihrem Mann verlassen, und junge Mädchen verloren auf dem Heiratsmarkt dermaßen an Wert, daß ihnen meist kein anderer Weg mehr offen blieb als der ins Bordell.[13] Im spätmittelalterlichen Savoyen beispielsweise war allem Anschein nach die Angst der Frauen vor der Schande und dem »bruyet«, der Nachrede, so groß, daß die meisten Vergewaltigungen gar nicht zur Anzeige gebracht wurden,[14] und auch für das damalige England nimmt man eine sehr hohe Dunkelziffer von Vergewaltigungen an, denn ein Opfer, das die Tat anzeigte, ging kein geringes Risiko ein: Mit Sicherheit beschämte sie sich und ihre Familie, und das Verfahren war in der Mehrzahl der Fälle nicht nur äußerst schwierig für sie, sondern auch im höchsten Maße demütigend.[15] War die Scham des Mädchens oder der Frau, vor Gericht zu erscheinen und über ›diese Dinge‹ zu reden, unüberwindlich, durfte deshalb im spätmittelalterlichen Deutschland ein Verwandter oder im Falle von Dienstmägden deren Herr die Klage vor den Richter bringen.[16]

Oft aber verschwieg man die Tat so gut es ging, ähnlich wie jene adelige Familie, die nicht bereit war, hinzunehmen, daß die Schändung ihren Töchtern die Heiratschancen vermasselte: »In disem krieg sein auch die Spanier eim namhaften deutschen grafen in seiner schlösser ains kommen. Wie die haben im frawenzimmer under seinen döchtern einsthails und bei den jungfrawen gehauset, das lass ich bleiben. Nichts destoweniger sein sie alle hernach wol und irem herkommen nach gleich und gemess verheirat worden. Ist ain besondere gnad Gotes gewest. Nemo olfecit, zu dem, wer kan was unrechts sagen, oder wer hats gesehen?«[17]

Zwar gab es immer wieder Anstrengungen des Gesetzgebers, daß vergewaltigte Frauen durch die Tat so wenig Nachteile wie nur möglich hatten – so sollte z. B. die gewaltsame Defloration nicht als solche *gelten*, und bei ihrer künftigen Hochzeit sollte das Opfer »in Jungfrewlichem schmuck, und mit dem krantz offenbarlich gehen und nicht als eine geschwechte Dirne, oder Hure, mit dem Schleyer gedeckt werden«[18] –, doch in der Wirklichkeit richteten diese juristischen Bestimmungen kaum etwas aus.[19]

Von manchen Kulturhistorikern wird zwar behauptet, in den vergangenen Zeiten hätten die meisten Frauen sich gegen eine Vergewaltigung kaum gewehrt und ›alles still erduldet‹, doch tauchen in den Quellen nicht wenige Frauen auf, die wie die Löwinnen gekämpft und keineswegs klein beigegeben haben, wobei allein schon das Schicksal, das eine vergewaltigte Frau erwartete, vielen zu ungeahnten Kräften verholfen haben mag. So geht beispielsweise aus englischen Gerichtsdokumenten hervor, daß manche Frauen bis zum Tode kämpften, um die Vergewaltigung abzuwenden,[20] und der Zimmerische Chronist berichtet von einem jungen Mädchen, das von einem geilen Mönch in eine Kammer eingeschlossen wurde: »Die jung dochter, als sie verstanden sein vorhaben und das er villeucht ein gewalt würd an sie begen (dann er schon ussgehenkt), ist sie nit unbehendt gewest, hat im das geschrött mit baiden henden erwüscht und das von allen iren creften gedruckt. Dem münch ist hiemit so wehe beschehen, das im unmechtig het werden megen, hat sich auch gegen der doch-

175 Meister FVB (Frans van Brugge):
›Der Mönch und die spinnende Frau‹, um 1485.

ter nit weren künden, dann allain mit ainem jämerlichen geschrai hat er hilf seiner diener begert. [...] Sie hat im das geschier also zertruckt und zugericht, das er sich ain guete zeit hernach solcher unmünchischen sachen enthalten und eins chirurgen hilf gebrauchen müessen.«[21]

Schlimmer noch erging es zwei Jahrhunderte später dem Wildhüter Jean Gobinot, der an Pfingsten 1728 den Versuch unternahm, eine gewisse Marie-Louise Corpel aus dem Dorf Pars in einer Scheune zu vergewaltigen. Genauso wie der Mönch hatte auch er bereits den Teil des Körpers, mit dem er das Mädchen zu vergewaltigen gedachte, aus der Hose gezogen, nicht ahnend, daß er an die Falsche geraten war. Die Jungfrau nämlich »tire de sa poche un petit couteau, dont elle se servit si à propos que son aggresseur, au lieu d'éprouver le sort de Tarquin, éprouva celui d'Abailard«. Die mutige Tat gefiel den Richtern freilich ganz und gar nicht, weshalb sie das wehrhafte Mädchen verurteilten, »à être détenue pendant cinq ans à l'hôpital général«.[22]

Im Jahre 1497 hielt sich zum Unwillen der Konstanzer Bürger der als »Junkfrowen- und Frowenschender« berüchtigte Herzog Eberhard von Wirtemberg in der Stadt auf und betrug sich so übel und unzüchtig, daß der Stadtschreiber, der die offiziell mit diesem Besuch verbundenen Ereignisse auf deutsch ins Stadtbuch eintrug, sich diesbezüglich des Lateinischen bediente. Da der Sittenstrolch unter anderem der Tochter des bischöflichen Chorschreibers Hans Huber ›nachstieg‹, nahm der bischöfliche Hofadvokat für diese Zeit das junge Mädchen in sein Haus, weil sie dort besser geschützt war. Aus Rache wies der Herzog zwei seiner Knechte an, dem Advokaten nach dem Kirchgang aufzulauern und ihn zusammenzuschlagen, doch der Notar am geistlichen Gericht, Beatus Widmer, sprang dem »frommen doctor« bei, und gemeinsam schlugen sie die Schergen in die Flucht. Der frustrierte Herzog aber, der unbedingt auf seine Kosten kommen wollte, schlich sich am Vorabend zu Allerheiligen unbemerkt zu einem Haus in der Schreibergasse, in dem eine

Witwe mit ihren beiden Töchtern wohnte. Er drang in das Haus ein und packte das jüngere der Mädchen, auf das er es abgesehen hatte, aber dieses wehrte sich heftig und schrie so laut um Hilfe, daß die Nachbarn herbeieilten und der herzögliche Wüstling fliehen mußte.[23]

Einem Täter konnte es aber auch ergehen wie Konrad von Schwaben, dem Bruder Kaiser Heinrichs VI., der im Jahre 1196 an den Bißwunden verschied, die ihm ein Mädchen, »quam vi deflorare conabatur«, zugefügt hatte, ein Schicksal, das der Chronist Burchard von Ursberg sehr begrüßte, zumal auch dieser Herzog »erat enim vir totus inserviens adulteriis et fornicationibus et stupris, quibuslibet luxuriis et immundiciis«.[24] Etwas später, zu Beginn des 13. Jahrhunderts, setzte schließlich das Heldenepos *Aiol* der wehrhaften Jungfrau ein Denkmal, indem es schilderte, wie die heidnische Königstochter Mirabel den Straßenräuber Robaut, der sie vergewaltigen will, dadurch außer Gefecht setzt, daß sie mit den Händen seine Hoden quetscht.[25]

Mitunter nahmen Straßen- und Seeräuber den überfallenen Frauen außer Geld und Wertgegenständen auch noch die Ehre,[26] doch bisweilen gerieten sie dabei nicht nur in der Heldenliteratur an ein beherztes Opfer, das ihnen ihr Vorhaben vereitelte. Als beispielsweise der berühmte Pirat Henry Morgan im 17. Jahrhundert auf einem spanischen Schiff, das er auf dessen Weg nach Peru geentert hatte, eine Dame vergewaltigen wollte, wehrte diese sich mit Klauen und Zähnen wie eine Tigerin und versuchte, ihm einen kleinen Taschendolch ins Herz zu stoßen. Zwar konnte sich Morgan durch einen Sprung nach hinten retten, aber er ließ fortan die Frau in Ruhe.[27]

Andere Opfer, und zwar vor allem *sehr* junge und unerfahrene Mädchen, wehrten sich allerdings häufig höchstens verbal oder sie waren so eingeschüchtert bzw. starr vor Angst und Entsetzen, daß sie kein Wort über die Lippen brachten und alles über sich ergehen ließen. Im Jahre 1788 etwa legten die Wirtsleute der jungen Dienstmagd Abel Eggers in Kollmoor, Herrschaft Breitenburg, einen sich auf der Durchreise befindlichen und über 30 Jahre älteren verheirateten Kesselflicker über Nacht in die Kammer, obwohl Abel dagegen protestierte. Später sagte sie aus: »Nach einer halben viertel Stunde Zeit hätte Siegfried die Inquisitin gefraget: Ob er nicht bey ihr schlafen sollte? Sie hätte: Nein; dazu gesaget. Er hätte darauf erwiedert: das wäre nur eben so viel, und es würde ihr keinen Schaden thun. Ob nun wohl die Inquisitin geantwortet: Er sollte so etwas nicht thun; so wäre er doch aus seinem Bette über das Zwischen-Brett in das ihrige gestiegen, und hätte sich bey ihr niedergeleget. Sie hätte immer gesaget: Er sollte sie mit Frieden laßen; woran er sich aber nicht gekehret, sondern seinen Willen an ihr ausgeübet und sie fleischlich erkennt hätte.«[28]

Im Paris des Ancien Régime kam es öfters vor, daß die Mädchen keinen Widerstand leisteten und auch über den Verlauf des Aktes vor Gericht nichts zu sagen wußten, weil sie bei der Attacke in Ohnmacht gefallen waren,[29] doch selbst wenn dies nicht geschah, scheinen sich manche der Opfer verhalten zu haben, als seien sie vom Blick des Basilisk getroffen. So sagte etwa im Jahre 1733 eine Holsteiner Hebamme aus, eine junge Frau habe ihr kurz vor der Niederkunft anvertraut, ein gewisses Individuum sei eines Tages zu ihr in die Kammer gekommen, »hätte sie noch zu faßen gekriecht, auf ihrer Brüder bette geworffen, hätte die buchse aufgemachet [und] daß männliche Glid ordentlich in ihr weibliches glid gestochen«. Die Hebamme war der Auffassung, von Notzucht könne deshalb keine Rede sein, da die Frau nach dem Akt eine längere Beziehung mit dem Manne eingegangen sei,[30] was im übrigen gar nicht so selten vorkam – anscheinend fühlten sich manche Opfer dem Täter ›gehörig‹, wenn er sie erst einmal ›genommen‹ hatte.

Mit ihrer Einschätzung der Tat als ›Nicht-Vergewaltigung‹ brachte die Hebamme allerdings eine Meinung zum Ausdruck, die nicht von jedem geteilt wurde. Im Jahre 1382 z. B. konstatierte das englische Parlament, daß immer häufiger

»femmes, dames, damoiseles, et files« vergewaltigt würden, wobei sich anscheinend viele der Opfer nach ihrer Entehrung mit der Tat einverstanden erklärten. Gleichzeitig legte das Parlament jedoch Nachdruck auf die Feststellung, daß auch in solchen Fällen die Tat eine Vergewaltigung bleibe und daß es den Männern oder Vätern gleichwohl aufgegeben sei, die Täter aufzuspüren und ihnen Genitalien und Leben zu nehmen.[31]

Auch damals glaubten indessen viele, eine Frau müsse eben hart ›genommen‹ werden, und was auf den ersten Blick wie eine Vergewaltigung aussehe, sei in Wirklichkeit von vielen Frauen erwünscht. Habe man eine Frau erst einmal ›geentert‹, so käme deren Leidenschaft von alleine. In diesem Sinne schreibt z. B. Michele de Cuneo aus Savona, der Kolumbus auf dessen zweiter Amerikafahrt begleitete, in einem Brief an einen Freund: »Bei meiner Ausfahrt im Boot fing ich eine sehr schöne Karibenfrau, die mir der besagte Herr Admiral schenkte, und nachdem ich sie in meine Kajüte mitgenommen hatte, und da sie gemäß ihrem Brauch nackt war, ergriff mich das Begehren, der Lust zu frönen. Ich wollte mein Begehren in die Tat umsetzen, aber sie wollte es nicht und traktierte mich derart mit ihren Fingernägeln, daß es mir lieber gewesen wäre, nie damit angefangen zu haben. Doch als ich dies sah (um dir alles bis zum Ende zu erzählen), nahm ich ein Tau und bleute sie kräftig durch, worauf sie ein so unerhörtes Geheul anstimmte, daß du deinen Ohren nicht getraut hättest. Schließlich kamen wir dann zu solchem Einvernehmen, daß ich dir sagen kann, man hatte den Eindruck, sie sei in einer Hurenschule aufgezogen worden.«[32]

Bereits die *fabliaux* des 13. Jahrhunderts vermitteln die Lehre, daß ein rechter Mann eine Frau ›nehmen‹ muß, wenn die Kupplerin dem Liebhaber rät, er solle sich zu der Frau, ungeachtet ihres Widerstandes, ins Bett legen, und es nimmt nicht wunder, wenn eine Vergewaltigung mit den Worten angekündigt wird: »Ceste sera m'amie«.[33] Im 12. Jahrhundert meint Chrestien de Troyes, wenn eine Frau sich gegen eine sexuelle Attacke zur Wehr setze, dann tue sie nur so als ob, denn überall wolle eine Frau siegen, nur nicht in diesem Kampf,[34] aber auch in der deutschen Literatur aus dieser Zeit werden die Frauen oft auf ganz ungezwungene Weise zum Sex »gezwungen«: »umbe minne er mit ir ranc, / unze er sie zu willen twanc«, heißt es etwa,[35] oder bei Konrad von Würzburg: »er wart von ir hin unde her / gestôzen und gedrungen. / si vâhten unde rungen / mit ein ander ûf dem grase / sô lange, biz der grüene wase / wart ir zweiger bettewât / und ein vil minneclîch getât / ergiene dâ von in beiden.«[36]

Zwar gab es im Mittelalter durchweg eindeutige Ausdrücke für die Vergewaltigung im Gegensatz zum normalen Geschlechtsverkehr, wie aggressiv auch immer dieser von seiten des Mannes ausgeführt werden mochte – in Frankreich lautete etwa das unverblümte Wort *force foutre*, »zwangsfikken«[37] –, doch ist es nicht unbezeichnend, daß Literaten wie Chronisten oft dasselbe Wort wie für die Ausübung des gewöhnlichen Beischlafs verwendeten. So heißt es beispielsweise über die Soldaten des Grafen d'Armagnac, die im 15. Jahrhundert in Südwestdeutschland einfielen, sie »minten« nach Vertreibung der Männer »weib, tochter und die mägde.«[38]

§ 27
»Schreiender mund und nasse füd«

In vielen Gesellschaften hatte eine Frau, die gelähmt vor Entsetzen einen Vergewaltiger gewähren ließ oder die sich auf eine verbale Gegenwehr beschränkte, wenn sie nicht gar stumm blieb, weil der Täter ihr ein Messer an die Kehle setzte, geringe Chancen, als Opfer einer Vergewaltigung anerkannt zu werden. Die Frauen der Somāli und 'Afar beispielsweise mußten bei einem Vergewaltigungsversuch einen bestimmten gellenden Gutturalschrei (*ki-ki-kieee!*) ausstoßen, den sie eigens zu diesem Zwecke gelernt hatten,[1] und im 15. Jahrhundert wiederholte das Regensburger Stadtrecht eine alte Bestimmung, in der es heißt: »chlagt ainew ainen, er hab ir ir trew und er genomen und sy genotzogt über irn willen, daz sol sy beweisen mit abgerissen pent, mit schreiendem mund, mit gestraubtem har und nasser füd.«[2]

In einer Predigt sagt Berthold von Regensburg, er werde oft gefragt: »bruoder berthold, nu han ich doch ofte gehoeret, daz ein frouwe uf dem velde genotzoget ist und daz sie sich gern haete gewert und ouch lute schrei: wie möhte sich diu eines starken mannes erweren?« Worauf der Franziskanermönch antwortet: »da sol sie bizen und kratzen und sol sich weren mit allen ir sinnen und sol schrien so sie aller lutest mac.«[3]

Wenn in dieser Zeit, also im 13. Jahrhundert, in England ein junges Mädchen oder eine Frau von einem Mann angefallen wurde, hatte sie das »hue-and-cry« (*hutesium et clamor*) zu erheben, worauf bei Strafe jeder Mann und jede Frau in Hörweite verpflichtet waren, der Angegriffenen augenblicklich zu Hilfe zu eilen.[4]

»Si enim non clamaverit, sed tacuerit«, verlautet das Brünner Schöffenbuch, »videbitur voluntarie consensisse«,[5] und sämtliche Rechtsbestimmungen wie auch die Literatur machen die einmütige Aussage: Wenn das Opfer nicht zumindest schreit, macht es sich mitschuldig.[6] Im 14. Jahrhundert sagt z. B. ein Zeuge vor Gericht aus, er »entendit une rumeur ou un tumulte de gens, il sortit à la fenestre et il vit deux hommes qui traînaient une femme, l'un d'entre eux la jetta par terre sous la fenestre, se coucha sur elle et la connut charnellement par force. Et la femme criait et montrait qu'elle estait une honneste femme.«[7]

Entsprechend verteidigte sich in Augsburg im Jahre 1536 der wegen Vergewaltigung angeklagte Hans Landsperger mit dem Argument: »Het wol megen schreienn vmb hilff wan es Ir will nit gewesen were«, nachdem bereits im Jahre 1496 daselbst ein Täter ausgesagt hatte: »Er habs nit genöt, dann es hab sich nicht gewert, Er wiss auch nit, ob es sein will gewesen sey oder nit.«[8]

Natürlich hatten *auch* aus diesem Grunde die Täter ein Interesse daran, ihr Opfer am Schreien zu hindern, wie z. B. im Jahre 1383 in Konstanz der Metzger Vogel, der einem jungen Mädchen nachlief, es zu Boden stieß und ihm sein Messer an die Kehle setzte,[9] oder etwa zur selben Zeit ein gewisser Johannes Riff aus Stadelhofen, über den vor dem Gericht in Zürich des Spruenglis Weib aussagte: »Dz er in ir hus trank und als spat da waz, dz er si bat umb herberg und sprach si: ›Ich gehalt dich gern. Wil du uff dem bank ligen?‹ Do sprach er: ›Gern.‹ Des bracht sie im zwei kuessy (= Kissen). Und so si von im gan wil, so er wist er sie schalklich (= boshaft) und rang lang mit ir. Und do wart si schryent und er schlug si und truk ir ein messer inn hals, dz sie nuet schruew, und hatt sie hert mit worten und mit werken.«[10]

In China zählte nach der Ch'ing-Gesetzgebung vom Jahre 1646 eine Vergewaltigung nur als solche, wenn sich das Opfer von Anfang bis zum Ende des Aktes wehrte und an keiner Stelle des Geschlechtsverkehrs aufhörte zu schreien,[11] da dies anscheinend ein Indiz dafür gewesen wäre, daß die Sache anfing, ihr Spaß zu machen.[12] Stellte sie die Gegenwehr sowie das Schreien ein, so galt der Akt lediglich als »unerlaubter Geschlechtsverkehr« bei gegenseitiger Zustimmung, auf den für eine Jungfrau 80 und für eine verheiratete Frau 90 Schläge mit schwerem Bambus standen, während der Täter nicht bestraft wurde. Wurde ein Mann Zeuge einer Vergewaltigung und ›nahm‹ sich das Opfer nach der Tat ebenfalls ›vor‹, so galt diese Tat nicht als Vergewaltigung, da die Frau ihre Ehre ja bereits verloren hatte. Allerdings wurden dem Täter in diesem Falle 100 Stockschläge mit schwerem Bambus verabreicht, eine Strafe, die auch das Opfer erwartete, wenn es sich wiederum nicht durchgehend zur Wehr setzte und nicht ohne Unterlaß schrie.[13]

Auch bei uns lag im späten Mittelalter und in der frühen Neuzeit – juristisch gesehen – eine Vergewaltigung meist erst dann vor, wenn das Opfer gar keine andere Wahl mehr hatte, als sich penetrieren zu lassen, und nicht, wenn die Betreffende lediglich der Androhung von Gewalt oder Einschüchterungen nachgab.[14] So unterscheidet beispielsweise die Landesgerichtsordnung Kaiser Maximilians I. vom Jahre 1514 genau zwischen dem, was wir heute sexuelle Nötigung nennen (»welcher Frawen oder Junckfrawen wider yren willen zu vnkeutschhait zu notten vndersteen«), und Vergewaltigung (»oder die werckh also bewzungenlich volpringen«).[15] Wenn sich auch diesbezüglich in den Zeiten danach einiges ändern sollte, blieben die meisten Gerichte in der Praxis bei dieser Einteilung. Obwohl z.B. das britische Gesetz im 19. Jahrhundert für das Vorliegen des Tatbestandes einer Vergewaltigung keineswegs einen Kampf und körperliche Verletzungen forderte, waren de facto die meisten Richter erst dann bereit, von einer Vergewaltigung zu reden, wenn der Tat ein heftiger Kampf vorausgegangen war,[16] und in der Mehrzahl der Fälle verhält es sich im ausgehenden 20. Jahrhundert nicht anders: Auch heute liegt für die meisten Gerichte eine Vergewaltigung erst dann vor, wenn an dem Opfer Prellungen, Quetschungen, blutige Kratzer, Wunden, verrenkte Glieder und dergleichen nachweisbar sind.[17]

Nicht allein der »schreiende mund« und der Kampf, erkennbar am »abgerissen pent« und am »gestraubten har« gehörten zu den notwendigen Bedingungen einer Vergewaltigung, sondern auch häufig die »nasse füd«, d. h. die mit Sperma bespritzten weiblichen Genitalien, die von ehrbaren Matronen und später von Hebammen auf solche Spuren sowie auf durch das gewaltsame Eindringen verursachte Risse und andere Verletzungen untersucht wurden.[18] Dies scheint indessen nicht überall und vor allem nicht in den früheren Zeiten erforderlich gewesen zu sein. Vor dem 13. Jahrhundert lag beispielsweise in England eine Vergewaltigung vor, sobald eine Frau niedergerungen und penetriert worden war, und von 145 untersuchten Fällen im 13. Jahrhundert gab es nur einen einzigen, nämlich 1287 in Hertfordshire, wo ein der Vergewaltigung angeklagter Mann, ein gewisser Hugo, des Verbrechens für nicht schuldig erklärt wurde, weil er sein Opfer zwar koitiert, aber in der Vagina nicht ejakuliert hatte. Dies scheint sich jedoch im Verlaufe des 14. Jahrhunderts geändert zu haben, als die Ejakulation des Täters in der Frau immer mehr zur *conditio sine qua non* wurde,[19] und im 17. Jahrhundert beispielsweise konstatierte David Jenkins in seinem Handbuch für Richter, daß »in rape there must be *rem in re* well as *emissio seminis*: otherwise it is not a felony«.[20]

Natürlich mußte der Erguß *in* der Vagina der Frau stattgefunden haben, und ob dies der Fall war oder nicht, war mitunter schwer zu bestimmen. So war z. B. während eines Vergewaltigungsprozesses, der 1698 in Massachusetts stattfand, der Bauer Moses Hudson der festen Überzeugung, *in* seinem Opfer Mary Hawthorne ejakuliert zu haben, während die Frau selber aussagte, daß der Täter »raged of his lust; and with my struggling and striving and jostling hindered him that he did not satisfy his lust in my Boddy: but I thinks he thought he has«.[21]

Nach der Carolina wurde der Täter im Falle einer Vergewaltigung, die »per seminis inmissionem vollständig vollbracht« worden war, mit dem Schwert gerichtet. Blieb die Ejakulation aber aus, wurden mildernde Umstände geltend gemacht und der Täter nur mit einer »ausserordentlichen Straffe belegt, und zwar gemeiniglich offentlich mit Ruthen ausgehauen, und auf ewig deß Landes verwiesen«.[22] Freilich war es für die Hebammen äußerst schwierig, bei der Untersuchung des Opfers einen solchen Samenerguß nachzuweisen, und deshalb ließ man vielfach die »nasse füd« als Bedingung fallen, so daß es beispielsweise in der Pamhagener Dorfordnung vom Jahre 1546 lediglich heißt: »Wann auch ain jungkhfraw ainen zeycht, er hab sy bracht umb ir eer, wie sy das mit recht auf in weysen soll, sy soll lauffen mit zerrawfften und gestrobitem har fur den richter, als es ir dann ergangen ist und sy soll dann selbdritter swören ainen aydt mit zwayen fingern auf irem rechten prustlen, so hat sy der weysung genueg gethan.«[23]

Um 1780 herum fingen jedoch plötzlich einige Gerichte in England wieder damit an, auf einer nachgewiesenen Ejakulation als *conditio* einer Vergewaltigung zu bestehen, was zur Folge hatte, daß kaum mehr irgendein Täter wegen dieses Verbrechens zum Tode verurteilt werden konnte, da der Erguß meist nicht mehr nachweisbar war. Als schließlich im Jahre 1828 der ›Samenparagraph‹ erneut aufgehoben wurde, gab der Arzt Chitty zu bedenken, daß »there is a natural delicate, though perhaps indescribable feeling that deters most men who know that a female has been *completely* violated, though manifestly after every effort of resistance, from taking her in marriage, but does not exist, at least in so powerful a degree, if he can be certain the sexual intercourse was incomplete according to the ancient law of rape«.[24]

Was der Brite dezent formuliert, entspricht in der Tat dem Gefühl vieler Männer, die erst dann eine Frau richtig ›genommen‹ haben und sie ›besitzen‹, wenn sie in ihr ejakuliert haben, aber auch der Empfindung zahlreicher Frauen, erst dann von einem Mann ›unterworfen‹ worden zu sein, weshalb nicht selten Vergewaltigungsopfer nach der Tat monatelang ihren Genitalbereich waschen und Spülungen vornehmen, um das Sperma und dessen Geruch ›loszuwerden‹. So ergab eine Untersuchung, daß die Tat bei 42,7 % der Opfer zu einem Wasch- bzw. Gurgelzwang führte, und zwar letzteres, wenn der Täter die Frau oral vergewaltigt hatte. Bekanntlich ejakulieren viele Säugetiere stoßweise ein Sperma-Urin-Gemisch aus ihrem erigierten Penis auf männliche und weibliche Artgenossen, wobei die männlichen gelegentlich ›zurückschießen‹, so daß sich regelrechte Spritzduelle entwickeln können, die denen ähneln, bei welchen halbwüchsige Jungen voreinander masturbieren und sich dann gegenseitig mit ihrem Sperma ›abspritzen‹.[25]

176 Der balinesische Dämon Buta ènggèr.

Auf Abb. 176 ist der balinesische Dämon Buta ènggèr zu sehen, der gerade mit seinem gewaltigen Penis einen Feind ›abspritzt‹, ähnlich wie auf einem römischen Ringstein aus der republikanischen Zeit eine Herme auf einen Eindringling ejakuliert, und auf Abb. 177 ein galicischer Macho, der vor der Photographin die Unterhose heruntergelassen hat und in ihre Richtung seinen Urin spritzt, was die These der Verhaltensforscher bestätigt, daß es »eine gemeinsame Verhaltenswurzel für Urinmarkieren und Kopula« gebe.[26] Olaf Gulbransson erinnert sich, wie er einmal als junger Bursche gemeinsam mit einem Freund das schlafende »Fräulein Lindström« markierte[27] (Abb. 178), und im Ceiriog-Tal im nördlichen Wales war es üblich, daß ein junger Mann das von ihm verehrte Mädchen dazu aufforderte, »to walk with him, and if she

177 ›Rosenmontag in Laza‹, 1985. Photo v. Cristina García Rodero.

agreed, he would take her to a lonely desolate place, and ask her ›Do you wish to ... (*rhythu*)?‹ If she said ›yes‹, he would hold the brim of her hat between his teeth, then open the front part of his trousers and urinate on her dress. By exposing himself, he was proving his virility to the woman.«[28]

Indem er sie bepinkelte, markierte er sie jedoch in erster Linie und machte auf das Mädchen seine Besitzansprüche geltend, ähnlich wie der Vergewaltiger sein Opfer in Besitz nahm, indem er an ihr seine ›Duftmarke‹ hinterließ. Erst wenn der Täter in sie ›hineingespritzt‹ hatte, war die Frau *völlig* entehrt, und es wird gesagt, daß manche Männer ihre vergewaltigten Frauen vor allem dann verließen, wenn sie von dem anderen mit dessen Sperma ›gezeichnet‹ worden waren.[29]

178 Zeichnung von Olaf Gulbransson.

Daß eine Frau überhaupt von einem Mann vergewaltigt – d. h. gewaltsam niedergerungen und penetriert – und nicht nur sexuell genötigt oder im Schlaf sowie im Zustand der Bewußtlosigkeit[30] ohne ihre Zustimmung koitiert werden konnte, ist in den verschiedensten Gesellschaften und Zeiten in Abrede gestellt worden, so z. B. von den Kalinga auf Nord-Luzon, die sagen, kein Mann habe die Kraft, eine Frau zu vergewaltigen, aber er könne sie so einschüchtern, daß sie aus Angst einwillige.[31]

Nach einem um das Jahr 1670 von der Medizinischen Fakultät der Universität Leipzig erstellten Gutachten war es normalerweise für einen einzelnen Mann unmöglich, eine Frau zu vergewaltigen, es sei denn, er war wesentlich stärker oder es handelte sich um ein noch nicht geschlechtsreifes Mädchen.[32] Auch der Jurist Johann Jodoco Beck beantwortete 1743 die Frage, »ob eine einige Manns-Persohn ohne Beyhülf eines andern / eine Jungfer von 17 oder mehr Jahren / ohne ihren Willen und Consens zu stupiren vermögend seye« dahingehend, daß »nach denen Umständen, welche in actu coeundi, ansonsten zu concurriren pflegen, nicht glaublich seye, daß eine Manns-Persohn eine mannbare Jungfer, ausser wann sie annoch unmannbar, zart, schwach, oder truncken, wider ihren Willen und Zulassung, nicht schänden oder nothzüchtigen könne, indeme einem Weibs-Bild gar leicht ist, wann sie will, den Beyschlaff auf vielerley Art und Weise zu verhindern«.[33]

Dieser Meinung, die natürlich implizierte, daß eine gesunde und einigermaßen kräftige Frau oder Jungfrau nur in betrügerischer Absicht einen Mann wegen Vergewaltigung anzeigen konnte, schlossen sich nicht nur Intellektuelle wie z. B. Voltaire an,[34] sondern auch manche Richter. So gestand beispielsweise im Jahre 1800 die Irgenbauerntochter Anna Auracher vor dem Hofmarksgericht Fischbachau, »daß sie 8 Tage vor dem Scapulierfeste von einem kaiserlichen königlichen Gränzerhusaren, der mit noch einem zur Zeit, als alle übrigen Personen in der Kirche waren, zu ihr in das Haus kam, für

sein Pferd Gerste forderte und ihr, als sie solche vom Kasten holte, nachging, geschwängert worden sei; da man diesen ihrem Vorgeben, als einer starken Person, wenig Glauben beimaß und sie bedrohte die Wahrheit zu bekennen, oder zu gewärten, daß man sie mit aller Schärfe behandeln würde, so beschwor sie ihre Angabe und erklärte, daß sie wenig Versuche zu einem Widerstand machte, sie also selbst fehlig sei«. Verurteilte man diese junge Frau wegen Leichtfertigkeit, so schenkte man ein Jahr zuvor ihrer Schwester Elisabeth Glauben, als sie vor Gericht angab, ein französischer Husar habe sie unter Beihilfe von vier anderen vergewaltigt.[35]
Zwar blieb in den folgenden Jahren die Überzeugung, kein einzelner Mann könne gegen ihren Willen in die Vagina einer Frau eindringen, verbreitet, doch konstatierte im Jahre 1809 der Mediziner Elvert, für den eine Vergewaltigung schon dann vorlag, wenn eine Frau gegen ihren Willen »entblösst und an ihren Geburtstheilen berührt wird«, er glaube, »dass es als möglich anzunehmen wäre, dass sie doch wider ihren Willen so weit überwältigt werden könnte, dass der stuprirende Mann sein Glied an ihre Geburtstheile bringen, und wollüstige Frictionen damit verrichten könnte«, und er stellte die Frage, »ob es nicht denkbar, dass gerade bei einer zuvor unberührten Jungfrau diese neue Empfindung einen solchen Grad von Wollust unwillkürlich erregte, dass sie aus dem Grunde dann dem weiteren Vollzuge des Beischlafs Widerstand zu leisten, nicht mehr vermögend wäre«.[36]

§ 28
Die Täter und ihre Strafe

Betrachtet man die Strafen, die dem überführten Vergewaltiger einer Frau blühten, so kann man sich des Eindrucks nicht erwehren, daß sie im Verlaufe des Mittelalters immer milder wurden. Während z. B. in England laut Henry de Bracton im 11. und im 12. Jahrhundert sogar die nicht unmittelbar an dem Verbrechen beteiligten Komplizen eines Täters hingerichtet oder verstümmelt wurden, führt Bracton in *De Legibus et Consuetudinibus Angliae* aus, die gegenwärtige Strafe für den Vergewaltiger einer Jungfrau sehe wie folgt aus: »Wenn er dieses Verbrechens überführt worden ist, folgt (diese) Strafe: der Verlust der Glieder, auf daß Glied für Glied sei [...]. Laßt ihn deswegen seine Augen verlieren, die ihn die Schönheit des Mädchens erblicken ließen, derentwillen er sie begehrte. Und laßt ihn ebenfalls seine Hoden verlieren, die seine heiße Lust entfacht haben.«[1]

Überdies wurden diese ohnehin milderen Strafen seit dem 13. Jahrhundert *in der Praxis* immer häufiger durch Geldstrafen ersetzt, die allerdings sehr hoch waren und in gewisser Weise genauso schlimm oder noch schlimmer sein konnten, weil ihre Zahlung den Täter und seine Familie nicht selten völlig ruinierte. Sehr wahrscheinlich zögerte man deshalb so häufig, einen Vergewaltiger hinzurichten oder zu verstümmeln, also die Strafen zu verhängen, die man auf alle Fälle als die schwerwiegenderen empfand, weil zum einen die Tat meist nicht leicht zu beweisen war und weil zum anderen allem Anschein nach viele Frauen auf Vergewaltigung klagten, wenn der betreffende Mann sich den Beischlaf durch ein Eheversprechen erschlichen hatte, von dem er *post coitum* nichts mehr wissen wollte.[2]

Im spätmittelalterlichen und frühneuzeitlichen Stockholm – wo Vergewaltigungen offenbar relativ selten vorkamen – wurde die Todesstrafe dagegen, wie es scheint, normalerweise vollzogen. Das Verbrechen galt als Bruch des *edsöre*, wörtlich »Eidschwur«, ähnlich wie der ebenfalls schwer bestrafte Hausfriedensbruch,³ denn wie in diesem Falle die Privatsphäre der Wohnung verletzt wurde, so in jenem die Privatsphäre des weiblichen Körpers. Allerdings machte es in jener Zeit häufig einen Unterschied, ob das Opfer ehrbar war oder nicht, weshalb z.B. der *Sachsenspiegel* ausführte, daß derjenige, welcher eine fahrende Frau, d.h. eine Prostituierte, oder seine Geliebte gegen ihren Willen beschlafe, mit dem Tode bestraft werden *könne* – in anderen Worten: es wurde dem Gutdünken des Richters überlassen, ob der Täter hingerichtet werden sollte oder nicht: »An varnden wiben vn̄ an siner amyen mac d man sinē lip vorwirken, ab he si ane danc beleget.«⁴ (Abb. 179).

179 Vergewaltigung einer ›fahrenden Frau‹ oder einer *amye* (›Friedel‹). *Sachsenspiegel*, um 1233.

In jedem Falle aber wurde durch eine Vergewaltigung alles befleckt, was sich in unmittelbarer Umgebung der Tat befand, weshalb das Haus, in dem das Verbrechen stattfand, zerstört, und ein Hund, ein Huhn oder ein anderes Tier, das bei der Tat zugegen war, getötet werden sollte: »Vmme kein vngerichte (= Verbrechen) en sal man vf houwen (= abbrechen) dorfgebůwe, iz en si, daz da mait ad wip genotczoget inne werde ad genotiget ingeuort (= vergewaltigt hineingebracht) si«, sowie: »Alle lebende dink, daz in d notnimfte was, daz sal mā enthoubeten.«[5]

Da der Vergewaltiger eines jungen Mädchens durch seine Tat den Wert, den die Jungfrau auf dem Heiratsmarkt hatte, enorm herabsetzte, konnte er nach einigen Bestimmungen seinen Kopf dadurch retten, daß er sich bereit erklärte, die von ihm Geschädigte zu heiraten. So heißt es beispielsweise in der spätmittelalterlichen *Coutume de Saint-Sever*, daß nicht nur der, welcher »habeat rem cum puella«, wie das Gesetz es euphemistisch formuliert, sondern auch, »qui forcera puncele«, das Opfer ehelichen oder mit einer Aussteuer versehen könne (»aut nubere aut dotare«). War der Täter allerdings schon verheiratet oder fehlten ihm die finanziellen Mittel, dann bissen ihn die Hunde und er verlor seinen Kopf, jedenfalls auf dem Papier (oder auf dem Pergament).[6]

Freilich gab es auch ganz andere Bestimmungen wie z. B. die *Coutumes du Franc de Bruges* aus dem 14. Jahrhundert, in denen es heißt, daß derjenige, welcher »prent femme a force« und anschließend bereit sei, sie zu heiraten, nichtsdestotrotz »punnis comme de murdre« werde.[7]

Die Tatsache, daß nach einigen Gesetzen der Täter durch eine Heirat mit seinem Opfer oder durch eine Aussteuerzahlung der Todesstrafe entgehen konnte, erweckt den Eindruck, daß eine Vergewaltigung zu jener Zeit lediglich als die Beschädigung einer ›Sache‹, die einem Verwandtschaftsverband oder einem Ehemann ›gehörte‹, angesehen wurde, und in der Tat haben viele Kulturhistoriker behauptet, die Ehre des Opfers habe keine Rolle gespielt. Dies ist freilich nur die halbe Wahrheit. Aus Saxos *Gesta Danorum* läßt sich beispielsweise ersehen, daß ein Vergewaltiger gegen Ende des 12. Jahrhunderts durch seine Tat keineswegs nur das ›Besitzrecht‹ des Vaters oder des Mannes der Frau, an der das Verbrechen geübt wurde, antastete, sondern auch die Freiheit der Frau, über ihre Sexualität zu verfügen.[8] Bereits die diesbezüglichen Gesetze der Merowingerzeit bringen zum Ausdruck, daß man

Vergewaltigungen und unsittliche Berührungen als einen Angriff auf die Ehre und die Schamhaftigkeit der Frauen empfand, und die Schamstandarde der Zeit waren so hoch, daß nicht wenige Opfer darauf verzichteten, das Verbrechen vor Gericht zu bringen, oder sogar den Tod suchten.[9]
Auch die jüdische Tradition sah in der Vergewaltigung oder sexuellen Nötigung unter anderem eine Entwürdigung und Demütigung der Frau,[10] und zwar selbst dann, wenn der Täter dabei sein Opfer zum Orgasmus brachte,[11] was z. B. nach Maimonides sehr wahrscheinlich war, denn er meinte, daß jede Frau, spüre sie erst einmal ein männliches Glied in ihrem Leibe, gar nicht anders könne, als dem Akt zuzustimmen, da ihre Leidenschaft alle Vernunft und Moral verdränge.[12]
Im antiken Athen war man diesbezüglich offenbar anderer Meinung, und manche Kommentatoren waren folglich der Ansicht, daß die Verführung einer Frau schlimmer war als ihre Vergewaltigung.[13] Denn während der Vergewaltiger nur den Körper der Frau beherrschte, und noch dazu lediglich für eine kurze Zeitspanne, besaß der Verführer die Seele der Betreffenden, und zwar meistens langfristig. So führte beispielsweise Euphiletes vor Gericht aus, der Vergewaltiger ziehe zweifellos den Haß des Opfers auf sich, der Verführer verderbe indessen die Seele der Frau und besitze sie damit mehr (οἰκειοτέρας αὑτοῖς ποιεῖν) als ihr Ehemann.[14]
Wie aus den mittelalterlichen und frühneuzeitlichen Quellen hervorgeht, wurden Vergewaltigungen in der Praxis mit unterschiedlicher Strenge abgeurteilt. Wurde anscheinend im hochmittelalterlichen Ungarn der Täter wie ein Mörder bestraft, weil durch ein »stuprum violentum« der Ruf des Opfers gemordet wurde,[15] lochte man im Jahre 1390 in Basel einen Webergesellen, der eine Begine genotzüchtigt hatte, lediglich einen Monat lang »zuunterst im Turm« ein und verbannte ihn anschließend auf fünf Jahre außerhalb der städtischen Kreuzsteine.[16] Auch ein gewisser Frickli Ringgli kam im Jahre 1423 in Konstanz glimpflich davon, nachdem er ein junges Mädchen vergewaltigt und dieses dabei, wie eine Heb-

amme feststellte, »ettwas an ir scham geschädigt«: Ähnlich wie der Basler Webergeselle wurde er aus der Stadt und ihrem Gebiet verbannt, allerdings auf Lebenszeit. Härter traf sechs Jahre später den Cûnrat Stäbützlin aus Tägerwilen der Arm des Gesetzes: Da er seine Stieftochter zum Beischlaf gezwungen hatte, führte man ihn aufs »Große Feld« hinaus, legte ihn dort in eine ausgehobene Grube auf ein Bündel Dornen, band ihn mit Händen und Füßen an Pfähle, deckte ihn mit einem weiteren Dornenbündel zu und schlug ihm einen zugespitzten Pfahl in den Unterleib, so wie er der Stieftochter seinen Penis in den Leib getrieben hatte.[17]

Auch was als Vergewaltigungs*versuch* angesehen wurde, variierte erheblich. So wurde z. B. in Sankt Gallen der Brockenknecht Urban Spenlin von Wurzbach, der die Tochter seines Werkmeisters »berungen«, also offenbar gepackt und zu Boden geworfen hatte, wegen versuchten »schendens« abgeurteilt, später aber auf Fürbitte und nach dem Schwören der Urfehde zur Zahlung einer saftigen Geldstrafe wegen Ehrenkränkung begnadigt. Auf der anderen Seite sah man im Jahre 1609 den folgenden Fall nicht als Notzuchtsversuch an, in dem eine wegen Unzucht angeklagte Rosina Sömlin aussagte, sie habe sich gegen den Täter so sehr gewehrt, daß es diesem nicht gelungen sei, sie zu penetrieren, obgleich er »mit seinem Glied an ihren Leib gekommen und sie arg geplagt habe«.[18]

Die Anhänger der Eliasschen Zivilisationstheorie behaupten nun, die mittelalterlichen und frühneuzeitlichen Frauen seien im Gegensatz zu den heutigen »subject to abrupt, sometimes violent, sexual advances« gewesen, und ein Adeliger habe nicht viel Federlesens mit einer Bäuerin gemacht, die ihm über den Weg gelaufen sei.[19] So meint auch Jos van Ussel, »ein mittelalterlicher Ritter hätte sich lächerlich gemacht, wenn er ein Mädchen, das ihm gefiel und dem er irgendwo allein begegnete, nicht vergewaltigt hätte«.[20] Auffällig dabei ist, daß keiner dieser Autoren auch nur einen einzigen Beleg für seine Behauptungen anführt, doch ist es wahrscheinlich, daß diese letzten Endes auf eine Passage in *Li livres d'amours* von Andreas Capellanus aus dem späten 12. Jahrhundert zurückgehen. Dort empfiehlt der Autor dem adeligen Leser, er solle sich, werde er von dem Verlangen ergriffen, sich mit einer Bäuerin zu vergnügen, nur ja keinen Zwang auferlegen. Sei die Gelegenheit günstig, so solle er sie beim Schopfe pakken und nicht auf ein anderes Mal warten: »Et s'ainsi avient qu'il te preigne / Talent d'amer fame vilaine, / Se tu pues a bon point venir, / Tu ne te dois mie tenir, / Ains dois acomplir ton plaisir / Tantost, sanz querre autre loisir, / Et a ton pooir t'en efforce, / Se ce n'est ausint com a fforce. / Tu i venras a trop grant paine, / Car c'est maniere de vilaine / Qui s'amour ne vieut otroier, / Tant la sache. I. hom biau proier, / Et que plus biau la proiera, / Plus vilaine la trouvera.«[21]

Die Vergewaltigung einer Bäuerin ist in Wahrheit gar keine Vergewaltigung, denn das bäuerliche Triebleben ist nach Capellanus so ungezügelt, so ›unzivilisiert‹ wie das der Tiere: ›Bespringt‹ also der hohe Herr irgendein Landmädchen, das seine Lust entfacht hat, so tut er nichts anderes als das, was ohnehin Bauernart ist. »Wir sprechen«, so Capellanus in der Übersetzung Johann Hartliebs, »das das selten geschehen mag, das die pawren sich üben in der rechten lieb und mynn, sunder sy werden naturlich als die rosz und esel zu dem lust irs fleischlichen begerens geraitzt und tzu der unkewsch gezogen, als verr in ir natur zaigt.«[22]

Freilich herrscht unter den Fachleuten schon seit langem Übereinstimmung darin, daß Capellanus nicht als »a useful source for the subject of rape« im Mittelalter anzusehen ist.[23] Natürlich soll damit nicht in Zweifel gezogen werden, daß so mancher Ritter eine Bäuerin mit Gewalt ›genommen‹ oder versucht haben wird, sie zu dem zu nötigen, was heute »a five minute stand« genannt wird. Und entsprechend putzt in Eilhart von Obergs *Tristrant* eine königliche Hofdame einen Herrn, der zudringlich werden will, herunter: »wâ tût ir hen ûwirn sin? jâ sêt ir wol daz ich nicht bin eine gebûrinne daz ir mich bittet umme minne in sô gar korzir zît: ich wêne ir ein gebûr sit.«[24]

Es soll auch nicht bestritten werden, daß es im Mittelalter weithin eine ›Klassenjustiz‹ gab und daß ein Adeliger, der eine Angehörige der unteren sozialen Schichten vergewaltigte, größere Chancen hatte, ungeschoren oder mit einem blauen Auge davonzukommen als, sagen wir, ein Bauer oder ein Bürger, der sich der Notzucht an einer Dame schuldig machte. So wurden z. B. in Frankreich über adelige Vergewaltiger von Bäuerinnen nicht selten relativ geringe Strafen verhängt,[25] und auch in England waren in jenen Fällen, in denen das Opfer ein Kind, eine Jungfrau oder eine Frau von Stand war, Strafverfolgungen sehr viel wahrscheinlicher als dort, wo eine verheiratete Angehörige der Unterschichten vergewaltigt wurde oder eine Frau, deren Ruf bereits ramponiert war.[26] Schließlich hat man die Tatsache, daß im Venedig der Frührenaissance adelige Männer mehr Sexualverbrechen begingen als die aus den anderen sozialen Schichten, damit in Verbindung gebracht, daß jene mit größerer Nachsicht behandelt wurden, und dies in einer Stadt, die bekanntlich Vergewaltigungen ohnehin mit milderen Strafen belegte als die anderen italienischen Städte. So wurden beispielsweise um die Mitte des Trecento von 33 Adeligen, denen die Vergewaltigung eines nichtadeligen Mädchens nachgewiesen werden konnte, nur 12 ins Gefängnis geworfen, während der Rest mit Geldstrafen davonkam.[27]

Dies alles bedeutet indessen keineswegs, daß Bäuerinnen oder Bürgerfrauen für den Adel Freiwild darstellten, das ihm zum ›Abschuß‹ zur Verfügung stand,[28] wie sich auch ansonsten die adeligen Herren mitnichten alles herausnehmen konnten. Als beispielsweise im 14. Jahrhundert der gewappnete Lord Robert de la More einen einfachen Mann wie Robert, Sohn des John le Taillour, niederreiten und mit der Lanze durchbohren wollte, wurde er von diesem in einer Bravourleistung aus dem Sattel gehoben und getötet. Im nachfolgenden Prozeß erkannten die Richter von Yorkshire auf Notwehr und sprachen den Mann frei.[29]

Nach einer Ordonnanz Herzog Philipps von Burgund für die

Stadt Gent vom Jahre 1438 wurde *jeder* Vergewaltiger oder Entführer (»de quelque estat qil soit«) einer *jeden* Angehörigen des weiblichen Geschlechts (»aucune pucelle, femme, vefve ou autre«) der gleichen harten Strafe zugeführt. Für den Fall, daß sich die Familie des Opfers durch Reparationszahlungen zum Schweigen bringen ließ, erhoben Vertreter der Stadt die Klage, da ein öffentliches Interesse an der Strafverfolgung bestand. Versäumten die zuständigen Beamten es, innerhalb von zwei Wochen Klage zu erheben, sollten sie auf 50 Jahre, also praktisch für immer, aus der Stadt und ihrem Gebiet verbannt werden.[30]

Als im 12. Jahrhundert Nowgorod und die Städte Gotlands einen Pakt schlossen, wurde vereinbart, daß einer Sklavin als Entschädigung für eine Vergewaltigung die Freiheit geschenkt wurde. Konnte sie lediglich eine sexuelle Belästigung nachweisen, erhielt sie als Kompensation für das Vergehen (*obida*) 1 grivna. Dabei sah man in dem Verbrechen bzw. Vergehen nicht allein eine Minderung des Heiratswertes, sondern auch ein Beschämung (*sram*) und Entwürdigung der Frau, denn auch eine Sklavin besaß eine Geschlechtsehre und eine persönliche Integrität, die nicht ungestraft angetastet werden durften.[31] Im alten Rus hatten selbst Bauernmädchen, die von einer hochgestellten Persönlichkeit vergewaltigt worden waren, bei einer Anzeige gute Erfolgschancen,[32] und das ›Hofgesetz für das Volk‹ bestimmte, daß der Täter in die Sklaverei verkauft wurde. War das Opfer verlobt, fiel das gesamte Vermögen des Täters an die betreffende Frau; war es nicht verlobt, wurde ihm nur ein Teil des Vermögens übereignet.[33] Auch der Handelsvertrag zwischen Smolensk und Riga enthielt die Bestimmung, daß selbst Sklavinnen und Prostituierte vom Täter angemessen entschädigt wurden, und im Moskowitischen sowie im Reich von Kiew mußte der Täter seine Unschuld beweisen und nicht das Opfer dessen Schuld.[34] Schließlich durften in Vergewaltigungsfällen die Frauen selber den Prozeß führen,[35] eine Eigentümlichkeit, die es auch im Westen gab. So heißt es z.B. in den *Établisse-*

ments de Saint-Louis vom Jahre 1270: »Nule fame n'a response en cour laie, puisque ele a seigneur, se ce n'est du fet de son corps.«[36]

Wie steht es aber mit der Behauptung, ein Ritter hätte sich geradezu lächerlich gemacht, wenn er ein Bauernmädchen, das ihm über den Weg gelaufen sei, nicht vergewaltigt hätte? Natürlich darf man davon ausgehen, daß sich so mancher Recke unter seinesgleichen damit gebrüstet haben wird, bei einer Bauers- oder Bürgerstochter etwas ›nachgeholfen‹ zu haben, doch konnten solche Sexprotzereien schiefgehen. So veranstaltete beispielsweise im Jahre 1481 die ›Ritterschaft vom Rheinstrom‹ in Heidelberg ein Turnier, während dessen unter anderem ein jeder Edelmann abgestraft wurde, »welcher Frawen oder Junckfrawen, ir eer mit worten oder wercken benommen hat, und sich des berümpt oder solichs mit gewalt thut«.[37]

Zu Beginn des 14. Jahrhunderts berichtet Ottokar von Steiermark in seiner Reimchronik, die Tatsache, »daz er husfroun unde magt het genôtzogt ân irn danc«, habe Adolf von Nassau unter seinesgleichen in großen Mißkredit gebracht, und Sigfrid von Balnhausen führt als einen der Gründe an, warum der König im Jahre 1298 in Mainz von den Kurfürsten abgesetzt wurde, »quia virgines stuprasset«. Als schließlich im Jahre 1271 der jugendliche Graf Heinrich von Freiburg sich auf dem Neuenburger Fleischmarkt im Schutze der Dunkelheit an einer jungen Bürgerin verging (»in sero sub macellis cuiusdam burgensis uxorum stupravit«), gab es einen Aufruhr in der Stadt und die gesamte Bürgerschaft verweigerte ihm den Treueid.[38]

§ 29
Kriegsvergewaltigungen und
die »Truppe der Samennehmerinnen«

Es steht außer Frage, daß während der häufig stattfindenden Kriegszüge des Mittelalters zahllose Frauen und Mädchen sexuell erobert und unterworfen wurden, und wie fürchterlich solche Massenvergewaltigungen zum Teil gewesen sein müssen, geht aus den Worten des Chronisten Fulcher von Chartres hervor, der die Tatsache, daß die Kreuzritter nach dem Sturm auf das Lager der Sarazenen in Antiochia am 28. Juni 1098 unter Bohemund von Tarent die Frauen *nicht* vergewaltigten, wie folgt formuliert: »Was die Frauen in den Zelten des Feindes betrifft, so taten die Franken ihnen nichts Schlimmes an, sondern stießen Lanzen in ihre Bäuche.«[1]
Dabei machten die Kreuzritter nur selten einen großen Unterschied zwischen sarazenischen und christlichen Frauen, und nicht wenige abendländische Chronisten legten Wert auf die Feststellung, daß die muslimischen Krieger sich den Frauen der Besiegten gegenüber meist wesentlich ›zivilisierter‹ verhalten hätten und »nicht brünstig wiehernd über lateinische Frauen hergefallen« seien, wie es die christlichen Morgenlandfahrer taten. Als beispielsweise im Jahre 1204 die sexuell ausgehungerten Kreuzritter – man hatte sämtliche Troß- und Lagerhuren verschifft – Byzanz nahmen, fürchteten die Byzantiner sehr um ihre Frauen und Töchter, und zwar mit Recht, wie der Historiker Niketas Choniates berichtet: »Andere starrten die schönen Frauen unverwandt mit begehrlichen Blicken an, als wollten sie diese sogleich rauben und mißbrauchen. Da wir um die Frauen zitterten, nahmen wir sie in unsere Mitte und bildeten gleichsam einen Zaun um sie. Den jüngeren befahlen wir, ihr Gesicht mit dem Schmutz der Straße zu beschmieren[2] und die Glut ihrer Wangen, die sie früher durch Schminke zu erhöhen pflegten, zum Verlöschen zu bringen«, doch konnte alles dies die Frauen nicht vor ih-

180 Ein Ritter vergewaltigt nach der Schlacht die Frau des besiegten Feindes. Federzeichnung von Hektor Mülich, 1455.

rem Schicksal bewahren: »Da waren die Männer, die gelobt hatten, keine Frau zu berühren, solange sie das Kreuz auf ihren Schultern trügen, weil sie als Gott geweihte Schar im Dienst des Allerhöchsten zögen!«[3]

Doch nicht nur in den fremden Ländern, auch im eigenen nahmen sich viele Truppenteile fast jede Frau, die sie erwischen konnten. Als beispielsweise, wie ein Chronist aus dem 14. Jahrhundert erzählt, die Priorin des Klosters St. Alban den Truppen Sir John FitzAlans den Zutritt zum Kloster, in dem diese übernachten wollten, verweigerte, drangen die Soldaten mit Gewalt ein und notzüchtigten die Frauen eine nach der anderen, »beginning with the novices and working their way through the widows, the married women, and the nuns«.[4] Dies führte dazu, daß nicht selten die Bewohnerinnen einer Stadt, der die Belagerung drohte, in die Umgegend flüchteten, um bei einer Eroberung nicht zur Kriegsbeute der Sieger zu werden (Abb. 181).

Nicht allzu viele Skrupel scheinen in dieser Hinsicht auch die spanischen Soldaten geplagt zu haben, als sie im 16. Jahrhundert die ›Wilden‹ in der Neuen Welt heimsuchten, und wenn noch heute die Andalusier sagen, ihre Landsleute hätten da-

181 Rückkehr der geflüchteten Frauen in die Stadt L'Isle
nach dem Abzug der Eidgenossen.
Chronik der Burgunderkriege des Diebold Schilling, 1480.

mals Amerika erobert, indem sie in der einen Hand das Kreuz und in der anderen ihren Schwanz gehalten hätten, so scheint dies nur geringfügig übertrieben. Im Jahre 1565 berichtet beispielsweise Girolamo Benzoni über die Soldaten Pizarros nach deren Sieg über Atahualpa: »Danach streiften sie auf die umliegenden Flecken und fanden auf eine Meile wegs, nicht weit von einem Wald, viel Weibsvolk in Wasserbädern oder Fischweihern, welche an nichts weniger dachten, als daß ein so mächtiger König von so wenigen gefangen worden sein sollte. Sie waren derhalben guter Dinge und erlustigten sich im Wasser. Da nun die Spanier sie antrafen, zogen sich ihrer etliche nackend aus, sprangen mitten unter die Weiber ins Wasser, rissen die Schönsten aus ihnen zu sich, führten dieselben mit sich hinweg, trieben ihren Mutwillen und ihre Unzucht mit ihnen gleich wie auch mit denen, die sie in des

182 Die Spanier vergewaltigen nach dem Sieg über Atahualpa badende Inka-Frauen. Stich von Theodor de Bry.

Atahualpa Lager überwältigt hatten. Hiervon zeugen die Scribenten, welche von der Neuen Welt geschrieben haben, daß in den Bädern und in des Atahualpa Lager an die 5000 Weibspersonen ergriffen worden seien.«[5] (Abb. 182). Auch auf den Zeichnungen des Felipe Guaman de Ayala in der *Nueva corónica* vom Jahre 1615 werden die Vergewaltigungen und sexuellen Belästigungen der Inkafrauen durch die Spanier auf mehr oder weniger dezente Weise dargestellt. So ist z. B. auf dem Bild ›Der *corregidor* und der Priester und der Leutnant machen ihre Runde und schauen sich die Schamteile der Frau an‹ (Abb. 183) vordergründig eine voyeuristische Szene zu sehen,[6] doch die deutliche Darstellung der Vulva und des Afters der Frau weisen wohl darauf hin, daß die Botschaft des Zeichners lautet: ›Die Spanier ›nehmen‹ ihre weibliche Beute vaginal und anal‹.

Zahlreiche Greueltaten gegenüber den Frauen begingen die Spanier auch bei der Eroberung von Mexiko, und selbst Diaz del Castillo kommt nicht umhin zu erwähnen: »Die Mannschaften zogen in Haufen von 15 bis 20 Mann durch das Land, plünderten, vergewaltigten die Frauen und benahmen sich, wie wenn sie in der Türkei wären.«[7]

Man könnte geneigt sein, aus solchen Berichten den Schluß zu ziehen, daß die Truppen im Mittelalter und in der frühen Neuzeit gewissermaßen einen Freibrief auf Vergewaltigung hatten oder daß es so etwas wie ein Gewohnheitsrecht auf sexuelle Beute gegeben habe. Dem ist jedoch nicht so, und schon das Alte Testament kennt ein Gebot, das sich als ein Versuch der ›Zivilisierung‹ sexueller Kriegsverbrechen an Frauen lesen läßt: »Und siehst du unter den Gefangenen ein schönes Weib und hast Lust zu ihr« – in der Wenzelsbibel aus dem 14. Jahrhundert, heißt es dezent: »und beginnest di liep zu habn« –, »daß du sie zum Weibe nehmest, so führe sie in dein Haus und laß ihr das Haar abscheren und ihre Nägel beschneiden und die Kleider ablegen, darin sie gefangen ist, und laß sie sitzen in deinem Haus und beweinen einen Monat lang ihren Vater und ihre Mutter; danach gehe zu ihr und nimm sie zur Ehe und laß sie dein Weib sein (»und slaf mit ir«). Wenn du aber nicht mehr Lust hast zu ihr, so sollst du sie

183 Die Spanier entehren eine Frau der Anden-Indianer. Aus Felipe Guaman Poma de Ayalas *La nueva crónica y buen gobierno*, um 1613.

184 Feindliche Soldaten vergewaltigen nach Einnahme einer Burg deren Bewohnerinnen. Französ. Buchmalerei, spätes 14. Jh.

gehen lassen, wohin sie will, und nicht um Geld verkaufen noch versetzen, darum daß du sie gedemütigt hast« (5. Mose 21,10ff.).[8]

Nach den *Articles of War* Richards II. vom Jahre 1385 wurde jeder Soldat, der des Verbrechens der Vergewaltigung überführt wurde, gehängt,[9] aber zum einen gibt es aus jener Zeit wenig zuverlässige Berichte über Kriegsvergewaltigungen, weil die Chronisten sie meist wegen ihres unehrenhaften und verbrecherischen Charakters verschwiegen,[10] und zum anderen weiß man häufig nicht, in welchem Maße die Schuldigen tatsächlich einer solch schmählichen Strafe zugeführt wurden.[11] Man darf dies füglich bezweifeln, denn nach den *generall Customes and Lawes of Warre* vom Jahre 1642 stand zwar auf Vergewaltigung und »unnaturall abuses« die Todesstrafe, aber bezeichnenderweise fehlt der Zusatz »without mercy«,[12] was der militärischen Führung natürlich einen großen Handlungsspielraum ließ.

In den *Schwörartikeln der Leutkircher Soldknechte*, »die sy in der vffrur der pawren zu gott vnd den hailigen schwören söllen«, heißt es: »Zum 5. söllen ir gotzheuser, kürchen vnd klawsen, wittwen vnd waysen, mülinen, kintpetterin, frowen vnd junckfrowen nit schenden, noch lestern, besonder so wyt ewer vermügen raycht, helfen schützen vnd schirmen.« In manchen Einheiten drohte den Vergewaltigern sogar die Todesstrafe: »Dieweil kein Unreinar wurt besitzen das Rich Gottas und Christi, wie der Apostel sagt, gebitten mir ufs hoest, das keinar kein Weibsbeild, Fruen odar Junckfruen notzucht, bei peinlicher Straff.«[13] Und in der Kriegsordnung der elsäßischen Bauern am Rhein vom 10. Mai 1525 steht sogar geschrieben: »18. Alle, die Frauen oder Jungfrauen lestern oder mit Worten ungebuhrlichen schmehen, sollen am Leib gestraft werden.«[14]

Trotz all dieser Verordnungen gab es ›natürlich‹ auch während des Großen Bauernkrieges zahlreiche Vergewaltigungen, und manchmal verwendeten sogar die Frauen die Vergewaltigungsdrohung als Druckmittel, wie z.B. im März 1525, als eine Gruppe von Bauersfrauen vor das Kloster Heggbach zog und den Nonnen, die den Schwäbischen Bund alarmiert hatten, weil die Aufständischen das Korn des Klosters wegführen wollten, mit den Worten drohten: »Ihr kommt zu dem Bauernhaufen, die Kleider wird man euch über dem Kopf zusammenbinden. Ihr müßt auch Kinder haben und euch wehtun lassen wie wir!«[15]

Vermutlich wurden zu allen Zeiten die Vergewaltigungen im Feindesland weniger aus Gründen des Anstandes oder der Menschlichkeit so streng verboten, sondern eher wegen der Tatsache, daß sexuelle Ausschreitungen die Disziplin der Truppe gefährdeten, da es bei Massenvergewaltigungen nicht selten zu ernsthaften Streitigkeiten und Kämpfen um die weibliche Beute kam.[16] Um die Sexualität der Soldaten in geordnete und kontrollierbare Bahnen zu lenken, tolerierte man vor allem während des späten Mittelalters häufig Lager- und Troßhuren (Abb. 185), die nicht nur sexuell zur Verfügung standen, sondern oft auch andere nützliche Tätigkeiten wie Kochen oder Wäschewaschen ausübten und manchmal engere Beziehungen zu einem ganz bestimmten Soldaten oder Landsknecht eingingen. Im Hochmittelalter wurden diese

185 Niklaus Manuel Deutsch d. J.: Landsknecht und Troßhure, 1546.

»fahrenden Frauen« meist weniger geduldet, und Robert der Mönch teilt uns mit, daß Papst Urban II. bereits anläßlich des Ersten Kreuzzuges im Jahre 1095 verkündet hatte, daß sich keine Frauen an ihm beteiligen durften, es sei denn, sie würden von ihrem Ehemann, ihrem Bruder oder von einem persönlichen Beschützer begleitet.[17]

Dieses Verbot, öffentliche Huren mit sich zu führen, blieb zwar während der ersten fünf Kreuzzüge bestehen, aber es wurde ständig unterlaufen,[18] und Ibn al-Kaṯīr berichtet, daß bei der Belagerung Akkons, dem damaligen St.-Jean d'Acre, auch fränkische Frauen mitgekämpft hätten. Die überwiegende Mehrzahl dieser Frauen seien indessen in den Orient gekommen, um den Kreuzfahrern »Genuß, Freude und Unterhaltung zu bieten«. Allein auf einem Schiff seien dreihundert solcher schöner Frauen herangeschafft worden, und es habe mehrere Araber gegeben, die nur wegen dieser Huren die Fronten gewechselt hätten.[19] Richard Löwenherz, der im Jahre 1191 gemeinsam mit deutschen Rittern Akkon von den Arabern zurückeroberte, duldete zwar nicht, daß die Huren die Truppen begleiteten, doch jene ließen die Herzen der

Araber in der Tat höher schlagen, wie man den Ausführungen des Sekretärs Sultan Saladins entnehmen kann: »Getönt und bemalt, begehrenswert und appetitanregend, kühn und feurig, mit näselnden Stimmen und fleischigen Schenkeln. [...] Sie boten ihre Waren zum Genuß an, brachten ihre silbernen Fußkettchen so hoch, bis sie ihre goldenen Ohrringe berührten, [...] machten sich selbst zu Zielscheiben für die Wurfpfeile der Männer, boten sich selbst den Stößen der Lanzen dar, ließen Speere sich gegen Schilde erheben [...]. Sie verflochten Bein mit Bein, fingen Eidechse um Eidechse in ihren Löchern, leiteten Federn zu Tintenfässern, Sturzbäche zum Talgrund, Schwerter zu Scheiden, Feuerholz zu Herden [usw.].«[20]

Bereits während des Ersten Kreuzzuges ließ der Normanne Bohemund im Lager von Antiochia die Troßhuren, die trotz des päpstlichen Verbotes zahlreich erschienen waren, vertreiben (Abb. 186), damit die Ritter »nicht beschmutzt und verkommen durch ihr zügelloses Leben dem Herrn mißfallen«, und ein Jahrhundert später berichtet Robert von Clari, vor dem Sturm auf Byzanz im Jahre 1204 hätten Bischöfe in ihren Predigten diesen Krieg als einen gerechten Krieg bezeichnet: Um ihn nicht zu beflecken, »wurde befohlen, alle leichten Frauen zu suchen und vom Heer zu entfernen. Sie wurden alle in ein Schiff gebracht und weit weg geschickt.«[21]

Auch im späteren Mittelalter wurden die »fahrenden Frauen« mal toleriert, mal vertrieben wie z.B. von Jeanne d'Arc,[22] und in der am 27. April 1525 erlassenen Kriegsordnung eines Teilhaufens der Taubertäler Bauern zu Ochsenfurt heißt es: »Zum funften unzuchtige Frauen soll man im Lager nit gedulden.«[23] Etwa zur selben Zeit führten in einem ganz anderen Teil der Welt die Krieger der Inka Troßhuren mit sich, die *mita huarmi* genannt und, wie Garcilasco de la Vega mitteilt, geduldet wurden, um »größeren Schaden abzuwenden«, was der Spanier allerdings nicht präzisiert. Die *mita huarmi* lebten normalerweise in ärmlichen Hütten außerhalb der Siedlungen, weshalb sie wohl auch *pampairuna*, »im freien Ge-

186 Oben: Vertreibung der Troßhuren aus dem Lager der Kreuzfahrer vor Antiochia.
Unten: Die Kreuzfahrer entmannen Spione der Araber, um 1490.

lände lebende Menschen« hießen, und sie waren so verachtet, daß keine anständige Frau auch nur ein Wort mit ihnen wechseln durfte.[24]

Für die französische Armee wurden zwischen den Jahren 1684 und 1687 mehrere Gesetze erlassen, nach denen einer Hure, die sich innerhalb eines Umkreises von 2 Meilen (= 9,66 km) blicken ließ, die Nase abgeschnitten und die Ohren geschlitzt wurden, wobei indessen wiederum fraglich bleibt, ob man solch drakonische Strafen häufig vollstreckte.[25] Nach zahlreichen Vertreibungen und Bestrafungen von Troßhuren im Mittelalter und in der frühen Neuzeit hatte man sie schließlich auch höheren Ortes akzeptiert, und zu Beginn des 17. Jahrhunderts kamen auf 100 Soldaten etwa 5 Troßhuren.[26]

Plünderungen und Massenvergewaltigungen durch die Armee – und zwar im fremden wie im eigenen Land – waren trotz strenger Verbote auch im 17. und im 18. Jahrhundert das, was die Bevölkerung erwarten konnte,[27] und die Vertreibung der Troß- und Lagerhuren trug nicht gerade dazu bei, die Vergewaltigungsbereitschaft der französischen Soldaten zu dämpfen. Auf einem in Nürnberg gedruckten Flugblatt heißt es beispielsweise über die erste Besetzung Heidelbergs durch die Truppen Ludwigs XIV. im Jahre 1689: »Mit denen Weibspersonen haben sie auff offentlichen Strassen ihre unziemliche Begierden ausgeübet / worbey die jungen Mägdlein von 14. 15. Jahren nicht verschont geblieben / welche sie so zu gerichtet / daß es zu beweinen.«[28]

Zwar wurden solche Übergriffe nicht selten geahndet – so etwa im Jahre 1680 in Freiburg im Breisgau, wo man einen der beiden französischen Offiziere, die von der jungen Marketenderfrau Elisabetha Ehrmeyerin wegen versuchter Vergewaltigung angezeigt worden waren, »arrestierte«[29] –, doch bei Massenvergewaltigungen nach dem Sturm auf eine Stadt verlor die militärische Führung häufig jede Kontrolle. Aus diesem Grunde hatten während der Eroberung Heidelbergs im Jahre 1693 die Offiziere – eingedenk der zahlreichen Ver-

187 Die Franzosen vergewaltigen niederländische Frauen.
Radierung von Romeyn de Hooghe, 1673.

gewaltigungen bei der ersten Besetzung der Stadt vier Jahre zuvor – befohlen, die Bevölkerung und namentlich alle Frauen und Mädchen, die nicht aufs Schloß fliehen konnten, in die Heiliggeistkirche und später in die Kirche des Kapuzinerklosters zu bringen. Trotzdem wurden viele »Weibspersonen«, die den Franzosen in die Hände fielen, »öffentlich geschändet«, bis sie starben; viele Männer und Frauen wurden nackt »aussgezogen und der gestalten sonderlich die Weibsbilder unmenschlich tractirt, dass der himmel darüber erblassen möchte«. Nachdem schließlich die Heiliggeistkirche in Brand gesteckt worden war und die Leute, die sich dorthin geflüchtet hatten, ins Freie laufen mußten, wurden abermals zahlreiche Frauen vor aller Augen auf dem Pflaster der Gassen vergewaltigt und anschließend häufig »gewaltsamer Weiss ins Lager geführet«, wo sie das Opfer erneuter Vergewaltigungen wurden.[30]

Es gibt keine Anzeichen dafür, daß die französischen Soldaten im darauffolgenden Jahrhundert gegenüber der weiblichen Bevölkerung im feindlichen oder im eigenen Land zivilisiertere Verhaltensweisen gezeigt hätten, und auch in Friedenszeiten gehörten Vergewaltigungen durch Armeeangehörige zur Tagesordnung. Im Jahre IV beispielsweise entstand unter der Bevölkerung von Nantes eine Welle der Empörung, nachdem mehrere Angehörige des 8. Battaillons des Départements Seine-Inférieure zwei blutjunge Mädchen

überfallen und brutal vergewaltigt hatten. Im medizinischen Untersuchungsbericht heißt es über die eine, kaum 16 Jahre alt: »Elle éprouve dans les organes de la génération des douleurs avec chaleur et engorgement produites par la répétition d'actes effrénées qu'ont exercés sur cette citoyenne, avec violence, plusieurs militaires.« Manchmal übten die jungen Burschen der Gegend, aus dem das Opfer stammte, Vergeltung, und es kam zu regelrechten Schlachten zwischen ihnen und den Soldaten, denn die männliche Jugend empfand jeden Überfall der Militärs auf eines ›ihrer‹ jungen Mädchen oder Frauen als einen Angriff auf ihre Ehre.³¹
Im ausgehenden 18. Jahrhundert wurden die französischen Armeen zwar von Wäscherinnen und Marketenderinnen begleitet, und in den ersten Revolutionsjahren gab es auch weibliche Soldaten in Frauenkleidung, aber öffentliche Huren blieben weiterhin ausgeschlossen, und man gab sich auch eine gewisse Mühe, die Frauen der jeweiligen Gegend, in der sich die Truppe befand, von den Soldaten fernzuhalten. So erinnert sich der schwäbische Maler Johann Baptist Pflug an die Verordnung für die französischen Truppen, die im Jahre 1796 vor Biberach lagen: »Keinem Frauenzimmer war der Eintritt in das Lager gestattet; die Franzosen hatten dieses Verbot selbst in der Stadt bekannt gemacht.«³²
Auf der anderen Seite war die Gefahr, von Soldaten mißbraucht zu werden, für die einheimischen Frauen groß, und die Armeeführung versuchte, dem entgegenzuwirken. Bonaparte beispielsweise erließ am 4. Messidor des Jahres VI, d. h. am 22. Juli 1798, während seiner Expedition nach Ägypten an Bord der ›Orient‹ eine Proklamation an die Landarmee, in der es hieß: »Die Völker, zu denen wir gehen, behandeln die Frauen anders als wir; aber in allen Ländern ist einer, der sie vergewaltigt, ein Scheusal.«³³
Selbstverständlich war das Vergewaltigen von Frauen keine Eigentümlichkeit der französischen Armee. So notzüchtigten beispielsweise während des Siebenjährigen Krieges im Jahre 1760 die russischen Truppen in und vor allem um Berlin

herum zahlreiche Frauen auf »viehische« Weise in aller Öffentlichkeit, nachdem sie ihre Opfer nackt ausgezogen und gequält hatten, und es heißt, sie hätten zwischen jung und alt keinen Unterschied gemacht. Freilich sollten sich kurze Zeit später die Österreicher und die Sachsen keinen Deut besser verhalten.[34]

Nach der Schlacht von Culloden im Jahre 1746 fielen die Engländer in Scharen über die Hochlandschottinnen her, und zwar nicht selten vor den Augen ihrer Männer, die im Todeskampf an einem Ast baumelten. Die Frauen, deren Männer überlebten, gelobten diesen, neun Monate lang nicht mehr mit ihnen zu schlafen, »which resolution«, so der Laird von Glenmoriston, »the husbands agreed to. But they«, d.h. die Frauen, »happened (luckily) not to fall with child by the ravishing, nor to contract any bad disease.«[35] Allerdings hatten in den Zeiten davor auch die Hochlandschotten selber bei ihren Fehden die Frauen des Gegners nicht eben mit Glacéhandschuhen angefaßt. Sie raubten nicht nur alles Vieh und Gut, sondern rissen den Frauen sämtliche Kleider vom Leibe, »struck and dang the women of the said lands«, wie es 1583 heißt, »and cutted the hair of their heads«, um sie noch zusätzlich zu erniedrigen.[36]

Wie bereits im 16. Jahrhundert den Konquistadoren, so untersagten auch im 18. Jahrhundert die Spanier ihren Seefahrern nicht nur Vergewaltigungen, sondern jeglichen Geschlechtsverkehr mit den Frauen der Eingeborenen, und bei den relativ kleinen Schiffsbesatzungen konnte die Einhaltung dieser Verbote auch einigermaßen überwacht werden. Als jedenfalls im Jahre 1792 die Männer der Haida an der amerikanischen Nordwestküste dem Kapitän Jacinto Caamaño und seiner Mannschaft Frauen anboten und dieser ablehnte, waren die Indianer »in höchstem Maße überrascht, da sie gewohnt waren, daß die Engländer und andere, die in diesen Gegenden Handel treiben, sie«, d.h. Frauen zum sexuellen Vergnügen, »nicht nur akzeptierten, sondern auch verlangten und auswählten«. Um ihren Wert zu erhöhen, bezeichneten die Haida diese Frauen listigerweise als adelige Damen, aber in Wirklichkeit handelte es sich um Sklavinnen, die sie als Prostituierte hielten, um sie, ähnlich wie die Polynesier, überlegenen Fremden zu offerieren, damit diese sich nicht an den anständigen Frauen vergriffen.[37] So bot man Caamaño selber eine angebliche Häuptlingstochter an, über die der Spanier in seinem Logbuch notierte: »Sie hatte keinen Pflock in der Unterlippe und war [deshalb] in ihrer Erscheinung sehr ansprechend.« Bezeichnenderweise trugen die ehrbaren Jungfrauen und Frauen der Haida, Tsimshian, Tlingit und anderer Nordwestküstenindianer als Zeichen ihrer Reife ab der Menarche einen Lippenpflock, und nur den Sklavinnen blieb dies versagt.[38] Eine ehrbare Frau, die sich mit einem Weißen einließ, hätte nicht nur sich selber, sondern ihren gesamten Verwandtschaftsverband diskreditiert (Abb. 188).

Erst zögernd im 19. und dann vor allem im 20. Jahrhundert ging man in vielen Armeen wieder offiziell dazu über, die Soldaten ausreichend mit Prostituierten zu versorgen, und zumindest in einem Falle, nämlich nach der Eroberung von

188 Spottfigur auf eine Kwakiutl-Frau, die sich mit Weißen eingelassen hatte. Kwikset'enox, spätes 19. Jh.

Nanking durch die Japaner im Jahre 1937, läßt sich nachweisen, daß die riesige Woge grausamer Massenvergewaltigungen erst dann zurückging, als die japanische Heeresleitung große Mengen von Prostituierten in die chinesische Stadt schaffen ließ.[39] Während des Krieges mit China schickten die Japaner etwa 200000 koreanische und japanische Frauen als *yuanpu*, »Trösterinnen«, in die Etappe, und per Gesetz vom 30. Juli 1943 zwangsrekrutierten sie noch einmal die gleiche Anzahl von Koreanerinnen, von denen ca. ein Drittel ausschließlich als Prostituierte arbeiten mußte. Nach dem Kriege konnte diese *chŏng' aekbajidae*, »Truppe der Samennehmerinnen«, wie man sie in Korea nannte, wegen ihrer verlorenen Ehre weder in ihre Familien zurückkehren noch ein normales Leben aufnehmen oder heiraten.[40]

In einem am 17. Mai 1932 veröffentlichten Zirkular mit dem Titel ›Relazioni di uffiziali con donne indigene‹ befahl General Rodolfo Graziani, Kommandeur der italienischen Truppen in der Cyrenaika, seinen Soldaten, sich von den eingeborenen Frauen zurückzuhalten. Um dies zu erleichtern, werde man überall dort, wo es noch keine Armeebordelle gebe, nach Möglichkeit solche einrichten.[41]

Im deutschsprachigen Bereich gab es im 19. Jahrhundert zwar in vielen Einheiten Troßhuren – so führte z. B. im Jahre 1806 das preußische Regiment Wartensleben »33 Weiber« mit sich[42] –, aber Feldbordelle wurden erst später eingerichtet, und in Österreich-Ungarn erklärte sich die Armeeführung sogar erst im Ersten Weltkrieg zu dieser Maßnahme bereit.[43]

Im Indochinakrieg stand den französischen Soldaten das ›Bordel Mobile de Campagne‹ (BMC) zur Verfügung, das vor allem mit algerischen Huren bestückt war und mit den Einheiten sogar an die Front zog. Später richteten die Amerikaner mit ausdrücklicher Billigung des Pentagon und Generalstabschef Westmoreland in den Truppenstützpunkten Bordelle mit vietnamesischen Huren ein,[44] und im Jahre 1973 standen den US-Truppen schätzungsweise 300000 bis eine halbe Million Prostituierte zur Verfügung,[45] wenn sie es nicht

189 GIs während des Golfkrieges, 1991.

vorzogen, auf Gummipuppen zurückzugreifen (Abb. 189) oder einheimische Frauen zu vergewaltigen.

Die serbischen Tschetniks dagegen vergewaltigten im Sommer 1992 zunächst zahllose muslimische Bosniakinnen und zwangen anschließend etwa zehntausend Frauen, sich in bestimmten Häusern zum weiteren geschlechtlichen Gebrauch bereitzuhalten. Vier junge Opfer aus dem Dorf Liplje bei Zvornik berichteten: »Zehn Nächte lang haben uns Tschetniks in getarnten Bordellen gefangengehalten. Wir wurden jede Nacht von drei oder mehr Männern vergewaltigt.«[46] Presseberichten zufolge waren bis Ende November bereits 50000 Frauen vergewaltigt und viele von ihnen in etwa 36 Lagern als Prostituierte kaserniert worden, wo die bosniakischen und kroatischen Opfer häufig von zwei Männern gleichzeitig anal und vaginal penetriert wurden.[47] Im serbischen Fernsehen wurden diese Zahlen mit dem Hinweis kommentiert, so viele attraktive Frauen gäbe es in Bosnien gar nicht.

§ 30
Notzucht und Zivilisationsprozeß

Für Norbert Elias und seine Anhänger und Nachfolger sind die Grausamkeiten und brutalen Vergewaltigungen, die im Mittelalter und in der frühen Neuzeit an Frauen begangen wurden, ein Beispiel dafür, daß sich die ›Affektlage‹ und der ›Triebhaushalt‹ der damaligen Menschen noch grundlegend von der des modernen Europäers unterschieden habe. »Da ist das Mißtrauen gegenüber den Frauen, die im wesentlichen Objekt der sinnlichen Befriedigung sind, die Freude an Plünderung und Vergewaltigung.« Die Ritter hätten nicht allein gelegentlich der eigenen Frau eines auf die Nase gegeben,[1] sondern seien ganz allgemein zu einer »hemmungsloseren Sättigung von Lust an Frauen oder auch von Haß in der Zerstörung und Qual alles dessen, was Feind ist oder zum Feinde gehört«, bereit gewesen.[2]
Die Grausamkeit und Bereitschaft zur Vergewaltigung und Entwürdigung von Frauen beim modernen Soldaten sieht Elias, der immerhin Teilnehmer am Ersten Weltkrieg war, in einem ganz anderen Licht: »Sie ist durch eine Unzahl von Regeln und Verboten, die zu Selbstzwängen geworden sind, eingeengt und gebändigt. Sie ist so verwandelt, ›verfeinert‹, ›zivilisiert‹, wie alle anderen Lustformen, und nur noch im Traum oder in einzelnen Ausbrüchen, die wir als Krankheitserscheinung verbuchen, tritt etwas von ihrer unmittelbaren und ungeregelten Kraft in Erscheinung.«[3] Aber auch solche ›krankhaften‹ Exzesse treten beim modernen Menschen auf Grund der Übermacht einer stabilen Selbstzwangapparatur, die ihn fast total beherrscht, kaum noch in Erscheinung: »Die im Alltag der zivilisierten Gesellschaft gezüchtete und notwendige Zurückhaltung und Verwandlung der Angriffslust kann selbst in diesen Enklaven« – gemeint sind Kriege und Revolutionen – »nicht ohne weiteres wieder rückgängig gemacht werden.«[4]

Man wird sich fragen, ob Elias hier ein künstlich verfinstertes Mittelalter mit einer – um es euphemistisch auszudrücken – idealisierten Gegenwart vergleicht, und in der Tat scheint das Bild, welches Elias vom triebgezügelten »zivilisierten« Menschen malt, mit der Wirklichkeit nur eine geringe Ähnlichkeit zu haben.[5]

Implizieren die Behauptungen Elias', daß im Mittelalter wesentlich mehr Frauen vergewaltigt wurden als heute, da die Männer noch nicht über jene »Selbstzwangapparatur« verfügten, die ihnen eine für das moderne zivilisierte Leben notwendige Zurückhaltung auferlegte, so deutet alles darauf hin, daß das genaue Gegenteil der Fall ist und daß im Verlaufe des »Zivilisationsprozesses« immer häufiger Frauen das sexuelle Opfer von Männern wurden und werden.[6]

Im 14. Jahrhundert wurden beispielsweise in England, das damals als ein Land mit einer besonders gewalttätigen Bevölkerung galt, ungefähr genauso viele Vergewaltigungstäter strafrechtlich verfolgt wie heute, aber im Gegensatz zu heute wurden sie zum einen häufiger verurteilt, und zum anderen ist das heutige England im Vergleich zu Deutschland oder gar zu den USA ein Land, in dem sehr wenige Vergewaltigungen vorkommen.[7]

In Massachusetts gingen Beobachter im Jahre 1790 bei Verbrechen im allgemeinen von einer Dunkelziffer von 90% und bei Vergewaltigungen von 98% aus[8] – offenbar eine nicht ganz unrealistische Zahl, die sich nicht wesentlich von der unterscheidet, die man sowohl für das späte Mittelalter als auch für heute angenommen hat: Neuere Forschungen haben beispielsweise ergeben, daß in Schottland etwa 93% der versuchten oder vollendeten Vergewaltigungen nicht angezeigt wurden;[9] 75% der Frauen, die zwischen den Jahren 1976 und 1980 im London Rape Crisis Center angaben, vergewaltigt worden zu sein, hatten auf eine Anzeige verzichtet, und nach einer Londoner Untersuchung vom Jahre 1982 hatten gerade 8% das Verbrechen bei der Polizei gemeldet.[10] In der alten Bundesrepublik wurden in den achtziger Jahren jährlich etwa

7000 Vergewaltigungen angezeigt, aber nach Schätzungen bewegt sich die Anzahl der tatsächlich ausgeführten Vergewaltigungen zwischen 140000[11] und 200000, die etwa 160000 ›rechtmäßigen‹ Vergewaltigungen in der Ehe nicht mitgerechnet.[12]

Im Jahre 1984 wurden in den USA etwa 200000 Vergewaltigungen oder Vergewaltigungsversuche angezeigt, und nach seriösen Schätzungen muß wenigstens jede fünfte Amerikanerin damit rechnen, mindestens einmal in ihrem Leben Opfer eines solchen Verbrechens zu werden.[13] Nach anderen Schätzungen haben zwischen 62 und 69 % aller amerikanischen Frauen bereits wenigstens einen Vergewaltigungsversuch hinter sich, bei welchem der Täter körperliche Gewalt einsetzte, und noch mehr Frauen müssen den Einsatz von körperlicher Gewalt durch ihre Sexualpartner erdulden, vor allem weil diese Praktiken wie Analverkehr erzwingen wollen, die den Frauen unerwünscht sind oder die sie abstoßen.

Ungefähr ein Viertel aller amerikanischen College-Studenten gab zu, bereits mindestens einen Vergewaltigungsversuch unternommen, und eine noch größere Anzahl erklärte, einen oder mehrere »date rapes« erfolgreich durchgeführt zu haben.[14] Die meisten in einer anderen Untersuchung befragten Studenten leiteten aus der Tatsache, daß eine Frau sie gefragt hatte, ob sie mit ihr ausgehen wollten, das Recht ab, mit ihr zu schlafen, und zwar auch gegen ihren Widerstand.[15]

Zwischen den Jahren 1960 und 1980 hatte die Anzahl der in den USA registrierten Vergewaltigungsfälle um über 100 % zugenommen – das ist mehr als bei jedem anderen Gewaltverbrechen[16] –, und zwischen 1977 und 1986 stieg die Vergewaltigungsrate um 34,1 % und die von Mord nur um 8,5 %,[17] wobei man natürlich berücksichtigen muß, daß sich in diesen Jahren die Anzeigebereitschaft vergewaltigter Frauen verändert haben kann.

Obgleich die Vergewaltigungsrate in den modernen Industriegesellschaften unterschiedlich hoch ist,[18] läßt sich fest-

stellen, daß sie im allgemeinen mit fortschreitendem ›Zivilisationsprozeß‹ immer mehr ansteigt. Dies mag zum einen daran liegen, daß in den modernen, ›unüberschaubaren‹ Gesellschaften die soziale Kontrolle schwächer geworden ist und damit auch das Risiko eines Täters, für das Verbrechen zu büßen,[19] d. h. ein Mann, der eine Frau vergewaltigen will, hat überaus hohe Chancen, nie verurteilt zu werden. So hat man für die USA errechnet: »When everything is taken into account, the average rapist has a *maximum* probability of about 0.04 of ever being punished. In addition, the punishment actually meted out to the few is often fairly mild.«[20]
Zum anderen spielt vermutlich eine Rolle, daß in modernen Konsumgesellschaften insbesondere bei Unterprivilegierten oder Erfolglosen die Bereitschaft sehr groß ist, sich notfalls mit Gewalt die Güter zu verschaffen, die allenthalben zum Verbrauch angeboten werden.[21] Dabei machen die Frauen, die sexuellen Genuß offerieren, und zwar einen Genuß, der zudem den Status des Genießenden erhöht, keine Ausnahme.[22]
Wenn Elias der Auffassung ist, daß in der mittelalterlichen Gesellschaft im Gegensatz zur heutigen Frauen vorwiegend als »Objekte der sinnlichen Befriedigung« angesehen worden seien, und zwar als Objekte, die man rücksichtslos sexuell verbrauchen konnte, so unterschätzt er die Effekte der sexuellen Vermarktung weiblicher Sexualität in der modernen hedonistischen Konsumgesellschaft, in welcher es vielen Männern ganz selbstverständlich zu sein scheint, daß man ein junges Mädchen oder eine Frau auch gegen ihren Willen ›nimmt‹: »Wenn sie alt genug sind, um zu bluten, sind sie alt genug, um geschlachtet zu werden«, lautet der bereits zitierte populäre amerikanische Spruch, und bezeichnenderweise ist für die meisten Insassen des englischen Gefängnisses Pentonville die Vergewaltigung einer Frau oder eines 13 oder 14 Jahre alten Mädchens, also eines, das schon ›geblutet‹ hat, kein Vergehen oder gar ein Verbrechen. Angehörige des weiblichen Geschlechts in fortpflanzungsfähigem Alter –

»jail bait« genannt – sind »fair game«, d. h., es ist ganz natürlich, sich dieses Wild zu schnappen, sobald man dazu die Gelegenheit hat.[23]
Natürlich ist dieses Gefühl vieler Männer, gewissermaßen ein Naturrecht auf die Aneignung jedes geschlechtsreifen Frauenkörpers zu haben, nicht erst im 20. Jahrhundert entstanden, und auch nicht die Auffassung vom unwiderstehlichen Geschlechtstrieb, von der »Natur«, die den Mann zu seiner sexuellen Beute treibt: »Nature me meust«, bekennt im 15. Jahrhundert ein Bordellbesucher in Dijon,[24] und im Jahre 1388 entschuldigt man im Poitou die von den jungen Männern begangenen Vergewaltigungen durch die für dieses Alter charakteristische sexuelle Ausgelassenheit (»par esbatement et comme meu de jonesse nature le contraignoit à ce«).[25] Diese »männliche Natur« wurde als eine Art sozialer Störenfried angesehen, der von Zeit zu Zeit sein Haupt erhob und dann gefüttert werden mußte. So sagte z. B. im Jahre 1526 in Sankt Gallen der Wiedertäufer Hans Schradi, ein Koch aus Konstanz, »wenn einem die Natur stör (*avidus veneris*), müg er sine muter, basen, Swöster vnd ain yede frow annemen (*coire*) ôn Sönnd denn gott habs gehaißen«.[26]

§ 31
»Nix Jüdin, du Frau!«

Kann von der Eliasschen Behauptung, im Verlaufe des Zivilisationsprozesses sei die Vergewaltigungsbereitschaft im Alltag durch die moderne »Selbstzwangapparatur« so weit gebändigt und eingedämmt worden, daß sie fast nur noch in Träumen oder als Ausbruch »Kranker« erscheine, nicht die Rede sein, so stellt sich die Frage, wie es um seine zweite Behauptung steht. Ist es wahr, daß selbst in Kriegen oder Bürgerkriegen diese Zähmung und Pazifizierung der menschlichen – und in diesem Falle der männlichen – Natur »nicht ohne weiteres wieder rückgängig gemacht werden« kann?
Wie recht die Zeitschrift *Esquire* hatte, als sie auf der Titelseite der November-Ausgabe des Jahres 1984 den Krieg als »a sexual turn-on« bezeichnete, »the secret love of a man's life, the closest thing to what childbirth is for women«,[1] wird jedem deutlich, der beispielsweise die Augenzeugenberichte von Journalisten und Veteranen aus dem Vietnamkrieg liest. So war es eine allgemeine Praxis der US-Soldaten, in die Hütten der vietnamesischen Bauern einzudringen und ein junges Mädchen vor den Augen ihres Vaters zu vergewaltigen, um den Mann zum Sprechen zu bringen.[2] »You don't want a prostitute. You've got an M-16. What do you need to pay for a lady for? You go down to the village and you take what you want. I saw guys who I believe had never had any kind of sex with a woman before in that kind of scene. They'd come back a double veteran«, d.h., sie vergewaltigten zuerst die Frau und schlachteten sie dann ab, im Gegensatz zu jenen ihrer Kameraden, die aus Angst vor »VD« ins Dorf gingen und als Ersatz für eine Vergewaltigung irgendeine x-beliebige Frau in den Kopf, den Bauch oder in die Geschlechtsorgane schossen.[3]
Manche Boys vergewaltigten schwangere Frauen zu Tode und schnitten ihnen anschließend lachend und grölend den

Fötus aus dem Leib,[4] und eine Zeugin sagte auf dem Vietnam-Tribunal aus: »Ich sah drei der anderen Mädchen vollkommen nackt und von Blut überströmt. Ich sah, wie meine Kameradinnen bei den Vergewaltigungen um sich schlugen. Die Amerikaner stießen leere Bierflaschen in die Geschlechtsteile der Mädchen und drückten dann ihre Zigaretten in der Vagina aus.«[5]

Sergeant Scott Camil von der Marineinfanterie schilderte das, was von den Soldaten »pretty sop« (»standard operating procedure«) genannt wurde: »Wenn wir durch Dörfer kamen und die Leute durchsuchten, mußten die Frauen alle Kleider ausziehen, und unter dem Vorwand, man wolle sichergehen, daß sie auch nirgends etwas versteckt hatten, benutzten die Männer dazu ihre Penisse. Das war Vergewaltigung, galt aber als Durchsuchen.« *Frage*: »Als Durchsuchen?! Waren Offiziere dabei?« *Camil*: »Ja, sicher!« *Frage*: »Geschah das auf Kompanieebene?« *Camil*: »Auf Kompanieebene.« *Frage*: »War der Kompaniechef in der Nähe, als das geschah?« *Camil*: »Ja.« *Frage*: »War er damit einverstanden oder sah er gerade weg o...« *Camil*: »Er hat es niemals untersagt oder sich jemals dazu geäußert. Hauptsache war, daß man bei Anwesenheit der Presse von uns erwartete, daß wir gewisse Dinge nicht taten. Wenn aber keine Presseleute dabei waren, war alles okay. Einmal sah ich, wie ein Scharfschütze, einer von uns, eine Frau anschoß. Als wir zu ihr hinkamen, bat sie um Wasser. Der Leutnant befahl, sie zu töten. Er riß ihr die Kleider vom Leib, sie stachen ihr in beide Brüste, dann rissen sie ihr die Schenkel auseinander und schoben ihr ein Schanzwerkzeug in die Vagina, und sie bat weiter um Wasser. Dann nahmen sie das Ding heraus und stießen ihr statt dessen einen Ast hinein. Danach wurde sie erschossen.« Doch auch die Leichen der Frauen wurden häufig noch mit Werkzeugen oder Waffen ›koitiert‹, wobei bisweilen sogar die Ejakulation simuliert wurde. So berichtet z. B. Captain John Mallory: »Die Truppen der 11th Armored Cavalry haben bei einer Gelegenheit eine Krankenschwester der nordvietnamesischen

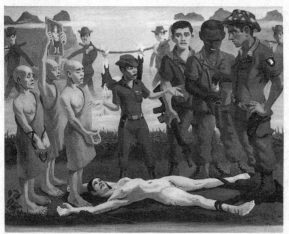
190 John Wolfe: ›Incident near Phu Loc‹. Ölgemälde 1986.

Streitkräfte getötet. Anschließend haben die Männer ihr die Vagina mit einer Fettspritze, wie sie in Autoreparaturwerkstätten benutzt wird, mit Schmierfett vollgespritzt.«[6]
Manchmal stellten die Soldaten ›Porno-Filme‹ der Massenvergewaltigungen her[7] oder machten zumindest Aufnahmen mit Polaroid-Kameras, so z. B. Bilder, auf denen zu sehen ist, wie sich ein paar US-Boys über eine auf dem Feld arbeitende junge Mutter hermachen, ihr das Baby wegreißen, die Frau vergewaltigen und dann beide ermorden.[8]
Männer, die sich nicht an den Vergewaltigungen und den anderen sexuellen Greueltaten beteiligen wollten, wurden oft von ihren Vorgesetzten als »Schwule« verhöhnt und vor ihren Kameraden lächerlich gemacht, aber sehr viele schienen die Verbrechen zu genießen. »The boys enjoyed it«, meinte etwa ein Teilnehmer des My Lai-Massakers,[9] bei dem etwa 500 Leute, meist Frauen, Kinder und Greise abgeschlachtet worden waren, nachdem die Amerikaner zahlreiche Frauen und die Mädchen ab dem Alter von etwa 13 Jahren vergewaltigt und Säuglinge und Kleinkinder aufgeschlitzt hatten.[10]
Ein anderer Teilnehmer beschrieb das Gefühl, das er während der Greuel hatte, mit dem, welches man verspüre, wenn man

sich als Junge zum ersten Mal »einen runterhole«: »You feel guilty because you think you shouldn't do it, yet somewhere you heard that it's perfectly natural and anyhow it's irresistible, so what the hell!«[11] Und der Trupp-Führer John Smail kommentierte die Ereignisse mit den Worten: »Das ist doch eine ganz alltägliche Angelegenheit. Darauf kann man doch fast jeden festnageln – mindestens einmal. Die Leute sind doch auch nur Menschen, Mann!«[12]

Solche »alltäglichen Angelegenheiten«, die sich wie ein blutiger Faden durch die amerikanische Geschichte der letzten hundertfünfzig Jahre ziehen,[13] blieben natürlich nicht auf das amerikanische Militär beschränkt. Während des Rußlandfeldzuges der deutschen Wehrmacht im Zweiten Weltkrieg beispielsweise fielen zahlreiche Frauen und junge Mädchen den vorrückenden Armeen zum Opfer, und nicht selten wurden solche Kriegsverbrechen gar nicht oder mit wenig Nachdruck verfolgt. So heißt es in einer von Keitel unterzeichneten ›Geheimen Kommandosache‹: »Für Handlungen, die Angehörige der Wehrmacht und des Gefolges gegen feindliche Zivilpersonen begehen, besteht kein Verfolgungszwang, auch dann nicht, wenn die Tat zugleich ein militärisches Verbrechen oder Vergehen ist«, wobei allerdings festgehalten werden muß, daß dieses Papier vom Oberbefehlshaber des Heeres, Generalfeldmarschall v. Brauchitsch, mit einer Weisung weitergegeben wurde, in der es unter anderem heißt: »Unter allen Umständen bleibt es Aufgabe aller Vorgesetzten, willkürliche Ausschreitungen einzelner Heeresangehöriger zu verhindern und einer Verwilderung der Truppe rechtzeitig vorzubeugen.«[14]

Dieser Weisung zum Trotz wurden vor allem Partisaninnen oder Frauen, die man für solche hielt, geradezu habituell vergewaltigt oder zumindest sexuell gequält und gedemütigt. So empfing beispielsweise ein deutscher Polizist im Januar 1940 im polnischen Tomaszów eine junge Frau, die von deutschen Wehrmachtsangehörigen in die Polizeistation gebracht worden war, weil man in ihrem Brustausschnitt Patronen gefunden hatte, mit den Worten: »Ich bin bloß gespannt, ob sie überhaupt eine Hose an hat. Das werden wir ja sehen, die kommt sowieso noch in meine Behandlung.« Darauf begann er die Polin zu mißhandeln und schlug sie schließlich auf brutale Weise nieder. Als sie sich wieder aufraffte, sahen die Umstehenden, »daß ihre Unterwäsche bis zu den Knien vollkommen mit Blut getränkt war. Sie mußte durch die Aufregung ihre Blutungen bekommen haben. Daraufhin sagte der Polizeibeamte, der noch an der Grube vor ihr stand: ›Jetzt hat die auch noch die Kirmes gekriegt, nun wird nichts aus der Fickerei‹.«[15]

Wie menschenverachtend und brutal das Vorgehen der Wehrmachts- und SS-Angehörigen gegen die slawischen Frauen auch war, so hält es doch keinen Vergleich aus mit den Massenvergewaltigungen, die fünf Jahre danach von den Rotarmisten vor allem an deutschen Frauen begangen wurden. Damit soll nicht bestritten werden, daß auch amerikanische und französische Truppen, namentlich nordafrikanische Einheiten solche Massenvergewaltigungen begingen. In Bruchsal und Umgebung wurden z.B. schätzungsweise 30 bis 40% der Frauen und Mädchen Opfer französischer Armeeangehöriger, und Vergewaltigungen waren nur dort seltener, wo sich einheimische Frauen als Huren zur Verfügung stellten.[16] Zu Massenvergewaltigungen kam es auch durch amerikanische Truppen, und nach vielen Berichten gewinnt man den Eindruck, daß es den Amerikanern ziemlich gleichgültig war, ob ihre Opfer nun verbündeten Nationen angehörten oder nicht. Beispielsweise ›befreiten‹ die GIs zahlreiche Französinnen auf die Weise, daß sie die Frauen brutal vergewaltigten, so daß diejenigen, die das Verbrechen überlebten, anschließend in Krankenhäusern behandelt werden mußten,[17] und im mecklenburgischen Dorf Kastahn fielen sie über russische Fremdarbeiterinnen her.[18]

Mehr noch als die Amerikaner machten jedoch die Rotarmisten mit ihren teilweise äußerst grausamen Massenvergewaltigungen von Frauen verbündeter Nationen deutlich, daß zumindest eine große Anzahl dieser Kriegsverbrechen keineswegs aus Rachegefühlen gegen den Feind begangen wurden. So wurden allein im verbündeten Jugoslawien 1219 Fälle vollendeter Vergewaltigung durch Angehörige der Roten Armee gemeldet, 329 Fälle versuchter Vergewaltigung, 111 Fälle von Vergewaltigung mit anschließendem Mord und weitere 248 Fälle mit Mordversuch, wozu noch eine ungeheure Dunkelziffer kommen muß.[19] Dabei wurden die Opfer teilweise mit unvorstellbarer Grausamkeit ermordet wie z.B. in einem Dorf unweit der ungarischen Grenze, wo im Februar 1945 ein dreizehnjähriges Mädchen von sechzehn sowjetischen Soldaten vergewaltigt wurde: »Der sechzehnte und letzte schlitzte sie mit einem Messer von den Geschlechtsteilen bis zum Nabel auf.«[20]

Als Milovan Djilas Stalin auf diese Greueltaten hin ansprach, erwiderte dieser mit der Frage, was denn so Schlimmes daran sei, wenn seine Soldaten nach all dem, was sie durchmachen mußten, »etwas Spaß mit einer Frau« hätten;[21] außerdem sei jedermann bekannt, daß die Zeitspanne, die für Frauen »gefährlich« sei, nur etwa sechs Stunden nach Einstellung der Kampfhandlungen betrage. Hätten sich also die Jugoslawinnen ein paar Stunden lang in die Berge zurückgezogen, wären sie nur noch zum Sockenflicken herangezogen worden.[22] In Polen schließlich rechtfertigten die sowjetischen Soldaten ihre zahllosen Vergewaltigungen mit dem Hinweis darauf, sie hätten ein Recht auf die polnischen Frauen, denn sie seien es ja, denen die Polinnen ihre Befreiung von den Deutschen verdankten.[23]

Am beschämendsten aber für die Rote Armee ist die Tatsache, daß ihre Soldaten, die »nahezu jede Frau« vergewaltigten, die sie erwischen konnten, auch bei den Jüdinnen keine Ausnahme machten, die gerade die Hölle von Auschwitz und Birkenau überlebt hatten, obgleich manche Rotarmisten, wie eine KZ-Insassin berichtet, »von unserem Aussehen abgeschreckt« wurden.[24] Eine andere Jüdin schildert, wie die Insassinnen eines Lagers in der Nähe von Riga zunächst voller

Freude und Dankbarkeit ihre sowjetischen Befreier begrüßten, nachdem zahlreiche weibliche Häftlinge von lettischen SS-Männern noch unmittelbar vor deren Flucht mit Maschinengewehrgarben niedergemäht worden waren: »Then came the Russians. We stood on the barbed wire and waved – tears in our eyes. They looked at us and came through the gate and called for interpreters. We were told to return to our quarters which we did. But slowly our joy began to subside. In my room, where so many terrible things had happened, were 12 women and girls. We sat there and waited. No one said a word. Suddenly the door was flung open. At least 20 Russians appeared, 20 fighters for freedom, 20 heroes. We expected only good from them. A young officer grinned and made the sign of slitting a throat to warn against anyone calling for help. In the next minutes everyone of us was grabbed and raped. I had to deal with two Russians. I resisted feebly, but it was useless. They did not lay me on the bed or on the table or on the floor, but demanded that I bend over. Scarcely was the first finished than the second started; he had waited with his sex organ already exposed. Those of my comrades who had not been willing had terrible things to suffer, but no one screamed and no one cried.

The doors opened and still more Russians appeared and demanded the same from me. I did not want any more, but they used force to bend me over. A giant of a man put my head between his legs and held my hands on my back. I sank to my knees, but strong arms picked me up again and held me suspended. In such fashion I was raped over and over again. When I could free my head, I saw that my friends had been raped the same way. This was the Liberation, instead of bread, these crimes of the worst sort.«

Als die Frau später das Verbrechen einem hohen sowjetischen Offizier meldete und ihn anschrie, sie sei Jüdin und Lagerhäftling, erwiderte dieser grinsend: »Nix Jüdin – du Frau, ich sehen!« und vergewaltigte sie erneut.[25]

Auch sowjetischen Zwangsarbeiterinnen, die von den Deutschen verschleppt worden waren, blieben solche Schicksale in vielen Fällen nicht erspart. Häufig wurden sie von ihren ›Befreiern‹ nackt ausgezogen, und die Schwangeren unter ihnen wurden so lange geprügelt bis »die Embryonen aus ihren Bäuchen kamen«. Auf dem Rücktransport in die Sowjetunion zwangen die Soldaten viele der Frauen, deutsche Kriegsgefangene, die sich im selben Zug befanden, in aller Öffentlichkeit bis zur Erektion zu stimulieren, worauf die Deutschen mit den russischen Frauen den Geschlechtsakt ausführen mußten. Anschließend wurden die Gefangenen per Kopfschuß erledigt, und die Frauen erhielten jeweils 30 Peitschenhiebe auf die Genitalien, bevor man die blutenden Opfer in die Waggons zurückbeförderte.[26]

Massenvergewaltigungen an den Frauen des eigenen bzw. des verbündeten Landes begingen auch die Koreaner und Chinesen. Nachdem schon die japanischen Truppen während ihrer Invasion Koreas zahllose Frauen vergewaltigt hatten, widerfuhr den Koreanerinnen ein gleiches durch die chinesischen Truppen, die Korea zu Hilfe eilten. Doch damit nicht genug, verkleideten sich häufig koreanische Soldaten als Japaner und fielen in Banden über Frauen und Mädchen her. Viele von ihnen überlebten diese Entehrung nicht, da sie sich nach der Tat mit dem *changdo*-Messer, das damals jede Frau bei sich trug, das Leben nahmen.[27]

Die vielleicht schlimmsten Massenvergewaltigungen, die jemals von der weiblichen Bevölkerung eines besiegten Landes erduldet werden mußten, waren indessen diejenigen, die am Ende des Zweiten Weltkrieges von den Angehörigen der Roten Armee an deutschen Frauen verübt wurden. Nach seriösen Schätzungen fielen zwischen Frühsommer und Herbst 1945 allein in Berlin mindestens 110000 Mädchen und Frauen den sowjetischen Soldaten zum Opfer, wobei etwa 40% mehrfach vergewaltigt wurden. Ungefähr 10% der Fälle waren Vergewaltigungen mit Todesfolge, aber zahlreiche Frauen begingen bereits aus Angst vor der Tat Selbstmord. Nach einer vorsichtigen Schätzung wurden in den östlichen

Teilen Deutschlands insgesamt wenigstens zwei Millionen deutsche Frauen ein- oder mehrmals zur sexuellen Beute der Rotarmisten.[28] Zwar waren den Soldaten Vergewaltigungen offiziell untersagt, doch viele Armeeverbände scheinen ihre Kriegsverbrechen geradezu auf höhere Weisung hin begangen zu haben,[29] und Marschall Sokolowskij meinte beispielsweise über das Verhalten seiner Untergebenen in Berlin: »Im ersten Rausch des Sieges empfanden unsere Soldaten eine gewisse Genugtuung, wenn sie es den Frauen dieses ›Herrenvolkes‹ zeigen konnten.« Und grinsend fügte er hinzu: »Im übrigen ist es auch nicht gerade so, daß die meisten deutschen Frauen keusche Jungfrauen wären.«[30]

191 »Frau komm!« Berlin 1945.

Unter den Opfern waren zahllose Mädchen, viele davon kaum 13 Jahre alt und ›unaufgeklärt‹, die »keine Ahnung hatten, was mit ihnen geschah. Bei vielen führte das dazu, daß sie später nie mehr mit einem Mann schlafen konnten und ›Abscheu gegen den sexuellen Akt überhaupt‹ entwickelten.«[31] Gerade diese blutjungen Mädchen wurden häufig auf besonders brutale Weise vergewaltigt: Nicht selten standen Dutzende Schlange, um die verblutenden Kinder, denen oft der Damm bis zum After aufgerissen wurde,[32] zu penetrieren,[33] und ein polnischer Widerstandskämpfer erinnert sich, wie der Hauptmann einer sowjetischen Brigade ganz offen zu ihm sagte: »Ich habe genug gefickt, die ganze Zeit habe ich gefickt. Ich habe alte Frauen gefickt und junge, aber am meisten hat es mir gefallen, kleine Mädchen vor den Augen ihrer Mütter zu ficken, wenn die Mädchen ›Mutti, Mutti!‹ schrien. Oft sind sie unter mir gestorben.«[34]

Den Älteren bissen sie häufig während des Aktes in die Brüste und hinterher schlitzten sie ihnen den Bauch auf. Aus dem schlesischen Oderfest berichtet ein Zeuge, daß dort »mitunter 30 Russen 1 Mädchen vergewaltigt« hätten: »Die Mädchen überstanden es kaum und waren oft schon tot. Die Russen fragten aber nicht danach. Nachdem die Mädchen dann tot waren, haben sie die Russen mit gespreizten Beinen, den Kopf nach unten, auf den Zaun gehängt.«[35]

Viele Augenzeugen bestätigen, daß häufig die Rotarmisten einer nach dem anderen die Frauenleichen koitierten,[36] und der Arzt Graf v. Lehndorff schildert, wie sich die Sowjetsoldaten in einem Königsberger Krankenhaus über seine Patientinnen hermachten: »Es stört sie gar nicht, daß sie halbe Leichen vor sich haben. Achtzigjährige Frauen sind vor ihnen ebensowenig sicher wie bewußtlose, eine kopfverletzte Patientin von mir wurde [...] unzählige Male vergewaltigt, ohne etwas davon zu wissen.«[37]

In Steinau an der Oder wurden nicht nur vorpubertäre Mädchen sowie Frauen, die gerade entbunden hatten, vergewaltigt, sondern auch sämtliche Insassinnen des dortigen Altersheimes, von denen die Hälfte während oder als unmittelbare Folge der Tat starben. Schlesische Ordensschwestern wurden so oft von den Rotarmisten vergewaltigt, daß ihr Genitalbereich völlig zerfetzt war und die Beckenknochen zerbrachen.[38]

An dieser Gefahr, im Verlaufe kriegerischer Auseinandersetzungen zum sexuellen Opfer zu werden, hat sich auch heute, ein halbes Jahrhundert nach dem Zweiten Weltkrieg, nichts geändert, was z. B. die schwangeren bosniakischen Frauen bezeugen könnten, denen im Sommer 1992 nach der Vergewaltigung durch serbische Soldaten die Bäuche aufgeschlitzt und deren Föten an die Bäume genagelt wurden.[39] Als Hauptgrund dafür, daß Frauen nicht zur kämpfenden Truppe gehören, gab das Oberkommando der israelischen Armee an, man wolle von vornherein das Risiko vermeiden, daß weibliche Soldaten von den Arabern gefangen und vergewaltigt würden,[40] und man wird sich an die Aufregung erinnern, die entstand, als während des Golfkrieges eine amerikanische Soldatin in irakische Gefangenschaft geriet. Daß diese Ängste durchaus Berechtigung haben, sieht man an der Tatsache, daß die Iraker nach ihrem Überfall auf Kuweit in dem kleinen Land schätzungsweise 5000 Frauen und Mädchen vergewaltigten,[41] von den Jungen, die anal vergewaltigt wurden, ganz abgesehen.

Bezeichnend aber ist, daß bereits im Jahre 1978 eine Umfrage des U.S. Military Personnel Center ergab, daß 30% der weiblichen Offiziere und 44% der weiblichen Soldaten und Unteroffiziere als Grund dafür, daß sie nicht zu Kampfeinheiten gehören wollten, die Angst angaben, von Angehörigen ihrer eigenen Armee vergewaltigt zu werden.[42]

Wann immer Frauen auf irgendeine Weise Männern ausgeliefert waren, bestand die Gefahr, daß diese Frauen gegen ihren Willen koitiert wurden, weshalb z.B. schon sämtliche frühneuzeitlichen juristischen Texte betonen, man solle Straftäterinnen nicht ins Gefängnis werfen, und wenn es unbedingt sein müsse, dann solle man sie auf alle Fälle vom anderen Geschlecht getrennt verwahren.[43] Im 14. Jahrhundert waren in England die weiblichen Untersuchungsgefangenen häufig in Gemeinschaftszellen untergebracht worden, was zur Konsequenz hatte, daß die Frauen eine leichte Beute von männlichen Mitgefangenen, aber auch der Wächter wurden, obgleich man die Täter strengstens bestrafte. Vergriff sich ein Gefängniswärter an einer solchen Frau, dann wurde die Tat als »ehebrecherische Notzucht« klassifiziert und besonders hart abgestraft, weil sich der Wächter an einer Schutzbefohlenen vergangen hatte. Doch wollte es die Ironie des Schicksals, daß die Tat mancher Kapitalverbrecherin das Leben rettete, nämlich dann, wenn die Gefangene als Folge des Verbrechens schwanger wurde, da eine Frau »with child« nicht hingerichtet werden durfte. Dies widerfuhr beispielsweise im frühen 14. Jahrhundert einer gewissen Matilda Hereward aus Northamptonshire.[44] In der Folgezeit betrachtete man den Koitus eines Gefängniswärters mit einer »Schutzbefohlenen« auch dann, wenn keine Notzucht vorlag, sondern ein bloßes *stuprum*, nicht allein als Verletzung der Dienstpflicht, sondern auch als Gefährdung der Sicherheit des Gefängnisses als eines öffentlichen Ortes (»carcerem tanquam locum publicum violat«). Deshalb wurde die Tat selbst dann streng geahndet, wenn es sich bei der Gefangenen um eine öffentliche Hure handelte, wenngleich auch in einem solchen Falle mildernde Umstände geltend gemacht wurden.[45] Trotzdem und auch nach der Einführung der Geschlechtertrennung für Untersuchungsgefangene kam es zu ständigen sexuellen Übergriffen durch die Wärter, und um das Jahr 1691 veröffentlichte der Londoner Buchhändler Moses Pitt, der selber Insasse der Gefängnisse Fleet und King's Bench gewesen war, ein aufsehenerregendes Pamphlet, in welchem die skandalösen Zustände im Newgate-Gefängnis angeprangert wurden. Auf einer Illustration der Schrift ist zu sehen, wie die Gefängniswärter als Ouvertüre der Vergewaltigung gefangenen Frauen und Jungfrauen an die Geschlechtsteile fassen[46] (Abb. 192).

Auch Jeanne d'Arc mußte während ihres Aufenthaltes im Gefängnis sexuelle Belästigungen und höchstwahrscheinlich sogar Vergewaltigungsversuche erdulden. Bekanntlich hatte Jeanne bereits zu Beginn ihrer Mission Männerkleidung (»habit d'homme«) angelegt, und zwar, wie sie sagte, vor allem auch deshalb, weil sie so den Annäherungsversuchen der sie umgebenden Männer wie auch deren Sexualphantasien besser einen Riegel vorschieben konnte (»affin que les hommes avec lesquelz luy estoit force de fréquenter pour les affaires du royaulme, ne prenissent en elle charnelles ne lubriques fantaisies«[47]).

192 Vergewaltigungsversuche im Gefängnis von Newgate, 1691.

In der Tat war Jeanne – nachdem sie während des Prozesses widerrufen und Frauenkleider angelegt hatte – wiederholt von Wachsoldaten und anderen Personen, die man in ihre Zelle hineinließ, sexuell belästigt, d. h. wohl: unzüchtig betastet worden: »Elle se complaignoit merveilleusement des oppressions qu'on lui avoit faictes en la prison par les geoliers, et par les autres qu'on avoit faict entrer sus elle.«[48] (Abb. 193). Schon früher war Jeanne gelegentlich ›begrapscht‹ worden – so gab z. B. Haimon de Macy im Jahre 1450 vor dem Tribunal des Rehabilitationsprozesses zu, im Schloß von Beaurevoir habe er mehrfach den Versuch unternommen, seine Hand unter ihre Kleidung zu schieben, um ihre Brüste zu betasten, doch jedesmal habe die Jungfrau ihn heftig zurückgestoßen: »Et temptavit ipse loquens pluries [...] tangere mammas suas, nitendo ponere manus in sino suo, quod tamen pati nolebat ipsa Johanna, ymo ipsum loquentem pro posse repelle-

193 Jeanne d'Arc wird von englischen Kerkerknechten unzüchtig betastet.
Französische Statuette, 15. Jh.

bat.« Aber diese Annäherungsversuche scheinen nicht im entferntesten so bedrohlich gewesen zu sein wie das, was sie im Gefängnis erwartete. Pater Ysambert de la Pierre sagte später aus, er habe Jeanne befragt, warum sie erneut Männerkleidung angelegt habe: »Jehanne s'excusoit de ce qu'elle avoit revestu habit d'homme, en disant et affermant publiquement que les Anglois lui avoient faict ou faict faire en la prison beaucoup de tort et de violence, quant elle estoit vestue d'habits de femme; et de fait, la veit éplourée, son viaire plain de larmes, deffiguré et oultraigié en telle sorte que celui qui parle en eut pitié et compassion.« Dies bestätigte auch der Dominikanerpater Martin Ladvenu, der ausführte, am Trinitatissonntag habe Jeanne ihm gesagt, ein hochgestellter Engländer habe ihren Kerker betreten und versucht, sie zu vergewaltigen (»quod quidam magnus dominus Anglicus introivit carcerem dictae Johannae, et tentavit eam vi opprimere«).[49]

Fest scheint indessen zu stehen, daß dem Engländer die Vergewaltigung des jungen Mädchens nicht gelang, denn der Mönch Jehan Toutmouillé, der Jeanne am Morgen des 30. Mai 1431 in ihrer Zelle besuchte, um ihr zu eröffnen, daß sie zum Scheiterhaufen geführt werde, sagte aus, das Mädchen habe gewehklagt, daß nun ihr Leib, »qui ne fut jamais corrompue«, ein Raub der Flammen werde.[50]

Noch bis weit ins 19. Jahrhundert hinein wurden die Insassinnen von Frauengefängnissen häufig von ihren Wärtern vergewaltigt und geschwängert,[51] und erst mit der Einführung von weiblichem Wachpersonal sollte sich dies ändern.[52] Wo dies nicht der Fall ist, werden die Frauen auch heute noch sexuelles Opfer der Gefängniswärter – so z. B. im Iran, wo die Wärter die Vergewaltigung inhaftierter junger Mädchen bisweilen damit begründen, daß nach der Lehre des Islam alle Angehörigen des weiblichen Geschlechts, die als Jungfrauen sterben, ins Paradies kommen.[53]

§ 32
Die Vergewaltigung als Entwürdigung

Es gibt zahlreiche Beispiele dafür, daß die Vergewaltigung einer Frau nicht so sehr eine Demütigung des Opfers als dessen männlicher Verwandtschaft oder Ehemannes sein sollte, und wenn z. B. Dschingis Khan sagte, das höchste Glück eines Mannes liege darin, einmal die Pferde und die Frauen seiner Feinde zu reiten, dann scheint er genau dies zum Ausdruck zu bringen.
Prokopius etwa erzählt die Geschichte von einer Byzantinerin, die während einer Schiffsreise von Seeräubern entführt wurde. An der Reling des Piratenschiffes stehend, das die Segel setzte, rief sie ihrem verzweifelten Mann hinüber, er brauche keine Angst davor zu haben, seine Ehre zu verlieren, denn sie lasse sich nicht vergewaltigen. Unmittelbar darauf stürzte sie sich ins Meer und ertrank.[1]
Im England des 14. Jahrhunderts kam es gelegentlich vor, daß Männer sich an ihren Feinden dadurch rächten, daß sie deren Frauen überfielen und vergewaltigten,[2] und manchen Tätern war es eine besondere Genugtuung, die Entehrung vor den Augen des Ehemannes auszuführen. So notiert beispielsweise Samuel Pepys am 22. Februar 1664 in seinem Tagebuch, zwei Franzosen hätten ein englisches Ehepaar im Bett überfallen, die Frau im Beisein ihres Mannes vergewaltigt und anschließend noch einmal mit einer Fackel penetriert (»abused her with a Linke«).[3] Im Jahre 1749 berichtete die in Berlin erscheinende *Vossische Zeitung*, in Paris hätten sich drei königliche Pagen verabredet, die junge Frau eines Gewürzkrämers »in ihrem Hause, und in der Gegenwart ihres Mannes, ihrer Ehre zu berauben«, offenbar um den Krämer zu erniedrigen.[4] Ein Gleiches taten – allerdings ohne Vorsatz – im Jahre 1829 in London der Wollkämmer Thomas Dowling und zwei seiner Arbeitskollegen. In einem Streit mit einem weiteren Kollegen hatten

sich die drei so erregt, daß sie dessen Frau, die zufällig anwesend war, vor dessen Augen vergewaltigten.[5]
Auch heutzutage scheinen solche Fälle nicht seltener geworden zu sein. So vergewaltigte z.B. zwischen Ende des Jahres 1976 und Herbst 1978 im Osten der Stadt Sacramento ein Mann etwa 40 Frauen in deren Wohnung, wobei er in fast allen Fällen Wert darauf legte, daß der vorher von ihm gefesselte Ehemann bei der Tat zuschaute.[6] Sehr häufig werden in islamischen Ländern Frauen und weibliche Familienangehörige politischer Gegner vergewaltigt, um deren Ehre zu beflecken, und nicht selten begehen die Opfer Selbstmord, um dadurch die ramponierte männliche Ehre wenigstens etwas aufzubessern. So ereilte die Frau des pakistanischen Oppositionspolitikers Kursheed Begum dieses Schicksal und ebenso eine Verwandte eines prominenten Mitglieds der ›Pakistan People's Party‹, die anschließend splitternackt durch einen Basar getrieben wurde. Im November 1991 wurde eine Freundin Benazir Bhuttos, die Modedesignerin Farhana Hayat, im Auftrag des Schwiegersohns des Präsidenten zwölf Stunden lang von einer Gruppe von Männern vergewaltigt, worauf zahlreiche pakistanische Frauen gegen dieses und ähnliche Verbrechen protestierten, indem sie öffentlich ihre Schleier verbrannten.[7]
Zahlreiche Zeugenaussagen belegen, daß die pakistanischen Soldaten im Jahre 1971 Hunderttausende bengalischer Frauen und Mädchen jeden Alters vergewaltigten, und zwar viele der verheirateten Frauen absichtlich vor den Augen ihrer Männer. Doch auch die bengalischen Freiheitskämpfer (Mukti Bahini) fielen über die eigene weibliche Bevölkerung her, sobald die Gelegenheit sich bot,[8] und einige Jahre später wiederholten dies bengalische Soldaten und Siedler während ihrer Massaker an den Bergstämmen der Chittagong Hill Tracts: Zahllose Frauen und Mädchen der Stammesbevölkerung wurden von ganzen Horden von Bengalen vergewaltigt und dann als ›Sex-Konserven‹ in die Militärlager verschleppt. Zusätzlich zu den Vergewaltigungen führten die ›zivilisier-

ten‹ Angehörigen des 26th East Bengal Regiments den ›unzivilisierten‹ jungen Mädchen Bambusrohre in die Vagina ein.⁹

Unter dem Schah-Regime wurden im Iran Frauen geradezu habituell vor den Augen ihrer Männer vergewaltigt, um diese dadurch zu entwürdigen und ›weichzuklopfen‹, eine Praxis, die das Khomeini-Regime unverändert beibebehalten hat. Auch in anderen Ländern, z. B. in Korea, Indien, Spanien oder der Sowjetunion penetrierte man Frauen im Beisein der Ehemänner vaginal und rektal, und in Chile verwendete man nach Zeugenaussagen zu diesem Zwecke sogar speziell abgerichtete Hunde.¹⁰

Für Palästina nimmt man eine sehr hohe Dunkelziffer von Vergewaltigungen an, da die Männer, Väter oder Brüder von Opfern dieses Verbrechens auf die Frauen einwirken, die Tat, die ihre Ehre besudelte, zu verschweigen. Es heißt, daß während des Sechstagekrieges deswegen so viele Palästinenser den israelischen Truppen keinen Widerstand geleistet hätten und geflohen seien, weil sie befürchteten, durch eine Vergewaltigung weiblicher Familienangehöriger ihre Ehre zu verlieren.¹¹ Die Palästinenserin Rasmiyah Odeh berichtet, wie diese Furcht in Verbindung mit der Inzestscheu von ihren Folterern ausgenützt wurde: »Das erste Mal rissen sie mir die Kleider vom Leib und warfen mich auf die Erde, der Raum war voller Männer. Zivile und Soldaten. Sie lachten über meine Nacktheit und stießen mich mit Stöcken, kniffen mich überall, insbesondere in die Brüste; mein Körper war mit Blutergüssen bedeckt. Dann brachten sie einen Holzstock, nicht einen glatten, und stießen ihn in mich, um mein Hymen zu zerreißen. Dann brachten sie meinen Vater und meinen Verlobten herein, damit sie mich so sehen ... Einmal saß der Untersuchungsführer, Abu-Hani, auf einem Stuhl und ich wurde ihm gegenüber gesetzt. Er legte seine Beine auf meinen Stuhl, eins auf jede Seite, und schlug mir auf die Ohren, bis ich nichts mehr hören konnte, und dann brachten sie meinen Vater herein und befahlen ihm, mich auszuziehen und mit mir Liebe zu machen. ›Sie ist nicht deine Tochter, sie ist deine Frau, los, schlaf mit ihr!‹ Mein Vater schrie und sie schlugen ihn, bis er das Bewußtsein verlor.«[12]

Auch die Angehörigen der Roten Armee zwangen oft die Männer, bei der Vergewaltigung ihrer Frauen und Töchter zuzusehen,[13] und manche fühlten sich durch die Tat so tief gedemütigt und erniedrigt, daß sie ihre Frau und sich selber anschließend umbrachten.[14] Hinzu kam noch, daß anscheinend nicht wenige Männer das Gefühl hatten, ihre Frauen seien zu wenig heroisch gewesen und hätten den Eroberern nicht wirklich Widerstand geleistet. So meinte z. B. ein Metallarbeiter aus dem Ruhrpott: »Ein Neger sagte: ›Die deutschen Soldaten haben 6 Jahre gekämpft, die deutsche Frau nur 5 Minuten!‹ Das stimmte von A bis Z. Ich hab mich geschämt.«[15]

George Devereux und andere haben aus solchen Fällen gefolgert, daß die Vergewaltigungen von Frauen generell nicht als Demütigung der betreffenden *Frauen* gemeint seien, sondern als Effeminierung und Erniedrigung ihrer *Männer*, die sich als unfähig erwiesen, ihre Frauen wirksam zu verteidigen.[16] Einmal abgesehen davon, daß nicht alle Vergewaltigungen auf eine Demütigung *abzielen*, liegt der Fehler dieser Behauptung in der Verallgemeinerung. Zugegebenermaßen gibt es viele Fälle – und einige davon sind oben angeführt worden –, die eine solche Interpretation nahelegen. Es scheint aber abwegig, *sämtliche* Vergewaltigungsfälle über diesen Leisten zu schlagen, denn häufig sprechen alle Indizien sowie die Aussagen der Täter dafür, daß es diesen um eine Erniedrigung *des Opfers* ging.

»Man will ja nicht vergewaltigen, um einen Orgasmus zu kriegen«, meinte z. B. ein Täter in Malaysia, »sondern man will einer Frau wehtun«,[17] und ein anderer stellte die rhetorische Frage: »Warum ich Frauen vergewaltigen will? Weil ich im Grunde als Mann ein Raubtier bin und alle Frauen für Männer eine Beute darstellen. Im Geiste sehe ich den Gesichtsausdruck einer Frau, wenn ich sie fange und sie begreift, daß sie nicht mehr entrinnen kann. Es ist, als ob ich gewonnen hätte, ich besitze sie.«[18] Ein dritter Vergewaltiger bestätigt dies mit der Aussage: »Das Erschrecken der Frauen hat auf mich eine Wirkung, ich bin dann ganz anders. Es ging mir nicht um Sex, sondern darum, diese Frau zu erniedrigen. Dieses Erzwingen löst bei mir etwas aus – daß ich irgendwie ein Mann bin praktisch.«[19] Aus diesem Grunde scheint das Sich-Wehren immer noch die beste Strategie zu sein, der ein Opfer folgen sollte, wenn es dazu in der Lage ist, da Mitleid-Erheischen, Reden oder gar das Sich-freiwillig-zur-Verfügung-Stellen das Machtgefühl des Täters meist noch steigern. Als beispielsweise einmal eine Prostituierte zu dem Mann, der sie überfallen hatte, beschwichtigend sagte: »Calm down, I'm a hooker. Relax, and I'll turn you a free trick without all this fighting«, erreichte sie das genaue Gegenteil und wurde auf besonders brutale Weise vergewaltigt, da der Täter ja nicht einfach Geschlechtsverkehr haben wollte, sondern *erzwungenen* Sex.[20] Ein zweiter Täter meinte bezeichnenderweise, er habe angesichts des Opfers nur die Alternative »fight oder fuck« gesehen,[21] und ein dritter: »Ich glaube, daß Vergewaltigen mehr Befriedigung gibt, als es freiwillig zu bekommen.«[22]

Aus amerikanischen Befragungen wird ersichtlich, daß viele Täter sich von den Frauen überhaupt bedroht fühlen, als »trapped« oder »devoured«, und einige verglichen das weibliche Geschlecht mit Spinnen, die das Männchen als Beute betrachten und auffressen.[23] Charles Bukowski spricht sicher manchem Mann aus der Seele, wenn er meint, die Frauen brauchten gar nicht dumm zu schauen, wenn die Männer sich ab und zu einmal für ihre Unausstehlichkeit revanchierten und eine von ihnen vornähmen: »Frauen bringen uns nicht nur auf die Welt (obwohl das an sich schon beängstigend genug ist). Sie sagen ›äh, bäh!‹ und hauen uns auf die Finger, wenn wir an uns herumfummeln. Sie setzen uns auf den Topf. Sie beschimpfen, verachten und demütigen uns, wenn wir in die Hose machen. Frauen in Gestalt von Lehrpersonen erklären uns für Vollidioten und vollenden das Vernichtungswerk an unserem Selbstrespekt, noch ehe uns die erste halbgare Göre mit unserem Liebesdurst eiskalt abblitzen läßt ... und dann fallen sie aus allen Wolken, wenn ihnen mal einer an die Gurgel springt!«[24]

Vieles deutet darauf hin, daß von manchen Männern insbesondere Lesbierinnen als Bedrohung für ihr Selbstwertgefühl empfunden werden, als Störenfriede einer Ordnung, die mit dem Penis aufrechterhalten wird. In den USA gibt es den typischen Fall, in welchem der Täter vor einem Lesbenlokal einem Paar auflauert, diesem unbemerkt bis zur Wohnung folgt, dort eindringt, und dann die eine der Frauen zwingt, zuzuschauen, wie er ihre Partnerin vergewaltigt.[25] Im Sommer 1983 wurde dem Wuppertaler Frauenbuchladen *Dröppel(fe)mina* auf einem mit ›Lesben-Vernichtungskommando der Nationalsozialistischen Kampfgemeinschaft Großdeutschland-Reichsgau Wuppertal‹ unterzeichneten Flugblatt gedroht: »Vergewaltigt nur noch Lesben, demütigt sie, wo ihr könnt, brecht ihren dreckigen Stolz, im Dreck sollen sie kriechen!«[26]

Was in diesem Falle möglicherweise nur als Provokation einiger junger Politspinner anzusehen ist, war freilich vor einem halben Jahrhundert noch Realität. Als nämlich damals eine Gruppe lesbischer Frauen in den ihnen zugewiesenen Block des KZ Bützow eingewiesen wurde, hetzten die Wachposten die in anderen Blocks untergebrachten russischen und französischen Kriegsgefangenen auf die Frauen, damit diese »mal richtig durchgefickt« würden, und ein SS-Mann sagte zu den Männern: »Die hier sind der letzte Dreck. Die würden wir nicht mit dem Sofabein ficken. Wenn ihr die ordentlich durchzieht, kriegt ihr jeder eine Flasche Schnaps!«[27]

Daß in vielen Fällen der Täter die Entwürdigung des Opfers beabsichtigt und nicht den bloßen Genuß ihres Leibes, sieht man aber auch daran, daß die Vergewaltiger häufig viel mehr und anderes tun, als zu einer reinen Penetration der Frau nötig wäre. Schon aus mittelalterlichen und frühneuzeitlichen

Quellen geht hervor, daß viele Täter ihr Opfer zunächst einmal zusammenschlugen und ihm teilweise erhebliche Verletzungen zufügten – von den verbalen Erniedrigungen ganz abgesehen –, bevor sie sich an ihm vergingen.[28] In vielen Fällen rissen die Täter ihrem Opfer die Kleider vom Leibe, so daß, wie es in einer Folge zu Chrétiens *Perceval* aus der ersten Hälfte des 13. Jahrhunderts heißt, »la poitrine Blanche et nue« sichtbar wurde,[29] aber auch heute zwingen zahlreiche Vergewaltiger das Opfer, sich splitternackt auszuziehen, und zwar, wie sie später oft zugeben, um dadurch die betreffende Frau noch mehr zu entwürdigen:[30] Nach einer Untersuchung wurden in 54,7 % aller Fälle die Opfer völlig entblößt oder gezwungen, sich selber bis auf die Haut zu entkleiden. In 45,3 % der Fälle begnügte sich der Täter mit einer teilweisen Entblößung.[31]

194 Ein Soldat vergewaltigt eine entblößte Frau im Dreißigjährigen Krieg. Alabasterfigurine von Leonhard Kern, um 1658.

Aus den Unterlagen über die im Zeitraum zwischen 1770 und 1845 in London registrierten Vergewaltigungen ist ersichtlich, daß 70 % der Opfer während der Tat verletzt wurden und daß viele von ihnen noch lange Zeit an diesen Verletzungen zu leiden hatten. 28 % der Täter schlugen die von ihnen überfallenen Frauen ohne Notwendigkeit zusammen, und 23% erniedrigten und beleidigten das Opfer nach der Tat noch zusätzlich. 17% rissen den überwältigten Frauen die Genitalien auf und fügten ihnen auf diese Weise schreckliche Verletzungen zu.[32]

Auch heute reißen nicht wenige Täter den Frauen die Schamlippen auseinander, beißen ihnen in die Vulva, defäkieren oder urinieren auf sie und stoßen ihnen so häufig Gegenstände in die Vagina und in den After, daß z. B. die Polizeiformulare in Denver oder Los Angeles, die von Vergewaltigungsopfern ausgefüllt werden müssen, Rubriken wie: »In die Vagina eingeführte Objekte« und »Rektal eingeführte Objekte« enthalten.[33]

Sehr häufig kommt es auch vor, daß der Täter den Geschlechtsverkehr auf eine Weise durchführt, die das Opfer besonders erniedrigt: Nach einer vor kurzem durchgeführten Untersuchung vergewaltigten 40% der Täter ihr Opfer nicht nur vaginal, sondern auch oral und 10,7% zusätzlich anal. Dabei wurde von den meisten Frauen vor allem die erzwungene Fellatio als Abscheu und Ekel erregend bezeichnet.[34]

Während des Vietnam-Krieges wurden zahllose Vietnamesinnen von den GIs anal vergewaltigt und zur Fellatio gezwungen,[35] und auch die Rotarmisten penetrierten ihre deutschen Opfer oft auf jede erdenkliche Weise. So berichtet etwa eine schlesische Zeugin, daß »die Frauen sich nackt ausziehen und auf allen Vieren durchs Zimmer mußten und die Russen dann, auch nackt, auf sie aufsprangen wie die Hunde. Im anderen Falle mußten sie das Geschlechtsteil in den Mund nehmen und erbrachen sich natürlich furchtbar und von unten verbluteten sie.«[36]

Gibt es im mittelalterlichen und frühneuzeitlichen Europa nördlich der Alpen anscheinend kaum Hinweise auf anale Vergewaltigungen von Frauen,[37] so verhält es sich im Italien der Renaissance anders. Aus zahlreichen venezianischen und florentinischen Gerichtsakten des Trecento und des Quattrocento geht hervor, daß nicht nur Knaben, sondern auch

195 Holzschnitt von Shoen Uemura, um 1800.

Frauen und vor allem Mädchen mit Gewalt anal penetriert wurden[38] – so z. B. in Florenz im Jahre 1396 ein sieben Jahre altes Mädchen, deren Vergewaltiger man enthauptete.[39] Und in Lorenzos *Il trentuno della Zaffetta* wird geschildert, wie im Jahre 1531 der Verehrer einer Kurtisane diese aus Rache dafür, daß sie ihm nicht – wie verabredet – die Tür geöffnet hatte, von achtzig Männern vergewaltigen läßt. Als die Kurtisane in ihrer Not dem ersten der Täter anbietet, er werde künftig von ihr umsonst bedient, wenn er sie laufen ließe, bringt ihn dieses Angebot erst recht in Rage: »Auf der Stelle fickte er sie in den Arsch«, schreibt der Autor, und zwar »nicht aus Lust«.[40]

In der Tat ist auch heute nicht die Lust dafür verantwortlich, daß viele Täter ihrem Opfer Analverkehr aufzwingen, sondern eher die Tatsache, daß so die Frauen besser dominiert und unterworfen werden können.[41] Dies bringen nicht nur die Täter und die Opfer zum Ausdruck, sondern auch nichtkriminelle Liebhaber des Analverkehrs: »Beim analen Geschlechtsverkehr«, so meint ein solcher, »habe ich das Gefühl, sie mehr in meiner Macht zu haben, weil sie sich nicht bewegen und mir entziehen kann. Beim vaginalen Geschlechtsverkehr konnte sie sich winden und hocharbeiten, ohne sich weh zu tun – die Vagina ist viel flexibler. [...] Ich finde diese willige Unterwerfung sehr erotisch.«[42]

Die meisten Opfer fühlen sich – von der erzwungenen Fellatio einmal abgesehen – durch keine andere Form der Vergewaltigung so sehr gedemütigt und erniedrigt, nichts ist für sie ekelerregender und traumatischer als der gewaltsame Analverkehr.[43] Obgleich sämtliche Autoren übereinstimmen, daß dieser Tatmodus »considerably worse in character« ist als die Vaginalpenetration, kann der gewaltsame Analverkehr wie auch die erzwungene Fellatio und das Einführen von Gegenständen in After und Vagina in vielen Ländern nicht als Vergewaltigung verurteilt werden, so z. B. in England, Frankreich oder in Deutschland, wo erzwungener Anal- und Oralverkehr nach § 178 StGB lediglich als sexuelle Nötigung bezeichnet werden.[44] Dies macht deutlich, daß es, juristisch gesehen, primär nicht um die Ehre und Würde der Frau geht, sondern um die Gefahr einer Schwängerung des Opfers. Anders verhielt es sich teilweise in fremden Gesellschaften, etwa bei den Tegreñña in Eritrea, die es als strafverschärfend ansahen, wenn der Täter eine Frau nicht mit dem Penis, sondern mit einem Stock oder einem anderen Gegenstand vergewaltigte.[45]

§ 33
Die Lust des Täters und die Lust des Opfers

Aus der offenkundigen Tatsache, daß viele Vergewaltiger sich mit ihrer Tat weniger sexuell befriedigen als daß sie ihr Opfer beherrschen und entwürdigen wollen, hat man – und vor allem frau – den Schluß gezogen, daß *jede* Vergewaltigung der Ausdruck eines aggressiven Dominanzstrebens und primär kein *sexuelles* Verbrechen sei. »Die Sexualität«, so heißt es beispielsweise, »ist lediglich das Mittel, sei es zur Kontrolle, sei es zur Erniedrigung und Demütigung der Frau«,[1] und selbst Deputy Assistant Commissioner Wyn Jones von der Abteilung Verbrechensbekämpfung bei Scotland Yard verlautete unlängst: »We want to kill the myth that rape is sexually motivated – it is usually intended to inflict violence and humiliation.«[2]

Freilich hat es den Anschein, daß mit solchen Behauptungen das Kind mit dem Bade ausgeschüttet wird. Unbestritten ist, daß ein hoher Prozentsatz der Vergewaltiger das Verbrechen nicht aus sexueller Lust begeht, sondern an der Dominanz oder der Demütigung des Opfers interessiert ist. Dabei darf man aber nicht vergessen, daß es im Kriege wie im Alltag zahlreiche Männer gibt, die sich rücksichtslos und brutal den Leib einer Frau zur *sexuellen* Befriedigung aneignen, die sexuelle »Beute machen«, wie es früher hieß. So gab z. B. im Jahre 1613 ein gewisser Jacques Perrichon vor Gericht als Grund dafür, daß er einige Mädchen und Frauen sowie eine Muttersau vergewaltigt hatte, an, »qu'il avoit une passion extraordinaire qui lui faisoit appetter et desirer toutes les femmes; que cette passion l'avoit obligé à violer laditte Marie Jeanne Poirée, quoiqu'elle n'eut que sept ans, et laditte Genevieve Beauclairat, qui en a plus de soixante; mais encore plusieurs autres«.[3]

Nahm sich dieser Mann anscheinend nahezu alles, solange es weiblich war, gleichgültig ob kleines Mädchen, ältere Frau oder Schwein, so scheint doch dieser Typus von Täter nicht vorzuherrschen. Wäre die Vergewaltigung – wie manche Feministinnen behaupten – ein Mittel zur Ausübung von Macht und Gewalt gegenüber dem weiblichen Geschlecht *als solchem*, dürfte es keine Vorliebe der Täter für eine bestimmte Altersgruppe von Mädchen und Frauen geben. Dies ist jedoch nicht der Fall. In den USA beispielsweise werden Mädchen vor der Menarche und Frauen nach der Menopause deutlich weniger vergewaltigt als Mädchen und Frauen in fortpflanzungsfähigem Alter,[4] wobei allerdings auch berücksichtigt werden muß, daß vermutlich letztere sich heutzutage häufiger in Risikosituationen begeben als kleine Mädchen und ältere Frauen. In Deutschland werden am häufigsten junge Mädchen und Frauen zwischen 15 und 24 Jahren Opfer einer Vergewaltigung,[5] und ähnlich verhält es sich in Schweden: 2 % der Opfer waren unter 14 Jahre alt, 13,8 % zwischen 15 und 19, 16,4 % zwischen 20 und 24, 12 % zwischen 25 und 29, 8 % zwischen 30 und 34, 4,4 % zwischen 35 und 39, 5,2 % zwischen 40 und 44, sowie 7,1 % 45 und darüber.[6] Auch in Kriegszeiten werden bevorzugt junge Frauen und ältere Mädchen vergewaltigt. So tasteten viele Soldaten der Roten Armee im Jahre 1945 die deutschen Mädchen wie das Vieh auf dem Markt ab und stießen diejenigen, die noch keine Brüste hatten, mit einem »Nix gut!« zurück. Auf dem Balkan streifen heute serbische Tschetniks durch bosniakische und kroatische Dörfer und kundschaften die Häuser aus, in deren Nähe kleine Kinder spielen. Nachts dringen sie dann in die betreffenden Häuser ein und »holen sich« die junge Mutter. Augenzeugen berichten, daß die Tschetniks bisweilen auch zwölfjährige Kinder und ältere Frauen vergewaltigen, doch daß Frauen in den Zwanzigern ihre Lieblingsbeute darstellen.[7]

Daß oft die Befriedigung der sexuellen Lust das Motiv der Tat zu sein scheint, sieht man überdies an den Aussagen vieler Täter,[8] aber auch mancher Opfer. Dazu gehören jene Fälle, in denen ein Mann sich, nachdem die Frau ihm zunächst gewisse

Freiheiten gestattet hat, schließlich mit Gewalt das ›holt‹, was sie ihm nicht mehr gewähren will, d. h. in denen der männliche Partner das ›Bis-hierher-und-nicht-weiter‹ der Frau mißachtet.[9] Bisweilen erregen sich auch ›Spanner‹, die ein Paar beim Geschlechtsverkehr beobachten, so sehr, daß sie nach Ausschaltung des betreffenden Mannes dessen Partnerin vergewaltigen,[10] eine Tendenz, die man auch bei den nächsten Verwandten der Menschen finden kann. So versuchen die Männchen der meisten nichtmenschlichen Primaten, kopulierende Geschlechtsgenossen von den Weibchen wegzureißen oder herunterzuprügeln, um das betreffende Weibchen anschließend selber zu besteigen.[11]

Eine ganz andere Frage ist natürlich die, ob nicht nur die Täter, sondern auch die Opfer wenigstens gelegentlich die Vergewaltigung als lustvoll erleben, ja, seit Jahrtausenden ist immer wieder die Frage aufgeworfen worden, ob denn nicht alle Frauen ›im Grunde‹ lüstern danach seien, vergewaltigt zu werden, und sicher sind es diese Fragen, die dem Thema der Notzucht stets einen pikanten Reiz gegeben haben. »Vergewaltigt zu werden«, schreibt etwa Anaïs Nin im Sommer 1937 in ihr Tagebuch, »ist vielleicht ein Bedürfnis der Frau, ein geheimes, erotisches Bedürfnis«,[12] und der bekannte Aggressionsforscher Anthony Storr bestätigt später die Schriftstellerin, wenn er feststellt: »The idea of being seized and borne off by a ruthless male who will wreak his sexual will upon his helpless victim has a universal appeal for the female sex.«[13] Dem pflichten zwei berühmte Sexologen bei, die erklären: »It is well recognized that rape affords a woman an opportunity to engage in prohibited intercourse without moral blame, and so without guilt«, worauf sie ein ägyptisches Sprichwort zitieren, welches besagt: »Erst wenn eine Frau zehn Mal hintereinander vergewaltigt worden ist, schreit sie um Hilfe.«[14] Auch die Hell's Angels scheinen Liebhaber der arabischen Volksweisheit gewesen zu sein, denn nachdem sie als Schutzstaffel der Rolling Stones während eines Konzertes in Altamont einen jungen Mann erstochen und eine Reihe von

Besucherinnen vergewaltigt hatten, meinte einer der Angels: »Klar nehmen wir, was wir kriegen! Aber ich kenne keine, die ›Vergewaltigung‹ geschrien hätte, ehe nicht alles vorbei war und sie darüber nachdenken konnte.« Was wiederum den Biographen der Hell's Angels, Hunter Thompson, zu der Bemerkung veranlaßte: »Die Frauen leben in Angst vor Vergewaltigung, aber irgendwo versteckt im Schoß einer jeden Frau gibt es einen aufsässigen Nerv, der jedesmal vor Neugier zittert, wenn nur das Wort fällt.«[15]

In der tiefen Überzeugung, daß der »Schoß« der Frauen auch gegen deren Bewußtsein nach der Vergewaltigung lechzt, haben sich schon immer Männer – und gelegentlich auch Frauen – verschiedenster politischer und ideologischer Couleur gefunden, von dem libertären Sozialisten Proudhon[16] über NS-Rassenforscher[17] bis zu amerikanischen Fernsehmoderatoren[18] und Sexualwissenschaftlern. Den tiefsten Einblick in das, was Frauen wirklich wünschen, haben jedoch allemal die Psychoanalytiker, deren Vertreter Groddeck beispielsweise meinte, um die eigentlichen Begierden der Frauen zu durchleuchten, müsse man nicht deren »Ich« befragen, sondern ihr »Es«, ihr Unbewußtes: »Um dessen Empfindungen festzustellen, müssen Sie sich an die Organe wenden, mit denen es spricht, an die Wollustorgane des Weibes. Und Sie würden erstaunt sein, wie wenig sich die Scheidenwände oder die Schamlippen, der Kitzler oder die Brustwarzen um die Abscheu des Bewußtseins kümmern. Sie antworten auf die Reibung, auf die zweckmäßige Erregung in ihrer eigenen Weise, ganz gleich, ob der Geschlechtsakt dem denkenden Menschen lieb ist oder nicht. Fragen Sie Frauenärzte oder Richter oder Verbrecher; Sie werden meine Behauptung bestätigt finden. Sie können auch von den Frauen, die ohne Lust empfangen haben, die vergewaltigt oder bewußtlos mißbraucht wurden, die richtige Antwort hören, nur müssen Sie zu fragen verstehen oder besser, Vertrauen erwecken.«[19] Denn mag die Frau zunächst auch lamentieren, wie gedemütigt und erniedrigt sie sich fühle, im Grunde weiß sie, daß ihre Brustwarzen und ihre Klitoris die Wahrheit gesagt haben: Sie haben durch ihre Erregung dokumentiert, daß die Frau, ihr »Es«, der Tat zugestimmt hat. Und deshalb, so fügt ein weiterer Psychoanalytiker hinzu, »fühlt sich im Grunde« keine Frau »durch eine Vergewaltigung gedemütigt«, da eine Frau auch noch die Angst, die sie vor und während der Tat empfindet, in sexuelle Lust umwandelt.[20] Und schließlich ergänzt ein dritter psychoanalytisch argumentierender und diesmal politisch linksgerichteter, Autor, die intensivste Lust könne eine Frau nur erfahren, wenn sie vergewaltigt werde – selbst frigide Frauen könnten dabei zum Orgasmus kommen –, da nur auf diese Weise die geheimsten weiblichen Wünsche erfüllt werden können.[21]

Schon in der Antike herrschte – zumindest in der Männerwelt – die Überzeugung vor, daß Frauen es genössen, gewaltsam koitiert zu werden und sich deshalb nach einer Vergewaltigung sehnten.[22] So sagen nach Herodot die Perser, »weise sei der, welcher die Vergewaltigung ruhig geschehen ließe. Denn offenkundig könne keiner ein Weib vergewaltigen, wenn dieses nicht selber in die Tat einwillige«,[23] und später behauptet Ovid sogar, im Grunde sei eine Frau enttäuscht, wenn man sie nicht vergewaltige, möge sie auch nach außen hin so tun, als sei sie froh, davongekommen zu sein: »Jede, der durch plötzlichen Liebesraub Gewalt angetan wurde, freut sich, und Unverschämtheit ist hier so viel wie ein Geschenk. Aber diejenige, die, obwohl sie hätte gezwungen werden können, unberührt davonkam, mag sie auch im Gesicht Freude vortäuschen, wird traurig sein. Phoebe wurde vergewaltigt, Gewalt wurde ihrer Schwester angetan, und beiden Geraubten war der Räuber lieb.«[24]

Auch im Mittelalter büßte diese Meinung nichts von ihrer Popularität ein: Chrétien de Troyes beispielsweise verlautet, keine Frau setze sich einem Vergewaltiger ernsthaft zur Wehr, vielmehr tue sie nur so, während im 12. Jahrhundert Wilhelm von Conches einräumt, daß den Frauen die Tat zwar zu Beginn mißfallen mag, doch siege im Verlaufe des Aktes

die Wollust des Fleisches über den Widerstand des Geistes.²⁵
Wie verbreitet diese Vorstellung unter den Männern der Zeit gewesen sein muß, geht aus den Äußerungen Christine de Pizans hervor, die in ihrem 1404 verfaßten *Livre de la Cité des Dames* eine Dame sagen läßt: »Um so mehr betrübt und bekümmert es mich jedoch, die Männer so häufig behaupten zu hören, Frauen wollten vergewaltigt werden; aber ich kann mir einfach nicht vorstellen, daß Frauen an einer solchen Gemeinheit Gefallen finden sollen.« Worauf Christine antwortet: »Sei ganz unbesorgt, liebe Freundin: sittsamen Frauen mit einem untadeligen Lebenswandel bereitet eine Vergewaltigung wirklich nicht das geringste Vergnügen, sondern den größten aller Schmerzen«, und belegt dies, indem sie einige Opfer anführt, die nach dem Verbrechen sich selber oder den Täter umbrachten oder die sich bereits aus Angst vor der Tat das Leben nahmen.²⁶

Freilich konnten solche Ausführungen wie die Christines die tiefsitzenden Überzeugungen der Männer wohl kaum erschüttern, denn diese bestritten ja nicht, daß eine Vergewaltigung eine Schande war und von den Frauen auch als solche empfunden wurde. Vielmehr nagte in ihnen der Verdacht, daß eine Frau entgegen dem, was die Sittsamkeit ihr vorschrieb, die Tat als lustvoll und erregend empfand, was zeigte, daß eine Vergewaltigung ihr im Grunde doch Vergnügen bereite.

Diese Frage, ob denn die Frauen während des Verbrechens sexuell erregt würden und *deshalb* nicht ohne Schuld blieben, diskutierte man das gesamte späte Mittelalter und die Renaissance hindurch vor allem anhand des Falles der Lucretia,²⁷ des berühmtesten Vergewaltigungsopfers der Antike, deren sexuelle Unterwerfung in der frühen Neuzeit Thema zahlreicher bildlicher Darstellungen war, die für das damalige Auge mit Sicherheit pornographischen Charakter hatten (Abb. 196).²⁸ Im frühen Quattrocento etwa deutet Coluccio Salutatis in seiner *Declamatio Lucretia* an, daß der Täter, Sextus Tarquinius, sein Opfer erregt, indem er an ihren Brustwarzen

196 Heinrich Aldegrever: ›Tarquinius und Lucretia‹.
Kupferstich, 1539.

spielt (»hoc pectus quod ille violentus amavit in quo primum ad excitandum libidinem infixis mamillas digitis contractavit suis«), und Lucretia befürchtet auch, daß sie an solchen beschämenden Handlungen Gefallen finden könne, wenn sie nichts dagegen unternehme (»Si distulero forte incipient mihi flagitiosa placere«).[29] Schon Augustinus hatte tausend Jahre früher die Frage aufgeworfen, warum Lucretia sich denn umgebracht habe, da sie sich doch gar nichts vorzuwerfen hatte, und mutmaßte, der Grund sei vielleicht der gewesen, daß sie während der Vergewaltigung durch Tarquinius sexuell erregt wurde.[30]

Obgleich es den meisten Vergewaltigern völlig gleichgültig zu sein scheint, ob die betreffende Frau während der Tat erregt wird oder nicht,[31] kommt es doch gelegentlich vor, daß der Täter das Opfer stimuliert, und wenn es auch nur geschehen mag, damit die Penetration leichter vonstatten geht. So berichtet z. B. eine Zeugin aus den letzten Kriegstagen: »Ein Russe befahl den anderen Bunkerinsassen, einfach zu schla-

fen, kroch mit einer Taschenlampe unter den Rock der Frau, die an der Tür lag. Er stimulierte sie und ging dann mit ihr vor die Bunkertür. Dort mußte sie sich nackt auf den kalten Steinboden legen.«[32]
Nicht wenige Vergewaltiger rechtfertigen auch ihre Tat damit, daß die Opfer die Tat genossen hätten,[33] wobei natürlich die Frage offen bleibt, ob sie wirklich davon überzeugt sind oder ob sie nur so tun, um sich zu entlasten. So sagte beispielsweise ein Teilnehmer am My-Lai-Massaker hinterher, er habe ein junges Mädchen in eine Hütte gezerrt, ihr die Kleider vom Leib gerissen und sie koitiert. Anfangs habe sie sich zwar noch gewehrt, doch dann »she gradually showed pleasure and sexual passion«. Nach dem Akt habe er sie dann erschossen.[34]
Nachdem er gefaßt worden war, erklärte im 18. Jahrhundert Tougne, ein vierundzwanzigjähriger Lustmörder, der im Wald des Vivarais lebte und den jungen Schäferinnen auflauerte, von denen er etwa ein Dutzend vergewaltigte und einige erwürgte, die Mädchen seien gerne von ihm zum Koitus gezwungen worden,[35] und ein Täter aus unserer Zeit brüstete sich: »Es war wie ein Ringkampf, und sie wehrte sich wie eine Löwin und gab auch entsprechende tierische Laute von sich. Sie biß, trat und kratzte mich und schlug nach mir. Ich rang sie jedoch nieder, fotzte sie, bis sie aufgab, fickte sie zuerst in die Möse und dann in den Arsch und zum großen Finale mußte sie mir noch einen blasen, bis ich völlig trockengelutscht war. Hinterher hat sie mir dann gesagt, es war einer der besten Ficks, die sie je gehabt hat.«[36]
Viele dieser Männer sind anscheinend der festen Überzeugung, daß die Frauen sich erst dann wirklich als Frauen fühlen, wenn sie überwältigt und einmal richtig ›durchgefickt‹ werden: »I mean most women like to get their box battered as much as a man likes to get his balls off«, führte ein in flagranti erwischter Täter zu seiner Rechtfertigung an, »they want to be grabbed and taken hard. It makes them feel like a woman«,[37] und es gibt sogar Täter, die das Opfer dazu zwingen,

zu sagen, daß ihnen die Vergewaltigung Vergnügen bereite. So gab ein Opfer an, während des Aktes habe der Täter auf sie eingeredet: »I know all about you bitches, you're no different; you're like all of them. I seen it in all the movies. You love being beaten!« Dann fing er an, brutal auf die Frau einzuschlagen. »I just seen it again in that flick. He beat the shit out of her while he raped her and she told him she loved it; you know you love it; tell me you love it!« Immer weiter schlug er auf die Frau ein und zwang sie so, ihm zu sagen, wie geil sie die Vergewaltigung mache.[38]

Eine Frau, die von zwei schwarzen Amerikanern vergewaltigt wurde, sagte später aus, die beiden hätten sie während des Aktes ständig gefragt, »ob es mir nicht gefällt und ob ich auch komme«,[39] aber auch für viele Polizeibeamte scheint die Frage, ob der Täter das Opfer zum Orgasmus brachte, geradezu eine Obsession zu sein. So schildert eine junge Frau, wie sie von den Polizisten, die sie nach der Tat gerufen hatte, gewissermaßen ein zweites Mal, und zwar verbal, vergewaltigt wurde: »Right after it happened ... I mean here I was lying on the floor, my face was streaming with blood, I was damned near hysterical when I called the police. They arrived and the very first question this one guy asked me was, ›Did you enjoy it?‹« Nachdem sich die verletzte und erschöpfte Frau in ihr Bett gelegt hatte, »the questions really started. I couldn't believe what they asked me. About five officers were crowded into my bedroom. They said things to me like ›Lay on the bed exactly as you were when the guy came in. Why did you spread your legs if you didn't want to be raped? Did you see his penis? Describe it. Did you touch his penis? Did you put it in your mouth? Did you have an orgasm?‹«[40]

Auch während der Gerichtsverhandlung fragen viele Richter die Opfer, ob der Täter sie sexuell erregt habe oder ob sie zum Orgasmus gekommen seien, weil sie von der Voraussetzung ausgehen, daß dann von einer Vergewaltigung nicht die Rede sein könne[41] – hatte doch bereits im 17. Jahrhundert Benedict Carpzov konstatiert, eine Vergewaltigung sei nur dann eine solche, wenn das Opfer weder vor noch während oder nach dem Akt sexuelle Erregung verspüre.[42]

Daß ein erzwungener Beischlaf für das Opfer lustvoll ist, scheint indessen nicht nur eine ›*Männer*phantasie‹ zu sein.[43] So hat z. B. eine amerikanische Untersuchung ergeben, daß viele Frauen zwar nicht glauben, sie selber könnten während einer Vergewaltigung sexuell erregt werden, aber sie halten dies bei *anderen* Frauen für wahrscheinlich.[44] Überdies erschien im Jahre 1971 in der Zeitschrift *Response* ein mit »Rape: Agony or Ecstasy?« betitelter Artikel, der angebliche Untersuchungsergebnisse präsentierte, nach denen 73 % aller befragten Vergewaltigungsopfer den Akt »pleasurable« gefunden und sogar 47 % einen Orgasmus erlebt hatten. Schließlich empfanden viele der vergewaltigten Frauen die Praktiken, die der Täter ihnen aufgezwungen hatte, und die sie sonst ablehnten, wie z. B. Analverkehr oder Fellatio, als »highly erotic«, da sie sich jetzt endlich völlig gehenlassen konnten. Immer wieder hätten die Frauen mit großer Befriedigung Sätze geäußert wie »I felt like an animal«, und der einleitende Kampf mit dem Täter sowie die Angst hätten sie erst richtig aufgegeilt.[45]

Man kann zwar mit Sicherheit davon ausgehen, daß diese ›Untersuchung‹ nie stattgefunden hat, d. h., daß sämtliche in dem Artikel aufgeführten ›Ergebnisse‹ frei erfunden sind und pornographischen Zwecken dienen sollen, doch bedeutet dies nicht, wie viele Fachleute behaupten, daß »keine Berichte vergewaltigter Frauen« vorlägen, »die von Lustgefühlen ihrerseits zeugen (außer in Pornos)«.[46]

In der Tat gibt es vereinzelt Aussagen vergewaltigter Frauen, aus denen hervorgeht, daß die Betreffenden sogar in ihrer Todesangst sexuell erregt wurden: So erklärte z. B. ein Opfer, »ungewollt zum Orgasmus« gekommen zu sein, und ein anderes berichtete: »Als Herr Peter mich mit dem Mund in der Scheidengegend stimulierte, habe ich eine sexuelle Erregung nicht verbergen können, obwohl dies gegen meinen Willen war. Ich glaube, ich habe auch mal gestöhnt.«[47]

Doch allem Anschein nach sind diese sexuellen Empfindungen ›kalte‹ und ›seelenlose‹ Erregungen,[48] vergleichbar dem ›lustlosen Orgasmus‹ mancher »wet dreams« oder dem des Mannes, der von einem Täter zwangsfellationiert wird, also keineswegs befriedigende Gefühle. Zum anderen bringen diese Empfindungen, die zudem meist nur dann auftreten, wenn der Täter nicht zu sehr Gewalt anwendet,[49] das Opfer meist völlig aus der Fassung, und es fühlt sich häufig von diesen Gefühlen noch mehr angeekelt und entwürdigt als durch die Tat selber.[50] Schon die oben zitierte Lucretia sprach bezeichnenderweise von einem »traurigen und unangenehmen Vergnügen, wie immer es auch gewesen sein mag« (»Illa tristis et ingrata licet qualiscumque tamen voluptas ferre ulciscenda est«).[51] Dazu trägt vermutlich bei, daß die vergewaltigte Frau ihre Erregung als ein Indiz dafür auffaßt, daß sie unmoralisch und verworfen ist, ähnlich wie die Gefangenen in den lateinamerikanischen Kerkern, die von ihren Folterern zur Ejakulation gebracht werden und sich deshalb als Komplizen ihrer Peiniger fühlen.[52]

Wie wir bereits gesehen haben, treten auch bei Männern in Angst- und Spannungssituationen Erektionen und Ejakulationen auf. So berichteten Teilnehmer am Ersten Weltkrieg, daß sie nach dem Kommando zum Sturmangriff beim Sprung aus dem Graben ejakuliert hätten,[53] und der letzte Scharfrichter der k.-und-k.-Monarchie, Joseph Lang, erzählte, daß häufig zum Tode Verurteilte unmittelbar vor ihrer Hinrichtung sexuell erregt gewesen seien.[54] Bekannter ist vielleicht, daß männliche und weibliche Pyromanen sowie Ladendiebe in der Aufregung und vor Angst, erwischt zu werden, Orgasmen erleben,[55] und es ist sicher nicht auszuschließen, daß auf ähnliche Weise auch einem Vergewaltigungsopfer in seiner Todesangst eine solche Erregung widerfährt.

In jedem Falle sind derartige Erregungen wider Willen etwas ganz anderes als das, was durch die Gehirne der Psychoanalytiker spukt, von denen beispielsweise George Devereux schreibt: »Trotz der lärmenden ›Anti-Vergewaltigungs‹-(=

Anti-Männer)Kampagne unserer Tage kommt es vor, daß eine vergewaltigte Frau starke Wollust empfindet, nicht nur weil die Vergewaltigung ihren weiblichen Masochismus befriedigt, sondern auch deshalb, weil sie bei einer Vergewaltigung für das, was ihr geschieht, nicht ›verantwortlich‹ ist.«[56]

Die hier beschriebene Frau, die durch eine Vergewaltigung sexuell befriedigt wird, ist kein Bestandteil der Realität, sondern ein Produkt der Pornographie (Abb. 197).[57] In Wirk-

197 ›Die Beute‹. Lithographie von Achille Devéria, um 1830.

lichkeit leben sich die überfallenen Frauen nicht zum erstenmal sexuell aus und lassen sich ›gehen‹, sondern sie erleben, was viele von ihnen als die schlimmste Demütigung und Erniedrigung, die ihnen jemals widerfahren ist, beschrieben haben,[58] und die ihr weiteres Leben nachhaltig beeinflußte. Abgesehen von einer tiefgehenden Schädigung des Selbstwertgefühls sind die Folgen häufig eine allgemeine Lebensangst, eine diffuse Furcht, sich in der Öffentlichkeit zu bewegen, ein elementares Mißtrauen gegenüber Männern überhaupt sowie Veränderungen im sexuellen Empfinden. Von 27 Vergewaltigungsopfern stellten – wie eine Untersuchung ergab – fünf künftig jeden Geschlechtsverkehr ein, litten fünf unter sexuellen Dysfunktionen wie Vaginismus und Anorgasmie; weitere fünf wurden in ihren sexuellen Beziehungen wahllos, und zwei übten nur noch Geschlechtsverkehr mit anderen Frauen aus.[59]

In ihrer im Jahre 1748 veröffentlichten Autobiographie schilderte Teresia Constantia Phillips, wie sie nach ihrer Vergewaltigung für lange Zeit »absolutely inconsolable« wurde, wobei noch hinzukam, daß ihr Mann sie verstieß, weil sie von einem fremden Mann ›befleckt‹ worden war. Sie schrieb weiter, daß sie das Verbrechen auch jetzt, nach so vielen Jahren, nicht im geringsten bewältigt hatte und daß sie kaum die Tränen zurückhalten konnte (»scarce able to refrain from Tears«), wenn sie an das grauenhafte Erlebnis dachte.[60]

Gegen diese Sicht des Vergewaltigungserlebnisses spricht auch nicht die Tatsache, daß manche Frauen »Vergewaltigungsphantasien« entwickeln und diese genießen. Zum einen scheinen solche Phantasien bei Frauen sehr viel seltener vorzukommen, als gemeinhin angenommen wird.[61] Zum anderen sind für gewöhnlich die wirklichen Verbrechen ungleich brutaler und verletzender als die von den Frauen imaginierten, weshalb man die phantasierten Vergewaltigungen – und auch die meisten, die in Spielfilmen vorkommen, als »pseudo rapes« bezeichnet hat.[62] Drittens können die Frauen ihre imaginierten Vergewaltigungen, im Gegensatz zu den realen steuern, d. h., die Frauen sind Herrinnen ihrer Phantasien, und damit können sie den Härtegrad des männlichen Zugriffs nach Wunsch dosieren. Wenn also ein wegen Vergewaltigung verurteilter Mann seine Tat mit den Worten rechtfertigte: »Frauen lieben keine Softies, sie schmachten nach dem wilden, brutalen Akt«,[63] dann befindet er sich im Irrtum. Zwar scheint die Vorstellung von einem leichten äußeren Zwang zum Geschlechtsverkehr und einem ›Fest-angefaßt-werden‹ in der Tat für viele Frauen sexuell stimulierend zu wirken, doch wird dieser Zwang zu stark und brutal, so genießen nur noch sehr wenige Frauen diese Phantasien und geben ihnen einen anderen Verlauf.[64]

Was für die Vergewaltigungsphantasien zutrifft, scheint auch für das Betrachten pornographischer Vergewaltigungsszenen zu gelten. Die Tatsache, daß ein unerwartet hoher Prozentsatz von Frauen solche Szenen als lustvoll empfindet, hängt offenbar gleichfalls damit zusammen, daß die Betrachterinnen sich nicht als Opfer fühlen. Überdies werden sie nicht so sehr durch die Gewalt und die Erniedrigung stimuliert, sondern durch das sexuelle Element der Szene, das ohnehin in der Vergewaltigungspornographie dominiert, wo das Opfer ja normalerweise vor Wollust ächzt und stöhnt.[65] So hat man in Experimenten herausgefunden, daß weibliche Testpersonen von solchen Szenen dann sexuell erregt werden, wenn die Frauen ohne Brutalität zum Orgasmus gebracht werden. Die männlichen Testpersonen hingegen »were most aroused when the victim experienced an orgasm and pain«,[66] aber auch für sie waren die Szenen um so stimulierender, je mehr sexuelle Lust das Opfer zu empfinden schien. In dem Maße, in dem das Opfer vor Lust grunzte und sich aufbäumte, rechtfertigten auch die männlichen Betrachter die Tat, und um so eher hielten sie es für möglich, daß sie selber eine Frau vergewaltigten.[67]

§ 34
Der Widerspenstigen Zähmung

Für die Männer in ›traditionellen‹ Gesellschaften ist es typisch, daß sie die Vergewaltigung, und zwar meist die als besonders entehrend empfundene Bandenvergewaltigung,[1] als *das* Mittel verwendeten, um Frauen, die auf irgendeine, vor allem aber auf sexuelle Weise aus der Reihe tanzen, zu züchtigen. Wie schon erwähnt, drangen etwa in den spätmittelalterlichen Städten häufig während der Nacht Jugendbanden in die Häuser ein,[2] in denen übel beleumundete Frauen wie z. B. Konkubinen von Priestern lebten, aber auch solche, die man kurzerhand als leichtfertig bezeichnete, weil sie vielleicht von ihrem Mann getrennt lebten, und vergewaltigten sie.[3]
Aber auch wenn ein Mädchen oder eine Frau sich ansonsten gegen einen Mann auflehnte oder ihn beleidigte, züchtigte dieser das freche Weib am liebsten mit der Rute, die ihm die Natur gegeben hatte. Im Jahre 1527 bekannte beispielsweise in Magdeburg der danach durch das Schwert gerichtete Hirtenknecht Brosius »an alle peinliche martter freymutig [...], dasselbige meidichin (ungeverlich X ader eilff jhar alt) hab yhn angeruffen und gesagt: ›Du Wendt, lecke mich in den hindersten‹; darauf sey er dem meidlein nachgelaufen und es ergriffen, in dem busche niddergelegt, mit rutten gesteupet und zuletzt sein unkeuscheit geweltiglich mit ime getriben, und als er sein unzucht vollenbracht und sein bosze lust gesettigt, hab er gesprochen: ›Sehe, da hastu es, lauff nu hin!‹«[4]
Zu den ›vergewaltigungswürdigen‹ Frechheiten der Frauen zählte auch, daß sie sich zu sehr ›aufdonnerten‹, sich zu aufreizend und damit schamlos bewegten, kleideten oder schminkten (»draped to be raped«). Heißt es heute in Nordamerika: »Nice girls don't get raped, and bad girls shouldn't complain«, so sagten die Colville- und Point-Barrow-Eskimo im Norden Alaskas, daß im Falle einer Vergewaltigung immer die Frau selber schuld sei, da eine schamhafte Frau nie

»in Schwierigkeiten« gerate. Der Ehemann des Opfers dachte über diese Dinge freilich anders: Er strafte nicht seine Frau, sondern hielt sich schadlos, indem er seinerseits der Frau des Täters auflauerte und diese vergewaltigte.[5] Wenn sich bei den Tegreñña in Eritrea ein junges Mädchen zu sehr zurechtmachte, indem es z. B. das *maʿtäbʿ enqwi*, ein mit Glasperlen besticktes blaues Halsband, trug und die Augenlider mit Antimonsulfid schminkte, konnte es im Falle einer Vergewaltigung noch bis ins 19. Jahrhundert hinein keine oder nur eine sehr geringe Entschädigung fordern.[6]

Auf der anderen Seite macht man in manchen Gesellschaften den jungen Mädchen aber auch zum Vorwurf, daß sie nicht willig genug sind oder daß sie ihre Willigkeit nicht deutlich demonstrieren. Bei den südamerikanischen Canela-Indianern etwa lauert gelegentlich eine Horde junger Männer einem geschlechtsreif gewordenen Mädchen, das nach einer gewissen Karenzzeit immer noch spröde und abweisend ist, irgendwo im Urwald auf und »force her to give«, wie der Ethnologe es vornehm ausdrückt. Nach der Tat sind die Eltern des Mädchens für gewöhnlich tief beschämt darüber, daß die ›Zickigkeit‹ ihrer Tochter die jungen Burschen zu einem derartigen Vergehen veranlaßt hat.[7] Solche »hochnäsigen« Mädchen werden bisweilen auch auf der Südsee-Insel Mangaia bandenvergewaltigt (*tauati*), und die Opfer fühlen sich normalerweise dermaßen erniedrigt und entehrt, daß sie auf jede Anzeige bei der Polizei verzichten.[8]

Wenn bei den Manus eine Frau zu sehr der eigenen Nase nachging und damit die Autorität ihres Mannes in Frage stellte, konnte es vorkommen, daß dieser sie für ein Wochenende mit in den Busch nahm und dort von seinen sämtlichen Freunden ›durchziehen‹ ließ,[9] ähnlich wie bei den Kipsigi manche Männer ihre Frauen oder erwachsenen Töchter, die gegen sie rebellierten oder von zu Hause wegliefen, zur Strafe von den jungen Kriegern vergewaltigen ließen.[10]

Am häufigsten aber wurden die sexuellen Verfehlungen der Frauen auf diese Weise geahndet. So fiel etwa bei den Süd-

australiern eine ganze Horde von Männern über geschlechtlich ausschweifende Frauen her und ›reichte sie durch‹,[11] während die Hanya in Angola solche Frauen noch zusätzlich durch die Art der Vergewaltigung erniedrigten: Sie zwangen Ehebrecherinnen, sich auf allen vieren niederzuducken und das Gesäß nach hinten zu strecken, worauf die Männer sie einer nach dem anderen von hinten ›nahmen‹.[12]
Bei den Mohave wurden sexuell initiative und selbstbewußte Frauen, *kamalo:y* genannt, nicht nur bandenvergewaltigt, vielmehr stutzte man sie anschließend auf Normalmaß zurück, indem man ihnen die Klitoris herausschnitt.[13] Die Mundurucú beließen es im Falle von Frauen, die sexuell die Männer ›anmachten‹, bei der Bandenvergewaltigung. Die Mundurucú-Männer reagierten sehr empfindlich, wenn eine Frau sich anschickte, ihre Männerrolle in Frage zu stellen, und um dem anderen Geschlecht den Mumm zu nehmen, prahlten sie oft lauthals mit Details ihrer früheren Vergewaltigungsaktionen, so daß die sich in Hörweite befindlichen Frauen ganz nervös wurden und enger zusammenrückten.[14]
Um den jungen Mädchen ein für allemal klar zu machen, wo der Barthel den Most holt, und damit sich erst gar keine Flausen in ihren Köpfen festsetzten, soll bei den Dieri, Kunandaburi, Yandairunga und anderen zentralaustralischen Stämmen jedes erwachsene männliche Lagermitglied das Recht besessen haben, die Jungfrau vor ihrem künftigen Mann zu ›zähmen‹, indem er sie vergewaltigte,[15] was an jene Stelle in der altschwedischen *Thidrekssaga* erinnert, an der Sigfrid den Gunter über Brünhild aufklärt: »Sie hat diese Natur: Solange sie Jungfrau ist, da ist sie stärker als jeder Mann. Hättet Ihr erst ihr Magdtum, dann wäre sie nicht stärker als andere Frauen.«[16]
Die männliche Autorität konnte aber auch dadurch erschüttert werden, daß die Frauen hinter die ›religiösen Geheimnisse‹ kamen, deren Kenntnis den Männern vorbehalten war und die sie eifersüchtig bewachten. Wenn beispielsweise bei

den australischen Murin'bata eine Frau den Ort betrat, wo die Männer ihre ›heiligen‹ *tjurungas* (*churingas*)[17] aufbewahrten und die Mitglieder des betreffenden Clans davon ausgehen konnten, daß sie die geheimen Gegenstände gesehen hatte, wurde die Frau für gewöhnlich getötet. Nahm man indessen an, daß sie die *tjurungas* nicht gesehen hatte, gab man ihr trotzdem häufig einen Denkzettel: Man ergriff die Unglückliche, und sämtliche Clanmitglieder vergewaltigten sie, wobei die Bestrafer – meist zwischen 30 und 50 Mann – nacheinander Schlange standen und warteten, bis der Vordermann ejakuliert hatte. Diese grauenhafte Prozedur soll dann für einen gewissen Zeitraum jede Nacht wiederholt worden sein.[18]

Wenn bei den Carajá eine Frau per Zufall dahinter kam, daß es ja die Männer waren, die die Masken schnitzten und trugen, und nicht die Geister, wurde sie aus Rache bandenvergewaltigt, womit sie ihre weibliche Ehre verlor und künftig als Hure im Männerhaus die Junggesellen bedienen mußte.[19] Für eine Frau der Mehináku genügt es dagegen, daß sie der Hafer sticht und sie das Männerhaus betritt, um zum Opfer einer kollektiven Vergewaltigung zu werden. Die Angst vor sexuellen Repressionen saß den Frauen früher, als die Männerhäuser noch offen einsehbar waren, so tief in den Knochen, daß sie stets den Blick abwandten, wenn sie auf den Dorfplatz kamen, wo das Männerhaus steht.[20] Heutzutage gibt es lediglich an der Längsseite des Hauses einen extrem niedrigen Eingang, durch den man kriechen muß, so daß eine Frau von weitem nicht einmal einen flüchtigen Blick ins Innere werfen kann.[21] Die Wände sind freilich sehr schalldurchlässig, so daß draußen die Frauen hören können, wie im Haus die Männer lauthals über die Geschlechtsteile der einzelnen Dorfbewohnerinnen diskutieren, über Größe, Farbe, Geruch usw., was die betreffenden Frauen zutiefst beschämt und erniedrigt.[22]

War und ist die Vergewaltigung in den ›Stammesgesellschaften‹ eines der wichtigsten und effektivsten Mittel zur Ausübung der Herrschaft über die Frauen der eigenen Gruppe, so gab es auch in vielen – aber bei weitem nicht in allen – dieser

Gesellschaften das sexuelle Beutemachen im Verlaufe kriegerischer Auseinandersetzungen, z. B. bei den Polynesiern,[23] auf Neuguinea oder in Südamerika. So koitierten etwa die Krieger der Kamano, Usurufa, Fore, Jate und anderer Ethnien im östlichen Hochland von Neuguinea bei Überfällen auf benachbarte Dörfer häufig die Leichen der von ihnen getöteten Frauen – was sie im übrigen bei den erschlagenen Männern nur symbolisch taten, indem sie, über den Leichen hockend, mit dem Becken Koitusbewegungen ausführten und an den Penissen der Toten herumspielten. Die Männer gaben zwar zu, daß es vergnüglicher sei, eine lebende Frau gegen ihren Willen zu koitieren, aber sie sagten, daß sie bei einer Leiche brutaler sein und mit ihr Dinge tun könnten, die bei einer Lebenden nicht möglich seien. Denn allem Anschein nach wurden die Frauen von ihren Müttern dazu erzogen, im ›Liebesleben‹ sehr aggressiv und kämpferisch zu sein, womit die Männer für gewöhnlich nicht klarkamen.[24]

Wenn die Stoßtrupps der Yanomamö ein fremdes Dorf überfallen hatten, vergewaltigten sie als erstes dessen Bewohnerinnen, ja, manche Männer sagen, die Vergewaltigungen fremder Frauen seien für sie der eigentliche Anreiz zu ihren kriegerischen Unternehmungen. Nach einem erfolgreichen Unternehmen nehmen sie einen Teil der Frauen mit sich nach Hause, wo diese noch einmal von jedem Mann, dem danach zumute ist, zum Geschlechtsverkehr gezwungen werden.[25] Die Surára und Pakidái halten sich solche entführten Frauen, die rund um die Uhr koitusbereit sein müssen. Meist kommen die Männer zu viert oder zu fünft, packen die Gefangene am Arm oder an den Haaren und zerren sie mit sich in den Urwald. Wehrt sie sich oder äußert sie irgendwelche Einwände, so schlagen die Vergewaltiger ihr mit einem Prügel auf die Tonsur, die meist schon von Narben übersät ist, oder sie bringen ihr mit einem Messer, das mit scharfen Agutizähnen besetzt ist, blutige Schnitte am Körper bei. Wird auf diese Weise eine Frau weggezerrt, löst das Geschehen für gewöhnlich allgemeine Heiterkeit aus, wobei allerdings angemerkt

werden muß, daß die Frauen der Täter die Sache mit einer etwas süßsaueren Miene verfolgen,[26] denn das Gespenst der Eifersucht schleicht auch hier ständig durch das Dorf.[27]
Nun darf man sich nicht verleiten lassen, zu glauben, daß in diesen Gesellschaften Vergewaltigungen als solche toleriert würden und eine Alltäglichkeit darstellten. Vergewaltigt jemand innerhalb des eigenen Stammes eine Frau, so wird er zwar nicht direkt bestraft, doch erwartet ihn ein viel schlimmeres Schicksal. Ein solcher Verbrecher weiß nämlich, daß man seinen Leichnam nach dem Tode nicht verbrennen wird. Dies bedeutet aber, daß seine Seele vernichtet und er damit nicht wiedergeboren wird, und dies ist für viele eine solche Katastrophe, daß sie Selbstmord begehen.[28]
Sind Kriegsvergewaltigungen bei südamerikanischen Indianern verbreitet, so waren sie in Nordamerika eher selten, und weiße Frauen, die zwischen dem 17. und dem 19. Jahrhundert von indianischen Kriegern erbeutet und entführt wurden, bestätigten fast immer, daß, wie es eine von ihnen ausdrückte, »the Indians are very civil towards their captive women, not offering any incivility by any indecent carriage«. Ein intimer Kenner der Indianer wie George Croghan meinte im 18. Jahrhundert zwar, daß »they have No uridiction or Laws butt that of Nature yett I have known more than onest thire Councils, order men to be putt to Death for Committing Rapes, wh(ich) is a Crime they Despise«. Und ein Beobachter der Rückführung geraubter Frauen in die weiße Gesellschaft betont sogar, daß »there had not been a solitary instance among them of any woman having her delicacy injured by being compelled to marry. They had been left liberty of choice, and those who chose to remain single were not sufferers on that account.«[29]
Lassen wir einmal die Kriegsvergewaltigungen beiseite und betrachten lediglich die Vergewaltigungen von Frauen innerhalb der eigenen Gruppe, so fällt auf, daß in ›traditionellen‹ Gesellschaften diese Taten viel eher den Charakter von Bandenvergewaltigungen haben als in der modernen Gesell-

schaft,³⁰ und zwar von solchen, mit denen das Kollektiv der Männer dafür sorgt, daß die jungen Mädchen und die Frauen nicht aus der sozialen Rolle fallen und damit unter anderem die Herrschaftsinteressen der Männer gefährden.

Ich will damit gar nicht bestreiten, daß es auch in ›traditionellen‹ Gesellschaften gelegentlich ›Einzelvergewaltigungen‹ von Frauen gibt. So trugen beispielsweise die Jakutinnen einst Elchlederhosen, die mit vier langen Riemen geschnürt und mit komplizierten Knoten zugebunden waren, um einem Vergewaltiger die Tat zu erschweren (Abb. 198),³¹ was zu-

198 Elchlederhose der Jakutinnen.

mindest zeigt, daß Vergewaltigungsversuche vorkamen. Und bei den Navaho hieß es, solche Versuche seien nie von Erfolg gekrönt, da die Frauen sich energisch zur Wehr setzten. Sie packten den Übeltäter an den Genitalien und quetschten sie mit aller Kraft zusammen, bis ihr Besitzer sich bereit erklärte, an sein vermeintliches Opfer eine Halskette oder eine Decke zu entrichten.³² Aber solche Vergewaltigungen kamen doch ungleich seltener vor als in modernen, ›anonymen‹ Gesellschaften mit relativ schwacher sozialer Kontrolle.³³ Viel eher hielten die Männer Ausschau nach fremden Frauen außerhalb der eigenen Siedlung, wie z. B. die Eipo, deren Opfer meist allein reisende Frauen aus entfernten Tälern und gelegentlich die weiblichen Mitglieder fremder Reisegruppen sind, die man vergewaltigt, nachdem man die Männer getötet hat.³⁴

Ich will auch nicht in Frage stellen, daß in der modernen Gesellschaft Vergewaltigungen ›männerbündischen‹ Charakters weiterexistieren, meist Bandenvergewaltigungen mit homoerotischen Untertönen, mit denen sich die Teilnehmer ihrer Männlichkeit gegenüber den »Votzen« versichern,[35] aber auch Einzelvergewaltigungen, die manchmal von den Tätern damit begründet werden, daß die Frauen ab und zu einen Dämpfer brauchen. So sagten amerikanische Täter nicht selten, sie hätten es getan, »to put women in their place«,[36] oder sie äußerten geringschätzig über ihr Opfer: »She got what she deserved.« Und ein schweizerischer Täter meinte, die Vergewaltigung sei das geeignetste Mittel, aufmüpfigen Frauen den Zahn zu ziehen: »Frauen werden erst nach einer Vergewaltigung zurückhaltender.«[37] Sicher ist es auch kein Zufall, daß eine stattliche Anzahl junger Türkinnen, die von ihren Landsmännern »zur Strafe« vergewaltigt wurden, in der bundesdeutschen Frauenszene tätig waren.[38] Auch andere Täter ›bestraften‹ ihre Opfer dafür, daß sie sich ›unschicklich‹ benommen hätten, wie z. B. jener Amerikaner, der seinem Opfer nach vergeblichen Versuchen, es anal und vaginal zu penetrieren, fünf Stunden lang einen Gegenstand, der sich wie ein Baseballschläger anfühlte, in den After rammte, wobei er ständig sagte: »I'm punishing you because you've been a bad girl. I'm giving it to you for every time you've screwed someone.«[39] Bezeichnend scheint hierbei zu sein, daß die junge Frau nicht »for every time she *got* screwed« bestraft wurde, sondern für jedes Mal, das sie einen Mann – aktiv – ›gebumst‹ hatte.

Entscheidend aber ist, daß in den ›traditionellen‹ Gesellschaften auf Grund der umfassenderen und effektiveren sozialen Kontrollmöglichkeiten die *verbrecherische* Aneignung des Körpers einer Frau, also Vergewaltigungen, die sexuelle Lust oder den *ungerechtfertigten* Willen zur Erniedrigung und Demütigung als Motiv haben, sehr viel seltener vorkommen als heute. Als ich einmal einige Männer der Orang Belogili im Lewolema-Gebiet des östlichen Flores[40] fragte, ob es denn ab und zu Vergewaltigungen von Frauen oder jungen Mädchen gäbe, schüttelten sie den Kopf. So etwas sei völlig unmöglich, meinten sie, denn zum einen seien die Frauen sehr geschickt im Umgang mit dem Buschmesser (*pārang*), und zum anderen wüßte innerhalb kürzester Zeit jedermann im Dorf den Namen des Täters.[41]

Auch innerhalb der heutigen ›westlichen‹ Gesellschaft gibt es in den ›anonymen‹, relativ unüberschaubaren Großstädten eine wesentlich höhere Kriminalitätsrate als auf dem Lande, und zwar vor allem mehr *öffentliche* Gewaltverbrechen, namentlich Vergewaltigungen von Frauen. Mit steigender Bevölkerungszahl und Bevölkerungsdichte steigt auch die Zahl der Kontakte mit Fremden und die Interaktionen finden auch häufiger in der Öffentlichkeit statt. Im Vergleich zu den Menschen in kleinen, ›traditionellen‹ Gesellschaften, aber auch zur heutigen Dorfbevölkerung ist die der großen Städte heterogener, so daß sich das Konfliktpotential vergrößert.[42]

Anmerkungen

Anmerkungen zur Einleitung

1 Zit. n. A. Bryson, 1990, S. 149.
2 Zit. n. R. H. Pearce, 1991, S. 29, 34.
3 P. Schäfer, 1992, S. 110.
4 Cf. D. Knox, 1991, S. 132.
5 Cf. V. Kasiepo, 1991, S. 16. Bereits im vergangenen Jahrhundert machten sich große Teile der Intelligenz in den Ländern, die »den Weg des Weißen Mannes« einschlugen, diese Intentionen zu eigen. Nachdem z. B. im Jahre 1871 eine japanische Delegation mit nordamerikanischen Indianern in Kontakt gekommen war, stellte sie einem US-General die Frage: »Kann man sie durch Lehre in den Zustand der Zivilisation führen?«, was dieser teils bejahte, teils verneinte. Cf. S. Shimada, 1991, S. 40.
6 N. Elias, 1939, II, S. 346, 427.
7 Ders., 1988, S. 37f.
8 K.-S. Rehberg, 1991, S. 65. »Duerrs Vorwurf, die Zivilisationstheorie sei ein kolonialistisches Denkmodell mit imperialistischen Zügen«, meint etwa E. Rühle, 1989, »ist eine polemische Unterstellung, die sich bei näherer Betrachtung als entweder bewußtes oder dummes Mißverständnis entpuppt.« Sollte Rühle tatsächlich eine solche »nähere Betrachtung« angestellt haben, so bleiben deren Ergebnisse leider sein Geheimnis.
9 B. Roeck, 1991, S. 103f. Dagegen meint G. Jerouschek, 1990, S. 571, es »bleib(e) unerfindlich«, wieso ich »die bessere Moral für (m)ich reklamieren könnte«, wenn mein Vorwurf zuträfe.
10 N. Elias, 1939, II, S. 346.
11 A. a. O., S. 347. Nach A. Blok, 1982a, S. 205, charakterisierte Elias in einem neueren, in Amsterdam gehaltenen Vortrag die afrikanischen Völker, die weder einen Staat noch eine Schrift entwickelt hatten, so, daß diese lebten »like wild animals in the jungle, always in danger of being caught«. Wen erinnert eine solche Sprache nicht an die der viktorianischen Kolonialherren, die von der »tierähnlichen Negernatur« redeten?
12 M. Schröter, 1990, S. 54.
13 G. H. Loskiel, 1789, S. 22.
14 A. a. O., S. 195f. Cf. auch E. H. Ackerknecht, 1944, S. 32.
15 M. Jemison, 1979, S. 100. Natürlich spielten häufig auch andere Motive eine Rolle, wenn gefangene Europäer sich weigerten, in ihre Heimat zurückzukehren. So war z.B. im Falle Gonzalo Guerreros, der Kriegshäuptling eines Maya-Kaziken geworden war, einer der Hauptgründe seine Liebe zu den drei Kindern, die er inzwischen mit seiner indianischen Frau hatte. Cf. B. Diaz del

Castillo, 1988, S. 62. Zu Guerrero cf. auch T. Bargatzky, 1981, S. 165 f.

16 Wie unsere »gebrauchten Kleider« im Verlaufe der Zeiten den Angehörigen fremder Gesellschaften aufgenötigt wurden, werde ich im nächsten Band ausführen. Hier mag der Hinweis auf die Frauen der Katukina in Brasilien genügen, die immer dann, wenn sie sich den großen Flüssen nähern, europäische Kleider anziehen, die auch die Brüste bedecken, weil sie auf diese Weise den Vergewaltigungen durch die Brasilianer entgehen wollen (ZDF, 22. September 1992).
17 M. Schröter, a.a.O., S. 56.
18 Cf. G. Bleibtreu-Ehrenberg, 1991, S. 67 f. Trotz dieser unfreundlichen Worte möchte ich betonen, daß ich die Kritik Schröters – neben der von Cas Wouters – für die ernsthafteste und sachlichste halte, die bisher aus der Feder eines Elias-Schülers geflossen ist. Im nächsten Band werde ich detaillierter auf die Schröterschen Argumente eingehen. Welche Niveau-Unterschiede es in dieser Schule gibt, erkennt man unschwer, wenn man die Ausführungen Schröters oder Wouters' mit denen des Elias-Exegeten Bogner vergleicht, eines akademischen Wichtigtuers, der, um zu verhindern, daß ich weiterhin »offene Türen einrenne«, diese vorsorglich zuschlägt. Cf. A. Bogner, 1991, S. 37 f. Ein weiterer Autor, der zwar auch nicht gerade den Eindruck hinterläßt, als habe er das Pulver erfunden, der sich aber dafür von Kritik zu Kritik mehr aufbläst, ist der Historiker G. Jaritz, 1992, S. 399, der herausgefunden hat, daß man die Dinge so, aber auch »völlig gegenteilig« sehen könne.
19 Cf. H. P. Duerr, 1990, S. 265 ff.
20 B. Krause, 1991, S. 194. Weiter schreibt der Autor, »problematisch« scheine ihm »auch die dominierende Bindung« der Scham »an die ›Entblößungsscham‹ als das ›Urerlebnis‹ des Schamempfindens« (a.a.O.). Auch diese »Bindung« existiert lediglich in Krauses Phantasie.
21 »Elias' reaction to this position was: ›Does he mean that newly born babies already show feelings of shame?‹« (zit. n. C. Wouters, Ms., S. 1). Für jemanden, der die These vertritt, daß die Körperscham ›angeboren‹ sei (im Gegensatz zu ›kulturell erworben‹) ist dies natürlich kein ernst zu nehmender Einwand. Auch die weiblichen Brüste oder der männliche Bartwuchs fehlen normalerweise beim Neugeborenen, und trotzdem sind sie nicht ›kulturell erworben‹. »Nur soviel sei notiert«, meint M. Schröter, a.a.O., S. 57, »daß Scham jedenfalls keine angeborene menschliche Reaktion ist, sondern von jedem Kind neu gelernt

werden muß«. Unglücklicherweise hat Schröter vergessen zu »notieren«, woher er dies weiß.
22 In einer launig hingerotzten Rezension schreibt Sigrid Löffler (1990, S. 107), ich hätte behauptet: »Daß Kinder sich ihrer Nacktheit zu schämen beginnen, sei doch ›ein starkes Indiz dafür, daß hier stammesgeschichtliche Anpassungen das Verhalten mitbestimmen‹.« Ich wäre Frau Löffler sehr verbunden, wenn sie in Zukunft Zitate von Autoren, mit denen ich mich kritisch auseinandersetze, nicht mir selber zuschreiben würde. Den Vogel schießt in dieser Hinsicht Gerti Sengers (1991, S. 112) ab, die mir allen Ernstes die Behauptung zuschreibt, »den Menschen sei vor Jahrtausenden gedämmert, daß ihre Genitalien häßlich seien und sie daher versteckt werden müßten«. Diese These stammt indessen nicht von mir, sondern von dem Sexualwissenschaftler und Gynäkologen Richard Huber, und ich habe ein ganzes Kapitel geschrieben, um nachzuweisen, daß sie falsch ist. Cf. H. P. Duerr, 1990, § 15. Nun mag man sagen, diese Verlautbarungen stammten von zwei arbeitsüberlasteten Journalistinnen, die einfach keine Zeit hätten, die Bücher, die sie rezensieren, auch noch zu lesen. Diese Entschuldigung lasse ich gelten. Sie gilt aber nicht für zwei Sozialwissenschaftler und Elias-Adepten, die behaupten, ich hätte geschrieben, daß »zivilisatorische Verhaltensstandards [...] keine soziogenetische Variablen« darstellten, vielmehr »dem Menschen als anthropologische Konstanten angeboren« seien, und die auf dumm-dreiste Weise sogar die Seite angeben, auf der ich dies geschrieben haben soll. Cf. R. Baumgart/V. Eichener, 1991, S. 91 f. Schlägt man auf der betreffenden Seite nach, erkennt man unschwer, daß die beiden Autoren sich ihre Behauptung aus den Fingern gesogen haben. Weiter schreiben die beiden, mir zufolge spreche »für die räumlich-zeitliche Universalität des Schamempfindens [...] nicht zuletzt auch das biblische ›und sie sahen, daß sie nackt waren‹« (a.a.O., S. 92). Mit dieser einfältigen Unterstellung wollen die Autoren offenbar den Eindruck erwecken, daß ich den biblischen Mythos des Sündenfalles als empirischen *Beleg* benutze. Eine unparteiische Diskussion der bisherigen Kritiken findet man bei F.M. Skowronek, 1992, Kap. 4.
23 Im ersten Band dieses Buches hatte ich angekündigt, daß ich im Folgeband auf die Frage einginge, »weshalb die ›Körperscham‹ offenbar in allen menschlichen Gesellschaften unabdingbar« sei (H.P. Duerr, 1988, S. 341), ein Versprechen, das ich im zweiten Band eingelöst habe (1990, § 16). Es gehört meines Erachtens zu den Minimalbedingungen von Fairneß, daß man nach einer sol-

chen Ankündigung so lange Zurückhaltung in der Diskreditierung des Gegners übt, bis die entsprechenden Ausführungen vorliegen. Leider war selbst Schröter nicht in der Lage, den hierzu nötigen Anstand aufzubringen: »Im übrigen ist es prinzipiell unbefriedigend, daß sich Duerr mit der These von einem Wesenszug des Menschen bescheidet, ohne die sofort auftauchende Frage, was denn dann die Funktion der Scham für Gesellschaft überhaupt sei, auch nur aufzuwerfen. Hier macht sich eine durchgehend beobachtbare Schwäche seines theoretischen Impetus besonders empfindlich bemerkbar« (M. Schröter, a.a.O., S. 58).

24 K.-S. Rehberg, a.a.O., S. 66, ist der einzige Kritiker, der wenigstens en passant auf diese These eingeht. Freilich sieht er bei ihr lediglich den Aspekt der Spannungsreduzierung und nicht den ›positiven‹ Aspekt der Partnerbindungsförderung. H.C. Ehalt, 1991, S. 67, meint, mein »Fehler« bestehe darin, daß ich »vorschnell überzeitliche Normen im Bereich des Sexuellen zu erkennen« glaubte. Einen Wert hätte eine solche Kritik freilich nur, wenn Ehalt mir diesen »Fehler« *nachweisen* könnte, indem er z.B. wenigstens eine menschliche Gesellschaft präsentierte, die keine Körperscham kennt. Auch H. Eichberg, 1991, S. 71, behauptet, die Körperscham könne »nicht sinnvoll als universell traktiert werden«, aber auch er vermag die Universalitätsthese nicht mit einem einzigen Gegenbeispiel zu falsifizieren.

25 Ich werde diese These im Schlußband ausführlich begründen.

26 N. Elias, 1939, II, S. 397.

27 A.a.O., S. 403.

28 T. Kleinspehn, 1989, S. 31 f., der sich stark an der Eliasschen Theorie orientiert, weist in diesem Zusammenhang darauf hin, daß sich noch bis weit in die Neuzeit hinein »Höherstehende nackt gegenüber ihren Bedienten zeigen« könnten, »während dies umgekehrt nicht mehr möglich« erscheine, »ein Aspekt beispielsweise, den Duerr ignoriert«. Ich empfehle dem Autor die Lektüre des von ihm kritisierten Buches und verweise ihn besonders auf § 15 (»Die Entblößung vor Dienern, Sklaven und Ehrlosen«), wo ich vor allem Elias' Paradebeispiel, das der Marquise von Châtelet und ihrem Diener Longchamp, etwas genauer unter die Lupe genommen habe.

29 M. de Montaigne, 1922, I, S. 20. So bedeckt denn im älteren Gebetbuch Maximilians sogar noch eine auf der Matte liegende männliche Leiche mit der Hand den Genitalbereich. Cf. F. Unterkircher, 1983, Tf. 8.

30 S. Neckel, 1991, S. 139 Weiter behauptet Neckel, mir zufolge

gewähre die moderne ›Fragmentierung‹ der Person »nur Freiheiten«. Diese Behauptung ist frei erfunden, und deshalb fehlt bei dem Autor auch jeder Beleg.
31 K.-S. Rehberg, a. a. O., S. 66 (Hervorh. v. mir). Eine solche *Opposition* konstruiere nicht ich, sondern – ironischerweise – manche meiner Kritiker, etwa K. Köstlin, 1990, S. 73, der leichtfertig meint: »Die These von Scham- und Peinlichkeitsgefühlen als allen Menschen endogener, also anthropologischer Konstante, die ihm ein natürliches statt kultürlichen, in einem historischen Prozeß erlernten, und dann bloß als natürlich empfundenen Schamgefühls zuspricht, läßt sich mit den empirischen Befunden regional-, zeit- und schichtenspezifischer Unterschiede nicht koordinieren.«
32 C. Wouters (a. a. O.) meint sogar, in meinen Ausführungen eine »implicit recognition« der Eliasschen Theorie erkennen zu können, nämlich dort, wo ich geschrieben habe, daß »ich nicht *generell* sagen« wolle, »daß man im späteren 17. und im 18. Jahrhundert genauso befangen oder unbefangen war wie zu Beginn des 16. Jahrhunderts« (1988, S. 425). Damit habe ich freilich lediglich zum Ausdruck gebracht, daß es Unterschiede gibt, aber nicht, daß diese Unterschiede es erlauben, eine allgemeine Evolutionstheorie im Sinne von Elias zu formulieren. Immerhin geht Wouters damit nicht in die Richtung Schröters, der mir eine »intellektuelle Einstellung« zuschreibt, nach welcher »alle Zeitalter (und Kulturen) gleich nah zu Gott sind« (Schröter, a. a. O., S. 49), eine Behauptung, für die er keinen Beleg anführen kann. Auch W. Beutin, 1990, S. 25, scheint mir die Meinung zuzuschreiben, »in der menschlichen Sexualität habe es nie einen Wandel gegeben«.
33 P. Burke, 1991, S. 65.
34 In der vermutlich dümmsten Rezension meines zweiten Bandes, in der auch die weltanschaulichen Motive des Rezensenten unverhüllter hervortreten als bei anderen, verlautet Eike Gebhardt (*Südwestfunk*, 8. Februar 1991): »Für Duerr ist die Scham in keiner Weise geschichtlich und gesellschaftlich geprägt.« Damit ist wahrscheinlich meine These von der Universalität der Körperscham gemeint, die er an anderer Stelle wie folgt kommentiert: »Es bedarf nur *eines* schwarzen Schwanes zur Widerlegung der These, alle Schwäne seien notwendig weiß, das sei ihre Natur.« Da muß Eike Gebhardt tief in sein Textbuch *Wissenschaftstheorie I* geschaut haben, um so einen schönen Satz fertigzubringen, und zwar so tief, daß er völlig vergessen hat, zu sagen, wo man denn den »schwarzen Schwan«, d. h. die schamfreie Gesellschaft, *finden* kann. Im Gegensatz zu diesem meint ein anderer Autor,

meine »Argumente« seien überhaupt nicht »falsifizierbar« (F.E. Hoevels, 1991, S.83). Nach einer Begründung für diese merkwürdige Behauptung sucht man vergebens, es sei denn, sie bestehe darin, daß dieser Vorwurf, wie der Rezensent schreibt, bereits «in einigen repräsentativen Kritiken zu spüren« gewesen sei. A. Bogner, 1991, S.37, kommentiert schließlich meine Belege für hohe Schamstandarde in vergangenen und fremden Kulturen mit dem ebenso geschwollenen wie seltsamen Hinweis, daß »der Versuch, eine Allquantor-Aussage per Induktion zu bestätigen, nicht ganz mit den methodologischen Rezepten Karl Poppers übereinstimm(e)«. Ich freue mich darüber, daß Bogner schon von Popper gehört hat, und habe Verständnis dafür, daß er dies den Lesern auch zeigen möchte. Trotzdem sollte er vielleicht solche Angebereien eher sein lassen und sich mehr auf das konzentrieren, was ihm vermutlich auch Popper empfehlen würde, nämlich meine »Allquantor-Aussagen« zu falsifizieren.
35 H. Eichberg, a.a.O., S. 71, und ders., 1990, S. 126f.
36 O. König, 1991, S.68.
37 Daß Oliver König dies meint, geht aus einer anderen Publikation hervor. Cf. ders., 1990, S. 15. L. Roper, 1991, S. 395, hat durchaus recht, wenn sie zu meinen Ausführungen über die Nacktheit in den ›adamitischen‹ Sekten des späten Mittelalters schreibt, daß ich »the varied and complex resolutions of the spirit/body dilemma which the sects reached«, sehr vereinfache, aber ein Vorwurf könnte dies nur sein, wenn es mein Anliegen gewesen wäre, eine Geschichte des sexuellen Utopismus zu schreiben.
38 M. Schröter, a.a.O., S.64.
39 R. van Dülmen, 1991.
40 A.a.O. Der Autor begründet seine Kritik damit, daß »das Duerrsche Unternehmen einer klärenden und kritischen Auseinandersetzung« bedürfe, »die nicht an der Ehrfurcht vor dem Werk von Elias scheitern sollte«, da »die öffentliche Kritik des ersten Bandes mehr Verwirrung als Klarheit geschaffen« habe. Wer nach diesen frommen Vorsätzen ›Taten‹ erwartet, wird freilich enttäuscht, denn der Geschichtsprofessor bringt nicht mehr zustande, als fast sämtliche inzwischen ausgelutschten ›Argumente‹, die bereits auf weniger prätentiöse Weise von den Journalisten vorgebracht wurden, noch einmal aufzuwärmen. Dabei bringt er den Mut auf, mir auch weiterhin meine eigenen Argumente gegen Elias vorzuhalten, z.B. daß man die Schamhaftigkeit »nicht vom Grad der Bedecktheit der Genitalien abhängig« machen könne oder »daß man ikonographische und literarische Quellen nicht unmittelbar als Abbilder der Wirklichkeit verwer-

ten darf«. Anstatt auch nur mit einer Zeile auf meine Ausführungen zu einer Theorie der Körperscham (1990, § 16) oder zum Wandel der Scham- und Peinlichkeitsstandarde in der frühen Neuzeit (a.a.O., S. 20ff.) einzugehen, stellt er lediglich fest, es genüge nicht, »mit dem ›Wesen der Menschen‹ zu argumentieren«. Auch eine Kritikerin wie B.H.E. Niestroj, Ms., S. 3, erwähnt diese Thesen mit keinem Wort und konstatiert statt dessen lapidar: »Allerdings ist Duerr auch gar nicht an Erklärungen interessiert.«

41 R. van Dülmen, 1990, S. 185.

42 Cf. H.P. Duerr, 1990, S. 20ff. M. Schröter, a.a.O., S. 73f., schreibt, daß ich in meinem 1978 erschienenen Buch *Traumzeit*, in dem ich mich »noch für Veränderungen interessiert« hätte, für die westeuropäische Entwicklung vom Mittelalter zur Neuzeit ein »Dreistufenmodell« vorgeschlagen habe: »Kontrolle der ›Sinnlichkeit‹ im Hochmittelalter, relative Lockerung im Spätmittelalter, neue ›Repression der Sinne‹ im 16. Jahrhundert«, und er bemängelt, daß ich in *Nacktheit und Scham* »keine Anstalten« gemacht habe, mein »früheres, ganz anders fundierte Modell zu (m)einem späteren in Beziehung zu setzen«. Mit keinem Wort erwähnt Schröter, daß ich auch in *Nacktheit und Scham* (S. 11 f., 341) eine Skizze von der »Liberalisierung« in den spätmittelalterlichen Städten und der Reaktion auf sie entworfen habe. In *Intimität* – ein Buch, das Schröter bei der Abfassung seiner Kritik allerdings noch nicht vorlag – habe ich diese Skizze dann weiter ausgeführt. Der einzige Kritiker, der diese Ausführungen wenigstens *gestreift* hat, ist meines Wissens H.M. Lohmann, 1991, der zwar zunächst konzediert: »Gegen Elias behält Duerr recht mit seiner Behauptung, daß es kulturell sozusagen eine aufsteigende Linie von einer ursprünglich naiven Schamlosigkeit bei den ›Primitiven‹ hin zu einer immer höheren Schamhaftigkeit bei den ›Zivilisierten‹ nicht gebe.« Doch wenig später scheint ihn die Angst vor der eigenen Courage zu packen und er beschreibt als beispielhaft für den »radikalen zivilisatorischen Bruch mit der vorneuzeitlichen Epoche« »die wachsende soziale Ächtung und Eindämmung des Grobaggressiven und Grobsexuellen zugunsten sublimerer (›zivilisierterer‹) Umgangsformen mit Aggression und Sexualität« (a.a.O.). Interessant wäre nur, zu erfahren, welche These Hans Martin denn nun für die richtige hält, die Eliassche oder die meinige oder vielleicht – beide?

43 Man muß sich vergegenwärtigen, daß Frankreich um das Jahr 1300 eine Waldfläche von etwa 13 Millionen Hektar besaß – das sind eine Million Hektar weniger als heute! Cf. J. Gimpel, 1980,

S. 82. Cf. auch E. Schubert, 1992, S. 59; V. Fumagalli, 1992, S. 51 ff.
44 Cf. J. A. Brundage, 1987, S. 346.
45 Cf. A. Cabanès, 1924, IV, S. 30 f. Bezeichnenderweise forderten in Italien im Quattrocento die Geistlichen die Männer auf, die Frauen zu meiden sowie die Städte und ihre Versuchungen zu fliehen. Cf. J. Monfasani, 1991, S. 191. Im Jahre 1620 schreibt Alexander Niccholes in seinem *Discourse of Marriage and Wiving* über die jungen Mädchen: »Bring her to the city, enter her into that schoole of vanity, set but example before her eies, she shall in time become a new creature, she shall not blush to do that unlawfully which before shee was bashfull to thinke on lawfully« (zit. n. C. Jordan, 1990, S. 288).
46 Cf. J. M. Saslow, 1989, S. 95.
47 Cf. B.-U. Hergemöller, 1987, S. 14, 38.
48 Durch die Stadttore des frühneuzeitlichen London beispielsweise strömten jährlich 3000 Neueinwohner, darunter mehr als 1200 Lehrlinge aus allen Teilen Englands. Cf. S. Rappaport, 1991, S. 240. Zur hohen Mobilität der Handwerksgesellen seit dem 14. Jahrhundert cf. E. Isenmann, 1988, S. 321 f. »A high concentration of foreigners tends to encourage crime, for means of social control are less stringent for them than for denizens: the police have no information about their previous criminal activities, and since they have few possessions in the cities where they live, exile [als Strafe] might not involve material losses« (W. Prevenier, 1990, S. 267f.). Cf. auch E. Österberg/D. Lindström, 1988, S. 59 f. Ähnlich spricht M. J. D. Roberts, 1988, S. 278, von einem »collapse of behavioural standards in the anonymous and impersonal city«: »Probably metropolitan living had always given more freedom and opportunity to the young than village or rural life.«
49 Cf. J. M. Carter, 1985, S. 68 f., 145. Auch heutzutage ist auf dem Land die Vergewaltigungsrate wesentlich niedriger als in der Stadt: »In rural regions, everyone is familiar, making recognition and thus retribution more likely« (W. M. Shields/L. M. Shields, 1983, S. 128). Nach einer kürzlich in Deutschland durchgeführten Untersuchung waren in 65,3 % der Fälle die Täter den Opfern völlig unbekannt. Cf. H. Feldmann/J. Westenhöfer, 1992, S. 51. Nach einer Stockholmer Untersuchung waren 68 % der Täter völlige Fremde, 30 % flüchtige Bekannte, 1 % Männer, die das Opfer vom Sehen her kannte und weitere 1 % gute Bekannte. Cf. P.-O. H. Wikström, 1991, S. 78. Herkömmlicherweise scheint auch die Anzeigebereitschaft der dörflichen Opfer we-

sentlich größer zu sein als die der städtischen: »The organic solidarity of family and the knowable village community was very different from the anomie of the ›monster‹ city, where such ›supports‹ did not exist« (F. McLynn, 1989, S. 110). Cf. auch J.M. Beattie, 1986, S. 130.
50 Cf. J. Le Goff, 1989, S. 26; J. Rossiaud, 1989a, S. 171.
51 Cf. G. Ruggiero, 1975, S. 28.
52 Cf. C. Jones, 1989, S. 24.
53 Das war auch später noch so: »Ce n'est sûrement pas par hasard que la région de France où les anciennes libertés se sont conservées le plus tard – la Vendée – a été aussi le département qui a eu le taux d'illégitimité le plus faible au 19ᵉ siècle: c'est que là les jeunes filles ne se livraient à leurs amours qu'en public ou presque« (J.-L. Flandrin, 1980a, S. 176).
54 A.L. Beier, 1985, S. 53f.
55 Cf. C. Lindholm/C. Lindholm, 1982, S. 232. Cf. auch W. Spiegel, 1992, S. 41 ff. Für den türkischen Dorfbewohner ist die Stadt *bulaşik*, »befleckt«, im Gegensatz zum »reinen« (*temiz*) Dorf. Cf. C. Delaney, 1991, S. 42.
56 Cf. R.I. Levy, 1973, S. 340.
57 Cf. L. Romanucci-Ross, 1978, S. 130. Cf. auch F.M. Skowronek, a.a.O., S. 121.
58 Zit. n. R. Thompson, 1974, S. 234.
59 Zit. n. M. Bergmeier, 1990, S. 424.
60 N. Bizimana, 1985, S. 111. Cf. auch E. Dettmar, 1991, S. 82f. Zwei Beispiele: Kürzlich wurde in Salzburg ein zwölfjähriges Mädchen, das aus einem Bus steigen wollte, von einem Fremden mit Gewalt zurückgehalten. Die übrigen Fahrgäste schenkten dem schreienden Kind keine Beachtung. Einige Stationen später zwang der Mann das Kind, mit ihm auszusteigen und vergewaltigte es in einer offenen Garage. Cf. *Rhein-Neckar-Zeitung*, 19. Juni 1992. In New Bedford, Massachusetts, betrat abends um 9 Uhr eine junge Frau eine Bar, um sich dort Zigaretten zu holen. Stunden später floh sie schreiend und halbnackt von diesem Ort, nachdem sie dort auf einem Billardtisch von mehreren Männern vaginal und oral vergewaltigt worden war, »while a group of male spectators watched and cheered the others on. No one called the police« (L.S. Chancer, 1991, S. 288).
61 N. Elias, 1939, I, S. 142.
62 Ders., a.a.O., S. 102.
63 A.a.O., S. 192.
64 A.a.O., II, S. 404.
65 A.a.O., S. 317.

66 Am klarsten von allen Kritikern hat H. Kuzmics, 1988, S. 88, diesen Punkt gesehen. Wie die alte Fastnacht tritt jetzt U. Jeggle, 1992, S. 294, auf den Plan und behauptet, ich hätte Elias unterstellt, daß vorneuzeitliche und ›fremde‹ Gesellschaften überhaupt keine Schamstandarde gehabt hätten, wohingegen Elias betont habe, daß der Mensch ohne Restriktionen »ein Phantom« sei. Ähnlich argumentiert auch H.H. Bohle, 1992, S. 41, in einer allerdings anspruchsvolleren Kritik. Aber natürlich geht es mir nicht darum, zu zeigen, daß es in solchen Gesellschaften *überhaupt* Restriktionen gab, sondern um den Nachweis, daß diese nicht *geringer* waren als bei uns Heutigen.
67 Natürlich gab es diesbezüglich auch *während* des Mittelalters Veränderungen. Im Gegensatz zur angelsächsischen Zeit, in der die größeren Verwandtschaftsverbände bestimmend waren, hatte z.B. im England des 13. Jahrhunderts der bäuerliche, meist aus einer Kernfamilie bestehende Haushalt eine relative Autonomie. Die Verfügungsgewalt der größeren Verwandtschaftsverbände ging mehr und mehr auf »community and state« über. Cf. P. Laslett, 1988, S. 116ff.; F. Gies/J. Gies, 1990, S. 106f. Zu jener Zeit – also im 13. und 14. Jahrhundert – waren aber trotzdem die Familien auf dem Lande meist größer als die in der Stadt und es gab auch weniger Alleinstehende in den Dörfern. Cf. B.A. Hanawalt, 1979, S. 30.
68 Die Frage, ob die ›traditionelle‹ Gesellschaft durch »Fremdzwänge« charakterisiert sei, wie Elias behauptet, die im Verlaufe des Zivilisationsprozesses mehr und mehr »internalisiert«, d.h. in »Eigenzwänge« verwandelt wurden, werde ich im nächsten Band ausführlich diskutieren.
69 J.M. Varawa, 1990, S. 271. Cf. auch D.M. Spencer, 1938, S. 266ff.
70 N. Elias, a.a.O., II, S. 380. (Hervorh. v. mir.)
71 Cf. H.P. Duerr, 1988, S. 10f.
72 N. Elias, a.a.O., I, S. 278.
73 Cf. H.P. Duerr, 1990, S. 24.
74 N. Bulst, 1988, S. 56. Cf. auch E. Goldsmith, 1976, S. 53.
75 Typisch für die späten sechziger und vor allem die siebziger Jahre war es, daß zahlreiche Richtungen in der Philosophie sowie in den Geistes- und Kulturwissenschaften einen ›Relativierungsprozeß‹ durchgemacht haben: So wurde »*die* Lebensform« Wittgensteins in »Lebens*formen*«, »*die* Lebenswelt« Husserls vor allem in der sogen. Ethnomethodologie in »Lebens*welten*« aufgelöst, formulierten Gadamer eine Kritik am erkenntnistheoretischen und Quine eine Kritik am semantischen ›Objektivismus‹,

entwickelte Feyerabend im Anschluß an Kuhn seine »Inkommensurabilitätsthese« gegen positivistische und popperianische Akkumulationstheorien (cf. H.P. Duerr, 1981, S. 9f.). Der erste, der gegen die Eliassche Konzeption »*des* universalen Zivilisationsprozesses« angeschrieben und versucht hat, diesen Prozeß sozusagen zu balkanisieren, ist meines Wissens H. Eichberg, 1980, S. 83 f., gewesen. Cf. auch ders., 1986, S. 35 ff. Neuerdings scheint K.-S. Rehberg, a.a.O., S. 66, die Auffassung zu vertreten, daß meine Elias-Kritik ähnliche Implikationen habe, wenn er meint, meine »Einwände« zwängen »die an Elias anknüpfenden Zivilisationstheoretiker dazu, Abschied zu nehmen von einem in den Singular gesetzten Zivilisationsprozeß«. Freilich ist es nicht meine Absicht, aus dem Zivilisationsprozeß Geschnetzeltes zu machen, d.h. ihn in kultur- und zeitspezifische Veränderungsprozesse zu dividieren, sondern nachzuweisen, daß *der* Zivilisationsprozeß der Triebmodellierung im Sinne von Elias nicht stattgefunden hat. *Prinzipielle* Vorbehalte gegenüber der Theorie Elias' *und* meiner Kritik hat P. Strasser, Ms., S. 1 f., angemeldet, und zwar mit der – relativistischen – These, daß »sich zumeist kein empirisch sinnvolles Vergleichsmaß der Affekt- und Verhaltenskomplexität unterschiedlicher Kulturen formulieren« ließe.
76 P. Strasser, a.a.O., S. 2.
77 N. Elias, a.a.O., II, S. 328. Ich teile die Ansicht V. Bennholdt-Thomsens (1985, S. 25 f.), daß die Monopolisierung der Gewalt durch den Staat die Ausübung von Gewalt nicht reduziert hat, halte aber ihre feministische Verengung der Perspektive auf die Gewalt gegen Frauen für falsch.
78 A.a.O., I, S. 265.
79 A.a.O., II, S. 98.
80 A.a.O., I, S. 265. Bereits einer der ersten Rezensenten des Eliasschen Werkes hat bemängelt, daß die Ausführungen des Autors zur Sexualität viel zu flüchtig (»rapides«) ausgefallen seien. Cf. R. Aron, 1941, S. 55. Wie man unschwer erkennen kann, habe ich dagegen in den ersten beiden Bänden den Schwerpunkt auf die sexuellen Aspekte des menschlichen Körpers gelegt. Auch im vorliegenden Band stehen die ›sexualisierte‹ Gewalt und Aggression im Vordergrund.
81 N. Elias, 1988.
82 N. Elias, 1984, S. 33. (Hervorh. v. mir.) Er meint weiter, »die Menschheit habe mit den heute erreichten Scham- und Peinlichkeitsschwellen gegen Gewaltanwendungen einen Fortschritt erreicht, verglichen mit jenen früherer Zeiten« (a.a.O.). Wenn U. Jeggle (a.a.O.) konstatiert, daß ich »bei Elias offene Türen ein-

renne«, denn diesem gehe es nicht »um Evolution im Sinne von Fortschritt«, dann empfehle ich dem Kritiker eine nochmalige Elias-Lektüre.

Anmerkungen zu § 1

1 Anne Bonny scheint bereits als Kind ein ›Tomboy‹ gewesen zu sein: »Cette fille étoit d'un tempérament féroce, & avoit beaucoup de courage«. Als beispielsweise ein junger Mann sie sexuell belästigte, »elle le mordit si cruellement«, daß die Wunde ihn noch lange Zeit beeinträchtigte. Nachdem ihr später der Pirat Rackam den Hof gemacht hatte, war sie ihm in Männerkleidern an Bord gefolgt. Frauen durften auf Piratenschiffen nicht anmustern. Aus aufgefundenen Bordregeln geht hervor, daß jeder künftige Pirat unterschreiben oder unterkreuzen mußte, er sei mit seiner Hinrichtung einverstanden, falls es sich herausstelle, daß er eine Frau in Männerkleidern an Bord gebracht habe. Cf. H. Leip, 1959, S. 320; D. Mitchell, 1977, S. 88. Daß Mac Read als Schiffbrüchiger aufgenommen worden sei, wird übrigens von Kapitän Johnson nicht bestätigt. Nach dessen Darstellung war der junge Seemann von einem holländischen Westindienfahrer, den die Piraten in der Nähe der Bermudas überfallen hatten, ›übernommen‹ worden.
2 Cf. C. Johnson, 1774, S. 173.
3 Mary war von ihrer Mutter als Junge großgezogen worden und diente zunächst als Fußknecht, dann als Schiffsjunge, Kavallerist und Infanterist. Cf. Johnson, a.a.O., S. 167ff. Während ihrer Zeit als Schiffsjunge auf einem britischen Kriegsschiff hatte sie andauernd Probleme mit sexuell zudringlichen Matrosen. Das muß keineswegs bedeuten, daß diese Männer ihr wahres Geschlecht erkannt hätten, denn homosexuelle Beziehungen waren an Bord der Schiffe gang und gäbe.
4 Johnson, a.a.O., S. 176. Mitchell (a.a.O., S. 86) hält es für wahrscheinlich, daß Bonny und Read von vornherein als Huren an Bord gebracht worden seien, da später Zeugen aussagten, jene hätten »alles« getan, »was von ihnen verlangt wurde«.
5 Cf. D. Botting, 1979, S. 150. Der Autor beruft sich auf den im Jahre 1721 veröffentlichten Bericht *The Tryals of Captain John Rackam, and Other Pyrates*. Als die Mannschaft Rackams zum Tode verurteilt worden war, rückten nach Johnson (a.a.O., S. 165) noch zwei weitere Seeräuber damit heraus, »qu'ils étoient femmes & enceintes«, wobei sie letzteres vermutlich angaben,

um einen Aufschub der Hinrichtung zu erlangen. Vor allem üppige Brüste waren, wie man sich denken kann, stets ein Problem für Frauen, die für Männer gehalten werden wollten, und es ist erstaunlich, daß trotzdem ihr wahres Geschlecht selten zeitig entdeckt wurde. Im 17. Jahrhundert hatte sich allerdings die baskische Abenteurerin Doña Catalina de Erauso, die in der Armee diente und in zahlreiche Liebesaffären mit Frauen verwickelt war, »künstlich flachbrüstig« gemacht, und erst nach einer schweren Verwundung erkannte man, daß sie eine Frau war. Cf. M. Mamozai, 1990, S. 47f. Die Frauen, die eine als Junge erzogene und später als Mann lebende Montenegrinerin kurz vor ihrem Tode wuschen, bemerkten, daß ihre Brüste als Resultat des von Anfang an geübten Wegbindens völlig unentwickelt waren. Cf. R. Grémaux, 1989, S. 147. Über Hilaria, die im Mittelalter als Mönch gelebt hatte, wird berichtet: »Ihre Brüste waren nicht wie die anderer Frauen. Auf Grund ihrer asketischen Lebensweise waren sie eingeschrumpft; und sie war auch nicht der Krankheit der Frauen (= Menstruation) unterworfen, denn Gott hatte es so verfügt.« Von ihrer körperlichen Weiblichkeit weitgehend befreit, soll auch Anastasia gewesen sein, deren Brüste »wie welke Bätter« herabhingen und deswegen unter der Kleidung nicht auffielen. Cf. E. Patlagean, 1976, S. 605f.; M.R. Lefkowitz, 1992, S. 134. Marritgen Jans weigerte sich selbst im heißen Westafrika, mit den anderen schwimmen zu gehen: »Manchmal ging er mit den Soldaten in einen kleinen Fluß baden, aber er behielt dabei Hemd und Kilt an, mit der Begründung, er könne nicht schwimmen und ging nicht weiter als bis zu den Waden ins Wasser.« Nach der Ankunft in einem Fort der westindischen Kompanie wurde »David« Jans krank und kam deshalb ins Lazarett. Ihr Chronist berichtet: »Während ihrer langen Krankheit wurde ihr Hemd schmutzig; tagelang schob sie es auf, ein sauberes anzuziehen [...], da der Raum mit Leuten überfüllt war und auch nachts ein Licht brannte.« Als schließlich Kameraden, die ›ihn‹ besuchten, forderten, ›er‹ solle endlich das verschmutzte Hemd wechseln, »zog man ihr das Hemd aus und ihre Brüste wurden entblößt, worauf jedermann vor Erstaunen innehielt«. Marritgen aber fiel vor Schreck in Ohnmacht. Cf. R.M. Dekker/ L. C. van de Pol, 1989, S. 15, 21. »Joonas Dirckxes« Identität wurde entdeckt, als man ›ihm‹ bei der Äquatortaufe mit Gewalt das Hemd auszog, und im Jahre 1747 wurden so die Brüste eines ›Mannes‹ entblößt, der jahrelang zur See gefahren und in Alkmaar auf dem Schafott ausgepeitscht werden sollte. Cf. auch H.-F. v. Tscharner, 1936, S. 35. Im 8. Jahrhundert ließ der Kalif al-

Maḥdi seine Tochter Banuqa, die er so sehr liebte, daß er sie mit auf Reisen nahm, zu ihrem Schutze Männerkleider anziehen, doch ein Beobachter berichtet: »Ich sah al-Maḥdi, wie er mit seinen Truppen nach Bassora kam; bei ihm war sein Polizeichef und zwischen den beiden ging al-Banuqa. Sie war gekleidet wie ein junger Mann, trug einen schwarzen Mantel und ein Schwert, aber ich sah, wie sich unter den Kleidern ihre Brüste abzeichneten« (F. Mernissi, 1991, S. 83). Im 17. Jahrhundert wurde eine als Soldat dienende Niederländerin am Hintern verletzt und nach der Schlacht in ein Lazarett eingeliefert, in dem sie zwei Monate lang ihr Geschlecht verbergen konnte. Als jedoch der feuchte Brand drohte und die Wunde ausgeschnitten werden mußte, entblößte man ihren Unterleib. »Potztausend«, soll da der Feldscher zu einem anderen gesagt haben, »da ist eine Spalte mehr als erwartet!« (R.M. Dekker/L.C. van de Pol, a.a.O., S. 21). Auch im amerikanischen Bürgerkrieg wurden die als Männer verkleideten Frauen meist erst nach Verwundungen von den Ärzten entlarvt. Cf. z.B. A. Russo/C. Kramarae, 1991, S. 141. »Christian Davies«, bekannt geworden unter dem Namen Mother Ross, berichtet in der ersten Hälfte des 18. Jahrhunderts: »I cut off my hair and dressed me in suit of husband's having had the precaution to quilt the waistcoat to preserve my breasts from hurt which were not large enough to betray my sex and putting on the wig and hat I had prepared.« Man sagte, sie habe zum Urinieren »a silver tube« benutzt, »painted over, and fastened about her with leather straps«. Das Instrument soll sie von einem gewissen Capitain Bodeux, einem Kriegskameraden ihres Vaters, übernommen haben, der es vergessen hatte, nachdem er einst im Hause ihrer Eltern über Nacht geblieben war. Die wahre Geschlechtsidentität dieses Offiziers wurde erst nach ›seinem‹ Tod auf dem Schlachtfeld entdeckt. Cf. J. Wheelwright, 1989, S. 25. Es heißt, daß im Jahre 1701 in Hamburg eine Frau wegen Mordes hingerichtet worden sei, die Männerkleidung getragen und unter dem Namen »Monsieur Heinrich« mit einem umgeschnallten »männlichen Glied« gelebt habe. Cf. H. Soltau, 1989, S. 382.
6 V. Melegari, 1978, S. 37. Hervorh. v. mir.
7 *Thule* XIII, ed, F. Niedner, 1. 10.
8 Cf. R. Geyer, 1909, S. 148 ff.; B. Farès, 1932, S. 123; ferner W. Dostal, 1958, S. 84 f.
9 Cf. R. Much, 1909, S. 160. Eine etwas zahmere Variante dieses Ansinnens findet man im jüngeren *Titurel*, wo Tschionatulander vor dem Zweikampf mit dem Speer die keusche Jungfrau bittet: »ich sæhe gerne daz blanke / an dînem süezzen lîbe daz minnerî-

che. / sô wirt mîn tjost vil manigem heiden swinde (= verderblich), / swenn ich an dîne brustel, / gedenke, an sîten snêvar unde linde (= schneeweiße und zarte Taille).« Um ihn zum Sieg anzuspornen, gewährt ihm Sigune einen Blick auf ihren nackten Oberkörper, doch »die brûne«, d.h. die Scham (cf. M. Lexer, 1872, I, Sp. 356), hält sie mit einem Fell bedeckt: »ein vel daz was von têsêât der sîden / daz hienc sie fur die brûne« (zit. n. P. Schultz, 1907, S. 92).

10 Cf. R. Geyer, a.a.O.
11 Tacitus, Germania 8.1. Cf. R. Much, a.a.O., S. 159; R. Bruder, 1974, S. 137. Daß es sich um eine »Gebärde flehentlicher Unterwürfigkeit« handeln könnte, halten die Autoren für unvereinbar mit dem Bild der stolzen und würdevollen Germanin, das Tacitus entwerfe. Ein solches Bild von der Keltin zu zeichnen hatte Caesar offenbar kein Interesse.
12 Caesar: *Bellum Gallicum*, VII. 47. 5 ff.
13 Nach Justinus zeigten die persischen Frauen den Kriegern Kyros' II. die Scham, als diese gegen die Meder unter Astyages kämpften (»sublata veste obscena corporis ostendunt«). Cf. R. Much, a.a.O., S. 159; M.S. Kirch, 1987, S. 49.
14 Cf. A. al-Wardi, 1972, S. 86. Als der Cid sich anschickte, in Zamora einzureiten, entblößte die Infantin auf den Zinnen ihr Gesicht und beschwor ihn, sich von der Stadt zurückzuziehen: »Ihre schönen Augen netzen / Tränen; an die Mauer drücket / Sie die Brust, enthüllt ihr Antlitz« (*Der Cid*, 28.12 ff.). Im Jahre 1911 taten dies auch die etwa 300 Teheraner Frauen, die in den Tagungsort der Nationalversammlung eindrangen. Ein westlicher Augenzeuge berichtet: »Aus ihren ummauerten Höfen und Harems marschierten dreihundert Angehörige des ›schwachen Geschlechts‹ heran, mit der Röte einer unerschütterlichen Entschiedenheit auf den Wangen. Viele hielten Pistolen unter den Röcken oder in den Ärmeln. Sie liefen geradewegs in die Nationalversammlung, scharten sich dort zusammen und forderten von dem Präsidenten, sie einzulassen. Diese wohlbehüteten persischen Mütter, Frauen und Töchter zogen drohend ihre Revolver hervor, schoben ihre Schleier beiseite und gaben ihre Entscheidung bekannt, daß sie zuerst ihre Ehemänner und Söhne töten würden und dann sich selbst, wenn die Abgeordneten ihre Pflicht vernachlässigen sollten, die Freiheit und Würde des persischen Volkes aufrechtzuerhalten« (zit. n. E. Glassen, 1989, S. 307). Die Frau, die sich entschleiert, ergreift die Initiative – dies kann auch die sexuelle Initiative sein. Wenn z.B. in vorislamischer Zeit eine Araberin die Haar und Gesicht bedeckende

qina vor einem Mann hochschlug, dann bedeutete dies, daß sie dem Betreffenden ein sexuelles Angebot machte. Cf. G. Jacob, 1897, S. 46. Eine Einhalt gebietende Entblößung konnte auch die des Haares sein. Wenn bei den Georgiern zwei Männer miteinander kämpften, riß manchmal eine Frau ihre Kopfbedeckung herunter. Die Streithähne waren dann verpflichtet, auf der Stelle den Kampf abzubrechen. Cf. T. Dragadze, 1987, S. 292.
15 Cf. E. Knabe, 1977, S. 133.
16 Cf. L. DeMause, 1984, S. 136.
17 Cf. P. Sartori, 1935, S. 191.
18 Cf. K. Singer, 1940, S. 52. Traditionellerweise entblößte eine Ainufrau nie ihren Oberkörper vor Fremden, und selbst beim Stillen achtete sie darauf, daß niemand ihre Brust sehen konnte. Deshalb entblößte sie nach Möglichkeit nur die Brustwarze. Später änderte sich dies durch den Einfluß der diesbezüglich weniger schamhaften Japaner. Cf. M. I. Hilger, 1971, S. 170; ferner C. S. Ford/F. A. Beach, 1951, S. 47.
19 Zit. n. S. Hurwitz, 1980, S. 29. Auf den Kykladen glaubten noch im vergangenen Jahrhundert die Seeleute an die ›Lamia des Meeres‹, die sich jungen Männern näherte, sie vergewaltigte und anschließend umbrachte. Cf. J. C. Lawson, 1910, S. 172.
20 Cf. R. Corbey, 1988, S. 89. Auf den meisten ›Shangó-Stäben‹ der Yoruba ist eine ihre Brüste hochhaltende Frau dargestellt. J. Pemberton, 1982, S. 142, meint, daß die Frauen mit dieser Geste den Gott grüßen, und in der Tat ist dies in vielen Gesellschaften Westafrikas, aber auch in Südindien üblich. Möglicherweise hat aber diese Geste gegenüber dem furchterregenden Gewittergott Shangó eine abwehrende Bedeutung. »Er besteigt das Feuer wie ein Pferd«, heißt es in einer Dichtung (*oriki*) der Yoruba, »Blitz! Mit welchem Kleid willst du deinen Körper vorm Blitz bewahren? Mit dem Kleid des Todes. Shangó ist der Tod, der tropft, tropft, tropft wie Indigoblau vom gefärbten Tuch. Selbst wenn er nicht kämpft, fürchten wir ihn. Doch wenn der Krieg in seinen Augen glüht, fliehen ihn alle: Feinde und Anbeter, alle. In den Augen Feuer, im Mund, Feuer auf den Dächern, betritt er allein die Stadt wie ein Schwarm Heuschrecken!« (zit. n. W. F. Bonin, 1979, S. 294). In dem italienischen Spielfilm *Der eiserne Präfekt* (1977) läßt der Mafiajäger Cesare Mori die Wasserleitungen zu einer sizilianischen Brigantenhochburg abdrehen. Daraufhin fordern die Frauen des Ortes von den Heiligen zornig Wasser, wobei sie das Haar lösen und die Brust entblößen.
21 Cf. A. J. Shelton, 1971, S. 41.
22 Cf. E. M. Guest, 1937, S. 374; H. P. Duerr, 1984, S. 398 f.

23 Cf. A. Weir/J. Jerman, 1986, S. 9. Trotzdem gab es bereits damals Stimmen, die weniger obszöne Darstellungen forderten. Cf. J. Andersen, 1977, S. 64. Es gab auch stilisierte Darstellungen. So wurden z. B. im Ziegelfachwerk norddeutscher Bauernhäuser sehr oft der Donnerbesen (= Phallus) und die Mühle (= Vulva) eingefügt. Cf. A. Huber, 1992, S. 69.
24 Cf. G.-J. Witkowski, 1903, S. 14. Ptolemaios meinte, daß die Amazonen vor der Schlacht die Stelle entblößten, an der sie ihre rechte Brust abgebrannt hatten, um damit den Feind zu schockieren. Cf. M. Kronberger, 1992, S. 125.
25 Cf. W. Endrei/L. Zolnay, 1988, S. 137. Zum unheilabwehrenden Charakter der spätmittelalterlichen Hurenwettläufe cf. H. P. Duerr, 1990, S. 327f., 535f.
26 Cf. I. Eibl-Eibesfeldt/W. Schiefenhövel/V. Heeschen, 1989, S. 49, 112. I. Eibl-Eibesfeldt, 1991, S. 164, teilt mit, Cortés habe geschildert, daß Motecuzoma »nach fast verlorener Schlacht den Spaniern Frauen« entgegengeschickt habe, »die den Angreifern die Brust präsentierten und Milch spritzten«. Möglicherweise handelt es sich hier um einen Irrtum, denn ich konnte weder in den Briefen des Cortés noch bei anderen Chronisten der Konquista eine entsprechende Stelle finden. Ich möchte in diesem Zusammenhang Ulrich Köhler, Thomas Bargatzky und Viola König für ihre Hilfe bei der Suche danken.
27 Irenäus Eibl-Eibesfeldt: Brief vom 28. Januar 1992. Cf. auch ders., 1991, S. 163.
28 I. Eibl-Eibesfeldt/C. Sütterlin, 1990, S. 383, 405; W. Schiefenhövel, 1988, S. 30.
29 Cf. G. Devereux, 1978, S. 87. In Robert Gardners Film *Rivers of Sand* (1974) laufen Hamar-Frauen auf die Männer zu und provozieren sie mit entgegengehaltenen Brüsten, sie zu schlagen.
30 Cf. F. W. H. Hollstein, 1954, I, S. 57.
31 Cf. G.-J. Witkowski, a. a. O., S. 12.
32 Cf. C. Lawrenz/P. Orzegowski, 1988, S. 23.
33 Cf. G. Devereux, 1981, S. 188. Bezeichnenderweise ist das berühmte, um 1595 in der Schule von Fontainebleau entstandene Bild ›Gabrielle d'Estrées et une de ses sœurs‹, auf dem Gabrielle mit zwei Fingern die Brustwarze der Herzogin von Villars berührt oder herauszieht, wie folgt gedeutet worden: »L'une pince *l'élément mâle du téton* de l'autre, l'autre montre ostensiblement, comme une invite, un anneau d'or, symbole du sexe féminin« (G. Néret, 1990, S. 61).
34 Cf. P. Anderson, 1983, S. 33; S. G. Frayser, 1985, S. 70; R. Huber, 1985, S. 558.

35 Cf. G. Devereux, 1982, S. 330. Für die Griechen befindet sich die ›Potenz‹ der Männer in den Hoden und die der Frauen in den Brüsten. Auf Naxos wünscht man einem Mann, der den Bösen Blick hat, daß seine »Eier« anschwellen und einer Frau, daß dies mit ihren Brüsten geschieht. Cf. C. Stewart, 1991, S. 234.
36 Cf. S. Nanda, 1986, S. 38. Mit den *hijrās* identisch scheinen die *pavaiyās* zu sein, über die gegen Ende des vergangenen Jahrhunderts berichtet wird, daß sie sich vor allem südlich von Pāṭaṇ im nördlichen Gujarāt und bei Māṇḍevī an der Küste von Kutch aufhielten, wo sie von Almosen lebten. Von ihrer Göttin Machu Māta heißt es, sie habe keine Brüste besessen, da sie sich diese abgeschnitten habe, damit das Blut über all diejenigen komme, die ihre Anhänger beleidigten – was wohl nicht selten vorkam, denn anscheinend wurden die *pavaiyās* weitgehend verachtet. Cf. G. Bleibtreu-Ehrenberg, 1984, S. 121.

Anmerkungen zu § 2

1 Cf. G.-J. Witkowski/L. Nass, 1909, S. 203.
2 Cf. *Rhein-Neckar-Zeitung*, 27. Juli 1990.
3 *Spiegel* 18, 1969, S. 222. Ebenso verständnislos wie pikiert reagierte Adorno auch noch später auf den Vorfall: »Gerade bei mir, der sich stets gegen jede Art erotischer Repression und gegen Sexualtabus gewandt hat! Mich zu verhöhnen und drei als Hippies zurecht gemachte Mädchen auf mich loszuhetzen! Ich fand das widerlich. Der Heiterkeitseffekt, den man damit erzielt, war ja doch im Grunde die Reaktion des Spießbürgers, der Hihi! kichert, wenn er ein Mädchen mit nackten Brüsten sieht. Natürlich war dieser Schwachsinn kalkuliert« (*Spiegel* 19, 1969, S. 206). Was der Professor nie zu verstehen schien, war indessen, daß nicht die nackten Brüste die Heiterkeit erregten, sondern des Gelehrten indignierte Reaktion auf dieselben. Später erklärten mir Frankfurter Insiderinnen, Adorno sollte lächerlich gemacht werden, weil er als ›Busenfetischist‹ galt und jungen Frauen, die seinem Geschmack entsprachen, hemmungslos ins Dekolleté zu glotzen pflegte. Dagegen sagte mir Ludwig v. Friedeburg (mündliche Mitteilung vom 2. Mai 1987), Adorno sei nicht auf Brüste sondern auf Beine ›gestanden‹.
4 P. Sloterdijk, 1983, I, S. 27.
5 B. Latza, 1987, S. 200.
6 H. Mester, 1982, S. 74.
7 Cf. B. Delfendahl, 1981, S. 439f. Eine amerikanische Lesbierin

sagte ihrer Analytikerin, sie würde sich, wenn unerwartete Probleme auftauchten, »ein paar zusätzliche Brüste fabrizieren«. Cf. E. V. Siegel, 1992, S. 92.
8 S. Plogstedt/K. Bode, 1984, S. 122. In London hat inzwischen eine ›Organisation zum Schutze der Männer im Büro‹ gefordert, hautenge Jeans, zu weit geöffnete Blusen, tiefe Ausschnitte und dergleichen bei Mitarbeiterinnen sollten als »sexuelle Provokationen« und als Kündigungsgrund gelten. Cf. *Spiegel* 47, 1990, S. 111.
9 Cf. G. de Soultrait, 1983, S. 123.
10 D. Ayalah/I. J. Weinstock, 1979, S. 13.
11 A. a. O., S. 23, 117.
12 W. den Boer, 1979, S. 257, meint, es sei nicht auszumachen, ob Phryne nur die Brüste oder mehr entblößt habe, doch Athenaios spricht eindeutig von der Brust und davon, daß die Teile der Frau, die man nicht sehen kann, noch schöner gewesen seien. Woher er das wußte, wird wohl sein Geheimnis bleiben, denn er sagt selber, daß sie stets korrekt gekleidet war und nie öffentliche Bäder besuchte. Lediglich während der Eleusinien und beim Fest des Poseidon sei sie vor aller Augen in die Fluten gestiegen, aber auch dabei habe sie nur ihren Umhang abgelegt und das Haar gelöst. Unklar scheint indessen, welchen Teil des Körpers die Lakedaemonierinnen vor den Truppen entblößten, die sie für Messenier hielten. Cf. S. Wide, 1893, S. 137.
13 Athenaios, *Deipnosophistes* XIII. 590 cff.
14 Euripides, *Andromache* 627 ff.
15 Cf. M. Wex, 1979, S. 297. Eine andere Bedeutung hat freilich die Szene auf einem Kapitell der Kirche La Madeleine in Vézelay aus dem 12. Jahrhundert (Abb. 199), die einer populären Geschichte entstammt. Nachdem man die hl. Eugenie, die unerkannt als Abt in einem Kloster gelebt hatte, beschuldigte, eine Jungfrau geschwängert zu haben, entblößte sie sich vor dem Richter, um ihre Unschuld zu beweisen. Cf. C. Frugoni, 1977, S. 184.
16 Zit. n. O. König, 1990, S. 290. Wenn der Autor freilich meint, »eine derartige feministische Busenentblößung« sei »heute kaum mehr vorstellbar«, da »die Nacktheit in der Konsumwerbung doch zu übermächtig« sei, »als daß frau sie mit ihren eigenen Waffen schlagen könnte« (a. a. O., S. 377), dann unterschätzt er meines Erachtens, daß *unter geeigneten Umständen* eine solche Provokation immer noch Erfolge zeitigen kann – das beweisen nicht nur der oben erwähnte schockierte Warenhausdetektiv, sondern auch zwei andere Fälle, die sich unlängst ebenfalls in Heidelberg zugetragen haben. So provozierte eine Schülerin er-

199 Die Entblößung der hl. Eugenie. Säulenkapitell, Vézelay, 12. Jh.

folgreich ihren Gymnasiallehrer, indem sie blitzschnell vor ihm ihren Pullover hochzog, unter dem sie nichts trug. Gleiches gelang einer Studentin, die in der Öffentlichkeit vor einem Kommilitonen, der ihre Zuneigung verschmäht hatte, die Brüste entblößte (Teresa Haußig: Mündliche Mitteilung vom 26. Januar 1992). Der habituell über Jahre hinweg entblößte Busen einer Ilona Staller vermag inzwischen natürlich keinen Leu mehr zu wecken.

17 Cf. D. E. Morrison/C. P. Holden, 1974, S. 347f., 362. Schon frühzeitig hat R. König, 1971, S. 221, auf die »emanzipatorische Bedeutung« des Oben-ohne-Gehens aufmerksam gemacht.

18 Cf. R. J. Freedman, 1989, S. 7. Es gehört wohl sehr viel Unverständnis dazu, in solchen Aktionen die »symbolische Lossagung (›ridding‹) von der weiblichen Brust« zu sehen, wie dies Psychoanalytiker getan haben. Cf. L. Blackman/P. Crow, 1974, S. 37. Denn schließlich haben die Frauen nicht ihre Brüste flachgepreßt, sondern ihre Büstenhalter weggeworfen.

19 Cf. M. Martischnig, 1987, S. 201. Um die Mitte des 18. Jahrhunderts scheint es in manchen Gegenden Bayerns junge Mädchen und Frauen gegeben zu haben, die ihre Obrigkeit offenbar systematisch mit einer als unanständig empfundenen Brustbedek-

kung herausforderten. So wurden im Jahre 1741 in Sachrang insgesamt 35 Frauen im Alter von 18 bis 23 Jahren wegen »ihres ärgerlichen Aufzugs unnd Tragung schmallen Prustfleckhs« abgestraft. Derartige Provokationen weiteten sich in den folgenden Jahren allem Anschein nach zu einem bewußt geführten »Kleinkrieg« aus. Cf. S. Breit, 1991, S. 93. Bezeichnend ist, daß in der ersten Hälfte des 17. Jahrhunderts Kritiker des tiefen Brustausschnitts den betreffenden Damen nicht nur Schamlosigkeit und Frechheit, sondern auch Rebellion vorwarfen. Cf. G.-J. Witkowski, 1907, S. 87.

20 Cf. *Rhein-Neckar-Zeitung*, 21. Juli 1992.

Anmerkungen zu § 3

1 Cf. z. B. C. Opsomer, 1991, S. 157. Auf gleiche Weise wird traditionellerweise die wahnsinnige oder besessene Frau dargestellt: Mit aufgelösten Haaren zerreißt sie entweder ihr Kleid oder sie zieht ihren Ausschnitt so weit herunter, daß man ihre Brüste sehen kann. Cf. C. Frugoni, 1991, S. 370 f.; J. Kromm, 1987, S. 299; E. Barwig/R. Schmitz, 1990, S. 168 ff.; G. M. O. Maréchal, 1988, S. 270. Diese ikonographische Konvention des Mittelalters ist auch in der Neuzeit beibehalten worden. Cf. z. B. G. Rousseau, 1991, Abb. 11. Charcot schreibt über eine Wahnsinnige auf einem niederländischen Stich des 17. Jahrhunderts: »Mit aufgerissenem Mund und nach oben verdrehten Augen hat sie sich endlich in einer bezeichnenden Handbewegung das Kleid aufgerissen und ihre linke Brust so vollständig entblößt. Wir sehen darin ein charakteristisches Merkmal des Hysterieanfalls, wie wir es etwa auch noch bei der Besessenen von Rubens beobachten werden« (J. M. Charcot/P. Richer, 1988, S. 75, 82 f.). In Maumere auf der Insel Flores begegnete mir auf der Straße eine Sikka-Frau, die mir beim Vorübergehen die entblößten Brüste entgegenhielt. Die Umstehenden erklärten mir, die Frau sei »verrückt« und »brenne nach Liebe«. Kurze Zeit danach öffnete in Amlapura auf der Insel Bali eine etwas ältere Frau vor mir ihren Sarong. Die Ethnologin Anette Rein, die in der Nähe wohnte, sagte mir später, die Frau gälte als wahnsinnig. Auch bei uns glaubte man weithin, ein unbefriedigtes Sexualleben ließe die Frauen krank und verrückt werden, so daß sie in der Öffentlichkeit ihren Leib entblößten. Im frühen 17. Jahrhundert beschrieb Daniel Oxenbridge die wahnsinnige Goodwife Jackson, eine mittellose Frau von 39 Jahren, die »fell mad, ran up and down the

streets bare-footed, cloathes torn, hair loose«; sie »was ready to lie down and pull up her clothes to every one« (M. MacDonald, 1986, S. 271). Etwas später wird in einem medizinischen Traktat von einem französischen Mädchen berichtet, das plötzlich an »erotomania« erkrankte und damit begann, »to exhibit the part of her body that distinguishes the sexes [...]. In fact, if she were not bound with strong chains and held in bed by two or three men, she would conceive a fire in her joints and leap naked from the bed, and if she would encounter some man she would rush fiercely at him and lustfully beg him to perform the rites of Venus with her« (M. Ciavolella, 1988, S. 15).

2 Auch auf einem aus dem 16. Jahrhundert stammenden Holzrelief von Herrington Manor hält Judith mit entblößten Brüsten den Feldherrnkopf in der Hand. Cf. C. S. Sykes, 1988, S. 177.

3 Auch die Salomé-Darstellerinnen des 19. Jahrhunderts tragen oft eine ihrer Brüste entblößt. Cf. P. Favardin/L. Bouëxière, 1988, S. 191.

4 Dies ist noch auf den Illustrationen des 19. Jahrhunderts so. Cf. L. Beaumont-Maillet, 1984, S. 17, 19.

5 J. L. Ewald, 1976, S. 87. Im frühen 19. Jahrhundert meint ein Kommentator, die Berliner Fischverkäuferinnen seien »eine durch bodenlose Grobheit berüchtigte Kaste des schönen Geschlechts«, um die jeder Mann besser einen weiten Bogen mache, denn, wie ein anderer Zeitgenosse hinzufügt: »Die Fischweiber, denen man ebenfalls den Witz usurpieren möchte, besitzen bloß eine Derbheit, die sich oft in die gediegenste Grobheit und Gemeinheit verliert, und ich rate es keinem, sich um einen Witz an diese Weiber zu wenden.« Cf. G. Brandler, 1988, S. 48. Michelet erzählt, daß sich die Pariser Fischweiber besonders die revolutionären Frauenvereine vorknöpften: »Manchmal überfielen sie einen dieser Vereine unter den Beinhäusern von Saint-Eustache und trieben seine Mitglieder unter Schlägen in die Flucht. Andererseits fanden es die Republikanerinnen schlimm, daß die Fischweiber versäumten, die Nationalkokarde zu tragen, die jedermann dem Gesetz entsprechend trug. Im Oktober 1793, zur Zeit der Girondisten, zogen sie, in Männerkleidung und bewaffnet, in die Hallen und belästigten die Fischweiber. Diese jedoch fielen über sie her und vollzogen, zur großen Belustigung der Männer, mit ihren groben Händen an ihrem Körper eine sehr unanständige Korrektur. Paris sprach von nichts anderem« (J. Michelet, 1984, S. 95).

6 H. Strehle, 1966, S. 128.

7 Die andere Gespielin rafft ihr Gewand, vielleicht aber nur, um

besser laufen zu können. Cf. R. Lullies/M. Hirmer, 1953, S. 13. Bezeichnend ist, daß kämpferische und keinem Manne untertane Frauen wie die Amazonen, aber auch die Nike, mit einer freien Brust dargestellt werden. Im 19. Jahrhundert stellte man häufig die männervergewaltigende Sphinx mit vorgeschobenen, ›aggressiven‹ Brüsten dar. Cf. A. Hollander, 1978, S. 189, 205. Als Nike mit einer entblößten Brust ließ sich auch Marie de Médicis von Rubens darstellen. Cf. C. Schlumbohm, 1981, S. 118 f.
8 Cf. G.-J. Witkowski, a.a.O., S. 12. Nach Théroignes eigener Darstellung trifft es nicht zu, daß sie an dem Marsch der Frauen beteiligt war. Cf. T. de Méricourt, 1989, S. 17. Wie mir Helga Grubitzsch mitteilt (Brief vom 17. Februar 1992), hat die Théroigne auf Abb. 27 keine Ähnlichkeit mit der wirklichen, und es ist auch nicht anzunehmen, daß das Bild mit ihrem Einverständnis angefertigt wurde: »Mit Sicherheit kann ich sagen, daß sie ein solches Porträt nie in Auftrag gegeben hätte, da sie seit Beginn der Revolution besonderes Gewicht auf einen makellos ehrbaren Ruf legte.«
9 Zit. n. U. Greitner, 1985, S. 197, 202. Die Tradition wurde wiederbelebt. So tanzten beispielsweise am 14. Juli 1964 zum 175. Jahrestag des Sturmes auf die Bastille junge Mädchen mit nackten Brüsten auf den Straßen herum. Cf. C. Schütze, 1985, S. 202.
10 Cf. D. Oehler, 1988, S. 113.
11 Cf. M. Pointon, 1986, S. 31.
12 Cf. N. Hertz, 1983, S. 51. Als im Mai 1848 die Bürger Wiens in der Innenstadt über hundert Barrikaden errichteten, waren dabei auch zahlreiche Frauen beteiligt (Abb. 200; cf. auch E. Niederhauser, 1990, Abb. 10), die zudem Patronen anfertigten sowie Pulver, Kugeln und Blei verteilten. Zur Legende wurde die sogenannte »Barrikadenbraut«, die wie folgt beschrieben wurde: »Ein Mädchen, eine hohe schlanke Gestalt, war bald dort, bald da sichtbar. Sie trug ein weißes Kleid, eine schwarze Tunika. Vom Haupte hing ein weißer, langer Schleier, der mit roten Bändern am pechschwarzen Haar befestigt war. In der Rechten trug sie eine Fahne« (zit. n. E. Klamper, 1984, S. 43). Als eine »schwärmende Anhängerin der Freischärlersache« wurde die junge Mathilde Hitzfeld bezeichnet. Zwei Jahre nach der 48er Revolution erinnert sich ein Augenzeuge an die Pfälzerin: »Ein schönes Mädchen aus Kirchheimbolanden, Fräulein Mathilde Hitzfeld, die Tochter eines Arztes daselbst, begleitete heldenmütig die Vorrückenden und ermutigte die Zurückgehenden zum Standhalten. Mit der Pistole in der Hand begleitete Mathilde die Truppen; und am Abend war auch sie es, die nach Morschheim

200 F. Russ: ›Wiener Barrikadenmädchen‹, 1848.

auf Kundschaft ging und die Nachricht zurückbrachte, daß die Preußen das Dorf besetzt hätten.« Ihr Name habe Angst und Schrecken verbreitet, und mit der roten Fahne in der Hand sei sie auf den Barrikaden gestanden. Ein Chronist schwärmt sogar, daß ein preußischer Soldat sich, von ihrer Schönheit geblendet, »mit Begeisterung zu den Füßen der Heldin niederschießen ließ«. Cf. H.-J. Wünschel, 1976, S. 59.
13 Zit. n. G. L. Gulickson, 1991, S. 250.
14 Cf. M. Pointon, 1990, S. 63.
15 Cf. J. Heller, 1990, S. 30. Die amerikanischen Allegorien der Freiheit des 19. und des 20. Jahrhunderts zeigen sich ansonsten meist recht zugeknöpft (Abb. 201). So weist z. B. auf einem Plakat aus dem Ersten Weltkrieg eine grimmig dreinblickende und hochgeschlossene Frau mit phrygischer Mütze dem Marinesoldaten die Richtung – »Over There!« – (cf. C. Goodrum/H. Dalrymple, 1990, S. 251), und auch die über den Truppen schwebende, die US-Fahne haltende ›Siegesgöttin‹ hat bedeckte Brüste. Lediglich die ›Freiheit‹ in den Klauen des mit einer Pickelhaube ausgestatteten Gorillas ist mit entblößten Brüsten dargestellt – offenbar um den Soldaten klarzumachen, an welcher Stelle der deutsche Landser die Amerikanerinnen gerne packen würde. Cf. P. Stanley, 1983, S. 55.

201 ›Die Freiheit‹. USA, frühes 19. Jh.

16 Cf. B. Schoch-Joswig, 1989, S. 451. Auf Bernard Buffets Gemälde ›La prise des Tuileries‹ vom Jahre 1977 schwingt eine junge Frau mit nacktem Oberkörper und wilden schwarzen Haaren eine Fahne. Cf. J. Garrigues, 1988, S. 155.
17 Einige Jahrzehnte später hat sich die Situation wieder geändert. So ist auf einer Postkarte aus der Zeit nach dem Ersten Weltkrieg die Germania zu sehen, entblößt und gesenkten Hauptes an einen Schandpfahl gefesselt, die Brüste vom langen blonden Haar bedeckt, Krone, Rüstung und Schwert zu ihren Füßen. Cf. W. Stöckle, 1982, S. 69.
18 E. Hobsbawm, 1978, S. 122f.
19 M. Agulhon, 1979a, S. 56.
20 Cf. M. Pointon, 1986, S. 29. Reale Barrikadenfrauen wurden beispielsweise dargestellt auf Delaportes Lithographie ›Pariser Frauen vom 27., 28. und 29. Juli‹: Eine Frau steht mit der Trikolore in der Hand auf einer Kanone; eine andere feuert eine Muskete ab, und wieder andere bergen Tote und Verletzte. Cf. M. Wagner, 1989, S. 10.

21 Bisweilen heißt es, die Krone habe das Bild erstanden, aber Louis Philippe hat sich nie dafür interessiert. Nach einer kurzen Phase des Interesses, das man 1848 der ›Liberté‹ entgegenbrachte, wurde es erst 1855 mit Zustimmung Napoleons III. im Salon ausgestellt. Cf. M. Trachtenberg, 1976, S. 67; U. Besel/U. Kulgemeyer, 1986, S. 72; M. Marrinan, 1988, S. 68 f.; M. Pointon, a. a. O., S. 26.

22 Zit. n. N. Hadjinicolaou, 1979, S. 18 ff. Ambroise Tardieu bezeichnete sie als »une sale et déhontée femme des rues« und *Le National* als »une courtisane de bas étage« (a. a. O., S. 23).

23 A. a. O., S. 24.

24 So z. B. J. Brun, 1973, S. 122 bzw. H. Toussaint, 1982, S. 46 f.; M. Agulhon, 1989, S. 348; E. Mullins, 1985, S. 170. In diesem Sinne meint auch J. Hartau, 1989, S. 294, Cléments Stich ›La France Républicaine‹ stelle eine ideologisierte oder politisierte ›Nature‹ dar: Die nährende Mutter Frankreich biete den Kindern der Republik die Brust (Abb. 202). Nun will ich keineswegs bezweifeln, daß es diese stillbereite Allegorie der Natur *gibt* (Abb. 203). Was mir sehr zweifelhaft erscheint, ist, daß sich die freie Brust der kampfbereiten Republik von der Mutterbrust herleitet.

25 Cf. N. Athanassoglou-Kallmyer, 1989, S. 92. Allerdings scheint sie auch kampfbereit, im Gegensatz zu den halbnackten philhellenischen Allegorien Griechenlands, die von den Türken in die Sklaverei geführt werden. Cf. A. a. O., S. 99.

26 Cf. J. Krása, 1971, S. 28. In einem allegorischen Gemälde von Louis Philippe Crépin richtet z. B. Ludwig XVIII. ›Frankreich‹, eine Frau mit zerrissenem Kleid und entblößten Brüsten, auf.

27 Cf. M. Agulhon, 1979 a, S. 110; ders., 1979 b, S. 27; C. Blanchet/ B. Dard, 1984, S. 21. Nach N. Fox, 1927, S. 247, gab es im ausgehenden 18. Jahrhundert diese Allegorie sogar in der Realität: In Saarlouis sei nämlich eine halbentblößte Bürgerin als »Göttin der Vernunft« durch die Stadt geführt worden, nachdem man sämtlichen christlichen Tinnef aus den Kirchen geworfen hatte. Eine weibliche Allegorie war im Jahre 1793 vielen Revolutionären nicht radikal genug, und David schlug dem Konvent die Errichtung einer Kolossalstatue des Herkules vor, der das französische Volk repräsentieren sollte. Cf. L. Hunt, 1983, S. 99.

28 Cf. G.-J. Witkowski, a. a. O., S. 126.

29 Cf. E. Hobsbawm, a. a. O., S. 123 f.; J. A. Leith, 1978, S. 146. Auf einem revolutionären Kupferstich Colombs vom Jahre 1871 hat die Allegorie Frankreichs eine Brust entblößt, während die der Kommune ganz nackt ist – lediglich ihr Genitalbereich ist notdürftig mit einem Umhang bedeckt. Cf. D. Mühlberg, 1986,

202 Alexandre Clément nach Simon-Louis Boizot:
›La France Républicaine‹, 1794.

203 Louis Darcis nach François Bonneville: ›La Nature‹, 1794.

S. 163. Wenn in der Folgezeit Frauen eine Menschenmenge anführen, sind ihre Brüste häufig entblößt – man denke etwa an Käthe Kollwitz' ›Aufruhr‹ oder an Alfred Kubins ›Die Blöden‹, wo eine Frau mit freier Brust die dummen Massen führt.
30 Cf. M. Agulhon, 1990, S. 45; S. Wuhrmann, 1991, S. 556f.; A. Dardel, 1987, S. 39. Auf einem anderen anarchistischen Bild der Zeit rammt ›La Liberté‹ mit nackter Brust der männlichen ›Autorité‹ die Fahnenstange in die Gurgel. Cf. R. Kedward, 1970, S. 123.
31 Cf. E. Fuchs, 1921, S. 216. Nach dem Sieg über die Franzosen im Jahre 1871 wurden auch in Deutschland zahlreiche Steinskulpturen der Siegesgöttin aufgestellt, deren entblößte Brüste anscheinend nie Anstoß erregten. Cf. H.-E. Mittig, 1981, S. 20; S. Wenk, 1987, S. 106. Auf politischen Plakaten ist es meist die sozialdemokratische ›Freiheit‹, die ihre Brüste zeigt. Cf. z. B. U. Zeller, 1988, Abb. 39f. Auf einem Wiener Plakat des Jahres 1919 lehnt die so entblößte ›Freiheit‹ am umgestürzten Kaiserthron und hält kokett mit dem Fuß die Krone des Monarchen. Cf. B. Denscher, 1981, S. 134.
32 Eine anonyme Radierung aus der Revolutionszeit zeigt die Rückkehr der Pariser Marktfrauen und der Nationalgarde am 6. Oktober 1789 aus Versailles. Auf ihr ist eine Frau zu sehen, die mit aggressiv gespreizten Beinen auf dem Rohr einer Kanone sitzt.
33 Cf. C. Blanchet/B. Dard, a. a. O., S. 126; J. Garrigues, 1988, S. 109, 114f., 118. Die weiblichen Kriegsallegorien des faschistischen Italien sind fast immer verhüllt und gepanzert. Cf. z. B. I. Montanelli, 1980, S. 31, 33. Auch auf dem Bild ›Auf dem Wege zur Revolution‹ des türkischen Malers Zeki Fair Izer vom Jahre 1933, auf dem Atatürk der von Delacroix übernommenen ›Freiheit‹ den rechten Weg weist, ist ihr Oberkörper vollständig bekleidet. Cf. N. Hadjinicolaou, 1991, S. 35.
34 Cf. D. M. Mayer, 1972, S. 97, 99.
35 J. Michelet, 1984, S. 180. Cf. auch L. Blanc, 1857, IX, S. 89f. Auch P. Weiss, 1964, S. 130, hat diese Szene nicht ausgelassen, sie aber modifiziert.
36 Cf. P. Nettelbeck/U. Nettelbeck, 1987, S. 28. Es handelt sich wohl um eine Legende. Cf. D. Outram, 1989, S. 118ff.
37 Cf. I. Stephan, 1989, S. 137. Die Parallele zwischen Corday und Judith wurde bereits in einem französischen Drama vom Jahre 1797 gezogen. Cf. A. Beise, 1992, S. 13.
38 Zit. n. B. Bremme, 1990, S. 58.

ANMERKUNGEN ZU § 4

1 Marco Polo, 1983, S. 280.
2 W. Heissig, 1981, S. 139. Cf. hierzu auch G. Devereux, 1979, S. 6. Die *Mutter*brüste scheinen bei den Mongolen nicht sehr schambesetzt gewesen zu sein, d. h., sie waren wohl weitgehend ›enterotisiert‹. Diese Feststellung gilt offenbar nicht für die Brüste der jungen Frauen und Mädchen. Als sich nämlich beispielsweise Borte ujin in Anwesenheit von Männern im Bett aufsetzte, achtete sie sehr darauf, daß ihre Brust vom Saum der Bettdecke verhüllt blieb. Cf. Heissig, a. a. O., S. 141.
3 Cf. W. Leaf, 1902, II, S. 596.
4 Das Wort αἰδώς, das hier gebraucht wird, hat einen großen Bedeutungsspielraum – von Körperscham (ursprünglich vor allem Genitalscham) bis Scheu. Cf. K. Kerényi, 1940, S. 90 f.; W. J. Verdenius, 1945, S. 48, 51.
5 *Ilias* 22, 79 ff. Peleus wirft bekanntlich Menelaos vor, Helena verschont zu haben: »Dann nahmst du Troja – denn ich folgte dir dorthin – und schlugst das Weib nicht tot, nachdem du sie gefangen, nein, sahst nur ihre Brust und warfst fort das Schwert« (Euripides, *Andromache* 627 ff.). Vielleicht ist diese Szene auf einer aus Mykonos stammenden und um 670 v. Chr. hergestellten Amphore zu sehen, auf der eine Frau in Troja einem sie bedrohenden Krieger die entblößte Brust entgegenhält. Cf. G. Wickert-Micknat, 1982, S. 112. Daß auch die Frau des Menelaos die ›mütterlichen‹ Brüste entblößt hat, halte ich für eher unwahrscheinlich. Um 500 v. Chr. hat indessen der Kleophrades-Maler eine Szene dargestellt, die an Hekabes Geste erinnert: Eine Frau verabschiedet einen Krieger und entblößt dabei die Brust.
6 Cf. G. Devereux, 1982, S. 334 f.
7 Cf. A. F. Garvie, 1986, S. 292 f. Darauf weist auch hin, daß Aischylos das hinweisende Fürwort (τόνδε) benutzt. Cf. O. Taplin, 1978, S. 61.
8 Aischylos, *Choephoroi* 896 ff. Zur Versöhnung reicht Hera dem Herakles die Brust. Cf. W. Burkert, 1977, S. 211. Cf. auch N. Loraux, 1990, S. 45. Zur Herstellung der ›Milchverwandtschaft‹ cf. H. P. Duerr, 1978, S. 212.
9 Zit. n. K. Schjelderup, 1928, S. 242.
10 Albrecht v. Eyb, 1989, S. 427.
11 Cf. T. Klausner, 1951, S. 664. Wenn sich eine Tallensi-Frau von ihren erwachsenen Kindern extrem beleidigt fühlt, reißt sie eine ihrer Brüste hoch und sagt: »Ich habe es durchgestanden, dich

auszutragen, und dann behandelst du mich so!« Das ist ein ganz schlimmer Fluch. Cf. M. Fortes, 1949, S. 189f.
12 V. G. Fryd, 1987, S. 30, meint hingegen, die Geste symbolisiere »sexual abuse and the violation of Christian purity«.
13 O. Pächt/D. Thoss, 1974, I, Abb. 65. Auf einem Gemälde von Franz Anton Maulbertsch aus dem Jahre 1777 erfleht eine Mutter mit der Brustgeste Hilfe von Kaiser Joseph II. (H. Reinalter, 1991, Tf. 18).
14 Cf. A. Dresdner, 1890, S. 305.
15 Cf. P. Askew, 1990, S. 75 f.; M. Brecht, 1981, S. 83 f.
16 Lukas 11,27. Auf der Scheibe eines hohen Fensters der Kathedrale von Auxerre ist die hl. Jungfrau abgebildet, wie sie vor ihrem am Kreuz leidenden Sohn kniet, vor ihm die Brust entblößt und die Worte spricht: »Fili, recordare ubera quae suxisti!«, »Mein Sohn, entsinne dich der Brüste, an denen du gesaugt hast!« (M. Vloberg, 1954, S. 94).
17 Zit. n. Vloberg, a.a.O., S. 89 ff.
18 Cf. M. R. Miles, 1986, S. 193, 202. Vielleicht handelt es sich bei dem weitverbreiteten Brauch, daß *Frauen* die Hand beim Schwur auf die Brust legen, um eine angedeutete Brustentblößung. Beim Erbhuldigungseid der Bürger des fränkischen Karlstadt beispielsweise wurden die Männer angehalten, den Schwurfinger der rechten Hand zu erheben, während die Witwen mit Bürgerrecht die rechte Hand auf die linke Brust legen mußten. Cf. W. Zapotetzky, 1980, S. 123.
19 Cf. J. Wirth, 1989, S. 339. Noch Rubens hat die hl. Jungfrau so gezeichnet, wie sie gemeinsam mit dem hl. Franziskus den zornigen Richter besänftigt. Die Zeichnung wurde von Egbert van Panderem in Kupfer gestochen und mit den Worten Arnolds v. Chartres versehen: »Ostendit Mater Filio pectus et ubera, Filius Patri latus et vulnera. Et quomodo poterit ibi esse ulla repulsa, ubi tot sunt charitatis insignia« (S. Beissel, 1910, S. 418). Anscheinend wurde von manchen Auftraggebern die Wiedergabe der jungfräulichen Entblößung als unschicklich empfunden, denn nicht selten hält Maria eine züchtig vom Gewand verhüllte Brust hoch – so z.B. auf einem um 1402 entstandenen Bild der Weltgerichtsszene. Cf. C. W. Bynum, 1989, S. 178. Aber auch andere Typen der Brustentblößung waren wohl nicht ganz unproblematisch. Während auf früheren Versionen von Joachim Wtewals ›Die Anbetung der Hirten‹ Maria keusch die bekleidete Brust berührt, zeigt sie erst in der späten Version vom Jahre 1618 den Hirten die nackte Brust (Abb. 204). Cf. A. W. Lowenthal, 1990, S. 74. Auch auf der freien Kopie, die der flämische Maler

204 Joachim Wtewael: ›Die Anbetung der Hirten‹, 1618.

Jakob van den Coornhuse 1578 von dem Tafelbild anfertigte, das Jan Provost für die Schöffenkapelle in Brügge gemalt hatte, verzichtet die hl. Jungfrau im Gegensatz zu der des Originals auf jegliche Entblößung.
20 Cf. U. McConnell, 1934, Plate III.
21 Wenn früher ein Mbuti nach längerer Abwesenheit wieder heim kam, war es nicht unüblich, daß er zur Begrüßung zärtlich die Brust seiner Mutter berührte. Cf. P. Schebesta, 1948, S. 319.
22 Cf. H. P. Duerr, 1984, S. 108 f.
23 G. Wickert-Micknat, 1982, S. 111.
24 Cf. W. Fauth, 1966, S. 419. Im allgemeinen will z. B. die Ischtar, wenn sie ihre Reize zeigt, nicht besänftigen, sondern sexuell erregen, etwa dort, wo sie der Meeresschlange Chedammu ihre Vulva zeigt, um das Ungeheuer an Land zu locken. Cf. U. Winter, 1983, S. 289. Bei den alten Peruanern wird Tutaiquiri von der Schwester der Göttin Chokesusu dadurch verführt, daß diese vor ihm Brüste und Genitalien präsentiert. Cf. H. Trimborn, 1951, S. 132.
25 Cf. D. Wolkstein/S. N. Kramer, 1983, S. 43; E. Williams-Forte, 1983, S. 158. Zum erotisch-aggressiven Charakter der Göttin cf. auch H. Balz-Cochois, 1992, S. 87 ff.
26 Vor allem die Bademägde, die ja häufig Gelegenheitsprostituierte waren, wurden in dieser Pose dargestellt. Cf. z. B. das bei S. Golowin, 1982, S. 227, wiedergegebene Figürchen einer Basler »Reiberin« aus dem frühen 16. Jahrhundert. Auch die brüste-

pressenden Skulpturen der spätmittelalterlichen und der Renaissancebrunnen, aus deren Nippeln das Wasser sprudelte, gehen wohl auf Darstellungen dieser heidnischen Göttinnen zurück. Cf. W. Deonna, 1957, S. 242f.
27 In der Kolonialzeit haben Photographen immer wieder die »eingeborenen« Frauen zu dieser ›Liebesgeste‹ ermuntert (Abb. 205). Cf. R. Corbey, 1989, S. 29. Wie mir Fritz Kramer sagt (mündliche Mitteilung vom 5. Februar 1992), ›machen‹ auf diese Weise in Kenya Prostituierte mögliche Kunden ›an‹.

205 »Jeune Dahoméenne«. Postkarte, Photostudio Fortier, Dakar.

28 Cf. S. Colin, 1987, S. 10, 13; K.-H. Kohl, 1987, S. 73 f.
29 Cf. I. Eibl-Eibesfeldt, 1987, S. 738. Ähnlich meint D. Fehling, 1988, S. 320, die ihre Vulva präsentierende Frau rechne mit der »entwaffnenden Wirkung alles weiblichen Flirtverhaltens«. Bezeichnenderweise nimmt Eibl-Eibesfeldt (1988, S. 6) an, »that there exists a male sexual dominance lust – *the female counterpart would be a lust of submission* as part of our archaic heritage« (Hervorh. v. mir).
30 Angesichts einer balinesischen weiblichen ›Wächterfigur‹, die ihre Brüste präsentiert und gleichzeitig angriffslustig die Zähne fletscht, scheinen I. Eibl-Eibesfeldt/C. Sütterlin, 1990, S. 406,

durchaus in Erwägung zu ziehen, daß es sich hier um eine aggressive Geste handelt.
31 Die Frage, warum die weiblichen Brüste in fast allen menschlichen Gesellschaften, auch dort, wo sie unbedeckt getragen werden, sexuell stimulieren, werde ich im nächsten Band behandeln.
32 Cf. R. Goldberg, 1988, S. 175.

Anmerkungen zu § 5

1 C. O'Rahilly, 1967, S. 32, 170f. Cf. auch W. A. Müller, 1906, S. 6f.; H. Vorwahl, 1935, S. 395f.
2 Cf. J. Weisweiler, 1939, S. 231f. Hinter dieser Königin steht die Göttin Medb, die »Herrscherin von Irland« (*missi bainfleth hérenn*), die den König zum Beischlaf auffordert, ihn mit ihren Schenkeln umklammert und ›nimmt‹, damit das vertrocknete Land sich regeneriert. Cf. H. P. Duerr, 1984, S. 143f., 206, 355, 360.
3 Cf. z. B. J. H. Field, 1975, S. 26.
4 Cf. P. K. Ford, 1988, S. 417.
5 Cf. P. C. Power, 1976, S. 16.
6 In Kalabrien rasierte man früher Ehebrecherinnen zur Demütigung das Schamhaar, damit die Labien sichtbar wurden. Cf. R. Corso, 1911, S. 144. Als Zeichen der Besitzergreifung zupfte bei den Pauserna (Guarasug' wä) in der Großen Pampa der Mann seiner Frau das Schamhaar aus. Cf. J. Riester, 1966, S. 109. Manche Vergewaltiger schneiden oder brennen ihrem Opfer das Schamhaar ab. Cf. L. Madigan/N. C. Gamble, 1991, S. 28; R. Wyre/A. Swift, 1991, S. 38; E. Kissling, 1985, S. 111.
7 Cf. R. N. Bailey, 1983, S. 114.
8 Zit. n. G.-J. Witkowski, 1908, S. 310. Der mittelalterliche Berichterstatter interpretiert die Geste dahingehend, die Frauen hätten ihren Männern sagen wollen, daß sie sich mannhaft gegen den Feind stellen müßten, wenn sie nicht »valoient encore entrer en leurs ventre«. Für diese Deutung gibt es bereits antike Vorbilder. So sollen nach Plutarch die persischen Frauen ihren vor den Medern flüchtenden Kriegern die Scham gezeigt und ihnen höhnisch zugerufen haben, daß sie sich nicht mehr in ihren Bauch flüchten könnten, aus dem sie einst geboren wurden. Cf. Plutarch, *Moralia*, 246 A. Ähnliches wird von den Spartanerinnen berichtet. Cf. C. Sittl, 1890, S. 104.
9 O. F. Raum, 1973, S. 261. Nach einer anderen Deutung sollte die Gebärde allen Feiglingen Unglück bringen. Einmal soll eine Zu-

lufrau, von Gewehrfeuer erschreckt, zur Abwehr den Rock bis über die Brüste hochgezogen haben, was ihrem fernab in der Schlacht von Feinden bedrohten Mann in diesem Augenblick das Leben rettete. Auf der anderen Seite konnten die Zulufrauen auch durch Präsentation der Genitalien verhindern, daß die eigene Armee in den Krieg zog. Cf. E. J. Krige, 1968, S. 174; O. F. Raum, a. a. O., S. 265, 497.
10 Cf. H. P. Duerr, 1984, S. 29.
11 »αἱ γυναῖκες ἀνασυράμεναι τοὺς χιτωνίσκους ἀπήντησαν αὐτῷ πάλιν οὖν ὑπ' αἰσχύνης ἀναχωροῦντος ὀπίσω καὶ τὸ κῦμα λέγεται συνυποχωρῆσαι« (Plutarch, *Moralia* 248 A/B). Wenn früher in Friesland eine Sturmflut drohte, gingen die Frauen ans Meeresufer und hoben die Röcke. Cf. I. Eibl-Eibesfeldt, 1991, S. 280. Als französische Fischer auf hoher See vom Nordostwind überrascht wurden, hob eine Frau namens Rose, die sich zufällig an Bord befand, ihre Röcke hoch. Da schämte sich der Wind und hielt inne. Cf. H. F. Feilberg, 1901, S. 427. Auch die Frauen der zentralafrikanischen Bashu besänftigten auf diese Weise einen Orkan. Cf. R. M. Packard, 1980, S. 245. An einer anderen Stelle berichtet Plinius, daß Hagel, Wirbelsturm und Blitz vertrieben würden, wenn sich eine menstruierende, aber auch Frauen, die nicht menstruierten (»etiam sine menstruis«), vor diesen Naturerscheinungen entblößten. Er teilt weiter mit, daß die Frauen auf dem Kornfeld ein Gleiches täten, um Schädlinge wie Raupen, Würmer, Pillendreher (»scarabaeos«) zu vertreiben. Außerdem führt er Metrodorus Scepsius an, nach dem die Kappadokierinnen eine Invasion von Spanischen Fliegen vereitelten, indem sie mit über den Hintern gerafften Kleidern über die Felder gelaufen seien. Cf. Plinius, *Naturgeschichte* XXVIII, 70ff. Cf. auch ferner W. B. McDaniel, 1948, S. 532; J.-P. Néraudau, 1984, S. 85 f. Im frühen 17. Jahrhundert gingen in Friaul manche Frauen abends nackt um die Felder und riefen: »Fui, fui ruie et il mio con ti mangiuie!« (Flieht, flieht, ihr Raupen, oder meine Möse ißt euch!). Cf. L. Accati, 1990, S. 111. Noch in unserem Jahrhundert beobachtete W.-E. Peuckert, 1951, S. 236, im schlesischen Haasel eine Gruppe von Pflanzerinnen, die zur Sommerszeit mit entblößtem Unterleib über den Acker lief: »Und sie übernahmen sich an Zoten und [...] an geilem und laszivem Tun; ich weiß nur noch, daß sie die jüngeren Mädchen ausgezogen haben, daß alle zusammen die Röcke abwarfen und halbnackend tanzten.«
12 Cf. P. E. Slater, 1968, S. 323. Höchstwahrscheinlich gab es solche Darstellungen auch auf Streitwägen. Dies läßt jedenfalls ein

etrurischer Wagenbeschlag aus dem 6.Jh. v. Chr. vermuten, auf dem eine Medusa abgebildet ist, die ihre Beine spreizt, die Zunge herausstreckt und die Brüste präsentiert. Cf. M. Maaskant-Kleibrink, 1990, S. 138; A.D. Napier, 1986, S. 96.
13 Cf. J. P. Hallett, 1977, S. 155. Auch bei den Römern war die Entblößung der Vulva ein Aggressionsmittel, und in republikanischer Zeit galt es als ein besonders schlimmes Vorzeichen, wenn eine vom Blitz erschlagene Frau mit entblößter Scham aufgefunden wurde. Cf. W. Kroll, 1963, S. 161.
14 Cf. E. H. Schafer, 1951, S. 150f. Schon bei einer Belagerung dieser Stadt im Jahre 1126 wurden ›magische‹ Verteidigungsmittel eingesetzt, wenn auch schicklichere. Cf. S. Werner, 1992, S. 61, 117.
15 Cf. R. H. van Gulik, 1961, S. 230. Als im Jahre 502 sassanidische Truppen die byzantinische Festung Amida belagerten, sollen ein paar Huren (ἑταῖραι) ohne jeglichen Anstand (κόσμῳ οὐδενί) ihr Gewand hochgerafft und dem Großkönig »all das« präsentiert haben, »was Männern rechtens nicht entblößt gezeigt werden darf«. Cf. E. Kislinger, 1992, S. 377.
16 Cf. P. M. Kuhfus, 1990, S. 140. Im 17. Jahrhundert hieß es, Homosexualität sei besonders unter den männlichen Küstenbewohnern von Fukien verbreitet gewesen. Dies führte man auf den Einfluß der Piraten zurück, die sich nicht mit Frauen eingelassen hätten, weil sie glaubten, daß solche Kontakte ihnen bei ihren räuberischen Unternehmungen Unglück bringen würden. Cf. V. W. Ng, 1989, S. 86.
17 Bereits in der Shang-Zeit scheint die Entblößung des Körpers selbst für Männer eine der schlimmsten Entehrungen gewesen zu sein. Von einem General heißt es, er sei mit nacktem Oberkörper vor seinem Minister erschienen, um die Vergebung der Fehler zu erlangen, die er gemacht hatte. Cf. H. Yang, 1988. In frühen europäischen Berichten werden die Chinesen bisweilen als nackt beschrieben, während ihren Frauen wenigstens ein Lendenschurz zugebilligt wird – so noch im Jahre 1584 von dem Mailänder Kunsttheoretiker Gian Paolo Lomazzo. Solche Aussagen beruhen natürlich nicht auf Tatsachen, sondern darauf, daß man damals die Chinesen noch weithin für ›Indianer‹ hielt. Cf. F. Reichert, 1988, S. 55.
18 Cf. M. Granet, 1976, S. 213. Die wenigen Dampf- und Freibäder waren fast ausschließlich für Männer bestimmt, denn man ging davon aus, daß eine Frau sich auch vor anderen Frauen nicht ganz oder auch nur teilweise nackt zeigen würde. Cf. Tcheng-Kitong, 1890, S. 95; P. Négrier, 1925, S. 341; Ts'e Shao-chen, 1987,

S. 70. Daran hat sich auch heute noch nicht allzuviel geändert, zumindest auf dem Lande. So geniert sich z. B. in dem chinesischen Spielfilm *In den wilden Bergen* vom Jahre 1985 eine der weiblichen Hauptpersonen sehr, als davon die Rede ist, daß im Frauenbad der Kreisstadt die Frauen nackt badeten. Wie mir Shenyi Luo (mündliche Mitteilung vom 30. November 1989) sagte, sehen auch heute Mütter und Töchter einander nie nackt. An den Universitäten duschen die Studentinnen zwar gemeinsam, aber sie halten sich dabei Tücher vor. Man kann sich vorstellen, wie schockiert die Chinesen waren, als in den dreißiger Jahren die japanischen Invasoren sich in aller Öffentlichkeit wuschen. Cf. S. C. Chu, 1980, S. 80.

19 Auch ein Mann wusch sich nicht in Gegenwart von Frauen oder von nahen Verwandten, die einer anderen Generation angehörten. Anders verhielt man sich innerhalb der selben Altersgruppe. So sind z. B. auf einem Photo vom Jahre 1916 nackte Fischer bei der Arbeit an einer Stromschnelle des oberen Yangtse-kiang zu sehen. Cf. A. Roschen/T. Theye, 1980, S. 95. Selbst heute noch sieht man in Hongkong selten einen Straßenarbeiter mit nacktem Oberkörper: Wie es bei uns bis in die fünfziger Jahre üblich war, behält man auch bei größter Hitze wenigstens ein Unterhemd an. Cf. C. Osgood, 1975, S. 993.

20 Cf. W. Eberhard, 1977, S. 51, 54. In einem chinesischen Text heißt es mißbilligend über den im Süden lebenden Stamm der Yao, daß dort die Männer und die Frauen tagsüber im Wald miteinander schliefen. Dies schockierte den Autor sehr, weil es bedeutete, daß der Mann die Vulva der Frau sehen konnte. Cf. ders., 1967, S. 79f.

21 Auch heute sehen die Partner einander nie nackt, und der Beischlaf geht im Dunkeln vor sich (S. Luo, a. a. O.). Das bedeutet indessen nicht, daß die Vulva visuell unerotisch wäre und in der pornographischen Literatur keine Rolle spielte. Ganz im Gegenteil! So heißt es beispielsweise im *Jou p'u-t'uan*, der ›Gebetsmatte des Fleisches‹, einem erotischen Roman des 17. Jahrhunderts: »Es ist zehnmal angenehmer, tagsüber miteinander zu schlafen als nachts. Denn dann kann jeder die Nacktheit des anderen betrachten und dies steigert die Begierde« (zit. n. N. Douglas/P. Slinger, 1984, S. 60). Und im *Djin Ping Meh*, dem berühmten obszönen Roman des 16. Jahrhunderts, wird die Vulva sogar in einer Weise ›ästhetisiert‹, die ihresgleichen in der entsprechenden Literatur des Westens sucht: »Ihr unbenennbares Etwas war eng schließend und in seiner vollen Frische zwischen den Schenkeln sorgsam geborgen.« Besonders attraktiv waren offenbar die epi-

lierten Genitalien: »Als sich Goldlotos nach einem Weilchen entkleidet hatte, betastete und betrachtete Simen Tjing ihre Schoßöffnung. Sie war völlig unbehaart und glich ganz einem weichen, saftigen, rötlich gesprenkelten, eben aus dem Behälter herausgenommenen Kuchen mit Fruchtfüllung. Männer, Tausende, hätten sie liebgewonnen, und Zehntausende hätte es nach so etwas Schönem gelüstet« (Wang Shi-Tcheng, 1961, S. 27 bzw. 46).

22 Auch den Mund darf ein Mädchen nicht zu weit öffnen, weshalb sie ihn beim Lachen mit der Hand bedecken und leise reden muß. Während die kleinen Buben beim Urinieren die Hand über die Genitalien halten sollen, dürfen die kleinen Mädchen überhaupt nicht in der Öffentlichkeit urinieren. Cf. N. Diamond, 1969, S. 34, 41. Im *Li chi* wird die künftige Ehefrau dazu angehalten, unter gewöhnlichen Umständen ihrem Mann nichts direkt zu geben, nie dasselbe Kleidungsstück, denselben Kleiderständer oder dieselbe Schlafmatte zu benutzen. Cf. D. Bodde, 1985, S. 163. Wenigstens in gewissen sozialen Schichten scheint man sich auch an solche Regeln gehalten zu haben, denn ein österreichischer Missionar, der im Jahre 1643 nach China geschickt worden war, pries hinterher nicht allein die Tatsache, daß in diesem Land die Frauen ihren Körper vollständig bedeckten, sondern vor allem, daß sie nichts unmittelbar aus der Hand eines Mannes entgegennähmen: Sie warteten, bis der Mann den betreffenden Gegenstand niedergelegt hätte, und würden ihn dann mit verhüllter Hand aufnehmen. Cf. G. Hamann, 1966, S. 112.

23 Cf. J. Gernet, 1962, S. 124. Noch heute scheuen sich viele Chinesinnen, Kleider zu tragen, bei denen Unterarme, Unterschenkel und Schultern entblößt werden oder bei denen sich Beine, Hintern und Brüste zu sehr abzeichnen. Cf. C. Osgood, a.a.O., S. 1114; C. Kerner/A.-K. Scheerer, 1980, S. 113; A. Kleinman, 1980, S. 130f. Angesichts der von den westlichen Damen getragenen Abenddekolletés schrieb im Jahre 1883 ein aus Europa zurückgekehrter Reisender: »In China widerstrebt es den Frauen, sich nackt auszuziehen, nicht aber den Männern; im Westen ist es das Gegenteil« (zit. n. Z. Yuan, 1987, S. 29).

24 Lan kommentierte: »In der Tat sollte eine Frau kein zweites Mal heiraten. Selbst Banditen wissen das sehr genau.« Cf. V. W. Ng, 1987, S. 60. Wenn im republikanischen China die in den Baumwollmühlen von Schanghai beschäftigten Frauen abends nach Hause gingen, wurden sie nicht selten das Opfer von Räubern, die sie nackt auszogen und ihnen die Kleider wegnahmen. Die Straßenräuber nannten dies »ein Schaf ausziehen«. Cf. E. Honig, 1985, S. 703.

25 Cf. N. H. van Straten, 1983, S. 90.
26 Cf. R. Briffault, 1927, S. 308. Cf. auch F. Wappenschmidt, 1992, S. 34f. Eine ganz andere Einstellung hatten diesbezüglich die Japaner. So berichtet im frühen 17. Jahrhundert John Saris von der Ostindischen Kompanie, daß nach dem Anlegen der ›Clovis‹ in einem japanischen Hafen ein Strom von Einheimischen sich über das Schiff ergossen habe. Darauf hatte man einige »of the better sort of women« eingeladen, in Saris' Kabine zu kommen, »where the picture of Venus hung, verye lasiuiously sett out«. Vor diesem Bild fielen die Damen auf die Knie, weil sie es für die Darstellung der hl. Jungfrau hielten und flüsterten, sie seien Christen. Cf. D. Massarella, 1990, S. 232.
27 Cf. H. P. Duerr, 1990, S. 238f.
28 Cf. E. Honig/G. Hershatter, 1988, S. 61.
29 Cf. J.-L. Domenach/H. Chang-Ming, 1987, S. 67.
30 Cf. E. Honig/G. Hershatter, a.a.O., S. 62.
31 Als sich die Debatte über das Bild zu einem Skandal ausweitete, entschied der Premierminister, die Tai selber sollten sich zu dem Bild äußern. Eine Delegation der Tai besichtigte das Gemälde und bestätigte, daß in ihrem Volk nackt gebadet werde. Freilich hieß es plötzlich im März 1980, Funktionäre aus Yünnan, der Heimat der Tai, hätten sich bei der Regierung beschwert: Sie seien durch die Nackten beschämt und das Bild besudle die Ehre des Tai-Volkes. Cf. J. L. Cohen, 1987, S. 39f., ferner C. Blunden/M. Elvin, 1983, S. 174. Ob letzteres nun zutrifft oder nicht – fest steht, daß auch die Tai herkömmlicherweise in bezug auf körperliche Nacktheit hohe Schamschranken besaßen. So gab es z.B. die Vorschrift, daß derjenige, welcher ein junges Mädchen nackt gesehen hatte, es daraufhin heiraten mußte. Cf. W. Eberhard, 1942, S. 287.
32 Wie mir Liselotte Kuntner erzählte (mündliche Mitteilung vom 15. Juni 1987), wurden die im Lama-Tempel von Peking aufgestellten Nacktfiguren von so vielen – meist jüngeren – Leuten besucht, daß schließlich der Genitalbereich der Skulpturen mit Seidentüchern bedeckt werden mußte.
33 Cf. J. L. Cohen, a.a.O., S. 54.
34 Wegen der Schamhaftigkeit auch der leichtfertigsten Chinesinnen war es gegen Ende des vergangenen Jahrhunderts selbst dem rührigen ›Salonethnographen‹ Stratz, der noch in jedem Land ein Mädchen aufgegabelt hatte, das sich vor seiner Kamera auszog, nicht gelungen, den Betrachtern seines Buches eine unbekleidete Chinesin zu präsentieren. Cf. C. H. Stratz, 1902, S. 81. Die ersten Aktkurse mit lebenden Nacktmodellen gab es an dem im

Jahr 1912 von Liu Hai-su gegründeten ›Schanghaier Institut für Schöne Künste‹. Die Kurse, die an den Staatlichen Akademien undenkbar waren, wurden allerdings als Skandalon betrachtet, und Liu, Lin Feng-mian und andere »Fortschrittliche« hatten viele Anfeindungen zu ertragen. Wegen der Kurse, aber auch auf Grund einer Aktausstellung drohte im Jahre 1927 ein »Warlord«, er werde Liu verhaften und die Akademie schließen lassen, was indessen von der Armee Tschiang Kai-scheks vereitelt wurde. Cf. J. L. Cohen, a.a.O., S. 12, 112. Aus dieser Zeit stammt eine Zeichnung, auf der Männer und Frauen zu sehen sind, die während der Pause eines Aktkurses im Türrahmen stehend entgeistert das nackte, eine Zigarette rauchende Modell anstarren. Cf. M. Elvin, 1989, S. 312.

35 *Spiegel* 2, 1989; *Rhein-Neckar-Zeitung*, 7. Januar 1989; J. Grant, 1991, S. 84f. Zwar wurden fünf der insgesamt 139 Bilder sofort von der Wand genommen, aber gerade jene waren photographiert und als Postkarten von Schwarzhändlern bereits verkauft worden.

Anmerkungen zu § 6

1 B. H. Chamberlain, 1982, S. 62, 63 f.
2 Cf. E. H. Schafer, a.a.O., S. 152.
3 E. Saito, 1989, S. 33.
4 Cf. z. B. H. P. Duerr, 1988, Abb. 71.
5 I. Morris, 1988, S. 266. Mag dieses Empfinden der Hofdame auch nicht repräsentativ sein, so kommt in ihm doch gut die Tatsache zum Ausdruck, daß der nackte Leib in der japanischen Tradition kaum ›ästhetisiert‹ wurde. So wird z. B. die Blässe der Haut, werden der Nacken, das Haar, der kleine, rosenknospige Mund beschrieben, wenn die Schönheiten einer Frau aufgezählt werden, selten jedoch der übrige Leib. Cf. M. Beurdeley/S. Schaarschmidt/R. Lane/S. Chūjō/M. Mutō, 1979, S. 18, ferner K. Clark, 1956, S. 9 f.
6 K. Yoshida, 1985, S. 11.
7 Die Übersetzung verdanke ich Wolfgang Schamoni, der mich auf diese Version (in einem Brief vom 12. März 1987) aufmerksam gemacht hat. Cf. auch F. S. Krauss/T. Sato, 1965, S. 75. Ähnliche Geschichten gibt es in der indischen buddhistischen Tradition. Cf. J. S. Strong, 1983, S. 505 ff.
8 Cf. T. Lésoualc'h, 1978, S. 34.
9 Cf. R. C. Solomon, 1978, S. 181.

10 Cf. W. La Barre, 1966, S. 267; K. Löwith, 1960, S. 149.
11 Cf. R. K. Nelson, 1976, S. 320. Cf. auch L. Marshall, 1976a, S. 352f. (!Kung).
12 P. Riesman, 1974, S. 145, von dem dieses Beispiel stammt, berichtet weiter, daß man bei den Djelgobe-Peul zwar über Kummer, Angst und Sorgen rede, aber man tue dies so unemotional und ›objektiv‹ wie ein Wissenschaftler. Die Bewohner des melanesischen Nissan-Atolls lachen häufig, wenn sie irgendwelche peinlichen Situationen herbeigeführt haben, gewissermaßen um kundzutun, daß es gar keine Peinlichkeit gibt. Verhält sich beispielsweise jemand in der Öffentlichkeit gegenüber einer anderen Person auf aggressive Weise, dann beschämt dies beide, und man versucht die Situation durch Lachen zu überspielen. Ein Ethnograph mißverstand das Grinsen eines Mannes, der ihm einen schlechten Dienst erwiesen hatte, und glaubte, der Betreffende mache sich auch noch über ihn lustig. Deshalb wurde er immer ungehaltener, und je erregter er wurde, um so mehr grinste der Insulaner. Cf. S. R. Nachman, 1982, S. 125f. Auch die Tiv legen größten Wert auf ständige Dokumentation von Freundlichkeit. Eltern, die einen kleinen Jungen hatten, der nie lächelte, versuchten ihn mit allen Mitteln dazu zu bringen und sagten ihm eindringlich, daß ein Mann, der selten lächle, keinen guten Charakter (*inja*) habe. Cf. P. Bohannan/L. Bohannan, 1966, S. 379.
13 Cf. C. Geertz, 1976, S. 230.
14 N. Elias, 1939, II, S. 327. Man denke nur an die Angst der Indonesier davor, Amok zu laufen.
15 Cf. U. Wikan, 1987, S. 338ff. Die Balinesen unterscheiden terminologisch sehr genau zwischen echten und ›gemachten‹ Emotionen. Daß letztere freilich mit der Zeit an Wert einbüßen, ersieht man aus Untersuchungen in einer anderen ›Keep-smiling-Kultur‹, nämlich der kalifornischen, die ergeben haben, daß Mittelklasse-Mütter, die unabhängig davon, ob sie etwas Positives oder Negatives sagen, lächeln, auf dem ›Lächel-Kanal‹ von den Kleinen bald ignoriert werden. Die Kinder sagen auch, daß die seltener lächelnden Männer »freundlicher« lächelten. Cf. M. Douglas, 1975, S. 215.
16 Balinesische Informantinnen, August 1986. Daß die Balinesinnen die westlichen ›Oben-ohne-Frauen‹ als schamlos empfanden, mag erstaunen, da sie sich bis vor wenigen Jahren selber mit nacktem Körper in der Öffentlichkeit bewegten und Mütter dies nicht selten auch noch heute im Bereich des Hauses, der Reisterrassen oder des Marktes tun. Allerdings meinten sie, daß die Touristinnen sich »zur Schau stellten«. Für das breitbeinige Sit-

zen der Europäerinnen und Australierinnen im Bikiniunterteil oder sogar ohne fehlten ihnen dagegen die Worte.
17 Für diese Aktbilder und vor allem für die von Europäern in der zweiten Hälfte des 19. Jahrhunderts angefertigten Aktphotographien posierten fast ausschließlich Prostituierte der niederen Kategorien. Cf. H. Spielmann, 1984, S. 163. Auch in späterer Zeit galt es für ein junges Mädchen als äußerst gewagt, nackt Modell zu stehen, und wenn es dies tat, bedeckte es fast immer den Genitalbereich. Cf. T. Mizusawa, 1987, S. 204. Nachdem Seiki Kuroda, dessen ›Morgentoilette‹ 1893 in Kyōto für einen Skandal gesorgt hatte, Lehrer an der Abteilung für Westliche Kunst der Kunstakademie in Tōkyō geworden war, führte er Aktkurse durch, was man allgemein als Obszönität verurteilte. Cf. E. Yamanashi, 1987, S. 182.
18 Cf. H. P. Duerr, 1988, S. 124.
19 Cf. I. Buruma, 1985, S. 28f. Zur traditionellen Ästhetisierung der Vulva in Japan cf. C. Ariga, 1992, S. 575.
20 Cf. H. Hunger, 1984, S. 63.
21 Cf. K.-P. Koepping, 1985, S. 212.
22 Klaus-Peter Koepping: Mündliche Mitteilung vom 23. Februar 1992.
23 *Odyssee* 8, 307 (Hervorh. v. mir). P. Mauritsch, 1992, S. 63, meint, die Götter lachten wohl darüber, »daß der Lahme« den schnellen Kriegsgott »gefangen hat«. Aber würde dann Hephaistos *selber* von »Dingen zum Lachen und nicht zu ertragen« reden? Auf den Brücken des Uttar-Ganga-Tales im Himalaya sind Holzskulpturen beiderlei Geschlechts angebracht. Die männlichen Figuren halten mit beiden Händen ihren riesigen erigierten Penis, während die mit großen Brüsten versehenen weiblichen Figuren ihre Schamlippen auseinanderziehen (Abb. 206). Die Brücken sind ebenso gefährdete wie gefährliche Orte, an denen sich böse Geister herumtreiben, vor allem Gara zyea, der »Geist des weißen Kalkes«. Die Magar sagen, daß diese Geister gerne geheimhalten, wo sie sich befinden. Sehen sie nun die obszönen Figuren, dann lachen sie laut auf, *denn sie fühlen sich durch die Ansicht der Geschlechtsorgane schockiert.* Dadurch verraten sie sich und fliehen, so schnell sie können. Cf. M. Oppitz, 1992, S. 76.
24 *Odyssee* 8, 324ff.
25 Cf. E. Jakubassa, 1985, S. 53. F. A. Hanson/L. Hanson, 1983, S. 90, meinen, dieses Lachen sei »the Maori male's way of indicating sexual arousal« gewesen. Danach hätten die Vögel also gelacht, weil der Anblick sie sexuell erregt hätte.
26 Cf. F. Koch, 1986, S. 136.

206 Photo von Michael Oppitz.

27 Cf. M. Olender, 1985, S. 16f. Das Wort βαυβώ bedeutet nach dem alexandrinischen Grammatiker Hesychios »Vulva«.
28 Cf. D. Lauenstein, 1987, S. 197f.
29 Cf. E. Fehrle, 1930, S. 1; G. Schiff, 1974, S. 136. Natürlich waren die Eleusinischen Mysterien kein ›archaischer‹ Vegetationskult, und diese Deutung schließt keineswegs aus, daß die Gebärde der Iambe ursprünglich wie die der Uzume die Mächte vertreiben sollte, die der Vegetation feindlich waren. Dafür würde auch sprechen, daß nach einer Überlieferung die Vulva der Iambe medusaartig zu einem Gesicht geschminkt war. Cf. J.-P. Vernant, 1988, S. 27. »Hockerinnen«-Amulette gegen den Bösen Blick waren schon in der Antike gebräuchlich. Cf. T. Hauschild, 1982, S. 184f.
30 Cf. H. P. Duerr, 1984, S. 204f. Eine gewisse Parallele zum Lachen der Demeter stellt das der germanischen Skaði dar. Nachdem die Asen þjazi, den Vater Skaðis, getötet hatten, forderte sie, daß man sie zum Lachen bringe. Da knüpfte Loki das eine Ende einer Schnur an den Bart einer Ziege, das andere an seinen Hodensack, worauf sie einander hin und her zogen. Schließlich warf sich Loki der Skaði in den Schoß und die Göttin lachte laut auf. Cf. E. Mogk, 1918, S. 186; S. Mandel, 1982, S. 36f.
31 Cf. B. Altenmüller, 1975, S. 56.

32 Cf. J. Spiegel, 1937, S. 129; A. H. Gardiner, 1932, S. 41; E. Brunner-Traut, 1963, S. 96. Zur erotischen Bedeutung des Lachens bei den alten Ägyptern cf. W. Guglielmi, 1980, Sp. 907.
33 In den ägyptischen Liebesliedern werden die Frauen meist feuriger und aktiver dargestellt als die Männer: Sie ist die Fallenstellerin, die den Mann wie einen Vogel fängt, was freilich nicht bedeutet, daß sie eine ›femme fatale‹ ist, sondern eher, daß sie die sexuelle Initiative übernimmt. Cf. M. V. Fox, 1985, S. 305 f.; P. Derchain, 1975, S. 55. Sie ist es, die lockend in ihrem Haar spielt (cf. H. Goedicke, 1970, S. 259) oder die ihm die Vulva zeigt, so daß der junge Mann im Liebesgedicht sagen kann: »Sie zeigte mir die Farbe ihrer Umarmung«. Cf. L. Manniche, 1987, S. 33. In manchen Liedern schwärmt die Frau davon, daß sie sieht, wie die Genitalien des Geliebten durch die Kleidung schimmern, oder sie umschreibt die Stattlichkeit seines Penis. Cf. M. V. Fox, a. a. O., S. 74. Auffällig häufig sind auf ›nichtoffiziellen‹ Bildern Szenen, in denen die Frau den Penis des Mannes in der Hand hält, sei es, um ihn in die Vagina einzuführen (Abb. 56), sei es, um den Partner zu masturbieren. Letzteres scheint auf der Darstellung eines Paares der Fall zu sein, die aus der Ramessidenzeit stammt. In offenbar besonders unter Ägyptologen verbreiteter Unschuld bezeichnet der Verfasser eines Kataloges des Westberliner Ägyptischen Museums die beiden Personen als »zwei Ringer«. Cf. W. H. Peck, 1979, S. 152.
34 Cf. C. J. Bleeker, 1973, S. 39.
35 Cf. L. Troy, 1986, S. 92. Auf einer Papyrusdarstellung aus dem 13. Jahrhundert fellationiert Isis den von Anubis gestützten Osiris. Cf. H. Hunger, 1984, S. 106.
36 Cf. H. Brunner, 1964, S. 45. Mins erigierter Penis heißt beispielsweise *nfrw.f*, »seine Schönheit«. In den Sargtexten wird der häufig mit Rê identifizierte Atum aufgefordert, seine Tochter Maat zu ›umarmen‹, »auf daß sein Herz lebe«. Cf. J. Leclant, 1977, Sp. 813.
37 Cf. L. Troy, a. a. O., S. 21.
38 Cf. H. v. Deines/W. Westendorf, 1962, S. 639. Allerdings verwendete man für den Orgasmus für gewöhnlich das Wort *wḫꜥ*, »lösen« (Jan Assmann: Mündliche Mitteilung vom 15. Mai 1986).
39 Bisweilen wird Hetepet als Hetepet-Hem gelesen, indem man das normalerweise als Determinativ geltende Zeichen *ḥm* als Lautzeichen versteht. *ḥm.t* bedeutet »Vulva«. Cf. H. Bonnet, 1952, S. 299.
40 Cf. J. Vandier, 1964, S. 128.

41 Da der Sonnengott bereits in den Pyramidentexten häufig mit dem Demiurgen Atum identifiziert wird. Cf. L. Kákosy, 1975, Sp. 551.
42 Cf. P. Derchain, 1969, S. 33; ders., 1972, S. 42.
43 Cf. L. Kákosy, a.a.O., Sp. 550. Auch Isis und Mut und später auch die Oberpriesterinnen des Amun heißen »Gotteshand«. Cf. A. Fakhry, 1939, S. 722.
44 So nennt sich etwa König Schepseskaf auf einem Siegelzylinder »geliebt von Hathor-Bastet«. Cf. E. Otto, 1975, Sp. 629.
45 Herodot, *Historien* II, 60.
46 Cf. M. Galvan, 1981, S. 224f.; C. Ziegler, 1984, Sp. 960.
47 Das bisher älteste aufgefundene Sistrum stammt aus der 6. Dynastie und ist die Nachbildung eines Papyrusstengels. Auch spätere Sistren haben häufig einen Griff, der einen solchen Stengel wiedergibt, und bisweilen sind sie mit Papyrusblüten geschmückt, so daß man gewissermaßen einen Papyrusstrauß in der Hand hält. Cf. L. Klebs, 1931, S. 62.
48 Cf. A. Hermann, 1959, S. 16.
49 Cf. P. Barguet, 1953, S. 107f.; H. Grapow, 1924, S. 125. Auf dem großen Pylon des Isistempels von Philä reicht Ptolemäus der Isis die Menit und spricht: »Nimm dir die Hoden (*smȝtj*) des Feindes deines Bruders, die Hoden (*bȝktj*) des Bösen. Man schlägt die Trommel vor dir und dein Herz ist froh« (H. Junker, 1958, S. 3). Hier steht wohl der Gedanke im Vordergrund, daß die Einverleibung der in den Hoden sitzenden Lebenskraft durch Isis in ihr den König neu erstehen läßt. Cf. W. Westendorf, 1966, S. 129f.
50 R. O. Faulkner, 1973, I, S. 259; cf. auch S. Allam, 1963, S. 127. In einem Pyramidenspruch wird die Hathor mit dem Lendenschurz des Königs verglichen. Cf. K. Sethe, 1937, III, S. 26.
51 C. J. Bleeker, 1959, S. 267. Auf einem Schrein aus dem Grab des Tutanchamun hält die Königin das Hathor-Sistrum (*sḫm*) in der Hand. Cf. W. Westendorf, 1967, S. 145.
52 Nach Plutarch (*Die Iside et Osiride* 63) vertrieb man mit dem Rasseln des Sistrums den Typhon, und auf den äußerst dezenten Darstellungen des hl. Beischlafs hält z. B. Amun das Sistrum als Lebenszeichen seiner Partnerin an Schoß und Nase. Auf einem späten Relief in Denderah tritt der König der Hathor entgegen, in der Linken ein Bügel- und in der Rechten ein Naos-Sistrum. In der Beischrift heißt es: »Die *sšš.t* ist in meiner Rechten; sie vertreibt den Schrecken. Der *ibȝ* ist in meiner Linken; er erfreut...« Cf. H. Bonnet, 1952, S. 718 bzw. C. Sachs, 1920, S. 31.
53 In Dahschur fand man Gürtel und Brustschmuck der Königin

Mereret, besetzt mit goldenen Perlen in Form der sicherlich auch in Ägypten die Vulva repräsentierenden Kaurischnecken, und in Lahun grub man einen solchen Gürtel der Prinzessin Sit-Hathor-Yunet aus, der aus acht goldenen Kauriperlen besteht. In jeder dieser Perlen befinden sich mehrere Kügelchen aus einer Silber-Kupfer-Legierung, die beim Gehen der Trägerin ein Klirren erzeugten. Cf. C. Aldred, 1971, S. 191, Pl. 35, 45. Solche Klirrgürtel mit Kauriperlen wurden anscheinend besonders von Tänzerinnen und Kurtisanen getragen. So fand man etwa im Grab eines gewissen Neferḥotep die Fayencefigurine eines tanzenden Mädchens mit einem Kaurigürtel (cf. L. Keimer, 1948, S. 19) und in ramessidischen Gräbern Kauriketten, die höchstwahrscheinlich gleichfalls um die Hüften getragen wurden. Cf. K. J. Seyfried, 1984, S. 111 f. Das Klirren solcher Gürtel und Ketten wurde offenbar als ebenso erotisierend empfunden, wie das des *afilé* genannten Glasperlengürtels, den bei einigen Akan-Völkern die Frauen unter dem Hüfttuch trugen und der so ›intim‹ war, daß man ihn der Frau auch nach ihrem Tode beließ. Es hieß, daß er während des Koitus durch die Beckenstöße geklirrt und die Männer sexuell erregt habe. Cf. E. Cerulli, 1978, S. 73. Auch im heutigen Vorderen Orient gilt dieses Klirren als hocherotisch, weshalb z. B. die Frauen der Beduinenstämme der Ulâd Sî Hámd bei Anwesenheit männlicher Gäste in der abgeteilten Frauenseite des Zeltes jedes klirrende Geschmeide ausziehen müssen. Cf. E. Ubach/E. Rackow, 1923, S. 173.
54 Cf. W. Westendorf, 1967, S. 145.
55 Cf. H. Brunner, 1955, S. 10. Auf einer bildlichen Darstellung hält die Göttin die Kette Sethos I. entgegen.
56 Cf. A. Hermann, 1953, S. 106; ders., 1959, S. 20f.
57 Cf. z. B. H. P. Duerr, 1984, S. 118, Abb. 53.
58 Cf. E. Brunner-Traut, 1985, Sp. 219.
59 Cf. dies., 1938, S. 23f. Dabei ist nicht klar, ob die Tänzerinnen anschließend das Bein zurücknahmen oder ob sie einen weiten Schritt nach vorne machten. Cf. I. Lexová, 1935, S. 22.
60 Cf. H. Kees, 1933, S. 92.
61 J. Vandier, 1964, IV, S. 434, deutet die Szene so, daß die ›weiblichen‹ Tänzerinnen sich kokett zurückziehen, um die ›männlichen‹ zu locken.
62 Cf. H. Wild, 1963, S. 66. Im spätzeitlichen ›Buch vom Kennen der Erscheinungsformen des Rê‹ sagt der Urgott, dem noch keine Frau ›zur Verfügung steht‹: »Ich aber machte ḫ₃d mit meiner Faust und übte Geschlechtsverkehr mit meiner Hand.« Cf. D. Müller, 1966, S. 256.

63 Bei den Saqqâra-Tänzerinnen ist lediglich ein über der Vulva hängendes Tuch zu sehen. Elisabeth Staehelin (Brief vom 26. Mai 1986) und Emma Brunner-Traut (Brief vom 21. Mai 1986) teilten mir freundlicherweise mit, sie glaubten nicht, daß die jungen Mädchen darunter etwas getragen hätten. Die Tänzerinnen im Grab des Intefiker haben anscheinend das Lendentuch durch die Beine hindurchgezogen und über dem Hintern in den Gürtel gesteckt (cf. N. de G. Davies/A. H. Gardiner, 1920, S. 22), wie man es deutlicher bei der Darstellung einer Spinnerin im Grabe des Chnemhotep in Beni Hasan sehen kann. Cf. P. E. Newberry, 1900, Pl. XV. Manchmal trugen die Tänzerinnen auch knielange Schurze mit dünnen, sich zwischen den Brüsten kreuzenden Trägern. Cf. N. de G. Davies, 1930, Pl. XL.

64 Cf. W. Decker, 1987, S. 148f. Auch von den das Bein hochreißenden Tänzerinnen ist gesagt worden, daß sie Schwung für einen Überschlag holten.

65 Ich will nicht verschweigen, daß sämtliche Ägyptologen, denen ich diese These erläutert habe, mit großer Zurückhaltung reagiert haben. Am liebenswürdigsten war die Reaktion Jan Assmanns, der meinte, daß die ägyptischen Priester von der These begeistert gewesen wären, was aber nicht bedeute, daß sie diese Idee auch selber *gehabt* hätten.

66 Cf. W. Westendorf, 1967, S. 143; W. Barta, 1983, Sp. 168.

67 Cf. H. Altenmüller, 1965, I, S. 83. Rê wird auch ›Schönes Kalb aus der Mehet-weret‹ genannt, wobei es sich bei letzterer wahrscheinlich um die ursprüngliche Himmelskuh handelt. Cf. E. Hornung, 1982, S. 96f.

68 Cf. W. Westendorf, 1977, S. 296; P. Derchain, 1970, S. 80, 82; W. Barta, 1973, S. 150; J. Assmann, 1969, S. 118 ff.; ders, 1983, S. 340 ff.

69 Cf. J. Assmann, 1981, Sp. 269.

70 Cf. L. Troy, 1986, S. 26.

71 Diodorus Siculus, *Historische Bibliothek* I, 85. Cf. E. Otto, 1938, S. 16; J. R. Conrad, 1957, S. 75 ff.

72 Cf. H. P. Duerr, 1984, S. 124 ff. Analog dem Kamutef war der ›Widder, Herr von Mendes‹ (*b3 nb Dd.t*) ein »Widder seiner Mutter« – in Chait hieß ein Widder Merimutef, ›Geliebter seiner Mutter‹ –, der sich im Schoße seiner Mutter/ Frau/ Tochter regenerierte. Cf. H. Bonnet, a. a. O., S. 868 f. Später wurde der Widder durch einen Ziegenbock ersetzt, vermutlich weil es keine Widder mehr gab (cf. H. De Meulenaere, 1982, Sp. 44), und noch im 8. Jahrhundert berichtet Cosmas Hierosolymitanus, daß die Frauen, die um Kindersegen baten, vor dem Bock die Vulva ent-

blößten. Cf. T. Hopfner, 1924, S. 742. Bei Herodot (a.a.O., II. 46) heißt es sogar: »Ein bestimmter Ziegenbock aber wird ganz besonders verehrt, und wenn er stirbt, herrscht im ganzen Gau von Mendes tiefe Trauer. Der ägyptische Name aber sowohl für den Bock wie für den Pan ist Mendes. Als ich dort war, ereignete sich im Gau von Mendes folgende wunderbare Begebenheit: ein Bock paarte sich öffentlich (ἀναφανδόν) mit einer Frau. Alle Welt erfuhr davon.« In der Tat hat man ein Gipsmodell gefunden, auf dem eine Frau den Phallus eines Bocks von hinten in die Vagina einführt. Cf. G. Michaïlidis, 1965, S. 147.

Anmerkungen zu § 7

1 Cf. H. Mandl-Neumann, 1985, S. 59.
2 Cf. C. Moser-Nef, 1951, V, S. 274. Ein Gleiches tat 1618 die Dienstmagd Anna Müllerin aus Lindau vor einigen Handwerksgesellen, weswegen sie zunächst eingesperrt wurde. Danach ließ man sie Urfehde schwören und verwies sie aus der Stadt. Cf. a.a.O., S. 446. Solche Berichte lassen vielleicht den Eindruck entstehen, daß in jenen Zeiten das Vulva- und Hinternweisen häufiger vorgekommen sei als heutzutage. Dafür scheint nichts zu sprechen. Zumindest im spätmittelalterlichen Frankreich ließen sich die Frauen anscheinend recht selten zu diesen Gebärden hinreißen. Cf. C. Gauvard, 1991, II, S. 724.
3 Cf. B. Krekić, 1987, S. 342.
4 Cf. R. G. Brown, 1915, S. 135.
5 Cf. M. Nash, 1965, S. 256. Der burmesische Buddhismus verstärkt diese Schamhaftigkeit noch bis zur Körper- und Frauenfeindlichkeit. Ein Mönch darf nicht einmal ein kleines Mädchen oder ein weibliches Tier berühren. Fiele seine Mutter in einen Bach, dürfte er ihr nicht mit den Händen heraushelfen, sondern müßte einen Stock benützen. Cf. M. E. Spiro, 1971, S. 296ff. Wenn in Thailand eine Frau einem *bhikku* ein Buch oder ein Glas Wasser reichen will, darf sie es ihm nicht direkt geben, sondern muß es auf ein Tuch (*pha phrakhen*) stellen, das er eigens zu diesem Zwecke bei sich trägt. Cf. J. Bunnag, 1973, S. 36.
6 Cf. M. E. Spiro, 1977, S. 219. Selbst wenn ein Mann ganz allein in einem verschlossenen Raum seine Kleidung wechselte, zog er sich nie nackt aus, und dies galt erst recht für eine Frau. Ständig wird man von zwölf Geistern überwacht, von denen die eine Hälfte gut und die andere schlecht ist. Würde man einen Teil des Körpers, der normalerweise bedeckt ist, besonders den Genital-

bereich, entblößen, dann beschämte und brüskierte man die sechs guten Geister. Cf. R. G. Brown, a.a.O., S. 134f. Als die Burmesen während des Zweiten Weltkrieges erfuhren, daß die Japaner, die ihr Land besetzt hielten, zu Hause Bäder ohne Geschlechtertrennung hatten, fragten viele, »was denn mit ihren Penissen geschehe«. Ähnlich konnten sich die Dorfbewohner nicht vorstellen, daß ein Europäer mit einer Frau tanzen könne, ohne eine Erektion zu bekommen: »Wie kann ein Mann eine Frau im Arm halten, ohne mit ihr schlafen zu wollen?« (Spiro, a.a.O., S. 214).
7 Cf. M. Mitterauer, 1989, S. 827f.; M. Perrot, 1981, S. 87.
8 Cf. E. Helming, 1988, S. 89. Ein Beobachter im 19. Jahrhundert, der längere Zeit in der Gegend von North Kensington gearbeitet hatte, berichtet, er habe selbst in einem Billardsaal von Nottinghill »nothing« angetroffen »in the way of language nearly as bad as the women in the laundry used habitually« (zit. n. P. E. Malcolmson, 1986, S. 104). Im Jahre 1567 verbot der Stettiner Rat in seiner ›Pestordnung‹ den Wäscherinnen, vorübergehende Männer mit der Wäsche von Pestkranken zu bespritzen. Cf. H. Peter, 1983, S. 9. Auch im Frankreich des 18. Jahrhunderts waren die rauhen Sitten der Waschweiber gefürchtet. So meinte etwa eine, die einen Polizisten malträtiert hatte, so etwas sei eben die Art der Wäscherinnen. Cf. D. Godineau, 1988, S. 23.
9 Cf. Y. Verdier, 1979, S. 133. Abraham a Sancta Clara, 1680, S. 107f., erzählt seinen Schäfchen eine Geschichte von den jungen und unanständigen Waschweibern, die an einem Bach arbeiteten. Dabei waren »ihre Arm biß über die Ellenbogen entblöst / vmb den Halß hüpsch schleuderisch wie ein Tantler-Butten / die Kittel so hoch auffgeschürtzt / daß einem hätte mögen einfallen / sie wolten durch den Fluß Jordan waden.« Da kam »der von grosser Heiligkeit berühmte Mann Jacobus Nisibitanus« des Wegs, den »dise Naßkittel maulaffent angeschaut / vnd nicht allein wie es die liebe Erbarkeit erheischte / ihre Röck nicht hinunter gelassen / sondern den Heiligen Mann außgelacht.« Zur Strafe ließ der liebe Gott auf der Stelle den Bach austrocknen und den frechen Weibsbildern das Haar grau werden.
10 C. Meyer-Seethaler, 1988, S. 142.
11 Einmal vorausgesetzt, daß diese ›Göttinnen‹ Inbegriffe der weiblichen Regenerationsfähigkeit waren (cf. H. P. Duerr, 1984), liegt es viel näher, anzunehmen, daß sie *deshalb* nackt dargestellt worden sind. Für das Bild weiblicher Sexualität ist Kleidung ebenso unwesentlich wie, sagen wir, für das Bild körperlicher Schönheit bei den klassischen Griechen.

12 Cf. L. Leakey, 1974, S. 134 bzw. ARD, 19. Mai 1992 (Bericht von Albrecht Reinhardt).
13 Cf. L. C. Briggs, 1974, S. 214.
14 ARD, 20. Mai 1991.
15 Cf. S. G. Ardener, 1987, S. 115. Bei den Bambara gilt die Vulva als äußerst schmutzig und übelriechend, weshalb sie beschnitten und häufig gewaschen wird. Die schlimmste Verfluchung eines Mannes durch eine Frau besteht darin, daß sie dem Betreffenden die Vulva zeigt. Schon die Vorstellung davon löst bei den Männern Horrorgefühle aus. Cf. S. C. Brett-Smith, 1982, S. 27. Cf. auch G. Best, 1978, S. 95 (Turkana) und H. Schurtz, 1891, S. 128 (Baluba). Wenn bei den in Kamerun lebenden Balong ein Mann zu einer Frau etwas Beleidigendes sagt, in dem ihre Genitalien vorkommen, oder wenn er ihr zuruft: »Dein Arsch stinkt!«, fühlen sich alle ihre Geschlechtsgenossinnen angegriffen, »und die Frauen werden böse«. Verweigert der Sünder die Bußzahlung von £ 5, einem Schwein und Seife, mit der die Frauen sich waschen können, zieht sich das Kollektiv der Frauen vor ihm nackt aus. Vorher werden aber die übrigen Männer davor gewarnt, ihre Hütten zu verlassen. Cf. S. G. Ardener, 1973, S. 427. Auch in Europa war eine Anspielung auf den schlechten Geruch ihrer Genitalien die schlimmste Beleidigung, die man einer Frau antun konnte. Als beispielsweise im Jahre 1623 in Malpas ein Edward Weaver zu Elizabeth Minshall sagte, sie stinke zwischen den Beinen, war diese tödlich beleidigt. Nachdem Weaver zu Bett gegangen war, stieg Elizabeth auf den Speicher, löste ein Bodenbrett direkt über seiner Schlafstätte und bepißte ihn durch das Loch. Im Jahre 1607 ging Jane Fairclough vor Gericht, nachdem Henry Prescott sie mit den Worten beleidigt hatte: »I might have had thee but thou art so very filthy between the legges I might not find it in my hart to use thy body carnally« (J. Addy, 1989, S. 140). In meiner Jugend gingen manchmal die Halbstarken an jungen Mädchen vorbei und sagten laut: »Isch glaab, 's Fischgscheft hott noch offe.« Cf. auch H. P. Duerr, 1990, § 14.
16 Cf. U. v. Mitzlaff, 1988, S. 147 f. Wenn bei den Loita-Massai ein Mann »seine eigenen Kinder ißt« (*ainosa inkera*), d. h. mit einer wirklichen oder klassifikatorischen Tochter schläft, halten die Frauen ein *olkishoroto* ab, das dem *enkishuroto* der Parakuyo entspricht. Cf. M. Llewelyn-Davies, 1978, S. 226.
17 Cf. H. Behrend, 1985, S. 101; dies., 1989, S. 559.
18 Cf. dies., 1987, S. 102.
19 Heike Behrend: Brief vom 5. Juni 1986. Die Frauen der Kom entblößen sich vor einem Mann, der Inzest begangen, der sie im

Streit unsittlich betastet oder zu ihnen gesagt hat: »Deine Möse ist verfault«, und urinieren und defäkieren anschließend auf sein Feld oder in sein Haus. Ähnlich verhalten sich auch die Azande-Frauen. Cf. S. G. Ardener, a. a. O.
20 Wolf Brüggemann: Brief vom 2. August 1992. Bei den Mindassa und Babamba in Gabun verflucht eine Frau einen Mann, indem sie sich im Wald niederhockt, ihren Schurz löst, mehrmals auf die Vulva schlägt und die Worte spricht: »Wenn es wahr ist, daß er aus der Vagina gekommen ist, wenn es wahr ist, daß er seinen Penis in eine Vagina gesteckt hat, so soll er sterben!« Cf. E. G. Gobert, 1951, S. 27. Bei den Fang verstößt ein Mann seinen Sohn aus der Patrilinie, indem er sich vor ihm das Lendentuch herunterreißt (*alere shé-shé*) und sagt: »Ich erinnere dich an das, woher du gekommen bist!« Cf. J. W. Fernandez, 1982, S. 70, 182, 255.
21 Cf. R. B. Edgerton/F. P. Conant, 1964, S. 405 f. In *Lysistrata* 683 drohen die Frauen den Männern, ihnen ihre »Säue«(= Mösen) aufzudrücken.
22 U. Luig, 1990, S. 263, 272 f.
23 Cf. H. F. Feilberg, 1901, S. 427. Ein Reisender, der gemeinsam mit einer Lappin auf einen Bären stieß, berichtet, daß die Frau ein paar Schritte auf das Tier zugegangen sei und ihm den – allerdings von einer Lederhose bedeckten – Schambereich gezeigt habe. Cf. E. G. Gobert, a. a. O., S. 36. Cf. auch J. Turi, 1992, S. 140. Hans Himmelheber erzählte mir, er habe bei den Nunivak-Eskimo eine Zeichnung auf einer Trommel gesehen, auf der eine nackte Frau sich einem Wolf präsentiert habe. Man erklärte ihm, das Tier habe die Frau und ihren Begleiter angegriffen, doch jene habe den Wolf mit ihrer Vulva »gebannt«, da er »so etwas noch nie gesehen hatte« (mündliche Mitteilung vom 16. März 1986).
24 Cf. H. F. Feilberg, a. a. O., S. 428 f.
25 Cf. R. D. Jameson, 1950, S. 803. In den langen Kriegen zwischen den Albanern und den Montenegrinern stellten sich oft die Frauen in die erste Schlachtreihe und hoben die Röcke. Cf. H. Ellis, 1928, V, S. 100.
26 Cf. L. Langner, 1965, S. 126.
27 Cf. G. Gugitz, 1930, S. 82. Wie mir Elke Haarbusch in einem Brief vom 25. Juni 1986 mitteilt, gibt es eine fast identische Karikatur, auf der die Frauen allerdings männliche Genitalien haben. Cf. dies., 1985, S. 251.
28 Cf. N. Hertz, 1983, S. 64. Cf. auch J. Bradbury, 1992, S. 186 f. und W. Deonna, 1917, S. 97 f. Als die Byzantiner im Jahre 960 versuchten, das von den Sarazenen besetzte Kreta zurückzuerobern, präsentierte auf den Zinnen Iraklions eine »hurenhafte

Frau« (γύναιον ἑταιρικόν) ihren nackten Unterleib, bis ein Bogenschütze sie herunterschoß. Cf. E. Kislinger, 1992, S. 378.
29 Cf. S. Ferenczi, 1970, S. 286.
30 Cf. A. Weir/J. Jerman, 1986, S. 146.
31 Wie mir mein Schwager Christoph Primm sowie Leszek Nowak von der Universität Poznan mitteilen, ergibt »Prenki do gure« im Polnischen keinen Sinn. Allerdings könnte »Ręce do gòry«, »Hände hoch!« gemeint sein.
32 G. Hauptmann, 1972, S. 364.
33 Cf. N. Jungwirth, 1986, S. 155. Cf. auch H. J. A. Hofland, 1990, S. 15. Wie mir Raimund Fellinger mitteilt, entblößten auch im Spanischen Bürgerkrieg Frauen unmittelbar vor der Exekution durch Franko-Truppen den Unterleib.
34 Zit. n. N. Hertz, a.a.O., S. 51.
35 Bis zur kommunistischen Machtergreifung zogen die Kammu in Yünnan, wenn der Regen ausblieb, mit einem hölzernen Phallus herum. Es hieß, daß dann den Gott – also wohl den Regengott – ein solch wilder Zorn erfaßte, daß er es regnen ließ. Cf. D. Li, 1984, S. 23f.
36 Cf. E. H. Schafer, 1951, S. 132, 137.
37 Cf. D. Bodde, 1981, S. 374.
38 Cf. S. Jagchid/P. Hyer, 1979, S. 151. Burchard v. Worms überliefert, daß im 9. Jahrhundert bei anhaltender Dürre die jungen Mädchen sich versammelten und eine nackt auszogen. Diese mußte eine Bilsenkrautpflanze abreißen, die man an die kleine rechte Zehe ihres Fußes band. So wurde das Mädchen zum Fluß geführt und mit Wasser besprengt. Cf. H. Marzell, 1938, S. 222. Ein solches nacktes »Regenmädchen« gab es bis in unsere Zeit in Kroatien, Serbien und Bulgarien. Cf. N. Kuret, 1972, S. 346. Im Jahre 1874 zog in Gōrakhpur in Uttar Pradēsh eine Schar nackter Frauen zur Abwehr der Hungerdämonen nächtens einen Pflug übers Feld, nachdem sichergestellt war, daß keine männlichen Zuschauer zugegen waren. Cf. K. Häfele, 1929, S. 62; D. Desai, 1975, S. 99. Im südindischen Tiruch-chirāpaḷḷi waren es dagegen im Jahre 1912 nackte Männer, die mit Fackeln an den Ufern des anschwellenden Flusses standen und versuchten, mit ihren Genitalien die regenbringenden Mächte zu schockieren. Cf. A. Sharma, 1987, S. 8. Weitere Beispiele bei J. G. Frazer, 1911, S. 248, 282f.; E. Crawley, 1931, S. 112; ders., 1965, S. 46; J. Polek, 1893, S. 85; J. P. Mills, 1937, S. 90; T. Hahn, 1881, S. 87f.; B. de Rachewiltz, 1965, S. 112. Aus Anstandsgründen wurde die Entblößung bisweilen eingeschränkt: So waren bei den um Regen betenden römischen Matronen nur die Füße nackt.

39 Manchmal scheint wohl auch der After gemeint zu sein, denn ein gängiger Spruch, den man sagte, wenn einem der Teufel oder eine Hexe begegnete, lautete: »Da leckst du mich am Arsch!« Im Jahre 1669 berichtet auch der Leipziger Gelehrte Praetorius, daß manche Mutter ihre Kinder dadurch vor dem Berufen schützte, daß sie in prekären Situationen »Lecke mich im Arse!« sagte. Cf. H. Bächtold-Stäubli, 1931, Sp. 62. Cf. L. Röhrich, 1973, S. 68. In Montenegro und in der Herzegowina faßte eine Frau, die jemandem begegnete, den sie für eine Hexe oder einen Zauberer hielt, unter ihren Rock und hielt der betreffenden Person die Schamlippen entgegen. Ein Mann tat dies entsprechend mit dem Penis. Cf. T. P. Vukanović, 1981, S. 47, 51 f. Cf. auch D. Pop-Câmpeanu, 1984, S. 162. Hierzulande löste man einen falschen Eid dadurch auf, daß man durch ein Loch in der Tasche an den Penis faßte. Cf. M. S. Kirch, 1987, S. 19.

40 Zit. n. P. K. Ford, 1988, S. 434. Die Szene ist auch von Fragonard dargestellt worden. Cf. G. Néret, 1990, S. 78. Im späten Mittelalter war ›Potz fut!‹ ein sehr verbreiteter unheilabwehrender Ausruf. Aber auch in Briefen schrieb man zu diesem Zwecke Obszönitäten nieder, und zwar nicht, weil man damals etwa niedere Schamstandarde gehabt hätte – auch den damaligen Schreibern erschienen die Aussprüche als vulgär (»grob«) –, sondern um Unheil zu bannen, ähnlich wie wir heute jemandem »Hals- und Beinbruch« wünschen, woraus man ja auch nicht schließen kann, daß der Betreffende ein brutaler und herzloser Mensch ist. So schreibt z. B. Kurfürst Albrecht v. Brandenburg am 29. November 1474 an seine Nichte, die Markgräfin Margarete: »Doch wollen wir euch und der grefin doran besichten und uff dem beschau eur braune und der grefin ir fallwe fotzen beraufen. Damit bewar euch got vor leid!« (G. Steinhausen, 1899, I, S. 126, 142).

41 Zit. n. M. Salewski, 1990, S. 55 f. Daß solche Reaktionen auch heute nicht abwegig sind, zeigt folgende Schilderung: »Die beiden Frauen sitzen in schwarzen Trikots mir gegenüber, die Beine angewinkelt, die Arme nach hinten gestützt. Durch Blicke verständigen sie sich und rücken langsam unter ständigem, ruhigem Auf- und Zuklappen der Beine auf mich zu. Meine Reaktion ist panisch, ich äußere mich mit einer Versteifung des gesamten Körpers. Ich liefere den Scheren und phantasierten, aber auch real sich öffnenden und schließenden Schlünden einen leicht zu besiegenden Phallus. Ich habe das Gefühl, in die Luft schießen zu müssen, pfeilschnell nach oben gerichtet zu entfliehen ...« (H. Peitmann, 1984, S. 18 f.).

42 Zit. n. H. R. E. Davidson, 1969, S. 110.

43 A.a.O., S. 116. Cf. auch K.L. French, 1992, S. 3ff. Die Nacktheit der Lady stellte bei den Aufführungen des Ritts ein großes Problem dar. Im 17. Jahrhundert wurde die Reiterin von einem Jungen dargestellt, dessen weitgehende Nacktheit natürlich unproblematisch war. Ab dem 18. Jahrhundert ließ man Frauen reiten, wenn auch solche, die einem anrüchigen Beruf nachgingen: Tänzerinnen und Schauspielerinnen (a.a.O., S. 114f.) in enganliegenden fleischfarbenen Seidengewändern. In frühviktorianischer Zeit trug die Lady ein Gewand aus Leinen oder Batist und darüber in einigen Fällen ein fast bis zu den Knien reichendes Röckchen, »a sort of petticoat«, so daß sie einer Ballettänzerin ähnelte. Offenbar gaben die linnenen Bodystockings trotzdem für manche Geschmäcker zuviel von den Körperformen preis, denn im Jahre 1845 gab es vereinzelt Proteste wegen »Flagrant Indecency«. So verlautet etwa ein Kritiker, der nicht einmal Augenzeuge war: »But what was there to make the procession so attractive? There was a *strumpet*, she was the attraction. But what could attract so many thousands to look at a strumpet? What but the expectation of seeing her *naked*? Such alas is the state of moral feeling in the city of Coventry, in the middle of the nineteenth century!« Allerdings fühlte sich der Moralapostel gezwungen, einzugestehen: »It is not affirmed that she was strictly naked, indeed I am told that the principal in these popular shows has always a dress, made & put on *to expose her* to the best advantage.« In der Tat waren die Darstellerinnen der Lady nicht in jedem Falle ladylike: 1845 handelte es sich um eine Prostituierte, und drei Jahre zuvor um eine ›Dame‹, die sinnlos betrunken war, als sie das Pferd bestieg. Mitten im Umzug riß sie sich sämtliche Kleider vom Leibe, so daß die Veranstalter ihr einen Mantel überwerfen und sie fortschaffen mußten. Denselben Effekt erzielte ein paar Jahre später ein plötzlich niederprasselnder Regenschauer, der die Leinenhaut des Londoner Aktmodells Mme Letitia so an ihren Körper anklatschen ließ, daß sie dem mittelalterlichen Vorbild genauestens entsprach. Madame mußte unter einem großen, alles verbergenden Regenschirm weiterreiten, aber das Ganze nahm sie so sehr mit, daß sie schließlich ohnmächtig vom Pferde sank. Cf. K. Häfele, 1929, S. 29, 34, 36ff. Als in den fünfziger Jahren des darauffolgenden Jahrhunderts die Lady Godiva-Geschichte in Hollywood verfilmt wurde, trug die Hauptdarstellerin Maureen O'Hara einen fleischfarbenen Badeanzug, was in manchen Kreisen als »the peak of daring« gegolten haben soll. Cf. G. Hanson, 1970, S. 80f.

Anmerkungen zu § 8

1 Cf. S. Nanda, 1986, S. 44; A. P. Sinha, 1967, S. 175.
2 Die Mitglieder einer *hijrā*-Gruppe in Allahābād sagten, sie seien Zwitter mit rudimentären männlichen und weiblichen Geschlechtsorganen. Obgleich sie Frauenkleidung und -namen trügen, fühlten sie sich nicht als Frauen, aber auch nicht als Männer. Cf. M. E. Opler, 1960, S. 506. Auch die Galli wurden in der Antike als »weder Mann noch Frau« bezeichnet. Cf. W. Burkert, 1991, S. 41. *Hijrās* in einer großen südindischen Stadt sagten, daß sie bereits in früher Kindheit das Verlangen gespürt hätten, sich wie ein Mädchen zu kleiden und zu benehmen. Die Hälfte der Informanten gab an, sie seien in ihrer Jugend von Männern sexuell verführt worden, und diese Erlebnisse hätten sie für ein normales Geschlechtsleben »verdorben«. Cf. S. Nanda, 1984, S. 65.
3 Cf. S. Nanda, 1986, S. 42; ders., 1984, S. 67. Gujarāti-*hijrās* gaben an, sie seien immer schon impotent gewesen und hätten sich später entmannt. Cf. A. M. Shah, 1961, S. 1328 f. Über andere Gemeinschaften heißt es, daß sie nur Mitglieder aufnähmen, deren Impotenz vier Nächte lang von einer Hure erfolgreich getestet worden sei. Cf. Nanda, a. a. O., S. 59.
4 Die als Prostituierte arbeitenden *hijrās* sagten, der Sex mit den Kunden bereite ihnen Vergnügen. Stammkunden bezeichnen sie häufig als »Ehemänner«. Ein Informant: »Die Männer sind verheiratet oder ledig; sie können Väter vieler Kinder sein. Diejenigen, die uns aufsuchen, haben kein Verlangen danach, zu einem Mann zu gehen. Sie kommen zu uns, weil sie ein Mädchen haben wollen. Sie ziehen uns ihren Frauen vor. Die Leute haben verschiedene Geschmäcker.« Im allgemeinen sind die sexuellen Dienstleistungen eines *hijrā* dreimal so teuer wie die einer öffentlichen Hure, weil er zu sexuellen Praktiken bereit ist, die eine Prostituierte normalerweise ablehnen würde. Nach indischem Gesetz sind Analverkehr, Fellatio und Schenkelverkehr zwar verboten, aber man toleriert die Ausübung dieser Praktiken, solange keine Minderjährigen beteiligt sind. Für gewöhnlich legt sich der *hijrā* wie eine (indische) Frau auf den Rücken, zieht die gespreizten Beine an und läßt sich anal penetrieren. Fellatio scheint seltener zu sein. Den Kunden stehen auch *zenanas*, passive Homosexuelle, zur Verfügung, die sich zwar bisweilen als *hijrās* ausgeben, um mehr Geld fordern zu können, die aber weder kastriert sind noch über ›magische‹ Fähigkeiten verfügen. Cf. S. Nanda, a. a. O., S. 44 f., 48, 53. Dies waren vermutlich die sogen. »gobble-wallahs«, von denen Horatio Stubbs in seinem au-

tobiographischen Roman *A Soldier Erect* schreibt, und von denen sich die britischen Soldaten für ein paar Rupien mit dem Mund befriedigen ließen. Cf. P. Fussell, 1989, S. 113.
5 Nach Schätzungen gibt es – vor allem im Norden Indiens – etwa eine halbe Million *hijrās*. Cf. S. Nanda, 1986, S. 36.
6 Cf. S. Nanda, 1984, S. 68, 73; A. M. Shah, a. a. O., S. 1329. Manche *hijrās* scheinen ihren Penis lediglich operativ zu einer ›Klitoris‹ zu stutzen. Cf. G. Bleibtreu-Ehrenberg, 1984, S. 127. Vor zwei Jahren sah ich in Bombay eine junge Frau, die vor einer Gruppe auf Bänken sitzender Männer das Gewand öffnete, unter dem sie völlig nackt war. Am Abend sagte mir J. P. S. Uberoi (13. Oktober 1990), die ›Frau‹ sei in Wirklichkeit wohl ein bettelnder *hijaḍa* (= *hijrā*) gewesen. Auf meinen Hinweis auf ihre Brüste entgegnete Uberoi, daß manche *hijaḍas* weibliche Hormone einnähmen, was auch eine ›Informantin‹ Nandas bestätigte (S. 44), die dies tat, »um eine weibliche Figur zu entwickeln«. Am selben Abend meinten indessen einige indische Damen, daß auch ganz ›normale‹ Bettlerinnen durch solche Entblößungen Geld erpreßten. Aber auch andere Frauen wehrten sich mitunter gegen Frotteure oder Männer, die ihnen an den Hintern oder an die Brüste faßten, indem sie ihnen den nackten Unterleib zeigten. Über ein solches Erlebnis mit einer Bettlerin im Jahre 1888 in Kairo berichtet Richard Burton: »A Fellah wench – big, burly, and boisterous – threatened one morning, in a fine new French avenue off the Ezbekiyeh Gardens, to expose her person unless bought off with a piastre« (zit. n. A. Edwardes/R. E. L. Masters, 1963, S. 191). In den zwanziger Jahren sammelte Kiki oft Geld für notleidende Freunde oder einmal für eine arme Frau, deren Kind gestorben war, indem sie in den Bars von Tisch zu Tisch ging, den Rock und das Bein in Can-Can-Art hob und ihre schamhaarlose Vulva zeigte. »Bitte«, sagte sie, »das kostet 1 oder 2 Francs!« Die meisten der konsternierten Herren zahlten auf der Stelle. Cf. B. Klüver/J. Martin, 1989, S. 154, 235.
7 Cf. A. Krämer, 1926, III, S. 280f., 287. Bereits eine Quelle aus dem Jahre 1697 beschreibt die Schambedeckungen, »con que encubrian lo que la naturalessa por Recato natural enseña Recatar a los ojos agenos« (zit. n. A. Krämer, 1917, I, S. 18).
8 Cf. A. Krämer, 1926, S. 277. Im Jahre 1883 sah Kubary in Eṅkašār auch eine männliche *dilukai*-Figur: Sie stellte einen europäischen Matrosen mit Jacke, Hut und gespreizten Beinen dar. Im August desselben Jahres wurde die Figur von der Besatzung eines britischen Kriegsschiffes erbeutet und im Triumphzug an Bord gebracht. Cf. J. S. Kubary, 1895, S. 242f., 244, 248. Beinesprei-

zende Frauen als Giebelfiguren gibt es auch in Neuguinea – etwa an den Männerhäusern der Sawos am mittleren Sepik (cf. M. Schindlbeck, 1985, S. 368 f.). Wie mir Markus Schindlbeck in einem Brief vom 14. Oktober 1987 mitteilt, sind diese Darstellungen jedoch im allgemeinen nicht von außen zu sehen, so daß sie abwehrend wohl höchstens in dem Sinne sind, daß das – weiblich gedachte – Haus als ganzes ›gefährlich‹ ist. In vielen Gesellschaften Neuguineas hat der männliche Blick auf die Vulva sehr negative Konsequenzen: Während z.B. bei den Bedamini im südlichen Hochland die Buben bis zum Alter von fünf oder sechs Jahren nackt herumlaufen, erhält ein Mädchen sein Röckchen, sobald die Mutter ihre Geburtshütte verläßt, denn man glaubt, daß ein Mann schwachsinnig wird, wenn er weibliche Genitalien sieht, auch wenn es die eines Babys sind. Cf. A. Sørum, 1984, S. 322. Wenn bei den Hua ein Mann auf die Vulva seiner Beischlafpartnerin schaut, bekommt er Entzündungen. Cf. A. S. Meigs, 1984, S. 92. Es liegt auf der Hand, daß deshalb auch in Neuguinea die Frauen nicht selten ihren Unterleib entblößen, um die Männer zu provozieren, so z.B. bei den Baruya (Maurice Godelier: Mündliche Mitteilung vom 2. Februar 1990). Bezeichnenderweise machen auch die Frauen, wenn sie einander beleidigen – im Gegensatz zu den sich streitenden Männern –, negative Aussagen über die Genitalien der anderen. Eine Jatmül-Frau: »Wenn wir Frauen nackt sind, halten wir stets die Hand vor unser Geschlecht. Die Männer tun das nie.« Auf die Frage der Ethnologin, warum das so sei, antwortete sie: »Wenn sich Frauen gegenseitig beschimpfen, greifen sie ihre Vulven an. Sie sagen: ›Schau an, was du für eine große Vulva hast!‹ Männer tun das nicht, sie sprechen nicht über ihr Geschlecht. Deshalb verstecken die Frauen ihre Vulva« (F. Weiss, 1991, S. 106).
9 A. Stopczyk, 1987, S. 122. Solche Deutungen finden sich vor allem in der feministischen Literatur.
10 Wie mir Edmund Carpenter in einem Brief vom 28. Februar 1986 mitteilte, fanden Archäologen kleine, von den Seneca, Cayuga und Susquehannock im 16. und im 17. Jahrhundert aus Horn gefertigte Anhänger, die unbekleidete Frauen in der Haltung der Venus pudica darstellen. Carpenter meint, daß die Figürchen nach europäischen Drucken der aus dem Paradies vertriebenen Eva geschnitzt worden seien, die Händler noch vor der Ankunft der ersten Missionare unter die Indianer gebracht haben: Die Haltung der Eva sei von diesen nicht als eine Scham-, sondern als eine ›Baubo-Gebärde‹ aufgefaßt worden, weshalb sie die Anhänger unter anderem als Apotropäum in Kindergräber gelegt hät-

ten. Auf Bali habe ich aufhängbare Schlitztrommeln in Form einer Frau mit einer großen senkrechten Schamspalte gesehen, die zur Vertreibung der Geister mit einem phallusartigen Schlegel geschlagen wurden. Die Vulva vertreibt zwar einerseits die Geister, aber auf der anderen Seite können böse Geister auch durch die Vulva in den Körper eindringen, weshalb manchmal seltsamerweise die Vulva durch Vulva*symbole* geschützt wird, z.B. mit Hilfe der magischen Abwehrtätowierungen auf dem Venushügel der marokkanischen Frauen (cf. J. Herber, 1922, S. 42) oder durch das abwehrende Dreieck der Jordanierinnen, das eine stilisierte Vulva ist. Cf. B. Mershen, 1987, S. 108. Hierher gehört auch die Öffnung an der Vorderseite des traditionellen palästinensischen Frauengewandes (*jillayeh*), die bezeichnenderweise *slah al-jillayeh*, »Waffe der *jillayeh*«, genannt wurde und keinerlei praktische Funktion hatte, da sie am Saum zusammengenäht war. Die Frauen bezeichneten den Schlitz euphemistisch als *rasmet al-hurmah*, »Bild einer Frau«, und wenn eine spezialisierte Näherin seine Patchwork-Umrandung anbrachte, sagte man, sie »bewaffne die *jillayeh*«. Er symbolisierte die als eine Abwehrwaffe gedachte Vulva und ließ beim Gehen das lange weiße Unterhemd und die Hose (*sirwal*) sichtbar werden. Cf. S. Weir, 1989, S. 214, 216, 269; J. S. Rajal, 1989, S. 34f.
11 Cf. W. Wickler, 1969, S. 261.
12 Pavian-Männchen präsentieren sich einander bisweilen zur Begrüßung. Cf. S. C. Strum, 1990, S. 354, 356.
13 Cf. G. Lerner, 1986, S. 246. R. J. Cormier, 1981, S. 45 f., stellt die Geschichte aus dem Gilgamesch-Epos denen zur Seite, in welchen die nackten Frauen Cú Chulainn und Bellerophon entgegeneilen – wohl zu Unrecht, denn der mesopotamischen Hure scheint jegliche Aggressivität zu fehlen.
14 Cf. W. Helck, 1971, S. 64.
15 A.a.O., S. 112f.
16 Cf. E. L. Bridges, 1948, S. 372. Im Gegensatz zu dem, was ständig behauptet wird, hatten die Ona-Frauen eine extrem große Genitalscham. Unter einem von den Knien bis zu den Brüsten reichenden Fellrock (*kohiyaten*) trugen sie noch zusätzlich einen Schamschurz aus Guanako-Fell, und wenn sie ihren Unterleib wuschen, dann taten sie dies entweder unter ihrem Rock oder in einem dichten Gebüsch. Einmal erregte ein Voyeur große Empörung bei den Frauen, nachdem er sich angeschlichen hatte, um einen Blick auf deren Genitalien zu erhaschen. Es handelte sich um Kankoat den Hanswurst (»the Jester«), der ständig zu solchen Regelverstößen aufgelegt war. Selbst in der Hütte blieb der

Unterleib der Frauen einschließlich des Bauches und der Oberschenkel stets bedeckt, und sie entkleideten sich auch dann nicht, wenn sie bei warmem Wetter einen Fluß durchwaten mußten. Einst war der Ethnograph Zeuge, wie ein Mann ernsthaft mit seiner Frau schimpfte, weil diese ihre sechs- oder siebenjährige Tochter ohne Schamschurz spielen ließ. Auch die Frauen der benachbarten Yahgan (Yámana) legten ihren kleinen Schurz aus Otterhaut nie ab. Cf. a.a.O., S. 370ff., 62f.

17 Cf. R. M. Packard, 1980, S. 245 f. Bei den Desana erregte *der Jäger* das Wild sexuell, um es erlegen zu können. Cf. H. P. Duerr, 1984, S. 67.

18 Cf. B. Rowland, 1973, S. 153. Bei der Brandrodung exponierten die Sedang Moi ihren Penis, um die Feuergeister abzulenken und zu amüsieren, damit das Feuer sich nicht unkontrolliert ausbreitete. Die Frauen durften sich allerdings nicht entsprechend präsentieren, weil dies die Geister sexuell erregt hätte. Cf. G. Devereux, 1981, S. 55.

19 Cf. H. Schurtz, 1900, S. 186.

20 Diese mußten sich auf dem Weg von jedem Adeligen abwenden und ihm das Gesäß entgegenrecken. Cf. C. R. Hallpike, 1972, S. 131.

21 H. v. Hartmann, 1889, S. 25 f.

22 In anderen Gegenden Italiens hieß dieser bis in die Antike zurückreichende Brauch *zitta bona*, also ›Cessio bonorum‹ von *cedo bonis*, »ich trete mein Vermögen ab«. Anscheinend mußte der Schuldner anfänglich die Hosen auf einer Säule vor dem Justizpalast herunterlassen. Cf. A. Becker, 1931, S. 89.

23 Cf. H. Bächtold-Stäubli, 1931, Sp. 62.

24 Cf. G. H. Herdt, 1982, S. 66.

25 Cf. A. Becker, a.a.O., S. 90.

26 Cf. R. Knußmann, 1982, S. 98; ders., 1984, S. 111.

27 Cf. H. Sbrzesny, 1976, S. 260.

28 Cf. I. Eibl-Eibesfeldt, 1972, S. 75, 127f., 132. Um sich zu necken, lüpfen sich die !Ko-Frauen beim Tanzen manchmal gegenseitig die Schamschürzen, um der anderen das Gesäß zu entblößen.

29 Cf. a.a.O., S. 137f.

30 Der Hintern der !Kung-Frauen gilt als hocherotisch und er wird in der Öffentlichkeit unter normalen Umständen nie entblößt, denn dies wäre eine Beischlafaufforderung. Cf. L. Marshall, 1959, S. 360. Bei den !Ko-Frauen ist es nicht anders. Cf. H.-J. Heinz/M. Lee, 1978, S. 43, 172f. Als die Ethnologin einmal einige Frauen bat, den Hintern zu entblößen, weil sie feststellen

wollte, ob es bei den !Kung Steatopygie gibt, reagierten sie sehr beschämt und weigerten sich beleidigt. Auch taktil sind die weiblichen Hinterbacken sehr erogen. Cf. L. Marshall, 1976, S. 41, 244; A. S. Truswell/J. D. L. Hansen, 1976, S. 174. Noch unanständiger ist es natürlich, wenn eine Frau sich mit nacktem Hintern vornüberbeugt, so daß die Vulva sichtbar wird. Bei den Hukwe wird die Vulva eines Mädchens bereits im Krabbelalter mit einem dreieckigen Schurz aus dünnem Leder bedeckt, der selbst nachts anbehalten wird. Cf. M. Gusinde, 1966, S. 112f. Da beim Koitus der Penis von hinten in die Vagina eingeführt wird und eine Frau einen Mann dadurch stimuliert, daß sie ihm den Hintern entgegenhält, ist es nicht ungewöhnlich, daß Buschfrauen mit geöffneten Beinen dasitzen, was die Besucher aus anderen Kulturen bisweilen irritiert. So schreibt etwa ein japanischer Ethnologe: »I have been somewhat bothered by the ›lascivious‹ pose of the female San who raise one knee and quite widely spread the thighs« (K. Sugawara, 1990, S. 86). Freilich achten auch die !Kung selber sehr darauf, »that girls should not sit in immodest postures« (L. Marshall, 1976a, S. 370).

31 Cf. G. Róheim, 1933, S. 241.
32 Auch die Lesu haben in bezug auf die weiblichen Genitalien einen hohen Schamstandard. Selbst nachts oder beim Baden, das ohnehin nie in Gegenwart von Männern stattfindet, behalten sie ihren Schamschurz an. Cf. H. Powdermaker, 1933, S. 28, 239f.
33 D. Ayalah/I. J. Weinstock, a.a.O., S. 87.
34 *Stern* 2, 1986, S. 58. Cf. auch P. Machotka, 1979, S. 132f.
35 Cf. F. D. Mulcahy, 1976, S. 144. Eine junge Frau, die noch nie ihre Vulva betrachtet hatte, sagte nach der ersten Inspektion mit Hilfe eines Spiegels zu ihrem Analytiker: »Es sah aus wie eine geballte und *bedrohliche* Faust.« Cf. G. Devereux, 1981, S. 89.
36 Cf. M. R. Allen, 1984, S. 116.
37 Wer die Zigeunerinnen vornehmlich von den Etiketten der billigeren Rotweinsorten her kennt, mit aufgeknöpfter Bluse, die Brüste halb entblößt, macht sich wohl falsche Vorstellungen von den Anstandsregeln, die bei den verschiedensten Zigeunergruppen herrschten. Eine Sintiza beispielsweise würde nie vor einem Mann die Brüste entblößen, es sei denn, sie stillte ihr Kind (cf. H. Arnold, 1965, S. 185), und eine englische Zigeunerin würde selbst dies nicht tun, weshalb sich viele Mütter zum Stillen in ihrem Wohnwagen einschließen oder den Kindern die Flasche geben. Cf. J. Okely, 1975, S. 63. Wenn man früher Nacktphotos von Zigeunerinnen erstehen konnte, dann handelte es sich um Bilder von Frauen, die aus ihrer Gruppe ausgestoßen waren,

denn keine anständige Zigeunerin hätte sich unbekleidet ablichten lassen. Cf. M. Block, 1938, S. 193 f. Bei den heutigen englischen Zigeunerinnen muß die Bluse den Oberkörper bis zum Hals bedecken. Enge Pullover gelten als schamlos, und eine Frau, die Hosen trägt, muß die Hüften und die Oberschenkel noch zusätzlich mit einem Rock verhüllen. Cf. J. Okely, a. a. O., S. 63. Auch die Männer werden als ausgesprochen prüde bezeichnet, sei es beim Arzt, wenn es darum geht, sich auszuziehen, oder beim Baden. Noch vor ein paar Jahrzehnten gingen die jungen Männer nur nachts schwimmen, wenn man nichts sehen konnte, und dies auch nur in Seen oder Weihern, von denen sie annahmen, daß in ihnen keine *gadsche*, keine Nicht-Zigeuner, badeten. Denn dann konnte man auch sicher sein, daß keine Frauen das Wasser mit Menstruationsblut oder Vaginalsekreten *prasto*, ›unrein‹, gemacht hatten. Cf. H. Arnold, a. a. O., S. 185. Man kann sich vorstellen, welche Erniedrigung es besonders für die Zigeuner*innen* bedeutet haben muß, wenn sie sich nach der Einlieferung in die KZs vor den SS-Männern nackt ausziehen und von oben bis unten betrachten lassen mußten. Cf. P. Franz, 1985, S. 52.
38 Cf. A. Sutherland, 1977, S. 382 ff.; W. van Wijk, 1948, S. 115; J. Okely, a. a. O., S. 63.
39 Cf. G. Devereux, 1981, S. 30. Die Vorstellung, daß der männliche Blick auf die Vulva blind, krank, verrückt usw. mache, ist weit verbreitet, z. B. bei den Arabern (cf. F. Malti-Douglas, 1991, S. 126) oder bei den alten Griechen. Als Grund dafür, daß sich herkömmlicherweise die iranische Frau zum Koitus nicht auszieht, hat man ebenfalls angegeben, ihre ›Nacktheit‹ mache den Mann impotent. Cf. P. Vieille, 1975, S. 143.
40 Cf. S. Freud, 1940, XVII, S. 47 f. Cf. auch N. Sombart, 1989, S. 363 ff.
41 Cf. z. B. G. Devereux, 1983, S. 118.
42 Cf. S. Freud, 1940, XV, S. 142.
43 Cf. S. Lorand, 1933, S. 199 f. Auf gleiche Weise erklärt der Autor auch das geringe voyeuristische Interesse der Frauen am Penis.
44 H. Mester, 1982, S. 82. Eine Psychoanalytikerin schreibt über eine Frau, die sich die Arme auf dem Rücken zusammenbinden ließ, damit die Brüste stärker hervortraten: »Auf diese Weise vollzog sich die Gleichsetzung von Brust und Penis« (E. V. Siegel, 1992, S. 119).
45 G. Devereux, a. a. O., S. 117. Dies gilt nicht allein für die Gebärde der mythischen Baubo, sondern für jede »Zurschaustellung der Vulva«. Cf. ders., 1981, S. 8.

46 Cf. z. B. C. Gehrke, 1986, S. 73. Auffallend ist in diesem Zusammenhang, daß sogar häufig feministische Wissenschaftlerinnen die Vulva mit dem Wort ›Vagina‹ bezeichnen.

47 Die Konzeption der Psychoanalytiker vom ›Primat‹ des Phallus spiegelt natürlich die weit verbreitete Vorstellung vom Penis als Inbegriff der Kraft wider, die den Frauen fehle. G. Devereux, a. a. O., S. 31, berichtet, daß einige freche Mohave-Buben, um die Frauen zu ärgern, ihre Genitalien zwischen die Schenkel klemmten und sich ihnen so präsentierten. Dabei riefen sie: »Wir sind so wie ihr, wir haben auch keinen Pimmel!« Wieder andere bogen den Penis nach hinten und urinierten vor den Frauen »wie die Stuten es tun«. In entsprechender Weise machte sich die Bildhauerin Lynda Benglis über das phallische Geprotze der Männer lustig, als sie sich im November 1974 in der Zeitschrift *Artforum* so abbilden ließ, wie sie zuvor in der New Yorker Paula Cooper Gallery aufgetreten war (Abb. 207). Das Photo löste einen – kleineren – Skandal aus, und zahlreiche Männer fühlten sich provoziert.

207 Selbstdarstellung der amerikanischen Bildhauerin Lynda Benglis in *Artforum*, November 1974.

48 Cf. W. D. O'Flaherty, 1980, S. 267; dies., 1981, S. 190. Eine vergleichbare Gestalt ist die tibetische Dämonin von Long Ron, die dem heiligen Narren Drugpa Künleg in ihrer schrecklichsten Erscheinungsform gegenübertritt: Mit aufgelöstem Haar, im Wind pendelnden entblößten Brüsten und mit weit auseinanderklaffenden Schamlippen. Cf. K. Dowman, 1982, S. 170.

49 Nach S. Kakar, 1988, S. 118, haben in der Tat sehr viele indische Männer Angst vorm »vaginalen Saugen«, davor, daß sie von einer sexuell aktiven und erfahrenen Frau »gemolken« werden. Genauer besehen handelt es sich allerdings eher um eine Art Angstlust: Für die rājpūtischen Männer, die im Grunde die Sexualität verachten, sie für niedrig und ungesund halten, ist nur der Geschlechtsverkehr reizvoll, der mit verachteten Frauen betrieben wird, mit Huren oder mit jungen Mädchen aus den untersten Kasten. Der Koitus mit der eigenen, mit der ›anständigen‹ Frau, ist dagegen kurz und phantasielos, eine mühsame Übung, die man hinter sich bringen muß, um einen Sohn zu zeugen oder, falls es einen solchen schon gibt, um die Frau davon abzuhalten, fremdzugehen. Cf. G. M. Carstairs, 1963, S. 222. Joachim Deppert sagte mir (mündliche Mitteilung vom 21. April 1986), daß im ländlichen Bihār der Koitus gewissermaßen in Sekundenschnelle abgehandelt wird, wobei der Körperkontakt sich auf die reine Penetration beschränkt. L. M. Fruzzetti, 1982, S. 14, meint sogar, für die meisten Bengali-Frauen sei es beschämend, verheiratet zu sein, weil dann jedermann wisse, daß sie bisweilen nachts von ihrem Mann beschlafen werden. Auf der anderen Seite klagen viele indische Frauen darüber, wie die Kühe besprungen zu werden, um dann Kinder zu werfen. Cf. A. Bharati, 1964, S. 616f. Es ist äußerst fragwürdig, ob tantrischer Sex, das *Kāma-Sūtra*, ob die *devadāsīs* und *gaṇikās* (Hetären), sowie die pornographischen Tempelreliefs jemals etwas mit dem Sexualleben der vielen Millionen zu tun hatten (cf. M. Nag, 1972, S. 234), wenn auch das, was A. Bharati, 1972, S. 135, »the hypertrophic puritanism of modern India« nennt, eine neuere Entwicklung sein mag. Wenn Gandhi über die bebilderten Tempel sagte: »Hätte ich die Macht dazu, ich würde sie niederreißen!« (zit. n. A. Bharati, 1987, S. 199), dann ist dies eine solche »puritanische« Stimme. Sagt aber heute der Durchschnittsinder über die Reliefs: »We people don't do such things!« (cf. J. Deppert, 1983, S. 61), dann bringt er etwas zum Ausdruck, was die meisten Inder sicher auch schon vor Jahrhunderten gesagt hätten. Immerhin hält es bereits das *Suśruta Samhitā* für notwendig, mit Nachdruck darauf hinzuweisen, daß die Unterdrückung der natürlichen Sexualität aus falscher Sittsamkeit oder aus Scham eine Sünde wider den Körper sei, denn sonst hätte uns Gott weder die Lust noch Genitalien gegeben. Cf. K. L. Bhishagratna, 1981, II, S. 501. Den Hinweis auf diese Stelle verdanke ich meinem Freund Eli Franco.

Anmerkungen zu § 9

1 Cf. auch Aristophanes, *Lysistrata* 683. Im Jahre 1527 beleidigte in Urach eine Frau einen Mann, indem sie ihn dazu aufforderte, ihr einen Finger reinzustecken und dann den Geschmack zu beurteilen. Cf. R.W. Scribner, 1987, S. 269. Die übelste Beleidigung, die einer Chiricahua-Apachin zur Verfügung steht, sieht nach Aussage eines Informanten wie folgt aus: »Wenn eine Frau auf jemanden sehr böse wird, ballt sie die rechte Hand mit der Handfläche nach oben zur Faust, stößt den Daumen zwischen Zeige- und Mittelfinger und öffnet dann schnell die Hand in Richtung der anderen Person. Dabei sagt sie: ›Riech das!‹ Ein Mann hat davor große Angst. Es ist ein Ausdruck von Verachtung, der sich auf ihre Möse bezieht.« Die Geste gilt zwar als ausgesprochene Frauengeste, doch wird sie mitunter auch von Männern übernommen, die mit ihr andere Männer beleidigen. Cf. M.E. Opler, 1941, S. 457f. Bei den Mescalero-Apachen beleidigte eine wütende Frau einen Mann dadurch zutiefst, daß sie so tat, als stecke sie einen Finger in die Vagina, worauf sie dem Mann den Finger unter die Nase hielt und sagte: »Riech mal!« Cf. ders., 1969, S. 242.

2 Cf. B. Malinowski, 1979, S. 242f.; ferner ders., 1981, S. 162. Ein Informant hob hervor, daß die Frauen, die sich auf den Mann stürzten, zuvor ihre Baströcke abwürfen, also »nackt wie eine Schar von *tauva'u*« (= böse Geister) seien. Solche Geister und vor allem die fliegenden Hexen wurden aber auch andererseits durch Präsentieren der Vulva abgewiesen. Zu diesem Zwecke hatte man z.B. die Abschlußbretter der Hochsee-Auslegerboote mit Abbildungen von die Beine spreizenden nackten Frauen versehen. Cf. I. Eibl-Eibesfeldt, 1991, S. 280. Auf den Marquesas-Inseln setzte sich eine Frau mit weit gespreizten Beinen auf die Brust eines Besessenen, um den bösen Geist aus ihm zu treiben. Cf. R.C. Suggs, 1971, S. 172.

3 An einer Stelle (a.a.O., S. 337) erwähnt er auch Berichte von der sagenhaften Insel Kaytalugi, deren Name etwa ›Beischlaf in Hülle und Fülle‹ bedeutet. Auf dieser Insel sollen nur Frauen leben: »Sie sind alle schön, sie gehen nackend umher. Sie scheren ihr Schamhaar nicht. Es wächst so lang, daß es etwas Ähnliches wie ein *doba* (Bastrock) bildet. Die Frauen sind sehr schlecht, sehr wild. Das kommt von ihrem unersättlichen Begehren. Wenn Seefahrer an der Küste stranden, sehen die Frauen die Kanus schon von weitem. Sie stehen am Strand und erwarten sie. Der Strand ist dunkel von ihren Leibern, sie stehen so dicht. Die

Männer kommen, die Frauen laufen ihnen entgegen. Sie stürzen sich sofort auf die Männer. Das Schamblatt wird abgerissen; die Frauen vergewaltigen die Männer. Es ist wie das *yausa* bei den Leuten von Okayaulo.« Ein Unterschied zum *yausa* besteht allerdings darin, daß auf Kaytalugi die Männer zu Tode vergewaltigt werden. In jedem Falle aber ist ein solches Geschick für einen Mann äußerst entwürdigend, und zwar vor allem auch deshalb, weil die Vergewaltigung in der Öffentlichkeit geschieht. Cf. a.a.O., S. 357. Auch im Paradies Tuma, wo die Frauen viel feuriger und leidenschaftlicher sein sollen als hienieden, wird jeder Neuankömmling vor aller Augen von den Frauen bestiegen, was dort freilich nicht als schmachvoll und demütigend gilt. Beim Anblick des Koitus werden die übrigen Paradiesbewohner so erregt, daß sie dem Beispiel folgen und eine Orgie feiern. Cf. a.a.O., S. 342. Im übrigen scheinen die trobriandischen Frauen und Jungfrauen auch in der Realität sexuell sehr aggressiv zu sein, und sie fügen beim Liebesspiel ihren Partnern mit den Fingernägeln, Zähnen und scharfen Gegenständen nicht unerhebliche Wunden zu.

4 Cf. H. Jüptner, 1983, S. 139.
5 Dietrich Winkler: Brief vom 16. Juli 1991.
6 Cf. T. Gregor, 1973, S. 243. Die Frauen der Warao stürzen sich während eines Erntefestes auf die Männer und schnappen nach deren Penis. Cf. H.D. Heinen/K. Ruddle, 1974, S. 131.
7 Cf. G. Graber, 1911, S. 156ff. In vielen Gegenden Europas präsentierten die Frauen im Flachsfeld die Vulva, und dabei durfte sich kein Mann sehen lassen. Im Schwäbischen sagte man: »Wenn der Flachs net neunmal e Weiberfüdle sieht, no wird er au nix!« Cf. H. Marzell, 1933, Sp. 1184ff.
8 Cf. W.-E. Peuckert, 1955, S. 51f. Während nordgriechischer Hebammenfeste gehört in der Nacht vom 7. auf den 8. Januar die Straße den Frauen, die dort unanständige Lieder singen und obszöne Tänze aufführen. Läßt sich ein Mann blicken, muß er sich mit einem Geldbetrag auslösen oder er wird nackt ausgezogen. Cf. W. Puchner, 1976, S. 165. Ähnliche Bräuche gibt es in Bulgarien. Cf. O. Lodge, 1947, S. 84.
9 Cf. R. Wolfram, 1933, S. 145f.; D. Bazzi, 1988, S. 100f. Glücklicher können sich da die Männer schätzen, denen bei der Weiberfastnacht lediglich die Krawatten abgeschnitten werden.
10 Cf. M. Gluckman, 1963, S. 113f., 117.
11 Cf. B.B. LeVine, 1969, S. 51ff.
12 So z.B. M. Konner, 1984, S. 274, 288. »For anatomical reasons«, behaupten zwei Fachfrauen, »it is not possible for a woman to

have sexual intercourse with an unwilling male« (L. Hudson/B. Jacot, 1991, S. 119). Es ist auch unrichtig, wie z. B. L. Keupp, 1971, S. 98, behauptet, daß es sich bei »Vergewaltigungen« von Männern durch Frauen »ausschließlich um eine mehr oder weniger stark von der Frau ausgehende und durch ihr Verhalten bestimmte Verführung meist minderjähriger Knaben, etwa durch ältere Erzieherinnen, Stiefmütter« usw. handle. Natürlich gibt es solche Verführungen und sexuellen Nötigungen *auch*. Der Hopi Sun Chief berichtet beispielsweise in seinen Lebenserinnerungen, wie er als Junge von einer unverheirateten, etwa zwanzigjährigen klassifikatorischen Mutter ›zur Brust‹ genommen wurde: »She lay on a sheepskin and drew me close to her. Soon she was touching my private parts which excited and frightened me. When I had an erection, she held me tightly to herself and breathed very hard. I tried to withdraw, and when she released me I saw blood on my penis and cried« (Sun Chief, 1942, S. 79). Das Motiv, nach welchem ein junges Mädchen einen Jungen zunächst mit den Worten »Fick mich!« auffordert und ihn dann, als er nicht will, gewaltsam besteigt, ist in den Erzählungen der Hopi weit verbreitet. Cf. z. B. E. Malotki, 1983, S. 211. Für diesen Hinweis danke ich Armin Geertz.

13 Cf. J. M. MacDonald, 1971, S. 75.
14 Cf. A. Pache, 1964, S. 125.
15 Während eines gewöhnlichen Beischlafs ejakulierten die Männer meist sehr schnell. Wenn sie dann den Penis herausziehen wollten – denn es ging ihnen nur um den eigenen Orgasmus –, hielten die Frauen sie häufig fest und ›stießen‹ ihren Partner so lange, bis sie ebenfalls zum Höhepunkt kamen. Cf. J. J. Honigmann, 1954, S. 129.
16 A. a. O., S. 128. Auf Bali erzählte mir ein Australier, er sei spät abends am Strand von Legian von mehreren Frauen ›eingefangen‹, festgehalten und zwangsmasturbiert worden.
17 Reinhard Greve: Brief vom 15. Januar 1988. Bei den Kabylen hat das Empfinden, daß die Frauen viel geiler und triebhafter als die Männer sind, zu der Vorstellung geführt, der Beischlaf sei in die Welt gekommen, als die Frauen die Genitalien der Männer gesehen und diese daraufhin vergewaltigt hätten. Cf. H. Baumann, 1936, S. 368; C. Lacoste-Dujardin, 1990, S. 75 f.
18 Cf. A. Jones, 1989, S. 162.
19 Cf. I. Goldman, 1976, S. 346.
20 Cf. G. Devereux, 1982, S. 513. Auf einem aus der Zeit um 500 v. Chr. stammenden Vasenfragment vergewaltigt die Sphinx einen nackten Jüngling. Cf. ders., 1981, S. 130. Auch die Najaden

zwingen junge Männer zum Koitus, z. B. Salmakis den schönen Hermaphroditos. Cf. A. Richlin, 1992, S. 165 f.
21 Cf. P. Friedrich, 1978, S. 17 f.; H. P. Duerr, 1984, S. 131. Die Männer der Kimam-Papua auf der Frederik-Hendrik-Insel meiden die Umgebung eines gewissen Baumes, weil allgemein geglaubt wird, dort hause ein laszives weibliches Wesen namens Koné, das die Männer vergewaltige. Cf. L. Serpenti, 1984, S. 295.
22 Cf. D. F. Greenberg, 1988, S. 306.
23 Cf. D. Rieger, 1988, S. 266.
24 Cf. M. Thomas, 1979, S. 89.
25 George Devereux: Brief vom 1. November 1984.
26 Cf. F. M. Deng, 1972, S. 91.
27 Cf. C. Kappl, 1984, S. 156.
28 Cf. G. R. Quaife, 1979, S. 158, 165.
29 Cf. J. Addy, 1989, S. 134, 138. Im Jahre 1677 zeigte in Childwall ein William Lavrocke eine Jane Cook an, weil diese zunächst in einer Schenke »did pull William Holts prick out« und dann voller Wut ihre Röcke hochzog, wobei sie sagte: »does not this now give thee satisfaction?« (a. a. O., S. 134).
30 J. H. Zedler, 1740, XXIV, Sp. 1457.
31 Cf. R. D. Eskapa, 1988, S. 140.
32 Cf. W. v. d. Ohe, 1990, S. 142. Nach FBI-Statistiken waren es zwischen 1975 und 1978 in den USA 1 %. Davon war etwa ein Drittel unter 18 Jahre alt. Cf. Eskapa, a. a. O. In Frankreich wurden in den Jahren 1859 bis 1863 in den Anzeigen wegen Vergewaltigung nur in 0,1 % der Fälle Frauen, und zwar meist jüngere, als Täterinnen genannt. Cf. A. Tardieu, 1867, S. 54. Nach dem Gesetz vom Jahre 1857 konnte eine Frau allerdings den strafbaren Akt einer Vergewaltigung gar nicht begehen. Cf. J. Mossuz-Lavau, 1991, S. 190. Zwischen 1974 und 1978 wurde in der Schweiz eine einzige Frau als Täterin verurteilt. Cf. H. Veillard-Cybulska, 1982, S. 185. Nach neueren Untersuchungen sind bis zu 15 % der Vergewaltiger und Nötiger von Jungen Frauen. Cf. D. Bange, 1991, S. 142.
33 1 % der weiblichen Armeeangehörigen gab an, von Frauen sexuell belästigt worden zu sein. Cf. S. Jeffords, 1991, S. 116. Bei den ›Green Berets‹ und schnellen Eingreiftruppen wie den Fallschirmspringern des 82nd Airborne Regiment wurden jüngere Soldaten von weiblichen Vorgesetzten zum Koitus gezwungen. Cf. *Spiegel* 47, 1990, S. 111. Nach Devereux (a. a. O.) wurden im Jahre 1945 zahlreiche ungarische Männer von Rotarmistinnen vergewaltigt. Lul Gardo, die in der Weißen Armee General Kornilows gekämpft hatte, zwang einmal einen Rotarmisten wäh-

rend eines Verhörs, sich vor ihr nackt auszuziehen und sagte zu ihm, offenbar auf die Vergewaltigungen durch die Roten anspielend: »Du hast sicher schon einmal eine Frau gehabt, doch jetzt hat eine Frau *dich*! Ein anderes Spiel, oder?... Aber so ist der Krieg, und da zählt das Geschlecht nicht!« (zit. n. J. Wheelwright, 1989, S. 73).
34 Cf. P. Samuel, 1979, S. 312f.
35 Cf. P.M. Sarrel/W.H. Masters, 1982, S. 126.
36 A.a.O., S. 120f. Ein Weißer wurde von zwei Negerinnen mit einer Schußwaffe zu Cunnilingus und Koitus gezwungen; ein anderer junger Mann wurde von drei Frauen masturbiert und schließlich fellationiert, wobei er drei Mal ejakulierte. Fast alle Männer, deren Fälle untersucht worden sind, waren auf Jahre hinaus impotent. Cf. a.a.O., S. 122, 127. Eine amerikanische Medizinstudentin bedrohte einen Kommilitonen mit einem Skalpell, fesselte ihn und vergewaltigte ihn sodann. Cf. W.H. Masters/V.E. Johnson/R.C. Kolodny, 1988, S. 470. Zu den Sexualphantasien vieler amerikanischer Frauen gehört auch die Vorstellung, daß sie einen Mann vergewaltigen. Cf. W.H. Masters/V.E. Johnson, 1979, S. 168.
37 Cf. I. Agger/S.B. Jensen, 1990, S. 54. Oft legen die betreffenden Frauen nicht selber Hand an, sondern zwingen die Männer, vor ihren Augen Mithäftlinge zu masturbieren.
38 Cf. Sarrel/Masters, a.a.O., S. 125.
39 Cf. T. Vanggaard, 1979, S. 105.
40 Cf. R. Bilz, 1967, S. 12f.; G. Devereux, 1981, S. 14. Nach Devereux (1982, S. 340) haben manche männlichen Säuglinge Angsterektionen, wenn man sie, bevor sie satt sind, von der Brust nimmt.
41 Cf. H. U. Lange/M.-P. Engelmeier, 1980, S. 504; L. Kaplan, 1990, S. 158.
42 M. Hirschfeld, 1914, S. 188ff., führt als Beispiele Erektionen an, die durch Klettern, Rutschen auf dem Treppengeländer oder zufälligen Körperkontakt entstehen.
43 Cf. A.J. Reiss, 1961, S. 11.
44 Cf. J. Henderson, 1975, S. 183. Allerdings können manche Männer dem mit ihrem Willen entgegenwirken: So wurde z.B. ein homosexueller Mann lästige Erektionen dadurch los, daß er sich bei solchen Gelegenheiten vorstellte, er schlafe mit einer Frau. Cf. Hirschfeld, a.a.O.
45 Cf. J. Kohler, 1892, S. 89. Bei den Inkas hatte eine Frau diese Strafe nur im Wiederholungsfalle zu erwarten. Cf. H. Trimborn, 1935, S. 544.

46 Cf. S.C. Dube, 1951, S. 110. Eine Definitionssache, ob es sich nun um eine Verführung, eine Nötigung oder eine Vergewaltigung handelt, ist es auch, wie man z. B. das Verhalten der älteren Frauen auf Wogeo nennt: Diese ›machen‹ nicht selten jüngere Männer ›an‹, die jedoch vor allem wegen des unangenehmen Mundgeruchs den Lockungen widerstehen. In solchen Fällen halten die Frauen die Jungen so lange am Penis fest, bis dieser steif geworden ist, worauf sie ihn in die Vagina einführen. Manchmal fellationieren sie auch die Widerstrebenden bis zur Erektion. Cf. H.I. Hogbin, 1946, S. 200.
47 Möglicherweise war der Vorwurf der Vergewaltigung eine Schutzbehauptung. Cf. J.C. Brown, 1988, S. 13, 135 f.
48 Cf. T. van der Meer, 1989, S. 283. Bisweilen halfen Frauen auch aktiv männlichen Vergewaltigern bei der Ausführung der Tat. So wurde z. B. im Jahre 1720 eine Eleanor Partridge ins Gefängnis von Surrey geworfen, und zwar wegen »assaulting and by force holding Isabell Powers whilst one Thomas Millener did against her will carnally know her«. Cf. J.M. Beattie, 1975, S. 112. Manchmal assistierten sie sogar – wie es scheint – bei einem Lustmord, wie im 16. Jahrhundert, als ein Raubmörder und seine Gesellin in einem Wald bei Zurzach eine wehrlose Frau überfielen, sie erstachen und dann »die Frau gemetzget, wie ain Metzger ain Schwein« (C. Moser-Nef, 1951, V, S. 332).
49 Cf. R.D. Eskapa, a.a.O., S. 137 f. Allerdings sind Vergewaltigungen in Frauengefängnissen wesentlich seltener als in Männergefängnissen.
50 So z.B. K. Zywulska, 1979, S. 118, über junge weibliche Mithäftlinge, die in Birkenau das Opfer weiblicher Kapos wurden. Kurz vor seiner Hinrichtung im Jahre 1947 kommentierte der Lagerkommandant von Auschwitz, Rudolf Höß, solche »Ausschreitungen« wie folgt: »Wiederholt wurden mir Fälle von Verkehr zwischen Aufseherinnen und weiblichen Häftlingen gemeldet. Dies alles zeigt das Niveau der Aufseherinnen. Daß sie es mit ihrem Dienst, mit ihren Pflichten nicht sehr genau nahmen, zumeist unzuverlässig waren, liegt auf der Hand« (R. Höß, 1963, S. 120). In Auschwitz war es vor allem die SS-Aufseherin Irma Grese, die weibliche Häftlinge vergewaltigte. Cf. O. Kraus/E. Kulka, 1991, S. 162.
51 Cf. R.D. Eskapa, a.a.O., S. 266.
52 Cf. D.E.H. Russell/L. Lederer, 1980, S. 25.
53 Cf. Eskapa, a.a.O., S. 140. Zur Vergewaltigung von Frauen durch Lesbierinnen cf. auch L. Segal, 1990, S. 262 f.

Anmerkungen zu § 10

1 Cf. F. Kluge, 1989, S. 228.
2 Cf. F. Staub/L. Tobler, 1881, I, S. 682f.
3 C. Moser-Nef, 1951, V, S. 444.
4 Cf. H. Bächtold-Stäubli, 1931, Sp. 62.
5 Cf. F. Liebrecht, 1886, S. 206. Ähnlich auch die Bürgermeisterin von Crailsheim bei der Belagerung der Stadt im Jahre 1380.
6 Cf. Bächtold-Stäubli, a.a.O., Sp. 63. Im 17. Jahrhundert zeigten in Friaul die Frauen dem Sturm den nackten Hintern und riefen: »Nichts, nichts schadet dir mehr als dieser Arsch (*cul*)!« Cf. L. Accati, 1990, S. 111.
7 Cf. F.S. Krauss, 1904, S. 1. Bei den Polynesiern auf Lifu im Loyalty-Archipel, einer Gruppe von Koralleninseln im südwestlichen Pazifik, tun dies beide Geschlechter, und zwar aus Spaß oder aus Ärger. Cf. S.H. Ray, 1917, S. 253. Halb im Scherz, halb im Ernst pflegte auch meine belgische Großmutter dies zu tun, die zu Beginn des Jahrhunderts in Brüssel aufgewachsen war: Dabei beugte sie sich etwas vor, bewegte den Hintern ziemlich schnell vor und zurück und lüpfte ein paar Zentimeter den Rock. An diese Gebärde erinnerte ich mich wieder, als ich Otto Dix' Bild ›Ich und Brüssel‹ sah (Abb. 208), doch handelt es sich hier offensichtlich um die Lockgebärde einer Prostituierten.

208 Otto Dix: ›Ich und Brüssel‹, 1922.

8 Cf. Bächtold-Stäubli, a.a.O., Sp. 62. Im 15. Jahrhundert zeigte in Wien ein Handwerker mit den Worten »ir solt in dise spiegel schawn« der Kaiserin Eleonore und ihrem weiblichen Gefolge den nackten Hintern. Cf. A. Müller, 1992, S. 341. Ein Maori ›begrüßte‹ auf dieselbe Weise unlängst die britische Königin bei deren offiziellem Neuseelandbesuch, was diese freilich mit starrem Blick ›übersah‹. Der Mann wurde anschließend verhaftet. Cf. O. König, 1990, S. 380. Auch früher kam man deshalb vor Gericht, wie etwa 1588 in Freiburg im Breisgau eine Frau, die von einer anderen angezeigt worden war, weil jene, um sie zu schmähen, »den Hintern gegen sie aufgehoben« hatte. Cf. S. Roecken/C. Brauckmann, 1989, S. 182.
9 Cf. J.R. Forster, 1982, IV, S. 590.
10 Cf. H. Maurer, 1989, II, S. 184.
11 A. Spycher, 1987, S. 76, 78. »Diese besondere Art der Zurschaustellung der Gesäßbacken«, behauptet auch D. Morris, 1986, S. 200, »galt nicht als vulgär oder unsittlich.«
12 Cf. S. Burghartz, 1990, S. 265 f. Dieses und zahlreiche andere Beispiele machen allerdings auch deutlich, welche Vorsicht gegenüber der Behauptung von A. Dundes (1984, S. 50 ff.) angebracht ist, im deutschen Sprachraum spielten Beleidigungen, die sich auf Genitales und Sexuelles beziehen, im Gegensatz zu ›analen Schmähungen‹ keine Rolle.
13 Cf. L. Röhrich, 1973, I, S. 69.
14 Bei den hinternweisenden Miserikordien der Kirchenchöre von León sind Hoden und Penis sichtbar. Cf. F. López-Ríos Fernández, 1991, S. 107, 171.
15 Cf. A. Becker, 1931, S. 88.
16 Cf. A. Spycher, a.a.O.
17 Cf. W. Schiefenhövel, 1982, S. 149. Jemanden anzufurzen war im frühneuzeitlichen Dijon eine schwere Beleidigung. Cf. J.R. Farr, 1988, S. 184.
18 Cf. I. Eibl-Eibesfeldt, 1991, S. 131. Vielleicht wollte die Yanomamöfrau vornehmlich ihr Baby vor dem Forscher schützen. War früher in Schweden ein Kind von einer Hure versehen worden und hatte deshalb Skrofeln bekommen, wurde es wieder gesund, wenn man ihm den nackten Hintern eines anderen Kindes hinhielt. Cf. H.F. Feilberg, 1901, S. 326.
19 Eine Wiener Hure beschreibt das »Algierfranzösisch« als »den Mann im Arsch lecken und ihn nachher mit dem Gummistab fikken«. Cf. R. Girtler, 1987, S. 245.
20 Selbst der Cunnilingus scheint weitgehend unüblich gewesen zu sein. Cf. H.P. Duerr, 1990, S. 215 f.

21 Cf. K. Schreiner, 1989, S. 191.
22 A. Edwardes/R.E.L. Masters, 1963, S. 199f.
23 J.-J. Rousseau, 1907, S. 112.
24 Zit. n. V. Steele, 1985, S. 112.
25 Cf. L. Plesz, 1930, S. 200. Major Maximilian Delmar erinnert sich an das, was ihm während des Ersten Weltkriegs in Frankreich widerfuhr: »Die Rothaarige stellte sich nackt vor mich hin und lachte mir frech ins Gesicht. Ihre vollen Brüste hüpften dabei auf und nieder. Die Ringe daran waren groß und braun. Der Anblick ekelte mich. Sie mußte es bemerkt haben, denn plötzlich drehte sich der rote Satan um und zeigte mir aufkreischend den Hintern, während sie mit der Hand daraufklatschte« (zit. n. K. Theweleit, 1977, S. 91).
26 Cf. C.D. Bryant, 1982, S. 134f.
27 Cf. D. Cabanis, 1972, S. 131; H. Eppendorfer, 1987, S. 59.
28 Zit. n. S.G. Ardener, 1974, S. 704. Das Wort »flashing« (»Aufblitzen«) ist das herkömmliche britische Wort für die kurze Genitalentblößung vor anderen. Im englischen Gefängnis Pentonville gab es beispielsweise einen Brauch, der »flash« oder »flash up« genannt wurde: Er bestand darin, daß Besucherinnen – meist Ehefrauen, Freundinnen oder eigens zu diesem Zwecke engagierte Prostituierte – in den Besuchsboxen die Brüste und die Genitalien entblößten, um den Gefangenen eine Freude zu machen. Cf. T. Morris/P. Morris/B. Barer, 1963, S. 186.
29 Cf. C.D. Bryant, a.a.O., S. 135f.; P. d'Encarnacao/P. Parks/K. Tate, 1974, S. 160; ferner D. Miller, 1974, S. 159.
30 Cf. K.A. Barack, 1881, III, S. 626f.
31 Cf. A. Bryson, 1990, S. 152.
32 Nachdem die Polizei, die nicht eingegriffen hatte, als sich bei einer ›Anti-Papst-Demo‹ am 1. Mai 1987 in Köln sechs Frauen und zwei Männer nackt produzierten, wegen mangelnden Eifers kritisiert wurde, entgegnete ein Polizeisprecher: »Vor 15 Jahren hätten wir die Nackten in Decken gehüllt und abgeführt, genauso wie Leute, die sich textilfrei im Stadtwald bräunten. Nacktheit gilt aber heute kaum noch als anstößig.« Cf. O. König, a.a.O., S. 309f.
33 Vermutlich agiert auch die amerikanische Sextherapeutin Amanda Stewart exhibitionistische Gelüste aus, wenn sie ihre Patienten behandelt, während diese ihre Vulva und Vagina mit einem Vergrößerungsglas und einem Spekulum betrachten: »Solange der Patient sie gründlich untersucht, setzt sie ihren Vortrag über weibliche Physiologie und die ihre Anatomie betreffenden sexuellen Reaktionen fort« (R.D. Eskapa, a.a.O., S. 174). Ihre

Kollegin Annie Sprinkle versucht derweil auf der Bühne eines New Yorker Avantgarde-Theaters in einer Art Massenabfertigung dem Schlange stehenden Publikum auf dieselbe Weise zu zeigen, »daß eine Möse keine Zähne hat« (Abb. 209). Cf. *Stern* 34, 1990.

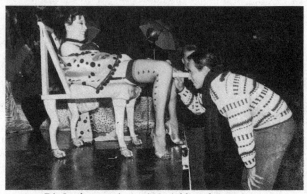

209 Die Sextherapeutin Annie Sprinkle und ein Patient, 1990.

34 Cf. R. Quinsel, 1971, S. 100ff.; G. Bonnet, 1981, I, S. 100f.; D. Rancour-Laferrière, 1979, S. 53.
35 Cf. D. Cabanis, a.a.O., S. 129. Daß es solche Fälle gibt, wird in der Fachliteratur meist bestritten. Cf. z.B. L. Hudson/B. Jacot, 1991, S. 126.
36 Nach P.L. Goitein, 1942, S. 360, sind an Anorexie leidende junge Mädchen und Frauen häufig »hysterically exhibitionistic and seductive«. Leiter von Aktkursen bestätigten mir, daß zur Anorexie neigende Frauen sich besonders gerne als Modell zur Verfügung stellen. Nach Beobachtungen von J.D. Douglas/ P.K. Rasmussen/C.A. Flanagan, 1977, S. 141, stellten am Nacktbadestrand Black's Beach bei San Diego Frauen im Gegensatz zu Männern ihre Genitalien selten absichtlich zur Schau. Bei den Kamanugu im Hochland von Neuguinea bringen manche Frauen ihre Röcke bewußt so nachlässig an, daß die Männer ihren Genitalbereich sehen können und dadurch sexuell erregt werden. Cf. H. Aufenanger, 1964, S. 224.
37 So führt etwa C.D. Bryant, 1982, S. 141f., als typischen Fall den einer Frau in mittleren Jahren an, die sich in der Bar eines Jumbo-Jets nach dem fünften Martini nackt auszog und zu den umstehenden Männern sagte: »Keine schlechte Figur für 'ne alte Schachtel, was Jungs!?«

38 Cf. M.H. Hollender/C.W. Brown/H.B. Roback, 1977, S. 437. Die Mehrzahl der sich präsentierenden Frauen scheint das Sich Vornüberbeugen (»Mooning«) gegenüber der ›Baubo-Stellung‹ zu bevorzugen. Cf. A. Montagu, 1980, S. 139.
39 Cf. W. Benz, 1982, S. 61. In den sechziger und siebziger Jahren ist in Westdeutschland kein einziger Fall bekannt geworden, in dem ein Mann an einer sich vor ihm entblößenden Frau »Anstoß genommen« und sie deshalb angezeigt hätte. Cf. a.a.O., S. 124ff. Cf. auch E. Unseld, 1974, S. 411.
40 Cf. D. Cabanis, a.a.O., S. 131.

Anmerkungen zu § 11

1 Cf. B. Karpman, 1954, S. 178.
2 Cf. W. Dogs, 1982, S. 607. Allerdings gibt es auch die männliche Genitalentblößung als sexuelle Werbung. So gaben nach einer neueren Umfrage immerhin 3% aller Frauen an, daß allein an ihrem Arbeitsplatz Kollegen mindestens einmal den Penis als sexuelle Aufforderung zur Schau gestellt hätten. Cf. M. Holzbecher, 1992, S. 60.
3 Nach M.C. Baurmann, 1983, S. 302, haben viele Exhibitionisten »den geheimen Wunsch nach positiver Reaktion, die Frau möge neugierig und fasziniert zuschauen«.
4 Cf. H. Wendt, 1974, S. 432f. Nach einer Umfrage unter Exhibitionisten gaben 47% der Befragten an, daß sie die Absicht hätten, ihre Opfer zu »schockieren«. Cf. H. Müsch, 1976, S. 361. R.J. Stoller, 1979, S. 170, meint, die Tatsache, daß Exhibitionisten im Gegensatz zu anderen Perversen bei der Verhaftung nicht selten einen ruhigen und zufriedenen Eindruck machen, sei darauf zurückzuführen, daß die Verhaftung ihre Wunschvorstellung von einem »herrlichen Penis« bestätige, »der durchaus fähig ist, die Umwelt aufzuschrecken«.
5 Cf. E.L.H.M. van de Loo, 1987, S. 32, 46, 59.
6 Cf. R.D. Eskapa, 1988, S. 169. Ein Exhibitionist sagte, er fühle sich »männlich«, wenn die Opfer »wie gelähmt werden vor Angst«. Cf. L. Keupp, 1971, S. 215.
7 Eskapa, a.a.O., S. 171.
8 A.a.O., S. 170; van de Loo, a.a.O., S. 41, 58. Auch anschließende Vergewaltigungen kommen vor. Cf. L. Keupp, a.a.O., S. 216ff.
9 J. van Ussel, 1970, S. 51.
10 W. Schultheiß, 1960, S. 9, 86.

11 Cf. S.B. Klose, 1847, S. 85.
12 Cf. G. Schindler, 1937, S. 286.
13 Cf. E. van de Loo, a.a.O., S. 1.
14 Cf. A. Felber, 1961, S. 92.
15 Cf. O. Stumpf, 1981, S. 214.
16 Cf. R. Muchembled, 1988, S. 70.
17 Cf. P. Karmann, 1988, S. 38. Im Jahre 1686 meldet der Pfarrer von Lindenfels im Odenwald bei seinem Vorgesetzten, der achtzehnjährige Glaser Hans Nickel Schäffer habe sich »neulich auf dem Jakobsmarkt allhier in einem Wirtshaus vor einer ganzen Stube voller Leute denudieret«. Cf. R. Kunz, 1977, S. 177.
18 Cf. J.A. Sharpe, 1983, S. 64f. 1724 sagte Isobel Key aus St. Ninians aus, ein Robert Moir »let down his Breeches & discovered his nakedness to her, & damned himself but he would ly with her, calling her damned Bitch & Jade«. Cf. R. Mitchison/L. Leneman, 1989, S. 196.
19 Cf. J. Addy, 1989, S. 140. Joshua Horrocks präsentierte einer Hanna Wolstenham in deren Haus »his privy member«, als ihr Mann gerade abwesend war. Als sie sich von ihm abwand und wegging, folgte er ihr und »did by strength force her hand so farr that she felt his privy member with the back of her hand, upon which he asked if shee would have it to which she answered, ›No‹.« 1664 gab Mary Smith aus Runcorn die eidesstattliche Erklärung ab, daß Thomas Peacock »took up her cloathes and drew his yard«, und im selben Jahr beschuldigte Alice Edge den Vikar von Wrenbury, er habe seine Genitalien herausgezogen und »fowled her garments with his nature« (a.a.O., S. 132, 134f.).
20 Cf. M. Rey, 1982, S. 119.
21 Cf. M. J. D. Roberts, 1988, S. 289ff.
22 Cf. S.M. Shirokogoroff, 1935, S. 248f.
23 Cf. C. Gajdusek, 1970, S. 58f.
24 G. Konrad, 1977, S. 310.
25 Zit. n. J. Jamin, 1983, S. 62.
26 Cf. W. Weiglein, 1986, S. 161.
27 Cf. I. Eibl-Eibesfeldt/W. Schiefenhövel/V. Heeschen, 1989, S. 49, 107.
28 Cf. I. Eibl-Eibesfeldt/C. Sütterlin, 1990, S. 383.
29 Eibl-Eibesfeldt et al., a.a.O., S. 120, 126. »Somson, ein lustiger junger Mann, den oft der Hafer stach und der uns gerne ein wenig herausforderte, stellte einmal einen Pfahl vor den Eingang einer unserer Hütten auf und krönte diesen mit einer aufgesteckten Peniskalebasse. Darüber lachten die anderen Burschen herzlich, zwei ältere Männer aber, die es später sahen, waren eher ungehal-

ten und meinten, das sei eine zu starke Herausforderung« (ders., 1991, S. 163).
30 Cf. G. Konrad, a.a.O., S. 308. Die Männer der Waina-Suwanda vertauschten vor einem rituellen Tanz ihre gewöhnlichen runden Peniskalebassen mit »a much larger and longer gourd, which throughout the dance is flipped from between the legs up against the abdominal wall by undulating movements of thighs and pelvis« (C. Gajdusek, a.a.O., S. 59).
31 Cf. H. Nevermann, 1934, S. 384f.
32 Cf. C. S. Kessler, 1977, S. 223.
33 ZDF, 23. Oktober 1991.
34 Cf. P. Lyman, 1987, S. 148f.
35 Cf. B. Reinberg/E. Roßbach, 1985, S. 128f., 199.
36 *Stern* 44, 1990, S. 15; *Spiegel* 43, 1990, S. 257; *Spiegel* 22, 1991. Als kürzlich die demokratische Parlamentsabgeordnete Patricia Schroeder einen US-Marinestützpunkt besuchte, wurde sie dort mit einem großen Transparent begrüßt, auf dem die Soldaten sie aufforderten, ihnen ›einen zu blasen‹. Cf. *Bunte* 31, 1992, S. 60.
37 Cf. R.L. Glickman, 1984, S. 205; J. Lambertz, 1985, S. 32f.
38 R. Bleck, 1986, S. 59.
39 G. Norden, 1987, S. 108. Eine Autorin schreibt: »In unseren Diskussionen hörten wir z.B. das Argument: Im allgemeinen mag es ja stimmen, daß ›Sexualität‹ konstruiert ist, aber in diesem Fall sind gespreizte Beine doch *wirklich* aufreizend, schließlich geben sie ja wirklich den Blick frei auf ›es‹.« Worauf die Autorin mit der Frage antwortet: »Und wie ist es mit der männlichen Beinhaltung? Warum wirkt die nicht ähnlich aufreizend?« (F. Haug, 1988, S. 46). Mir scheint, daß die Autorin hier den ›Konstruktivismus‹ zu weit treibt und vorschnell die Einwände der Diskussionsteilnehmerinnen beiseite schiebt: Denn in der Tat sind geöffnete Beine »*wirklich* aufreizend«, weil sie dem Auge des potentiellen Geschlechtspartners den Zugang zu dem eröffnen, was – völlig unabhängig von der Gesellschaftsform – das sexuelle Stimulans par excellence darstellt. Wie wir allerdings gesehen haben, ist die Vulva nicht ausschließlich sexuelles Stimulans, sondern kann, je nach Umständen, auch andere Bedeutungen haben. Im Prinzip gilt das Gleiche für die männlichen Genitalien. Entgegen dem, was Haug zu meinen scheint, kann diese Haltung auch bei Männern als sexuelles Stimulans dienen, und zwar vor allem für Homosexuelle, aber auch für Frauen – also wiederum für potentielle Sexualpartner (Abb. 210). Wie die Vulva dienen die männlichen Genitalien darüber hinaus anderen, vor allem aggressiven Zwecken – weshalb z.B. bei den Kaska ein

210 Aldo Semenzato: ›Nude‹, 1975.

junger Mann heftig gemaßregelt wurde, wenn er sich vor seinen Schwiegereltern breitbeinig hinsetzte, wobei bezüglich der Schwieger*mutter* auch das sexuelle Element eine Rolle gespielt haben mag. Cf. J.J. Honigmann, 1954, S. 127.

40 Cf. P. Burke, 1981, S. 200. Als meine jüngste Tochter noch in den Kindergarten ging, erzählte sie mir einmal, daß dort fünf- bis sechsjährige Buben mit aus der Hose hängendem Pimmelchen den Mädchen hinterherliefen, um sie einzuschüchtern und zu verjagen. Um Eindruck zu schinden und sie zu provozieren, holen auch die Jungen der Yakan auf der Insel Basilan in den südlichen Philippinen häufig vor den Mädchen den Penis aus der Kleidung. Deshalb, so heißt es, würde auch ein Mädchen, das einen badenden Jungen beobachtet, dies später herumerzählt und sich dabei über seine Genitalien lustig macht, nicht bestraft. Bestraft werden hingegen die Jungen, wenn es herauskommt, daß sie die Brüste oder die Genitalien junger Mädchen gesehen haben. Cf. A.D. Sherfan, 1976, S. 64. Auch bei den Isneg erzählt ein Mädchen, das die Genitalien eines älteren Jungen oder eines Mannes gesehen hat, dies bei den anderen Mädchen und Frauen herum, so daß der Betreffende zum Gespött wird. Aus diesem Grunde sind die Jungen und die Männer, die bisweilen bei bestimmten Arbeiten, z.B. beim Vertäuen eines Kanus, nackt sind, äußerst sorgsam darauf bedacht, daß keine Angehörige des anderen Geschlechts ihren Penis sieht. Cf. M. Vanoverbergh, 1938, S. 151.

41 Cf. J.J. Honigmann, a.a.O., S. 127. Es wird zwar stets behauptet, bei »Naturvölkern« habe es so etwas wie Pornographie nicht gegeben, doch ist dies unrichtig. So ritzten beispielsweise die Jäger der Desana-Indianer häufig Bilder von weiblichen Geschlechtsorganen in die Bäume, um Vaí-mahsë, den Herrn der Tiere, loszuwerden. Dieser folgte ihnen nämlich manchmal, um die Einhaltung der Jagdregeln zu überwachen. Sah er dann eine solche Vulva, so blieb er stehen, um vor dem Bild zu masturbieren. Cf. H. P. Duerr, 1984, S. 293.
42 Cf. P. Turnbull, 1978, S. 199.
43 Cf. R. Fine, 1990, S. 1.
44 Cf. F. Eckstein, 1935, Sp. 841.
45 Cf. T.P. Vukanović, 1981, S. 48. In Marokko ist der Glaube verbreitet, daß im Penis – wie auch in der Vulva – eine *bäs* genannte schadenbringende Kraft sich aufhalte. Deshalb bringt es Unglück, wenn man morgens den Penis eines Mannes sieht. Ist man zu einer Reise aufgebrochen und sieht einen Mann, der uriniert oder sich wäscht, soll man nach Hause gehen und die Reise verschieben. Cf. E. Westermarck, 1928, S. 167.
46 Cf. G.-J. Witkowski, 1898, S. 49.
47 Cf. Vukanović, a.a.O., S. 45. Wenn in bestimmten Gegenden Montenegros oder der Herzegowina ein Bauer pflügte und eine als Hexe oder Magierin verschriene Frau kam am Feld vorbei, ergriff er mit der Linken den Penis, während er mit der Rechten weiterpflügte.
48 Hesiod, *Erga* 727ff. Die Dhodia im südlichen Gujarāt sowie die Dhanka entfernen beim Baden im Freien nie den Durchziehschurz, weil die Entblößung des Genitalbereiches eine unverzeihliche Beleidigung der Wassergeister und je nach der Zeit eine Kränkung des Mondes oder der Sonne wäre. Cf. A.N. Solanki, 1976, S. 245; P.G. Shah, 1964, S. 82.
49 Cf. C. Gajdusek, 1970, S. 58; S.B. Hrdy, 1981, S. 65f. Der Weißlippen-Krallenaffe benutzt in solchen Fällen seine Zunge, die er heraus- und nach oben streckt (a.a.O., S. 60).
50 Cf. R. Bösel, 1974, S. 67f. Die Weibchen der japanischen Makaken (*Macaca fuscata*) präsentieren ihre Genitalien zwar nicht – das tun nur die Männchen –, aber sie ergreifen häufig die sexuelle Initiative, besteigen Männchen wie auch andere Weibchen und reiben und pressen ihre Vulva an den Partner und vollführen Beckenstöße. Cf. L. D. Wolfe, 1984, S. 148. J. van Lawick-Goodall, 1971, S. 152f., berichtet, daß die Schimpansin Fifi sich den Männchen geradezu aufdrängte, worauf diese die Lust verloren, sie zu besteigen. Anders Pooch, die immer wieder schreiend vor

den Männchen davonlief, so daß deren »Werben immer aggressiver wurde«, bis sie das Weibchen schließlich bestiegen.
51 Cf. R. D. Guthrie, 1976, S. 84.
52 Cf. V. Sommer, 1989, S. 41.
53 F. de Waal, 1989, S. 223.

Anmerkungen zu § 12

1 J. Cook, 1961, II, S. 464.
2 G. Forster, 1966, III, S. 163, 181.
3 A.a.O., S. 215.
4 Cf. J. R. Forster, 1783, S. 342.
5 Cf. z. B. E. A. Hoebel, 1965, S. 17; O. König, 1990, S. 29. Cf. auch G. Wolter, 1988, S. 12f., 18f.
6 Cf. V. Douceré, 1922, S. 223.
7 Cf. J. Layard, 1942, S. 481; M. R. Allen, 1984, S. 93.
8 Cf. B. T. Somerville, 1894, S. 368. Nach der Circumcisio, die im Alter von neun bis zwölf Jahren durchgeführt wird, tragen die Jungen der Mbotgote auf Süd-Malekula fortan ein bananenartiges Blatt (*namba*) um den Penis gewickelt, das unter den Rindengürtel gesteckt und immer wieder erneuert wird. Auch für einen Mbotgote wäre es eine große Schande, wenn eine Frau seine Eichel sähe. Cf. J. D. Hedrick, 1975, S. 19. Für den gesamten Bereich von Melanesien und Neuguinea hat schon F. Speiser, 1934, S. 137f., konstatiert, daß die Beschneidung des Penis, also die künstliche Entblößung der Eichel, jede öffentliche Nacktheit ausschließe.
9 Cf. K. G. Heider, 1979, S. 56; G. Kenntner/W. A. Kremnitz, 1984, S. 48. Einige Autoren behaupten, daß die Eichel auch vor anderen Männern nie entblößt wird, während R. Mitton, 1983, S. 56, meint, nur Frauen dürften sie nicht sehen. Jedenfalls nimmt man aus Schicklichkeitsgründen selbst Leichen das *holim* nicht ab. Cf. W. Sargent, 1976, S. 72.
10 Cf. A. Pontius, 1977, S. 166. K. G. Heider, 1977, S. 167, erklärt diese Tatsache allerdings durch das fünf Jahre lang geltende Postpartumtabu.
11 Cf. ders., 1969, S. 383f., 386ff.: »Phallic emphasis is remarkably low in Dani culture.« Zwar bestätigt W. Sargent, a.a.O., S. 16, daß die Hauptfunktion des *holim* darin liege, der Schamhaftigkeit zu dienen, doch meint er, außerdem symbolisiere es auch Tapferkeit, Reichtum und Männlichkeit und halte ferner die aufdringlichen Fliegen vom Penis weg.

12 Cf. Sargent, a.a.O., S. 60. Der Gedanke, daß die großen und hinderlichen Peniskalebassen der Dani keine reinen *Scham*bedeckungen sein können, läßt sich allerdings kaum abweisen. Zu Recht wird man einwenden, daß die Dani *das* hätten einfacher haben können.
13 Trägt ein Mann das *sanyum* und bekommt eine Erektion, muß er die Kalebasse abnehmen.
14 I. Eibl-Eibesfeldt/W. Schiefenhövel/V. Heeschen, 1989, S. 124; W. Schiefenhövel, 1982, S. 149. Auch Beleidigungen beziehen sich nicht selten auf die Eichel. Bei den Simbu (Chimbu) schreit z.B. die Frau im Streit: »Du mit deinem Kugelkopf-Pimmel!«, worauf der Mann zurückfaucht: »Du mit deiner klaffenden Votze!« Cf. J. Sterly, 1987, S. 59. Der Hodensack ist nicht schambesetzt. Alte Frauen streicheln gelegentlich jungen Männern zur Begrüßung leicht über die Hoden oder deuten diese Berührung an. Dieses Hodenstreicheln ist manchmal auch bei Eltern gegenüber ihren Säuglingen zu beobachten. Die Männer tun dies untereinander allerdings nur symbolisch, indem sie den anderen fragen: *Den duruk talebnukin-do?*, »Darf ich dich an die Hoden fassen?« Bisweilen führen die Männer die Streichelgeste auch beim Grüßen über weite Entfernungen aus. Cf. Eibl-Eibesfeldt et al., a.a.O., S. 174f. Allerdings gibt es auf Neuguinea eine Reihe von Gesellschaften, in denen sich die Männer schämten, wenn jemand ihren Hodensack sah, z.B. die Sohur. Cf. H. Nevermann, 1940, S. 175.
15 Cf. A. F. Gell, 1971, S. 171f., 174, 176. Bei den Motu an der Südostküste Neuguineas war die T-Binde der Männer auf eine Weise angebracht, daß sie den Hodensack zweiteilte und den Penis so in diesen hineinpreßte, daß er entweder völlig unsichtbar war oder wie ein dritter Hoden aussah. Es galt als äußerst beschämend, wenn jemand den Penis eines anderen sah. Cf. O. Finsch, 1885, S. 13. Auch die von den Indonesiern so genannten Orang Hutan (›Waldmenschen‹) in Westirian drücken den Penis in den Leib. Cf. R. Mitton, 1983, S. 148.
16 Cf. H. Nevermann, 1934, S. 84f., 109.
17 Cf. N. v. Miklucho-Maclay, 1878, S. 113. Die Keraki im Gebiet des Transfly bedeckten den Penis mit einer Muschel oder mit einer Zwergkokosnuß. Manchmal erschienen gewisse ältere Männer auch ohne diese Bedeckungen in der Öffentlichkeit, aber die Informanten gaben an, daß nur solche Männer dies täten, deren Eichel von der Vorhaut vollkommen verborgen werde. Cf. F. E. Williams, 1936, S. 395f.
18 Da eine Badehose nicht zu seinen Ausrüstungsgegenständen ge-

hörte, versteckte er sich fortan beim Baden im Gebüsch, sobald jemand vorbeikam. Cf. D. Maybury-Lewis, 1965, S. 248 f.
19 Cf. D. Maybury-Lewis, 1967, S. 106 f.; ders., 1965, S. 193. Die Urubu sagten, sie würden vor Scham »sterben«, wenn ein anderer Mann oder gar eine Frau sie mit offener Vorhaut sähe. Deshalb urinieren sie im Hocken und halten beim Baden die Hand vor die Genitalien. Cf. F. Huxley, 1957, S. 142 f. Die Yurúna stülpten ein kleines Palmstrohhütchen über die Eichel und drückten dann den Penis in den Leib. Cf. K. v. d. Steinen, 1885, S. 96. Die Carajá umwickelten den Penis zu Beginn der Pubertät mit einer Baumwollschnur, daß er eine kugelige Form erhielt, und die Kayapó zogen in diesem Alter einen aus Blattstreifen geflochtenen Stulp über die Eichel, und zwar so, daß die Vorhaut wie ein Wurstzipfel hervorschaute. Cf. F. Krause, 1911, S. 184, 204, 376. Wenn ein Kulisehu in die Pubertät kam, rasierte man ihm das sprießende Schamhaar ab und klemmte ihm die Vorhaut mit der Hüftschnur ab. Die Indianer sagten, dies geschehe, damit der Junge nicht in der Öffentlichkeit von peinlichen Erektionen überrascht werde. Die Trumaí banden die Vorhaut mit Hilfe eines mit Urukú rot gefärbten Baumwollfadens zusammen oder drückten den Penis so weit in die Leibeshöhle, daß man die Eichel nicht mehr sehen konnte, wobei die Bororó die Öffnung zusätzlich mit einem Stulp verschlossen. Cf. K. v. d. Steinen, 1894, S. 192 f., 198.
20 Cf. H. Becher, 1960, S. 28. Nichts ist für einen Yanomamö erniedrigender als die Tatsache, daß jemand seine Eichel sieht, und sie aus freien Stücken sehen zu lassen wäre der Gipfel der Obszönität. Wie die Shavante hocken auch sie sich beim Urinieren nieder und hoffen darauf, nicht gesehen zu werden. Um einen Jungen zu demütigen, halten seine Altersgenossen ihn manchmal mit Gewalt fest und ziehen seine Vorhaut zurück. Cf. J. Lizot, 1982, S. 57 f. Wie mir Irenäus Eibl-Eibesfeldt in einem Brief vom 28. Juni 1988 mitteilt, gelten auch jegliche Anzeichen einer Erektion als höchst peinlich.
21 Cf. A. R. Holmberg, 1950, S. 19; S. Ryden, 1941, S. 120.
22 Cf. F. Caspar, 1952, S. 155 f. Als einem jungen Mann einmal aus Versehen der Penis ein kleines Stückchen aus der Höhlung trat, interpretierte man dies als ein Anzeichen sexueller Erregung, und er wurde zur Zielscheibe allgemeinen Spottes. Cf. a. a. O., S. 158. Auch die Kayabí, Umotína sowie die Asuriní am mittleren Xingú drücken den Penis in den Hodensack. Cf. M. Schmidt, 1928, S. 95, 108; G. Grünberg, 1970, S. 107; A. Lukesch, 1973, S. 808. Die Isconahua im peruanischen Tiefland zwängten die

Vorhaut durch einen zwei bis drei Zentimeter langen und einen Zentimeter breiten Hirschknochen (*chajo jan*) und befestigten ihn mit einer Schnur an der Hüfte. Es galt als äußerst schamlos, ohne den Knochen gesehen zu werden. Cf. L. C. Whiton/H. B. Greene/R. P. Momsen, 1964, S. 89. Bei den Duludy am Rio Jaraucu banden sich lediglich die *verheirateten* Männer das aus einem Blatt der Inajá-Palme hergestellte *orano* um die Eichel, und sie trugen für alle Fälle stets ein Reserveblatt in ihrem durchlöcherten Ohrläppchen. Cf. C. B. Ebner, 1941, S. 364.

23 Cf. Hr. Jagor, 1885, S. 574. Bei den Tembu und den Fingo war es den Ältesten gleichgültig, ob ein vorpubertärer Junge die Peniskalebasse (*isidla*) trug oder nicht, da dessen Vorhaut ja im Gegensatz zu der eines älteren Jungen oder eines Mannes die Eichel bedeckte. Cf. B. J. F. Laubscher, 1937, S. 76. Bei den Tamberma konnte ein Greis es sich leisten, ohne Penisfutteral in der Öffentlichkeit zu erscheinen, doch ein sexuell aktiver Mann nie. Bei gewissen erotischen Tänzen versuchten indessen die Frauen, unter dem obszönen Gejohle und Kreischen der Zuschauer ihrem Partner das Futteral herunterzureißen. Cf. S. Lagercrantz, 1976, S. 18. Die Jungen der Namdji in Kamerun erhielten dann ein Penisfutteral (*meryo*), wenn man sie für fähig hielt, mit einer Frau zu schlafen. Cf. M. Leiris, 1978, S. 173. Es wurde unter dem Schamschurz getragen und galt als ein so intimes Kleidungsstück, daß selbst die eigene Frau es nicht sehen durfte. Wenn ein Thonga nach der Reife kein *shifado* trug, hielt man ihn für unmoralisch und glaubte, daß er sich nachts über die Frauen anderer Männer hermache. Cf. Lagercrantz, a.a.O., S. 28f, 36f. Paul Parin sagte mir (mündliche Mitteilung vom 21. Oktober 1986), daß die Bassari in der Trockensteppe des nordwestlichen Guinea, die lediglich ein Penisfutteral aus Hirsestroh tragen, sich äußerst schamhaft abwenden oder hinter einem Busch verschwinden, wenn sie einmal gezwungen sind, das Futteral zu entfernen.

24 Cf. S. Lagercrantz, a.a.O., S. 39, 43. Auch bei den Ngqika wurde ein solches Vergehen bestraft. Wer – aus Absicht oder versehentlich – einem Mann das Futteral wegriß, mußte eine Buße von einem bis fünf Stück Vieh entrichten. Als ein Weißer einmal aus Jux einem Xhosa das Futteral vom Penis zog, wurde er von dem empörten Mann gespeert. »Kaffer workers« in den Diamantenminen von Kimberley, die beschnitten waren, bedeckten bei den ärztlichen Untersuchungen stets den Penis mit den Händen, was die Unbeschnittenen, deren Eichel von der Vorhaut bedeckt war, nicht taten. Cf. a.a.O., S. 43. Wenn die Frauen der Ila Schwerarbeit verrichten, singen sie zur Entlastung häufig ob-

szöne Lieder, die sich auf die zurückgeschobene Vorhaut beziehen (»Der Mann mit der nackten Eichel ...«). Cf. E. E. Evans-Pritchard, 1965, S. 78. Bei den Ibo durfte eine Frau nie den Penis eines Mannes sehen, wie auch der Mann nie die Vulva seiner Frau betrachten durfte. Cf. R. Brain, 1980, S. 256. Auch eine Zulufrau durfte den Penis ihres Mannes weder sehen noch berühren, und die Kinder wurden davor gewarnt, bei ihren Eltern zu ›peepen‹. Cf. O. F. Raum, 1973, S. 86. Die Dan bedeckten beim Baden selbst dann mit den Händen die Genitalien, wenn keine Frau in der Nähe war. Cf. H. Himmelheber, 1957, S. 44. Die Kaguru benutzen in solchen Fällen die linke Hand, oder sie klemmen die Genitalien zwischen die Oberschenkel. Sie sagen, daß man einen Menschen, den man nackt gesehen habe, nicht mehr respektieren könne. Cf. T. O. Beidelman, 1973, S. 135; ders., 1966, S. 367. Ähnlich auch die Songhai am Nigerbogen. Cf. J. Rouch, 1954, S. 49. Cf. auch J. Lydall/I. Strecker, 1979, I, S. 119 (Hamar); H. Himmelheber, 1986 (Baule); P. Vidal, 1976, S. 112 (Gbaya); B. Stefaniszyn, 1964, S. 101 (Ambo). Die Männer der Hottentotten trugen ursprünglich Penisfutterale, während es den Buben genügen mußte, daß ihr Penis hochgebunden wurde, wie es bereits im Jahre 1505 Balthasar Springer beschreibt: »Den yungen knäblin binden sy ire schwentzlin über sich« (zit. n. W. Hirschberg, 1963, S. 173).

25 Cf. B. Danielsson, 1956, S. 61 f.; R. I. Levy, 1974, S. 292. Auf Ulithi im Archipel der Karolinen achteten die Männer sehr darauf, daß ihre Genitalien von niemandem, vor allem nicht von den Frauen gesehen wurden. Doch am schlimmsten wäre es gewesen, wenn ein Kind sie gesehen hätte. Cf. W. A. Lessa, 1966, S. 78.

26 Cf. R. Linton, 1939, S. 168.

27 A. Krämer, 1903, II, S. 290.

28 Der unbeschnittene, mit Smegma behaftete Penis wird auf Mangaia häufig *ure piapia*, »stinkender Penis«, genannt (cf. D. S. Marshall, 1971, S. 112), und es heißt, daß sich z. B. auf den Gesellschaftsinseln eine Frau aus diesem Grunde ungern mit einem Europäer eingelassen habe. Cf. E. Beuchelt, 1978, S. 113.

29 Cf. D. S. Marshall, a. a. O., S. 108, 110.

30 Wenn sich affinale Verwandte am Strand aufhielten, blieben die Männer im Wasser, bis sie gegangen waren.

31 Cf. R. Firth, 1936, S. 194, 314, 472.

32 Cf. I. Pfluger-Schindlbeck, 1989. S. 91 ff.

33 Cf. A. Petersen, 1985, S. 23.

34 R. Girtler, 1990, S. 339, schreibt, meine Behauptung, die κυνοδέσμη sei aus Schamgründen angelegt worden, erscheine »künst-

lich und an den Haaren herbeigezogen«, was er freilich *argumentativ* nicht untermauert. Die Gründe, die für die ›Schamthese‹ sprechen, habe ich an anderer Stelle angeführt. Cf. H. P. Duerr, 1990, S. 541. Daß die Eichel damals schambesetzt war, geht auch aus einer Stelle bei Galen hervor, an der er erklärt, daß die Vorhaut ebenso wie das Schamhaar aus Gründen der Scham existierte. Cf. G. Sissa, 1990, S. 112.
35 Cf. J.-P. Thuillier, 1988, S. 36ff.
36 So z.B. P. J. Ucko, 1969, S. 54. Auch J. Zwernemann, 1983, S. 497, meint, es sei »recht unwahrscheinlich«, daß die Vorhaut aus Schamgründen zusammengebunden werde, aber seine Begründung bleibt mir ein Rätsel.
37 Cf. E. A. Hoebel, 1958, S. 240. Bei den Comanche hörte ein Junge etwa im Alter von 10 Jahren damit auf, sich vor dem Schlafengehen in Anwesenheit seiner Schwester zu entkleiden. Cf. T. Gladwin, 1948, S. 83. Die Jungen und Mädchen der Mohave badeten bis zum Alter von 6 oder 7 Jahren gemeinsam, doch bedeckten sie, wenn sie sich auf einer Flußbank trockneten oder sonnten, den Genitalbereich mit den Händen oder mit Schlamm (Abb. 211). Cf. W. J. Wallace, 1948, S. 30ff. Wie mir Devereux

211 Mohavekinder, um 1890.

erzählte, fühlten sich schon diese kleinen Wichte beschämt, wenn jemand ihre Eichel sah. Bezeichnenderweise hätten sich einst zwei junge Mohavemädchen an zwei Männern, von denen sie tödlich beleidigt worden waren, dadurch gerächt, daß sie ihnen, als sie sturzbesoffen auf dem Boden lagen, die Vorhaut zurückzogen und die Eichel bunt bemalten. Schwamm ein erwachsener Mohave völlig nackt im Fluß, so konnte es geschehen, daß

Modhar Hatâmâlâ, ein schlangenartiges, phallisches Ungeheuer, über den Schamlosen herfiel und ihn anal vergewaltigte. Cf. G. Devereux, 1981, S. 124. Wenn die Männer der Nez Perce gemeinsam in der Schwitzhütte badeten, hielten sie mit der Hand den Penis, nicht aber den Hodensack bedeckt. Cf. D. E. Walker, 1966, S. 147f., 160. Sogar die für ihr obszönes Verhalten berüchtigten rituellen Clowns der Hopi, die splitternackt auf der Plaza tanzten, hielten sich dabei die Genitalien mit der Hand zu. Cf. M. Titiev, 1972, S. 51. Sexuell aktive Männer bewegten sich anscheinend nie ohne Schambedeckung in der Öffentlichkeit. Noch im frühen 19. Jahrhundert trugen die Männer der Blackfeet zwar keine Lendenschurze, aber dafür lange Lederstrümpfe, die am Gürtel befestigt waren und die einander höchstwahrscheinlich vor dem Genitalbereich überlappten. Cf. J. C. Ewers, 1958, S. 38. Bei den südlichen Paiute kam es zwar vereinzelt vor, daß ein alter Mann bei heißem Wetter auf seinen Schamschurz verzichtete, aber üblich war das nicht. Cf. I. T. Kelly/C. S. Fowler, 1986, S. 373. Um die Mitte des vorigen Jahrhunderts notierte der Maler Friedrich Kurz während seines Aufenthalts bei den Iowa in seinem Tagebuch: »Im hohen Sommer sind sie«, d. h. die Männer, »bis auf das nie fehlende Lendentuch und die wollene Decke ganz nackt, was mir die so sehr gewünschte Gelegenheit verschaffte, lebendige Antiken zu studieren« (F. Kurz, 1894, S. 35). Cf. auch A. I. Hallowell, 1955, S. 301 und R. Landes, 1938, S. 31 (Ojibwa); D. McCall, 1980, S. 239 (Irokesen).

38 Sie selber trugen eine 25 bis 40 cm lange Penishülle aus zwei dikken Lagen von Arumablättern, die *gaá*, »Blatt«, genannt wurde und die jeder Junge mit etwa 12 Jahren erhielt. Cf. H. Dengler, 1927, S. 118; W. H. Kracke, 1978, S. 24. Die Parintintin hätten es nie zugelassen, daß der Blick eines Mannes auf ihre Eichel gefallen wäre, und wenn sie diese wuschen, kehrten sie den anderen Männern den Rücken zu. Cf. C. Nimuendajú, 1948, S. 290.

39 Cf. W. D. Hammond-Tooke, 1962, S. 81. Ähnlich äußerten sich auch die Swazi, die ihre Eichel mit einer kleinen Kalebasse vor den Blicken der anderen schützten. Cf. B. A. Marwick, 1940, S. 85. Dagegen waren die brasilianischen Tupari der Auffassung, daß Hosen dem Penisstulp gleichwertig seien, und benannten sie mit demselben Wort (*támaram*). Cf. F. Caspar, a.a.O., S. 156.

40 Cf. G. Nachtigal, 1881, II, S. 574. Bei den Haussa gibt es die Überlieferung, nach der Adam seinen Sohn verfluchte, weil dieser die Genitalien seines Vaters gesehen und darüber gelacht hatte. Als Folge des Fluches wurden der Sohn und seine Nachkommen schwarz. Cf. F. W. Kramer, 1987, S. 32.

41 Cf. J. D. E. Schmeltz, 1904, S. 200f. Cf. auch C. Nimuendajú, 1952, S. 36 (Tukuna); C. Wagley, 1977, S. 127 (Tapirapé); A. F. Gell, 1971, S. 167f. (Umeda); G. v. Koenigswald, 1908, S. 223, F. Krause, 1911, S. 204 (Carajá); P. Ehrenreich, 1890, S. 86 (Bakaïri, Mehináku, Trumaí); Y. Murphy/R. F. Murphy, 1974, S. 54 (Mundurucú); J. D. Haseman, 1912, S. 342 (Pawumwa); B. Frank, 1981, S. 137f. (Kulere). Die Männer der Guayakí halten sich bei ärztlichen Untersuchungen die Vorhaut zu. Cf. H. Baldus, 1972, S. 499. Bei den Magar im Himalaya gibt es die Redewendung »Du kannst mir nicht die Vorhaut zurückziehen«, was soviel bedeutet wie »Du kannst mich nicht an der Nase herumführen« (Michael Oppitz: Brief vom 17. März 1986).
42 Cf. G. F. Vicedom/H. Tischner, 1948, S. 55.
43 Cf. G. J. Held, 1957, S. 86.
44 Cf. H. Nevermann, 1939, S. 15, 17. Dieselbe Scham zeigten auch die Marind-anim, nicht aber die Sohur. Cf. ders., 1940, S. 175.
45 Die Männer der Sambia bedecken auch dann, wenn sie unter sich sind, voreinander die Genitalien, und vor allem die Jugendlichen haben eine geradezu panische Angst davor, daß ein junges Mädchen oder eine Frau sie nackt sehen könnte. Cf. G. H. Herdt, 1981, S. 165. Ein Manus-Mann würde sich nie vor einem anderen ausziehen (cf. M. Mead, 1965, S. 189), und auch die Santa Cruz-Insulaner entledigten sich beim Baden ihrer Kleidung stets unter Wasser. Cf. W. Davenport, 1965, S. 182. Cf. auch E. G. Burrows/M. E. Spiro, 1957, S. 296f. (Ifaluk) und T. Gladwin/S. B. Sarason, 1953, S. 115 (Truk). Ließen sich früher bei den Belu auf Timor ein Jugendlicher oder ein Mann unbekleidet sehen, wurden sie streng bestraft (cf. B. A. G. Vroklage, 1952, S. 428), und bei den westlichen Toradja in Mittel-Celebes fiel es einem ›Urzeit-Heroen‹ leicht, den Reis aus dem Himmel zu stehlen: Er versteckte ihn einfach in seiner Hose, wo die Götter aus Anstandsgründen nicht nachschauen konnten. Cf. A. E. Jensen, 1963, S. 150. Als Ethnologen auf Siberut im Mentawai-Archipel mit Badehosen ins Wasser gingen, empfanden die Männer der Sakuddai diese Art von Kleidung als schamlos: Sie sagten, von weitem könne man nicht einmal sehen, ob die Fremden überhaupt etwas anhätten, doch der Hauptgrund lag wahrscheinlich darin, daß sich in den Badehosen die Genitalien abzeichneten. Bei den einheimischen Lendenschurzen (*tjawat*), die zwischen den Beinen durchgezogen und um die Hüften gewickelt werden, wird dies dadurch vermieden, daß das eine Ende zusätzlich über den Genitalbereich fällt. Cf. R. Schefold, 1980, S. 72; P. Wirz, 1929, S. 135f. Auch Henning Eichberg schreibt mir (in einem

Brief vom 28. Mai 1986), daß die Sakuddai seine Shorts für unanständig ansahen. Ähnlich erging es mir bei den Ata Kiwan im Osten von Flores, wo die jungen Mädchen mir auf anzügliche Weise auf die nasse Badehose schauten und dabei tuschelten und kicherten. Von den Angehörigen der indischen »tribes« wird gesagt, daß sie im allgemeinen ihren Genitalbereich in einem früheren Alter bedecken als die Hindus oder Moslems (cf. S. Fuchs, 1960, S. 51) – einem Santal beispielsweise, der sich öffentlich entblößte, drohte früher selbst dann eine saftige Strafe, wenn er zum Baden ging oder betrunken war. Cf. W. G. Archer, 1974, S. 80. Eine Ausnahme bildeten die Miri- und die Konyăk-Naga, bekannt unter dem Namen »Nackte Naga«, die so genannt wurden, weil sie nicht selten nackt in den Feldern arbeiteten. Die Ao-Naga verachteten sie deshalb und sagten, sie seien nicht besser als die Schweine oder die Hunde. Cf. W. H. Furness, 1902, S. 454; C. v. Fürer-Haimendorf, 1969, S. 12. J. H. Hutton, 1921, S. 13, erzählt, daß die ihn begleitenden Sema-Naga ihre Lasten abgelegt hätten und in ein unkontrolliertes Gelächter ausgebrochen seien, als sie zum ersten Mal einige Konyăk-Naga sahen, obgleich diese nicht viel weniger anhatten als sie selber. Allerdings war auch den »Nackten Naga« eine ausgesprochene Eichelscham eigen und sie zogen – insbesondere wenn Frauen sich näherten – die Vorhaut durch einen Ring. Cf. Hr. Jagor, 1885, S. 574. Wenn die Männer der Semai baden gingen, hielten sie sich die Hand vor die Genitalien, bis sie im Wasser waren. In einem normalen Gespräch hätte niemand die Wörter für die Genitalien benutzt. Cf. R. K. Dentan, 1968, S. 62f. Nach M. Gusinde, 1956, S. 57, zeigten sich die Männer der Mbuti nie nackt, aber bisweilen deuteten die Buben »mit geilem Kichern« auf einen Mann, der seinen Schurz so nachlässig angebracht hatte, daß man ›etwas‹ sehen konnte. Cf. ders., 1942, S. 364. Nach P. Schebesta, 1948, S. 347, erregten solche Situationen Heiterkeit, und zwar besonders in der Damenwelt. Deswegen impft man den Initiantinnen der Baruya in Neuguinea ein: »Lache nicht, wenn der Schurz deines Mannes schlecht sitzt und seine Genitalien sehen läßt. Er würde sich schämen.« In der Tat kommt es nicht selten vor, daß ein Mann oder eine Frau sich erhängen, weil jemand durch Zufall ihre Geschlechtsorgane gesehen hat, und deshalb macht man auch eine Person, die tiefe Einblicke bietet, nie darauf aufmerksam. Cf. M. Godelier, 1987, S. 70, 92. Als Paradebeispiele für Schamfreiheit werden immer wieder die Eskimo angeführt, aber bei näherer Betrachtung ergibt sich auch bei ihnen ein anderes Bild. Nachdem beispielsweise Frobisher 1577 im York-Sund einen männlichen und einen weiblichen Eskimo erbeutet hatte, stellte man verwundert fest, daß »the man would never shift himself, except he had first caused the woman to depart out of his cabin, and they both were most shamefast, lest any of their private parts should be discovered, either of themselves, or any other body« (zit. n. W. C. Sturtevant/D. B. Quinn, 1987, S. 77). Auch in den Hütten und Winterhäusern waren die Eskimo nie völlig nackt: In Labrador und in Ost-Grönland trug man z.B. kleine dreieckige Schurze, die um die Hüfte und zwischen den Beinen hindurch mit einer Schnur befestigt waren. Cf. K. Birket-Smith, 1959, S. 110. Die Angmagssalik trugen sehr kurze Hosen, *naassit* genannt (cf. J. P. Hart Hansen et al., 1991, S. 129f.; R. Petersen, 1984, S. 630), oder einen ledernen Schurz (cf. R. Gessain, 1974, S. 237f.), die Polar-Eskimo eine Bärenfellhose (cf. K. Rasmussen, 1920, S. 25; J. Malaurie, 1979, S. 378), und die kanadischen Utkuhikhalingmiut vermieden nach Möglichkeit jede Entblößung vor anderen (*kanngu*), vor allem die der Genitalien. Cf. J. L. Briggs, 1970, S. 93, 350. Die Männer zogen im Knien die Hosen aus, rutschten in den Schlafsack und entledigten sich dann erst ihrer Parkas. Cf. dies., Brief vom 30. Oktober 1986. Den Kleinkindern der Utku wie auch denen der Qipi brachte man dadurch Körperscham bei, daß man – halb spöttisch, halb aggressiv – zu den Mädchen sagte: »Paß doch auf, man sieht ja deinen Po!« und zu den Buben: »Ich zieh dich gleich am Pimmel!« Cf. dies., 1975, S. 168. Aber auch die Männer, die weder Hose noch Durchziehschurz trugen, waren nicht völlig nackt. So beobachtete in den frühen achtziger Jahren Kapitän Johan Adrian Jacobsen in Alaska, wie die Männer vor dem Baden die Eichel mit einer Schnur umwickelten (cf. Hr. Woldt, 1885, S. 575), was andere Berichterstatter bestätigten, die sahen, wie die Männer die Vorhaut zuschnürten. Cf. H. Schurtz, 1900, S. 403. Trotzdem genügte natürlich eine solch knappe Kleidung bisweilen, fremde Gäste zu schockieren. So berichtet Fridtjof Nansen, daß die ostgrönländischen Kap Bille-Eskimo in den Hütten ihre Hauskleidung, *nâtit*, getragen hätten, die freilich so knapp bemessen war, »daß ein ungeübtes Auge nicht sonderlich daran hängen bleibt«. Einige seiner Begleiter seien bei einem Besuch errötet, und zwar insbesondere die Lappen, die Nansen mit auf die Expedition genommen hatte. Cf. F. Nansen, 1891, S. 330f., ferner ders., 1903, S. 20. Die Lappen hatten sehr hohe Schamstandarde, und wie der oben erwähnte Jacobsen berichtet, wollte ein erkrankter Lappe, der während einer Völkerschau ins Krankenhaus gebracht worden war, partout »seine Kleider nicht ablegen. Am Ende bekamen wir ihn dahin, aber seine Hosen

weigerte er sich auszuziehen« (zit. n. H. Thode-Arora, 1989, S. 100). Wie mir Ludger Müller-Wille in einem Brief vom 19. Februar 1986 mitteilt, hat sich dieser Standard bei jenen Lappen, die auf finnischem Staatsgebiet leben, etwas geändert, da sie inzwischen von den Finnen die Saunakultur übernommen haben.
46 J. van Ussel, 1970, S. 64.
47 Cf. R. Muchembled, 1988, S. 223.
48 Cf. D. Z. Tuzin, 1972, S. 239f.
49 Jan van Baal: Brief vom 22. Oktober 1986.
50 N. Elias, 1939, II, S. 320.
51 Eine typisch evolutionistische Theorie über die Bedeutung der Schambedeckungen hat Gerson formuliert. Er meint, die »Wilden« seien so kindisch wie die Jungen, die lachen, wenn einem die Mütze davonfliegt: Bekomme nämlich einer eine Erektion, dann könnten die anderen sich vor Lachen nicht mehr halten, und zwar nicht deshalb, weil ein erigierter Penis ein beschämender oder peinlicher, sondern weil er ein lächerlicher Anblick sei. Warum aber tragen auch die Frauen Schambedeckungen? Gerson ist durchaus bereit, zuzugestehen, daß Frauen keinen Penis haben, der erigieren könnte: »Bei dem weiblichen Geschlecht ist ja außer einigen Haaren an der betreffenden Stelle kaum etwas zu verdecken.« Deshalb meint er, daß die Frauen den Männern, ihren Vorbildern, diese Gewohnheit einfach nachgeahmt hätten. Eine Genital*scham* kennen nach ihm auf dieser Stufe der gesellschaftlichen Entwicklung beide Geschlechter nicht: »Warum auch sollte der Wilde sich seiner Schamteile schämen, die er doch zu einer von der Natur gebotenen Handlung braucht, wie er den Mund zum Essen und die Ohren zum Hören braucht? Schämt sich der Wilde etwa seiner Hände und seiner Augen?« (A. Gerson, 1919, S. 23ff.). Daß man genau dieselbe Frage bezüglich der »zivilisierten« Menschen stellen könnte, macht Gerson sich allerdings nicht klar.
52 Cf. P. Clastres, 1972, S. 201.
53 Cf. C. Lévi-Strauss, 1948, S. 65; ders., 1978, S. 279.
54 Cf. C. Wagley, 1977, S. 158f.
55 Cf. G. Friederici, 1912, S. 156.
56 Die Eichel der Marind-anim sei stets »well covered by a fairly long prepuce« (J. van Baal, a.a.O.).
57 Edward E. Evans-Pritchard: Mündliche Mitteilung vom 30. Januar 1971. Cf. auch ders., 1947, S. 116; T. O. Beidelman, 1968, S. 122. Wenn ein Nuer unterwegs seinen Schwiegervater und vor allem seine Schwiegermutter traf, mußte er auf der Stelle seinen Genitalbereich bedecken. Hatte er nichts zur Hand, mit dem er

dies tun konnte, verließ er so schnell wie möglich den Weg, um eine Begegnung zu vermeiden, denn es genügte nicht, daß er die Hände über die Genitalien hielt. Cf. H. C. Jackson, 1923, S. 153; ferner R. Huffman, 1931, S. 37; P. Howell, 1954, S. 89; E. E. Evans-Pritchard, 1948, S. 3f.; ders., 1956, S. 178; T. O. Beidelman, 1966, S. 458; ders., 1981, S. 149; H. T. Fischer, 1966, S. 63 f.; S. Hutchinson, 1980, S. 372. Die Lango sagten, der Grund für diese Meidung (*woro maro*) liege darin, daß es beschämend sei, wenn eine Frau den Penis sähe, mit dem ihre Tochter beschlafen wurde. Deshalb kamen die Lango-Frauen nicht selten dem Gelegenheitsliebhaber ihrer Tochter auf die Schliche: Es fiel ihnen nämlich auf, daß der Betreffende ihnen stets aus dem Wege ging. Cf. J. H. Driberg, 1923, S. 159 f. Auch die Männer der Schilluk gingen früher unbekleidet (cf. E. E. Evans-Pritchard, 1971, S. 158), und als ein Mann auf einem Nilschiff zufällig die Frau des Bruders seines Schwiegervaters traf, sagte er zu seinen Freunden, die Frau werde jetzt bestimmt bei den anderen Frauen herumtratschen, sie habe seinen Penis gesehen. Cf. C. G. Seligman/B. Z. Seligman, 1932, S. 60. Cf. auch A. Butt, 1952, S. 26, 85 (Luo, Atcholi).

58 Auch der After ist sehr schambesetzt, und die Dinka-Männer vermeiden es deshalb, sich – z. B. beim Gärtnern – vornüberzubeugen (Godfrey Lienhardt: Brief vom 4. November 1986). Irene Leverenz schreibt mir (in einem Brief vom 5. September 1986), daß auch sie bei den Dinka nie eine Erektion gesehen habe: »Bei langen Sitzungen hat mich eine rasche Armbewegung allerdings zuweilen aufmerksam gemacht und ich fragte mich, ob sie mit einer Erektion zu tun hatte.« Auch die Dinka hatten eine große Eichelscham, und als im vergangenen Jahrhundert europäische Ärzte ihren Penis untersuchen wollten, weigerten sich die Männer strikt. Cf. C. Lombroso/M. Carrara, 1897, S. 22. Die Männer der Atcholi achteten gleichermaßen darauf, daß niemand mit ihren Genitalien in Berührung kam, oder wie ein Mann es formulierte: »Beim Tanz zeigt man seine Männlichkeit, doch wehe dem, der die Hoden eines anderen berührt!« (O. p'Bitek, 1982, S. 25).

59 Irenäus Eibl-Eibesfeldt: Brief vom 28. Juni 1988.

60 Cf. R. M. Berndt/C. H. Berndt, 1951, S. 19, 23. Odorich von Pordenone, der auf einer Reise nach China im frühen 14. Jahrhundert die Nikobaren besuchte (cf. F. Reichert, 1987, S. 537), berichtet von den Männern dieser Inseln: »E venendo elli sopra la nave vedendoli tuti vestiti et elli per verghognia dela loro nudicia«, was 600 Jahre später ein Mitbruder Odorichs mit der Einfü-

gung versah: »tentarono di sottrarsi agli sguardi altrui« (»Sie versuchten sich den Blicken zu entziehen«). Wie mir Folker Reichert (mündliche Mitteilung vom 5. Juli 1988) sagt, lautet die Originalstelle im Manuskript (Venedig, Bibl. Marciana, Cod. it. Cl. XI 32): »si misero lo loro membro da (in)generare tralle cosscie si che facieva la ficha dietro. Di che tuti quelle de la nave chominziaro a ridere« (»Sie steckten ihr Zeugungsglied zwischen die Schenkel, wie wenn sie die Feige rückwärts machten. Daher fingen die Leute vom Schiff an zu lachen«). In der italienischen Forschung wird zwar die Meinung vertreten, der Text sei nicht authentisch (cf. C. Petrocchi, 1932, S. 209), doch hätte es für einen mittelalterlichen Erfinder von Fabelgeschichten sicher nähergelegen, die Schamlosigkeit und nicht die Schamhaftigkeit der Wilden zu dokumentieren. Nach den frühen Berichten zu urteilen, die freilich von unterschiedlichem Quellenwert sind, bedeckten anscheinend die Nikobaresen im Gegensatz zu ihren Frauen den Unterleib nicht, vergleichbar den Männern der Jarawa auf Klein-Andaman, die ebenfalls bis vor kurzem noch nackt waren. Bereits im 7. Jahrhundert nennt ein berühmter chinesischer Indienpilger die Nikobaren ›Inseln der Nackten‹ (Lo-jen-kuo), denn »die Männer sind alle splitternackt; die Frauen bedecken ihre Schamteile mit Blättern« (zit. n. R. Ptak, 1990, S., 354). Odorich berichtet dagegen, die Insulaner trügen nichts »außer einem Tuch, in das sie ihre Scham hüllen« (zit. n. R. Jandesek, 1987, S. 97), was etwas später John Mandeville aufgreift: »Und sie gehen auch alle nackt; nur um die Schamteile tragen sie ein Tuch« (J. Mandeville, 1989, S. 202). Dagegen verlautet Ma Huans *Ying-yai sheng-lan* im frühen 15. Jahrhundert: »Männer und Frauen sind nackt; sie tragen nicht einen Zoll Stoff und gleichen wilden Tieren. [...] Die Menschen erzählen sich, daß ihnen sofort Geschwüre wachsen würden, wenn sie auch nur einen Zoll Kleider am Körper trügen. Früher, als Śākyamuni (= Buddha) einmal über das Meer kam, hier an Land ging, sich seiner Kleider entledigte und ins Wasser stieg, um zu baden, nahmen (die Eingeborenen) die Kleider weg und versteckten sie, weswegen sie von Śākyamuni mit einem Fluch belegt wurden und bis heute keine Kleider tragen können.« Schließlich bestätigt kurze Zeit danach Fei Hsin, der anscheinend selber auf den Nikobaren gewesen war, die Nacktheit der Bewohner, fügt aber einschränkend hinzu: »Sie nehmen lediglich Baumblätter, welche sie zusammenbinden, um ihre Hüften zu bedecken.« (Zit. n. R. Ptak, a.a.O., S. 355f.).
61 Cf. W. H. Kracke, 1978, S. 209.

62 Cf. J. W. M. Whiting, 1941, S. 49f. C. Kaufmann, 1988, S. 37, der die Auffassung vertritt, der von Elias beschriebene Zivilisationsprozeß lasse sich auch in der Entwicklung anderer Gesellschaften nachzeichnen, führt als Beispiel die Kwoma an, bei denen er Feldforschungen durchgeführt hat: »1972 stießen die Fotos von 1912 (Abb. 92), die nackte Frauen zeigten, auf zum Teil ungläubiges Staunen«, so schreibt er, »ja auf Ablehnung. Die nackten Männer, ja das sind ja unsere Verwandten von damals – man vermochte sogar auf den Fotos einzelne Individuen namhaft zu machen –, die nackten Frauen aber, die müssen weit weg, ›bei den ungebildeten Wilden im Busch‹ gelebt haben, so belehrten mich die von mir befragten Gewährsleute. Diese – es handelte sich dabei ausschließlich um ältere Männer – fingen beim Anblick der nackten Frauen an zu grinsen, sich anzustupfen und die Bilder einander weiterzureichen wie Halbwüchsige im Besitze leicht gewagter Variété-Fotos. Sie hatten das traditionelle Erscheinungsbild der eigenen Gesellschaft von vor sechzig Jahren offensichtlich in ihrer eigenen Erinnerung schon verändert.« Was der Ethnograph freilich völlig unberücksichtigt läßt, ist die von Whiting beschriebene Tatsache, daß die Frauen sich bereits in der ›nackten Zeit‹ dagegen sperrten, photographiert zu werden, nachdem sie einmal verstanden hatten, was das Photographieren bedeutete: Sie befürchteten nämlich, daß hinterher die Männer auf den Bildern »ihr Etwas« (*enji mbumbowi*) betrachteten, wie sie sich euphemistisch ausdrückten, und sich dabei aufgeilten. Cf. H. P. Duerr, 1988, S. 136. Denn auch damals – genau wie heute – war es einem Mann verboten, eine nackte Frau direkt anzuschauen. Wenn dies zutrifft – und es gibt keinen Grund, den Beobachtungen Whitings zu mißtrauen –, kann man sagen, daß der den Kwoma von Missionaren und Regierungsbeamten aufgezwungene »Zivilisationsprozeß« sich bezüglich der Schamschranken im wesentlichen darauf beschränkt, daß die durch Blickregulierungen geschaffenen ›Phantomkleider‹ durch Textilien ersetzt wurden. Aber dies ist natürlich nicht der »Prozeß der Zivilisation«, den Elias und seine Anhänger im Auge haben.
63 J. E. Keidel, 1909, S. 23 f. Da die Vulva der Frau von Natur aus versteckt sei, so der Autor weiter, habe sie solche Probleme nicht. Doch weit davon entfernt, die Freikörperkultur nun für Frauen als unbedenklich zu erklären, empfiehlt er denselben »Hosenträger mit die Brüste bedeckenden, scheibenförmigen Verbreiterungen« oder er meint, es genüge, wenn die Dame »einen Schal um den Nacken und kreuzweise über die Brust schlägt und auf dem Rücken zusammensteckt« (a. a. O., S. 31 f.). Im-

merhin wäre auch eine solche ›Sonnenbadkleidung‹ zur damaligen Zeit recht gewagt gewesen.
64 W. Kuppel, 1981, S. 40. Als gegen Ende der sechziger Jahre in dem Heidelberger Studentenwohnheim ›Collegium Academicum‹ eine »gemischte Dusche« eingerichtet wurde, opponierten vor allem Mitglieder des Heidelberger SDS gegen diese Neuerung, und zwar mit der Begründung, es handle sich hier um einen typisch »anarchistischen«, d. h. »kleinbürgerlichen« Akt: Die Gesellschaft könne aber nicht durch Veränderungen im »Überbau«, sondern nur in der »Basis« revolutioniert werden. Wie die Opponenten freilich später eingestanden, war es weniger die Sorge um den richtigen revolutionären Weg, die sie bewegte, sondern eher die Befürchtung, ihre Zeugungsglieder könnten ihren Normalzustand verändern. Solche Ängste teilten die Linken jener Zeit im übrigen auch mit manchen zeitgenössischen »Swingern«. So meinte etwa ein Nudist, der regelmäßig an Partnertauschparties teilnahm: »When I'm in a swinging association, in a group, I'm still kind of half embarrassed if I have an erection. I don't want to be too obvious and I'll slip out of there any way that I can get out of it. A lot of men are kind of proud of it, but I'm not.« Cf. C. Symonds, 1971, S. 96.
65 Cf. M. Müller, 1954, S. 22 ff. Ob die Eva damit bestraft wurde, daß sie nicht länger Herrin über ihre Vaginalsekretion war, wird von Augustinus nicht thematisiert, wäre aber folgerichtig. Ambroise Paré meinte später, die Frauen würden sich besonders schämen, wenn man sie im Augenblick des Anschwellens ihrer »nimphes« betrachtete. Cf. T. W. Laqueur, 1989, S. 117. Manche Frauen scheinen recht froh darüber zu sein, daß ihnen ein so vorwitziges Organ wie der Penis fehlt: »Ein Glück, daß meine Vagina nicht reden kann, mir nicht dazwischenreden kann, wenn ich nicht will! Männer können eine Erektion nicht verbergen!« (M. Halsband, 1991, S. 316).
66 Cf. D. Lindner, 1929, S. 62 f. So meinte Augustinus auch, daß die Frauen dereinst im Paradies zwar Brüste, Genitalien und dergleichen hätten, daß diese jedoch den Betrachter nicht mehr sexuell stimulierten. Die Geschlechter betrachteten sich dann nämlich mit interesselosem Wohlgefallen: es gäbe wahre Liebe (*caritas*), aber keine Lust (*cupiditas*). Cf. C. McDannell/B. Lang, 1988, S. 62 f. Auch heute noch führen Theoretiker das Schamgefühl darauf zurück, daß die Genitalien kaum kontrollierbar seien. Cf. z. B. A. Lowen, 1967, S. 52.
67 Cf. M. Müller, a.a.O., S. 25 f. Wenn also P. Brown, 1988, S. 416 f., konstatiert, Augustinus sei nicht gegen die Lust als sol-

che, sondern gegen die dem Willen entzogene Lust gewesen, so gilt dies nur für den späten Augustinus. Auch für Albertus Magnus und für Thomas v. Aquin ist die Geschlechtslust im Paradies vorhanden, und zwar sogar noch größer und reiner (*maior et sincerior*) als hienieden, jedoch steht sie, wie Albert hinzufügt, *sub imperio rationis*. Cf. K. H. Bloch, 1989, S. 335. Was den paradiesischen Koitus anbelangt, so setzte sich im Verlaufe der Zeit die These des Augustinus, daß der Geschlechtsverkehr, falls es ihn wirklich gegeben habe, ohne *voluptas* und ohne *ardor* vonstatten gegangen sei, nicht einhellig durch, und besonders ein Schüler Abaelards, Robert v. Melun, meinte um die Mitte des 12. Jahrhunderts, daß dann ja wohl auch jede andere sinnliche Empfindung hätte unmöglich sein müssen. Cf. R. R. Grimm, 1972, S. 24. So war z. B. Astesanus der Auffassung, daß der normale Koitus bereits im Paradies ein Gebot Gottes gewesen sei, doch bald fühlte er sich in die Ecke gedrängt und fügte beschwichtigend hinzu, es sei in Wirklichkeit ja gar nicht zum Geschlechtsverkehr gekommen, denn zum einen hätten Adam und Eva auf die *ausdrückliche* Freigabe des Koitus durch Gott gewartet. Und zum anderen habe damals Adam alle Speisen dreimal verdaut: Diese gründliche Verdauung habe jedoch in seinem Körper nichts zurückgelassen, was sich in Sperma hätte umwandeln können. Cf. J. G. Ziegler, 1956, S. 44 f. Adam hätte also lediglich die Möglichkeit eines ejakulationslosen Koitus gehabt, aber gerade den *coitus reservatus* hatten die Zeitgenossen aufs Korn genommen, obgleich Huguccio aus Bologna meinte, diese Art von Geschlechtsverkehr sei noch nicht einmal läßliche Sünde, sondern sündlos, weil es dabei nicht zum Orgasmus komme, eine Auffassung, die sich allerdings ebenfalls nicht durchsetzte (cf. E. M. Makowski, 1977, S. 102 f.), obwohl bereits Albertus Magnus die Scham und damit das Gefühl der Sündhaftigkeit vor allem mit der Ejakulation verknüpft hatte. Cf. B. Roy, 1980, S. 95 f.

68 Albertus Magnus unterscheidet die durch unwillkürliche Erektionen hervorgerufene Scham von der »natürlichen« Scham, die auf die Häßlichkeit der Genitalien zurückgehe, und darauf, daß sie auch zum Urinieren dienten. Cf. L. Brandl, 1955, S. 80 f. Thomas v. Aquin meinte, wegen der Eigenwilligkeit des Penis schäme sich ein Mann sogar vor seiner Frau: »Denn selbst das eheliche Zusammenleben, welches durch die Ehrbarkeit der Ehe geziert worden, ist nicht frei davon, Gegenstand der Scham zu sein. Dies kommt daher, weil die Bewegungen der entsprechenden Glieder nicht wie die der anderen Glieder dem Befehle der Vernunft unterliegen« (*Summa theologica*, 151.4.III).

69 Cf. A. K. Hieatt, 1980, S. 223.
70 Lukas 20, 35 f. Cf. B. Lang, 1985, S. 240 f.
71 Cf. L. Foster, 1981, S. 16. Den Puritanern war die unkontrollierte, spontane Sinnlichkeit der Kinder ein Indiz dafür, daß schon diese sich im Stande der Sünde befinden. Cf. G. Dohrn van Rossum, 1982, S. 73.
72 Cf. J. Rossiaud, 1989, S. 211: Nachdem im Jahre 1528 ein Leineweber in Dijon von der Beerdigung seiner Schwiegertochter heimkam, meinte er: »Sie hat in dieser Welt die Arbeit des Fleisches gut getan, und sie wird es im Jenseits auch tun, denn dort nehmen sich die Engel der Frauen an.«
73 Cf. B. Bennassar, 1975, S. 218. Für die muslimischen Männer ist das Paradies bekanntlich ein riesiger Puff, bevölkert von zahllosen *ḥūrīyah*: Je gottesfürchtiger ein Mann im Diesseits gewesen ist, um so mehr solcher Sexpuppen stehen ihm dort zur Verfügung, und nach al-Ghazālī ist der irdische Orgasmus nur ein schwacher Vorgeschmack auf das, was ihn im Jenseits erwartet. Cf. A. Ḥ. al-Ghazālī, 1984, S. 60. Nach einer Überlieferung dauert der paradiesische Orgasmus (*janna*) ganze 24 Jahre, und Suyūti lehrte: »Wann immer man mit einer *ḥūr* koitiert, tut man es mit einer Jungfrau. Der Penis eines Erwählten wird nie schlaff. Die Erektion währt ewig« (zit. n. A. Bouhdiba, 1985, S. 75 f.). Im Grunde ist für den muslimischen Mann jede reale Frau unberechenbar und gefährlich – erst im Paradies kann er weiblichen Wesen ohne Angst und Argwohn begegnen, aber um den Preis, daß diese Frauen ›entseelt‹ sind: Es handelt sich bei der *ḥūr* um ein willenloses Geschöpf, das der Mann penetrieren kann, ohne sich um dessen Befriedigung zu kümmern, und von dem er endlich sicher sein kann, daß es von keinem anderen Mann oder von einem *jinn* defloriert worden ist. Dieses Jenseits ist nicht nur ein Bordell, sondern ein reines *Männer*bordell: Die Frauen kommen zwar auch ins Paradies, aber für ihre sexuellen Bedürfnisse ist dort keine Vorsorge getroffen. Cf. M. E. Combs-Schilling, 1989, S. 95 f.
74 J. van Ussel, a. a. O., S. 48. Im Original kursiv.
75 Zit. n. R. Krohn, 1974, S. 114.
76 Und Rondibilis schließt mit den Worten: »Verwundert Euch also nicht, wenn wir in ständiger Gefahr schweben, Hahnreie zu werden, wir, die wir nicht alle Tag so viel im Beutel haben, sie bar zu zahlen und ihnen Genüge zu tun!« (F. Rabelais, 1961, S. 373 f.).
77 Cf. V. Elwin, 1947, S. 423. Die Zulu waren sogar der Auffassung, die Macht des Mannes erwachse daraus, daß er im Gegen-

satz zur Frau seine Sekretionen und Ejakulationen kontrollieren könne. Cf. H. Ngubane, 1976, S. 282.
78 Cf. G. H. Herdt, 1984, S. 189; ders., 1981, S. 190.
79 Leonardo da Vinci, 1940, S. 51 f.
80 Von den jungen Mädchen selber befürchtete Gandhi keine Annäherungen, da er glaubte, Frauen hätten ohnehin kein sexuelles Interesse. Cf. P. Caplan, 1987, S. 274, 278 f.
81 Cf. J. Dalarun, 1987, S. 72. Solche Versuche stellte später auch Robert v. Arbrissel an, indem er sich zu splitternackten Frauen – vermutlich ehemaligen öffentlichen Huren – ins Bett legte, was Gottfried v. Vendôme als ein »neuartiges Martyrium« bezeichnete, mit dem Robert sich gekreuzigt habe (a.a.O., S. 82).
82 Cf. S. M. Lyman/M. B. Scott, 1968, S. 97.
83 Cf. G. Devereux, 1973, S. 60.
84 In einer alten Geschichte der Fang geht eine Frau, die ihre Schambedeckung aus Wildkatzenfell abgenommen hat, neben einem Mann her. Als er eine Erektion bekommt, sagt die Frau: »Aha, ich sehe dich! Du kannst dich nicht vor mir verstecken, selbst wenn du müde bist!« Cf. J. W. Fernandez, 1982, S. 164.
85 S. Lavie, 1990, S. 119.
86 T. Ungerer, 1986, S. 76.
87 al-Ghazālī, a.a.O., S. 61. Cf. auch N. al-Sadāwī, 1980, S. 121.
88 Zit. n. L. Gordon, 1977, S. 104. O. Weininger, 1921, S. 111, war da ganz anderer Meinung: »Der Mann hat den Penis, aber die Vagina hat die Frau.«
89 M. S. Weinberg, 1981, S. 343.
90 Abgesehen davon ist eine Erektion unter manchen Bedingungen auch eher unwahrscheinlich. So sagte z. B. ein Schauspieler, der in ›The Dirtiest Show in Town‹ in London auftrat: »There are terrible hang-ups involved – you feel so *vulnerable* in the nude in front of 400 people. It's difficult not to imagine that everyone in the audience is critically judging your ›size‹. But I was never worried about getting an erection – you are too tense, too aware of the audience« (zit. n. P. Webb, 1983, S. 341).
91 Zit. n. O. König, 1990, S. 278.
92 *Neue Revue* 35, 1989, S. 37. Den Hinweis auf diese Stelle verdanke ich Jörg Roggenbuck.
93 J. Smolev, 1987, S. 56. Ob indessen der einleitende Hinweis der Ärztin, der Penis des Patienten könne gleich erigieren, zur Entspannung der Situation beiträgt, sei dahingestellt.

Anmerkungen zu § 13

1 Dabei ist er sich nicht sicher: »Ob bey jener seltsamen Bedeckung wirkliche Begriffe von Anständigkeit und Schamhaftigkeit zum Grunde liegen, oder ob es bloße Vorsorge ist, sich vor Verletzung an Dornen, Aesten, oder gegen Insekten zu schützen? entscheide ich nicht« (J.R. Forster, 1783, S. 342).
2 A.a.O., S. 342.
3 G. Forster, 1966, III, S. 296.
4 P. Ariès, 1986, S. 11.
5 J. van Ussel, 1970, S. 64.
6 Cf. K. Weinhold, 1938, S. 101.
7 Cf. H.M. Zijlstra-Zweens, 1988, S. 52.
8 Es galt freilich auch als unanständig, unter dem Gewand keine Bruche zu tragen, konnte es doch leicht geschehen, daß jenes hochgestreift oder -geweht wurde. Cf. A. v. Heyden, 1889, S. 80. »Ein rîter sol niht vor frouwen gân Parschinc (= barschenkelig)«, lautet etwa eine Verhaltensregel aus der Mitte des 13. Jahrhunderts (zit. n. A. Schultz, 1889, S. 292). Als die Zisterzienser es ablehnten, Unterhosen zu tragen, kamen sie sehr ins Gerede, und Hildegard v. Bingen – als Frau selber unterhosenlos – verdächtigte die Ordensmänner sogar übler und unanständiger Absichten, da ja ohne diese Unterleibsbedeckung das nackte »Fleisch« mit der Kutte in Berührung komme und mithin die Mönche sexuell erregt würden. Aus diesem Grunde hielten die Cluniazenser Unterhosen für unabdingbar. Sollten sich die Zisterzienser jedoch weiterhin hartnäckig weigern, dann erwartete die heilige Dame wenigstens, daß sie sich einen Gürtel (*zona*) ums Hemd bänden, damit dieses nicht hochrutschen könne. Cf. G. Zimmermann, 1973, S. 94, 110f., 359, 371.
9 Cf. F. Piponnier, 1989, S. 232. Möglicherweise leitet sich diese Mode von der relativ kurzen Kleidung her, die aus praktischen Gründen unter der Rüstung getragen wurde. Am Königshof und in den Städten blieb sie bis um das Jahr 1380 meist fremd und auf dem Lande noch länger. Cf. a.a.O., S. 233f.
10 Cf. I. Origo, 1985, S. 236. Freilich hatte es auch davor in der Männermode immer wieder Tendenzen zur Kürzung und Verengung der Kleidung gegeben, was stets als unanständig gebrandmarkt worden war. So eiferte sich bereits im Jahre 927 der Erzbischof von Reims auf einer Synode über die schamlose Kleidung gewisser Kleriker, die so transparent sei, daß nicht einmal die Schamteile den Blicken entzogen seien (cf. P. Englisch, 1927, S. 108), und etwa zur selben Zeit tadelte der Benediktiner Notker

Balbulus die körperbetonten Kleider mancher Höflinge in schreienden Farben, die sich von der sittsamen altfränkischen Tracht und von den weiten, den Körper schamhaft bedeckenden Gewändern der Geistlichen unangenehm unterschieden. Cf. A. Borst, 1979, S. 194. Um die Mitte des 11. Jahrhunderts beschwerte sich Siegfried v. Gorze über »die sehr unanständige und für sittsame Augen verdammenswerte Kürzung und Entstellung der Kleider« (zit. n. J. Bumke, 1986, S. 199), während sich etwas später zunächst Ordericus Vitalis und dann Wilhelm v. Malmesbury über die enggeschnürten Tuniken junger Adeliger ausließen. Cf. A. Ribeiro, 1986, S. 34.

11 Cf. L. Jordan, 1907, S. 164.
12 Zit. n. M. J. Rocke, 1989, S. 12. Cf. auch V. H. H. Green, 1971, S. 179. Im späten Quattrocento verwahrte sich Savonarola dagegen, daß die Maler die Heiligen in einer solch schamlosen Kleidung darstellten. Cf. T. Aschenbrenner, o.J., S. 27.
13 Zit. n. A. Schultz, 1892, S. 319. Im *Seifried Helbling* wird geklagt, die Männerröcke seien inzwischen dermaßen kurz geworden, daß man nicht alleine vorne die Hosennestel sehen könne, sondern hinten etwas, das der Dichter nicht beim Namen nennen möchte: »ein ieslîch man selbe spür: vor gênt die hosenestel für, hinden sîner schanden gwant daz ist von mir ungenant« (zit. n. J. Bumke, a.a.O., S. 201).
14 R. v. Retberg, 1865, S. 198.
15 Zit. n. J. L. Nevinson, 1958, S. 306. Im späten Mittelalter werden überall in England Klagen über die enge Kleidung bei beiden Geschlechtern laut, und der Chronist John of Reading berichtet im Jahre 1344, daß manche Damen hinten im Kleid Fuchsschwänze trügen, damit die Gesäßspalte sich nicht abbilde. Ein paar Jahre danach verlautet ein Peter Idley, daß die kurzen Gewänder und Doublets den Unterleib der Männer nicht mehr bedeckten, wenn diese sich bückten oder knieten: »They be cutted on the buttok even aboue the rompe. / Euery good man truly such shappe lothes; / It makyth hym a body short as a stompe, / And if they shall croke, knele othir crompe, / And the middles of the backe the gowne woll not reche.« Cf. J. Scattergood, 1987, S. 258f., 264ff. Cf. auch C. W. Cunnington/P. Cunnington, 1981, S. 22.
16 Zit. n. F. Piponnier, 1989, S. 228. Im Jahre 1361 kritisieren die Konzilsväter von Apt nicht nur, daß die Kleidung der Knappen und der »damoiseaux« aufdringlich farbig sei wie die der Gaukler, sondern auch, daß die Röcke (»gippons«) der jungen Männer, die sich »comme des femmes« kleideten, häufig so kurz seien, daß sie auf schamlose Weise »leurs cuisses et leurs posté-

rieurs« zeigten. Cf. J. Chiffoleau, 1984, S. 194, 269. Bereits einige Zeit vorher klagen die *Grandes Chroniques de Frances*, daß die jugendlichen Höflinge, »quant ils se bassoient pour servir un seigneur«, ihre »braies« und alles, was diese enthielten, zur Schau stellten. Cf. A. Ribeiro, 1986, S. 45; S. M. Newton, 1980, S. 10. Auch der Ritter de La Tour-Landry meint, die Schamlosigkeit der jungen Leute nähere diese der Tierwelt an, vor allem die »hommes cours vestus, qui monstroient leurs culz et leurs brayes et ce qui leur boce devant, c'est leur vergoigne« (O. Blanc, 1989, S. 250).

17 So klagt im Jahre 1467 der burgundische Chronist Mathieu de Coucy: »En ce temps-là, les hommes se prindrent à vestir plus court qu'ils n'eurent oncques fait. Tellement que l'on veoit la façon de leurs culs et de leurs genitoires, ainsi comme l'on souloit (= pflegte) vestir les singes: qui estoit chose très malhonneste et impudique« (zit. n. R. Muchembled, 1988, S. 69). Cf. auch H. Weiss, 1872, III, S. 105 f.

18 Cf. F. Piponnier, a. a. O., S. 230.

19 O. Feger, 1955, S. 68. Im Stadtrecht von Isny aus dem späten 14. Jahrhundert heißt es: »Verboten zu tragen also, das nieman kain kurtzer klaid sol tragen, denn das im die scham wol dekt hinda und vornen« (K. O. Müller, 1914, S. 277). Cf. auch die St. Gallener Gebote von 1503 und 1508 (E. Ziegler, 1991, S. 34), die von Zürich und Bern aus den Jahren 1375 bzw. 1464 (J. M. Vincent, 1969, S. 45 f.), Krakau (E. v. Sokolowski, 1910, S. 53), Nürnberg (J. Baader, 1861, S. 105) und Breslau (S. B. Klose, 1847, S. 217), wo eigens hervorgehoben wird, daß sich Kurzberockte nicht vor Frauen und Jungfrauen hinsetzen dürfen. Die Kostümhistorikerin O. Blanc (a. a. O., S. 247 f.) behauptet zwar, daß die kurze Männerkleidung im Gegensatz zur beanstandeten Frauenkleidung der Zeit gewiß als ›animalisch‹ und in diesem Sinne als obszön, nicht aber als sexuell aufreizend empfunden worden sei. Wie jedoch bereits aus den empörten Worten Bernardino de Sienas hervorgeht, ist dies unrichtig, und wie wir sehen werden, glaubte man auch, daß nicht nur die »Sodomiten«, sondern auch das weibliche Geschlecht schamlos stimuliert werde.

20 Nur während des Dienstes mit der Waffe durften die Göttinger – sicherlich aus praktischen Gründen – kürzere Röcke tragen. In einer etwas später erlassenen Ordnung heißt es, der Rock müsse so lang sein, daß der Träger vom Saum mit ausgestreckten Fingern »an sin beyn up dat langeste gripen kan« (H. Roeseler, 1917, S. 85). 1458 und erneut 1476 wurde den Kölner Ratsherren vorgeschrieben, ihre Kleider müßten ihnen »zu mynsten up die knee

gha«. Aber auch alle übrigen Männer sollten »yre cleydongen vur sich selffs ouch eirberlichen laissen machen ind alle onsedeliche ind ontzemliche kutzde ind uyssnede« beseitigen lassen, sowie alle Stellen des Körpers, »die billichen bedeeckt soilen syn« verbergen. Cf. G. Schwerhoff, 1990, S. 108. Cf. auch J. F. Hautz, 1864, I, S. 93.
21 J. Brucker, 1889, S. 462.
22 Cf. Erasmus v. Rotterdam, 1673, S. 36.
23 Zit. n. J. Scattergood, a.a.O., S. 266. Das Wort »codpiece« bedeutet »Beutelstück« und wurde später auch als Bezeichnung für den Hodensack und den Penis verwendet. Cf. P. Fryer, 1963, S. 44; E. Partridge, 1968, S. 81.
24 Dies wurde mit der Zahlung von drei Gulden abgestraft. Nach einer anderen Ordnung der Stadt mußte der Männerrock »forderlich zwen zwerch finger über den latz und scham raychen«, damit die Kleidung »nyt unzüchtig erfunden werde« (J. Baader, a.a.O., S. 105f.).
25 G. Wolter, 1988, S. 44.
26 Cf. A. Ribeiro, 1986, S. 62. So nimmt es auch nicht wunder, daß vor allem die etwas älteren Männer es ablehnten, sich so zu kleiden. Cf. a.a.O., S. 68.
27 Zit. n. W. Rudeck, 1905, S. 71.
28 Zit. n. L. Schneegans, 1857, S. 380.
29 E. Martin/H. Lienhart, 1907, II, S. 903.
30 Cf. J. Zander-Seidel, 1990, S. 181; P. Bräumer, 1985, S. 3. Eine der wenigen erhaltenen Braguette-Hosen ist bei E. Stille, 1991, S. 138, abgebildet. Es handelt sich dabei um Oberschenkelhosen aus dem Besitz Kurfürst Augusts von Sachsen, die um 1550 hergestellt wurden.
31 Cf. W. Rost, 1983, S. 93.
32 Ähnlich imitierten die Harnische auch die normalen Wämser und die geschlitzten Kniehosen.
33 Cf. z. B. L. Funcken/F. Funcken, 1980, S. 95. Die meisten Harnischbraguettes bestanden aus festen, häufig aus Leder gefertigten Säckchen, die *unter* dem Hemd getragen wurden. Cf. L. Tarassuk/C. Blair, 1982, S. 137.
34 »Wiltu den langen rock nit tragen, / Vnd dich auff newe gattung schlagen: / So trag ein kurtzes röcklin an, / Gleich wie ein Aff vnd Bauian, / Das sich biß auff die hüfft kaum streck, / Vnd dir nit wol den hindern deck, / Das sind jetzund gemeine röck, / Vnd tragens jetzund Edel leut, / Auch reuter vnd fromme kriegßleut« (F. Dedekind, 1882, S. 21).
35 Cf. W. Meyer, 1985, S. 192f.

36 F. Rabelais, a.a.O., S. 291.
37 O. Blanc, a.a.O., S. 250. Cf. auch ferner K. Eisenbichler, 1988, S. 22.
38 P. Pfrunder, 1989, S. 153.
39 Cf. L. Dresen-Coenders, 1988, S. 38, 40. Auch auf einem um 1533 entstandenen Holzschnitt von Erhard Schoen hat die Frau dem von ihr unterjochten Mann die Braguette abgeknöpft. Cf. L. Roper, 1989, S. 259.
40 K. A. Barack, 1881, I, S. 443.
41 G. Boccaccio, 1960, S. 360.
42 Cf. A. Bömer, 1904, S. 342. Auf der Insel Bali und in anderen Gegenden Indonesiens war dies eine Haltung, die dem Raja vorbehalten war.
43 C. Andersson/C. Talbot, 1983, S. 105, meinen, Hans v. Kulmbach habe vielleicht einen Neger als Modell benutzt, und in der Tat könnte man geneigt sein anzunehmen, daß auf der Zeichnung ein fremdländischer Krieger mit einem Penisfutteral dargestellt ist. Allein dem widerspricht die Tatsache, daß im ausgehenden Mittelalter eindeutig als Europäer identifizierbare Männer mit tangaartigen Bruchen versehen sind, an denen penisartige Braguetten befestigt sind, z. B. auf Niklaus Manuel Deutschs Zeichnung ›Der betrogene Ehemann‹. Cf. T. V. Wilberg-Schuurman, 1983, S. 99.
44 Cf. A. C. Haddon, 1890, S. 368. C. Lévi-Strauss, 1978, S. 279, meint, solche Muscheln und Futterale hätten wahrscheinlich die Aufgabe, die friedliche Absicht des Trägers hervorzukehren. Warum das so sein sollte, begründet er allerdings nicht, aber vielleicht hatte er im Sinn, daß durch die Futterale Erektionen verhindert würden, die als bedrohlich aufgefaßt werden könnten. Dem widerspricht indessen die von Lévi-Strauss selber bei den Nambikwara beobachtete Tatsache, daß Erektionen in der Öffentlichkeit nie vorkamen. Im Gegensatz dazu meint J. Zwernemann, 1983, S. 494, daß das bei vielen südamerikanischen Indianern übliche Hochbinden des Penis als Drohgebärde aufzufassen sei. Auch dies ist unwahrscheinlich, denn der hochgebundene Penis, dessen Vorhaut durch die Hüftschnur gezogen wird, ähnelt ja gerade nicht einem erigierten Penis, dessen Eichel entblößt ist und der vom Körper absteht.
45 Ein paar Jahrtausende vorher machte allem Anschein nach der minoische Latz eine ähnliche Entwicklung durch wie der des Spätmittelalters. Ursprünglich handelte es sich um einen relativ schmalen Schamstreifen, der vielfach die einzige Bekleidung von Athleten wie z. B. Ringkämpfern darstellte: Auf dem Fragment

eines Speckstein-Rhytons ist zu sehen, wie er zwischen den Beinen hindurchgezogen und mit Hilfe eines Stoffbandes am Gürtel befestigt war. Nach 1700 v.Chr. wurde er immer größer und modischer, bis er schließlich als Kapsel dem aus steifem Material hergestellten Männerkilt appliziert wurde, wie ihn etwa die Teilnehmer der Ernteprozession auf der berühmten Vase von Agia Triadha tragen. Und wie bei uns die Braguette gegen Ende des 16. Jahrhunderts aus der Mode kam, verschwand auch im minoischen Kreta die Schamkapsel nach einer gewissen Zeit. Cf. R. Castleden, 1990, S. 11f. Im alten Ägypten waren die Penisfutterale und -muscheln offenbar in vordynastischer Zeit zunächst in gleicher Weise Schambedeckungen, und alles deutet darauf hin, daß die Jungen nach der Beschneidung, d.h. nach der Freilegung der Eichel, ihre Futterale erhielten. Später entwickelten sie sich jedoch, wie es scheint, zu Machtsymbolen und konnten als solche auch von Frauen mit hohem Status getragen werden, wie etwa auf den Sahurê-Reliefs aus der 6. Dynastie zu sehen ist. Cf. S. Lagercrantz, 1976, S. 8f. Als allgemeine Schambedeckungen kamen sie im Alten Reich jedoch außer Gebrauch und wurden nur noch von Kriegern und Jägern angelegt. So tragen beispielsweise auf einer Darstellung in einem Felsengrab von Meïr ein Provinzgouverneur namens Senbi und dessen Sohn bei der Jagd in der Wüste mit Pfeil und Bogen ein solches Futteral, wobei die Eichel in eine Röhre gesteckt ist, während der Penisschaft und der Hodensack von einem herunterhängenden Lappen bedeckt werden. Cf. P. J. Watson, 1987, S. 14f.
46 Cf. E. Ziegler, 1991, S. 41.
47 Cf. J. Zander-Seidel, a.a.O., S. 163. Um diese Zeit wurden einem jungen Adeligen auf Geheiß des brandenburgischen Kurfürsten Joachim II. die Hosen öffentlich am Gurt abgeschnitten, so daß er in der Bruche vor der Berliner Bevölkerung stand. Cf. G. Buß, 1906, S. 56f.
48 M. de Montaigne, 1922, I, S. 344.
49 G. della Casa, 1607, S. 20.
50 G. Wolter, a.a.O., S. 77. Ähnlich auch J. de Greef, 1989, S. 16.
51 Cf. H. Berthold/K. Hahn/A. Schultze, 1935, S. 50f. Als um die Mitte des 16. Jahrhunderts die Landsknechtsmode der »zerhauenen« oder aufgeschlitzten Kleidung Verbreitung fand, wurde tadelnd vermerkt, daß sie mehr entblöße, als wenn ihre Träger völlig nackt gingen. Cf. F. Blau, 1985, S. 161. Das war natürlich übertrieben, da unter der Oberkleidung ja ein leichtes Futter in schreienden Farben getragen wurde.
52 Cf. A. Bömer, a.a.O., S. 335.

53 A. Musculus, 1894, S. 8, 15. Cf. auch J. Zander-Seidel, 1987, S. 61.
54 F. Rabelais, a. a. O., S. 37.
55 Cf. Musculus, a. a. O., S. XIVf.
56 Cf. R. M. Anderson, 1979, S. 75.
57 H. v. Schweinichen, 1878, S. 115.
58 Cf. M. Debout, 1991, S. 33.
59 Zit. n. A. Schultz, 1892, S. 299.
60 Cf. J. Stockar, 1964, S. 276.
61 Cf. S. Alpers, 1973, S. 167; K. G. Heider, 1969, S. 388
62 Cf. E. de Goncourt/J. de Goncourt, 1920, II, S. 81.
63 Cf. G. Wolter, a. a. O., S. 149, 163. Noch empörender war es allerdings, wenn ein Mann nach Frauenart überhaupt keine Hosen trug. Als beispielsweise im Jahre 1755 auf einem Londoner Maskenball ein vermummter »Frolick« auftauchte, und zwar offensichtlich »with no breeches under his domino«, empfand man das als skandalös. Cf. T. Castle, 1983, S. 166.
64 Der Senegalese war einer der Drahtzieher beim Aufstand der Bevölkerung von Santo Domingo im Jahre 1791 und wurde später von seinem Land als Deputierter in den Pariser Nationalkonvent entsandt. Cf. R. Brilliant, 1991, S. 32.
65 Zit. n. E. Fuchs, 1912, III, S. 193.
66 Cf. M. Rugoff, 1972, S. 104; E. J. Dingwall, 1962, S. 69.
67 Cf. R. M. Dekker/L. C. van de Pol, 1989, S. 15. Um ›viril‹ zu erscheinen, stopfen auch heute angeblich manche Sänger und Tänzer ihren Hosenlatz aus. So heißt es z. B., Mick Jagger habe ›vorne‹ eine Hasenpfote getragen. Auf der anderen Seite gilt ein zu praller Latz bei manchen Leuten immer noch als unanständig oder provokativ. So wurden etwa bei den im Jahre 1989 in Birmingham stattfindenden Eiskunstlauf-Europameisterschaften dem sowjetischen Champion Alexander Fadejew von der britischen Preisrichterin Vanessa Riley bei der Bewertung seiner Leistung 0,2 Punkte abgezogen, weil sich unter seiner Hose zu deutlich das Suspensorium abgezeichnet hatte (was allerdings in der Presse mit einiger Heiterkeit kommentiert wurde).

ANMERKUNGEN ZU § 14

1 Cf. G. Róheim, 1974, S. 245.
2 Cf. T. Gregor, 1985, S. 71.
3 Cf. Te Rangi Hiroa, 1962, S. 510. Auf einer Zeichnung aus dem Jahre 1847 ist ein Kriegstanz der Maori zu sehen, bei dem die –

größtenteils nackten – Krieger weit die Schenkel spreizen. Cf. J. Binney, 1990, S. 154. »In Mittelafrika«, so H. Ploß, 1911, S. 128, allerdings vage und ohne Quellenangabe, »gilt der Penis in Erektion als Kriegserklärung.«

4 Cf. F.A. Hanson/L. Hanson, 1983, S. 51.
5 Cf. F. Karsch-Haack, 1911, S. 246.
6 Cf. W.E. Gudgeon, 1904, S. 210. Als eine schlimme Entehrung galt es, jemanden an den Genitalien festzuhalten. Als im Jahre 1846 während der Kämpfe gegen die Maori ein Brite den Häuptling Te Raupa Raha am Hodensack packte, verlor dieser sein gesamtes *mana*. Diese Entwürdigung wurde damals so kommentiert, daß auf viele Jahre hinaus »no event during the English rule caused so much sensation among the natives«. Cf. J. Belich, 1990, S. 84.
7 Cf. E. Best, 1905, S. 208.
8 Cf. J.H. Field, 1975, S. 41f. Auch bei den Abelam ist ein großer Penis sehr erstrebenswert, und die Lange Yams, die von den Männern angebaut und bis zu vier Meter lang wird, gilt als *das* phallische Symbol oder sogar noch mehr als ein Symbol, denn es heißt, sie ejakuliere unsichtbare Sekrete. Wer die längste Yams geerntet hat, der hat auch das meiste Prestige. Der Yamsgarten darf lediglich von Männern betreten werden, und zwar nur von solchen, die zuvor mit keiner Frau geschlafen und die ihren Penis so verletzt haben, daß das ›weibliche‹ Blut ablaufen konnte. Cf. A. Forge, 1965, S. 28, 31. Bei den Ilahita Arapesh ist ebenfalls während der Wachstumszeit dieser Knollenpflanze jeglicher Geschlechtsverkehr untersagt, weil die Yams den Geruch der Vaginalsekrete verabscheut. Will ein Mann eine Frau beleidigen, dann sagt er zu ihr, sie habe eine ausgelottete, geile und stinkende Möse. Eine Frau sagt aber in so einem Fall zu dem Mann, er sei unfähig, in seinem Garten eine lange Yams wachsen zu lassen. Cf. D.F. Tuzin, 1972, S. 237f.
9 Es heißt, ʿAli habe seine Scham überwunden und ʿAmr getötet. Trotzdem sei er aber so peinlich berührt gewesen, daß er sich hinterher nicht dazu aufraffen konnte, ʿAmrs Panzerhemd als Beute an sich zu nehmen. Cf. J.A. Bellamy, 1979, S. 29. Auch die lateinischen Schriftsteller bezeichnen die *mentula* als angsterregend, und im 12. Jahrhundert schreibt Bernardus Silvestris, daß der Penis Lachesis bekämpfe und den von ihrer Mit-Moire Atropos durchtrennten Lebensfaden wieder flicke. Cf. L. Steinberg, 1983, S. 46.
10 Cf. G. Shepherd, 1978, S. 134.
11 Cf. O. Harris, 1980, S. 80.

12 Cf. R. Fine, 1990, S. 3.
13 Cf. M. Cook/R. McHenry, 1978, S. 175.
14 Zit. n. V. L. Bullough, 1987, S. 64.
15 Cf. S. Maier-Bode, 1983, S. 19.
16 O. Weininger, 1921, S. 332. Es ist in diesem Zusammenhang interessant, daß sich das Wort »faszinieren« von *fascinum*, »Phallus« herleitet.
17 Cf. R. C. Hunt, 1971, S. 131.
18 Cf. P. G. Rivière, 1967, S. 572, 577; H. Driessen, 1983, S. 128f.; ders., 1992, S. 243f.; S. Brandes, 1981, S. 230; B. Keith, 1985, S. 605f.; J. R. Corbin/M. P. Corbin, 1987, S. 37; F. D. Mulcahy, 1976, S. 144; O. Lewis, 1961, S. 38. Als während des Spanischen Bürgerkrieges ein Milizionär von einem Kameraden ungläubig gefragt wurde, ob seine Kolonne denn wirklich von einer Frau geführt werde, antwortete er: »Jawohl, von einer Frau, und wir sind stolz darauf, eine Frau Hauptmann, die mehr *cojones* hat als alle Hauptleute der Welt!« (M. Etchebéhère, 1980, S. 249).
19 Cf. A. Blok, 1982, S. 167, 178.
20 Cf. E. Monick, 1990, S. 62; L. Zwilling, 1992, S. 204f.
21 Cf. D. Gewertz, 1984, S. 619.
22 Im Italienischen heißt *coglionare* »foppen«, »jemanden aufziehen« und *coglione* nicht nur »Hode«, sondern auch »Dummkopf«. Cf. O. Stoll, 1908, S. 768.
23 Homayun Meiian: Mündliche Mitteilung vom 27. Juni 1986. Das gebräuchlichste Fluchwort der Singhalesinnen ist *pittambaya!*, »Pimmel!«, das etwa dort gebraucht wird, wo wir ›verdammt noch mal!‹ sagen würden. So ruft z. B. eine Singhalesin aus: »Schaut denn keiner nach den Gören, Pimmel!?« Cf. G. Obeyesekere, 1974, S. 212.
24 Cf. N. Z. Davis, 1986, S. 59. Den alten Griechen und den Römern galten pralle Hodensäcke ebenfalls als Inbegriff von Wagemut und Potenz. Cf. H. Herter, 1976, S. 28. Auch bei den Sulod in den Bergen von Zentral-Panay sitzt die Zeugungskraft in den Hoden (*'itlug*), und es heißt, daß aus diesem Grund die Frauen einen Mann mit einem möglichst prallen Hodensack haben wollen. Cf. F. L. Jocano, 1968, S. 131, 151.
25 Cf. R. H. Bloch, 1986, S. 62.
26 M. Thoman, 1876, S. 14.
27 Cf. J. van Ussel, 1970, S. 155. Einmal im Jahr, nachdem die Schafe von den Sommerweiden geholt worden sind, findet die isländische Schafsbock-Ausstellung (*hrútasýning*) statt, in der ausschließlich Männer anwesend sind, die von den Mitgliedern eines Komitees Größe und Gewicht der Hoden ihrer Tiere mes-

sen lassen. »The air was loaded with sex«, schreibt eine Ethnologin, »and I realized that the exhibition was literally and metaphorically a competition of sexual potence. The men competed in the name of their rams« (K. Hastrup, 1985, S. 50).
28 Cf. S. M. White, 1982, S. 201.
29 D. h., das Männchen, das mehr Sperma produziert als seine Konkurrenten, hat danach größere Chancen, die Weibchen zu befruchten. Schimpansenmännchen, die in solchen Konkurrenzverhältnissen stehen, haben relativ große Hoden, während Gorillamännchen, die für gewöhnlich alleine mehrere Weibchen begatten, nur über relativ kleine verfügen. Die menschlichen Hoden sind geringfügig größer als die des Gorillas, »suggesting that males had more or less exclusive access to one or more females« (R. A. Hinde, 1984, S. 475).
30 Cf. W. H. Masters/V. E. Johnson/R. C. Kolodny, 1987, S. 76.
31 Cf. R. D. Guthrie, 1976, S. 88.
32 Cf. A. I. Bell, 1961, S. 265 f.
33 Cf. Guthrie, a. a. O.
34 Zwar leitet sich der Ausdruck »den Schwanz vor jemandem einziehen« vom Einziehen dieses Körperteils bei Hunden her, aber interessanterweise bezogen sämtliche Männer, die ich daraufhin befragte, das Wort »Schwanz« in diesem Zusammenhang auf den Penis.
35 Cf. D. Rancour-Laferrière, 1979, S. 69.
36 Im Rheinischen ist ein *futte* ein energieloser, unentschlossener Mensch (cf. J. Müller, 1928, S. 950), und auch im Aargau, in St. Gallen, Toggenburg und Einsiedeln/Schwyz werden ein Weichling und eine Memme *fütti* genannt. In Appenzell bedeutet *gfötsch* (= »gefüdisch, votzenhaft«) »feig, furchtsam«. Cf. F. Staub/L. Tobler, 1881, I, S. 682 f. Cf. auch J. Krämer, 1980, III, S. 1236. *Fut, füdle* usw. kann zwar auch »After« bedeuten (cf. H. Fischer, 1905, XI, S. 1814; E. Ochs/K. F. Müller/G. W. Baur, 1974, II, S. 246 f.; J. J. Oppel/H. L. Rauh/W. Brückner, 1971, II, S. 717), doch bezieht sich das Wort in diesem Zusammenhang auf die Vulva.
37 Cf. A. Erman/H. Grapow, 1955, III, S. 76, 80. Das Wort diente anscheinend später auch als Bezeichnung für »Schwuchteln«. Cf. S. Schreiber, 1991, S. 334 f.
38 Wohl eher im Sinne von »Vagina« als von »Vulva«, denn Hathor entblößt vor Rê nicht die ḥm.t, sondern die k₃.t. ḥm.t bedeutet offenbar »Vagina«, »Uterus«, aber auch »Frau, Gattin«, wobei das Wortzeichen ḥm eine Wasserleitung oder ein mit Wasser gefülltes Gefäß darstellt – anscheinend ein Ersatz für das Bild der

weiblichen Genitalien. Cf. A. Gardiner, 1927, S. 492; M. P. Lacau, 1970, S. 82 ff.; G. Lefebvre, 1952, S. 41; H. Grapow, 1954, I, S. 87.
39 Herodot, *Historien* II, 102.
40 Cf. H. Grapow, 1924, S. 131. Cf. auch T. v. d. Way, 1992, S. 87.
41 Cf. W. Westendorf, 1987, S. 77.
42 Cf. F. Karsch-Haack, a. a. O., S. 315, 325. Auch die Cherokee sollen den besiegten Muskhogee Frauenröcke aufgenötigt haben. Cf. a. a. O., S. 330. Noch im 18. Jahrhundert taten die Piegan und die Schoschonen bei ihren ›Schlachten‹ nicht viel mehr, als daß sie sich einander gegenüberstellten und die Gegner als »Frauen« beschimpften. Cf. J. Price, 1979, S. 175.
43 Cf. hierzu U. Wesel, 1980, S. 107 ff. Bei den Irokesen selber scheint es nicht wenige »effeminierte« Männer gegeben zu haben, die, wie de Charlevoix berichtet, »im höchsten Grade verachtet« worden seien. Cf. Karsch-Haack, a. a. O., S. 329.
44 Cf. N. O. Lurie, 1953, S. 711. Um den byzantinischen Usurpator Theophilos Erotikos zu entehren, führte man ihn in Frauenkleidern durchs Hippodrom. Cf. K. F. Morrison, 1990, S. 159.
45 Zit. n. T. Todorov, 1985, S. 113. Die Azteken verachteten effeminierte Männer (*suchioa*) sehr. Von den ›Schwuchteln‹ (*cuiloni*) hieß es, »daß sie den Flammentod verdienten, da sie den Part der Frau spielen« (B. de Sahagún, 1961, S. 37 f.). Ob die aztekischen Krieger ihre unterlegenen Feinde anal penetrierten, scheint nicht bekannt zu sein. F. López de Gómara, 1991, S. 108, berichtet lediglich, daß die Azteken auch die gefallenen Spanier sowie deren indianische Hilfstruppen »geschändet« hätten, ohne dies weiter zu erläutern.
46 *Berdache* leitet sich von dem arabischen Wort *bardaj* ab, mit dem man einen jungen Sklaven bezeichnete, der homosexuell benutzt wurde. Cf. E. Blackwood, 1984, S. 27. In Frankreich wurde der Ausdruck *bardache* bereits im 16. Jahrhundert als Bezeichnung für passive Homosexuelle verwendet. Cf. D. F. Greenberg, 1988, S. 334. Die Cheyenne benannten die *berdaches* mit dem Begriff ʿ*a-he-e ma'ne*, »halb Mann – halb Frau«, und auf die Frage, was darunter zu verstehen sei, sagten die Informanten: »a man who acts like and fits in like a woman«. Cf. W. L. Williams, 1986, S. 76. Nach dieser Definition sind die ʿ*a-he-e ma'ne* also nicht so sehr Transsexuelle gewesen, sondern eher eine Art drittes Geschlecht, und so trugen auch die beiden letzten Frau-Männer im 19. Jahrhundert einen männlichen wie einen weiblichen Namen. Cf. G. B. Grinnell, 1923, II, S. 39 f. In einer ideologisch überhöhten Darstellung der ʿ*a-he-e ma'ne* hat K. H. Schlesier,

1985, S. 101, behauptet, daß diese »wegen ihrer rituellen Bisexualität« von jeglicher »sexueller Betätigung ausgeschlossen« gewesen seien. Davon kann freilich nicht die Rede sein, denn die ʿa-he-e maʾne waren für gewisse Männer durchaus Sexualpartner, wobei sie sich offenbar auf den Rücken legten, die Beine spreizten, den Penis auf den Bauch zogen und sich dann anal penetrieren ließen. Cf. A. L. Kroeber, 1907, S. 19f. Anscheinend hatte die Institution der Frau-Männer auch bei den übrigen indianischen Völkern unter anderem die Funktion, die homosexuellen Bedürfnisse einzelner Individuen zu kanalisieren: Indem man solche Männer einem *berdache* zuführte (cf. Williams, a.a.O., S. 95), lenkte man sie von ihren normalen Geschlechtsgenossen ab. Dabei war es indessen wichtig, daß die Partner der Frau-Männer wenigstens *nach außen hin* die ›aktive‹ Rolle ausübten. So ließen sich z.B. die Männer der Crow vom *badé* fellationieren, und ähnlich hielten es auch die Partner der *alyha* bei den Mohave. Cf. G. Devereux, 1967, S. 413f. Während bei den Navaho sexuelle Beziehungen zwischen Männern in hohem Maße tabuisiert waren – es hieß, sie führten zum Wahnsinn –, billigte man sie zwischen einem Mann und einem *nadle*, und es kam sogar häufig vor, daß der *nadle* die Männer dafür bezahlte, daß diese mit ihm den Analverkehr ausführten. Cf. W. W. Hill, 1935, S. 276. Die *berdaches* der Lakota verführten offenbar nicht selten heterosexuelle Männer, nachdem ihnen in einem ›Traum‹ die Weiße Büffelkuhfrau die Fähigkeit dazu verliehen hatte, und sie ließen sich auch bisweilen von ihren Partnern fellationieren, d.h., sie übten die ›aktive‹ Rolle aus. Allerdings durfte dies niemand wissen, da der Betreffende sonst seine Ehre verloren hätte. So sagte ein *berdache* der Hupa über seine Sexualpartner: »As far as it was publicly known, he was the man. But in bed there was an exchange of roles. They have to keep an image as masculine, so they always ask me not to tell anybody.« Und ein ›passiver Homosexueller‹ der Haliwa-Saponi meinte, noch jeder ›Macho‹ habe sich von ihm ›bumsen‹ lassen, wenn er sicher sein konnte, daß es nicht herauskam: »Everybody wants to wear an apron sometimes.« Manche *berdaches* suchten sich vorzugsweise besonders ›virile‹ Jugendliche zum Geschlechtsverkehr, und diese stimmten vor allem dann zu, wenn sie keine Mädchen herumkriegen konnten. Cf. Williams, a.a.O., S. 28, 96f., 100. Bei den Zuñi machte man allerdings spöttische Bemerkungen über die jungen Männer, die einen *lhamana* aufsuchten. Cf. W. Roscoe, 1991, S. 26.

47 Cf. W. H. Davenport, 1987, S. 209; Williams, a.a.O., S. 71.

Manche *berdaches* scheinen zwar Hermaphroditen gewesen zu sein, »in the whiche a yerde and prive stones apperen above the prive chose«, wie Guy de Chauliac es formulierte, doch die überwiegende Mehrzahl waren biologisch normale Männer, die häufig bereits in ihrer frühen Jugend ›effeminierte‹ Züge hatten. Ähnlich heißt es von den meisten (im biologischen Sinne) weiblichen *berdaches*, daß diese während der Kindheit Tomboys waren. Cf. E. Blackwood, a.a.O., S. 30. Es wird meistens behauptet, die *berdaches* seien sehr geachtete Leute gewesen, doch gilt dies allem Anschein nach nur mit erheblichen Qualifikationen. Die Apache, Comanche und Irokesen sowie die Pima – letztere nannten sie *wi-kovat* (»wie ein Mädchen«) – verachteten ihre *berdaches*, und die *winkte* der Lakota wurden – ähnlich wie die indischen *hijrās* – nur deshalb in gewissem Sinne respektiert, weil man auf Grund dessen, daß sie *wakan* waren (cf. H.P. Duerr, 1984, S. 275), Angst vor ihnen hatte. So sagte etwa ein Lakota: »Man fürchtet sie wegen ihrer spirituellen Macht. Sie können die Menschen, die sie nicht respektieren, verfluchen.« Einem anderen hatte sein Großvater erzählt, daß die *winkte*, die bisweilen von Männern aufgesucht wurden, die aus irgendeinem Grund nicht mit ihren Frauen schlafen konnten, einerseits verachtet und andererseits respektiert worden seien, was auch ein heutiger *winkte* bestätigte: »Die Leute haben Angst davor, einen *winkte* zu kritisieren, denn sie fürchten seine spirituelle Macht.« Cf. W.L. Williams, 1986a, S. 193f., 197. Entsprechend gibt es viele Geschichten – eine davon erzählten bereits die Mandan dem Prinzen zu Wied –, die davon berichten, daß feindliche Handlungen gegenüber *berdaches* schlimme Folgen hatten. Auch in ganz anderen Gesellschaften hatte man zu ›zwischengeschlechtlichen‹ Menschen meistens eine zumindest ambivalente Einstellung. Bei den südwestlich des Rudolf-Sees lebenden Pokot (Suk) wird jemand, der männliche und weibliche Genitalien sowie Brüste hat, *sererr* genannt, was man mit »Neutrum« übersetzen kann. Das Wort hat eine äußerst pejorative Bedeutung, und es gilt als tödliche Beleidigung, jemanden so zu nennen. Ein *sererr*, der seit frühester Kindheit als Mädchen gekleidet wurde, war ständigem Spott ausgesetzt, und die Buben überfielen ihn und inspizierten seine Genitalien. Cf. R.B. Edgerton, 1964, S. 1292f.
48 Cf. J.H. Moore, 1978, S. 26f.
49 Dies war der typische Kriegskopfschmuck. Cf. E.S. Curtis, 1911, VI, S. 156.
50 In Legenden der Cheyenne entführen Büffelbullen häufig Frauen und vergewaltigen sie, aber auch umgekehrt schlafen manchmal

Männer mit Frauen, ohne zu wissen, daß diese in Wirklichkeit Büffelkühe sind. Cf. A. L. Kroeber, 1900, S. 183, 187. Cf. auch M. N. Powers, 1980, S. 59 f.; J. Rice, 1991, S. 130 f.

51 Wer die Büffelkappe trug, deren Hörner zwei erigierte Penisse symbolisierten, tanzte unmittelbar vor dem Kampf vor den feindlichen Kriegern, aber auch bei der Jagd vor dem zu erlegenden Wild. Cf. H. P. Duerr, 1984, S. 17 ff., 266.

52 Cf. J. H. Moore, a. a. O., S. 180. Häufig waren die Krieger unverheiratet, d. h. sie vergeudeten ihre Energien nicht in dem »anderen Kampf«. Auch die sogen. Amazonenregimenter von Abomey bestanden aus Jungfrauen. Cf. E. Beuchelt, 1987, S. 29.

53 So berichteten z. B. die Lakota, daß die Cheyenne gefangene Frauen vergewaltigten. Cf. J. R. Walker, 1982, S. 36. Berüchtigt war auch der *noha' sɛwɜtan* (»Jedermannsfrau«) oder »Auf-der-Prärie« genannte Brauch der Cheyenne: War eine Frau ihrem Mann untreu geworden, dann ließ dieser sie – falls ihre Familie nicht einschritt – auf einer ›Party‹ von bis zu fünfzig Kriegern vergewaltigen. Manchen Männern genügte ein schlechtes Omen, um ihre Frau diesem Schicksal zuzuführen. Aber auch nach der vierten Scheidung war eine Frau für jeden Mann als sexuelle Beute freigegeben. Cf. K. N. Llewellyn/E. A. Hoebel, 1941, S. 202 f., 209 f.

54 Cf. H. Küpper, 1983, S. 917 bzw. C. L. Mithers, 1991, S. 82.

55 Zit. n. G. Sastawenko/G. A. Below/J. A. Boltin, 1987, S. 40. Dem Gegner weibliche Eigenschaften zuzusprechen gehört in allen Zeiten zu den Standarddemütigungen. Um ihren Nachbarn John Waltham lächerlich zu machen, spotteten beispielsweise im Jahre 1637 in Virginia zwei Frauen, daß er »hade his Mounthly Courses as Women have«, worauf der Mann vor Gericht ging. Cf. H. M. Wall, 1990, S. 40. Als unter Heinrich VIII. der inzwischen heiliggesprochene Erzbischof von Canterbury, Thomas Beckett, in Ungnade gefallen war, verwandelte man sein Portrait in das einer Frau, indem man ihm Frauenkleider aufmalte. Cf. R. C. Trexler, 1992, S. 384.

ANMERKUNGEN ZU § 15

1 Zit. n. S. Weigel, 1987, S. 191.
2 Cf. S. Anselm, 1987, S. 253.
3 C. Zuckmayer, 1977, S. 353.
4 Cf. E. Accad, 1990, S. 152 f. Auf einem britischen Kampfflugzeug, das Einsätze im Golfkrieg flog, war das Bild einer nackten

Frau zu sehen, die sich eine Bombe in die Vagina schiebt (ARD, 5. März 1992).
5 R. al-Ṭahṭāwī, 1988, S. 65. Im Jahre 1453 heißt es, die Türken hätten Konstantinopel »genöt«. Cf. H. Rosenplüt, 1853, S. 299.
6 Cf. B. Alexander, 1987, S. 75, 77. Auch Shakespeare spricht von »cities turned into a maid that war hath never entered«. Cf. J. B. Webb, 1989, S. 25. Umgekehrt nimmt Tarquinius die Lucretia wie eine Stadt: »His hand, that yet remains upon her breast – / Rude ram, to batter such an ivory wall! – / May feel her heart, poor citizen, distress'd, / Wounding itself to death, rise up and fall, / Beating her bulk, that his hand shakes withal / This moves in him more rage and lesser pity, / To make the breach and enter this sweet city« (W. Shakespeare, 1951, S. 463 ff.). Cf. C. E. Kahn, 1991, S. 148 ff.
7 Zit. n. L. A. Montrose, 1983, S. 77. Cf. auch P. Hulme, 1985, S. 18.
8 Cf. P. Hulme, 1986, S. 158 f. John Donne beschreibt die Küste Neuenglands als einen jungfräulichen Garten, »her treasures having never yet been opened, nor her originalls wasted, consumed, or abused« (zit. n. E. Chirelstein, 1990, S. 44).
9 Cf. *Stern* 3, 1991, S. 90 ff.
10 Cf. W. Adams, 1989, S. 173.
11 Cf. S. Jeffords, 1991, S. 114.
12 Cf. S. Brandes, 1981, S. 230.
13 Cf. P. Martin, 1988, S. 32. In einem Roman Tadeusz Konwickis heißt es: »Polen ist vergewaltigt worden. Es hat sich eine Zeitlang gewehrt, hat gekratzt und gebissen, aber schließlich hat es sich ergeben. Und es hat eine gewisse Lust aus dieser passiven, ungewollten Unterwerfung gezogen, es spürte ein zweideutiges, merkwürdiges und ziemlich schmutziges Vergnügen, vergewaltigt zu werden« (zit. n. A. Reading, 1992, S. 55). Zur Vergewaltigung einer Frau als Allegorie der Eroberung eines Landes cf. auch M. Siebe, 1989, S. 453. Umgekehrt sagte eine in Paris vergewaltigte Asiatin über den Täter: »Er nahm Besitz von meinem Körper, wie man ein Land gewaltsam erobert.« Cf. R. Schlötterer, 1982, S. 65.
14 Cf. F. R. Schröder, 1941, S. 120.
15 Cf. A. Richlin, 1983, S. 11.
16 Cf. H. A. Kelly, 1975, S. 271. In einigen Gegenden Finnlands sollen die Jungfrauen bis ins 19. Jahrhundert am Gürtel leere Messerscheiden getragen haben. Wenn sie einem Freier erlaubten, sein Messer hineinzustecken, galten sie als verlobt. Cf. W. Donner/J. Menninger, 1987, S. 71.
17 Cf. J. Addy, 1989, S. 134.

18 Zit. n. D.O. Frantz, 1972, S. 167.
19 P. Aretino, 1986, S. 106.
20 Cf. H.M. Ross, 1973, S. 121. Wenn abends die aufgeputzten Jünglinge der Ilahita-Arapesh herumflanieren, werden sie von den älteren Männern aufgezogen, die ihnen zurufen, ob sie denn ihre Speere gespitzt hätten. Cf. D.F. Tuzin, 1972, S. 243.
21 Cf. J. Theis, 1991, S. 27.
22 Cf. H.-M. Kaulbach, 1987, S. 73.
23 Cf. E. Partridge, 1968, S. 23, 73.
24 Cf. M. Herzfeld, 1985, S. 89.
25 Cf. R.L. Saitz/E.J. Cervenka, 1972, S. 115.
26 Cf. R. Lautmann, 1984, S. 161.
27 M. Baker, 1981, S. 206.
28 Zit. n. E. Monick, 1990, S. 26.
29 Cf. B. Seelenfreund, 1931, S. 196.
30 Zit. n. L. DeMause, 1985, S. 202 bzw. M. Marcus, 1987, S. 51f.
31 Cf. I. Buruma, 1985, S. 80. Ein verbreiteter japanischer Ausdruck für den Penis ist »männlicher Dolch«. Cf. G. Devereux, 1979a, S. 26. Die starke sadomasochistische Schlagseite der japanischen Sexualität sowie die ebenso auffallende Tendenz, Sexualität und Liebe voneinander zu trennen (cf. G. DeVos, 1967, S. 279), sind häufig bemerkt worden. So triefen nicht nur die japanischen Filme von aggressiver Sexualität und Grausamkeiten, sondern bereits die humoristischen Comics für Kinder. Cf. T. Sato, 1982, S. 229ff.; F.L. Schodt, 1983, S. 121ff.
32 Cf. L. Lederer, 1980, S. 18. Auf einer bekannten Lithographie André Massons aus dem Jahre 1928 schießt ein Mann in dem Augenblick, in welchem er einer Frau auf die Brüste ejakuliert, einen Revolver ab. Cf. B. Noël, 1983, S. 97. Selbst in den Kontaktanzeigen der Sex-Zeitschriften wird der Penis häufig als eine tödliche Waffe dargestellt, die gegen die Frauen gerichtet wird. Cf. R. Böhne, 1985, S. 110f. G. Devereux, 1981, S. 90, berichtet von einem Mann, der jede Ejakulation in der Vagina einer Frau als Explosion einer Bombe erlebte. Um seine sexuellen Partnerinnen nicht zu zerfetzen, entwickelte er eine »Unfähigkeit zur Ejakulation«. Bekanntlich werden auch die Frauen selber als »Sex-Bomben« gesehen, und diese Bezeichnung wird auf wirkliche Bomben übertragen. Auf der ersten Atombombe, die über dem Bikini-Atoll abgeworfen und die Gilda genannt wurde, war ein Bild von Rita Hayworth angebracht, die in einem Film eine *femme fatale* namens Gilda gespielt hatte. Cf. K. Geerken/I. Petersen/F.W. Kramer/P. Winchester, 1983, S. 107.
33 Cf. B. La Belle, 1980, S. 176.

34 Cf. M.H. Silbert, 1989, S. 224. Serbische Soldaten und Tschetniks vergewaltigten zahlreiche bosniakische Frauen, indem sie ihnen die Gewehrläufe in die Vagina stießen. Cf. A. Stiglmayer, 1992, S. 23.
35 Cf. S. Berg, 1963, S. 217, 219, 193 f. Im Jahre 1931 fragt ein Mann die Tochter eines Bauern aus Morbihan, ob er mal »einen schießen« könne, doch das Mädchen versteht nicht, was er meint, und sagt vorsichtshalber ›nein‹. Cf. A.-M. Sohn, 1992, S. 66.
36 Cf. D. Cameron/E. Frazer, 1987, S. 104 f.
37 S. Hite, 1982, S. 339, 440.
38 R. Hilberg, 1982, S. 611; E.A. Rauter, 1988, S. 132. In Auschwitz stießen SS-Männer auf ihre Vergasung wartenden nackten Mädchen mit solcher Wucht dicke Stöcke in die Vagina, daß diese unter entsetzlichen Schmerzen starben. Cf. R. Ainsztein, 1974, S. 793.
39 Zit. n. A. Kappeler, 1985, S. 161.
40 Cf. N. Elias, 1939, I, S. 265.
41 Cf. S. Spieler, 1989, S. 212; K.F. Grau, 1966, S. 97 f.
42 A.a.O., S. 80.
43 L. Kopelew, 1976, S. 91.
44 Cf. M. Lane, 1972, S. 20, 42 f., 92, 164.
45 Cf. J. Power, 1982, S. 36 ff.
46 A.a.O., S. 95. Berüchtigt für ihre vaginalen Pfählungen sind z.B. die kolumbianischen ›Todesschwadronen‹. Eine Frau berichtet über die »Nacht der Schmach«, die sie in einem Gefängnis durchstand: »Nach den Schlägen kommt die Nacktheit und die Angriffe gegen deine Weiblichkeit, die Schläge, Kniffe und Stiche in deine Brüste und Genitalien, der Besenstiel in der Scheide.« Cf. H. Mayer, 1990, S. 136, 185. Auf diese Weise folterten auch die Franzosen weibliche Angehörige der FLN. Cf. z.B. W. Kraushaar, 1991, S. 189.
47 Cf. R. Berger, 1985, S. 195.
48 *Stern* 51, 1986, S. 93, 95.
49 Auf einer Karlsbader Schießscheibe des Zaren Peter I. aus dem Jahre 1711 ist eine nackte Frau zu sehen, die sich in einem Bassin wäscht. Cf. V. Křížek, 1990, Tf. 107. Vor allem in Frankreich und in Norditalien sagte man, die Kinder kämen in einer Rose auf die Welt. Da sie für die äußeren weiblichen Genitalien, die »geheimen Orte«, steht, ist die Rose auch ein Emblem der Diskretion – man denke an den Ausdruck, etwas »sub rosa« sagen. Cf. N. de Carli, 1990, S. 36 f.
50 Cf. K. Verebélyi, 1988, Abb. 22.
51 Cf. M. Oppitz, 1988, S. 93; ders., 1988a, S. 6; ders., 1991,

S. 283 ff. Bei den »Liebes-Spielen« der Thai-khao versuchen die jungen Männer, Bälle durch das Loch eines aufgehängten Brettes zu werfen. Bei den Thai-dam handelt es sich um einen Bambusreif, der an einem Pfahl hängt. Der Werfer muß mit seinem Ball das Papier zerreißen, mit dem der Reif bespannt ist. Cf. L. G. Löffler, 1955, S. 86.

52 Cf. R. Brain, 1980, S. 238.
53 Zit. n. H. Bastian, 1983, S. 91.
54 A. de La Sale, 1907, S. 110, 112, 597. Im *Lohengrin* (cf. H. Rükkert, 1858, 2359f.) geht die Jungfrau ins Bett wie zu einem Turnier: »diu juncvrowe nû an daz bette wart gegeben, / dar an sie muoste der minne bûhurt lîden.« Und in Ulrich v. Eschenbachs *Alexander* (6872ff.) heißt es: »jâ wart aldâ ûf dem clê / ûf der süezen minne schilt / solicher tjost alsô gespilt, / daz man die clâren vallen sach.«
55 Cf. A. Khattab, 1989, S. 36.
56 A. ʿA. ʿO.b.M. an-Nafzawi, 1966, S. 20, 23, 190.
57 Cf. W. H. Jackson, 1988, S. 130. *Jouter*, »eine Lanze brechen«, wurde als Begriff für »bumsen« auch außerhalb der Literatur gebraucht. Cf. J. Rossiaud, 1989, S. 109.
58 Cf. M. Sahlins, 1987, S. 55.
59 G. Casanova, 1984, IV, S. 80.
60 Cf. E. Donnerstein/D. Linz, 1987, S. 210.
61 Cf. G. Bateson, 1958, S. 148 f. Rein sprachlich kann eine Jatmül-Frau nicht mit einem Mann ›schlafen‹, sondern nur von ihm ›beschlafen werden‹. Gleiches gilt für die Initianden, die von den älteren Männern zu ›Frauen‹ gemacht werden, indem sie sich von ihnen masturbieren lassen. Cf. a. a. O., S. 131 f.
62 Cf. A. Clark, 1987, S. 23.
63 P. Huemer, 1985, S. 214.
64 Cf. S. Lavie, 1990, S. 123 f.
65 Cf. R. M. Berndt, 1962, S. 55, 129. Cf. auch P. Erikson, 1986, S. 191 (Pano); M. Nihill, 1989, S. 78 (Anganen im südlichen Hochland Neuguineas); B. M. Knauft, 1986, S. 264 (Gebusi). Nach G. Róheim, 1977, S. 43, bedeutet »Mann mit einem Speerwerfer (*meru makulju*) in der Hand« in der Zeichensprache der Matuntara, einer Untergruppe der zentralaustralischen Loritja, sowohl »Ich werde dich vergewaltigen« als auch »Ich werde dich heiraten«. Das Zeichen »Frau, die ihren Grabstock hochhält«, bedeutet »Ich will dich nicht«. Cf. ders., 1974, S. 230. In den Hagenbergen heißt *wuö rui* »einen Mann töten« und *amb rui* »eine Frau ficken«, eigentlich »sie stoßen« wie mit einem Speer. Cf. A. Strathern, 1984, S. 16.

66 Cf. M. Godelier, 1987, S. 71 bzw. J. van Baal, 1984, S. 154.
67 Cf. J. R. Corbin/M. P. Corbin, a. a. O., S. 110.
68 Zit. n. D. Rubini, 1989, S. 368.
69 »He's fucked-up« heißt »er stirbt« oder »er ist tödlich verletzt«. Cf. M. Baker, a. a. O., S. 36, 195, 245.
70 Cf. H.-M. Gauger, 1986, S. 317; T. Jay, 1992, S. 78 f.
71 Cf. A. Schnapp, 1985, S. 112.
72 Cf. C. Gaignebet, 1979, S. 84; J. V. Fleming, 1991, S. 178 f.
73 Cf. G. L. Forth, 1981, S. 161. »Flachgelegt« ist möglicherweise ein leichtfertiger Ausdruck, da ich nicht weiß, welche Stellung von den Rindi bevorzugt wird. Ich habe ihn gewählt, weil er die (ideologische) Passivität der Frauen zum Ausdruck bringt und weil mir Informanten der Ata Kiwan im Osten der Nachbarinsel Flores sagten, die einzige ihnen bekannte Beischlafstellung sei die, bei der »die Frau unten und der Mann oben« liegt, also die Stellung, die bei uns irrtümlicherweise »Missionarsstellung« genannt wird.
74 Cf. T. O. Beidelman, 1964, S. 365 f., 370; ders., 1971, S. 43. Bei den Abrau und den Kwieftim im nordöstlichen Neuguinea schoß früher der Bräutigam der Braut in der Hochzeitsnacht einen Pfeil in den Oberschenkel oder er stieß einen Knochendolch hinein – was in beiden Fällen tiefe Narben hinterließ. ›In illo tempore‹, so lautet der entsprechende Mythos, trugen die Frauen Schweinehäute, die sie an- und ausziehen konnten, und es kam oft vor, daß ein Jäger ein vermeintliches Schwein erlegte, das in Wirklichkeit eine Frau war. Cf. A. Kelm/H. Kelm, 1975, S. 55 f., 106, 109, 120. Ein Karanga überreicht seinem Sohn nach dessen erstem bekanntgewordenen Samenerguß als Zeichen der von den Vätern ererbten Fähigkeit zur Befruchtung feierlich Pfeil und Bogen. Am Morgen nach der Hochzeitsnacht erhält der junge Mann von seinem Vater den Bogen des Großvaters, und der Vater sagt zum Ahnengeist: »Dein Bogen hat ein Tier geschossen.« Cf. H. Aschwanden, 1976, S. 72, 181. In Bulgarien pflegte der Bräutigam unmittelbar nach der Defloration der Braut sein Gewehr abzuschießen. Cf. J. Komorovský, 1974, S. 139.
75 Cf. G. Reichel-Dolmatoff, 1971, S. 220, 225. Die Piaroa sagen, ihr Jagdzauber verführe die Tiere sexuell. Cf. J. Overing, 1986, S. 91. Bei den Umeda am westlichen Sepik bedeutet der Traum vom Koitus mit einer Frau Jagdglück am nächsten Tag. Die Verben, die »essen«, »eine Frau beschlafen«, »schießen« und »töten« bedeuten, haben alle dieselbe Wurzel (*tadv*). Cf. A. Gell, 1971, S. 169; ders., 1977, S. 32.
76 Cf. R. W. Dunning, 1959, S. 101. Bei den Hopi wurde der Ehe-

bruch euphemistisch »Jagd auf zweibeinige Pferde« genannt. Cf. A. Schlegel, 1990, S. 214. In der altägyptischen Schrift und Sprache wurden für »schießen« und »zeugen« die lautlich und bildlich verwandten Stämme *stj* und *śtj* verwendet. Cf. W. Westendorf, 1977a, S. 485. »Hatte eine Frau jemals eine Erektion oder ging sie jemals jagen und rauben?«, fragt eine Hamar-Frau in einem Film von Ivo Strecker. Auch die Aranda verglichen den erigierten Penis mit einer Jagdwaffe, und in einer Geschichte jagte ein Mann Beutelratten mit seinem beißenden Penis. Die Informanten G. Róheims (1974, S. 232 f.) meinten, eine Frau würde auf das Gespeertwerden durch einen Mann genauso reagieren wie auf das ›Geficktwerden‹: In beiden Fällen »she becomes filled with *inimba* (= Vaginalsekret)«. Wenn bei den Wik-Mungkan auf der Cape York-Halbinsel der Mann seiner Schwester Seetiere mit der Hand oder mit dem Netz gefangen hat, darf der Betreffende die Beute annehmen, nicht aber, wenn der Schwager die Tiere *gespeert* hat. Der Speer eines Mannes wird nämlich mit dessen Penis assoziiert, so daß der Mann in diesem Falle etwas essen würde, das – wie die Vagina seiner Schwester – vom ›Penis‹ seines Schwagers durchbohrt worden wäre, zumal wenn es sich um Muscheln handelte, deren Bezeichnung eine Metapher für die Vulva ist. Cf. D. McKnight, 1973, S. 202, 198.
77 Cf. R. Schulte, 1989, S. 223, 230. R. Lautmann/M. Schetsche, 1990, S. 63 ff., vergleichen das »Abspritzen« der Frauen in der Pornographie mit dem Abschießen des Wildes bei der Jagd.
78 Zit. n. P. Schultz, 1907, S. 82. In den um 1230 – also geringfügig später – entstandenen *Carmina Burana* klagt ein verführtes Mädchen: »Er nam den chocher unde den bogen / bene venabatur / der selbe hete mich betrogen / ludus compleatur« (R. Clemencic / M. Korth / U. Müller, 1979, S. 125).
79 Zit. n. S. Seidman, 1991, S. 139.
80 Verheiratete Frauen fordern durch Lüpfen des Schamschurzes auch ihren Mann zur ›ehelichen Jagd‹ auf. Während des Eland-Tanzes der Mädchen-Initiation, bei dem die tanzenden Frauen den Hintern entblößen, ›jagt‹ manchmal der als Elandbulle verkleidete Scherzpartner (*g//ai*) die Initiandin. Cf. A. Barnard, 1978, S. 623; ders., 1980, S. 117 f., 120. Die !Kung sehen – etwas ernsthafter – die ›sexuelle Flucht‹ einer Frau vor einem Mann als die Flucht des Springbocks vor dem Löwen. Cf. D. F. McCall, 1970, S. 10.

Anmerkungen zu § 16

1 T. de Bry, 1990, S. 82.
2 Cf. G. Devereux, 1951, S. 104.
3 Cf. B. Bucher, 1982, S. 75.
4 Cf. K. Schreiner, 1989, S. 188 f.; A. Kazhdan, 1990, S. 103.
5 Zit. n. P. Milger, 1988, S. 21.
6 Cf. A. MacKay, 1990, S. 131.
7 Auch auf einer Illustration des *Stundenbuches des Herzogs von Berry* stößt ein Ritter zu Pferde seinem gestürzten Gegner die Lanze in den After. Cf. E. Pognon, 1979, S. 77. Nachdem die Tswana die friedlichen Kxoé-Buschleute überfallen hatten, pfählten sie die Männer anal. Cf. O. Köhler, 1989, I, S. 463.
8 So ließ angeblich im 15. Jahrhundert der walachische Fürst Vlad Tepes – das Vorbild für den literarischen Grafen Dracula – eine Bäuerin pfählen, weil diese ihrem Mann das Hemd so kurz geschneidert hatte, daß er sich bei der Arbeit unziemlich entblößte. Cf. R. P. Märtin, 1991, S. 106. Als im frühen 7. Jahrhundert die Avaren die Stadt Forojuli belagerten, ließ einer Überlieferung zufolge Romilda, die Gattin des Herzogs, dem Avarenkönig Kakan mitteilen, sie sei bereit, das Lager mit ihm zu teilen, wenn er die Stadt verschone. Kakan erklärte sich einverstanden, ließ aber dann gegen sein Wort die Stadt plündern und niederbrennen. »Die Romilda« aber, so berichtet Paulus Diakonus (IV. 37), »welche alles Unheil verursacht hatte, behandelte der König der Avaren seinem Eide zulieb in einer Nacht als sein Weib, wie er ihr versprochen hatte; dann aber überließ er sie zwölf Avaren, die sie die ganze Nacht hindurch einander ablösend durch die Befriedigung ihrer Lust marterten; hierauf ließ er in offenem Feld einen Pfahl aufrichten und sie daran spießen, wobei er noch zum Hohn die Worte sprach: ›Das ist der Mann, den du verdienst!‹«
9 Cf. E. Mégier, 1985, S. 52. Auf einem Holzschnitt Lucas Cranachs spielt der Teufel an den Brüsten einer Frau, während er sie gewaltsam mit dem Penis penetriert. Cf. C. Davidson, 1992, S. 55.
10 L. J. Kern, 1981, S. 75.
11 Cf. B. Bauman, 1983, S. 91.
12 Cf. K. P. Wentersdorf, 1984, S. 10.
13 Cf. A. Edwardes, 1967, S. 161, 75 f. Man hat aus der Episode der ›Besamung‹ Seths durch Min-Horus gefolgert, daß auch bei den alten Ägyptern der Sieger den Besiegten sexuell geschändet habe. Cf. A. Erman, 1916, S. 1143. »Aber in der Nacht ließ Seth seinen

Penis erigieren und ließ ihn eintreten zwischen die Schenkel des Horus. Horus aber tat seine beiden Hände zwischen die Schenkel und fing den Samen des Seth auf« (J. Spiegel, 1937, S. 135; J. G. Griffiths, 1960, S. 42). Aussagekräftiger ist vielleicht ein Totentext, in dem es heißt: »Rê hat keine Macht über mich, denn ich bin es, der seine Luft fortnimmt. Atum hat keine Macht über mich, denn ich ficke in seinen Hintern« (H. Kees, 1926, S. 301). In einem alten Hymnus verwahren sich Schu vor der analen und Tefnut vor der vaginalen Vergewaltigung durch ihren Vater Atum. Cf. H. Kees, 1925, S. 1.

14 »Und da er kam zu den Schafhürden am Wege, war daselbst eine Höhle, und Saul ging hinein, seine Füße zu decken« (1. Samuel 24.4).
15 Cf. A. Edwardes, a. a. O., S. 75; G. Mayer, 1987, S. 78.
16 »Da sprach der Herr: Gleichwie mein Knecht Jesaja nackt und barfuß geht, zum Zeichen und Wunder dreier Jahre über Ägypten und Äthiopien, also wird der König von Assyrien hintreiben das gefangene Ägypten und die zur Wegführung bestimmten Äthiopier, Jünglinge und Greise, ohne Obergewand und barfuß (*'arwet mitzrîm*) und mit entblößtem Hintern, eine Schmach für Ägypten« (Jesaja 20.3f.). Im Talmud gibt es noch zahlreiche andere Euphemismen für die männlichen und die weiblichen Genitalien, wobei die letzteren vor allem »unteres Gesicht« und »eine gewisse Stelle« genannt werden. Cf. I. Simon, 1980, S. 825.
17 Cf. A. Edwardes, a. a. O., S. 17f.
18 Cf. F. Burger, 1926, S. 28.
19 Cf. G. Vorberg, 1921, S. 13. Wenn ein Wahehe-Krieger aus dem Kampf mit einer Rückenwunde heimkam, sah man darin ein Indiz für seine Feigheit. Daraufhin röstete man einen Maiskolben, bis er hart und scharfkantig war, und rieb ihn dann auf seinem After hin und her. Cf. A. G. O. Hodgson, 1926, S. 44.
20 Cf. W. A. Müller, 1906, S. 130.
21 Cf. J. P. Hallett, 1977, S. 156f.
22 Cf. W. H. Parker, 1988, V, 3f.; VI; 75; XIII; XXXI; LXXIII. Ersatzweise droht er den Männern auch damit, er werde seinen Stock so heftig in ihren After stoßen, daß ihr Arschloch keine Falten mehr schlage. Cf. a. a. O., XI. Es ist inzwischen fast modisch geworden zu behaupten, daß Begriffe wie »Schwuler« oder »Homosexueller« zur Bezeichnung von Männern, die sich vor dem 18. Jahrhundert homosexuell betätigten, nicht geeignet oder irreführend seien. Ich werde auf dieses Problem im nächsten Band eingehen.
23 Cf. a. a. O., XXVI; LI, 17f.; LXIV; A. Richlin, 1983, S. 122.

24 Cf. Parker, a.a.O., XV. Abb. 212 bezieht sich vermutlich auf die entrüstete Reaktion der Weimarer Gesellschaft nach der Veröffentlichung der *Römischen Elegien* im Jahre 1795, in denen der Dichter den Priapus aufforderte, Heuchler und Voyeure »von hinten« zu strafen, und zwar »Mit dem Pfale der dir roth von den Hüften entspringt«. G. Femmel/C. Michel, 1990, S. 175 f., meinen, es sei ziemlich sicher, daß hier eine anale Vergewaltigung dargestellt sei, da »die Mienen des Priap und seines Opfers« einen lustvollen Geschlechtsverkehr auszuschließen schienen. Allerdings scheint der rechte Arm des Kavaliers den Priapus nicht gerade abwehren zu wollen, und die gespreizten Beine wie der angelehnte Stock mit Hut deuten wohl eher auf Freiwilligkeit.

212 Analverkehr zwischen einer Priap-Herme und einem Kavalier. Bleistiftzeichnung aus dem Besitz Goethes.

25 Cf. C. Reinsberg, 1989, S. 231.
26 Cf. A. J. L. van Hooff, 1990, S. 119.
27 Cf. K. J. Dover, 1978, S. 105.
28 Cf. A. Mohler, 1972, S. 63. Afghanische Truppen pflegten nach dem Sieg fast habituell die unterlegenen Soldaten und gelegentlich auch fremde Diplomaten zu vergewaltigen. Im Jahre 1841 kommentierte dies ein britischer Soldat: »I have seen things in a man's mouth which were never intended by nature to occupy such a position.« (S. W. Foster, 1990, S. 17f.). Im 18. Jahrhun-

dert vergewaltigte Tipu Sahib, der fanatische Sultan von Maisūr, zahlreiche gefangene Europäer, darunter General Sir David Baird. Cf. L. Senelick, 1990, S. 851f.
29 Cf. A. Bouhdiba, 1985, S. 209.
30 Cf. D. F. Greenberg, 1988, S. 181.
31 Cf. J. A. Bellamy, 1979, S. 28.
32 Cf. R. T. Antoun, 1968, S. 680.
33 Cf. A. Dundes/J. W. Leach/B. Özkök, 1972, S. 136ff. Bereits in einem Brief, den im Jahre 1088 der byzantinische Kaiser Alexios an den Grafen von Flandern geschrieben haben soll und der in der Folgezeit immer wieder kopiert und zu Propagandazwecken verwendet wurde, heißt es über die Türken: »Bischöfe verhöhnen sie durch die Sünde der Sodomie und einen Bischof zerrissen sie sogar durch diese Sünde« (zit. n. P. Milger, a.a.O., S. 35).
34 Cf. J. R. Corbin/M. P. Corbin, 1987, S. 54; S. Brandes, 1981, S. 233.
35 Cf. E. Nordenskjöld, 1912, S. 244. Zur anal-erotischen Bedeutung des Klistiergebens cf. R. Jütte, 1992, S. 790. Es wird immer wieder behauptet, daß in solchen Gesellschaften – etwa in den mediterranen – ein Mann sich ohne Ehrverlust homosexuell betätigen könne, solange er dabei die ›aktive‹ Rolle ausübe, er also derjenige sei, der den anderen ›ficke‹. Ich werde im nächsten Band zeigen, daß dies nicht ganz den Tatsachen entspricht.
36 Ein beliebtes aggressives Kinderspiel ist das ›Genitalienschnappen‹, bei dem die Buben der Pilagá die Mädchen zu Boden werfen und ihnen zwischen die Beine greifen. Das Umgekehrte, das etwa dem hiesigen ›Sackgreifen‹ der Mädchen entspricht, kommt seltener vor. Cf. J. Henry/Z. Henry, 1961, S. 296f., 303.
37 Cf. H. Becher, 1974, S. 47. Bei den Yanomamö haben Jugendliche bisweilen mit ihren jüngeren Brüdern Analverkehr, wobei stets der Ältere »den After ißt«, d.h. den Penis einführt. Cf. J. Lizot, 1982, S. 49.
38 Cf. F. Erichsen, 1975, S. 37.
39 Cf. H. Honour, 1989, IV.1, S. 153f.
40 Man nimmt an, daß die Dunkelziffer sehr hoch ist, da die Männer sich schämen, anale Vergewaltigungen zuzugeben. Cf. I. Agger/S. B. Jensen, 1990, S. 53, 62. Während der »Obristenherrschaft« in Griechenland stießen die Militärpolizisten, die ihre Knüppel absichtlich wie erigierte Penisse vor sich hertrugen, jene mit Vorliebe in den After der Gefangenen. Während der Ausbildung hatte man zu ihnen gesagt: »Niemand wird sich gegen euch erheben; ihr könnt jeden schlagen und ficken!« Cf. M. Haritos-Fatouros, 1991, S. 87.

41 S. Hite, 1982, S. 53. In einer Studentenverbindung der Cornell University müssen sich die Initianden splitternackt ausziehen, sich vornüberbeugen und dem hinter ihnen stehenden älteren Kommilitonen den Hintern präsentieren. Dann reichen sie dem Älteren einen dicken, mit Vaseline beschmierten Zimmermannsnagel: »The right hand is placed on the right buttock and the left hand extended back to the senior, to receive the nail, but a can of beer is placed in the hand« (L. Tiger, 1984, S. 146f.).
42 Cf. R. Herbertz, 1929, S. 8f.
43 U. Preuß-Lausitz, 1983, S. 93.
44 Cf. K. Bräutigam, 1979, S. 67.
45 Ich habe beobachtet, wie junge Lateinamerikaner mit dieser Geste gleichaltrige Freunde begrüßten und dabei mit dem hochgestreckten Mittelfinger wackelten. Die Freunde erwiderten die Geste.
46 Zu ›fica‹, ›bras d'honneur‹ und anderen phallischen Gesten cf. D. Morris/P. Collett/P. Marsh/M. O'Shaughnessy, 1979, S. 80ff.
47 Cf. *Spiegel* 44, 1991, S. 303.
48 Cf. H. Herramhof, 1969, S. 89. Das Wort »Neid« hat hier die Bedeutung von ahd. *nid*, »Haß, Zorn«. Cf. C. Sütterlin, 1992, S. 523 f.
49 Cf. L. Ziller, 1973, S. 383.
50 Cf. H. Fluck, 1934, S. 189. M. C. Jacobelli, 1992, S. 28, 126, meint zu diesem Bericht: »In jedem Fall ist mit ›Feigen‹ die weibliche Scheide gemeint.« Ich halte dies für sehr unwahrscheinlich.
51 Cf. M. Rossman, 1990, S. 66.
52 Cf. L. DeMause, 1984, S. 138.
53 Cf. C. L. Mithers, 1991, S. 82.
54 Cf. L. DeMause, 1986, S. 50f. In einem Vertrag mit Vasallen Esarhaddons wird den Vertragsbrüchigen angedroht: »Mögen sie (= die Götter) dich in den Augen deiner Feinde zu Frauen machen!« Cf. M. Dietrich, 1989, S. 127.

Anmerkungen zu § 17

1 Cf. P. Mason, 1984, S. 23.
2 So meinte beispielsweise im Quattrocento Bernardino de Siena, es sei »weniger schlimm«, wenn ein Mädchen vergewaltigt werde, als wenn dies einem Jungen widerfahre. Cf. M. J. Rocke, 1989, S. 12.
3 Cf. H. Knapp, 1914, S. 238. In dieser Zeit ertränkte z. B. der elsässische Ritter Richard v. Hohenburg einen Buben, »mit dem

er sin můtwillen solt haben verbracht«. Behilflich dabei war ihm sein Knecht, mit dem er ein sexuelles Verhältnis hatte (»der was dem ritter trefflich lieb«). Cf. C. Pfaff, 1991, S. 74. Im 14. Jahrhundert sagte der junge Guillaume Ros über Arnaud de Verniolles aus Pamiers aus: »Arnaud bedrohte mich mit einem Messer, drehte mir den Arm um, ergriff mich trotz meines Widerstandes mit Gewalt, warf mich zu Boden, karessierte und küßte mich und ejakulierte mir zwischen die Beine.« Cf. E. Le Roy Ladurie, 1980, S. 173. Im Jahre 1607 koitierte ein Mann in Middlesex bewaffnet und mit Gewalt (»vi et armis«) einen etwa sechzehnjährigen Jungen anal. Cf. B. R. Smith, 1991, S. 51.
4 Cf. W. L. Gundersheimer, 1972, S. 120. Auch im Orient ziehen die Täter traditionellerweise Knaben vor. Nach dem Golfkrieg beispielsweise wurden in Kuweit viele palästinensische Jungen vergewaltigt, während den älteren Männern zerbrochene Flaschen in den After getrieben wurden. Cf. *Spiegel* 24, 1992, S. 172.
5 Cf. S. Chojnacki, 1972, S. 211. Auch im 17. und 18. Jahrhundert scheint die »pederastia violenta« nicht weniger häufig begangen worden zu sein. Cf. G. Martini, 1986, S. 163, 166f.
6 Cf. J. Rossiaud, 1982, S. 82.
7 Deshalb wurden z. B. in Venedig auch erwachsene Frauen häufig anal vergewaltigt. Cf. E. Pavan, 1980, S. 260; G. Ruggiero, 1985, S. 145. Im Jahre 1558 erließen die Florentiner ein Gesetz, nach dem der Täter zwei Jahre auf die Galeeren geschickt wurde, wenn kein Blut geflossen war; verletzte er sein Opfer, kostete ihm dies den Kopf. Cf. J. K. Brackett, 1992, S. 110f.
8 Cf. M. Rey, 1987, S. 181.
9 Bereits um das Jahr 1689 gab es in Amsterdam eine Bande von jungen, etwa zwanzigjährigen Männern, die in der Gegend der Börse und des Rathauses männlichen Passanten an den Hosenlatz faßten. Sie raubten die Männer aus und folgten ihnen anschließend oft nach Hause, um sie dort noch weiter auszuplündern. Die Mitglieder der Bande wechselten häufig, da die jungen Männer immer wieder auf Schiffen der Ostindischen Kompanie anheuerten. Nach der Verhaftung wurden die Anführer hingerichtet und der Rest der Bande in eine Erziehungsanstalt eingeliefert. Cf. D. J. Noordam, 1989, S. 214f.
10 Die Problematik, die mit den Begriffen ›aktiv‹ und ›passiv‹ verbunden ist, werde ich im nächsten Band diskutieren.
11 Cf. R. Trumbach, 1989, S. 136.
12 Auch im Mittelalter und in der frühen Neuzeit wurden nicht selten Männer, die mit Fremden das Bett teilten, Opfer homosexueller Attacken. Cf. H. P. Duerr, 1988, S. 188.

13 Cf. R. Trumbach, 1977, S. 16f. Manche Männer ließen freilich die sexuellen Handlungen zu, ohne sich zu wehren. So ließ sich ein gewisser John Meeson nach reichlichem Alkoholgenuß von dem älteren John Dicks penetrieren, sagte aber später vor Gericht aus, daß er »was not sensible enough to be certain«, ob der andere wirklich in seinen After eingedrungen sei. Das Ganze spielte sich im Schlafzimmer eines Pubs ab und wurde von einem Paar in der Nebenkammer durch ein Loch in der Wand beobachtet. Als Dicks sich anschickte, seinen Penis einzuführen, schrie die Frau laut aus: »I can look no longer – I am ready to swoon – He'll ruin the boy!« Als das Paar daraufhin in das Zimmer einbrach, fiel Dicks auf die Knie, »and begged we would not expose him to public shame«. Cf. a.a.O., S. 21.

14 So luden z.B. im Jahre 1758 zwei Soldaten einen Perückenmacher in ein Wirtshauszimmer ein. Als der Mann wieder gehen wollte, weil ihm offenbar die ganze Sache plötzlich merkwürdig vorkam, knöpften ihm die beiden gewaltsam den Hosenlatz auf und »used me very unhandsomely«. Hinterher gaben sie ihm zu verstehen, daß »they would swear I was a sodomite, and would have me hanged«, wenn er ihnen kein Geld gäbe. Cf. a.a.O., S. 22.

15 Cf. R. Trumbach, 1989, S. 415. Im Jahre 1760 wurde ein portugiesischer Matrose von einem Gericht freigesprochen, nachdem er wegen Vergewaltigung des Uhrmacherlehrlings Joseph Churchill, eines effeminierten Jünglings mit homosexuellen Neigungen, angeklagt worden war. Ausschlaggebend für diesen Freispruch war offenkundig, daß ein anderer Lehrling aussagte, er habe sich nach einiger Zeit geweigert, mit Churchill im selben Bett zu schlafen, weil dieser ihn immer wieder geküßt und seine Genitalien manipuliert habe. Cf. a.a.O., S. 419. Manchmal wurden auch Homosexuelle weniger deshalb vergewaltigt, weil die Täter sich sexuell befriedigen wollten, sondern eher, um die »Sodomiten« zu entwürdigen und zu demütigen. So versuchten z.B. – ebenfalls im 18. Jahrhundert – drei Männer in Begleitung der beiden öffentlichen Huren Susannah Nutley und Susan Cook allem Anschein nach aus diesem Grunde den »Sodomiten« Thomas Lile zu vergewaltigen. Cf. a.a.O., S. 425. Ein heutiges Beispiel schildert W. E. Hassel, 1992, S. 145.

16 Cf. A. Richlin, 1983, S. 12. In einer aus dem 1. Jh. v. Chr. stammenden Abhandlung heißt es, daß die Vorfahren den Vergewaltiger eines Mannes »aufs härteste« bestraft hätten. Cf. J. F. Gardner, 1986, S. 118f.

17 Cf. W. H. Parker, 1988, XXVIII, XXXV. Auf einer etwa aus

der Mitte des 6. Jahrhunderts v. Chr. stammenden Darstellung zwingt Silen die Sphinx, ihn zu fellationieren. Cf. M. Maaskant-Kleibrink, 1990, S. 157.
18 Cf. E. M. O'Connor, 1989, S. 126, 158.
19 Cf. E. Diehl, 1930, S. 38f., 79f.; ferner W. Krenkel, 1962, S. 51.
20 Cf. A. Richlin, a.a.O., S. 27; J. D. Jocelyn, 1980, S. 15, 19, 24, 38; J. Henderson, 1975, S. 47; R. F. Sutton, 1982, S. 88ff.; J. Winkler, 1990, S. 38. Für eine normale Athenerin war die Fellatio entehrend und der Gipfel der Schamlosigkeit, und sie war wohl nur unter Zwang bereit, ihren Mann zu ›blasen‹. So wird z.B. eine rotfigurige Vasendarstellung, auf der ein junger Mann eine auf dem Boden kauernde Frau an den Haaren gepackt hat und sie mit einer Sandale bedroht, so interpretiert, daß er die Frau wahrscheinlich zur Fellatio nötigen will. Cf. M. Kilmer, 1990, S. 262, 271.
21 Cf. A. Edwardes/R. E. L. Masters, 1963, S. 213f. Hier spielen wohl homosexuelle Momente *und* Demütigungsabsichten eine Rolle. So auch in folgendem Fall: Im Jahre 1738 warf Lazare Farcier, der Dorfschuhflicker, einen Jungen nieder, nagelte ihn auf dem Boden fest, indem er auf seinen Schultern kniete, und holte »sa verge« aus der Hose, um den Jungen zu fellationieren. Als dieser ihm jedoch damit drohte, »la lui couper avec les dents«, ließ er ihn laufen. Cf. J.-P. Desaive, 1987, S. 129.
22 K. Dowman, 1982, S. 131f.
23 Cf. E. Accad, 1990, S. 34. Während des Ersten Weltkrieges schnitten Araber gefangenen alliierten Soldaten den Penis ab und ›fellationierten‹ sie dann mit ihm. Cf. R. J. Mehta, o. J., S. 154. Auch in manchen Gegenden Neuguineas war dies üblich. Cf. B. M. Knauft, 1989, S. 230.
24 F. S. Caprio, 1957, S. 237.
25 Cf. D. S. Marshall, 1971, S. 118.
26 Cf. A. Krämer, 1903, II, S. 58; B. Danielsson, 1956, S. 77. Auf Tahiti gilt das Küssen auf den Mund noch heute als eine milde Form der Perversion, obwohl es beim sexuellen Vorspiel nicht unüblich ist. Cf. R. I. Levy, 1973, S. 128.
27 *Orale* Fellatio in unserem Sinne wurde in Polynesien vor allem mit ›passiven Homosexuellen‹, die auf Tahiti *māhū* genannt wurden, aber auch mit Frauen ausgeübt. So war z.B. unter der polynesischen Bevölkerung des Korallenarchipels Ontong Java heterosexuelle Fellatio (*somo*) verbreitet, doch die Frauen selber liebten mehr den Cunnilingus (*veisongi*). Cf. I. Hogbin, 1931, S. 28. Kapitän Bligh, der Kommandant der ›Bounty‹, stellte angewidert auf Tahiti fest: »Even the mouths of Women are not exempt from

the polution« (W. Bligh, 1789, II, S. 17). Allerdings deutet vieles darauf hin, daß anständige Frauen nicht dazu bereit waren, den Penis eines Mannes in den Mund zu nehmen, und die Fellatio scheint zu allen Zeiten anrüchig gewesen zu sein. Auch heute sagen die Dorfbewohnerinnen, daß nur die »schlechten Mädchen«, also die Huren in Papeete, so etwas tun. Cf. R. I. Levy, a.a.O., S. 128. Manche junge Ontong Javaner ließen sich anscheinend vor allem von den effeminierten Homosexuellen, die als lächerliche Figuren galten, ›lutschen‹ (cf. Hogbin, a.a.O., S. 27), und ähnlich verhielt es sich auch auf Tahiti, wo die *māhū* als eine Art ›Quasi-Frauen‹ angesehen wurden, weshalb sie – wie die Frauen – nicht gemeinsam mit den Männern essen durften. Cf. P. I. Nordmann, 1944, S. 35. Manche *māhū* waren anscheinend Männer mit abnorm kleinem Penis und Hoden, die sich aus Schamhaftigkeit nie beschneiden ließen und auch keine sexuellen Beziehungen zu Frauen aufnahmen. So berichtet schon Bligh über einen *māhū*: »He had the appearance of a Woman, his Yard & Testicles being so drawn in under him, having the Art from custom of keeping them in this position; those who are connected with him have their beastly pleasures gratified between his thighs, but are no farther Sodomites as they all positively deny the Crime. On examining his privacies I found them both very small and the Testicles remarkably so, being not larger than a boys of 5 or 6 Years old, and very soft as if in a state of decay or a total incapacity of being larger, so that in either case he appeared to me as effectually a Eunuch as if his Stones were away« (Bligh, a.a.O., S. 17). Ist bei Bligh vor allem von Schenkelverkehr die Rede, so überraschte im Jahre 1801 Bruder Henry einen Häuptling, »having in his mouth the other's –«, und drei Jahre später berichtet John Turnbull über die Männer, die den *māhū* aufsuchen: »They put the penis into the unfortunate's mouth, and go on to emit the semin, which the wretch eagerly swallows down as if (it) were the vigor and the force of the other; thinking no doubt thus to restore himself greater strength« (zit. n. D. L. Oliver, 1974, I, S. 371 f.). Auch heute schlucken viele *māhū* sehr gerne das Sperma ihrer Partner, da sie glauben, es mache sie stark. »Deshalb sind die *māhū* so stark und kraftvoll«, meinte etwa ein Tahitianer, »das Sperma geht durch seinen ganzen Körper. Es ist so wie die Ärzte es über die Vitamine sagen. Ich habe viele *māhū* gesehen, und alle waren sie sehr stark« (Levy, a.a.O., S. 134f.; ders., 1971, S. 13). Das *'ote moa* (»Penissaugen«) von einem *māhū* ausführen zu lassen, galt und gilt zwar als etwas anrüchig, manche Tahitianer finden es »ekelerregend«, aber die jungen

Männer, die sich gelegentlich »saugen« lassen, werden nicht ernsthaft stigmatisiert, vorausgesetzt, daß *sie* nicht den *māhū* »saugen«. Zwar würden sich die *māhū* auch gerne selber fellationieren lassen, aber im allgemeinen lehnen ihre heterosexuellen Partner dies ab – eine Ausnahme war etwa der von dem Missionar beobachtete Häuptling –, denn dies gälte als ›unmännlich‹ und deshalb als ›abartig‹ – vielleicht könnte man sagen: als ›schwul‹. Cf. Levy, 1973, S. 134 f. Nicht wenige europäische Seeleute ließen sich früher von einem *māhū* fellationieren, weil sie dachten, es handle sich um eine Frau, und hinterher lachten sich die Tahitianer über die Getäuschten halb krank (cf. Oliver, 1974, I, S. 370), aber manche Einheimische scheinen den *māhū* einer Frau sogar vorgezogen zu haben: »Es ist«, meinte ein Informant, »wie wenn du's mit 'ner Frau machst, aber er macht's besser als 'ne Frau, weil du dich ganz gehen lassen kannst, wenn er dir's macht. Er läßt dich nicht so schnell kommen, und er macht dich ganz weich. Wenn du zu einer Frau gehst, ist es nicht immer befriedigend. Wenn du zu einem *māhū* gehst, ist es befriedigender. Die Lust dabei ist sehr groß. Du hältst es nicht mehr aus und versuchst, seinen Kopf zurückzustoßen« (Levy, 1973, S. 135).
28 Cf. G. Konrad, 1977, S. 310.
29 Cf. H. Aufenanger/G. Höltker, 1940, S. 158. Die Autoren meinen, daß die Gende sich mit dieser Formel symbolisch erniedrigen, indem sie bekunden, sogar bereit zu sein, etwas so Niedriges wie die Genitalien des anderen zu essen, was sie in den Tagen des Kannibalismus nie getan hätten. Freilich scheint in diesem Falle das ›Essen‹ eher eine sexuelle Bedeutung zu haben, zumal in zahlreichen Gesellschaften Neuguineas ein enger Zusammenhang zwischen der Nahrungsaufnahme und dem Geschlechtsverkehr besteht. Die Sambia nennen die Fellatio »den Penis essen« (cf. G. H. Herdt, 1982, S. 61), und bei den Umeda bedeutet *tadv* sowohl »essen« als auch »eine Frau ficken«. Träumt ein Mann davon, daß seine Schwester kommt und ihm das Essen bringt, dann bedeutet dies, daß er am nächsten Tag mit einer Frau schlafen wird. Cf. A. Gell, 1977, S. 32. Zudem war es keineswegs *durchgängig* so, daß die Genitalien nicht gegessen wurden. Bei den Gimi beispielsweise, bei denen nur die Frauen und die uninitiierten Männer Menschen aßen, sagte ein Teil der Informanten, daß die Frauen den Penis und die Hoden aßen, und ein Mann erinnerte sich, wie man ihm als kleinem Buben den Penis eines ›Big Man‹ zu essen gab, damit er schneller wachse. Ein anderer Informant meinte indessen: »Der Penis wurde nie gegessen. Man vergrub ihn an der Wurzel einer Bambuspflanze. Auch die Vulva wurde nie geges-

sen. Man vergrub sie ebenfalls an der Wurzel des Bambus und des Pandanus.« (G. Gillison, 1983, S. 37). Bei den Dani gehörten die Genitalien der Getöteten zu den Leckerbissen. Als im Jahre 1968 die beiden Missionare Stan Dale und Phil Masters von Männern der Wikbun im westlichen Hochland verspeist wurden, galt diesen deren zarte Penishaut als eine der größten Delikatessen. Cf. G. Kenntner/W. A. Kremnitz, 1984, S. 70f. Die Baktaman aßen mit Vorliebe die Brüste und die Vulva der getöteten Frauen, und zwar, wie F. Barth, 1975, S. 152, kommentiert, »with an emphasis which suggested to my, perhaps oversensitive, ear a trace of sexual aggressiveness«. Bei den Jalé im westlichen Zentralmassiv wurden die Genitalien nie gemeinsam mit den übrigen Körperteilen gekocht, sondern für sich gegrillt und anschließend von den Alten gegessen. Während beide Geschlechter Penis und Hoden aßen, schienen die Männer sich vor den weiblichen Geschlechtsorganen zu ekeln und überließen ihren Verzehr den Frauen: »Es ist ihr Ding, ihre Art Haut.« Allerdings hatten sie ein großes voyeuristisches Interesse an den Genitalien der getöteten Frauen und Männer, die sie genau inspizierten, wobei man erregte Ausrufe wie *aje hum-ham tu-a!*, »Was für ein gewaltiger Schwanz!« oder *angket hum tu-e! angket oruk tuma, jejo!*, »Was für eine riesenhafte Möse! Das Haar dort auf der Möse, jejo!«, hören konnte. Cf. K.-F. Koch, 1970, S. 52. Am unteren Yuat wurden dagegen die Genitalien nie gegessen, sondern verbrannt. Cf. H. Aufenanger, 1977, S. 131. Ähnlich unterschiedlich verhielt man sich anscheinend auch im Tiefland von Südamerika. So verzichteten beispielsweise die Aché auf den Genuß der weiblichen Genitalien, doch gaben sie den Penis einer schwangeren Frau zu essen, weil sich dadurch die Chancen vergrößerten, daß ihr Kind ein Junge würde. Cf. M. Münzel, 1983, S. 292f. Dagegen schnitten die Tupinamba nach dem Überfall auf ein Dorf den getöteten Frauen die Vulva aus dem Leib und gaben sie ihren Frauen, die sie räucherten und ihren Männern beim nächsten Fest als Leckerbissen servierten. Im Jahre 1614 konstatierte Claude d'Abbeville, daß die Genitalien generell den Frauen vorbehalten blieben. Cf. A. Métraux, 1967, S. 46, 66.
30 Die Frau kann auch sagen: »Ich esse deinen Kot (*denie*).« Cf. J. Sterly, 1987, S. 40, 203. Dabei faßt sie in Richtung des Afters des anderen und führt dann die Hand zum Mund. Bei den Goroka fassen zwei einander begrüßende Personen ihr Gegenüber an die Hüfte und rufen *serokowe!*, was ebenfalls »Ich esse deinen Kot!« heißt. Cf. I. Eibl-Eibesfeldt, 1973, S. 186f., 190.
31 Cf. K. E. Read, 1965, S. 19.

32 Cf. J. van Lawick-Goodall, 1971, S. 157. Eine Frau erzählte mir, daß sie schon mehrfach Männer masturbiert habe, mit denen sie allein war und vor denen sie Angst hatte.
33 Cf. H. Hunger, 1988, S. 3. In einem Brief vom 28. September 1989 hat der Autor meine Deutung des Rituals abgelehnt. Er ist der Auffassung, daß es sich um ein phallisches Drohen mit der Bedeutung »Macht, daß ihr weiterkommt!« handle. Meines Erachtens wird jedoch bei einer solchen Interpretation übersehen, daß es hier um einen *Friedensschluß* geht, bei dem apotropäische Gesten fehl am Platze wären, weil diese ja den Partner abwehren oder einschüchtern sollen.
34 Cf. S. Berg, 1963, S. 95; W. Wickler, 1969, S. 225. Im 18. und im frühen 19. Jahrhundert scheinen die chinesischen Piraten häufig Gefangene vergewaltigt zu haben, um sie dadurch in ihre Gemeinschaft zu initiieren. Cf. G. Hekma, 1990, S. 1373. Auch Frauen werden bisweilen auf diese Art ›initiiert‹. So sagten z. B. die Contras, die 1985 in Nikaragua zwei deutsche Aufbauhelferinnen vergewaltigten, den jungen Frauen anschließend, sie würden sie jetzt nach Honduras bringen und für den bewaffneten Kampf ausbilden. Cf. T. Cabestrero, 1987, S. 77f. Einen ähnlichen Fall schildert E. J. Hobsbawm, 1972, S. 200.
35 Cf. R. Herbertz, 1929, S. 11.
36 Wie wir später sehen werden, gilt dasselbe für Frauen, die während einer Vergewaltigung zum Orgasmus kommen, aber auch für die meisten Prostituierten, für die eine heftige sexuelle Erregung ein mehr oder weniger beschämender ›Betriebsunfall‹ ist. »Normalerweise fühlt man gar nichts. Ganz selten passiert dann doch was, rein körperlich. Wo man hinterher noch sauer ist und denkt: Du altes Arschloch, bei dir bin ich gekommen!« (M. Lukas, 1986, S. 63).
37 Cf. A. N. Groth/W. Burgess, 1980, S. 807ff. Da die Opfer sich ungemein gedemütigt und entehrt fühlen, rechnet man mit einer sehr großen Dunkelziffer. Gleiches gilt für die sehr häufigen Fälle von analer Vergewaltigung männlicher Kinder. Cf. A. Sharony/H. Spira, 1987, S. 256. Man schätzt, daß heute in den USA jedes vierte bis siebente Vergewaltigungsopfer ein männlicher Jugendlicher oder ein jüngerer Mann ist. Cf. S. Donaldson, 1990, S. 1095. Erst recht in vergangenen Zeiten scheinen Vergewaltigungen von Männern durch Männer kaum oder gar nicht angezeigt worden zu sein. So wurden beispielsweise im Jahre 1810 in England und Wales lediglich 29 und drei Jahre später sogar nur 22 Männer wegen versuchter oder vollendeter Vergewaltigung von Angehörigen des eigenen Geschlechts verurteilt. 80% der 1810

verurteilten Täter wurden gehängt. Cf. R. Davenport-Hines, 1990, S. 93. Von den 300 jugendlichen Anhaltern, die in den achtziger Jahren unseres Jahrhunderts von einem Autofahrer in den USA in einem einzigen Sommer vergewaltigt wurden, erstattete lediglich einer Anzeige. Cf. S. Donaldson, a. a. O. In vielen Ländern ist die Vergewaltigung eines Mannes durch einen Mann kein strafbares Delikt. So ist z. B. Tunesien das einzige nordafrikanische Land, in dem wenigstens die Vergewaltigung eines Jungen strafrechtlich verfolgt werden kann. Cf. F.-P. Blanc, 1987, S. 369. Gerade in den arabischen Ländern werden aber anscheinend viele Jungen vergewaltigt. In Marokko beispielsweise ziehen die Männer häufig die älteren Jungen mit dem Hintern fest gegen ihren Unterleib und dringen so heftig und tief in deren After ein, daß die Jungen nicht selten in Ohnmacht fallen. Cf. V. Crapanzano, 1983, S. 148.
38 Cf. Ş. Yüksel, 1991, S. 290.
39 A. Godenzi, 1989, S. 86. Libidinöse Göttinnen wie Morrígain nutzten die Kampfeswut der keltischen Helden ebenso wie die germanischen Schlachtjungfrauen die der Krieger, um mit ihnen zu koitieren. Cf. J. de Vries, 1961, S. 138.
40 Cf. G. F. Vicedom/H. Tischner, 1948, S. 93.
41 Die Sedang Moi-Informanten sagten Devereux, daß ein Mann »zornig«, d. h. sexuell erregt werde, wenn eine Frau ihn nackt sehe. Sehe ihn aber ein anderer Mann unbekleidet, so erzeuge dies Scham (*lim*). Cf. G. Devereux, 1987, S. 458.
42 Zit. n. K. F. Stifter, 1988, S. 104.
43 Cf. W. Wickler, 1969, S. 55.
44 Man hat festgestellt, daß weibliche Rhesusaffen, die einer pränatalen Androgenbehandlung ausgesetzt waren, Artgenossen häufiger besteigen als unbehandelte. Cf. H. Kummer, 1980, S. 149.
45 F. de Waal, 1989, S. 153 f.
46 A. a. O., S. 219.
47 Cf. B. G. Blount, 1990, S. 705 f. Während der Fütterung bieten sich auch manche Weibchen anderen Weibchen gegen Leckerbissen, die diese ergattert haben, zum Genitalreiben an, und zwar häufig kurz vor oder nach dem Geschlechtsverkehr mit einem Männchen. Wenn bei den Grauen Languren (*Presbytis entellus*) in Indien die Weibchen anderen Weibchen aufreiten, sind erstere meistens östrisch, was wohl zeigt, daß hier der ›Sex‹ nicht um außersexueller Ziele willen ›benutzt‹ wird. Auch lassen sich die Partnerinnen besonders gerne besteigen, wenn sie selber in der Eisprungphase sind. In 84 % der Fälle sind die Aufreitenden sozial dominant, jedoch reiten bei den Japanmakaken die Weibchen

gelegentlich bei körperlich überlegenen Männchen auf. Die Rhesus-Weibchen, die bei östrischen Partnerinnen aufreiten, sind meist ebenfalls dominant. In der Mehrzahl der Fälle halten sie das andere Weibchen an den Schultern fest, reiben die Vulva an ihr und stimulieren sie meist gleichzeitig mit der Hand an der Klitoris, wobei die Partnerin, die nicht selten den Kopf zurückbeugt, um der ›Aktiven‹ ins Gesicht zu schauen, oft behilflich ist. Cf. V. Sommer, 1990, S. 123 f., 126, 128.

48 Cf. E. Cleaver, 1969, S. 21 f., 185 f. Cf. auch D. E. J. MacNamara/E. Sagarin, 1977, S. 153 f.; L. H. Bowker, 1978, S. 117.

49 Cf. D. F. Greenberg, 1988, S. 126 f.

50 Cf. G. Wright, 1983, S. 71, 104, 151, 185. Aus dem Jahre 1716 stammt eine Verfügung, die allerdings nicht für den Kerker, sondern für die russische Armee erlassen wurde. Danach wurde jeder Soldat, der einen Kameraden vergewaltigte oder sexuell nötigte, zum Tode bzw. zu lebenslänglicher Zwangsarbeit verurteilt. Im Falle von Sodomie – also wohl Analverkehr – ohne Drohung oder Gewaltanwendung, wurden die Delinquenten ausgepeitscht. Cf. S. Karlinsky, 1989, S. 349.

51 Cf. J.-G. Petit, 1990, S. 505. Nach den Dokumenten zu urteilen, gab es auch im 19. Jahrhundert wesentlich weniger homosexuelle Vergewaltigungen in den französischen Gefängnissen als heutzutage – oder sie wurden in höherem Maße verschwiegen. Allerdings standen den älteren Gefangenen zahlreiche *gironds* oder *petits jésus* zur sexuellen Verfügung, meist jüngere, schmächtige Männer oder Jugendliche, die sich um 1890 in den Pariser Gefängnissen bereits für eine Zigarette und ein Glas Wein anal benutzen ließen. Cf. P. O'Brien, 1982, S. 91 ff.

52 Cf. J. Goldstein/I. F. Lukoff/H. A. Strauss, 1991, S. 91. Manche jungen Häftlinge prostituierten sich auch für Nahrungsmittel. Cf. R. Laqueur, 1991, S. 52.

53 Cf. R. Plant, 1991, S. 148.

54 F. Freund, 1989, S. 238 f.

55 Cf. H. Langbein, 1987, S. 454.

56 Am 15. 5. 1943 erließ der für die KZs zuständige Chef des Wirtschafts- und Verwaltungshauptamtes (WVHA), SS-General Oswald Pohl, eine »Dienstvorschrift für die Gewährung von Vergünstigungen an Häftlinge«, in der es hieß, daß außerordentlich fleißige und sich gut führende Gefangene »im Einzelfalle bis zu einem Mal wöchentlich« gegen eine Gebühr von 2 RM das Lagerbordell besuchen dürften. Von diesen 2 RM sollte die »Insassin« 45 Pfennige erhalten. Cf. E. Kuby, 1986, S. 273 f. Im Auschwitzer Bordell gab es Anschläge, auf denen vermerkt war, welche

sexuellen Techniken dem Besucher bei Bunkerstrafe verboten waren und in wieviel Minuten der Akt abgewickelt sein mußte. Cf. a.a.O., S. 456. Über das Bordell des Lagers Ravensbrück berichtet der ehemalige Häftling Anja Lundholm, daß es auch von SS-Männern aufgesucht wurde. Während die Prostituierten vor ihrem 16-Stunden-Arbeitstag früh morgens ihren Ersatzkaffee tranken, »erschienen schon die ersten SS-Männer in voller Montur mit entblößtem Geschlechtsteil, rissen die Frauen an den Haaren vom Tisch, zwangen sie in die Knie: Los ihr Säue, holt euch die Sahne zu eurem Kaffee! Dann kamen die nächsten, pervertierte Kerle voller Häme und Spott, während sie sich nach den ausgefallensten Methoden bedienen ließen. Beim geringsten Versuch eines Protestes setzte es Prügel« (A. Lundholm, 1988, S. 125).
57 Cf. J. Irwin, 1985, S. 64. Man hat geschätzt, daß heute in Philadelphia jeder dreißigste Häftling gegen seinen Willen anal penetriert wird. Cf. J. G. Thompson, 1988, S. 196. Auch in den amerikanischen Jugendstrafanstalten werden traditionellerweise zahllose Jungen von den älteren vergewaltigt: Ein ehemaliger Insasse berichtet in seiner Autobiographie, daß zartere Jungen in einer Nacht von vier bis fünf anderen penetriert wurden. Cf. R. M. Mennel, 1973, S. 192.
58 Cf. G. M. Sykes, 1970, S. 97.
59 »The *fag*«, so ein Insasse des Staatsgefängnisses von New Jersey, »employs the many guiles for which females are noted, like playing ›stay away closer‹ or ›hard to get but gettable‹« (a.a.O., S. 96).
60 Cf. C. E. Silberman, 1978, S. 389.
61 Cf. A. J. Davis, 1970, S. 336.
62 A.a.O., S. 339. Nach einer neueren Untersuchung waren 85 % der Täter Schwarze und 69 % der Opfer Weiße. Cf. S. Donaldson, a.a.O., S. 1042.
63 Cf. Silberman, a.a.O., S. 416.
64 Cf. Davis, a.a.O., S. 334f. Anzeigen homosexueller Opfer werden anscheinend nie weitergeleitet. Cf. K. T. Berrill, 1992, S. 35. Wie schon erwähnt, ist auch außerhalb der Gefängnisse die Anzeigebereitschaft männlicher Opfer minimal: »So powerful is the suppression of knowledge of male rape that criminals such as burglars and robbers sometimes rape their victims as a sideline solely to prevent them from going to the police« (S. Donaldson, a.a.O., S. 1096).
65 Wenn die Täter einen jungen Mann sexuell angehen, sagen sie typischerweise: »You'll have to give up some face« oder »We're

going to take your manhood« (Davis, a.a.O., S. 340; ferner Z. Luria/M. D. Rose, 1979, S. 351f.).
66 Cf. S. Brownmiller, 1980, S. 177.
67 S. Hite, 1982, S. 686.
68 Davis, a.a.O., S. 331f. In Nathan Heards Roman *House of Slammers* wird ein Neuzugang von einer Gruppe von Häftlingen in der Gefängnisdusche zum *punk* gemacht und dadurch ›entmannt‹, ein Vorgang, den der junge Mann damit vollendet, daß er mit einer Glasscherbe seinen Penis abtrennt. In einer anderen Erzählung wird das Afterbluten nach der Vergewaltigung mit der Monatsblutung verglichen: »I guess the phrase gang-rape is one that doesn't change much from one generation to the next. That's what they did to him, those four sisters. They bent him over a gear-box and one of them held a Phillips screwdriver to his temple while they gave him the business. It rips you up some, but not bad – am I speaking from personal experience, you ask? – I only wish I weren't. You bleed for awhile. If you don't want some clown asking you if you just started your period, you wad up a bunch of toilet paper and keep it down the back of your underwear until it stops. The bleeding really ist like a menstrual flow; it keeps up for two, maybe three days, a slow trickle. Then it stops. No harm is done unless they've done something even more unnatural to you. No *physical* harm done – but rape is rape, and eventually you have to look at your face in the mirror again and decide« what to make of yourself« (zit. n. S. Büssing, 1990, S. 61). Zumindest in Deutschland scheinen manche Täter den Penis einzucremen, um besser in den After des Opfers oder des Partners eindringen zu können. Cf. W. Scheu, 1983, S. 56f.
69 Cf. ders., 1971, S. 68ff.
70 H. Eppendorfer, 1987, S. 58.
71 Zit. n. E. A. Rauter, 1988, S. 77.

Anmerkungen zu § 18

1 Cf. M. Sahlins, 1987, S. 19.
2 G. H. Loskiel, 1789, S. 187.
3 Cf. J. Prebble, 1967, S. 114, 116.
4 Cf. W. Hölscher, 1937, S. 44f.
5 Cf. H. te Velde, 1967, S. 53ff. Bezeichnenderweise wurde der kastrierte Seth ḥm.t, »Votze«, genannt. Cf. E. Reiser, 1972, S. 114.
6 Cf. A. Edwardes, 1967, S. 76. Nach der Schlacht bei Adua im

Jahre 1896 sollen die Abessinier zahllosen italienischen Gefallenen die Genitalien abgeschnitten haben. Cf. P. J. Möbius, 1903, S. 12.
7 Cf. C. R. Hallpike, 1972, S. 148 ff. Bei den Galla durfte ein junger Mann erst heiraten, wenn er einen Penis erbeutet hatte. Cf. W. La Barre, 1984, S. 31 f. Die Rendille schneiden ihren Feinden die Genitalien ab und hängen diese ihren Kamelhengsten um den Hals oder an das Gerüst der Männerhütte, wo sie verwesen. Derjenige, der den feindlichen Krieger getötet und entmannt hat, darf sich so lange nicht die Haare schneiden, bis jemand die Genitalien abreißt und auf die Erde wirft. Cf. P. Spencer, 1973, S. 52. Die Merille-Krieger hängten sich die getrockneten Penis-Trophäen um den Hals (cf. M. Amin, 1981, S. 107), ebenso die der Danakil oder 'Afar und der Somāli (cf. G. Polykrates, 1984, S. 52; P. Paulitschke, 1893, S. 256), während die Wahehe die Hodensäcke ihrer Feinde schaschlikartig auf den Speeren aufspießten. Cf. A. G. O. Hodgson, 1926, S. 44. Die Bodi, Mursi und Male schnitten den Männern den Penis und den Frauen die Vulva und die Brüste ab und steckten diese beim Triumphzug nach Hause ebenfalls auf die Speere. Cf. A. E. Jensen, 1959, S. 291; E. Haberland, 1959, S. 409. Die Krieger der Wagogo sollen die Genitalien der getöteten Feinde sogar gekocht und gegessen haben (cf. H. Cole, 1902, S. 321), während die Mbala im Kongo bis auf den Penis, den sie in einem Tuch eingewickelt auf dem Kopf trugen, praktisch alle anderen genießbaren Teile des Feindes aßen. Cf. E. Torday/T. A. Joyce, 1905, S. 401, 404. Auch die Gogodara in Neuguinea behielten den geräucherten Penis des Feindes als Trophäe. Cf. A. P. Lyons, 1926, S. 339.
8 Cf. F. J. Bieber, 1908, S. 94.
9 Cf. P. J. Möbius, a. a. O., S. 12.
10 Cf. F. S. Krauss, 1904, S. 213 bzw. F. Bryk, 1931, S. 87. Das Penisabschneiden war auch bei den Spartanern Sitte. Cf. E. Bethe, 1983, S. 33.
11 Cf. C. Bemont, 1884, S. 242. So schnitten z. B. die Byzantiner nicht selten ihren getöteten Feinden die ἰθφαλλοι ab (cf. A. Kazhdan, 1990, S. 104), doch revanchierte sich im 10. Jahrhundert Markgraf Tedbald, ein Verwandter des italienischen Königs Hugo, der die in Benevent gefangenen Byzantiner entmannen ließ und ihre Geschlechtsteile mit einem »witzigen« Begleitschreiben an den Basileus schickte. Cf. H. Fichtenau, 1984, II, S. 548.
12 Cf. D. Sandberger, 1937, S. 201.
13 Cf. B. Sastrow, 1824, S. 33.

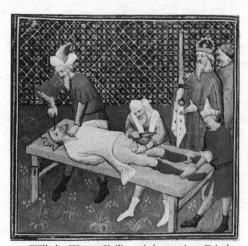

213 Wilhelm III. von Sizilien wird von seinen Feinden
entmannt und geblendet.
Miniatur aus einer französischen Ausgabe des *Decamerone*, 15. Jh.

14 E. Buchner, 1912, I, S. 76. Im Mai des Jahres 1606 wurde »der Falsche Dimitrij«, angeblich ein entlaufener Mönch, der mit polnischer Unterstützung für kurze Zeit auf dem Zarenthron gesessen war, ermordet und nackt ausgezogen. Darauf befestigte man an seinen Genitalien eine Bastschnur, an der er zunächst im Kreml herumgeschleift und schließlich zum Marktplatz gezerrt wurde. »Moskowitische Frauen«, so der Chronist, »drängten sich auch hinzu. Sie waren meist aus dem gemeinen Volk und redeten von seinem pudendo und seiner Zarin auf gemeinste Weise, daß man es nicht beschreiben kann« (C. Bussow, 1991, S. 112).
15 Cf. P. Browe, 1936, S. 64.
16 Cf. J. Coudy, 1965, S. 200ff; B. B. Diefendorf, 1991, S. 100ff. Auch im Italien der Renaissance war das Abschneiden des Hodensackes ein beliebtes Mittel der Volksjustiz. Cf. P. Burke, 1987, S. 201. Auf einem aus dem Jahre 1672 stammenden Stich sind die an den Sprossen eines Galgens hängenden entblößten Leiber der Gebrüder de Witt zu sehen: Der Pöbel weidet sie aus und schneidet ihnen die Genitalien ab. Cf. H. Fehr, 1923, S. 103. Auch der Leiche des Marquis d'Ancre, der 1617 beim Eintritt in den Louvre erschossen worden war, widerfuhr dasselbe durch die Volksmenge. Cf. D. Kunzle, 1973, S. 51. Seine Frau wurde kurz danach auf andere Weise entehrt. Nach dem Mord zwang

sie der Gardehauptmann du Hallier, ihren Rock hochzuheben, unter dem sie eine aus Italien stammende Unterhose trug: »Elle haussa sa cotte, et monstra jusques près des testins. Elle avoit un calson de frise rouge de Florence. On lui dit en riant qu'ill falloit donc mettre les mains au calson«, und zwar angeblich, um die Frau nach verborgenem Schmuck abzutasten. »Elle respondit qu'en autre temps elle ne l'eust pas souffert, mais lors tout estoit permis, et du Hallier tasta un peu sur le calson« (zit. n. A. Franklin, 1908, II, S. 87).

17 Cf. K. E. Oelsner, 1988, S. 156; R. Jakoby/F. Baasner, 1988, S. 155.
18 Cf. P. J. Möbius, a.a.O., S. 79, 82.
19 Cf. Oelsner, a.a.O., S. 196.
20 Cf. E. A. Rauter, 1988, S. 94. Cf. auch H. G. Haasis, 1977, S. 221.
21 *Deutsche Volkszeitung*, 10. Mai 1985, S. 10. Den Hinweis auf diese Stelle verdanke ich Adelheid Schlott-Schwab. Auch die Franco-Truppen kastrierten den Feind. Cf. H. Thomas, 1962, S. 197.
22 G. F. Sastawenko/G. A. Below/J. A. Boltin, 1987, S. 222.
23 Cf. H. Nawratil, 1982, S. 67.
24 Cf. D. G. Haring, 1956, S. 417f.
25 Cf. S. Hoig, 1961, S. 153, 182f.
26 Cf. M. Baker, 1981, S. 213; E. Norden, 1967, S. 418.
27 Cf. G. Lewy, 1978, S. 329.
28 Cf. S. M. Hersh, 1970, S. 10. Ein Kompaniechef schnitt einem lebenden Vietkong »die Gallenblase heraus und schwang sie wie eine Trophäe über den Kopf seines Opfers. Wochen später trug er sie noch immer in einem kleinen Plastikbeutel wie einen Talisman um den Hals« (H. Dollinger, 1973, S. 496).
29 A.a.O., S. 23.
30 Baker, a.a.O., S. 84 bzw. 199. Manche Amerikaner legten sich Sammlungen getrockneter männlicher und weiblicher Genitalien zu. Cf. M. Lane, 1971, S. 105.
31 Cf. E. A. Rauter, 1988, S. 95f.
32 Cf. T. Harris, 1984, S. 21. Auf den Sexualneid der Weißen auf die Schwarzen, der nach Auffassung vieler schwarzer *Männer* (nicht schwarzer Frauen) berechtigt ist, werde ich in einem anderen Zusammenhang im nächsten Band eingehen.
33 ARD, 7. Mai 1991 bzw. *Spiegel* 33, 1992, S. 131.
34 ZDF, 2. März 1991. In Treblinka hatte Untersturmführer Franz seinen Schäferhund Barry dazu abgerichtet, sich in den Genitalien der nackten Juden zu verbeißen. Wie ein Zeuge später aus-

sagte, hatte dies zur Folge, daß die Betreffenden sofort jeglichen Widerstand aufgaben und ihr Schicksal hinnahmen. Cf. R. Ainsztein, 1974, S. 725. In den serbischen KZs werden scharfe Hunde »auf die Eier« der Gefangenen gehetzt. Cf. *Spiegel* 42, 1992, S. 202.
35 Auch in der Türkei sind solche Kastrationen von Gefangenen nicht selten. Cf. Rauter, a.a.O., S. 94, 104.
36 P. Koch/R. Oltmanns, 1977, S. 180.
37 Cf. L. Kolmer, 1987, S. 21.
38 Cf. R. Schmid, 1858, S. 85 f. (Kap. 25 u. § 1).
39 Cf. J. Bumke, 1986, S. 552.
40 K. A. Barack, I, 1881, S. 77. Im Jahre 1297 wurde in Basel einem Geistlichen, der eine Frau vergewaltigt hatte, der Hodensack abgeschnitten und an den Pranger genagelt. Cf. K. D. Hüllmann, 1829, S. 262.
41 Cf. D. W. Robertson, 1968, S. 98.
42 Eunuchen wurden in der Antike im allgemeinen nur die Hoden entfernt oder zerstört. So schreibt Martial: »Du fragst, warum deine Caelia nur Eunuchen als Diener hat, Pannychus? Caelia will gefickt werden und nicht gebären.« Cf. A. Richlin, 1983, S. 134.
43 F. Anzelewsky, 1976, S. 162.
44 Cf. M. Hirschfeld, 1930, S. 143. Vor allem in Italien wurden der Analverkehr mit einer Frau, aber häufig auch gegenseitige Masturbation und andere sündhafte sexuelle Techniken »sodomia imperfecta« genannt. Cf. H. J. Kuster/R. J. Cormier, 1984, S. 590. Dazu gehörten z.B. Oralverkehr, coitus interruptus und coitus reservatus. Cf. M. Voght/V. L. Bullough, 1973, S. 143. Daß diese einzelnen Techniken nicht streng unterschieden wurden, lag daran, daß es den Gesetzgebern nicht darum ging, sexuelle Verhaltensweisen zu klassifizieren, sondern natürliches und damit legitimes von unnatürlichem und damit illegitimem Verhalten zu unterscheiden. Cf. B.-U. Hergemöller, 1987, S. 9.
45 Cf. P. Reliquet, 1984, S. 319. Im Jahre 1496 schlug der Florentiner Domenico Cecchi vor, einem Sodomiten solle beim ersten Mal der eine und beim zweiten Mal der andere Hoden entfernt werden. Cf. G. dall'Orto, 1990, S. 409.
46 Zit. n. J. C. Brown, 1988, S. 18.
47 Cf. C. Helfer, 1964, S. 355 f.; P. Chaunu, 1989, S. 177.
48 Cf. E. Buchner, 1912, I, S. 140 bzw. 270. Vom Straßburger Nachrichter heißt es, er habe dem Delinquenten das Seil um den Hals gelegt, die Augen ausgestochen und die Hoden aus dem

Sack geschnitten: »der stichet die ogen us, die huden snidet er in« (J. C. H. Dreyer, 1792, S. 80).
49 Cf. F. de Waal, 1989, S. 65 f., 71, 73 f.
50 Cf. P.-H. Stahl, 1986, S. 73. Als während des Ersten Weltkrieges die Araber alliierten Soldaten die Genitalien abschnitten, führten sie als Grund an, daß ein kastrierter Krieger im Paradies die ḥūrīyah nicht mehr genießen könne. Cf. R. J. Mehta, a. a. O., S. 154.

Anmerkungen zu § 19

1 Thietmar v. Merseburg, VIII.3 (1957, S. 442).
2 Welche sexuelle Handlungen in diesem Falle als »Sodomie« galten, ist nicht bekannt. Möglicherweise lag damals schon auch bei Frauen ein »sodomitischer« Akt erst dann vor, wenn eine Penetration stattfand. Im frühen 11. Jahrhundert bestrafte etwa Burchard das Penetrieren mittels eines ausgehöhlten Gegenstandes mit zwanzig Tagen, die mutuelle Masturbation hingegen lediglich mit zehn Tagen Buße. Cf. K. H. Bloch, 1989, S. 82. Im 15. Jahrhundert wurden in Spanien zwei Frauen, die einander »ohne einen Gegenstand« beischliefen, d. h., die sich lediglich aneinander »rieben« und vielleicht Cunnilingus ausführten, nur ausgepeitscht und auf die Galeeren geschickt (!). Zwei Nonnen, die einen Dildo benutzt hatten, wurden dagegen als »Sodomitinnen« verbrannt. Cf. J. M. Saslow, 1989, S. 96. Nach anderen Definitionen konnten Frauen nichts anderes als *sodomia imperfecta* begehen, da sie zwar gegebenenfalls eine übergroße Klitoris in die Vagina der Partnerin einführen, mit dieser Klitoris jedoch kein »weibliches Sperma« ejakulieren konnten.
3 Cf. R. H. Bloch, 1986, S. 63.
4 Cf. A. D. Rodriguez, 1983, S. 42.
5 Cf. R. P. Märtin, 1991, S. 105. Auf die vor allem im Nordosten Afrikas verbreitete habituelle Beschneidung der jungen Mädchen, die meist aus ästhetischen Gründen oder – mehr noch – deshalb durchgeführt wird, weil man meint, daß eine ›intakte‹ Frau zu libidinös sei, werde ich in einem anderen Zusammenhang im nächsten Band eingehen.
6 Cf. H. Fischer, 1905, XI, S. 1691.
7 Aus dem Mannheim meiner Jugend ist mir als besonders brutale misogyne Äußerung die Redensart »Derre kheerd die Votz zugeneed« in Erinnerung.

8 Früher nähten viele nubische Männer vor einer längeren Reise die Vagina ihrer Frau zu und trennten die Naht wieder auf, nachdem sie zurück waren. Cf. H. L. v. Pückler-Muskau, 1844, III, S. 30 f. Es heißt, daß auch auf den nördlichen Cook-Inseln manche Männer, wenn sie längere Zeit von zu Hause weg mußten, ihrer Frau auf eine bestimmte Weise »die Klitoris zugebunden« hätten. Cf. D. S. Marshall, 1971, S. 146.
9 Cf. R. Dionisopoulos-Mass, 1976, S. 46, 54.
10 Cf. K. Meyer, 1905, S. 3.
11 Cf. W. J. Buma/W. Ebel, 1972, S. 125.
12 Cf. dies., 1969, S. 51.
13 Cf. J. Ashcroft, 1987, S. 96.
14 So hatte angeblich der lange Smaria, ein Jude, 1381 in Zürich einer Christin das Angebot gemacht, er sei bereit, ihr einen Teil der Schulden zu erlassen, wenn sie ihm erlaube, in eine ihrer Brüste einen Schnitt zu machen: »Als der lang Smario zuo einer frouwen in Engi ist gangen und mit der selben frouwen gerett hat, dz sy im dz lingg tuettli in sin rechten hand geb, dar umb woelt er ir ab dem gelt, so si im schuldig wer, etswz abslachen. Dz wolt aber die froew nit tuon und sprach aber zuo dem juden, wz er da mit schaffen welt. Do sprach Smario, er welt mit eim messer ein schripf dar in tuon« (S. Burghartz, 1990, S. 300). Zur Ritualmordbeschuldigung cf. R. P.-C. Hsia, 1988; W. P. Eckert, 1991, S. 89 ff.
15 Z. B. durch die Schweden nach der Eroberung des schlesischen Städtchens Goldberg im Jahre 1633. Cf. H. Pleticha, 1974, S. 117. Cf. auch J. Kuczynski, 1980, I, S. 94. In einem Brief vom 20. August 1550 beklagte sich der Mönch Jerónimo de San Miguel beim spanischen König, daß seine Landsleute den Indianerinnen die Brüste abschnitten. Wie Diego de Landa berichtet, begingen die Spanier solche Greueltaten auch an den Maya-Frauen. Cf. T. Todorov, 1985, S. 172.
16 Cf. T. Cullen, 1988, S. 156. Lustmörder scheinen häufig die Geschlechtsorgane ihrer Opfer zu verstümmeln. Cf. L. J. Kaplan, 1991, S. 157 f.; U. Füllgrabe, 1992, S. 129.
17 Cf. W. L. Strauss, 1975, I, S. 162.
18 Cf. z. B. D. Hoof, 1983, S. 81.
19 Cf. J. Bellamy, 1973, S. 184.
20 In Böhmen wurden z. B. im Jahre 1607 einer Kindsmörderin »beyde Brüst abgzwickt«. Cf. E. Buchner, 1912, I, S. 24. Cf. auch H. P. Duerr, 1988, S. 447, Abb. 219.
21 Cf. z. B. H. Sebald, 1987, S. 37. Foltern an den Genitalien ist mir in den Quellen nirgends begegnet. In seltenen Fällen haben Büt-

tel der spanischen Inquisition Männer an den Genitalien gequält, aber Frauen anscheinend nie. Cf. M. Ruthven, 1978, S. 59.
22 N. Elias, 1939, I, S. 267. Cf. auch P. Spierenburg, 1991, S. 195 f.
23 A. a. O., S. 268.
24 Cf. P. Wagner, 1988, S. 98.
25 M. A. de Lamartine, 1847, III, S. 251. Cf hierzu H. Grubitzsch/ R. Bockholt, 1991, S. 366 f.
26 Cf. G. Gugitz, 1930, S. 57. Auch der *Père Duchesne* hatte die Lamballe als lesbische Liebhaberin der Königin denunziert. Cf. J. Haslip, 1988, S. 399.
27 J. Michelet, 1988, III, S. 65 f.
28 Cf. G. Pernoud / S. Flaissier, 1976, S. 176 ff.; B. C. J. Singer, 1989, S. 278; S. Schama, 1989, S. 633.
29 Cf. C. Erickson, 1991, S. 321. In diesem wie auch in ähnlichen Fällen ist es schwierig, Wahrheit und royalistische Greuelpropaganda voneinander zu unterscheiden, ist es kaum möglich festzustellen, »ce qui est vérité et ce qui est affabulation« (P. Caron, 1935, S. 61 ff.; Robert Darnton: Mündliche Mitteilung vom 15. September 1989). Aber dieses Problem stellt sich im Falle der mittelalterlichen Quellen, auf die sich Elias beruft, um die stärker ausgelebte Grausamkeit der damaligen Menschen herauszustellen, nicht weniger.
30 Cf. S. Hoig, 1961, S. 180, 183 ff., 186. Auf der anderen Seite wurde während des Boxeraufstandes in China eine Amerikanerin in der Öffentlichkeit herumgeführt, der man zuvor die Brüste abgeschnitten hatte. Cf. G.-J. Witkowski, 1903, S. 4 f. Auf diese Weise hatten bereits im März 1853 die Taiping-Revolutionäre nach der Eroberung Nankings zahlreiche Frauen verstümmelt. Cf. H. Dollinger, 1973, S. 412.
31 Cf. S. Brownmiller, 1980, S. 61.
32 Cf. R. D. Eskapa, 1988, S. 155. Der Autor, ein US-Mediziner, dokumentiert seine Ahnungslosigkeit, wenn er kommentiert: »Der Haß auf weibliche Brüste scheint etwas typisch Deutsches zu sein.«
33 Cf. G. Schwarberg, 1990, S. 9 ff.
34 Cf. z. B. S. Alexijewitsch, 1989, S. 235.
35 T. Kornaros, 1989, S. 221 f.
36 Cf. G. Böddeker, 1980, S. 131. Während des Zweiten Weltkrieges galt es als ›Spezialität‹ der Serben, kroatischen Frauen bei lebendigem Leibe die Brüste seitlich zu durchbohren und deren Hände hindurchzuziehen. Cf. *Spiegel* 30, 1992, S. 132.
37 Cf. K. F. Grau, 1966, S. 98; S. Spieler, 1989, S. 147; E. N. Peterson, 1990, S. 161.

38 Cf. Spieler, a.a.O., S. 147; T. Schieder, I.2, 1984, S. 349.
39 A.a.O., S. 301. Nach der Befreiung drückte man in Frankreich häufig jungen Frauen, die eine Affäre mit einem Deutschen gehabt hatten, brennende Zigaretten auf den Brüsten aus. Cf. *Spiegel* 23, 1990, S. 144. In Südafrika werden schwarze Frauen von den Polizisten oft auf die Brüste geschlagen (cf. K. Bergdoll, 1987, S. 45), während die guatemaltekischen Armeeangehörigen Frauen der Quiché-Maya nach der Vergewaltigung die Brustwarzen abschneiden. Cf. E. Burgos, 1984, S. 177. Das Brüsteabschneiden war und ist anscheinend auch auf dem Balkan und in der Türkei in Kriegen und Bürgerkriegen sehr verbreitet. Cf. z.B. I. Alp, 1988, S. 65 ff. Auch die griechischen Briganten folterten Frauen bisweilen an den Brüsten. Cf. J. Campbell, 1992, S. 139.
40 Cf. M. Baker, 1981, S. 213 f. In dem amerikanischen Dokumentarfilm »My Lai« sagten Zeuginnen aus, daß die GIs sogar kleinen Mädchen die Geschlechtsorgane aufschlitzten (*West* 3, 11. September 1992).
41 A.a.O., S. 211 f. Cf. auch M. Lane, 1972, S. 139, 195 f.
42 Cf. D. J. West/C. Roy/F. L. Nichols, 1978, S. 117. Im Jahre 1904 konstatierte allerdings der amerikanische Neurologe Archibald Church auf einem medizinischen Kongreß, daß Penis und Hoden für das Selbstbild der Männer eine ungleich größere Rolle spielten als die weiblichen Genitalien für das der Frau: »Men do not accept mutilating operations upon the genital tract with the equanimity which is presented by the gentler sex, who peaceably accept unsexing operations without much question« (zit. n. E. Shorter, 1992, S. 93).
43 Frauen zahlen für den Eintritt nur 5 $. Cf. R. Schechner, 1985, S. 298.

Anmerkungen zu § 20

1 Cf. R. Elze, 1978, S. 9. Im Jahre 1555 verlautet freilich Montluc: »Gefangene bis auf die Haut auszuziehen, wenn es Personen von Stande sind, welche die Waffen tragen, ist niederträchtig« (zit. n. C. G. Jochmann, 1982, S. 83).
2 Cf. J. Knobloch, 1921, S. 75.
3 Cf. N. Ohler, 1990, S. 241. Im Jahre 1504 mußten die Kriegsknechte des Schwäbischen Bundes schwören, daß sie die erschlagenen Feinde erst nach siegreich beendeter Schlacht ihrer Kleidung beraubten. Cf. H. Zwahr, 1990, S. 235.

4 A. Tuetey, 1881, 193, 224. Nürnberger Quellen berichten allerdings ungefähr aus der selben Zeit, mit Armbrüsten und Handbüchsen bewaffnete Kriegsknechte hätten die Frauen nackt ausgezogen. Cf. Zwahr, a.a.O., S. 169. Dabei muß natürlich offen bleiben, was das Wort »nackt« genau bedeutet. Allerdings galt es bereits als Schmähung, z.B. die Besatzung einer Burg im bloßen Hemd abziehen zu lassen. Cf. R. Sablonier, 1971, S. 117.
5 In der Nähe lagen »some of the other sex with their privites placed in their hands«. Cf. J. Prebble, 1967, S. 117, 127ff., 210f. Cf. auch R. Atwood, 1980, S. 174.
6 Cf. M. A. de Lamartine, 1847, III, S. 251. Der bekannteste Fall ist vielleicht der – bereits erwähnte – einer gewissen Gredeler, Blumenbinderin im Palais-Royal, die in dieser Stellung mit einer brennenden Strohfackel penetriert worden sein soll. Freilich sind diese grausamen Details nicht gesichert. Cf. P. Caron, 1935, S. 57f., 62. Nachweisbar ist indessen, daß sämtliche Opfer der ›Septembermorde‹, auch die weiblichen, splitternackt ausgezogen wurden, bevor man sie auf Karren warf und abtransportierte. Cf. a.a.O., S. 67.
7 Die vorbildliche Ehrbarkeit dieser Frau wird von dem »bourgeois« auch dadurch hervorgehoben, daß er beschreibt, wie sie nach einer Ohnmacht »se leva moult piteusement quant au secret de nature« (A. Tuetey, a.a.O., 345), also offenbar so, daß niemand ihr unter den Rock schauen konnte.
8 A.a.O. (Hervorh. v. mir). Zum Vergleich: Als man erstmalig in Frankreich eine Frau hängte – so geschehen 1449 in Paris –, band man ihr langes Gewand über den Knien zusammen. Cf. C. Lombroso/G. Ferrero, 1894, S. 209. Wie der »bourgeois« berichtet, war sie Mitglied einer Bande von Kindsmördern. Sie wurde gemeinsam mit einem Kumpan am 23. April »emprès le molin au vent ou chemin de Sainct-Denis en France« aufgeknüpft. Cf. Tuetey, a.a.O., 891. Auch die Frauen, die man ertränkte, wurden nie nackt ausgezogen. So heißt es charakteristischerweise über eine Giftmörderin, die 1695 in Lüttich in der Maas versenkt wurde, man habe sie zuvor »bis auff das Hembd vnd einen Rock außgezogen«. Cf. E. Buchner, a.a.O., S. 277.
9 Tuetey, a.a.O., 578. Empört heißt es in der um das Jahr 1000 entstandenen *Bulgarischen Legende* über die fränkischen Krieger: »Die Soldaten – barbarische Menschen, denn es waren Deutsche, die schon von Natur aus roh sind, jetzt aber auch den Auftrag dazu übernommen hatten – ergriffen sie [...], zogen ihnen die Kleider vom Leib und zerrten sie nackt einher« (zit. n. H. Dollinger, 1973, S. 128). Im 13. Jahrhundert sollen die Venezia-

ner darüber, daß der als äußerst grausam geltende Alberich von Romano den Frauen von Treviso »die Kleider aufgeschnitten« hatte, so aufgebracht gewesen sein, daß sie einen Feldzug gegen ihn unternahmen. Cf. a.a.O., S. 161f.
10 Im frühen 15. Jahrhundert – also etwa zur selben Zeit – schreibt Christine de Pizan über Theodosina, die vorbildliche Frau, daß dieser auch die schlimmste Folter kaum etwas ausmachte: »Was ihr jedoch im Innersten ihres Herzens sehr zu schaffen machte, war die Scham, die sie empfand, weil ihr ganzer Körper völlig nackt den Blicken des Volkes ausgesetzt war, worauf Gott ihr eine weiße Wolke sandte, die sie ganz umhüllte.« Beispielhaft ist

214 Geißelung der hl. Benedicta. Französische Miniatur, um 1312.

für Christine auch die »selige Jungfrau Barbara«, die es vergleichsweise wenig bekümmerte, daß die Peiniger ihr die Brüste ausrissen. Unerträglich aber war ihr die dazu nötige Entblößung des Oberkörpers, weshalb in diesem Falle der liebe Gott einen Engel sandte, welcher »ihren Körper in ein weißes Gewand hüllte« (Christine de Pizan, 1986, S. 263ff.).
11 Cf. L.F. Salzman, 1926, S. 115.

12 Im Jahre 1565 berichtet zum Beispiel der Pilger Christoph Fürer, daß arabische Räuber ihm und seinen Reisegefährten die Beinkleider ausgezogen und sie so durch die Wüste geführt hatten, »um sie in Medina zu verkaufen«. In Palästina geschah es im Jahre 1854 zwei englischen Herren, daß sie »einer Beduinenschar in die Hände fielen, welche sie so ›auszog‹, daß der eine mit dem bloßen Hute, der andre gar nur mit der Brille bei der vorausgeeilten Karawane anlangte«. Cf. P. Gradenwitz, 1984, S. 110f., 113.
13 B. Gomes de Brito, 1987, S. 57f. Den Hinweis auf diese Stelle verdanke ich Andreas Beriger.
14 Cf. D.R. Lesnick, 1991, S. 78.
15 Cf. J. Huizinga, 1952, S. 339; H.P. Duerr, 1988, S. 285.
16 Cf. W. Petz, 1989, S. 33.
17 Cf. C. van Mander, 1991, S. 419.
18 Cf. A. Smith, 1987, S. 54, 60.
19 Zit. n. O.H. Brandt, 1925, S. 34.
20 Cf. C. Dericum, 1987, S. 94.
21 E. Buchner, a.a.O., S. 76.
22 M. Friesenegger, 1974, S. 145.
23 Cf. G.L. Gulickson, 1991, S. 252.
24 Cf. B. Lincoln, 1985, S. 241 ff. Bei Aufständen und Revolutionen hat man immer wieder vor allen anderen Frauen die Nonnen dadurch gedemütigt, daß man sie öffentlich entblößte. So trieben beispielsweise am 9. April 1791 Marktfrauen und Einwohnerinnen der Pariser Vorstadt Saint-Antoine die Nonnen aus ihren Klöstern und rissen ihnen die Kleider vom Leib. Cf. H. Grubitzsch/R. Bockholt, a.a.O., S. 393.
25 *Spiegel* 23, 1990, S. 144.
26 Cf. C. v. Krockow, 1991, S. 204f.; K. Granzow, 1984, S. 246. Cf. auch H. Reinoß, 1983, S. 197; T. Schieder, IV.2, 1984, S. 396ff., 418.
27 Cf. B. v. Richthofen/R.R. Oheim, 1982, S. 107, 110. Noch während des Krieges hatten die Rotarmisten zahlreiche deutsche Frauen nackt ausgezogen, an ihre Panzer gebunden und zu Tode geschleift. Cf. S. Spieler, 1989, S. 148. Auch deutsche Soldaten wurden von den Sowjets häufig ausgezogen, allerdings weil diese sich ihre Kleidung aneigneten. Cf. R. Rürup, 1991, S. 153.
28 Zit. n. S. Brownmiller, 1980, S. 111.
29 Cf. G. Kisch, 1970, S. 186; ders., 1979, S. 165 ff. Im Jahre 1460 klagt der Passauer Domkanoniker Paul Wann darüber, daß der Henker vor aller Augen Jesus das Gewand über den Kopf gezogen und ihm sogar das Lendentuch, das man für gewöhnlich jedem Verbrecher lasse, weggerissen habe, auf daß er »ganz nackt

und bloß vor einer lüsternen Menge« stand, bis schließlich die hl. Jungfrau seinen Genitalbereich mit ihrem Schleier verhüllte. Cf. K. Schreiner, 1992, S. 64. In einer etwa aus dem Jahre 1100 stammenden Verordnung zum Kaltwasserordal heißt es bezüglich der Entkleidung eines mutmaßlichen Diebes ausdrücklich: »Let him be girded about the loins with new linen cloth, lest his genitals be seen.« Cf. M.H. Kerr/R.D. Forsyth/M.J. Plyley, 1992, S. 582. Frauen wurden diesem Ordal aus Schicklichkeitsgründen nicht unterworfen. Auch die Juden achteten herkömmlicherweise auf einen gewissen Anstand bei der Hinrichtung. So scheinen in biblischer Zeit männliche Delinquenten auf alle Fälle die der *bruoch* entsprechende *mišmasim* (τὰ περιδκελῆ) getragen zu haben. Cf. R. v. Mansberg, 1900, S. 77. Später verordnete die Mišna, daß aus Anstandsgründen ein Mann zumindest einen Lendenschurz und eine Frau darüber ein Kleid tragen müsse, das auch die Brüste bedecke. Cf. L.M. Epstein, 1948, S. 30, 201 f. Wie bis in die Neuzeit hinein die Christen hängten auch die Juden keine Frauen. Diese wurden vielmehr stranguliert. Cf. H.E. Goldin, 1952, S. 137. Wenn in biblischer Zeit eine Frau »nackt« gesteinigt wurde (ʿōrā), dann war höchstens ihr Oberkörper unbekleidet. Cf. G. Dalman, 1937, S. 201.

30 Cf. R. Chazan, 1987, S. 71.
31 A. Neubauer/M. Stern, 1892, S. 85, 100, 102, 156, 173, 183.
32 Cf. F. Graus, 1987, S. 184; ferner R. Schuder/R. Hirsch, 1987, S. 180.
33 Cf. E. Pagels, 1988, S. 12.
34 Cf. 2. Mose 28,42; 3. Mose 18,6 ff.; 5. Mose 24,1; dazu R. Patai, 1959, S. 157.
35 Ohne Hosen und Käppchen im Tempel zu erscheinen galt als Kapitalverbrechen (cf. L.M. Epstein, a.a.O., S. 31), und vor allem die Priester wurden angewiesen, sich beim Gottesdienst nicht aus Unachtsamkeit zu entblößen: »Du sollst auch nicht auf Stufen zu meinem Altar steigen, daß nicht deine Blöße aufgedeckt werde vor ihm« (2. Mose 20,26). Es ist nicht anzunehmen, wie dies H.W. Wolff, 1984, S. 254 f., tut, daß die Heiligkeit des Altars die priesterlichen Genitalien gefährdete, sondern eher, daß umgekehrt die Genitalien den Altar entweihten.
36 Cf. M. Lamm, 1980, S. 100.
37 Cf. L.M. Epstein, a.a.O., S. 28. »Als die Lade des Herrn in die Stadt Davids kam, guckte Michal, die Tochter Sauls, durchs Fenster und sah den König David springen und tanzen vor dem Herrn und verachtete ihn in ihrem Herzen« (2. Samuel 6,16). Die mittelalterlichen Midrašim erklärten diese Verachtung Michals

aus der Tatsache, daß David, um besser tanzen zu können, sein Gewand gerafft habe. Dadurch seien seine Füße und Unterschenkel sichtbar geworden. Cf. a.a.O., S. 35. Nach den Regeln der Qumran-Gemeinde mußte ein Mitglied, das sich vor einem anderen nackt zeigte, ein halbes Jahr Buße tun. Cf. J.Z. Smith, 1965, S. 219. Bei den Essenern und Mandäern trugen die Männer bei der Taufe Lendenschurze und die Frauen lange Gewänder. Cf. ders., 1978, S. 3. Der Apostel Paulus schließlich hofft, nach der Auferstehung »überkleidet« zu werden, »weil wir dann bekleidet und nicht nackt erfunden werden« (2. Korinther 5,2f.).
38 Cf. J. Preuß, 1923, S. 147.
39 Cf. H.L. Gordon, 1943, S. 487.
40 Cf. G. Dalman, 1937, S. 303.
41 Cf. Gordon, a.a.O., S. 489. Nach einer Verordnung der jüdischen Gemeinde in Fürth war es einer Frau verboten, zu Hause mit dem Schnürleib als einziger Bedeckung des Oberkörpers herumzugehen. Cf. A. Rubens, 1973, S. 198.
42 Cf. Dalman, a.a.O., S. 307.
43 Cf. Epstein, a.a.O., S. 28. In seltenen Fällen badeten die Frauen im Frauenbad auch bekleidet (cf. S. Krauss, 1907, S. 193), was allerdings nicht den herkömmlichen rituellen Vorschriften entsprach. Da man normalerweise nackt badete, tat man dies nicht gemeinsam mit Leuten, denen man Respekt schuldete, aber auch Brüder badeten getrennt.
44 Cf. E. Stommel, 1959, S. 9.
45 »Wenn jemand seine Schwester nimmt, seines Vaters Tochter oder seiner Mutter Tochter, und ihre Blöße schaut und sie wieder seine Blöße, das ist Blutschande. Die sollen ausgerottet werden vor den Leuten ihres Volkes« (3. Mose 20,17). Der Talmud ist in diesem Falle nicht mehr so streng, denn nach ihm begeht erst derjenige Inzest im wahren Sinn des Wortes, der die Vulva seiner Schwester *berührt*. Cf. Epstein, a.a.O., S. 33. Auch ahndete die talmudische Tradition das Vergehen nicht mehr mit der Todes-, sondern mit der Prügelstrafe. Cf. M. Papo, 1925, S. 252. Noch liberaler waren im 2. Jahrhundert die Tannaim, für die Inzest erst dann vorlag, wenn zur Berührung noch Küssen, Liebkosen und Umarmen hinzukamen. Cf. Epstein, a.a.O., S. 105. Sehr ›patriarchalisch‹ ist die Begründung für die Bestrafung desjenigen, der Inzest mit der Frau seines Vaters – gemeint ist wohl die Mitfrau seiner Mutter – oder der Frau seines Bruders begangen hat: Die Strafe ist deshalb so hart, weil der Täter durch »Aufdeckung« der Blöße dieser Frauen seines Vaters bzw. Bruders Blöße »aufgedeckt« hat (cf. 3. Mose 20,11 u. 21), denn deren Vulva ist ja mit

den väterlichen bzw. brüderlichen Genitalien in Berührung gekommen. Cf. F. Maurer, 1907, S. 257.
46 Cf. S. Bialoblocki, 1928, S. 22.
47 Cf. J. Gutmann, 1978, S. 8.
48 Einen solchen Ausschnitt trägt auch ein ›vertierter‹ Nebukadnezar aus dem Jahre 926. Cf. J. Domínguez Bordona, 1969, Tf. 10.
49 Jüdische Darstellungen unbekleideter Frauen sind eine Rarität. Eine der seltenen jüdischen Buchmalereien, auf denen ein rituelles Frauentauchbad zu sehen ist, ist eine rheinische, um 1428 entstandene Miniatur. Sie zeigt eine Frau, die – ohne Schamhaar und Vulva – ein Bad in der Mikwe nimmt. Cf. R.A. Müller/B. Buberl/E. Brockhoff, 1987, S. 81.
50 D. Landes, 1983, S. 13, meint hierzu, daß man diese Szenen *wenn* man sie als Jude unbedingt sehen wolle, um das Unfaßbare mit eigenen Augen gesehen zu haben, »through biblical eyes« anschauen solle.

Anmerkungen zu § 21

1 Cf. Hesekiel 16, 37; 23, 29.
2 Cf. auch Jeremia 13,22. Die Minirockmode ist orthodoxen Juden noch heute ein Greuel. Darüber mehr im nächsten Band.
3 Cf. W.A. Müller, 1906, S. 34 f.
4 Daß eine Frau auch das Gesicht bedeckte, wie die züchtige Thamar, war anscheinend äußerst selten.
5 Cf. B. Ye'or, 1985, S. 293, 313, 336.
6 Cf. z.B. S. Lambroza, 1992, S. 200, 232; R. Weinberg, 1992, S. 263. Während eines Pogroms in Polen zog man die Frauen bis auf Schuhe und Strümpfe aus. Cf. F. Grube/G. Richter, 1980, Abb. 31. Unmittelbar nach dem Durchstoß der deutschen Armee begannen die Litauer in vielen Orten damit, Jüdinnen zu jagen und zu entblößen. In der Kleinstadt Plunge fand ein Pogrom statt, im Verlauf dessen sogar zwölf- und dreizehnjährige Mädchen vergewaltigt wurden. Cf. *Spiegel* 41, 1991, S. 228.
7 Cf. E. Fuchs, 1921, S. 198.
8 Cf. B. Goldstein, 1960, S. 101. Die Juden badeten stets nach Geschlechtern getrennt. Cf. H.P. Duerr, 1988, S. 80ff.
9 In einem völlig anderen Zusammenhang argumentieren manche Ärzte ähnlich, die ihre Patienten, die sie wegen sexueller Probleme behandeln, zunächst veranlassen, sich nackt auszuziehen: »When physical defenses are lowered, the patient feels that he has exposed his, or her, sub-conscious mind as well. As the physical

defenses are stripped from the patient, so also the mental defenses may leave« (W.J. Bryan, 1972, S. 72).
10 Cf. E.J. Bristow, 1982, S. 135, 142.
11 I. Ratuschinskaja, 1988, S. 257 bzw. A. Solschenizyn, 1974, II, S. 218.
12 Zit. n. F. Pingel, 1978, S. 78.
13 »Wenn sie aus Scham zögerten, dem Befehl Folge zu leisten, wurden sie grausam geschlagen« (S. Benatar/A. Cohen/G. & L. Hasson, 1987, S. 159). Ein Zeuge berichtet von einigen aus ungarischen Jüdinnen bestehenden Arbeitskolonnen: »Gleich bei ihrer Ankunft in Auschwitz waren ihnen sämtliche Kleidungsstücke abgenommen worden, und so mußten sie mehrmals am Tage splitternackt im Beisein von SS-Männern antreten, wobei diese sie schlugen oder sonst ihren Spaß mit ihnen trieben. Erst später erhielten sie notdürftig einige Lumpen« (H.-W. Wollenberg, 1992, S. 151).
14 R. Weiss, 1988, S. 257f.; cf. auch M. Nyiszli, 1988, S. 249; S. Milton, 1987, S. 12. Dies widerlegt die Behauptung von S. Milton (1983, S. 8): »The women's hands« auf Brüsten und Scham »are not a reflection of shame, rather of self-protection«.
15 Cf. K. Zywulska, 1979, S. 156f.
16 L. Shelley, 1992, S. 230.
17 A.a.O., S. 195; O. Kraus/E. Kulka, 1991, S. 129.
18 M. Hepp, 1987, S. 204. »Nackt, bald in der Hocke, bald auf dem Rücken, die Beine in der Luft, in Stellungen, die so erniedrigend wie möglich sein sollten, schor man den Kopf, Gesicht und Körper vollständig« (zit. n. U. Bauche et al., 1991, S. 124). Cf. auch J. Garlinski, 1975, S. 150f.
19 *Spiegel* 11, 1990, S. 262. Cf. auch J. Komenda, 1987, S. 186.
20 Cf. O. Kraus/E. Kulka, a.a.O., S. 123f.; R. Plant, 1991, S. 144.
21 M. Hepp, a.a.O.
22 Cf. A. Donat, 1965, S. 166; I. Vermehren, 1979, S. 69; E. Klee/ W. Dreßen/V. Rieß, 1988, S. 168; L. Shelley, a.a.O., S. 171. Eine solche Behandlung erfuhren die Juden nicht erst im KZ. So brachte z.B. Generaloberst Johannes Blaskowitz schon bald nach dem deutschen Überfall auf Polen dem Oberbefehlshaber des Heeres über die Vorgehensweise der SS zur Kenntnis: »Am 31. 12. 39 werden nachts etwa 250 Juden in Tschenstochau bei eisiger Kälte auf die Straße geholt und nach einigen Stunden in eine Schule geführt, wo sie angeblich nach Gold durchsucht wurden. Auch die Frauen mußten sich dabei nackt ausziehen und wurden von den Polizisten in den Geschlechtsteilen untersucht.« Ein Soldat sagte später aus, daß die Juden und Jüdinnen sich vor

den Massenexekutionen »bücken und After und Geschlechtsteile nach Wert- und Schmucksachen untersuchen lassen« mußten. Cf. M. Schoenberner/G. Schoenberner, 1988, S. 88, 138 f.
23 G. Böddeker, 1980, S. 86. Schon während des Krieges wurden viele Jüdinnen während der Deportationen von ukrainischen und anderen »hilfswilligen« Soldaten auf diese Weise erniedrigt: »Eine Gruppe von Mongolen und Ukrainern kletterte in den Waggon, sie hatten alle Maschinenpistolen in den Händen. [...] Zuerst gingen sie zu den Frauen und rissen ihnen die letzten Fetzen vom Körper, untersuchten ihre Brüste und Geschlechtsteile und fanden Geld und Schmuck« (A. Carmi, 1988, S. 189 f.). Auch in früheren Zeiten pflegten manche Frauen wertvolle Gegenstände wie Gold- oder Schmuckstücke in der Vagina zu verstecken, doch es scheint, daß im allgemeinen selbst Straßenräuber es unterließen, an solch intimen Stellen nachzusuchen. So berichtet beispielsweise die im Jahre 1566 abgeschlossene *Zimmerische Chronik* von einer Frau, die ihrem Mann nach Italien ins Feld gefolgt war. Als sie von dort alleine wieder heimreisen wollte, wußte sie zunächst nicht, wo sie ihr Geld verstecken sollte. »Da hat sie ein grosen list gebraucht und vierzig cronnen an goldt, die ires mans gewesen, zu ir unden in leib gedruckt und also in dem gepurt glid mit ir anhaimsch gebracht. Gleichwol sie zum zwaiten mal von unnutzen leuten angeloffen und biss ufs hembd abgezogen worden und uf den leib ersucht, aber an dem ort die gueten frawen ungeirt gelasen«, denn »schandlich« wäre es selbst für einen Strauchdieb gewesen, auch »an dem ort« zu suchen (K. A. Barack, 1881, IV, S. 206).
24 K. Zywulska, 1988, S. 217 f., ferner D. Fürstenberg, 1986, S. 57; G. Salus, 1981, S. 19 f. Cf. dazu auch R. Vespignani, 1976, S. 124.
25 J. Goldstein et al., a. a. O., S. 91 f.
26 »Das erste Mal war es unerträglich, aber später gewöhnten wir uns daran, stundenlang in Gegenwart von Dr. Mengele und seinem Stab (nackt) zu stehen« (a. a. O., S. 91). Cf. auch H. Langbein, 1987, S. 451. Es gab freilich auch Frauen, deren Schamgefühl nicht verlorenging. Cf. z. B. H. Lévy-Hass, 1979, S. 46. Entgegen anderen Aussagen stumpften nach K. Zywulska, 1979, S. 213 f., die Erotik und die Sexualität bei vielen Häftlingen keineswegs ab: »Um diese Zeit war die Atmosphäre überall mit Erotik geladen. Gerade deswegen, weil es verboten war (cf. hierzu O. Kraus/E. Kulka, a. a. O., S. 122), gerade deswegen, weil überall der allmächtige Tod herrschte. Allem zum Trotz, der Vernunft zum Trotz, ohne Überlegung, ohne Vorbedacht um-

armten sich die Leute und verbanden sich für einen kurzen Augenblick, um sich am Leben zu berauschen, um sich zu vergnügen, solange es noch möglich war, solange sie noch am Leben waren. Denn in einer Minute hätte es schon zu spät sein können, weil nicht allzu weit entfernt die anderen entweder schon verwesten oder verbrannt wurden.« Auch bei der Belagerung von Elbing im Januar 1945 führten dort manche Männer angesichts des Todes »während der noch bestehenden kurzen Galgenfrist zum Teil ein wüstes Leben mit Frauen« (T. Schieder, I.1, 1984, S. 59). Cf. hierzu auch die Kontroverse zwischen S. Lem, 1983, S. 240f. und P. Feyerabend, 1984, S. 133f.

27 Cf. E. Klee/W. Dreßen/V. Rieß, 1988, S. 186.
28 T. Birger, 1990, S. 134, 137. Zur Vergewaltigung von weiblichen Häftlingen durch Kapos in Bergen-Belsen cf. H. Lévy-Hass, a.a.O., S. 45.
29 Cf. J. Goldstein et al., a.a.O., S. 90.
30 L. Shelley, a.a.O., S. 195. Nicht alle Frauen fügten sich in die Opferrolle. Als beispielsweise einmal in Auschwitz eine Gruppe von Frauen gezwungen wurde, sich zu entkleiden, näherten sich zwei SS-Männer, um eine »schöne Jüdin« zu beobachten. Die Frau empfand dies als eine solche Erniedrigung, daß sie plötzlich dem einen der beiden den hohen Absatz ihrer Schuhe an die Stirn schlug, ihm das Gewehr entwand und den anderen Mann niederschoß. Darauf eröffnete die Wachmannschaft das Feuer auf sämtliche Frauen, die sich in der Halle auszogen. Cf. A. Grobman, 1983, S. 249. Von ähnlichen Fällen berichtet R. Ainsztein, 1974, S. 725, 795.
31 Der Reichsführer SS hatte im April 1942 verfügt, daß die Frauen vor der Verabreichung der »verschärften« Prügelstrafe die Unterhosen ausziehen mußten. Cf. C. Müller, 1987, S. 81.
32 A.a.O., S. 78, 80.
33 A.a.O., S. 93.
34 Dabei waren sie besonders an den Brüsten grausam mißhandelt worden. Cf. G. Schwarberg, 1990, S. 83. Genauso verhielten sich die Polen in den Nachkriegsjahren gegenüber deutschen Frauen in Straflagern wie Potulice. Cf. Schieder, I.2, S. 592ff.
35 Cf. B. Vögel, 1990, S. 66.
36 E. Sinn, 1985, S. 180f.
37 Zit. n. E. Klee/W. Dreßen, 1989, S. 175.

ANMERKUNGEN ZU § 22

1 J. van Ussel, 1970, S. 70.
2 A.a.O., S. 15.
3 A.a.O., S. 71, 210.
4 N. Elias, 1939, II, S. 121.
5 D.M. Klinger, 1982, I, S. 5.
6 So z.B. bei einem auch ansonsten sehr unzuverlässigen Autor, nämlich E. Borneman, 1984, S. 52. Vermutlich ist die ›Urquelle‹ dieser Behauptung, aus der sie ungeprüft übernommen wurde, das *Bilderlexikon Kulturgeschichte*, Wien 1928, S. 50f.
7 Cf. z.B. auch M. Bonicatti, 1971, Fig. 50.
8 Cf. H.P. Duerr, 1988, S. 71f.
9 F. Beyerle, 1947, S. 71.
10 Wie mir Hans Wolfgang Strätz in einem Brief vom 15. April 1986 mitteilte, kennt auch er keine Rechtsquelle, in der von einem solchen Verbot die Rede ist.
11 Cf. Beyerle, a.a.O., S. 83.
12 Cf. W. Schild, 1984, S. 131.
13 R. Schmid, 1858, S. 79, Kap. 11, S. 81, Kap. 18; F. Liebermann, 1903, I, S. 57, 59. Cf. auch H.H. Munske, 1973, S. 59; A.L. Klinck, 1982, S. 109. Im Falle einer Keorle-Frau, d.h. einer Freien, ging die Bußzahlung an sie persönlich, im Falle einer Sklavin an deren Herrn. Cf. C. Fell/C. Clark/E. Williams, 1984, S. 63.
14 Cf. R. Schmid, a.a.O., Kap. 11, § 1.
15 K. Meyer, 1905, S. 33.
16 A. Heusler, 1937, S. 277.
17 Cf. E. Wilda, 1842, S. 783.
18 »Si quis muliere mamella extrinxerit, mallobergo item bracti, sunt dinarii MDCCC qui faciunt solidus XLV culpabilis iudicetur« (K. A. Eckhardt, 1953, S. 142). Cf. auch W. Schild, a.a.O., S. 133. In etwa entsprechen diese Bestimmungen denen des altnordischen *Gutalag*. Cf. H. Reier, 1976, S. 158. Im Gesetz der Alemannen aus der ersten Hälfte des 7. Jahrhunderts waren die Strafen wie folgt gestaffelt: »Si quis libera femina virgo vadit itinere suo inter duas villas, et obviavit eam aliquis, per raptum denudat caput eius, cum sex solidis componat. Et si eius vestimenta levaverit, usque ad genucula denudet, cum sex solidis conponat. Et si eam denudaverit, usque genetalia eius appareant vel posteriora, cum 12 solidis conponat. Si autem ab ea fornicaverit contra voluntate eius, 40 solidos conponat« (K. Lehmann/K.A. Eckhardt, 1966, S. 115).

19 Cf. K.A. Eckhardt, 1953, S. 162f.
20 So R. His, 1901, S. 327.
21 W.J. Buma, 1967, S. 72ff., 121, 185. Nach dem Hunsinger Recht um das Jahr 1300 wurde der *basefeng* (niederdeutsch *unhovesche tasten*) gegenüber einer Jungfrau, einer Schwangeren oder einer Witwe, »welche die ärmste aller Frauen ist« (»ther allera wiua ermest se«), eineinhalb mal mehr bestraft als bei einer gewöhnlichen Frau. Cf. W.J. Buma/W. Ebel, 1969, S. 52. Im hochmittelalterlichen Polen und Rußland galt das gewaltsame Haarauflösen bei einer Frau als Vergewaltigungsversuch (cf. A. Gieysztor, 1977, S. 178), während das Entblößen des Haares einer freien Frau gegen ihren Willen einen freien Mann nach dem im 5. Jahrhundert entstandenen burgundischen Recht um 24 Schillinge erleichterte, wovon die eine Hälfte an das Opfer zu entrichten und die andere Hälfte Strafgeld war. Immerhin mußte der Betreffende doppelt so viel zahlen, wie wenn er eine Sklavin vergewaltigt hätte! Machte sich ein Sklave am Haar einer Freien zu schaffen, erhielt er 200 Stockhiebe. Penetrierte er sie, verlor er sein Leben. Cf. E. Ennen, 1984, S. 37.
22 Cf. J.M. Jochens, 1980, S. 381.
23 Cf. R. His, 1935, II, S. 105.
24 Cf. H. Dillard, 1984, S. 172.
25 »Haec etiam injuria nobis ab illis allata est: Johannes Zehroviensis, colludens cum quadam puella, mammam illius attrectavit, quod videns quidam Hispanus, maledicebat illi lingua sua, id autem a nobis non fuit intellectum. Ad quem accedens D. Johannes colaphum illi inflixit, atque e diversorio ejecit« (Lew v. Rožmital, 1844, S. 71f.).
26 Cf. L.E. Stamm-Saurma, 1987, S. 65; D. Rieger, 1988, S. 247.
27 Robers de Blois, 1808, 91ff.
28 Konrad v. Würzburg: *Partonopier und Meliur* 1566ff.
29 *Trojanischer Krieg* 15774ff. Über die Begegnung zwischen Gâwân und Antikonîe heißt es: »er greif ir undern mantel dar: / ich wæne, er ruort irz hüffelin (= Hüfte). / des wart gemêret sîn pîn. / von der liebe alsölhe nôt gewan / beidiu magt und ouch der man, / daz dâ nâch was ein dinc geschehen, / hetenz übel ougen niht ersehen« (*Parzival* 407.2).
30 Zit. n. P. Schultz, 1907, S. 93.
31 *Ruodlieb* VII. 107ff.
32 *Parzival* 512. 13ff.
33 Cf. M.L. Göpel, 1986, S. 63.
34 Zit. n. E.W. Keil, 1931, S. 115.
35 Zit. n. L. Kotelmann, 1890, S. 134.

36 Im Vergleich zu den Stammesrechten verurteilte die Kirche eine Sünde wie den unzüchtigen Griff an die Brüste einer Frau meist äußerst milde. Nach Burchard v. Worms mußte ein lediger Täter nur zwei Tage fasten, ein verheirateter dagegen fünf, weil er ja zu Hause seiner Frau hätte an die Brüste fassen können. Cf. G. Duby, 1985, S. 80. Nach byzantinischen kanonischen Bestimmungen erwarteten den Täter allerdings hohe Kirchenstrafen (cf. H.-G. Beck, 1986, S. 60), und der französische Trappist Debreyne spezifizierte später: »Die Berührung der Brust einer Frau, besonders wenn diese bereits erwachsen und heiratsfähig ist, muß als Todsünde betrachtet werden, wenn sie direkt und in begehrlicher Absicht erfolgt; die Sünde ist nur läßlich, wenn man den Busen der Frau nur leicht und scherzhaft kitzelt, ohne unzüchtige Gedanken zu hegen.« Cf. J. M. Lo Duca, 1968, S. 157.
37 A. Loch, 1914, Sp. 651.
38 F. Dedekind, 1882, S. 41. Der unzüchtige Griff wurde im späten Mittelalter und vor allem im 16. Jahrhundert häufig dargestellt, ja, er wurde ikonographisch zu *dem* Bild der »půlerei«. Dabei gingen die Künstler mal mehr, mal weniger dezent vor. Auf dem – wohl fälschlich – Jan van Eyck zugeschriebenen Gemälde ›Schützenfest‹ greift z. B. ein Mann von hinten einer Jungfrau an die Äpfel, die sie in der Schürze trägt (cf. E. Dhanens, 1980, S. 161). Hundert Jahre später war man meist direkter.
39 Cf. E. Müller, 1911, S. 34.
40 Cf. R. Maier, 1913, S. 101.
41 Cf. A. Schultz, 1903, S. 155.
42 Cf. C. Moser-Nef, 1951, V, S. 124, 445.
43 Cf. U. Knefelkamp, 1981, S. 73.
44 Cf. J. Hatt, 1929, S. 374.
45 J. M. F. v. Endter, 1801, S. 156.
46 Cf. O. Stumpf, 1981, S. 209.
47 Endter, a. a. O., S. 144 f.
48 L. Thurneysser zum Thurn, 1584, S. XL.
49 Cf. M. Ingram, 1987, S. 241.
50 K.-S. Kramer, 1961, S. 145. Im Jahre 1540 sagt in Basel ein Student über eine Dienstmagd aus, »sie habe sich unverschämt angreifen lassen derart, daß sie nicht für eine Jungfrau geachtet werde« (S. Burghartz, 1992, S. 177).
51 Cf. Moser-Nef, a. a. O., S. 447.
52 Cf. Ingram, a. a. O., S. 242. Als »somewhat wanton« wurde auch im Jahre 1622 eine Margaret Kettle angesehen, die sich auf einem Tanz von verschiedenen Männern hatte küssen lassen. Schon 1605 war ein Thomas Whatley aus Steeple Ashton in Wiltshire

vor Gericht gebracht worden, und zwar wegen »kissing, playing and groping with Joan the wife of Anthony Stileman«.
53 Cf. J. Addy, 1989, S. 131. Anscheinend standen nicht selten Männer vor Gericht, die Frauen unter den Rock gefaßt und sie an den Schamlippen gepackt hatten. Cf. a. a. O., S. 135.
54 E. S. Morgan, 1987, S. 22. Im Jahre 1618 gab der vom Gericht befragte William Lock, ein Bauer aus Wylye, zu, er habe sich an Susan Kent gemacht und »foolishly told her he must feel her etc.« (Ingram, a. a. O., S. 240).
55 Cf. M. Zürcher, 1960, S. 7, 81. Den Griff an die Vulva als Koitusaufforderung findet man bereits bei den Menschenaffen. So fassen die männlichen Bonobos (*Pan paniscus*) den Weibchen häufig an die Genitalien, manipulieren sie und halten sie bis zu drei Minuten lang an den Schamlippen, manchmal sogar beim Gehen. Cf. E. S. Savage-Rumbaugh/B. J. Wilkerson, 1978, S. 337.

Anmerkungen zu § 23

1 J.-P. Desaive, 1987, S. 130.
2 D. W. Sabean, 1986, S. 151.
3 C. Kappl, 1984, S. 147.
4 1775 heißt es, daß zwei Pariser Medizinstudenten »ont aperçu plusieurs particuliers qui étaient avec une fille et commettaient des indécences, que comme ils portaient cette fille en relevant ses jupes et en mettant leur tête par dessous« (A. Farge, 1979, S. 39, 147).
5 Weiter heißt es: »Man versichert, daß er auf die Galeeren wird wandern müssen, wann er vorher Kirchen Busse gethan« (E. Buchner, 1914, S. 262). Im Fränkischen stand 1706 ein Mann vor Gericht, weil er mit seines Nachbars Weib »in der stuben geschärzet und sie bey den brüsten mit vexierenden worten und manier angegriffen« hatte. Cf. Kappl, a. a. O., S. 126.
6 Elisabeth Charlotte v. Orléans, 1908, I, S. 119.
7 Cf. A. Clark, 1987, S. 38.
8 Cf. T. Boyle, 1989, S. 14.
9 Zit. n. E. Günther, 1990, S. 118f.
10 J. Lambertz, 1985, S. 37.
11 Cf. R. L. Glickman, 1984, S. 143, 185, 205; J. McDermid, 1990, S. 207f.
12 Cf. Lambertz, a. a. O., S. 43. Zur sexuellen Belästigung von Arbeiterinnen in den Fabriken des 19. Jahrhunderts cf. auch M. J. Maynes, 1986, S. 239f.; E. Ewen, 1985, S. 249.

13 Cf. J. Quicherat, 1845, III, S. 89.
14 Cf. D. de Marly, 1987, S. 25.
15 Zit. n. A. M. Pachinger, 1906, S. 89.
16 Cf. E.-A. Coleman, 1990, S. 135.
17 Cf. R. Kathee, 1987, S. 183 ff.
18 Cf. R. Schlötterer, 1982, S. 195.
19 Cf. B. A. Gutek, 1985, S. 61 ff.; G. Hanak/J. Stehr/H. Steinert, 1989, S. 116 ff.; A. Schneble/M. Domsch, 1990. S. 147 ff.
20 Die Münchner Frauenbeauftragte sprach in diesem Zusammenhang von einer »latent sexualisierten Atmosphäre«. Cf. *Spiegel* 2, 1992, S. 58 f.
21 E. Köhler, 1992, S. 101 ff.
22 Cf. B. Latzka, 1987, S. 40; Informantinnen in Kuta, Bali, August 1986. Baroneß Alexandra-Clarissa v. Otto zu Kreckwitz in *Bunte* 46, 1991, S. 16 ff.: »Ich tanze. Ein Aufreißertyp greift plötzlich an meine Brüste. Ich habe ihm eine geknallt. Kurze Zeit später. Ein Mann streckt mir die Hand entgegen. Ich dachte, der will mich begrüßen. Statt dessen greift er mir ganz fest in den Schritt. Ich war wie gelähmt.«
23 Cf. L. Tickner, 1987, S. 203.
24 Persönliche Mitteilungen von ehemaligen Demonstrantinnen.
25 Cf. E. A. Rauter, 1988, S. 125.
26 Cf. D. Hildebrandt, 1991, S. 123.
27 Cf. z. B. *Rhein-Neckar-Zeitung* vom 30. Januar 1992.
28 Cf. *Spiegel* 36, 1991, S. 99.
29 Cf. R. Muchembled, 1988, S. 70.
30 H. J. Schubert, 1990, S. 124.
31 Cf. M. Holzbecher, 1992, S. 60. Nach einer anderen Untersuchung wurde ebenfalls jede dritte an den Po und jede fünfte an die Brust gefaßt. Jede vierte wurde gegen ihren Willen geküßt, 38 % der Befragten wurden mit Pornobildern belästigt und über die Hälfte verbal zum Koitus aufgefordert. Nach einer norwegischen Studie gaben 41 % der Befragten an, sie seien bereits »mehrmals betatscht worden«. Cf. *Rhein-Neckar-Zeitung*, 14. Januar 1992 bzw. 1. Dezember 1992.
32 Cf. *Spiegel* 45, 1991, S. 59.
33 Cf. D. Schultz, 1985, S. 191.
34 Cf. *Spiegel* 3, 1989, S. 178.
35 Cf. I. Schmitt/J. Bartling/A. Heiliger, 1992, S. 88.
36 Cf. C. A. MacKinnon, 1979, S. 261.
37 Zit. n. R. Schlötterer, 1982, S. 116.
38 Cf. I. Klein, 1989, S. 78. Die meisten Richter beurteilen den Griff an die nackte weibliche Brust anders als den an die bekleidete.

Immerhin verurteilte im Jahre 1989 das Landgericht Hannover in zweiter Instanz einen Prokuristen zu 15 Monaten Gefängnis, weil er einer Angestellten mehrfach mit der Hand unter den Büstenhalter gefahren war.
39 Cf. hierzu H.P. Duerr, 1990, S. 134.
40 *Tages-Anzeiger*, 22. November 1990. Den Hinweis auf diesen Artikel verdanke ich Walter Burkert.

Anmerkungen zu § 24

1 Cf. G. Costa, 1954, S. 1044. Nach R. Burling, 1963, S. 73, mußte der Mann bereits für eine flüchtige Berührung der Brust fünf Rupien zahlen.
2 Cf. S.N. Koch, 1984, S. 181f.
3 Cf. X. de Crespigny, 1974, S. 82.
4 Cf. A. Pache, 1964, S. 31.
5 Cf. M.E. Spiro, 1977, S. 223.
6 Informanten: Bene Boli Koten Tena Wahang, Juli 1986; Papa Mado, August 1986.
7 Cf. B. Low/H. Ling, 1892, S. 131. Auch die Land-Dayak tolerierten anscheinend »a quick fondling« der jungfräulichen Brüste, aber nur dann, wenn das ›Betatschen‹ sich nicht in der Öffentlichkeit abspielte. Cf. W.R. Geddes, 1957, S. 61. Bei den Yakan auf Basilan zahlte hingegen ein Junge, der einem Mädchen an die Brüste faßte, eine Geldstrafe zwischen 5 und 20 Pesos. Cf. A.D. Sherfan, 1976, S. 62.
8 Cf. J. Staal, 1924, S. 974.
9 Cf. E.R. Koepping, 1981, S. 354. Wie mir Elizabeth Koepping mitteilt, ist das Berühren der Ferse einer hockenden Frau noch ›teurer‹ als das Küssen auf den Mund, da sich die Fersen beim Hocken in der Nähe der Vulva befinden (Mündliche Mitteilung vom 18. Juni 1992).
10 Cf. L. Sternberg, 1961, S. 15.
11 K.-S. Kramer/U. Wilkens, 1979, S. 336f. Bekanntlich argumentieren auch heute noch manche Vergewaltiger, von »Vergewaltigung« könne keine Rede sein, da die betreffende Frau eine Stimulation ihrer Brüste oder Genitalien zugelassen und dann einen »Rückzieher« gemacht habe.
12 Barbara Watson: Brief vom 3. Juni 1986. Berührte ein araukanischer Jüngling eine Jungfrau auch nur an der Hand, mußte sein Vater dem Vater des Mädchens eine Entschädigung in Form von Tieren zahlen. Cf. M.I. Hilger, 1957, S. 292. Sollte bei den Ni-

mar Balahi ein Mann einer fremden Frau zulächeln, so gilt dies bereits als sexueller Annäherungsversuch. Cf. S. Fuchs, 1950, S. 65, 68.
13 Cf. L.J. Luzbetak, 1951, S. 176.
14 Cf. S. Ciszewski, 1897, S. 110.
15 Cf. J.-P. Roux, 1967, S. 59f.
16 Cf. E.H. Erikson, 1956, S. 279; H.P. Duerr, 1990, S. 161f.
17 Cf. R.H. Lowie, 1912, S. 221f. Für die Crow-Mädchen war Keuschheit ein hoher Wert, und das *bierùsace* scheint eine Art Kompromiß zwischen den Beischlafgelüsten der jungen Männer und der Erhaltung der Jungfräulichkeit der Mädchen gewesen zu sein, vielleicht vergleichbar dem *petting* der weißen Amerikaner. In der Öffentlichkeit blieb das Betasten der Mädchen freilich tabu, ja, Liebes- und Ehepaaren der Crow war es strengstens untersagt, sich vor anderen auch nur zu berühren. Cf. a.a.O., S. 82, 224; ders., 1917, S. 77f.
18 Cf. F.-C. Cole, 1913, S. 192.
19 Seit den zwanziger oder dreißiger Jahren tragen die Aschantifrauen die Brüste nur noch bei gewissen Ordalen oder Ritualen unbedeckt. Cf. M.D. McLeod, 1981, S. 145.
20 Cf. W. Ringwald, 1955, S. 209f. In den meisten afrikanischen Gesellschaften wurde das Berühren der Brüste einer Frau streng geahndet. Die verheirateten Frauen der Angas in den Ebenen des nördlichen Nigeria beispielsweise trugen die Brüste frei und um den Unterleib einen Rock aus geflochtenen Grasschnüren, unter dem der Genitalbereich und die Gesäßspalte zusätzlich mit Blättern bedeckt waren. Dieser Rock sowie die Brüste durften von keinem Mann berührt werden. Wagte es ein Mann, einer Frau oder einer Jungfrau spielerisch an die Brust zu greifen, wurde er strengstens bestraft und anschließend aus der Gemeinschaft vertrieben. Cf. R. Mohr, 1958, S. 466, 469. Die Leichtgläubigkeit und die Angst vieler Europäerinnen, für Rassistinnen gehalten zu werden, wird von manchen Afrikanern schamlos ausgenützt. So berichtet eine Autorin blauäugig über ihre Tochter: »Vor Jahren hat sie mal ein dunkelhäutiger Student, den sie noch nie gesehen hatte, an die Brust gefaßt. Das hat sich aber aufgeklärt. Bei seinem Stamm in Afrika bedeutet solche Geste nichts Intimes, sondern eine kleine Artigkeit, so etwas wie ein Lächeln« (C. Rotzoll, 1985, S. 162).
21 Cf. D.C. Simmons, 1960, S. 161.
22 Cf. A.K. Mensah-Brown, 1969, S. 56.
23 Cf. D.E. Gerber, 1978, S. 206.
24 Cf. R. Hampe/E. Simon, 1980, S. 228. Auf einer pompejani-

schen Wandmalerei greift Mars der Venus von hinten ins Gewand an die nackte Brust. Cf. R. Étienne, 1991, S. 129.
25 So wie der Brauch es forderte, daß die Braut zur Hochzeit nicht selber kam, sondern vom Bräutigam geführt wurde. Cf. C. Sittl, 1890, S. 278, 280.
26 Herodot, *Historien* V. 18. Auch bei den Griechen hatten die Brüste eine große erotische Bedeutung, und zwar sowohl visuell wie taktil, besonders wenn sie klein, rund und fest waren. Die Männer liebten es, die τιτδία beim Vorspiel oder während des Koitus zu kneten. Cf. J. Henderson, 1975, S. 149.
27 So z.B. bei der Urmutter unmittelbar vor dem Fall, deren Brust dem Apfel gleichgesetzt ist, wie R.W. Scribner, 1992, S. 317, bemerkt (Abb. 215) oder bei den Frauen der in der frühen Neuzeit

215 Baldung Grien: ›Der Fall des Menschengeschlechts‹, 1511.

entdeckten Völker, deren Ausgeliefertheit an die Geilheit durch den Brustgriff und den Affen über der Frau, aber auch durch das aus dem Lendentuch quellende Schamhaar symbolisiert wird (Abb. 216).
28 Cf. F. Garnier, 1982, I, S. 191, 195, Abb. 21.
29 Cf. z.B. F. Pedrocco, 1990, S. 108.
30 Auch Tizians um das Jahr 1533 entstandene ›Allegorie des Marquis Alfonso d'Avalos‹ zeigt einen gerüsteten Mann, der, wie E.

216 Hans Burgkmair d. Ä.: Hottentotten, 1508.

Panofsky, 1980, S. 222, es sieht, »zärtlich, doch respektvoll« die Brust einer Frau berührt. Darauf, daß es sich um seine Frau handelt, deutet ein Myrtenkranz hin.
31 Cf. H. Uhr, 1990, S. 139.
32 Cf. F. Gouda, 1990, S. 116.

Anmerkungen zu § 25

1 Cf. N. Nelson, 1987, S. 222.
2 Cf. O. F. Raum, 1973, S. 100. Bei den Karanga soll es für einen an Priapismus leidenden Mann die folgende Roßkur gegeben haben. Eine junge Frau, die für ihn sexuell tabu war, z. B. die Tochter seiner Schwester, nahm seinen Penis in die Hand. Dies schokkierte und beschämte den Mann angeblich so sehr, daß sein Penis erschlaffte. Cf. H. Aschwanden, 1976, S. 197.
3 Heike Behrend: Brief vom 5. Juni 1986.
4 Cf. R. A. LeVine/B. B. LeVine, 1963, S. 72.

5 Cf. W. Münsterberger, 1951, S. 133.
6 Cf. W. Dyk, 1951, S. 113f., 116f. Bei den zentral-australischen Stämmen durften die Frauen zwar den Penisschaft des Partners reiben, aber sie mußten es vermeiden, dabei die Eichel zu berühren. Auch hätten sie sein Schamgefühl verletzt, wenn sie einen Blick auf den durch die Subincisio verursachten vernarbten Schlitz gewagt hätten. Cf. G. Róheim, 1974, S. 250.
7 Cf. T. Gladwin, 1957, S. 120. Auf symbolische Weise ›eroberten‹ auch die Plaster Sisters – Groupies aus Chicago – die Penisse von Rockstars. Sie nahmen nach jedem Beischlaf mit einem Star einen Gipsabdruck seiner Genitalien und fügten ihn ihrer Sammlung hinzu. Cf. M.O.C. Döpfner/T. Garms, 1986, S. 110. Eine milde Form der Aggressivität beinhaltet auch folgende Gewohnheit der jugendlichen Hopi, bei denen die jungen Mädchen und die Jünglinge ein Ratespiel mit Bohnen und umgestülpten Tassen spielen. Verliert das Mädchen, muß es das Kleid lüften und sich von dem Jungen die Oberschenkel kneten lassen. Verliert der Junge, so darf er dem Mädchen nicht verwehren, daß es seinen Penis knetet (Armin W. Geertz: Brief vom 30. Dezember 1986). Cf. auch D. Eggan, 1961, S. 284, 286. Was ihren Penis betrifft, so sind die jungen Hopi recht empfindlich, denn viele Erwachsene lieben es, den Jungen einen Schreck einzujagen oder sie damit aufzuziehen, daß sie ihnen unerwartet an den Penis greifen. Während die Tanten väterlicherseits dies offenbar auf scherzhafte und sogar liebevolle Weise tun – ebenso wie ihre Mütter einst beim Stillen (cf. D.F. Aberle, 1962, S. 261) –, sind die Männer dabei recht aggressiv, schüchtern die Jungen ein und versetzen sie sogar in Panik, indem sie vorgeben, ihnen die Hoden herausschneiden zu wollen. Cf. Sun Chief, 1942, S. 40, 76. Solche ›Scherze‹ sind in vielen ›traditionellen‹ Gesellschaften üblich. So nimmt z.B. in einem anatolischen Dorf eine Frau, die ihren vierjährigen Neffen ärgern will, ein Messer, packt den Kleinen durch die Unterhose hindurch an seinem Zipfelchen und droht ihm mehrmals: »Burada ben seni keserim!« (»Ich schneide dich hier!«). Cf. I. Pfluger-Schindlbeck, 1989, S. 90.
8 Cf. z.B. L. Roper, 1989, S. 172. Eine ehemalige Sklavin aus Arkansas erzählte, wie ihre Mutter gleich zwei Aufseher tötete, indem sie diese an den Genitalien packte: »The last one was whipping her with a black snake whip and she grabbed him. Grappled his privates and pulled 'em out by the roots« (S. Lohse, 1991, S. 59).
9 Cf. C. Osgood, 1958, S. 208f. Vielleicht ist eine ähnliche Szene auf einer persischen Miniatur vom Jahre 1500 zu sehen, die den

euphemistischen Titel ›Iskandar heiratet Roxana‹ trägt, und auf der die Perserin dem Makedonier, der einen leicht verzweifelten Eindruck macht, ans Gemächte greift. Cf. D. Duda, 1983, I, Abb. 133.
10 K. A. Barack, 1881, II, S. 286.
11 Cf. C. Ulbrich, 1990, S. 41.
12 Cf. H. S. Stannus, 1910, S. 288.
13 Cf. O. Mors, 1961, S. 382 f.
14 5. Mose 25, 11 f. Cf. H. Appuhn, 1990, III, fol. 202. Der wohl am häufigsten gebrauchte Euphemismus für die männlichen und die weiblichen Genitalien ist *bāsār*, »Fleisch«.
15 Cf. H. L. Gordon, 1943, S. 487.
16 Cf. H. Dillard, 1984, S. 173.
17 Cf. L. Koehler, 1980, S. 82.
18 Cf. C. Smart, 1981, S. 54.
19 Cf. H. Fischer, 1966, S. 386 f.
20 Nur eine Hure durfte – taktil oder verbal – so offensiv sein, wie z. B. die Prostituierte Mary Hatton aus Budworth Magna, die im Jahre 1672 zu einem gewissen Richard Lawrenson sagte, er »had nothing standing but his ears« (J. Addy, 1989, S. 133).
21 Cf. R. Trumbach, 1989, S. 425.
22 Cf. C. Jones, 1989, S. 264, 273.
23 Cf. E.-M. Benabou, 1987, S. 320. Die sizilianischen Frauen, die sich in den Jahren nach dem Zweiten Weltkrieg hinter dem Rükken ihrer Männer prostituierten, gingen ebenfalls auf Kundenfang, indem sie – z. B. im Bus – den Männern an den Penis faßten. Cf. D. Dolci, 1959, S. 49. Auch in Bali ist dies heute die typische Kontaktaufnahme der dort arbeitenden javanischen Prostituierten, die mir sagten, daß sie solche Griffe bei ihren Freunden oder Ehemännern normalerweise unterließen (August 1986).
24 Anonymus, 1791, S. 4. Freilich betasteten die Huren auch oft die Männer an diesen Stellen, um herauszufinden, ob sie dort ihr Geld versteckt hatten. So berichtet z. B. der Kurfürstlich-Brandenburgische Feldscher Johann Dietz: »Und da legte sich dieses freche Weibesbild zu mir mit vielen Karessen; ohne Zweifel, mich umb das bischen Geld zu bringen, so ich bei mir hatte; welches auch gewiß geschehen, wann ich meine Ficken nicht so wohl aus Vorsorge verwahret; wie sie denn würklich mich schon befühlet hatte« (zit. n. F. Rauers, 1941, S. 384). Cf. auch J. C. Friederich, 1991, I, S. 338.
25 Cf. J. Addy, a. a. O., S. 133.
26 Zit. n. M. Hirschfeld, 1930, S. 108.
27 S. Burghartz, 1990, S. 273.

28 Cf. L. Silver, 1986, S. 7.
29 L. Roper, 1991, S. 188.
30 Gleichermaßen »abe sie Ine nye kusst. Wann er es Von Ir sagte, so tho er Ir Onrecht« (a. a. O., S. 194).
31 Zit. n. M. Salewski, 1990, S. 44.
32 Cf. z. B. B. A. Gutek, 1985, S. 79, 83.
33 C. Lipp, 1990, S. 234. Unlängst ergriffen einige Arbeiterinnen einen ›Busengrapscher‹, setzten ihn aufs Fließband und drohten ihm: »Wenn du das noch mal machst, dann machen wir die Hose auf und holen dir deinen Piepel raus!« Cf. H. Tügel/M. Heilemann, 1987, S. 173.
34 Ruprecht v. Freising, 1916, S. 73; H.-K. Clausen, 1941, S. 138. In der Formulierung vom Jahre 1473 heißt es: »wirt aber der frauenn vnd dem notzwinger ein kampf ertailt so sol man jn eingrabnn vnntz an den napel das er sich vmb mög gereibnn. vnd sol jm dy tennckenn hannt auf den ruckenn pinndnn. vnd sol jm ain kolbmm in dy recht hannt gebenn. [...] vnnd der frauenn sol man ain stain in ain stauchnn pindnn der ains ℔ swär sey der Stat wag« (Ruprecht v. Freising, 1839, S. 294). Cf. auch das Augsburger Stadtrecht vom Jahre 1276 (C. Meyer, 1872, S. 89 f.). Ähnlich das Münchner *Versiegelte Buch* vom Jahre 1340. Cf. F. Auer, 1840, S. 72 f.; P. Dirr, 1934, I, S. 366 f. In Heinrich von Neustadts um 1300 entstandenen Epos *Apollonius von Tyrland* (1906, S. 321) heißt es schließlich über die beiden Zweikämpfer: »Ain plosser rock ist sein claid, / Uber ain hemde an gelayt. / Die frauwe soll hie aussen gan, / Ainen stauchen in der hende han / Mit riemen dar ein gepunden.« Cf. auch C. Meyer, 1873, S. 52, 56; F. Majer, 1795, S. 270 ff.
35 Cf. H. Knapp, 1909, S. VI.
36 In der Sulzheimer Gerichtsordnung vom Jahre 1515 heißt es etwa: »Dem nothzuchter theilt man mit dem pfal, ime den durch den bauch zu schlagen« (D. Werkmüller, 1988, S. 101).

Anmerkungen zu § 26

1 Cf. W. Prevenier, 1990, S. 263 ff.
2 Cf. B. S. Anderson/J. P. Zinsser, 1988, I, S. 437.
3 Cf. S. Burghartz, 1990, S. 145. Anscheinend sind auch heute noch viele in Mitteleuropa lebende Türken der Auffassung, daß eine Frau, die sich nachts auf der Straße aufhält, eine jedem sexuell zur Verfügung stehende »Hure« (*orospu* oder *fahişe*) sei. Der Vater eines jungen Türken, der gemeinsam mit einigen Landsleu-

ten eine junge Kreuzbergerin, die nachts auf die Straße gegangen war, vergewaltigt hatte, kommentierte die Tat mit den Worten: »Wenn ich dabei gewesen wäre, ich hätte mitgefickt« (W. Schiffauer, 1983, S. 25).
4 Cf. T. Brennan, 1988, S. 148 ff.
5 Cf. B. A. Hanawalt, 1979, S. 153; J. Rossiaud, 1989, S. 34 ff.
6 So z. B. in Avignon im 14. Jahrhundert. Cf. J. Chiffoleau, 1984, S. 183.
7 Cf. A. Cabanès, IV, 1924, S. 32 f.
8 Auch in der Normandie drangen die jungen Männer meistens in die Häuser von übel beleumundeten Frauen oder jungen Witwen ein. Aus dem 14. Jahrhundert ist nur ein einziger Fall überliefert, in dem der Täter kein Jugendlicher oder junger Mann mehr war: Im Jahre 1370 vergewaltigte ein Pfarrer ein kleines Mädchen. Cf. J.-L. Dufresne, 1973, S. 144 f.
9 Cf. J.-L. Flandrin, 1980, S. 44.
10 Cf. z. B. W. Prevenier, a. a. O., S. 270.
11 Cf. E. Cohen, 1990, S. 285. Zugegebenermaßen wurde die Vergewaltigung einer »gemeinen Frau« normalerweise weniger streng bestraft.
12 Cf. A. Cabanès, a. a. O., S. 28.
13 Cf. J. Rossiaud, a. a. O., S. 35, 188. Wenn während des Hundertjährigen Krieges ein Chronist davon spricht, daß die »bonnes proudes femmes«, die vergewaltigt wurden, »notwendigerweise schlecht geworden« seien (»par nécessité sont devenues mauvaises«), dann ist damit vielleicht gemeint, daß ihnen nach der Entehrung nichts anderes übrigblieb, als sich zu prostituieren. Cf. A. Tuetey, 1881, 262. Allerdings werden auch heute noch viele Vergewaltigungsopfer von ihren Männern oder Freunden verlassen. Cf. L. Madigan/N. C. Gamble, 1991, S. 6.
14 Cf. R. Brondy/B. Demotz/J.-P. Leguay, 1984, S. 364. Im alten Japan wurde die Schande des Opfers anscheinend öffentlich dadurch zum Ausdruck gebracht, daß man ihm den Kopf kahl schor. Jedenfalls berichtet der Arzt Philipp Franz v. Siebold, dies sei im Jahre 1826 einer Frau widerfahren, die von einem Priester vergewaltigt worden war. Cf. P. F. v. Siebold, 1897, I, S. 418.
15 Cf. J. M. Carter, 1985, S. 107.
16 Cf. H. Fehr, 1912, S. 23.
17 K. A. Barack, 1881, III, S. 552. Cf. auch R. Mitchison/L. Leneman, 1989, S. 195. Im Jahre 1466 wurde der Vater eines jungen Opfers, das in der Nähe von Rennes vergewaltigt worden war, von den Familien der Täter durch die Zahlung von 30 bretonischen Goldtalern zum Schweigen gebracht. Cf. J.-P. Leguay,

1992, S. 25 f. Manchmal vergewaltigten Männer mit Bedacht reiche Jungfrauen oder Witwen, weil sie darauf spekulierten, daß das Opfer sie anschließend heiratete, um die Schande zu verringern. Cf. Prevenier, a. a. O., S. 270.
18 Cf. E. Koch, 1991, S. 104.
19 Freilich gab es regionale Unterschiede. Während im muslimischen Spanien eine vergewaltigte Frau immerhin noch als Sklavin oder Konkubine (*umm walad*) ihrem Herrn ein Kind austragen konnte und damit wenigstens einen gewissen Status behielt, blieb einer entehrten Frau im christlichen Kastilien und Aragon nur der Weg ins Bordell. In den christlichen Gegenden genügte es oft, daß eine Christin – und mehr noch eine Muslimin –, die arm war und ohne Mann oder verwandtschaftlichen Schutz, in der Öffentlichkeit laut lachte, um als leichtfertig zu gelten und vergewaltigt zu werden. Cf. E. Lourie, 1990, VII., S. 68 f.
20 Cf. B. A. Hanawalt, a. a. O., S. 108.
21 K. A. Barack, a. a. O., II, S. 535 f. Im Jahre 1438 schlug in East Anglia Joan Chapelyn einem Franzosen, der sie vergewaltigen wollte, einen Armleuchter auf den Schädel, so daß er tot umfiel. Cf. P. C. Maddern, 1992, S. 98 f. Der in französischen Diensten stehende Johann Conrad Friederich (1991, II, S. 442) berichtet, daß viele seiner Kameraden, die bei der Eroberung von Saragossa im Jahre 1808 über die Frauen herfielen, »den Tod umarmten«, da sie von ihren Opfern erdolcht wurden.
22 H.-J. Lüsebrink, 1980, S. 160.
23 Cf. H. Maurer, 1989, II, S. 185. Auch im spätmittelalterlichen und frühneuzeitlichen Frankreich taten sich oft Nachbarschaftsgruppen zusammen, um mit Waffengewalt Jugendbanden zu vertreiben, die nachts in die Häuser alleinstehender Frauen eindringen wollten. Cf. J. R. Farr, 1988, S. 169.
24 Zit. n D. Rieger, 1988, S. 243.
25 A. a. O., S. 251.
26 In den isländischen *Flatøannaler* heißt es z. B. über den Überfall der Rostocker und Wismarer Vitalienbrüder auf die norwegische Stadt Bergen: »Die Deutschen richteten eine große Verheerung an, raubten und verletzten beides, Kirchen- und Frauenrecht« (zit. n. M. Puhle, 1992, S. 53). Der als besonders brutal geltende englische Straßenräuber Jacob Halsey soll einmal zu einem weiblichen Opfer gesagt haben: »My pretty lamb, an insurrection of an unruly member obliges me to make use of you on an extraordinary occasion; therefore I must dismount thy alluring body, to the end I may come into thee« (F. McLynn, 1989, S. 62).
27 Cf. A.-O. Oexmelin, 1774, II, S. 181. In einem Heuervertrag

karibischer Freibeuter heißt es, daß jeder, der versuche, eine »achtbare« Frau »zum Beischlaf zu zwingen«, auf der Stelle getötet werden solle. Cf. D. Mitchell, 1977, S. 84.
28 O. Ulbricht, 1990, S. 91.
29 Cf. A. Farge, 1989, S. 48.
30 Cf. S. Göttsch, 1988, S. 56. 1726 wurde in Surrey ein Täter vom Gericht entlassen, nachdem das Opfer zugab, nach der Tat mit ihm Wein getrunken zu haben. Cf. J. M. Beattie, 1986, S. 126.
31 Cf. D. W. Robertson, 1968, S. 99. Bereits im 13. Jahrhundert wurden in England Vergewaltiger bisweilen entmannt, d. h. wohl ihrer Hoden beraubt. Cf. F. Gies/J. Gies, 1990, S. 193.
32 Zit. n. T. Todorov, 1985, S. 63 f.
33 Cf. A. Gier, 1986, S. 332 ff. Im 14. Jahrhundert wurden in Deutschland die Frauenhäuser gelegentlich »amyenhaus« genannt. Cf. F. C. B. Avé-Lallemant, 1858, I, S. 46.
34 *Perceval le Gallois* 3867 ff., zit. n. D. Peil, 1975, S. 173.
35 Cf. P. Schultz, 1907, S. 46.
36 Konrad v. Würzburg: *Trojanischer Krieg* 16998 ff. Erst nachdem Parzival versprochen hat, nicht mit ihr zu »ringen«, legt Condwiramur sich neben ihn: »si sprach ›welt ir iuch êren, / sölhe mâze gein mir kêren / daz ir mit mir ringet niht, / mîn ligen aldâ bî iu geschiht.‹ / das wart ein vride von im getân: / si smouc sich an daz bette sân.« (*Parzival* 193. 29 ff.).
37 Cf. D. Rieger, a. a. O., S. 249. Das Wort *foutre* galt schon damals als so obszön, daß es sogar in den *fabliaux* nur sparsam verwendet wurde. Cf. P. Ménard, 1990, S. 24. Der ›Bourgeois de Paris‹ benutzt gelegentlich den Ausdruck »venir à honte par effors« (A. Tuetey, 1881, 262). Dagegen behauptet die Feministin K. Gravdal, 1992, S. 564 f., »no word for ›rape‹ exists in 12th century Old French. Medieval culture apparently makes no effort to forge a term to denote forced coitus.« Was es gäbe, seien lediglich »periphrastic expressions« wie z. B. *fame esforcier*. Abgesehen davon, daß dies unrichtig ist – ein üblicher Ausdruck war z. B. *force foutre* –, wird man der Autorin die Frage nicht ersparen können, ob denn moderne Ausdrücke wie »to rape«, »violer«, »forzar«, »violentare« oder »vergewaltigen« weniger periphrastisch sind.
38 Cf. D. Buschinger, 1984, S. 369. In vielen Gesellschaften ist das normale sexuelle Verhalten der Männer von einer solchen Brutalität und Aggressivität, daß es in Einzelfällen schwer ist, auch nach dem Standard der betreffenden Kultur, zu entscheiden, ob es sich nun um eine Vergewaltigung handelt oder nicht. So werden z. B. bei den Gusii im Osten des Victoria-Sees die Frauen

beim Geschlechtsverkehr im allgemeinen auf so rücksichtslose Weise ›penetriert‹, daß sie häufig nach dem Akt vor Ekel und Scham weinen und vor dem Akteur das Gesicht verbergen oder zumindest vermeiden, ihm in die Augen zu blicken. Wenn die männlichen Initianden nach der Beschneidung in den Seklusionshütten sitzen und darauf warten, daß ihre Wunden heilen, kommen die jungen Mädchen heran und tanzen vor den Jungen auf laszive Weise, z.B. indem sie ihnen die Vulva zeigen, damit die Penisse der Initianden steif werden und die Wunden wieder aufplatzen. Dies ist einer der weiblichen Beiträge zum ›Krieg der Geschlechter‹. Cf. R.A. LeVine, 1959, S. 976, 978. Ähnlich aggressiv geht es nach B. Benedict, 1968, S. 51 f., bei den Kreolen auf den Seychellen zu, wo die Männer nicht selten mit Absicht ihre Partnerin gegen deren Willen schwängern, obwohl sie den Mann bittet: »Jette à terre!«

Anmerkungen zu § 27

1 Cf. P. Paulitschke, 1893, S. 244.
2 Zit. n. H. Knapp, 1914, S. 237.
3 Zit. n E. Schulz. 1980, S. 272.
4 Cf. B.A. Hanawalt, 1979, S. 33. So heißt es etwa im 13. Jahrhundert über eine Jungfrau im Dorfe Elton: »Agnes daughter of Philip Saladin raised the hue-and-cry upon Thomas of Morburn who wanted to have sex with her« (F. Gies/J. Gies, 1990, S. 180).
5 Cf. E. Koch, 1991, S. 101.
6 Cf. D. Rieger, 1988, S. 252.
7 J. Chiffoleau, 1984, S. 183.
8 L. Roper, 1991, S. 188. Nach dem Gesetz des Herzogtums Brabant vom Jahre 1356 lag eine *gewaltsame* Entführung einer Frau oder Jungfrau dann vor, wenn die Entführte dabei schrie oder – wie es schwammig heißt – wenn es offenbar war, daß gegen ihren Willen verstoßen wurde. Cf. M. Greilsammer, 1988, S. 67.
9 Cf. H. Maurer, 1989, I, S. 274.
10 S. Burghartz, 1990, S. 272.
11 Dies gilt z.B. in Großbritannien auch heute noch häufig. Cf. G. Chambers/A. Millar, 1987, S. 65. Außerdem mußte das Opfer Verletzungen, Prellungen und zerrissene Kleidung sowie einen Zeugen vorweisen.
12 Anscheinend schwelte auch bei den chinesischen Männern der stete Verdacht, daß im Grunde die Frauen eine Vergewaltigung genießen. Ohnehin hielt man die Frauen für viel geiler als die

Männer, deren Reservoir an Lebensessenz sich im Gegensatz zu dem der Frauen mit jedem Geschlechtsakt mehr erschöpfte.
13 Vermutlich sollte diese Gesetzgebung dazu beitragen, daß eine Frau sich mit allen Mitteln gegen eine Vergewaltigung wehrte, denn wie es ein chinesisches Sprichwort ausdrückt: »Es ist unerheblich, wenn man verhungert, aber es ist eine ernsthafte Sache, wenn man seine Tugend verliert.« Wurde eine Vergewaltigung nachgewiesen und war das Opfer »tugendhaft«, so wurde der Täter erdrosselt. Cf. V.W. Ng, 1987, S. 57f., 60f., 64f., ferner M.J. Meijer, 1991, S. 77 und E. Friedman/P. G. Pickowicz/M. Selden, 1991, S. 6. Auch heute noch ist in China die Schande, die auf eine vergewaltigte Frau fällt, ungeheuer groß. Cf. C. Gilmartin, 1990, S. 214.
14 Cf. E. Koch, a.a.O., S. 102.
15 Zit. n. G. H. Oberzill, 1984, S. 17.
16 Cf. C.A. Conley, 1986, S. 524.
17 Cf. *Spiegel* 49, 1991, S. 55. In mehreren Staaten der USA erfordert der Tatbestand der Vergewaltigung, daß das Opfer erheblichen körperlichen Widerstand geleistet hat. Cf. R. Wyre/A. Swift, 1991, S. 19.
18 Cf. M. Greilsammer, 1991, S. 291.
19 Cf. J.M. Carter, 1985, S. 37.
20 Cf. G.R. Quaife, 1977, S. 240.
21 B.S. Lindemann, 1984, S. 67.
22 J.J. Beck, 1743, S. 516, zit. n. H. Möller, 1969, S. 87. Cf. auch A. Meyer-Knees, 1989, S. 430. Christlob Mylius sah im Jahre 1753 in Harwich einen »Sodomiten« am Pranger stehen: »Er wäre verbrannt oder sonst härter bestraft worden, wenn man ihm völlig die *injectionem seminis in anum pueri* hätte beweisen können« (zit. n. M. Maurer, 1992, S. 136).
23 H. Prickler, 1988, S. 15.
24 A. Clark, 1987, S. 55, 61f. In Neapel wurde kürzlich ein achtzehnjähriges Mädchen von ihrem Vater gegen ihren Willen an einen Verwandten verkauft, der sie vor den Augen seiner Familie gewaltsam penetrierte und ›besamte‹, »um den Vollzug des Kaufes und seinen Besitzanspruch zu unterstreichen« (*Rhein-Neckar-Zeitung*, 7. September 1992).
25 Ein Bekannter hat mir erzählt, daß er früher an »Rudelwichs-Wettbewerben« teilgenommen habe, bei denen es darum ging, wer sein Sperma am weitesten »spritzen« konnte.
26 W. Wickler, 1969, S. 69f. Kaninchen und Baumstachler bespritzen besitzergreifend die Weibchen, um die sie werben. Cf. I. Eibl-Eibesfeldt/C. Sütterlin, 1992, S. 180.

27 O. Gulbransson, 1934, S. 24 (n.p.). Das gemeinsame Urinieren auf das Opfer kommt bei vielen Bandenvergewaltigungen vor. Cf. H. Feldmann/J. Westenhöfer, 1992, S. 12; K. Aromaa, 1991, S. 594. Eibl-Eibesfeldt (a. a. O., S. 179) filmte einen Himba-Jungen, der sich demonstrativ vor einen von ihm besiegten Kameraden stellte und in hohem Bogen urinierte. Ein deutscher Flüchtling berichtete, daß er in der Nähe von Oppeln im Jahre 1945 sah, wie etwa 20 Rotarmisten grölend und lachend die Leiche einer Frau bepißten, die sie gerade zu Tode vergewaltigt hatten. Cf. E. N. Peterson, 1990, S. 309.
28 Zit. n. J. R. Gillis, 1985, S. 126.
29 Cf. A. Clark, a. a. O., S. 29. Daß vergewaltigte Frauen von ihren Männern verlassen wurden, kam anscheinend zu allen Zeiten und in allen Gesellschaften vor. Bereits im Mittelalter versuchte Bartholomäus von Brixen dem entgegenzuwirken, indem er in seinen *Quaestiones dominicales* die Frage, ob ein Mann seine Frau verstoßen dürfe, die seinen Rat in den Wind geschlagen hatte, sich vor den vorbeiziehenden Soldaten zu verstecken und die als Folge vergewaltigt worden war, verneinte: Sie dürfe nicht »rechtmäßig von ihrem Mann weggeschickt oder des Ehebruchs angeklagt werden [...], mag sie sich auch des Ungehorsams schuldig gemacht haben« (N. Brieskorn, 1991, S. 79).
30 Bei den Rhadé in Vietnam war nicht nur der Beischlaf *gegen* den Willen einer Frau eine Vergewaltigung, sondern auch der, in welchem die Frau ihren Willen nicht äußern konnte, weil sie schlief oder ohnmächtig war. Cf. L. Sabatier, 1940, S. 198. Bei den Lakher hieß ein solcher Koitus mit einer Willenlosen *aleuhno* und galt nicht als Vergewaltigung, weil dabei keine körperliche Gewalt ausgeübt wurde, sondern eher als eine zwar anrüchige, aber schlaue Weise, das zu bekommen, was man haben wollte. Das Opfer war durch den Akt zwar kompromittiert, doch in den meisten Lakher-Dörfern konnte der Täter nicht belangt werden, wenn die Betreffende unverheiratet war. Eine Schlafende oder Bewußtlose zu penetrieren, die verheiratet war, galt dagegen als ein schlimmes Vergehen. Vergewaltigungen unter Einsatz physischer Gewalt kamen praktisch nicht vor und galten als äußerst schändlich. Cf. N. E. Parry, 1932, S. 281 f. Die Männer der Bolia, Sengele und Ntomba im Kongo durften auf keinen Fall ihre Frau koitieren, wenn diese schlief, und wenn sie wach war, mußte sie zustimmen. Alles andere galt als Vergewaltigung. Cf. N. van Everbroeck, 1961, S. 210.
31 Cf. R. F. Barton, 1949, S. 249. Wenn H. Powdermaker, 1933, S. 245, von den Lesu auf Neuirland sagt, Vergewaltigungen seien

ihnen unbekannt, dann müßte man erst einmal wissen, was die Lesu unter einer ›Vergewaltigung‹ verstanden.
32 Cf. E. Fischer-Homberger, 1988, S. 215.
33 Zit. n. A. Meyer-Knees, 1992, S. 90. Im Jahre 1793 schloß sich der Gerichtsmediziner Johann Daniel Metzger dieser Meinung an, indem er behauptete, Vergewaltigung sei nur bei einer bewußtlosen Frau möglich: »Oder, sie ist durch die vereinte Hülfe mehrerer überwältigt, oder aber die Nothzüchtigung wird an kleinen, schwächlichen, unreifen Mädchen verübt« (dies., 1989, S. 432). Noch in den sechziger Jahren des 20. Jahrhunderts behaupteten angesehene Kriminologen, eine Frau könne nicht gegen ihren Willen vergewaltigt werden. Cf. H. Feldmann/J. Westenhöfer, a.a.O., S. 21.
34 Cf. R. Michels, 1928, S. 127.
35 Cf. S. Breit, 1991, S. 220f.
36 Zit. n. A. Meyer-Knees, 1989, S. 433.

Anmerkungen zu § 28

1 Zit. n. J.M. Carter, 1985, S. 38, 120.
2 A.a.O., S. 41, 85, 126, 133f. Cf. auch R. Kittel, 1980, S. 130; J. M. Beattie, 1986, S. 129; F. McLynn, 1989, S. 106f. und J.A. Brundage, 1982, S. 147. Auch in Frankreich wurde die Todesstrafe häufig nicht vollstreckt, sondern durch leichtere Strafen ersetzt. Cf. K. Gravdal, 1992, S. 566.
3 Cf. E. Österberg/D. Lindström, 1988, S. 100.
4 *Sachsenspiegel*, ed. W. Koschorrek, III. 46. 1.
5 A.a.O., III. 1. 1. In ähnlicher Weise gab es noch im Cinquecento in Florenz eine Bestimmung, nach der ein Haus, in welchem homosexuelle Akte stattgefunden hatten, abgerissen werden konnte. Cf. R. S. Liebert, 1983, S. 293.
6 M. Maréchal/J. Poumarède, 1988, S. 88f. Im Jahre 1637 wurde in Reval Anna Thomastochter von drei jungen Männern vergewaltigt, was diese auch gestanden. Einer der Täter erklärte sich dazu bereit, das Mädchen zu heiraten und blieb deshalb straffrei, während die beiden anderen auf der Büttelei ausgepeitscht wurden. Cf. E. Gierlich, 1991, S. 247.
7 Dies widersprach den kirchlichen Bestimmungen von Brügge und Umgegend, nach denen er auf diese Weise seinen Kopf retten konnte. Cf. M. Greilsammer, 1988, S. 64.
8 Cf. N. Damsholt, 1981, S. 81. Daß es eine Geschlechtsehre der Frau unabhängig von der Ehre ihres Mannes auch in späterer Zeit

gab, dokumentiert etwa die Klage der Scholastika Valk gegen ihren Mann Erasmus in Sankt Gallen, nachdem dieser sie unmittelbar vor dem Vollzug der Ehe bezichtigt hatte, sie sei keine »magt« mehr und er wolle wissen, wer sie »geschwecht« habe. Wegen dieser Ehrabschneidung wurde der Ehemann ins Gefängnis geworfen. Cf. C. Moser-Nef, 1951, V, S. 271 f.

9 Cf. S. F. Wemple, 1981, S. 41. Von der Antike bis in die Renaissance betonten zahllose Autoren immer wieder, daß eine Frau eher sterben solle, als sich vergewaltigen zu lassen. Cf. L. C. Hults, 1991, S. 211. Ein klassisches Vorbild war die frischverheiratete Domitilla, die im Jahre 262 Selbstmord beging, um der Vergewaltigung durch die Goten zu entgehen. Ihre stolzen Eltern ließen auf ihrem Grabstein die Inschrift anbringen: »Sie fürchtete nicht den Tod, / Sondern zog ihn der beschämenden Vergewaltigung vor.« Cf. A. J. L. van Hooff, 1990, S. 24.

10 Cf. L. M. Epstein, 1948, S. 179.

11 Cf. *Ketubot* 51b.

12 Cf. R. Biale, 1984, S. 250f.

13 Weil das Opfer einer Vergewaltigung entehrt war, konnten die athenischen Gerichte den Täter zum Tode verurteilen, und ein Mann, der einen anderen »auf« (ἐπὶ) seiner Frau, Mutter, Schwester, Tochter oder Konkubine erwischte, durfte diesen töten, und zwar gleichgültig, ob der Beischlaf erzwungen war oder nicht.

14 Cf. E. M. Harris, 1990, S. 370ff.

15 Cf. J. v. Magyary-Kossa, 1935, S. 120.

16 1447 wurde in Basel ein Metzgermeister ohne Begnadigungsmöglichkeit auf ewig jenseits der Alpen verbannt, weil er ein noch nicht geschlechtsreifes Mädchen verführt, also das begangen hatte, was wir heute »Unzucht mit Minderjährigen« nennen. Cf. K. Simon-Muscheid, 1991, S. 26. Bei der Vergewaltigung von Minderjährigen verstanden die mittelalterlichen Richter normalerweise keinen Spaß. Cf. K. Gravdal, 1991, S. 214f.

17 Cf. H. Maurer, 1989, II, S. 185f.

18 Moser-Nef, a. a. O., S. 89, 448. Vergewaltigungsversuche wurden manchmal fast ebenso hart bestraft wie vollendete Vergewaltigungen. Gleiches galt auch für Inzestversuche. Auf der Folter gestand im Jahre 1562 der trunksüchtige Heinrich Knüpfel, er habe seiner Tochter Wibracht und seiner Schwester Barbel wiederholt »angestrengt und in Hölzern und wann er voll Win gewesen, sinen Mutwillen mit inen ze trieben angemutet, aber sy habend Jm sines willens nitt gestatten wollen, so habe

er och nünt mit Jnen gehandlet«. »Uff Gnaden« wurde er mit dem Schwert gerichtet. Cf. a.a.O., S. 469.
19 S. Mennell, 1989, S. 55.
20 J. van Ussel, 1970, S. 69.
21 Andreas Capellanus, 1926, 4519ff.
22 Allerdings ist der Bauer nach Capellanus meist viel zu müde, um es seiner Bäuerin richtig zu besorgen: »Wann ain solicher pawer hat kain ander freüd, dann mit der hawn, schauffel und phlůg umb zugeen und sein arbait zetreiben. Die selb benympt ym vil seiner fleischlichen wollust« (zit. n. H.-J. Raupp, 1986, S. 52).
23 Cf. J.M. Carter, a.a.O., S. 153. Auch eine weitere berühmte Behauptung Capellanus', daß nämlich Liebe und Heirat miteinander inkompatibel seien, stimmt weder mit der sozialen Realität noch mit der Mehrzahl der zeitgenössischen Ansichten zu diesem Thema überein. Cf. H.A. Kelly, 1975, S. 39; G. Schweikle, 1980, S. 115. Daß Capellanus im Widerspruch zu den Schicklichkeitsstandarden seiner Zeit steht, sieht man auch dort, wo er in einem Streitgespräch über die Frage, ob der Liebhaber die Dame oberhalb oder unterhalb des Gürtels ›greifen‹ solle, die Dame für das ›unterhalb‹ plädieren läßt, da die *inferiores partes* die größere Lust schenkten. Cf. R. Schnell, 1990, S. 284f.
24 Cf. W. Rösener, 1990, S. 224. In einem Lehrgedicht des Trobadors Garin le Brun hält Mezura den Dichter dazu an, beim Liebeswerben behutsam und geduldig vorzugehen, worauf Leujaria (»Leichtfertigkeit«) entgegnet, auf diese Weise komme man bei den Frauen nie ans Ziel. Cf. Schnell, a.a.O., S. 282.
25 Cf. D. Rieger, 1988, S. 244.
26 Cf. B.A. Hanawalt, 1979, S. 105. Cf. auch dies., 1975, S. 6.
27 Cf. G. Ruggiero, 1975, S. 29f.
28 Wenn in England ein Adeliger eine Frau der untersten Klassen vergewaltigte, wurde der Fall zwar selten vor den »eyre courts« verhandelt, vielmehr meist vor einem standesgemäßen Gericht, doch ist es schlicht unzutreffend, daß der Täter straffrei ausging. Cf. J.M. Carter, a.a.O., S. 82, 85.
29 Cf. B.A. Hanawalt, 1979, S. 178.
30 Cf. M. Greilsammer, 1988, S. 69f.
31 Cf. N.S. Kollmann, 1988, S. 486f.; R. Hellie, 1982, S. 116. Man vergleiche diese Gesetzgebung mit der von Barbados und den anderen unter britischer Herrschaft stehenden westindischen Inseln, wo noch bis weit ins 19. Jahrhundert eine Negersklavin ungestraft vergewaltigt werden durfte. Cf. H.M. Beckles, 1989, S. 43.
32 Cf. dies., 1991, S. 66ff.

33 War die Frau verlobt und handelte es sich lediglich um eine Verführung ohne Gewaltanwendung, wurde dem Verführer die Nase abgeschnitten. Cf. a. a. O., S. 65.
34 Nach kanonischem Recht durfte eine Frau sich bereits dann von ihrem Mann scheiden lassen, wenn dieser *versuchte*, sie zu vergewaltigen, da es in der orthodoxen Kirche nicht den Begriff der »ehelichen Pflichten« in der Weise gab wie in der katholischen. Vergewaltigung in der Ehe wurde in Rußland erst wieder im Jahre 1968 Straftatbestand. Cf. B. E. Clements, 1991, S. 275.
35 Cf. C. D. Worobec, 1991, S. 22, ferner N. L. Pushkareva, 1991, S. 42. Im westlichen Europa brauchte eine vergewaltigte Frau meist Zeugen für die Tat. Wie aus nordgermanischen Rechtsbüchern hervorgeht, mußte offenbar eine Frau, die von einem Hof zum anderen zog, ein mindestens dreijähriges Kind, das *kuenna læiðir*, »Frauenführerin«, genannt wurde, mitnehmen, das eventuelle unsittliche Handlungen, die unterwegs an der Frau vorgenommen wurden, bezeugen konnte. Cf. R. Meißner, 1942, S. 60. In der frühen Neuzeit genügte häufig die Aussage einer vertrauenswürdigen Frau, daß sie die Tat für wahrscheinlich hielt, weshalb die Täter oft versuchten einzulenken. So etwa im Jahre 1588 ein Hans Jacob von Brunn. Das Opfer, Maria Verborgen, sagte vor dem Ehegericht aus, der Mann habe ihr versprochen, sie zu heiraten, wenn sie auf eine Anzeige verzichte. Das Gericht verurteilte ihn zur Zahlung von 50 Pfund wegen Vergewaltigung und von 100 Pfund an die Frau, da sie durch die Tat ihre Jungfräulichkeit verloren hatte. Cf. T. M. Safley, 1984, S. 145.
36 Cf. D. Rieger, a. a. O., S. 244.
37 Cf. H. Wirth, 1868, S. 223.
38 Cf. Rieger, a. a. O., S. 243 f.

Anmerkungen zu § 29

1 Diese Greueltaten wurden allerdings von Chronisten wie Albert von Aachen mißbilligt. Cf. P. Milger, 1988, S. 94.
2 Anscheinend gab es noch andere Mittel, die Frauen anwandten, um sich vor Vergewaltigungen zu schützen. So berichtet etwa Paulus Diakonus (IV. 37) über die Töchter der von den Avaren vergewaltigten und ermordeten Langobardenherzogin Romilda: »Ihre Töchter aber gingen nicht auf dem Weg ihrer Mutter, sondern aus Liebe zur Keuschheit sorgten sie, daß sie nicht von den Barbaren geschändet würden und legten sich rohes Hühnerfleisch unter das Mieder zwischen die Brüste, das dann in der

Wärme verweste und einen gräßlichen Gestank verursachte. Als sich nun die Avaren an sie machen wollten, konnten sie den Gestank nicht aushalten und meinten, sie stänken so von Natur, wichen voll Abscheu weit von ihnen zurück und sprachen: ›Alle langobardischen Weiber stinken‹.«

3 Zit. n. P. Milger, a.a.O., S. 299f. Cf. auch F. Gabrieli, 1973, S. 50, 211ff.
4 B.S. Anderson/J.P. Zinsser, 1988, I, S. 275. Der »Bourgeois de Paris« schreibt in seinem *Journal* geradezu routinemäßig und formelhaft, daß die Truppen während des Hundertjährigen Krieges die Frauen vergewaltigten (»efforçant femmes et filles, femmes de religion«). Cf. z.B. A. Tuetey, 1881, 265.
5 T. de Bry, 1990, S. 222.
6 Cf. R. Adorno, 1990, S. 114, 118.
7 B. Diaz del Castillo, 1988, S. 465. Wie diese Vergangenheit ›bewältigt‹ werden kann, demonstrierte kürzlich der spanische König Juan Carlos, der, auf diese Greueltaten der Spanier angesprochen, entgegnete, man dürfe »diese Dinge nicht so einseitig sehen«. Es habe stets »ein Geben und Nehmen zwischen Spaniern und Indianern gegeben« und schließlich seien »auch viele gute Spanier in Amerika geblieben« (ARD, 20. April 1992).
8 H. Appuhn, 1990, III, fol. 198.
9 Cf. R.D. Eskapa, 1988, S. 153. Nach der Eroberung von Harfleur im Jahre 1415 verbot Heinrich V. seinen Truppen ausdrücklich jegliche sexuellen Übergriffe, und Eduard III. ordnete nach der Einnahme von Caen an, daß jeder Vergewaltiger auf der Stelle gehängt werde, was auch geschah. Cf. G. Jäger, 1981, S. 206; J. Bradbury, 1992, S. 306f. Der ›Sempacherbrief‹ vom Jahre 1393 bestimmt ebenfalls, daß kein Bewaffneter mit einer Frau oder Jungfrau »ungewonlich handeln sol«. Cf. V. Schmidtchen, 1990, S. 71. Auch im Italien des Trecento und Quattrocento waren Kriegsvergewaltigungen verboten. Trotzdem kamen sie ständig vor. Große Empörung allerorten löste im Jahre 1447 die Massenvergewaltigung der Frauen von Piacenza durch die Truppen des Herzogs Francesco Sforza aus. Cf. M. L. King, 1991, S. 30.
10 Cf. N. Wright, 1992, S. 324.
11 Überdies weiß man nicht, was genau als ›Vergewaltigung‹ zählte. So zwang beispielsweise während des Hundertjährigen Krieges ein gewisser Jehan le Comt in der Garnison von Falaise (Calvados) zahlreiche dort ansässige Männer, ihm für die Nacht ihre Frauen zu überlassen (a.a.O., S. 328). Es ist nicht bekannt, ob eine solche Nötigung bereits als ›Vergewaltigung‹ galt oder nicht.

12 Cf. B. Donagan, 1988, S. 86.
13 Zit. n. M. Kobelt-Groch, 1988, S. 135 f.
14 W. Lenk, 1983, S. 106.
15 Cf. H.-C. Rublack, 1991, S. 130.
16 Cf. H. v. Hentig, 1966, S. 164.
17 Cf. J. A. Brundage, 1969, S. 32.
18 Cf. H. Solterer, 1991, S. 535 f.
19 Cf. A. Khattab, 1989, S. 32.
20 Zit. n. J. Gillingham, 1981, S. 198 f.
21 Cf. P. Milger, a. a. O., S. 85, 297.
22 Cf. H.P. Duerr, 1990, S. 291. Abb. 160. Um 1460 erließ Markgraf Albrecht Achilles eine Feldordnung, in der es hieß: »Item dasz man auch in unserem heer keine huren haben soll.« Cf. H.-M. Möller, 1976, S. 160. Im frühen 15. Jahrhundert hatte Heinrich V. bestimmt, daß jeder Hure, die innerhalb eines Umkreises von 3 Meilen vom Lager angetroffen werde, zur Strafe der Arm zu brechen sei. Cf. J. Bradbury, a. a. O. Nach den Schlachten ›gehörten‹ diese Huren – von den späteren Landsknechten »beyschlaff« genannt – den jeweiligen Siegern. So erbeutete z. B. im Jahre 1386 die paduanische Armee 211 Lagerhuren. Cf. P. Blastenbrei, 1987, S. 161 f.
23 W. Lenk, a. a. O., S. 115. Die Kriegsordnung eines fränkischen Bauernhaufens verlautet entsprechend: »Siebentens sol keine gemeine Dirne im Lager gelitten werden« (zit. n. O. H. Brandt, 1925, S. 237).
24 Cf. R. Hartmann, 1989, S. 204 f. Ähnlich verachtet waren offenbar auch die entsprechenden Huren der Azteken. Cf. B. de Sahagún, 1961, S. 55.
25 Im Jahre 1685 meldeten die in München erscheinenden *Ordentliche Wochentliche Postzeitungen* aus Paris: »Nachdem die Soldaten / so an dem Fluß Eure arbeiten / durch daß leichtfertige Frauenvolck sehr verführt vnd in Schaden gebracht worden / als hat man vor einigen Tagen 3 derselben / den andern zum Exempel / die Haare / die Nasen vnnd Ohren abgeschnitten / vnnd soll auch ehister Tagen ein sehr scharff Placat gegen solches vnnützes Volck alhier publicirt werden« (E. Buchner, 1914, S. 199).
26 Cf. C. Jones, 1989, S. 220 ff. Hatte man früher die Troßhuren auch deshalb zugelassen, weil man vermeiden wollte, daß die Soldaten sich bei unkontrollierbaren sexuellen Exzessen eine Geschlechtskrankheit zuzogen, begründete man jetzt das Verbot der Prostitution mit der Gefahr einer Ansteckung durch Syphilis. Im Jahre 1781 wurde verfügt, daß jeder Soldat, der sich mehr als dreimal ansteckte, zwei Jahre zusätzlich Militärdienst ableisten

mußte. Es heißt, daß sich nach den Verboten im späten 17. Jahrhundert in den Gebieten, wo die Truppen lagen oder hindurchzogen, zahlreiche dort ansässige Frauen der Prostitution zugewandt hätten. Im 18. Jahrhundert wurden *in der Praxis* Troß- und Lagerhuren wieder weithin geduldet. Cf. A. Forrest, 1990, S. 150. Im Jahre 1811 wurde geklagt, die »filles et femmes de mauvaise vie« seien »comme des insectes que la saison enfante par milliers«. Cf. ders., 1989, S. 181.
27 Cf. C. Jones, a.a.O., S. 214.
28 So der Text des Originals.
29 Der Mann wäre sicher verurteilt worden, wenn nicht ein Hauptmann ihn mit der Aussage entlastet hätte, »daß das Weib eine s.v. Hure« sei: Er selber »habe sie gebraucht, könne sie auch haben, wann er wolle«. Cf. S. Roecken/C. Brauckmann, 1989, S. 325 ff.
30 Cf. R. Salzer, 1879, S. 17, 34, 44, 58; W. Oncken, 1874, S. 45 f. Vergewaltigungen bis zum Tode waren auch im Dreißigjährigen Kriege keine Seltenheit. Cf. z. B. A. Reinhard, 1975, S. 38.
31 Cf. A. Forrest, a.a.O., S. 127, 183.
32 J. B. Pflug, 1975, S. 37. Per Gesetz vom 30. April 1793 wurde allen Angehörigen des weiblichen Geschlechts der Kriegsdienst verboten, was dazu führte, daß Frauen Männerkleidung anzogen und als Männer in die Armee eintraten. Cf. E. Harten/H.-C. Harten, 1989, S. 27.
33 Napoleon, 1912, S. 98. Genutzt haben solche Verordnungen kaum etwas. So berichtet Napoleon über die Eroberung von Jaffa im Jahre 1799: »Die Soldaten stürzten wutentbrannt in die Straßen, um Weiber zu suchen. Fiel ein Schuß, so schrien sie, man schieße aus dem und dem Hause auf sie, drangen sogleich in das Haus ein und schändeten alle Frauen, die darin waren« (zit. n. W. Schneider, 1964, S. 208).
34 Cf. G. Duwe, 1991, S. 47, 52 f.
35 Cf. J. Prebble, 1967, S. 205.
36 Cf. ders., 1966, S. 51, 237.
37 Cf. H. P. Duerr, 1990, S. 196 f.
38 Cf. A. Jonaitis, 1988, S. 26 f. Auch die Frauen, die Cook und seiner Mannschaft von den Nootka angeboten wurden, waren höchstwahrscheinlich Sklavinnen. Cf. H. P. Duerr, a.a.O., S. 442.
39 Cf. a.a.O., S. 464; L. E. Eastman, 1980, S. 294 ff.
40 Cf. S.-H. Lee-Linke, 1991, S. 119.
41 Cf. N. Monti, 1987, S. 74.
42 Cf. H. v. Hentig, a.a.O., S. 165.

43 Cf. I. Deák, 1991, S. 173. Während des Zweiten Weltkrieges wurden von der deutschen Heeresleitung in den besetzten Gebieten etwa 500 Wehrmachtsbordelle mit einheimischen Frauen eingerichtet. Cf. B. Johr, 1992, S. 60ff.; M. D. Kreuzer, 1989, S. 52.
44 Cf. S. Brownmiller, 1980, S. 97, 99.
45 Cf. C. Enloe, 1983, S. 33. Wie ein Veteran berichtet, hatte man z. B. in Anh Loc »eine richtige Stadt mit Prostituierten, Zelten, Drogendealern« installiert, »um unsere Eskadron zu versorgen«. Cf. M. Lane, 1972, S. 209.
46 Was die *Bunte Illustrierte* (37, 1992, S. 72) zu dem Kommentar veranlaßte: »Das Mittelalter kehrt zurück.«
47 Cf. A. Stiglmayer, 1992, S. 22ff. Auch der kroatischen und der bosniakischen Gegenseite werden Massenvergewaltigungen angelastet. Cf. *Spiegel* 53, 1992, S. 114f.

Anmerkungen zu § 30

1 N. Elias, 1939, II, S. 105f.
2 A. a. O., S. 323.
3 A. a. O., I, S. 265.
4 A. a. O., S. 279.
5 A. de Swaan, 1991, S. 116, meint, die heutigen Menschen hätten unter anderem »im sexuellen Verkehr [...] einen größeren Bewegungsspielraum erlangt, aber nur unter der einschränkenden Bedingung, daß die Betroffenen ihren Umgang miteinander nach Absprache und in gegenseitigem Einvernehmen regeln«. Die Behauptung wird durch keinen Gedanken daran getrübt, welche Folgekosten sich all diejenigen Frauen aufgehalst haben, die heute einen solchen »größeren Bewegungsspielraum« erlangt haben, und zwar nachdem sie ihn sich *genommen* haben – ohne vorheriges »gegenseitiges Einvernehmen«. Wie die Sicherheit dieses »Bewegungsspielraumes« eingeschätzt wird, hat unlängst eine repräsentative Umfrage ergeben, nach der sich 74% aller Frauen (und 32% aller Männer) beim abendlichen Heimweg auf der Straße »besonders gefährdet« fühlen. 53% aller Frauen gaben an, nach Einbruch der Dämmerung nicht mehr allein aus dem Haus zu gehen. Cf. *Brigitte* 26, 1992, S. 104f.
6 Cf. R. Porter, 1986, S. 220f.; B. S. Lindemann, 1984, S. 72f.; F. McLynn, 1989, S. 108, 317.
7 Cf. B. A. Hanawalt, 1979, S. 272.
8 Cf. Lindemann, a. a. O., S. 70f.
9 Cf. J. Temkin, 1986, S. 21.

10 Cf. L. Segal, 1990, S. 242.
11 Cf. W. Bartholomäus, 1987, S. 48.
12 Cf. M. Licht, 1989, n.p. bzw. *Spiegel* 49, 1991, S. 57. Sämtliche Fachleute gehen auch für die Gegenwart von einer sehr geringen Anzeigebereitschaft aus. Die Dunkelziffer wird von den verschiedenen Autoren auf 1:10 bis 1:100 geschätzt.
13 Cf. I. H. Frieze, 1987, S. 114, 129. Nach H. Feldmann./J. Westenhöfer, 1992, S. 4, errechnete man in den USA »eine Lebenszeitprävalenz von 23,3 % für vollendete und von weiteren 13,1 % für versuchte Vergewaltigung«. L. Madigan/N.C. Gamble, 1991, S. 4, geben eine geschätzte Gesamtzahl von 15 bis 40 % an.
14 Cf. D. Zillmann/J.B. Weaver, 1989, S. 99. Zwischen 20 und 25 % aller College-Studentinnen gaben an, bereits Opfer eines Vergewaltigungsversuches geworden zu sein; 15 % wurden vergewaltigt. Nur 39 % gaben an, daß bisher noch niemand versucht hätte, sie zum Geschlechtsverkehr zu zwingen. 71 % der männlichen Studenten bekannten, eine Frau gegen ihren Willen koitiert zu haben. Cf. E. Viano, 1991, S. 526.
15 Cf. Frieze, a.a.O., S. 128. Sämtliche Teilnehmer von insgesamt 50 »gang rapes«, die bei »fraternity parties« stattfanden, erachteten die Taten als »normal party behavior«. Cf. Viano, a.a.O., S. 527.
16 Cf. W.M. Shields/L.M. Shields, 1983, S. 115.
17 Cf. W. v. d. Ohe, 1990, S. 136. Im Jahre 1991 gab es in der BRD 4½mal soviel Raubüberfälle wie 25 Jahre zuvor (*Rhein-Neckar-Zeitung*, 24. Januar 1992).
18 In Japan ist die Anzahl der angezeigten Fälle auf 100000 Einwohner 1,6; in der alten BRD 9,7; im übrigen Westeuropa 5,4; in den USA 35,7 (W. v. d. Ohe, a.a.O., S. 125). Zur Vergewaltigungsrate in Japan cf. auch M. Shikita/S. Tsuchiya, 1992, S. 76.
19 So hat man z.B. auch das Ansteigen der Vergewaltigungsrate im maoistischen China erklärt. Cf. C. Gilmartin, 1990, S. 211.
20 W.M. Shields/L.M. Shields, a.a.O., S. 127. Nach L. Madigan/N.C. Gamble, a.a.O., S. 7, gehen mindestens 98 % der Täter straffrei aus. In Deutschland scheint es sich nicht wesentlich anders zu verhalten. Cf. L. van der Starre, 1991, S. 272f.
21 Früher war man eher der Auffassung, daß die Zahl der Gewaltverbrechen in genußorientierten Konsumgesellschaften geringer sei als in solchen, die mehr Triebverzicht forderten. Doch die Tatsachen widersprachen dem: »If pleasure-oriented societies are low-crime societies, one must wonder why the U.S. is high on both accounts, with hedonism and violent crime (notably rape) both increasing enormously over the past decade« (T.M. Kando,

1978, S. 415). D. Chappel/G. Geis/S. Schafer/L. Siegel, 1971, S. 175, haben die These aufgestellt, daß Vergewaltigungen in einer relativ permissiven Umgebung deshalb häufiger vorkommen als in einer restriktiven, weil die Frustrationen eines Mannes, der keinen sexuellen Zugang zu Frauen findet, in der permissiven Gesellschaft höher seien, denn in der restriktiven Umgebung könne er für seinen Mißerfolg die gesellschaftlichen Umstände verantwortlich machen. In der permissiven Gesellschaft erlebe er dagegen seine Erfolglosigkeit als persönliches Versagen.
22 Cf. H.P. Duerr, 1990, S. 260f.
23 Cf. T. Morris/P. Morris/B. Barer, 1963, S. 70.
24 Cf. Duerr, a.a.O., S. 303.
25 Cf. J. Verdon, 1990, S. 373.
26 Für diese Aufforderung zum Inzest wurde er allerdings in den Turm geworfen. Cf. C. Moser-Nef, 1951, V, S. 415.

Anmerkungen zu § 31

1 Cf. L. DeMause, 1985, S. 202. Auch von vielen Hooligans wird der »Akt des Aufeinanderlosgehens als ein geradezu sexuelles Erlebnis beschrieben« (K. Farin/E. Seidel-Pielen, 1991, S. 128).
2 Cf. M. Baker, 1981, S. 84.
3 A.a.O., S. 192, 206. Cf. auch S. Keen, 1987, S. 57.
4 Cf. A.E. Bergmann, 1974, S. 73. Nach T. Staubli, 1991, S. 94, schlitzten zwar bereits die assyrischen und israelitischen Krieger gelegentlich schwangeren Frauen den Bauch auf, doch scheint es sich in diesen Fällen weniger um eine Lust an der Grausamkeit gehandelt zu haben, sondern eher um eine Maßnahme zur »Ausmerzung der männlichen Bevölkerung«, da nichtschwangere Frauen damals – im Gegensatz zu heute – nicht auf diese Weise massakriert wurden.
5 Zit. n. E. Laudowicz, 1988, S. 120. Cf. auch M. Lane, 1972, S. 20, 42f., 50, 82, 92, 164, 195.
6 Zit. n. S. Brownmiller, 1980, S. 109ff., 113.
7 Cf. a.a.O., S. 105. Der Korrespondent des Londoner *Daily Telegraph* kommentierte solche Bilder wie folgt: »The strange new feature about the photographs of torture now appearing is that they have been taken with the approval of the torturers and published over captions that contain no hint of condemnation. They might have come out of a book on insect life ›The white ant takes certain measures against the red ant after a successful foray‹« (E. Norden, 1967, S. 424).

8 Cf. S.M. Hersh, 1970, S. 34. In einem Marschlied der US-Truppen hieß es: »Zeigt den kleinen Kindern, was man mit Napalm alles machen kann.« Cf. T. Taylor, 1971, S. 202.
9 A.a.O., S. 56. Cf. auch L. B. Iglitzin, 1978, S. 66. Der Offizierdiensttuer Hugh C. Thompson, der von seinem Hubschrauber aus beobachtete, wie seine Landsleute die Greueltaten begingen, machte über Funk Meldung, »that if he saw the ground troops kill one more woman or child, he would start shooting (the ground troops) himself«. Als Leutnant Calley und seine Männer sich daraufhin bedrohlich einer verzweifelten Gruppe von Frauen näherten, landete Thompson, ließ zwei Maschinengewehre in Stellung bringen und rief Calley zu, er werde die Zivilisten ausfliegen. Darauf schrie der Leutnant zurück: »The only way you'll get them out is with a hand grenade!« (M. MacPherson, 1984, S. 494). Nach einer anderen Version gab Thompson vor Verlassen seiner Maschine dem Bordschützen den Befehl, »that if any of the Americans opened up on the Vietnamese, we should open up on the Americans« (Hersh, a.a.O., S. 65). Cf. auch M. McCarthy, 1973, S. 90f. Diese Version entspricht auch den Aussagen, die Thompson selber in dem Dokumentarfilm »My Lai« machte. Lt. Calley war übrigens der einzige Teilnehmer des Massakers, der später verurteilt wurde, aber auch diese Verurteilung beschwor in der amerikanischen Öffentlichkeit einen Sturm der Entrüstung herauf. Nach drei Tagen Haft (!) wurde Calley schließlich von Präsident Nixon begnadigt. Bis heute ist sich der Ex-Leutnant »keiner Schuld« bewußt (*West* 3, 11. September 1992).
10 Cf. Hersh, a.a.O., S. 72.
11 Zit. n. R.J. Lifton, 1981, S. 377. Ein Teilnehmer des My Lai-Massakers meinte: »Es überkam mich einfach, und wenn du's einmal gemacht hast, machst du's ein zweites Mal und dann immer weiter...«
12 Zit. n. S. Brownmiller, a.a.O., S. 107.
13 Cf. N. Chomsky, 1991, S. 25 ff.
14 Zit. n. H.-H. Nolte, 1991, S. 111 f. In der Tat wurden bisweilen Vergewaltiger und Plünderer zum Tode verurteilt. Cf. O. Bartov, 1991, S. 68.
15 E. Klee/W. Dreßen, 1989, S. 16f.
16 Cf. E.N. Peterson, 1990, S. 45 f., 131 f. Im Mai 1944 ließ der französische General Alphonse Juin seine marokkanischen Truppen 50 Stunden lang die weibliche Bevölkerung der Stadt Frosinone und Umgegend – etwa 6000 Frauen – vergewaltigen, um die Soldaten bei Laune zu halten. Cf. H. Dollinger, 1973, S.

446. Nach sämtlichen Berichten waren Vergewaltigungen durch britische Armeeangehörige am seltensten. Cf. Peterson, a.a.O., S. 75.
17 Cf. a.a.O., S. 107. Nach R.D. Eskapa, 1988, S. 154, wurden während des Zweiten Weltkrieges lediglich 971 US-Soldaten von Militärgerichten wegen Vergewaltigung abgeurteilt. Nach einer Aussage Unterstaatssekretärs Robert P. Patterson wurden in dieser Zeit 101 Soldaten wegen »murder or rape« exekutiert. Cf. M. B. Smith, 1949, S. 112. In Bielefeld hatten schwarze GIs zahlreiche Frauen vergewaltigt, was ernsthafte Folgen für sie hatte: »Two blacks were shot, four were hanged and two were lynched just outside town« (Peterson, a.a.O., S. 79).
18 Cf. J. Schultz-Naumann, 1989, S. 281. Nach Aussage mancher Frauen waren sogar die Rotarmisten leichter abzuweisen als viele Amerikaner: »Man muß sich trauen, nein zu sagen. Ich habe erlebt, wie eine Mutter geschimpft hat, da ist der Russe abgezogen. Zu den Russen konnte man nein sagen, zu den ersten Amerikanern nicht. Zur Zeit der russischen Besatzung konnte ich sagen: ›Geh weg, ich hol den Offizier!‹. Der Amerikaner hätte mich grün und blau geschlagen« (zit. n. H. Sander, 1992, S. 94).
19 Cf. K.F. Grau, 1966, S. 183.
20 A.a.O., S. 185 f.
21 M. Djilas, 1978, S. 556. Cf. E.N. Peterson, a.a.O., S. 182.
22 Cf. C. MacInnes, 1979, S. 251. Andererseits heißt es oft, daß weniger die kämpfende Truppe sich Vergewaltigungen zuschulden kommen ließ, sondern eher die Mannschaften und Offiziere der sowjetischen Nachschubformationen, die von ihren Kommandanturen meist gedeckt worden seien. Cf. S. Spieler, 1989, S. 32 ff. Ein Offizier der Fronttruppen beruhigte z.B. einige verängstigte Frauen mit den Worten: »Wir tun euch nichts, aber die nach uns kommen, vor denen müßt ihr euch in acht nehmen!« (H. Born, 1980, S. 58). So waren auch in der Nachkriegszeit die in den Gefängnissen und Lagern untergebrachten Frauen sexuelles Freiwild. Cf. z.B. E. Goldacker, 1982, S. 39 f., 65 f.
23 Cf. Peterson, a.a.O., S. 274 f. Deshalb flohen auch oft die Polinnen vor der Roten Armee. Cf. z.B. T. Schieder, I.1, 1984, S. 84.
24 Cf. L. Shelley, 1992, S. 112, 226.
25 A. Vaitna, 1948, zit. n. Peterson, a.a.O., S. 187.
26 Cf. a.a.O., S. 185 f. Noch im Jahre 1947 mußten sich im polnischen Lager Potulice deutsche Gefangene beiderlei Geschlechts ausziehen und vor aller Augen miteinander Geschlechtsverkehr ausüben. Cf. Schieder, I.2, S. 592. Auch im GULAG wurden die weiblichen Häftlinge ständig vergewaltigt. In einem ostsibiri-

schen Lager wurden die Massenvergewaltigungen »Trambahn« genannt. Cf. A. Solschenizyn, 1974, S. 222.
27 Cf. Y.-C. Kim, 1976, S. 105 ff.
28 Cf. B. Johr, 1992, S. 54 f., 58, 168; K.-J. Ruhl, 1985, S. 125.
29 Cf. Schultz-Naumann, a.a.O., S. 115. Sowjetische Soldaten erzählten später, »daß man ihnen gesagt habe, wer bis nach Deutschland komme, könne jede deutsche Frau haben« (M. Schaschynek, 1982, S. 123). Nach dem deutschen Gegenangriff auf Königsberg im Februar 1945 wurden sowjetische Zeitungen und andere Verlautbarungen gefunden, aus denen hervorgeht, daß die Rotarmisten »in aller Form zur Vergewaltigung deutscher Frauen ermuntert wurden« (T. Schieder, I.1, 1984, S. 62 E). Ein Soldat meinte: »Ruski haben auch alle Frauen erobert. Befehl von Stalin.« Cf. Schieder, a.a.O., I.2, S. 338; G. Fittkau, 1983, S. 277.
30 Zit. n. H. Nawratil, 1982, S. 111.
31 H. Sander, a.a.O., S. 16 f.
32 Cf. I. Schmidt-Harzbach, 1992, S. 39.
33 Cf. Peterson, a.a.O., S. 156.
34 A.a.O., S. 307 f.
35 Zit. n. Grau, a.a.O., S. 45. Eine Zeugin berichtet über ein junges Bauernmädchen in Eifenhofen: »Auf den Kopf gestellt, Beine hoch, vergewaltigte man das Opfer 6 Mal hintereinander, um es liegen zu lassen. Ich selbst und mehrere Einwohner mußten vom Dach des Hauses zusehen, ohne helfen zu können.« In derselben Nacht nahmen sich noch einmal vier Russen das Mädchen vor. Cf. a.a.O., S. 70.
36 Cf. a.a.O., S. 72, 77. »In Schiedlow, südwestlich Oppeln, sah ich einmal 20 Rotarmisten vor der Leiche einer zu Tode geschändeten, sicherlich weit über 60 Jahre alten Frau Schlange stehen. Sie johlten und schrien und warteten darauf, ihre viehischen Gelüste an dem bereits leblosen Körper zu befriedigen« (J. Thorwald, 1979, S. 92). Es gibt Berichte darüber, daß der Mob, der am 4. September 1791 das Frauenhospiz der Salpêtrière in Paris stürmte, dort zahlreiche Frauen vergewaltigt und 30 von ihnen ermordet habe. Anschließend seien die Leichname weiter koitiert worden. In einem Schlafsaal hätten die Männer dann viele kleine Waisenmädchen mißbraucht. Cf. J. Michelet, 1988, III, S. 73.
37 H. v. Lehndorff, 1985, S. 163. Vor Menstruationsblut scheinen allerdings viele Rotarmisten – im Gegensatz zu zahlreichen Polen – zurückgeschreckt zu sein. Eine Zeugin aus Goldberg: »Zu uns kamen noch fünf Flüchtlinge aus Ostpreußen, unter ande-

rem eine Frau mit zwei Töchtern. Die Russen hatten die fünfzehnjährige Tochter vergewaltigt. Der anderen, achtzehnjährigen Tochter war nichts geschehen, weil sie die Regel hatte und dadurch unten blutig war. Nach diesem Vorfall pinselten alle gefährdeten Frauen die Umgebung der Scheide mit roter Tinte ein« (zit. n. Schultz-Naumann, a.a.O., S. 241). Cf. T. Schieder, a.a.O., IV. 2, S. 585, 716. Das Sichhäßlichmachen nutzte hingegen kaum etwas: »Wir gingen wieder querfeldein und fanden die Ruine eines kleinen Häuschens, das ausgebrannt war. Als wir näher kamen, sahen wir, daß sich mehrere Frauen dorthin geflüchtet hatten. Sie hatten sich verunstaltet. ›Wir hatten gehofft, daß sich die Russen von unserer Aufmachung abgestoßen fühlen würden, aber das Gegenteil war der Fall. Sie sahen nur unser Geschlecht, nicht den weiblichen Menschen‹« (H. Born, a.a.O., S. 59).
38 Cf. Grau, a.a.O., S. 53f., 57; ferner G. Böddeker, 1980, S. 130.
39 Cf. *Spiegel* 28, 1992, S. 138. Auch die nichtschwangeren bosniakischen Insassinnen der serbischen KZs werden nach den Vergewaltigungen häufig grausam verstümmelt. Cf. *Rhein-Neckar-Zeitung*, 14. August 1992. Es ist jedoch bekannt, daß sich Soldaten immer wieder mit besonderem Sadismus an Schwangeren austoben. In einer eidesstattlichen Erklärung des deutschen Wehrmachtsangehörigen Alfred Metzner heißt es beispielsweise, daß die Exekutionskommandos, die den Befehl erhalten hatten, in Slonim die Ghetto-Juden mit Kopf- und Herzschüssen hinzurichten, bei schwangeren Frauen »aus Vergnügen in die Bäuche schossen« Cf. M. Schoenberner/G. Schoenberner, 1988, S. 138. Kroatische Ustascha-Milizionäre schlitzten einer hochschwangeren Rómfrau »den Bauch auf, rissen das Ungeborene heraus und warfen es in das Erdloch. Dann warfen sie die Mutter hinein und auch das kleine Mädchen, nachdem sie es erst vergewaltigt hatten. Sie lebten noch, als sie das Loch zuschaufelten« (zit. n. D. Kenrick/G. Puxon, 1981, S. 88). Cf. auch K. Feig, 1990, S. 167.
40 Cf. S. Jeffords, 1991, S. 103f.
41 Cf. Johr, a.a.O., S. 50f.; I. Petry, 1991, S. 154f. Die kuweitischen Frauen mußten sich häufig völlig nackt ausziehen und sich dann vor der Vergewaltigung von den irakischen Soldaten und ihren Schergen betrachten lassen. Cf. *Spiegel* 24, 1992, S. 172.
42 Cf. Jeffords, a.a.O., S. 105. Im September 1991 fielen während eines ›Kameradschaftsabends‹ von Marinefliegern in einem Hotel in Las Vegas in Anwesenheit des Marineministers und hoher Offiziere nach der Vorführung von Pornofilmen zahlreiche Piloten über die anwesenden Kolleginnen her. Als Lt. Paula Coughlin

sich mit zerfetzter Kleidung und tränenüberströmt bei ihrem Chef, Admiral John Snyder, beschwerte, meinte dieser, die Marine sei nun einmal keine Klosterschule. Cf. *Rhein-Neckar-Zeitung*, 29. Juni 1992. Auch die sowjetischen Partisaninnen wurden häufig von den eigenen Leuten vergewaltigt, ja, sie wurden bisweilen den höheren Offizieren regelrecht ›zugeteilt‹. Cf. I. Strobl, 1989, S. 284.
43 Cf. E. Koch, 1991, S. 164f. Dies wurde meist auch durchgeführt. Cf. z.B. E. Showalter, 1988, S. 79f.; H.P. Duerr, 1988, S. 413.
44 Cf. B.A. Hanawalt, 1979, S. 38, 43.
45 Cf. Koch, a.a.O., S. 99.
46 Cf. C. Fox, 1987, S. 208.
47 J. Quicherat, 1847, IV, S. 274. Als sie während des Prozesses befragt wurde, warum sie bei der Männerkleidung bleibe, »Respond que, pour ce qu'il luy estoit plus licite de le reprendre et avoir habit d'omme, estant entre les hommes, que de avoir habit de femme« (a.a.O., 1841, I, S. 455). Nach der anonymen *Chronique de la pucelle* war sie bereits in Poitiers von einigen »dames, damoiselles et bourgeoises« zu diesem Thema befragt worden: »Ils luy demandèrent pourquoy elle ne prenoit habit de femme? Et elle leur respondit: ›Je croy bien qu'il vous semble estrange, et non sans cause; mais il fault, pour ce que je me doibs armer et servir le gentil daulphin en armes, que je prenne les habillemens propices et nécessaires à ce; et aussi quant je serois entre les hommes, estant en habit d'homme, ils n'auront pas concupiscence charnelle de moi; et me semble qu'en cest estat je conserveray mieulx ma virginité de pensée et de faict‹« (a.a.O., IV, S. 211).
48 A.a.O., 1844, II, S. 4.
49 A.a.O., S. 5, 365. Cauchon und Jean Massieu gaben allerdings an, Jeanne habe ihnen gesagt, der Grund für ihre Widerrufung sei lediglich die Angst vor dem Feuer gewesen, und deswegen habe sie freiwillig und ohne Zwang wieder ihre Männerkleidung angezogen. Cf. a.a.O., S. 455f.
50 A.a.O., II, S. 3: »Ha! a! j'aymeroie mieulx estre descapitée sept fois, que d'estre ainsi bruslé!« W. Rost, 1983, S. 88, hat die These vertreten, der Engländer habe Jeanne nicht vergewaltigen können, weil sie ein Pseudohermaphrodit, d.h. eine »femina clausa«, eine Frau mit verkümmerter Vagina gewesen sei, die nicht penetriert werden kann. Einfacher ist die Erklärung, daß Jeanne, die ja sehr beherzt und mutig war, sich auch dieses Mal wie eine Löwin verteidigte, so daß der Mann von ihr abließ.
51 Cf. P. O'Brien, 1982, S. 208f.
52 Freilich scheinen bisweilen auch Wärterinnen weibliche Gefan-

gene sexuell zu nötigen. So berichtet z. B. die Türkin Sara Gül Turan, im ›Mustergefängnis‹ Frankfurt-Preungesheim sei sie nicht nur von einem Richter gezwungen worden, ihn in ihrer Zelle zu masturbieren, vielmehr habe auch eine Wärterin versucht, sie mit einem umgeschnallten Dildo zu penetrieren. Cf. S. G. Turan, 1992, S. 65f., 130f. und *Spiegel* 37, 1992, S. 89.
53 Cf. A. Ergenzinger, 1987, S. 185. Cf. auch R. Lugand, 1930, S. 37, 55. Schon die SAVAK Resa Pahlewis vergewaltigte zahllose inhaftierte Frauen mit Stäben, Stöcken und Penissen. Cf. P. Koch/R. Oltmanns, 1977, S. 197f.

Anmerkungen zu § 32

1 Cf. A. J. L. van Hooff, 1990, S. 117. Auch die Flibustiers und Bukaniers des Karibischen Meeres – die ja keine Frauen an Bord haben durften – vergewaltigten häufig die weiblichen Passagiere der Schiffe und die Bewohnerinnen der Ortschaften, die sie überfielen. So fielen z. B. sämtliche Frauen von Porto Bello in Panama den Piraten Henry Morgans zum Opfer, als diese die Stadt plünderten. Cf. A. O. Exquemelin, 1983, S. 158, 238; H. van Wees, 1992, S. 184. Auch zu Lande nahmen manche Spitzbuben ihren weiblichen Opfern außer den Wertgegenständen auch die Ehre und anschließend das Leben, wie beispielsweise im ausgehenden 16. Jahrhundert die Mitglieder einer Schweizer Räuberbande, die reihum eine Frau vergewaltigten und danach lebendig begruben. Cf. C. Moser-Nef, 1951, S. 333. Im Gegensatz zu den Piraten führten allerdings viele Räuberbanden – ähnlich wie die Armeen – Huren mit sich. So heißt es etwa im 18. Jahrhundert: »Das Huren sey starck unter der Bande und würde unter ihnen öffentlich getrieben, daß die anderen zusehen, es ginge grausam unter ihnen zu, und wäre dieses mit die Ursache, warum sich viele zur Bande hielten.« Wie beim Militär, so gab es auch in den Räuberbanden feste Verhältnisse, aber auch Frauen, die sämtliche Mitglieder ›bedienten‹. Cf. M. Barczyk, 1982, S. 29. Der Moralkodex der Heiducken untersagte jegliche Vergewaltigung, und Lampião, der berühmteste Cangaçeiro, ließ Bandenmitglieder, die Frauen sexuell nötigten, kastrieren. Cf. E. Hobsbawm, 1972, S. 78, 108.
2 Cf. B. A. Hanawalt, 1979, S. 109. Im arabischen Spanien wurden nicht selten Mädchen oder Frauen entführt und vergewaltigt, weil die Täter deren Familien entehren wollten. Cf. M. D. Meyerson, 1991, S. 250f.

3 Cf. J. Pearson, 1988, S. 96.
4 Cf. E. Buchner, 1914, S. 157.
5 Cf. A. Clark, 1987, S. 97. »Aristokraten«, so sangen am 14. Juli 1790 die Patrioten auf dem Föderationsfest, »wir werden eure Frauen ficken« (»nous baiserons vos femmes«). Cf. H. Grubitzsch/R. Bockholt, 1991, S. 488.
6 Cf. T.M. Kando, 1978, S. 409f. Vor allem bei Überfällen von ›Banden‹ auf Paare zwingen die Täter häufig den männlichen Partner, bei der Vergewaltigung ›seiner‹ Frau zuzuschauen. Cf. R. Wyre/A. Swift, 1991, S. 56.
7 Cf. *Spiegel* 52, 1991, S. 136f.; G. Venzky, 1992, S. 87. Cf. auch R. Ahmad, 1992, S. 97.
8 Cf. S. Brownmiller, 1980, S. 83, 85.
9 Cf. W. Mey, 1988, S. 67, 69.
10 Cf. D.E.H. Russell/N. Van de Ven, 1976, S. 154ff., 159.
11 Cf. S. Guth, 1987, S. 33f.
12 E. Laudowicz, 1987, S. 167f.
13 Cf. E.N. Peterson, 1990, S. 156; R. Andreas-Friedrich, 1984, S. 22f. Wenn Brownmiller, a.a.O., S. 46, allerdings behauptet, daß im Krieg »Ehemänner oder Väter *für gewöhnlich* gezwungen« würden, »der Tat zuzuschauen«, so ist dies übertrieben.
14 Cf. H. Sander, 1992, S. 17. Auch heute sind die Vergewaltigungen ihrer Frauen für die meisten Männer nur schwer zu verkraften. Eine Untersuchung ergab, daß sich in den USA die Hälfte der Männer, deren Frau vergewaltigt wurde, binnen eines Jahres von ihr scheiden ließen. Cf. M. Licht, 1989, S. 114.
15 Zit. n. E.M. Hoerning, 1987, S. 89. Daß ein Mann sein Leben riskiert, um seine Frau vor einer Vergewaltigung zu bewahren, scheint heute nicht mehr selbstverständlich zu sein. Jedenfalls hält es A. Surminski, 1980, S. 68, für nötig, nur 35 Jahre nach Kriegsende seinen Lesern zu erklären: »Nach damaliger Erziehung und Moralauffassung galt es als ehrenhaft, sich in dieser Weise vor seine Frau zu stellen. Uns steht es heute nicht zu, über das Verhalten jener Menschen abfällig zu urteilen.«
16 Cf. G. Devereux, 1978, S. 185ff.
17 *Spiegel* 4, 1989, S. 150.
18 S. Hite, 1982, S. 673.
19 A. Godenzi, 1989, S. 95f.
20 M.H. Silbert, 1989, S. 223f.
21 A. Morris, 1987, S. 178.
22 R. Schlötterer, 1982, S. 66.
23 Cf. D. Lisak, 1991, S. 256.
24 Zit. n. Schlötterer, a.a.O., S. 26f.

25 Cf. G.D. Comstock, 1991, S. 200. In Indiana wurde eine Lesbierin von einem Täter zunächst abgegriffen und dann vergewaltigt. Während der Tat sagte er andauernd, er vollstrecke »die Rache Gottes« an ihr. Cf. K. Sarris, 1992, S. 202. Cf. auch L. Garnets/G. M. Herek/B. Levy, 1992, S. 213. Weit verbreitet ist die bereits erwähnte Vorstellung, daß eine homosexuelle Frau einmal richtig ›durchgefickt‹ werden muß, damit ihr die Flausen vergehen. So erzählten die Mohave, daß die lesbische Hexe Sahaykwisā auf der Stelle heterosexuell wurde, als der Mann, dessen Frau sie verführen wollte, sie vergewaltigte. Cf. G. Devereux, 1981, S. 93.
26 B. Reinberg/E. Roßbach, 1985, S. 46. Auch andere Lesbierinnen berichten, daß sie bedroht wurden. Cf. a.a.O., S. 128f. Die Autorinnen schreiben, daß 6% der von ihnen befragten lesbischen Frauen »aufgrund ihres Lesbischseins vergewaltigt« worden seien (a.a.O., S. 187). Cf. auch B. v. Schultheiss, 1992, S. 65 ff. Offenbar handelt es sich jedoch hierbei um eine Einschätzung der Opfer und nicht um einen gesicherten Tatbestand.
27 Cf. I. Kokula, 1984, S. 160.
28 Cf. J.-L. Flandrin, 1980, S. 44; H.P. Duerr, 1990, S. 293. Auch Vergewaltigungen mit anschließendem Mord waren nicht selten. So bekannte z.B. im Jahre 1604 in Sankt Gallen der Lothringer Claudi Herman, 6 Frauen genotzüchtigt und getötet zu haben, und vier Jahre danach brachte es ein Bartlome Berto sogar auf 22 ermordete Opfer. Cf. C. Moser-Nef, 1951, S. 335.
29 Cf. D. Rieger, 1988, S. 249.
30 Cf. D.J. West/C. Roy/F.L. Nichols, 1978, S. 116f.
31 Cf. H. Feldmann/J. Westenhöfer, 1992, S. 52.
32 Cf. A. Clark, a.a.O., S. 28, 39.
33 Cf. S. Brownmiller, a.a.O., S. 153. Nachdem ein Täter seinem Opfer sämtliche Kleidung vom Leib gerissen, es zusammengeschlagen und ihm Schnitte im Gesicht beigebracht hatte, »schob er das Messer mit dem Griff voraus in ihre Vagina und sagte ihr, er würde die Klinge hineinstecken, wenn sie nicht täte, was er ihr sagte. Er zwang sie zu Analverkehr und anschließend zu oralem Sex« (R. Wyre/A. Swift, a.a.O., S. 21). Cf. auch D. Harms, 1992, S. 101 ff.
34 Cf. Feldmann/Westenhöfer, a.a.O., S. 51. Nach einer anderen Untersuchung zwangen knapp ein Drittel der Täter dem Opfer Anal- und/oder Oralverkehr auf. Cf. W. Kröhn, 1986, S. 204. Cf. auch L.H. Bowker, 1978, S. 114; T. Kahl, 1985, S. 49. Manche Täter vergewaltigen ihr Opfer allerdings auch deshalb anal, weil es die Beine zusammenpreßt.

35 Cf. Brownmiller, a.a.O., S. 109.
36 K.F. Grau, 1966, S. 94. Chronisten berichten, daß bereits die Soldaten Iwans des Schrecklichen nach der Eroberung von Nowgorod »Frauen und Jungfrauen als Hunde nacheinander schändeten« (zit. n. H. Dollinger, 1973, S. 326). Zur analen Vergewaltigung durch Rotarmisten cf. K. Granzow, 1984, S. 111; T. Schieder, I.1, 1984, S. 453.
37 Die einzige deutschsprachige Quelle, die *vielleicht* einen Hinweis auf erzwungenen Analverkehr mit Angehörigen des anderen Geschlechts enthält, scheint das Geständnis des Ritters Richart v. Hohenburg zu sein, der am 6. Juni 1476 bekannte, »etliche dirnen hünden zú geketzert« zu haben. Cf. B. Spreitzer, 1988, S. 186f. Allerdings ist nicht klar, ob der Ritter das Einverständnis der Mädchen hatte oder nicht. Ferner besteht die Möglichkeit, daß mit dem Wort »ketzern« lediglich Vaginalverkehr von hinten gemeint ist. Gesichert ist, daß sich im frühneuzeitlichen Rus manche Täter von ihrem Opfer fellationieren ließen. Cf. N.S. Kollmann, 1991, S. 66.
38 Cf. G. Ruggiero, 1985, S. 145; M. Hirschfeld, 1930, S. 68.
39 Cf. D.F. Greenberg, 1988, S. 277.
40 Cf. L. Lawner, 1987, S. 75f. Eine Hure, die in der Nähe der Piazza Colonna in Rom wohnte, wurde eines Nachts davon wach, daß einige Männer, die später in ihr Haus eindrangen, zu ihr hochriefen, sie solle ihren Arsch bereithalten. Cf. E.S. Cohen, 1992, S. 614.
41 Cf. G. Seeßlen, 1990, S. 151; W. Rasch, 1987, S. 148.
42 S. Hite, a.a.O., S. 562. Viele Türken koitieren ihre Frauen anal, um ihnen zu demonstrieren, wer der Herr ist. Cf. C. Delaney, 1991, S. 51.
43 Cf. T.W. McCahill/L.C. Meyer/A.M. Fischman, 1979, S. 66; M. Licht, 1989, S. 43.
44 Cf. J. Temkin, 1986, S. 24; J. Mossuz-Lavau, 1991, S. 191. Ein Mann, der in England einen anderen Mann, eine Frau oder ein Kind *per anum* vergewaltigt, kann freilich – theoretisch – wegen »Sodomie« eine lebenslängliche Freiheitsstrafe erhalten. Cf. R.D. Eskapa, 1988, S. 160f.
45 Cf. F. Kemink, 1991, S. 147.

ANMERKUNGEN ZU § 33

1 U. Teubner, 1988, S. 84. »The motive is *always* dominance and control« (L. Madigan/N. C. Gamble, 1991, S. 4).
2 J. Temkin, 1986, S. 18.
3 R. Villeneve, 1969, S. 155.
4 Cf. W. M. Shields/L. M. Shields, 1983, S. 125; R. Thornhill/ N. W. Thornhill, 1983, S. 142 ff., 147. Überdies meinen D. Scully/J. Marolla, 1985, S. 307 f., es sei unlogisch, wenn viele Feministinnen behaupteten, »that rape is an extension of normal sexual behavior and, at the same time, to deny that sex plays any part in rape«.
5 Cf. H. Feldmann/J. Westenhöfer, 1992, S. 5.
6 Cf. P.-O. H. Wikström, 1991, S. 105.
7 Cf. T. Schieder, a. a. O., I.1, S. 62 f.; IV.2, S. 152; I.2, S. 160; H. Dollinger, 1987, S. 312 bzw. ZDF, 5. August 1992; 9. August 1992.
8 Cf. z. B. S. Hite, 1982, S. 680 f.
9 Cf. L. Keupp, 1971, S. 135 ff.; D. Harms, 1992, S. 114.
10 A. a. O., S. 107 ff.
11 Cf. C. L. Niemeyer/J. R. Anderson, 1983, S. 205 ff.; S. B. Hrdy, 1977, S. 154, 156. Ähnlich wie die exklusive Homosexualität ist auch das Vergewaltigen keine menschliche ›Kulturleistung‹. Bei sozialen Spannungen, etwa Rangstreitigkeiten, kommt es z. B. unter Bärenmakaken vor, daß Männchen die Weibchen drangsalieren. In solchen Fällen gibt es gelegentlich regelrechte Vergewaltigungen, d. h., die Männchen penetrieren gewaltsam ein sich sträubendes Weibchen: »She kept crouching while the male forcibly lifted her hindquarters, shook and even bit her, and ignored her screams and dismount signals« (zit. n. F. de Waal, 1989, S. 150). Östrische Orang Utan-Weibchen, die auf der Suche nach Früchten, wohlschmeckenden Blüten und Vogelnestern im Dschungel umherstreifen, werden mitunter von halbwüchsigen Männchen überfallen und vergewaltigt, wobei es manchmal zu ernsthaften Kämpfen mit Schlägen und Bissen kommt. Die Männchen halten die Weibchen während der Vergewaltigung so lange im Würgegriff fest, bis sie ihre Beckenstöße beendet und ejakuliert haben. Auch die Vergewaltigung von Schimpansenweibchen hat man schon beobachtet, allerdings nur bei Tieren in Käfigen, dagegen nie auf freier Wildbahn oder in Großgehegen, da offenbar hier die Täter das Risiko eingingen, von Konkurrenten belästigt zu werden. Cf. V. Sommer, 1989, S. 150 f.

12 Zit. n. S. Brownmiller, 1980, S. 240. Die *Bunte Illustrierte* zitiert die Frau des italienischen Umweltministers, Gräfin Marina Ripa di Meana, mit der Aussage: »Meinen ersten Orgasmus hatte ich, als ich vergewaltigt wurde« (35, 1992, S. 5).
13 Zit. n. J. Nicholson, 1972, S. 13.
14 A. Edwardes/R. E. L. Masters, 1963, S. 26.
15 Zit. n. Brownmiller, a. a. O., S. 212 f.
16 Cf. B. Dijkstra, 1986, S. 120.
17 »Es liegt im Wesen des Mannes«, schreibt Hans F. K. Günther (zit. n. F. Koch, 1986, S. 80), »daß er vergewaltigen will; es liegt auch im Wesen des Weibes, daß es vergewaltigt sein will.« Ein anderer NS-Ideologe zitiert beifällig die Meinung des keltischen Supermannes Cú Chulainn, eine Frau sei wie ein Boot, »dem es gleichgültig ist, wer es besteigt« (W. Philipp, 1942, S. 93).
18 Auf Drängen von Feministinnen wurde im September 1976 der Fernsehjournalist Tex Antoine entlassen, nachdem er in einer ABC-Sendung die Nachricht von der Vergewaltigung eines achtjährigen Kindes mit dem Satz kommentiert hatte: »If rape is unavoidable, relax and enjoy it!«
19 G. Groddeck, 1979, S. 43 ff.
20 G. Devereux, 1978, S. 186 f.
21 »In den Berichten vergewaltigter Frauen kehrt regelmäßig ein Argument (*sic!*) wieder: sie empfanden ganz unerwartet große Lust und kamen oft sogar zum Orgasmus, einige zum ersten Mal in ihrem Leben. Ihre unbewußte Liebe zum Vater trug vermutlich schon früh den unbewußten Wunsch in sich, vom Vater vergewaltigt zu werden. Dieser Wunsch äußert sich seit der Pubertät immer wieder in wollüstigen Vergewaltigungsphantasien [...] Erst bei der Vergewaltigung werden die geheimen Wünsche ganz erfüllt. Diese sexuelle Erregung kann dann auch bei solchen Frauen zum Orgasmus führen, die vorher frigide waren. Die meisten Frauen haben bewußte oder unbewußte Vergewaltigungswünsche, auch diejenigen, die sich nicht mehr als Sexualobjekt behandeln lassen wollen. Was nach außen nach einem Kampf gegen die Gemeinheit der Männer oder der Gesellschaft aussieht, ist fast auch immer ein unbewußter Kampf gegen die eigenen verpönten Wünsche nach masochistischer Befriedigung« (zit. n. R. Schlötterer, 1982, S. 43). Das Zitat stammt aus dem Buch *Angst im Kapitalismus* von Dieter Duhm, der in den siebziger Jahren ein einflußreicher ›alternativer‹ Theoretiker unter den Linken war.
22 Dies gilt für die Griechen (cf. P. Walcot, 1978, S. 141) wie für die Römer (cf. L. C. Curran, 1978, S. 223). Die Auffassung, eine

Vergewaltigung bereite *den Männern* keine besondere Lust, kommt dort zum Vorschein, wo Aristophanes die Lysistrata auf die Frage, was denn die widerspenstigen Frauen tun sollten, wenn ihre Männer sie vergewaltigten, sagen läßt: »Dann mach's ihm, aber schlecht! / Wo man Gewalt braucht, ist die Lust nicht groß!« (Aristophanes, *Lysistrata* 165f.). Natürlich ist es möglich, daß eine solche Meinung gar nicht oder kaum verbreitet war. Vielleicht hat Aristophanes sie ›konstruiert‹, weil sonst Lysistratas Konzept schon im Prinzip sinnlos wäre.
23 Herodot, *Historien* I. 4.
24 Ovid, *Die Liebeskunst*, ed. M. v. Albrecht, S. 675ff.
25 Cf. C. Thomasset, 1981, S. 11. Auch im 16. und im 17. Jahrhundert blieb diese Überzeugung vorherrschend. Cf. z.B. J. Pearson, 1988, S. 96. Von Soranus bis zu den Ärzten des späten 18. Jahrhunderts waren viele Autoritäten der Auffassung, nur eine Frau, die ›ejakuliere‹, d.h., die Lust verspüre, könne empfangen. Wurde also das Opfer einer Vergewaltigung durch die Tat schwanger, so *konnte* kein Fall von Notzucht vorliegen. In der juristischen Praxis scheint allerdings die ›soranische Theorie‹ keine Rolle gespielt zu haben. Cf. T. Laqueur, 1992, S. 185f.
26 Christine de Pizan, 1986, S. 191.
27 Cf. B. Barnes, 1990, S. 30f.
28 Ich werde diese Behauptung im nächsten Band begründen. Die *mittelalterlichen* Vergewaltigungsbilder sind meist genauso dezent und zurückhaltend wie ihre Beschreibungen – »waz soll ich sagen von der bosen suntlichen notzogünge der fraůwen«, schreibt etwa Robert der Mönch, »is ist da von beßer geswigen dann geredt« – der eigentliche Akt wird meist nur angedeutet (cf. Abb. 180 und 184). Auch im ausgehenden Mittelalter sind Vergewaltigungsszenen noch sehr selten – selbst Niklaus Manuel, der über dieses Thema schrieb, hat kein einziges Mal die Vergewaltigung einer Frau durch Landsknechte dargestellt. Cf. J.R. Hale, 1990, S. 34. Auf den Bildern der Spätrenaissance und der Barockzeit sucht man diese Zurückhaltung meist vergebens. Auf unverblümte Weise wird gezeigt, wie der Täter sein Knie zwischen die Schenkel des – häufig splitternackten – Opfers rammt, um sich Zugang zu verschaffen (cf. A.R. Bowers, 1985, S. 80), wie er der Frau an die Genitalien faßt (cf. H.D. Russell, 1990, S. 40) oder sie koitiert, während ein anderer sie festhält (Abb. 187).
29 Cf. S.H. Jed, 1989, S. 148.
30 Cf. A.J.L. van Hooff, 1990, S. 196f.
31 Cf. D. Zillmann/J.B. Weaver, 1989, S. 102.

32 H. Born, 1980, S. 58.
33 Cf. D. Linz/E. Donnerstein, 1989, S. 261 f.
34 R.J. Lifton, 1981, S. 377.
35 Cf. N. Castan, 1980, S. 232.
36 S. Hite, a.a.O., S. 675. »Die letzte Frau, die ich vergewaltigt habe, hat Lust empfunden, hat richtig mitgemacht. Sie hat immer gerufen ›tiefer, tiefer‹. Sie hat in den circa 4 Stunden, die ich sie zu Hause vergewaltigt habe, mehrere Orgasmen gehabt. Sie hat ganz schön gestöhnt« (zit. n. H. Tügel/ M. Heilemann, 1987, S. 138).
37 J.K. Skipper/W.L. McWhorter, 1983, S. 169.
38 M.H. Silbert, a.a.O., S. 223. Eine Analyse amerikanischer pornographischer Taschenbücher hat ergeben, daß in jedem dritten Buch eine Frau vergewaltigt wird, die nach anfänglichem Widerstand den Akt als lustvoll empfindet. Cf. M. Kunczik, 1987, S. 135.
39 R. Schlötterer, a.a.O., S. 96f. Ein Täter, der seine Opfer vaginal, anal und oral vergewaltigte, nötigte sie, zu sagen, daß sie »dies alles« wollten. Cf. H.-H. Hoff, 1992, S. 118.
40 »Over and over again, the police, the district attorney, the defense attorneys, even my own goddamned private lawyer asked me the same thing: ›Are you sure you really resisted? Did you *really* want to get raped subconsciously?‹« (F. Adler, 1975, S. 214f.). Auch in früheren Zeiten schämten sich die meisten Vergewaltigungsopfer, vor Gericht ins Detail zu gehen. So entgegnete z.B. im Jahre 1788 in London das Dienstmädchen Eleanor Mathews auf das Insistieren des Richters, den Verlauf des Verbrechens doch näher zu beschreiben: »I asked your pardon, I hope you will excuse me for mentioning these things, I have spoken it very plainly ... he laid with me, and I was very ill afterwards.« Nach weiterem Drängen des Richters, sie solle im einzelnen schildern, was der Täter mit ihr gemacht habe, überwand sich Eleanor und sagte: »he put his private parts to my private parts« (A. Clark, 1987, S. 55).
41 Cf. C. Smart, 1991, S. 164.
42 Cf. R. Michels, 1928, S. 126. Im Jahre 1791 wurde in Massachusetts Stephen Burroughs wegen versuchter Vergewaltigung einer Jungfer angeklagt. Das Gericht stellte »open gross lewdness and lascivious behavior to one Molly Bacon« fest, »singlewoman and spinster, by opening her apparel then and there on her body, and by exploring the naked bodies of him the said Stephen and her the said Molly together – Therby exciting her the said Molly to open acts of lewdness and incontinency«. Die Anklage auf Vergewalti-

gungsversuch wurde fallengelassen, und zwar offenbar deshalb, weil Molly durch die ihr zunächst aufgezwungenen sexuellen Handlungen so erregt wurde, daß sie sich an ihnen beteiligte. Der Mann wurde wegen »lewd and lascivious behavior« zu 30 Peitschenhieben und einer Stunde Pranger verurteilt. Die Frau wurde nicht bestraft, vermutlich weil sie gegen ihren Willen stimuliert worden war. Cf. B.S. Lindemann, 1984, S. 77f.

43 Eine Phantasie, die im übrigen nicht nur in den westlichen Gesellschaften vorkommt. Bei den Me'udana im Südosten Neuguineas heißt eine Vergewaltigung zwar *i bwaubwau*, »sie schreit«, aber trotzdem ist es für ein Vergewaltigungsopfer schwer, glaubhaft zu machen, daß ihm die Tat keinen Spaß gemacht hat. Cf. E. Schlesier, 1983, II, S. 24. Dagegen sind die Ilajẹ-Yoruba der Auffassung, daß keine Frau vergewaltigt werden will und daß die Tat auch kein lustvolles Erlebnis für das Opfer ist. In diesem Zusammenhang steht das Sprichwort: »Nur wenn eine Frau glücklich ist, bewegt sie beim Koitus freiwillig den Hintern« (J.O. Ojoade, 1983, S. 208). Cf. auch C. D. Worobec, 1992, S. 45f.

44 Cf. N. Malamuth/S. Haber/S. Feshbach, 1980, S. 17. Nach einer Untersuchung aus dem Jahre 1982 glaubten 58 % der bundesdeutschen Männer und Frauen, daß sich die Frauen »manchmal« wünschten, Opfer einer Vergewaltigung zu werden. Cf. W. Kröhn, 1985, S. 661.

45 Cf. D.E.H. Russell, 1980, S. 220f.

46 So R. Schlötterer, a.a.O., S. 47.

47 K. Jäckel, 1988, S. 88, 98. Selbst Lesbierinnen wurden gelegentlich von männlichen Tätern sexuell erregt. Cf. L. Garnets et al., 1992, S. 213.

48 Man denke an die Bezeichnung »kalter Bauer« für die durch Masturbation erzielte Ejakulation oder an den »kalten«, unbefriedigenden Beischlaf der ›Hexe‹ mit dem Teufel.

49 Auch D. Zillmann, 1984, S. 158, stellt fest, daß solche Orgasmen, »due to mechanical sexual stimulation«, nur in Fällen von »nonviolent access rape« aufträten, also lediglich dann, wenn es dem Täter um Sex geht und nicht um Rache, Erniedrigung usw. Aber auch in solchen Fällen ist eine sexuelle Erregung selten. Häufig fühlen die Opfer nicht einmal, daß der Täter in sie eindringt. Cf. L. Madigan/N.C. Gamble, a.a.O., S. 56. So berichtet eine Frau: »Das Eindringen des Penis war am wenigsten körperlich. Ich half mir, indem ich mich durchschnitt, mich und meine Seele von meinem Körper trennte. Ich weiß nicht mehr, wie *es* eigentlich war, ich hatte meinen Unterleib abgetrennt, ihn

in Angst aufgelöst« (zit. n. R. Butzmühlen, 1978, S. 7). Cf. auch T. Brechmann, 1987, S. 21, 35, 71.
50 Cf. J.G. Thompson, 1988, S. 197; P.M. Sarrel/W.H. Masters, 1982, S. 129; H. Wheeler, 1985, S. 389.
51 S.H. Jed, a.a.O., S. 148.
52 Zudem fühlen sie sich als »Schwule«, wenn sie durch männliche Folterer sexuell erregt werden. Cf. I. Agger/S.B. Jensen, 1990, S. 57f. Cf. auch G. D. Ryan, 1991, S. 166.
53 Cf. K.H. Bloch, 1989, S. 352.
54 Cf. H. v. Hentig, 1987, S. 66. Auch Hunde und andere Säugetiere haben manchmal Erektionen, wenn sie ängstlich oder wütend sind. Cf. P.M. Sarrel/W.H. Masters, a.a.O., S. 128.
55 Cf. L. Keupp, 1971, S. 91; M. in der Beeck, 1991, S. 25f.
56 G. Devereux, 1981, S. 105.
57 Cf. N.M. Malamuth, 1985, S. 396; C. Card, 1991, S. 313f.
58 Cf. U. Teubner, 1985, S. 84f.; L. Madigan/N.C. Gamble, a.a.O.
59 Cf. J.G. Thompson, a.a.O., S. 197.
60 Cf. V. Sanders, 1989, S. 43f. Im späten Mittelalter blieb vielen vergewaltigten Frauen und Mädchen nichts anderes als der Gang ins Frauenhaus. Cf. J. Rossiaud, 1989, S. 35f. Auch im 18. Jahrhundert hatte sich daran nichts Wesentliches geändert. Auf dem Dorf lebende Vergewaltigungsopfer mußten deshalb fast immer ihre Heimat verlassen, da es auf dem Lande keine eigentliche Prostitution gab, was den Männern im übrigen keinen Abbruch tat: In einer Gegend im Languedoc beispielsweise hielten sich viele – verheiratete wie unverheiratete – dadurch schadlos, daß sie ebenso heimlich wie regelmäßig eine debile Vagabundin bestiegen, die eines Tages auf dem Acker ein Kind zur Welt brachte und es dort liegen ließ. Cf. N. Castan, 1980, S. 232f.
61 Cf. M.H. Abel, 1988, S. 235.
62 Cf. D. Linz/E. Donnerstein, a.a.O., S. 267.
63 A. Godenzi, 1989, S. 115.
64 Cf. M. Lohs, 1983, S. 138f.
65 Cf. H. Ertel, 1990, S. 75, 103.
66 Malamuth/Haber/Feshbach, a.a.O., S. 1.
67 Cf. N.S. Malamuth, 1987, S. 441, 448f.

Anmerkungen zu § 34

1 Auch heute empfinden Frauen Bandenvergewaltigungen als besonders erniedrigend. Cf. A. Godenzi, 1989, S. 81.
2 Cf. J. Rossiaud, 1989, S. 35; J. K. Brackett, 1992, S. 111, 136; P. C. Maddern, 1992, S. 101f. Nach einer neueren Untersuchung war auch heute in 36% der Fälle die Wohnung der Frau der Tatort. Cf. H. Feldmann/J. Westenhöfer, 1992, S. 51.
3 Nach C. Gauvard, 1991, I, S. 333f., waren im spätmittelalterlichen Frankreich etwa 60% der Opfer von Einzel- und Bandenvergewaltigungen Prostituierte.
4 V. Friese/E. Liesegang, 1901, S. 222f.
5 Cf. R. F. Spencer, 1968, S. 137.
6 Vergewaltigte der Täter eine verheiratete Frau, »und wenn sie sofort mit ihrem Schreien und ihren Tränen erscheint, dann ist ihr Mund ihr Zeugnis, und nachdem sie geschworen hat, soll der, welcher gewaltsam mit ihr Geschlechtsverkehr hatte, 55 Maria-Theresia-Taler für diesen Koitus und zusätzlich 88 Maria-Theresia-Taler als Strafe für den Ehebruch zahlen« (F. Kemink, 1991, S. 97f., 148).
7 Angeblich finden manche Opfer, »when used to the experience«, an solchen Gruppenvergewaltigungen Vergnügen, wobei sich der Verdacht aufdrängt, daß der Ethnologe zu diesem Thema keine weiblichen Informanten befragt hat. Cf. W. H. Crocker, 1964, S. 28.
8 Cf. D. S. Marshall, 1971, S. 152. Cf. auch B. Hauser-Schäublin, 1977, S. 75; ferner F. Morgenthaler, 1985, S. 110 (Jatmül); L. L. Langness, 1977, S. 15 (Bena Bena). Bei den Kayapó kann es geschehen, daß ein junges Mädchen, das einem einzigen Liebhaber ihr Herz geschenkt hat und alle anderen abweist, von einer ganzen Horde der leer Ausgegangenen vergewaltigt wird. Cf. W. H. Crocker, 1974, S. 28.
9 Nach M. Mead, 1961, S. 303, 335, verhielten sich die Männer der Manus auch beim ›normalen‹ Sex äußerst gewalttätig, und von der Frau wurde erwartet, daß der Geschlechtsverkehr kein Vergnügen für sie war.
10 Cf. J. Barton, 1923, S. 70. Die Männer der Mundurucú sagten dem Ethnologen augenzwinkernd: »Wir zähmen unsere Frauen mit der Banane.« Cf. R. F. Murphy, 1959, S. 95. Auch auf Ra'ivavae wurden die Widerspenstigen auf diese Weise gezähmt. Cf. D. S. Marshall, 1962, S. 256, sowie L. Sharp, 1934, S. 429 (Yir-Yoront). Im indoeuropäischen Bereich werden Vergewaltigungen bereits von den Mitgliedern der altiranischen Männerbünde

und von den nordischen Berserkern berichtet. Cf. H.P. Hasenfratz, 1982, S. 151, 162.
11 Cf. E. Eylmann, 1908, S. 122.
12 Cf. A. Hauenstein, 1967, S. 72.
13 Cf. G. Devereux, 1963, S. 359.
14 Cf. R.F. Murphy, 1960, S. 109f.; ders./Y. Murphy, 1980, S. 183. Auf ähnliche Weise schüchtern auch die Trumaí die Frauen mit ihren Vergewaltigungsprahlereien ein. Cf. B. Quain/R.F. Murphy, 1955, S. 93f.
15 Cf. A.W. Howitt, 1891, S. 61. Es kann natürlich durchaus sein, daß es sich bei diesem ›Recht‹ ähnlich wie bei dem europäischen *jus primae noctis* um eine Legende handelt.
16 Zit. n. H. Ritter-Schaumburg, 1990, S. 139.
17 Zu den *tjurungas* cf. H.P. Duerr, 1974, S. 135f.
18 Cf. J. Falkenberg, 1962, S. 166f.
19 Auch geringere Vergehen der Frauen nahmen die jungen Männer der Carajá zum Anlaß, im Kollektiv über ein Opfer herzufallen. So wurde der Ethnologe einmal Augenzeuge der Bandenvergewaltigung einer jungen Frau, die sich geweigert hatte, gemeinsam mit bestimmten weiblichen Verwandten ihrer Arbeit nachzugehen. Auch junge Mädchen, die sich beharrlich gegen eine Skarifikation wehrten, wurden so zur Raison gebracht. Cf. C. Wagley, 1977, S. 112, 159, 167, 254f.
20 Cf. J.M. Roberts/T. Gregor, 1971, S. 209f. Manche Männer behaupten, ein Mann habe gewissermaßen das Recht, eine junge Frau, die ihm unbegleitet auf einem Urwaldpfad begegne, zu ›nehmen‹. Normalerweise packe er sie fest am Handgelenk und zerre sie ins Unterholz. Entsprechend heißt Vergewaltigen *antapai*, »wegziehen, wegzerren«. Cf. T. Gregor, 1985, S. 103.
21 Cf. G. Hartmann, 1986, S. 106f.
22 Cf. T. Gregor, 1979, S. 263.
23 Cf. J.C. Furnas, 1937, S. 94.
24 Von einer Frau, die beim Koitus nicht mit allen Kräften wehrte und mit dem Mann nicht kämpfte, sagte man, daß sie an ihrem Liebhaber nicht interessiert sei. Cf. R.M. Berndt, 1962, S. 163ff., 283ff., 403.
25 Cf. N.A. Chagnon, 1968, S. 123.
26 Cf. H. Becher, 1960, S. 68f.
27 Nicht nur die Frauen, auch die Männer werden von ständiger Eifersucht geplagt. So schlafen viele Frauen während der Schwangerschaft mit anderen Männern, weil man der Auffassung ist, daß der Fötus nur durch ständige Zufuhr von Sperma kräftig wird. Zwar wissen im Grunde die Männer der betreffenden

Frauen darüber Bescheid, aber sie tun so, als bemerkten sie nichts. Würde der Seitensprung ›offiziell‹, so verlören sie ihr Gesicht, wenn sie den fremden Samenspender nicht zu einem – sehr gefährlichen – Stockduell herausforderten. Cf. H. Becher, 1957, S. 118.

28 Cf. H. Becher, 1980, S. 101. Die Jatmül vergewaltigen zwar Frauen, die in das Männerhaus eindringen, aber ansonsten gilt die Tat als ein Verbrechen, selbst wenn es sich um die Ehefrau handelt: »Du mußt immer deine Frau zuerst fragen. Die Vagina ist nicht ein Loch im Holz, du kannst sie nicht penetrieren, wann du willst« (M. Stanek, 1983, S. 370).

29 Zit. n. J. Axtell, 1987, S. 42f., 52. Der Autor meint, einer der Gründe für diese »civility« sei der gewesen, daß die Krieger, die ja vorhatten, die entführten Frauen eventuell zu Stammesmitgliedern zu machen, kein Interesse daran hatten, eine künftige Ehefrau oder Schwester zu vergewaltigen. Wie bereits erwähnt, gab es freilich auch unter den nordamerikanischen Indianern Ausnahmen. Schon Custer berichtete über Vergewaltigungen weißer Frauen durch Cheyenne-Krieger (cf. H. Ploß, 1912, II, S. 559), und auch die mit den Cheyenne verbündeten Arapaho beteiligten sich an solchen Taten. Cf. S. Hoig, 1961, S. 59. Cf. auch E. Wallace/E. A. Hoebel, 1952, S. 240 (Comanche). Wie die Cheyenne vergewaltigten auch die Blackfeet Ehebrecherinnen. Cf. A. B. Kehoe, 1970, S. 102. Von den Frauen der Ojibwa heißt es, daß sie in der ständigen Angst gelebt hätten, Opfer eines solchen Verbrechens zu werden. Cf. R. Landes, 1938, S. 30f.

30 Nach C. Gauvard, 1991, I, S. 331, gab es im 14. und im 15. Jahrhundert in Frankreich etwa doppelt soviele Banden- wie Einzelvergewaltigungen.

31 Die Hosen, die auch zum Schlafen nicht abgelegt wurden, waren meist kurz, aber es gab auch lange, die um die Knöchel geschnürt wurden. Sie schützten nicht nur vor Vergewaltigungen, sondern erleichterten den Frauen auch die Treue. Cf. W. Jochelson, 1933, II, S. 151f.; T. Chodzidlo, 1951, S. 118f., 126.

32 Cf. W. Dyk, 1951, S. 111. Auch in anderen Gesellschaften war und ist man der Auffassung, daß jede Frau sich erfolgreich gegen einen Vergewaltigungsversuch wehren könne, so bei den Sebei (cf. W. Goldschmidt, 1967, S. 136) oder bei den Guahibo (cf. R. V. Morey/D. J. Metzger, 1974, S. 82). Vermutlich läßt sich hieraus schließen, daß als Vergewaltigung nur eine körperliche Überwältigung zählt, nicht aber ein durch Drohung erzwungener Koitus.

33 Um ein Wiedererkanntwerden zu verhindern, verhüllten früher die Vergewaltiger unter den Oyọ-Yoruba ihre Gesichter. Daher das Sprichwort: »Eine Frau sieht nicht das Gesicht des Mannes, der sie im Busch vergewaltigt« (J.O. Ojoade, 1983, S. 210).
34 Cf. W. Schiefenhövel, 1990, S. 401. In manchen Gesellschaften Neuguineas bremst auch die Furcht vor Befleckung die Vergewaltigungsbereitschaft der Männer. So neutralisieren z.B. die Männer der Wola im südlichen Hochland die Verunreinigung durch den Koitus, indem sie nach der Eheschließung eine Reihe von Ritualen durchführen. Gegenüber den ›Säften‹ von Vergewaltigungsopfern, auf die man zufällig in der Wildnis stößt, sind solche Rituale undurchführbar. Cf. P. Sillitoe, 1979, S. 59.
35 Cf. W.H. Blanchard, 1959, S. 269 ff., ferner H. Feldmann/J. Westenhöfer, 1992, S. 12.
36 C. Scully/J. Marolla, 1985a, S. 256.
37 J.M. Reynolds, 1974, S. 66 bzw. A. Godenzi, 1989, S. 167. Nach R. Wyre/A. Swift, 1991, S. 20, 45, gibt es einen Tätertypus, der sich geradezu auf Opfer spezialisiert hat, »die Selbstsicherheit ausstrahlen«.
38 Cf. *Spiegel* 44, 1990, S. 107. Eine junge Römerin, die von einer Jugendbande 16 Mal hintereinander vergewaltigt worden war, wurde als Strafe für ihre Anzeige kurze Zeit später von denselben jungen Männern noch einmal ›durchgezogen‹. Cf. H. Tügel/M. Heilemann, 1987, S. 41.
39 Der Täter war früher von seiner Stiefmutter wiederholt damit bestraft worden, daß sie ihm einen Dildo in den After stieß. Cf. L. Madigan/N.C. Gamble, 1991, S. 39.
40 Cf. K.-H. Kohl, 1992, S. 29.
41 Informanten Pak Lamuri und Bene Boli Koten Tena Wahang, August 1986. Ein einziges Mal habe ein »Verrückter« ein etwa 9 Jahre altes Mädchen vergewaltigt. Ein Wort für »Vergewaltigung« scheint es im Lamaholot nicht zu geben. Wie mir Michael Oppitz in einem Brief vom 18. Oktober 1991 mitteilt, kennen offenbar auch die Magar im Himalaya keinen Begriff, der in etwa den Sachverhalt benennen würde. Bei den Chol-Maya werden Frauen zwar häufig von Ladinos vergewaltigt, aber praktisch nie von Männern der Chol, da der Täter sofort identifiziert und über kurz oder lang von den männlichen Verwandten des Opfers getötet würde. Cf. K. Helfrich, 1972, S. 163 f.
42 Cf. P.-O. H. Wikström, 1991, S. 236 ff.

Bibliographie

Abel, M.H.: *Vergewaltigung*, Weinheim 1988.
Aberle, D.F.: »The Psychosocial Analysis of a Hopi Life History« in *Social Structure and Personality*, ed. Y.A. Cohen, New York 1962.
Abraham a Sancta Clara: *Mercks Wienn*, Wien 1680.
Accad, E.: *Sexuality and War*, New York 1990.
Accati, L.: »The Spirit of Fornication: Virtue of the Soul and Virtue of the Body in Friuli, 1600-1800« in *Sex and Gender in Historical Perspective*, ed. E. Muir / G. Ruggiero, Baltimore 1990.
Ackerknecht, E. H.: »›White Indians‹«, *Bulletin of the History of Medicine* 1944.
Adams, W.: »War Stories: Movies, Memories, and the Vietnam War«, *Comparative Social Research* 1989.
Addy, J.: *Sin and Society in the Seventeenth Century*, London 1989.
Adler, F.: *Sisters in Crime*, New York 1975.
Adorno, R.: » The Depiction of Self and Other in Colonial Peru«, *Art Journal* 1990.
Agger, I./S.B. Jensen: »Die gedemütigte Potenz: Sexuelle Folter an politischen Gefangenen männlichen Geschlechts« in *Zeitlandschaft im Nebel*, ed. H. Riquelme, Frankfurt/M. 1990.
Agulhon, M.: *Marianne au combat*, Paris 1979.
–: »Propos sur l'allégorie politique«, *Actes de la recherche en sciences sociales*, Juin 1979.
–: *Marianne au pouvoir*, Paris 1989.
–: *La République*, Paris 1990.
Ahmad, R.: »Frauenbewegung in Pakistan« in *Fatimas Töchter*, ed. E. Laudowicz, Köln 1992.
Ainsztein, R.: *Jewish Resistance in Nazi-Occupied Eastern Europe*, London 1974.
Albrecht v. Eyb: *Spiegel der Sitten*, ed. G. Klecha, Berlin 1989.
Aldred, C.: *Jewels of the Pharaohs*, New York 1971.
Alexander, B.: *Der Kölner Bauer*, Köln 1987.
Alexijewitsch, S.: *Der Krieg hat kein weibliches Gesicht*, Hamburg 1989.
Allam, S.: *Beiträge zum Hathorkult bis zum Ende des Mittleren Reiches*, Berlin 1963.
Allen, M.R.: »Homosexuality, Male Power, and Political Organization in North Vanuatu« in *Ritualized Homosexuality in Melanesia*, ed. G.H. Herdt, Berkeley 1984.
Alp, I.: *Bulgarian Atrocities*, Nicosia 1988.
Alpers, S.: »Bruegel's Festive Peasants«, *Simiolus* 1973.
Altenmüller, B.: *Synkretismus in den Sargtexten*, Wiesbaden 1975.
Altenmüller, H.: *Die Apotropaia und die Götter Mittelägyptens*, Bd. I, München 1965.
Amin, M.: *Turkana-See*, Hannover 1981.
Andersen, J.: *The Witch on the Wall*, København 1977.
Anderson, B.S./J.P. Zinsser: *A History of Their Own*, Bd. I, New York 1988.
Anderson, P.: »The Reproductive Role of the Human Breast«, *Current Anthropology* 1983.

Anderson, R.M.: *Hispanic Costume 1480-1530*, New York 1979.
Andersson, C./C. Talbot: *From a Mighty Fortress: Prints, Drawings, and Books in the Age of Luther, 1483-1546*, Detroit 1983.
Andreas Capellanus: *Li livres d' amours*, ed. R. Bossuat, Paris 1926.
Andreas-Friedrich, R.: *Schauplatz Berlin*, Frankfurt/M. 1984.
Anonymus: *Briefe über die Galanterien von Frankfurt am Mayn*, London 1791.
Anselm, S.: »Emanzipation und Tradition in den zwanziger Jahren« in *Triumph und Scheitern in der Metropole*, ed. S. Anselm/B. Beck, Berlin 1987.
Antoun, R.T.: »On the Modesty of Women in Arab Muslim Villages«, *American Anthropologist* 1968.
Anzelewsky, F.: *German Engravings, Etchings and Woodcuts, ca. 1400-1700*, Bd. XIX, Amsterdam 1976.
Appuhn, H.: *Wenzelsbibel*, Dortmund 1990.
Archer, W.G.: *The Hill of Flutes*, London 1974.
Ardener, S.G.: »Sexual Insult and Female Militancy«, *Man* 1973.
–: »Nudity, Vulgarity and Protest«, *New Society* 1974.
–: »A Note on Gender Iconography: The Vagina« in *The Cultural Construction of Sexuality*, ed. P. Caplan, London 1987.
Aretino, P.: *Kurtisanengespräche*, ed. E.O. Kayser, Frankfurt/M. 1986.
Ariès, P.: »Pour une histoire de la vie privée« in *Histoire de la vie privée*, Bd. III, ed. P. Ariès/G. Duby, Paris 1986.
Ariga, C.: »Dephallicizing Women in Ryūkyō shinshi«, *Journal of Asian Studies* 1992.
Arnold, H.: *Die Zigeuner*, Olten 1965.
Aromaa, K.: »Notes on the Victimization Experience« in *Victims and Criminal Justice*, Bd. III, ed. G. Kaiser et al., Freiburg 1991.
Aron, R.: Rezension von N. Elias' *Über den Prozeß der Zivilisation*, *Annales Sociologiques* 1941.
Aschenbrenner, T.: *Die Tridentinischen Bildervorschriften*, Freiburg o.J.
Aschwanden, H.: *Symbole des Lebens*, Zürich 1976.
Ashcroft, J.: »Fürstlicher Sex-Appeal: Politisierung der Minne bei Tannhäuser und Jansen Enikel« in *Liebe in der deutschen Literatur des Mittelalters*, ed. J. Ashcroft et al., Tübingen 1987.
Askew, P.: *Caravaggio's ›Death of the Virgin‹*, Princeton 1990.
Assmann, J.: *Liturgische Lieder an den Sonnengott*, Berlin 1969.
–: »Muttergottheit« in *Lexikon der Ägyptologie*, Bd. IV, ed. W. Helck/W. Westendorf, Wiesbaden 1981.
–:» Tod und Initiation im altägyptischen Totenglauben« in *Sehnsucht nach dem Ursprung*, ed. H.P. Duerr, Frankfurt/M. 1983.
–: Mündliche Mitteilung vom 15. Mai 1986.
Athanassoglou-Kallmyer, N.: *French Images From the Greek War of Independence 1821-1830*, New Haven 1989.
Atwood, R.: *The Hessians*, Cambridge 1980.
Auer, F.: *Das Stadtrecht von München*, München 1840.
Aufenanger, H.: »Women's Lives in the Highlands of New Guinea«, *Anthropos* 1964.

–: »Beliefs, Customs and Rituals in the Lower Yuat River Area, Northwest New Guinea«, *Asian Folklore Studies* 1977.
Aufenanger, H./G. Höltker: *Die Gende in Zentralneuguinea*, St. Gabriel 1940.
Avé-Lallemant, F.C.B.: *Das Deutsche Gaunerthum*, Bd. I, Leipzig 1858.
Axtell, J.: »The White Indians of Colonial America« in *American Vistas, 1607-1877*, ed. L. Dinnerstein/K.T. Jackson, New York 1987.
Ayalah, D./I.J. Weinstock: *Breasts*, New York 1979.

Baader, J.: *Nürnberger Polizeiordnungen aus dem 13. bis 15. Jahrhundert*, Stuttgart 1861.
van Baal, J.: »The Dialectics of Sex in Marind-anim Culture« in *Ritualized Homosexuality in Melanesia*, ed. G.H. Herdt, Berkeley 1984.
–: Brief vom 22. Oktober 1986.
Bächtold-Stäubli, H.: »Hinterer (Arsch)« in *Handwörterbuch des deutschen Aberglaubens*, ed. H. Bächtold-Stäubli, Bd. IV, Berlin 1931.
Bailey, R.N.: »Apotropaic Figures in Milan and North-West England«, *Folklore* 1983.
Baker, M.: *Nam*, New York 1981.
Baldus, H.: »Die Guayakí von Paraguay«, *Anthropos* 1972.
Balz-Cochois, H.: *Inanna*, Gütersloh 1992.
Bange, D.: »Sexuell mißbrauchte Jungen« in *Stricher-Leben*, ed. B. Bader/E. Lang, Hamburg 1991.
Barack, K.A.: *Zimmerische Chronik*, Freiburg 1881.
Barasch, M.: *Gestures of Despair in Medieval and Early Renaissance Art*, New York 1976.
Barczyk, M.: *Die Spitzbubenchronik*, Ravensburg 1982.
Bargatzky, T.: »Aguilar und Guerrero: Zwei versprengte Spanier in Yukatan im Zeitalter der Conquista«, *Zeitschrift für Ethnologie* 1981.
Barguet, P.: »L'origine et la signification du contrepoids de collier-Menat«, *Bulletin de l'Institut Français d' Archéologie Orientale* 1953.
Barnard, A.: »The Kin Terminology of the Nharo Bushmen«, *Cahiers d' Études Africaines* 1978.
–: »Sex Roles Among the Nharo Bushmen of Botswana«, *Africa* 1980.
Barnes, B.: »Heroines and Worthy Women« in *Eva/Ave*, ed. H.D. Russell, Washington 1990.
Baroja, J.C.: *España oculta*, Barcelona 1989.
Barta, W.: *Untersuchungen zum Götterkreis der Neunheit*, München 1973.
–: »Re« in *Lexikon der Ägyptologie*, Bd. V, ed. W. Helck/W. Westendorf, Wiesbaden 1983.
Barth, F.: *Ritual and Knowledge Among the Baktaman of New Guinea*, Oslo 1975.
Bartholomäus, W.: *Glut der Begierde, Sprache der Liebe*, München 1987.
Barton, R.F.: *The Kalingas*, Chicago 1949.
Bartov, O.: *Hitler's Army*, Oxford 1991.
Barwig, E./R. Schmitz: »Narren: Geisteskranke und Hofleute« in *Randgruppen der spätmittelalterlichen Gesellschaft*, ed. B.-U. Hergemöller, Warendorf 1990.

Bastian, H.: *Mummenschanz*, Frankfurt/M. 1983.
Bateson, G.: *Naven*, Stanford 1958.
Bauche, U./H. Brüdigam/L. Eiber/W. Wiedey: *Arbeit und Vernichtung: Das Konzentrationslager Neuengamme 1938-1945*, Hamburg 1991.
Bauman, B.: »Women-Identified Women in Male-Identified Judaism« in *On Being a Jewish Feminist*, ed. S. Heschel, New York 1983.
Baumann, H.: *Schöpfung und Urzeit des Menschen im Mythus der afrikanischen Völker*, Berlin 1936.
Baumgart, R./V. Eichener: *Norbert Elias zur Einführung*, Hamburg 1991.
Baurmann, M.C.: *Sexualität, Gewalt und psychische Folgen*, Wiesbaden 1983.
Bazzi, D.: »Die grausamen Weiber«, *Alltag* 1988.
Beattie, J.M.: »The Criminality of Women in Eighteenth-Century England«, *Journal of Social History* 1975.
–: *Crime and the Courts in England 1600-1800*, Princeton 1986.
Beaumont-Maillet, L.: *La guerre des sexes*, Paris 1984.
Becher, H.: »Bericht über eine Forschungsreise nach Nordbrasilien in das Gebiet der Flüsse Demini und Aracá«, *Zeitschrift für Ethnologie* 1957.
–: *Die Surára und Pakidái*, Hamburg 1960.
–: *Poré/Perimbó*, Hannover 1974.
–: »Akkulturationsprobleme brasilianischer Indianer«, *Mitteilungen der Berliner Gesellschaft für Anthropologie, Ethnologie und Urgeschichte* 1980.
Beck, H.-G.: *Byzantinisches Erotikon*, München 1986.
Beck, J.J.: *Tractatus de eo, quod justum est circa stuprum. Von Schwächen und Schwängerung der Jungfern und ehrlichen Wittwen*, Nürnberg 1743.
Becker, A.: »Ein italienischer Rechtsbrauch am Rhein«, *Oberdeutsche Zeitschrift für Volkskunde* 1931.
Beckles, H.M.: *Natural Rebels: A Social History of Enslaved Black Women in Barbados*, New Brunswick 1989.
in der Beeck, M.: *Der Zwang zu stehlen*, Bonn 1991.
Behrend, H.: *Die Zeit des Feuers*, Frankfurt/M. 1985.
–: Brief vom 5. Juni 1986.
–: *Die Zeit geht krumme Wege*, Frankfurt/M. 1987.
–: »Menschwerdung eines Affen«, *Anthropos* 1989.
Behrens, P.: »Phallustasche« in *Lexikon der Ägyptologie*, Bd. IV, ed. W. Helck/W. Westendorf, Wiesbaden 1982.
Beidelman, T.O.: »Pig (Guluwe)«, *Southwestern Journal of Anthropology* 1964.
–: »The Ox and Nuer Sacrifice«, *Man* 1966.
–: »*Utani*: Some Kaguru Notions of Death, Sexuality and Affinity«, *Southwestern Journal of Anthropology* 1966.
–: »Some Nuer Notions of Nakedness, Nudity, and Sexuality«, *Africa* 1968.
–: *The Kaguru*, New York 1971.
–: »Kaguru Symbolic Classification« in *Right & Left*, ed. R. Needham, Chicago 1973.
–: »The Nuer Concept of *thek* and the Meaning of Sin«, *History of Religions* 1981.

Beier, A. L.: *Masterless Men: The Vagrancy Problem in England, 1560-1640*, London 1985.

Beise, A.: *Charlotte Corday*, Marburg 1992.

Beissel, S.: *Geschichte der Verehrung Marias im 16. und 17. Jahrhundert*, Freiburg 1910.

Belich, J.: »The Governors and the Māori (1840-1872)« in *The Oxford Illustrated History of New Zealand*, ed. K. Sinclair, Auckland 1990.

Bell, A. I.: »Some Observations of the Role of the Scrotal Sac and Testicles«, *Journal of the American Psychoanalytical Association* 1961.

Bellamy, J.: *Crime and Public Order in England in the Later Middle Ages*, London 1973.

Bellamy, J. A.: »Sex and Society in Islamic Popular Literature« in *Society and the Sexes in Medieval Islam*, ed. A. L. al-Sayyid-Marsot, Malibu 1979.

Bemont, C.: *Simon de Montfort*, Paris 1884.

Benabou, E.-M.: *La prostitution et la Police des Mœurs au XVIIIe siècle*, Paris 1987.

Benatar, S./A. Cohen/G. & L. Hasson: »Die Odyssee der Frauen von Rhodos«, *Dachauer Hefte*, November 1987.

Benedict, B.: *People of the Seychelles*, London 1968.

Benedict, B.: *Le Sexe Book*, Paris 1983.

Bennassar, B.: *L'homme espagnol*, Paris 1975.

Bennholdt-Thomsen, V.: »Zivilisation, moderner Staat und Gewalt«, *Beiträge zur feministischen Theorie und Praxis* 1985.

Benz, W.: *Sexuell anstößiges Verhalten*, Lübeck 1982.

Berg, S.: *Das Sexualverbrechen*, Hamburg 1963.

Bergdoll, K.: »»Die Frau greift nach dem scharfen Ende des Messers«« in *Befreites Land – befreites Leben?*, ed. E. Laudowicz, Köln 1987.

Berger, R.: *Malerinnen auf dem Weg ins 20. Jahrhundert*, Köln 1982.

–: »Pars pro toto« in *Der Garten der Lüste*, ed. R. Berger/D. Hammer-Tugendhat, Köln 1985.

Bergmann, A. E.: *Women of Vietnam*, San Francisco 1974.

Bergmeier, M.: *Wirtschaftsleben und Mentalität: Modernisierung im Spiegel der bayerischen Physikatsberichte 1858-1862*, München 1990.

Beriger, A.: Brief vom 28. Oktober 1988.

Berlo, J. C.: »Portraits of Dispossession in Plains Indian and Inuit Graphic Arts«, *Art Journal* 1990.

Berndt, R. M.: *Excess and Restraint*, Chicago 1962.

Berndt, R. M./C. H. Berndt: *Sexual Behavior in Western Arnhem Land*, New York 1951.

Berrill, K. T.: »Anti-Gay Violence and Victimization in the United States« in *Hate Crimes*, ed. G. M. Herek/K. T. Berrill, Newbury Park 1992.

Berthold, H./K. Hahn/ A. Schultze: *Die Zwickauer Stadtrechtsreformation 1539/69*, Leipzig 1935.

Besel, U./U. Kulgemeyer: *Fräulein Freiheit*, Berlin 1986.

Best, E.: »Notes on Procreation Among the Maori People of New Zealand«, *Journal of the Polynesian Society* 1905.

Best, G.: *Vom Rindernomadismus zum Fischfang*, Wiesbaden 1978.

Bethe, E.: *Die dorische Knabenliebe*, Berlin 1983.

Beuchelt, E.: »Sozialisation auf den Gesellschaftsinseln«, *Sociologus* 1978.
–: »Hauen, Stechen und Eindringen: Eine völkerpsychologische Deutung des Waffengebrauchs« in *Aggression und Aggressivität*, Frankfurt/M. 1987.
Beurdeley, M./S. Schaarschmidt/R. Lane/ S. Chūjō/ M. Mutō: *Uta-Makura*, München 1979.
Beutin, W.: *Sexualität und Obszönität*, Würzburg 1990.
Beyerle, F.: *Die Gesetze der Langobarden*, Weimar 1947.
Bharati, A.: »Symbolik der Berührung in der hinduistisch-buddhistischen Vorstellungswelt«, *Studium Generale* 1964.
–: *The Asians in East Africa*, Chicago 1972.
–: »Esoterisches Wissen« in *Die zweite Wirklichkeit*, ed. A. Holl, Wien 1987.
Bhishagratna, K.L.: *Suśruta Samhitā*, Bd. II, Varanasi 1981.
Biale, R.: *Women and Jewish Law*, New York 1984.
Bialoblocki, S.: *Materialien zum islamischen und jüdischen Eherecht*, Gießen 1928.
Bieber, F.J.: »Geschlechtleben in Äthiopien«, *Anthropophyteia* 1908.
Bilz, R.: *Die unbewältigte Vergangenheit des Menschengeschlechts*, Frankfurt/M. 1967.
Binney, J.: »Ancestral Voices: Māori Prophet Leaders« in the *Oxford Illustrated History of New Zealand*, ed. K. Sinclair, Auckland 1990.
Birger, T.: *Im Angesicht des Feuers*, München 1990.
Birket-Smith, K.: *The Eskimos*, London 1959.
p' Bitek, O.: *Lawinos Lied*, Berlin 1982.
Bizimana, N.: *Müssen die Afrikaner den Weißen alles nachmachen?*, Berlin 1985.
Blackman, L./P. Crow: *Streaking*, West Palm Beach 1974.
Blackwood, E.: »Sexuality and Gender in Certain Native American Tribes«, *Signs* 1984.
Blanc, F.-P.: »Le crime et le péche de *zina* en droit mâlékite« in *Droit, histoire & sexualité*, ed. J. Poumarède/J.-P. Royer, Lille 1987.
Blanc, L.: *Histoire de la Révolution*, Bd. IX, Paris 1857.
Blanc, O.: »Vêtement féminin, vêtement masculin à la fin du Moyen Age« in *Le vêtement*, ed. M. Pastoureau, Paris 1989.
Blanchard, W.H. »The Group Process in Gang Rape«, *Journal of Social Psychology* 1959.
Blanchet, C./B. Dard: *Statue de la Liberté*, Paris 1984.
Blastenbrei, P.: *Die Sforza und ihr Heer*, Heidelberg 1987.
Blau, F.: *Die deutschen Landsknechte*, Kettwig 1985.
Bleck, R.: »Krankenschwesternreport I« in *Käufliche Träume*, ed. M.T.J. Grimme, Reinbek 1986.
Bleeker, C.J.: »The Position of the Queen in Ancient Egypt« in *La regalità sacra*, Leiden 1959.
–: *Hathor and Thoth*, Leiden 1973.
Bleibtreu-Ehrenberg, G.: *Der Weibmann*, Frankfurt/M. 1984.
–: »Krieg und Frieden: Zur Elias-Duerr-Debatte«, *Psychologie heute*, Dezember 1991.

Bligh, W.: *A Voyage to the South Sea*, Bd. II, London 1789.
Bloch, K. H.: *Masturbation und Sexualerziehung in Vergangenheit und Gegenwart*, Frankfurt/M. 1989.
Bloch, R. H.: *The Scandal of the Fabliaux*, Chicago 1986.
Block, M.: *Gypsies*, London 1938.
Blok, A.: »Widder und Böcke: Ein Schlüssel zum mediterranen Ehrkodex« in *Europäische Ethnologie*, ed. H. Nixdorff/T. Hauschild, Berlin 1982.
–: »Primitief en geciviliseerd«, *Sociologische Gids* 1982.
Blount, B. G.: »Issues in Bonobo (*Pan paniscus*) Sexual Behavior«, *American Anthropologist* 1990.
Blunden, C. / M. Elvin: *China*, München 1983.
Boccaccio, G.: *Das Decameron*, ed. J. v. Guenther, München 1960.
Bodde, D.: *Essays on Chinese Civilization*, Princeton 1981.
–: »Sex in Chinese Civilization«, *Proceedings of the American Philosophical Society* 1985.
Böddeker, G.: *Die Flüchtlinge*, München 1980.
Böhne, R.: *Kontakt gesucht*, Göttingen 1985.
Bömer, A.: »Anstand und Etikette nach den Theorien der Humanisten«, *Neue Jahrbücher für Pädagogik* 1904.
den Boer, W.: *Private Morality in Greece and Rome*, Leiden 1979.
Bösel, R.: *Humanethologie*, Stuttgart 1974.
Bogner, A.: »Die Theorie des Zivilisationsprozesses als Modernisierungstheorie« in *Der unendliche Prozeß der Zivilisation*, ed. H. Kuzmics / I. Mörth, Frankfurt/M. 1991.
Bohannan, P. / L. Bohannan: *A Source Notebook in the Tiv Life Cycle*, New Haven 1966.
Bohatec, M.: *Schöne Bücher aus Böhmen*, Hanau 1970.
Bohle, H. H.: »Zivilisationsprozeß und Nacktheit«, *Sozialwissenschaftliche Literaturrundschau* 1992.
Bonicatti, M.: »Dürer nella storia delle idee umanistiche fra Quattrocento e Cinquecento«, *Journal of Medieval and Renaissance Studies* 1971.
Bonin, W. F.: *Die Götter Schwarzafrikas*, Graz 1979.
Bonnet, G.: *Voir-Être vu*, Bd. I, Paris 1981.
Bonnet, H.: *Reallexikon der ägyptischen Religionsgeschichte*, Berlin 1952.
Born, H.: »Das Vergewaltigen war noch in vollem Gange«, *Courage*, Sonderheft 3, 1980.
Borneman, E.: *Sex im Volksmund*, Herrsching 1984.
Borst, A.: *Lebensformen im Mittelalter*, Frankfurt/M. 1979.
Botting, D.: *Die Piraten*, Amsterdam 1979.
Bouhdiba, A.: *Sexuality in Islam*, London 1985.
Bowers, A. R.: »Emblem and Rape in Shakespeare's *Lucrece* and *Titus Andronicus*«, *Studies in Iconography* 1985.
Bowker, L. H.: *Women, Crime, and the Criminal Justice System*, Lexington 1978.
Boyle, T.: *Black Swine in the Sewers of Hampstead*, London 1989.
Brackett, J. K.: *Criminal Justice and Crime in Late Renaissance Florence, 1537-1609*, Cambridge 1992.
Bradbury, J.: *The Medieval Siege*, Woodbridge 1992.

Bräumer, P.: *Szenen aus der Zent*, Birkenau 1985.
Bräutigam, K.: *Mach kä Schbrisch!*, Heidelberg 1979.
Brain, R.: *The Decorated Body*, New York 1979.
–: *Art and Society in Africa*, London 1980.
Braithwaite, J.: *Crime, Shame and Reintegration*, Cambridge 1989.
Brandes, S.: »Like Wounded Stags« in *Sexual Meanings*, ed. S.B. Ortner/ H. Whitehead, Cambridge 1981.
Brandler, G.: *Eckensteher, Blumenmädchen, Stiefelputzer*, Leipzig 1988.
Brandt, O.H.: *Der große Bauernkrieg*, Jena 1925.
Brechmann, T.: *Jede dritte Frau*, Reinbek 1987.
Brecht, M.: *Martin Luther*, Stuttgart 1981.
Breit, S.: ›*Leichtfertigkeit*‹ *und ländliche Gesellschaft*, München 1991.
Bremme, B.: *Sexualität im Zerrspiegel*, Münster 1990.
Brennan, T.: *Public Drinking and Popular Culture in Eighteenth-Century Paris*, Princeton 1988.
Brett-Smith, S.C.: »Symbolic Blood: Cloths for Excised Women«, *Res* 1982.
Bridges E.L.: *Uttermost Part of the Earth*, London 1948.
Brieskorn, N.: *Finsteres Mittelalter?*, Mainz 1991.
Briffault, R.: *The Mothers*, Bd. III, London 1927.
Briggs, J.L.: *Never in Anger*, Cambridge 1970.
–: »The Origins of Nonviolence«, *Psychoanalytic Study of Society* 1975.
–: Brief vom 30. Oktober 1986.
Briggs, L.C.: »Die Tubu« in *Bild der Völker*, Bd. 8, ed. E.E. Evans-Pritchard, Wiesbaden 1974.
Brilliant, R.: *Portraiture*, London 1991.
Bristow, E.J.: *Prostitution and Prejudice*, Oxford 1982.
Broennimann, P.: *Auca am Coronaco*, Basel 1981.
Brondy, R./B. Demotz/J.-P. Leguay: *La Savoie de l'an mil à la Réforme*, Bd. II, Rennes 1984.
Browe, P.: *Zur Geschichte der Entmannung*, Breslau 1936.
Brown, J.C.: *Schändliche Leidenschaften*, Stuttgart 1988.
Brown, P.: *The Body and Society*, New York 1988.
Brown, R.G.: »Burman Modesty«, *Man* 1915.
Brownmiller, S.: *Gegen unseren Willen*, Frankfurt/M. 1980.
Brucker, J.: *Strassburger Zunft- und Polizei-Verordnungen des 14. und 15. Jahrhunderts*, Straßburg 1889.
Bruder, R.: *Die germanische Frau im Lichte der Runeninschriften und der antiken Historiographie*, Berlin 1974.
Brüggemann, W.: Brief vom 2. August 1992.
Brun, J.: *La nudité humaine*, Paris 1973.
Brunaux, J.-L./B. Lambot: *Guerre et armement chez les Gaulois*, Paris 1987.
Brundage, J.A.: *Medieval Canon Law and the Crusader*, Madison 1969.
–: »Rape and Seduction in Medieval Canon Law« in *Sexual Practices & the Medieval Church*, ed. V.L. Bullough/J.A. Brundage, Buffalo 1982.
–: »Sumptuary Laws and Prostitution in Late Medieval Italy«, *Journal of Medieval History* 1987.

Brunner H.: »Das Besänftigungslied des Sinuhe«, *Zeitschrift für ägyptische Sprache und Altertumskunde* 1955.
–: *Die Geburt des Gottkönigs*, Wiesbaden 1964.
Brunner-Traut, E.: *Der Tanz im alten Ägypten*, Glückstadt 1938.
–: *Altägyptische Märchen*, Düsseldorf 1963.
–: »Tanz« in *Lexikon der Ägyptologie*, Bd. VI, ed. W. Helck/W. Westendorf, Wiesbaden 1985.
–: Brief vom 21. Mai 1986.
de Bry, T.: *America*, ed. G. Sievernich, Berlin 1990.
Bryan, W.J.: »The Effective Uses of Nudity in Treating Sexual Problems«, *Journal of the American Institute of Hypnosis* 1972.
Bryant, C.D.: *Sexual Deviancy and Social Proscription*, New York 1982.
Bryk, F.: *Die Beschneidung bei Mann und Weib*, Neubrandenburg 1931.
Bryson, A.: »The Rhetoric of Status: Gesture, Demeanour and the Image of the Gentleman in Sixteenth- and Seventeenth-Century England« in *Renaissance Bodies*, ed. L. Gent/N. Llewellyn, London 1990.
Bucher, B.: »Die Phantasien der Eroberer« in *Mythen der Neuen Welt*, ed. K.-H. Kohl, Berlin 1982.
Buchner, E.: *Das Neueste von gestern*, Bd. I, München 1912.
–: *Ehe*, München 1914.
Büssing, S.: *Of Captive Queens and Holy Panthers*, Frankfurt/M. 1990.
Bullough, V.L.: »Prostitution and Reform in Eighteenth-Century England« in *'Tis Nature's Fault*, ed. R.P. MacCubbin, Cambridge 1987.
Bulst, N.: »Zum Problem städtischer und territorialer Kleider-, Aufwands- und Luxusgesetzgebung in Deutschland (13. bis Mitte 16. Jh.)« in *Renaissance du pouvoir législatif et génèse de l'état*, ed. A. Gouran/A. Rigaudière, Montpellier 1988.
Buma, W.J.: *Das Emsiger Recht*, Göttingen 1967.
Buma, W.J./W. Ebel: *Das Hunsingoer Recht*, Göttingen 1969.
–: *Das Fivelgoer Recht*, Göttingen 1972.
Bumke, J.: *Höfische Kultur*, München 1986.
Bunnag, J.: *Buddhist Monk, Buddhist Layman*, Cambridge 1973.
Burger F.: *Die griechischen Frauen*, München 1926.
Burghartz, S.: *Leib, Ehre und Gut: Delinquenz in Zürich am Ende des 14. Jahrhunderts*, Zürich 1990.
–: »Rechte Jungfrauen oder unverschämte Töchter?« in *Frauengeschichte – Geschlechtergeschichte*, ed. K. Hausen/H. Wunder, Frankfurt/M. 1992.
Burgos, E.: *Rigoberta Menchú*, Bornheim 1984.
Burke, P.: *Helden, Schurken und Narren*, Stuttgart 1981.
–: *The Historical Anthropology of Early Modern Italy*, Cambridge 1987.
–: »Keine Alternative? Zur Elias-Duerr-Debatte«, *Psychologie heute*, Dezember 1991.
–: *History & Social Theory*, Cambridge 1992.
Burkert, W.: *Griechische Religion der archaischen und klassischen Epoche*, Stuttgart 1977.
–: Brief vom 16. Juli 1990.
–: *Antike Mysterien*, München 1991.
Burling, R.: *Rengsanggri*, Philadelphia 1963.

Burrows, E. G. / M. E. Spiro: *An Atoll Culture*, New Haven 1957.
Buruma, I.: *Japan hinter dem Lächeln*, Frankfurt/M. 1985.
Buschinger, D.: »Le viol dans la littérature allemande au Moyen Age« in *Amour, mariage et transgressions au Moyen Age*, ed. D. Buschinger/A. Crépin, Göppingen 1984.
Buß, G.: *Das Kostüm in Vergangenheit und Gegenwart*, Bielefeld 1906.
Bussow, C.: *Moskowitische Chronik der Jahre 1584 bis 1613*, Berlin 1991.
Butt, A.: *The Nilotes of the Sudan and Uganda*, London 1952.
Butzmühlen, R.: *Vergewaltigung*, Gießen 1978.
Bynum, C. W.: »The Female Body and Religious Practice in the Later Middle Ages« in *Fragments for a History of the Human Body*, Bd. I, ed. M. Feher et al., New York 1989.

Cabanès, A.: *Mœurs intimes du passé*, Paris 1908 ff.
Cabanis, D.: »Weiblicher Exhibismus«, *Zeitschrift für Rechtsmedizin* 1972.
Cabestrero, T.: *Unschuldiges Blut*, Wuppertal 1987.
Cameron, D. / E. Frazer: *The Lust to Kill*, Cambridge 1987.
Campbell, J.: »The Greek Hero« in *Honor and Grace in Anthropology*, ed. J. G. Peristiany/J. Pitt-Rivers, Cambridge 1992.
Caplan, P.: »Celibacy as a Solution? Mahatma Gandhi and *Brahmacharya*« in *The Cultural Construction of Sexuality*, ed. P. Caplan, London 1987.
Caprio, F. S.: *Variations in Sexual Behaviour*, London 1957.
Card, C.: »Rape as a Terrorist Institution« in *Violence, Terrorism, and Justice*, ed. R. G. Frey et al., Cambridge 1991.
de Carli, N.: »›Sub rosa dicere‹ und ›avere il marchese‹«, *Schweizerisches Archiv für Volkskunde* 1990.
Carmi, A.: »Im Waggon« in *Zeugen sagen aus*, ed. M. Schoenberner / G. Schoenberner, Berlin 1988.
Caron, P.: *Les massacres de septembre*, Paris 1935.
Carpenter, E.: Brief vom 28. Februar 1986.
Carstairs, G. M.: *Die Zweimal Geborenen*, München 1963.
Carter, J. M.: *Rape in Medieval England*, Lanham 1985.
della Casa, G.: *Galateus. Das ist / Das Büchlein Von erbarn / höflichen vnd holdseligen Sitten*, Frankfurt/M. 1607.
Casanova, G.: *Geschichte meines Lebens*, Bd. IV, München 1984.
Caspar, F.: »Clothing Practice of the Tuparis (Brazil)« in *Proceedings of the 30th International Congress of Americanists*, London 1952.
Castan, N.: *Les criminels de Languedoc (1750-1790)*, Toulouse 1980.
Castle, T.: »Eros and Liberty at the English Masquerade, 1710-90«, *Eighteenth-Century Studies* 1983.
Castleden, R.: *Minoans*, London 1990.
Cerulli, E.: »An-, Ent- und Verkleiden: wie, wann und weshalb«, *Paideuma* 1978.
Chagnon, N.: *Yanomamö*, New York 1968.
Chamberlain, B. H.: *The Kojiki*, Tōkyō 1982.
Chambers, G. / A. Millar: »Proving Sexual Assault« in *Gender, Crime and Justice*, ed. P. Carlen / A. Worrall, Philadelphia 1987.
Chancer, L. S.: »New Bedford, Massachusetts, March 6, 1983-March 22,

1984« in *The Social Construction of Gender*, ed. J. Lorber/S. A. Farrell, Newbury Park 1991.
Chappell, D./G. Geis/S. Schafer/L. Siegel: »Forcible Rape: A Comparative Study of Offenses Known to the Police in Boston and Los Angeles« in *Studies in the Sociology of Sex*, ed. J.M. Henslin, New York 1971.
Charcot, J.M./P. Richer: *Die Besessenen in der Kunst*, ed. M. Schneider, Göttingen 1988.
Charles-Roux, E.: *Le temps Chanel*, Paris 1980.
Chaunu, P.: *The Reformation*, Gloucester 1989.
Chazan, R.: *European Jewry and the First Crusade*, Berkeley 1987.
Chiffoleau, J.: *Les justices du pape*, Paris 1984.
Chirelstein, E.: »Lady Elizabeth Pope: The Heraldic Body« in *Renaissance Bodies*, ed. L. Gent/N. Llewellyn, London 1990.
Chodzidlo, T.: *Die Familie bei den Jakuten*, Fribourg 1951.
Chojnacki, S.: »Crime, Punishment, and the Trecento Venetian State« in *Violence and Civil Disorder in Italian Cities 1200-1500*, ed. L. Martines, Berkeley 1972.
Chomsky, N.: »Visions of Righteousness« in *The Vietnam War and American Culture*, ed. J.C. Rowe/R. Berg, New York 1991.
Christine de Pizan: *Das Buch von der Stadt der Frauen*, ed. M. Zimmermann, Berlin 1986.
Chu, S.C.: »China's Attitudes Toward Japan at the Time of the Sino-Japanese War« in *The Chinese and the Japanese*, ed. A. Iriye, Princeton 1980.
Ciavolella, M.: »Métamorphoses sexuelles et sexualité féminine durant la Renaissance«, *Renaissance et Réforme* 1988.
Ciszewski, S.: *Künstliche Verwandtschaft bei den Südslaven*, Leipzig 1897.
Clark, A.: *Women's Silence, Men's Violence: Sexual Assault in England 1770-1845*, London 1987.
Clark, K.: *The Nude*, Princeton 1956.
Clastres, P.: *Chronique des Indiens Guayakí*, Paris 1972.
Clausen, H.-K.: *Freisinger Rechtsbuch*, Weimar 1941.
Cleaver, E.: *Seele auf Eis*, München 1969.
Clemencic, R./M. Korth/U. Müller: *Carmina Burana*, München 1979.
Clements, B.E.: »Later Developments: Trends in Soviet Women's History, 1930 to the Present« in *Russia's Women*, ed. B.E. Clements et al., Berkeley 1991.
Cohen, E.: »›To Die a Criminal for the Public Good‹: The Execution Ritual in Late Medieval Paris« in *Law, Custom, and the Social Fabric in Medieval Europe*, ed. B.S. Bachrach/D. Nicholas, Kalamazoo 1990.
Cohen, E.S.: »Honor and Gender in the Streets of Early Modern Rome«, *Journal of Interdisciplinary History* 1992.
Cohen, J.L.: *The New Chinese Painting 1949-1986*, New York 1987.
Cole, F.-C.: *The Wild Tribes of Davao District, Mindanao*, Chicago 1913.
Cole, H.: »Notes on the Wagogo of German East Africa«, *Journal of the Anthropological Institute of Great Britain and Ireland* 1902.
Cole, S.G.: »Greek Sanctions Against Sexual Assault«, *Classical Philology* 1984.
Coleman, E.-A.: »›Pourvu que vos robes vous aillent‹: Quand les Améri-

cains s'habillaient à Paris« in *Femmes fin de siècle 1885-1895*, ed. R. Davray-Piekolek et al., Paris 1990.
Colin, S.: »The Wild Man and the Indian in Early 16th Century Book Illustration« in *Indians and Europe*, ed. C. Feest, Aachen 1987.
Combs-Schilling, M.E.: *Sacred Performances: Islam, Sexuality, and Sacrifice*, New York 1989.
Comstock, G.D.: *Violence Against Lesbians and Gay Men*, New York 1991.
Conley, C.A.: »Rape and Justice in Victorian England«, *Victorian Studies* 1986.
Conn, R.: *Native American Art*, Seattle 1979.
Conrad, J.R.: *The Horn and the Sword*, New York 1957.
Cook, J.: *The Journals*, ed. J.C. Beaglehole, Cambridge 1955 ff.
Cook, M./R. McHenry: *Sexual Attraction*, Oxford 1978.
Corbey, R.: »Alterity: The Colonial Nude«, *Critique of Anthropology* 1988.
–: *Wildheid en beschaving*, Baarn 1989.
Corbin, J.R./M.P. Corbin: *Urbane Thought: Culture and Class in an Andalusian City*, Aldershot 1987.
Cormier, R.J.: »Pagan Shame or Christian Modesty?«, *Celtica* 1981.
Corso, R.: »Vom Geschlechtleben in Kalabrien«, *Anthropophyteia* 1911.
Costa, G.: »The Garo Code of Law«, *Anthropos* 1954.
Coudy, J.: *Die Hugenottenkriege in Augenzeugenberichten*, Düsseldorf 1965.
Crapanzano, V.: »Rite of Return: Circumcision in Morocco«, *Psychoanalysis and Culture* 1981.
–: *Tuhami*, Stuttgart 1983.
Crawley, E.: *Dress, Drinks, and Drums*, London 1931.
–: »Nudity and Dress« in *Dress, Adornment, and the Social Order*, ed. M.E. Roach/J.B. Eicher, New York 1965.
de Crespigny, X.: »Die Bewohner von Nias« in *Bild der Völker*, ed. E.E. Evans-Pritchard, Bd. 6, Wiesbaden 1974.
Crispolti, E.: *Guttuso nel disegno*, Roma 1983.
Crocker, W.H.: »Extramarital Sexual Practices of the Ramkokamekra-Canela Indians« in *Beiträge zur Völkerkunde Südamerikas*, ed. H. Becher, Hannover 1964.
–: »Die Xikrín in Brasilien« in *Bild der Völker*, Bd. 5, ed. E.E. Evans-Pritchard, Wiesbaden 1974.
Cullen, T.: *Jack the Ripper*, Frankfurt/M. 1988.
Cunnington, C.W./P. Cunnington: *The History of Underclothes*, London 1981.
Curran, L.C.: »Rape and Rape Victims in the Metamorphoses«, *Arethusa*, 1978.
Curtis, E.S.: *The North American Indian*, Bd. VI, New York 1911.

Dalarun, J.: *Erotik und Enthaltsamkeit*, Frankfurt/M. 1987.
Dalman, G.: *Arbeit und Sitte in Palästina*, Bd. V, Gütersloh 1937.
Damsholt, N.: »Women in Medieval Denmark: A Study in Rape« in *Danish Medieval History*, ed. N. Skyum-Nielsen/N. Lund, København 1981.

Danielsson, B.: *Love in the South Seas*, London 1956.
Dardel, A.: ›*Les Temps Nouveaux*‹ *1895-1914*, Paris 1987.
Darnton, R.: Mündliche Mitteilung vom 15. September 1989.
Davenport, W.: »Sexual Patterns and Their Regulation in a Society of the Southwest Pacific« in *Sex and Behavior*, ed. F. A. Beach, New York 1965.
–: »An Anthropological Approach« in *Theories of Human Sexuality*, ed. J. H. Geer / W. T. O'Donahue, New York 1987.
Davenport-Hines, R.: *Sex, Death and Punishment*, London 1990.
Davidson, C.: »The Fate of the Damned in English Art and Drama« in *The Iconography of Hell*, ed. C. Davidson/T. H. Seiler, Kalamazoo 1992.
Davidson, H. R. E.: »The Legend of Lady Godiva«, *Folklore* 1969.
Davies, N. de G.: *The Tomb of Ḳen-Amūn at Thebes*, Bd. I, New York 1930.
Davies, N. de G. / A. H. Gardiner: *The Tomb of Antefoker and of His Wife Senet*, London 1920.
Davis, A. J.: »Sexual Assaults in the Philadelphia Prison System and Sheriff's Van« in *Studies in Human Sexual Behavior: The American Scene*, ed. A. Shiloh, Springfield 1970.
Davis, N. Z.: *Frauen und Gesellschaft am Beginn der Neuzeit*, Berlin 1986.
Deák, I.: *Der k.k. Offizier, 1848-1918*, Wien 1991.
Debout, M.: *Kinder der Steinzeit?*, Moers 1991.
Decker, W.: *Sport und Spiel im Alten Ägypten*, München 1987.
Dedekind, F.: *Grobianus*, ed. K. Scheidt, Halle 1882.
Deines, H. v. / W. Westendorf: *Grundriß der Medizin der alten Ägypter*, Bd. VII.2, Berlin 1962.
Dekker, R. M. / L. C. van de Pol: *The Tradition of Female Transvestism in Early Modern Europe*, New York 1989.
Delaney, C.: *The Seed and the Soil*, Berkeley 1991.
Delfendahl, B.: »Further Notes on the Female *Liṅgam*«, *Current Anthropology* 1981.
De Mause, L.: »Probe-Kriege«, *Psychologie heute*, Sonderheft 1984.
–: *Reagans Amerika*, Frankfurt/M. 1984.
–: »A Proposal For a Nuclear Tensions Monitoring Center«, *Journal of Psychohistory* 1985.
–: »Ronbo Reagan in Kriegstrance«, *Psychologie heute*, November 1986.
De Meulenaere, H.: »Mendes« in *Lexikon der Ägyptologie*, Bd. IV, ed. W. Helck / W. Westendorf, Wiesbaden 1982.
Deng, F. M.: *The Dinka of the Sudan*, New York 1972.
Dengler, H.: »Eine Forschungsreise zu den Kavahib-Indianern am Rio Madeira«, *Zeitschrift für Ethnologie* 1927.
Denscher, B.: *Tagebuch der Straße*, Wien 1981.
Dentan, R. K.: *The Semai*, New York 1968.
Deonna, W.: »Talismans de guerre dans l'ancienne Genève«, *Archives suisses des traditions populaires* 1917.
–: »La femme aux seins jaillissants et l'enfant ›mingens‹«, *Geneva* 1957.
Deppert, J.: »Auf Erden ist alles möglich« in *Merianheft Indiens Norden*, Hamburg 1983.
–: Mündliche Mitteilung vom 21. April 1986.

Derchain, P.: »Le démiurge et la balance« in *Religions en Égypte hellénistique et romaine*, Paris 1969.
–: »La réception de Sinouhé à la cour de Sésostris Ier«, *Revue de l Égyptologie* 1970.
–: *Hathor quadrifons*, Istanbul 1972.
–: »La perruque et le cristal«, *Studien zur altägyptischen Kultur* 1975.
Dericum, C.: *Des Geyers schwarze Haufen*, Berlin 1987.
Desai, D.: *Erotic Sculpture in India*, Delhi 1975.
Desaive, J.-P.: »Du geste à la parole: délits sexuels et archives judiciaires (1690-1750)«, *Communications* 46, 1987.
Dettmar, E.: »Der Blick kehrt um«, *Kea* 2, 1991.
Devereux, G.: »Cultural and Characterological Traits of the Mohave«, *Psychoanalytic Quarterly* 1951.
–: »Primitive Psychiatric Diagnosis« in *Man's Image in Medicine and Anthropology*, ed. I. Galdston, New York 1963.
–: »Homosexuality Among the Mohave Indians« in *The North American Indians*, ed. R.C. Owen et al., New York 1967.
–: *Angst und Methode in den Verhaltenswissenschaften*, München 1973.
–: »The Cultural Implementation of Defense Mechanisms«, *Ethnopsychiatrica* 1978.
–: *Ethnopsychoanalyse*, Frankfurt/M. 1978.
–: »The Nursing of the Aged in Classical China«, *Journal of Psychological Anthropology* 1979.
–: »Fantasy and Symbol as Dimensions of Reality« in *Fantasy & Symbol*, ed. R.H. Hook, London 1979.
–: *Baubo, die mythische Vulva*, Frankfurt/M. 1981.
–: *Träume in der griechischen Tragödie*, Frankfurt/M. 1982.
–: »Baubo – die personifizierte Vulva« in *Die Geburt aus ethnomedizinischer Sicht*, ed. W. Schiefenhövel/D. Sich, Braunschweig 1983.
–: Brief vom 1. November 1984.
–: Mündliche Mitteilung vom 29. April 1985.
–: »Nachwort« in *Die wilde Seele*, ed. H.P. Duerr, Frankfurt/M. 1987.
DeVos, G.: »The Relation of Guilt Toward Parents to Achievement and Arranged Marriage Among the Japanese« in *Personalities and Culture*, ed. R. Hunt, Garden City 1967.
Dhanens, E.: *Hubert und Jan van Eyck*, Königstein 1980.
Diamond, N.: *K'un Shen: A Taiwan Village*, New York 1969.
Diaz del Castillo, B.: *Geschichte der Eroberung von Mexiko*, ed. G.A. Narciß, Frankfurt/M. 1988.
Diefendorf, B. B.: *Beneath the Cross*, Oxford 1991.
Diehl, E.: *Pompeianische Wandschriften*, Berlin 1930.
Dietrich, M.: »Semiramis« in *Waren sie nur schön?*, ed. B. Schmitz/U. Steffgen, Mainz 1989.
Dijkstra, B.: *Idols of Perversity*, New York 1986.
Dillard, H.: *Daughters of the Reconquest*, Cambridge 1984.
Dingwall, E.J.: *Die Frau in Amerika*, Düsseldorf 1962.
Dionisopoulos-Mass, R.: »The Evil Eye and Bewitchment in a Peasant Village« in *The Evil Eye*, ed. C. Maloney, New York 1976.

Dirr, P.: *Denkmäler des Münchner Stadtrechts*, Bd. I, München 1934.

Djilas, M.: *Der Krieg der Partisanen*, Wien 1978.

Döpfner, M.O.C./T. Garms: *Erotik in der Musik*, Frankfurt/M. 1986.

Dogs, W.: »Zwangsneurose Exhibitionismus«, *Sexualmedizin* 1982.

Dohrn van Rossum, G.: »Die Puritanische Familie« in *Die Familie in der Geschichte*, ed. H. Reif, Göttingen 1982.

Dolci, D.: *Umfrage in Palermo*, Olten 1959.

Dollinger, H.: *Schwarzbuch der Weltgeschichte*, München 1973.

–: *Kain, wo ist dein Bruder?*, Frankfurt/M. 1987.

Domenach, J.-L./H. Chang-Ming: *Le mariage en Chine*, Paris 1987.

Domínguez Bordona, J.: *Spanish Illumination*, New York 1969.

Donagan, B.: »Codes and Conduct in the English Civil War«, *Past & Present*, February 1988.

Donaldson, S.: »Rape of Males« in *Encyclopedia of Homosexuality*, Bd. II, ed. W.R. Dynes et al., New York 1990.

Donat, A.: *The Holocaust Kingdom*, London 1965.

Donati, I./T. Metelmann: *Die Davidwache*, Hamburg 1990.

Donner, W./J. Menningen: *Signale der Sinnlichkeit*, Düsseldorf 1987.

Donnerstein, E./D. Linz: »Mass-Media Sexual Violence and Male Viewers« in *Changing Men*, ed. M.S. Kimmel, Newbury Park 1987.

Dostal, W.: »Zum Problem der Mädchenbeschneidung in Arabien«, *Wiener Völkerkundliche Mitteilungen* 1958.

Douceré, V.: »Notes sur les populations indigènes des Nouvelles-Hébrides«, *Revue d' Ethnographie et des Traditions Populaires* 1922.

Douglas, J.D. et al.: *The Nude Beach*, Beverly Hills 1977.

Douglas, M.: »In the Nature of Things« in *Implicit Meanings*, London 1975.

Douglas, N./P. Slinger: *Le Livre de l'Oreiller*, Montréal 1984.

Dover, K.J.: *Greek Homosexuality*, London 1978.

Dowman, K.: *Der heilige Narr*, ed. F.-K. Ehrhard, Bern 1982.

Dragadze, T.: »Sex Roles and State Roles in Soviet Georgia« in *Acquiring Culture*, ed. G. Jahoda/I.M. Lewis, London 1987.

Dresdner, A.: *Kultur- und Sittengeschichte der italienischen Geistlichkeit im 10. und 11. Jahrhundert*, Breslau 1890.

Dresen-Coenders, L.: *Helse en hemelse vrouwenmacht omstreeks 1500*, Nijmegen 1988.

Dreyer, J.C.H.: *Antiquarische Anmerkungen über einige in dem mittleren Zeitalter in Teutschland und im Norden üblich gewesene Lebens-, Leibes- und Ehrenstrafen*, Lübeck 1792.

Driberg, J.H.: *The Lango*, London 1923.

Driessen, H.: »Male Sociability and Rituals of Masculinity in Rural Andalusia«, *Anthropological Quarterly* 1983.

–: »Gestured Masculinity« in *A Cultural History of Gesture*, ed. J. Bremmer/H. Roodenburg, Ithaca 1992.

Dube, S.C.: *The Kamar*, Lucknow 1951.

Duby, G.: *Ritter, Frau und Priester*, Frankfurt/M. 1985.

Duda, D.: *Islamische Handschriften*, Bd. I, Wien 1983.

van Dülmen, R.: *Kultur und Alltag in der Frühen Neuzeit*, Bd. I, München 1990.

–: »Eine schamlose Entmythologisierung: Hans Peter Duerrs Theorie der Intimität«, *Süddeutsche Zeitung*, 21. März 1991.
Duerr, H. P.: *Ni Dieu – ni mètre*, Frankfurt/M. 1974.
–: *Traumzeit*, Frankfurt/M. 1978.
–: »Vorwort« in *Der Wissenschaftler und das Irrationale*, ed. H. P. Duerr, Bd. I, Frankfurt/M. 1981.
–: *Sedna oder Die Liebe zum Leben*, Frankfurt/M. 1984.
–: *Der Mythos vom Zivilisationsprozeß*, Bd. I: *Nacktheit und Scham*, Frankfurt/M. 1988.
–: *Der Mythos vom Zivilisationsprozeß*, Bd. II: *Intimität*, Frankfurt/M. 1990.
–: »Öffentliche Nacktheit und Körperkult« in *Ethnologie im Widerstreit*, ed. E. Berg et al., München 1991.
Duffy, M.: *The Englishman and the Foreigner*, Cambridge 1986.
Dufresne, J.-L.: »Les comportements amoureux d'après le registre de l' officialité de Cerisy«, *Bulletin philologique et historique* 1973.
Dundes, A.: *Life Is Like a Chicken Coop Ladder*, New York 1984.
Dundes, A./J. W. Leach/B. Özkök: »The Strategy of Turkish Boys' Verbal Dueling Rhymes« in *Directions in Sociolinguistics*, ed. J. J. Gumperz/D. Hymes, New York 1972.
Dunning, R. W.: *Social and Economic Change Among the Northern Ojibwa*, Toronto 1959.
Duwe, G.: *Berlin in fremder Hand*, Osnabrück 1991.
Dyk, W.: »Notes and Illustrations of Navaho Sex Behavior« in *Psychoanalysis and Culture*, ed. G. B. Wilbur/W. Muensterberger, New York 1951.

Eastman, L. E.: »Facets of an Ambivalent Relationship« in *The Chinese and the Japanese*, ed. A. Iriye, Princeton 1980.
Eberhard, W.: *Lokalkulturen im alten China*, Bd. II, Peking 1942.
–: *Guilt and Sin in Traditional China*, Berkeley 1967.
–: »Über den Ausdruck von Gefühlen im Chinesischen«, *Sitzungsberichte der Bayerischen Akademie der Wissenschaften, Philos.-hist. Kl.* 1977.
Ebner, C. B.: »Erste Nachrichten über die Duludy-Indianer in Nordbrasilien«, *Anthropos* 1941.
Eckert, W. P.: »Antisemitismus im Mittelalter« in *Antisemitismus*, ed. G. B. Ginzel, Bielefeld 1991.
Eckhardt, K. A.: *Lex Salica*, Weimar 1953.
Eckstein, F.: »Nackt und Nacktheit« in *Handwörterbuch des deutschen Aberglaubens*, Bd. VI, ed. H. Bächtold-Stäubli, Berlin 1935.
Edgerton, R. B.: »Pokot Intersexuality«, *American Anthropologist* 1964.
Edgerton, R. B./F. P. Conant: »*Kilapat*: The ›Shaming Party‹ Among the Pokot of East Africa«, *Southwestern Journal of Anthropology* 1964.
Edwardes, A.: *Erotica Judaica*, New York 1967.
Edwardes, A./R. E. L. Masters: *The Cradle of Erotica*, New York 1963.
Eggan, D.: »The General Problem of Hopi Adjustment« in *Personality in Nature, Society, and Culture*, ed. C. Kluckhohn et al., New York 1961.
Ehalt, H. C.: »Schwellen und Zwänge: Zur Elias-Duerr-Debatte«, *Psychologie heute*, Dezember 1991.

Eibl-Eibesfeldt, I.: *Die !Ko-Buschmann-Gesellschaft*, München 1972.
–: *Der vorprogrammierte Mensch*, Wien 1973.
–: *Grundriß der vergleichenden Verhaltensforschung*, München 1987.
–: »Dominance, Submission, and Love«, *Zeitschrift für Sexualwissenschaft* 1988.
–: Brief vom 28. Juni 1988.
–: *Das verbindende Erbe*, Köln 1991.
–: Brief vom 28. Januar 1992.
Eibl-Eibesfeldt, I./W. Schiefenhövel/V. Heeschen: *Kommunikation bei den Eipo*, Berlin 1989.
Eibl-Eibesfeldt, I./C. Sütterlin: »Fear, Defence and Aggression in Animals and Man« in *Fear and Defence*, ed. P.F. Brain et al., Chur 1990.
–: *Im Banne der Angst*, München 1992.
Eichberg, H.: »Zivilisation und Breitensport« in *Sozialgeschichte der Freizeit*, ed. G. Hauck, Wuppertal 1980.
–: »Strukturen des Ballspiels und Strukturen der Gesellschaft« in *Die Veränderung des Sports ist gesellschaftlich*, ed. W. Hopf, Münster 1986.
–: Brief vom 28. Mai 1986.
–: »Civilisering, skam og homoseksualitet: Nye bidrag til kropssociologien«, *Centring* 25, 1990.
–: »Nackte Dänen: Zur Elias-Duerr-Debatte«, *Psychologie heute*, Dezember 1991.
Eisenbichler, K.: »Bronzino's Portrait of Guidobaldo II. della Rovere«, *Renaissance and Reformation* 1988.
Elias, N.: *Über den Prozeß der Zivilisation*, Basel 1939.
–: »Die Genese des Sports als soziologisches Problem« in *Sport im Zivilisationsprozeß*, ed. W. Hopf, Münster 1984.
–: »Fernsehinterview«, *Südwestfunk 3*, 13. Juni 1988.
–: »Was ich unter Zivilisation verstehe: Antwort auf Hans Peter Duerr«, *Die Zeit*, 17. Juni 1988.
Elisabeth Charlotte v. Orléans: *Briefe*, ed. H.F. Helmolt, Leipzig 1908.
Ellis, H.: *Studies in the Psychology of Sex*, Bd. V, Philadelphia 1928.
Elvin, M.: »Tales of Shen and Xin: Body-Person and Heart-Mind in China During the Last 150 Years« in *Fragments for the History of the Human Body*, Bd. II, ed. M. Feher et al., New York 1989.
Elwin, V.: *The Muria and Their Ghotul*, Oxford 1947.
Elze, R.: »Sic transit gloria mundi: Zum Tode des Papstes im Mittelalter«, *Deutsches Archiv für Erforschung des Mittelalters* 1978.
d'Encarnacao, P./P. Parks/K. Tate: »The Significance of Streaking«, *Medical Aspects of Human Sexuality* 1974.
Endrei, W./L. Zolnay: *Fun and Games in Old Europe*, Budapest 1988.
Endter, J.M.F. v.: *Meister Frantzen Nachrichten allhier in Nürnberg*, Nürnberg 1801.
Englisch, P.: *Geschichte der erotischen Literatur*, Stuttgart 1927.
Enloe, C.: *Does Khaki Become You?*, London 1983.
Ennen, E.: *Frauen im Mittelalter*, München 1984.
Eppendorfer, H.: *Barmbeker Kuß*, München 1987.
Epstein, L.M.: *Sex Laws and Customs in Judaism*, New York 1948.

Erasmus v. Rotterdam: *De civilitate morum puerilium*, Hamburg 1673.
Ergenzinger, A.: »›Ob mit oder ohne Schleier...‹« in *Befreites Land – befreites Leben?*, ed. E. Laudowicz, Köln 1987.
Erichsen, F.: *Schizophrenie und Sexualität*, Bern 1975.
Erickson, C.: *To the Scaffold: The Life of Marie Antoinette*, New York 1991.
Erikson, E. H.: »Childhood and Tradition in Two American Indian Tribes« in *Personal Character and Cultural Milieu*, ed. D. G. Haring, Syracuse 1956.
Erikson, P.: »Altérité, tatouage et anthropophagie chez les Pano«, *Journal de la Société des Américanistes* 1986.
Erman, A.: »Beiträge zur ägyptischen Religion«, *Sitzungsberichte der Berliner Akademie der Wissenschaften* 1916.
Erman, A./H. Grapow: *Wörterbuch der altägyptischen Sprache*, Bd. III, Berlin 1955.
Ertel, H.: *Erotika und Pornographie*, München 1990.
Eskapa, R. D.: *Die bizarre Seite der Sexualität*, Hamburg 1988.
Etchebéhère, M.: *La guerra mia*, Frankfurt/M. 1980.
Étienne, R.: *Pompeji*, Ravensburg 1991.
Evans-Pritchard, E. E.: »A Note on Courtship Among the Nuer«, *Sudan Notes and Records* 1947.
–: »A Note on Affinity Relationships Among the Nuer«, *Man* 1948.
–: *Nuer Religion*, London 1956.
–: *The Position of Women in Primitive Societies*, London 1965.
–: »Sources, With Particular Reference to the Southern Sudan«, *Cahiers d'Études Africaines* 1971.
–: Mündliche Mitteilung vom 30. Januar 1971.
van Everbroeck, N.: *Mbomb'ipoku*, Tervuren 1961.
Ewald, J. L.: »Die Kunst, ein gutes Mädchen, eine gute Gattin, Mutter und Hausfrau zu werden (1798)« in *Kinderschaukel*, Bd. I, ed. M.-L. Könneker, Darmstadt 1976.
Ewen, E.: *Immigrant Women in the Land of Dollars*, New York 1985.
Ewers, J. C.: *The Blackfeet*, Norman 1958.
Exquemelin, A. O.: *Das Piratenbuch von 1678*, ed. R. Federmann, Stuttgart 1983.
Eylmann, E.: *Die Eingeborenen Südaustraliens*, Berlin 1908.

Fakhry, A.: »A New Speos From the Reign of Hatshepsut and Tuthmosis III at Beni-Hasan«, *Annales du Service des Antiquités de l'Égypte* 1939.
Falkenberg, J.: *Kin and Totem*, Oslo 1962.
Farès, B.: *L'honneur chez les Arabes avant l'Islam*, Paris 1932.
Farge, A.: *Vivre dans la rue à Paris au XVIIIe siècle*, Paris 1979.
Farin, K./E. Seidel-Pielen: *Krieg in den Städten*, Berlin 1991.
Farr, J. R.: *Hands of Honor: Artisans and Their World in Dijon, 1550-1650*, Ithaca 1988.
Faulkner, R. O.: *The Ancient Egyptian Coffin Texts*, Warminster 1973.
Fauth, W.: »Aphrodite Parakyptusa«, *Abhandlungen der Akademie der Wissenschaften und der Literatur* 1966.

Favardin, P. / L. Bouëxière: *Le dandyisme*, Lyon 1988.
Feger, O.: *Vom Richtebrief zum Roten Buch*, Konstanz 1955.
Fehling, D.: »Phallische Demonstration« in *Sexualität und Erotik in der Antike*, ed. A. K. Siems, Darmstadt 1988.
Fehr, H.: *Die Rechtsstellung der Frau und der Kinder in den Weistümern*, Jena 1912.
–: *Das Recht im Bilde*, München 1923.
Fehrle, E.: »Das Lachen im Glauben der Völker«, *Zeitschrift für Volkskunde* 1930.
Feig, K.: »Non-Jewish Victims in the Concentration Camps« in *A Mosaic of Victims*, ed. M. Berenbaum, New York 1990.
Feilberg, H. F.: »Der böse Blick in nordischer Überlieferung«, *Zeitschrift des Vereins für Volkskunde* 1901.
Felber, A.: *Unzucht und Kindsmord in der Rechtsprechung der freien Reichsstadt Nördlingen vom 15. bis 19. Jahrhundert*, Bonn 1961.
Feldmann, H. / J. Westenhöfer: *Vergewaltigung und ihre psychischen Folgen*, Stuttgart 1992.
Fell, C. / C. Clark / E. Williams: *Women in Anglo-Saxon England*, London 1984.
Femmel, G. / C. Michel: *Die Erotica und Priapea aus den Sammlungen Goethes*, Frankfurt/M. 1990.
Ferenczi, S.: »Die Nacktheit als Schreckmittel« in *Schriften zur Psychoanalyse*, Bd. I, Frankfurt/M. 1970.
Fernandez, J. W.: *Bwiti*, Princeton 1982.
Feyerabend, P.: »Ein Brief an Stanislaw Lem«, *Unter dem Pflaster liegt der Strand* 14, 1984.
Fichtenau, H.: *Lebensordnungen des 10. Jahrhunderts*, Bd. II, Stuttgart 1984.
Field, J. H.: »Sexual Themes in Ancient and Primitive Art« in *The Erotic Arts*, ed. P. Webb, Boston 1975.
Fine, R.: *Der vergessene Mann*, München 1990.
Finsch, O.: »Über Bekleidung, Schmuck und Tätowierung der Papuas der Südostküste von Neu-Guinea«, *Mittheilungen der Anthropologischen Gesellschaft in Wien* 1885.
Firth, R.: *We, the Tikopia*, London 1936.
Fischer, H.: *Schwäbisches Wörterbuch*, Bd. XI, Tübingen 1905.
Fischer, H.: *Die deutsche Märendichtung des 15. Jahrhunderts*, München 1966.
Fischer, H. T.: »The Clothes of the Naked Nuer«, *Internationales Archiv für Ethnographie* 1966.
Fischer-Homberger, E.: *Medizin vor Gericht*, Darmstadt 1988.
Fisher, A.: *Afrika im Schmuck*, Köln 1984.
Fittkau, G.: »Verschleppung nach Rußland« in *Letzte Tage in Ostpreußen*, ed. H. Reinoß, München 1983.
Flandrin, J.-L.: »Repression and Change in the Sexual Life of Young People in Medieval and Early Modern Times« in *Family and Sexuality in French History*, ed. R. Wheaton / T. K. Hareven, Philadelphia 1980.
–: »Amour et mariage«, *Dix-huitième siècle* 1980.

Fleming, J. V.: *The ›Roman de la Rose‹ and Its Manuscript Illustrations*, Bd. I, Ann Arbor 1991.
Fluck, H.: »Der Risus Paschalis«, *Archiv für Religionswissenschaft* 1934.
Ford, C. S./F. A. Beach: *Patterns of Sexual Behavior*, New York 1951.
Ford, P. K.: »Celtic Women: The Opposing Sex«, *Viator* 1988.
Forge, A.: »Art and Environment in the Sepik«, *Proceedings of the Royal Anthropological Institute* 1965.
Forrest, A.: *Conscripts and Deserters: The Army and French Society During the Revolution*, Oxford 1989.
–: *Soldiers of the French Revolution*, Durham 1990.
Forster, G.: *Werke*, Berlin 1965 ff.
Forster, J. R.: *Bemerkungen über Gegenstände der physischen Erdbeschreibung, Naturgeschichte und sittliche Philosophie auf seiner Reise um die Welt gesammelt*, Berlin 1783.
–: *The ›Resolution‹ Journal, 1772-1775*, ed. M. E. Hoare, London 1982.
Fortes, M.: *The Web of Kinship Among the Tallensi*, London 1949.
Forth, G. L.: *Rindi*, The Hague 1981.
Foster, L.: *Religion & Sexuality*, New York 1981.
Foster, S. W.: »Afghanistan« in *Encyclopedia of Homosexuality*, Bd. I, ed. W. R. Dynes, New York 1990.
Fox, C.: *Londoners*, London 1987.
Fox, M. V.: *The Song of Songs and the Ancient Egyptian Love Songs*, Madison 1985.
Fox, N.: *Saarländische Volkskunde*, Bonn 1927.
Frank, B.: *Die Kulere*, Wiesbaden 1981.
Franklin, A.: *La Civilité*, Bd. II, Paris 1908.
Frantz, D. O.: »›Leud Priapians‹ and Renaissance Pornography«, *Studies in English Literature* 1972.
Franz, P.: *Zwischen Liebe und Haß: Ein Zigeunerleben*, Freiburg 1985.
Frayser, S. G.: *Varieties of Sexual Experience*, New Haven 1985.
Frazer, J. G.: *The Golden Bough*, Bd. I, London 1911.
Freedman, R. J.: *Die Opfer der Venus*, Zürich 1989.
French, K. L.: »The Legend of Lady Godiva and the Image of the Female Body«, *Journal of Medieval History* 1992.
Freud, S.: *Gesammelte Werke*, London 1940.
Freund, F.: *Arbeitslager Zement*, Wien 1989.
Friedeburg, L. v.: Mündliche Mitteilung vom 2. Mai 1987.
Friederich, J. C.: *Vierzig Jahre aus dem Leben eines Toten*, ed. F. Berger, Frankfurt/M. 1991.
Friederici, G.: *Wissenschaftliche Ergebnisse einer amtlichen Forschungsreise nach dem Bismarck-Archipel im Jahre 1908*, Bd. II, Berlin 1912.
Friedman, E./P. G. Pickowicz/M. Selden: *Chinese Village, Socialist State*, New Haven 1991.
Friedrich, P.: *The Meaning of Aphrodite*, Chicago 1978.
Friese, V./E. Liesegang: *Die Magdeburger Schöffensprüche*, Berlin 1901.
Friesenegger, M.: *Tagebuch aus dem Dreißigjährigen Krieg*, München 1974.
Frieze, I. H.: »The Female Victim« in *Cataclysms, Crises, and Catastrophes*, ed. G. R. VandenBos/B. K. Bryant, Hyattsville 1987.

Frings, M./T. Hennig: *Ein Bild vom Mann*, Reinbek 1986.
Frugoni, C.: »L'iconographie de la femme au cours des Xe-XIIe siècles«, *Cahiers de civilisation médiévale* 1977.
–: »La femme imaginée« in *Histoire des femmes en Occident*, Bd. II, ed. C. Klapisch-Zuber, Paris 1991.
Fruzzetti, L.M.: *The Gift of a Virgin*, New Brunswick 1982.
Fryd, V.G.: »Two Sculptures for the Capitol«, *American Art Journal* 1987.
Fryer, P.: *Mrs Grundy: Studies in English Prudery*, London 1963.
Fuchs, E.: *Illustrierte Sittengeschichte vom Mittelalter bis zur Gegenwart*, Bd. III, Berlin 1912.
–: *Der Jude in der Karikatur*, München 1921.
Fuchs, S.: *The Children of Hari*, Wien 1950.
–: *The Gond of Bhumia and Eastern Mandla*, London 1960.
Füllgrabe, U.: »Sadistische Mörder« in *Gewalttätige Sexualtäter und Verbalerotiker*, ed. H. Schäfer, Bremen 1992.
Fürer-Haimendorf, C. v.: *The Konyak Nagas*, New York 1969.
Fürstenberg, D.: *Jeden Moment war dieser Tod*, Düsseldorf 1986.
Fumagalli, V.: *Mensch und Umwelt im Mittelalter*, Berlin 1992.
Funcken, L./F. Funcken: *Rüstungen und Kriegsgerät der Ritter und Landsknechte, 15.-16. Jahrhundert*, München 1980.
Furnas, J.C.: *Anatomy of Paradise*, New York 1937.
Furness, W.H.: »The Ethnography of the Nagas of Eastern Assam«, *Journal of the Anthropological Institute of Great Britain and Ireland* 1902.
Fussell, P.: *Wartime*, Oxford 1989.

Gabrieli, F.: *Die Kreuzzüge aus arabischer Sicht*, Zürich 1973.
Gaignebet, C.: »Interview« in *Die Frauen: Pornographie und Erotik*, ed. M.-F. Hans/G. Lapouge, Darmstadt 1979.
Gaignebet, C./J.-D. Lajoux: *Art profane et religion populaire au Moyen Age*, Paris 1985.
Gajdusek, C.: »Physiological and Psychological Characteristics of Stone Age Man« in *Engineering and Science*, Pasadena 1970.
Galvan, M.: *The Priestesses of Hathor in the Old Kingdom and the First Intermediate Period*, Ann Arbor 1981.
Gardiner, A.H.: *Egyptian Grammar*, London 1927.
–: *Late Egyptian Stories*, Bd. I, Bruxelles 1932.
Gardner, J.F.: *Women in Roman Law & Society*, London 1986.
Garlinski, J.: *Fighting Auschwitz*, New York 1975.
Garnets, L./G.M. Herek/B. Levy: »Violence and Victimization of Lesbians and Gay Men« in *Hate Crimes*, ed. G.M. Herek/K.T. Berrill, Newbury Park 1992.
Garnier, F.: *Le langage de l'image au Moyen Age*, Paris 1982 ff.
Garrigues, J.: *Images de la révolution*, Paris 1988.
Garvie, A.F.: *Aeschylus' Choephoroi*, Oxford 1986.
Gauger, H.-M.: »Negative Sexualität in der Sprache« in *Phantasie und Deutung*, ed. W. Mauser et al., Göttingen 1986.
Gauvard, C.: *Crime, état et société en France à la fin du Moyen Age*, Paris 1991.

Gebhardt, E.: Rezension von H.P. Duerrs *Intimität*, Südwestfunk, 8. Februar 1991.
Geddes, W.R.: *Nine Dayak Nights*, Melbourne 1957.
Geerken, K./I. Petersen/F.W. Kramer/P. Winchester: »Bombenkulte« in *Bikini oder Die Bombardierung der Engel*, ed. F.W. Kramer, Frankfurt/M. 1983.
Geertz, A.W.: Brief vom 30. Dezember 1986.
Geertz, C.: »›From the Native's Point of View‹« in *Meaning in Anthropology*, ed. K.H. Basso/H.A. Selby, Albuquerque 1976.
Gehrke, C.: »Über weibliche Schaulust« in *Sexualität heute*, ed. M. Heuer/K. Pacharzina, München 1986.
Gell, A.F.: »Penis Sheathing and Ritual Status in a West Sepik Village«, *Man* 1971.
–: »Magic, Perfume, Dream« in *Symbols and Sentiments*, ed. I. Lewis, London 1977.
Gerber, D.E.: »The Female Breast in Greek Erotic Literature«, *Arethusa* 1978.
Gernet, J.: *Daily Life in China on the Eve of the Mongol Invasion 1250-76*, Stanford 1962.
Gerson, A.: *Die Scham*, Bonn 1919.
Gessain, R.: »Die Angmagssalingmiut in Ostgrönland« in *Bild der Völker*, Bd. 3, ed. E.E. Evans-Pritchard, Wiesbaden 1974.
Gewertz, D.: »The Tchambuli View of Persons«, *American Anthropologist* 1984.
Geyer, R.: »Die arabischen Frauen in der Schlacht«, *Mitteilungen der Anthropologischen Gesellschaft in Wien* 1909.
al-Ghazālī, A.H.: *Iḥyā u'lūm al-dīn*, ed. M. Farah, Salt Lake City 1984.
Gier, A.: »Mentalität und Lexikon: Einige Bemerkungen zum Sexualvokabular im mittelalterlichen Frankreich und Spanien« in *Zusammenhänge, Einflüsse, Wirkungen*, ed. J.O. Fichte et al., Berlin 1986.
Gierlich, E.: *Reval 1621 bis 1645*, Bonn 1991.
Gies, F./J. Gies: *Life in a Medieval Village*, New York 1990.
Gieysztor, A.: »La femme dans les civilisations des Xe-XIIIe siècles: la femme en Europe orientale«, *Cahiers de civilisation médiévale* 1977.
Gillingham, J.: *Richard Löwenherz*, Düsseldorf 1981.
Gillis, J.R.: *For Better, For Worse: British Marriages, 1600 to the Present*, Oxford 1985.
Gillison, G.: »Cannibalism Among Women in the Eastern Highlands of Papua New Guinea« in *The Ethnography of Cannibalism*, ed. P. Brown/D. Tuzin, Washington 1983.
Gilmartin, C.: »Violence Against Women in Contemporary China« in *Violence in China*, ed. J.N. Lipman/S. Harrell, Albany 1990.
Gimpel, J.: *Die industrielle Revolution des Mittelalters*, Zürich 1980.
Girtler, R.: *Der Strich*, München 1987.
–: Rezension von Hans Peter Duerrs *Nacktheit und Scham*, *Soziologische Revue* 1990.
Gladwin, T.: »Comanche Kin Behavior«, *American Anthropologist* 1948.
–: »Personality Structure in the Plains«, *Anthropological Quarterly* 1957.

Gladwin, T./S.B. Sarason: *Truk: Man in Paradise*, New York 1953.
Glassen, E.: »Nimm den Schleier, Schwester!« in *Waren sie nur schön?*, ed. B. Schmitz/U. Steffgen, Mainz 1989.
Glickman, R.L.: *Russian Factory Workers, 1880-1914*, Berkeley 1984.
Gluckman, M.: *Order and Rebellion in Tribal Africa*, London 1963.
Gobert, E.G.: »Le pudendum magique et le problème des cauris«, *Revue africaine* 1951.
Godelier, M.: *Die Produktion der Großen Männer*, Frankfurt/M. 1987.
–: Mündliche Mitteilung vom 2. Februar 1990.
Godenzi, A.: *Bieder, brutal*, Zürich 1989.
–: »Perceptions and Reactions of Sexually Assaulted Women« in *Victims and Criminal Justice*, Bd. III, ed. G. Kaiser et al., Freiburg 1991.
Godineau, D.: *Citoyennes Tricoteuses*, Aix-en-Provence 1988.
Goedicke, H.: »The Story of the Herdsman«, *Chronique d' Égypte* 1970.
Göpel, M.L.: *Frauenalltag durch die Jahrhunderte*, Ismaning 1986.
Göttsch, S.: »Archivalische Quellen zur Frauenforschung« in *Frauenalltag – Frauenforschung*, ed. A. Chmielewski–Hagius et al., Frankfurt/M. 1988.
Goitein, P.L.: »The Potential Prostitute«, *Journal of Criminological Psychopathology* 1942.
Goja, H.: »Nacktheit und Aberglaube«, *Internationale Zeitschrift für Psychoanalyse* 1921.
Goldacker, E.: *Der Holzkoffer*, Hameln 1982.
Goldberg, R.: *Performance Art*, London 1988.
Goldin, H.E.: *Hebrew Criminal Law and Procedure*, New York 1952.
Goldman, I.: »The Zuñi Indians of New Mexico« in *Cooperation and Competition Among Primitive Peoples*, ed. M. Mead, Gloucester 1976.
Goldschmidt, W.: *Sebei Law*, Berkeley 1967.
Goldsmith, E.: »The Family Basis of Social Structure«, *The Ecologist* 1976.
Goldstein, B.: *Die Sterne sind Zeugen*, Frankfurt/M. 1960.
Goldstein, J./I.F. Lukoff/H.A. Strauss: *Individuelles und kollektives Verhalten in Nazi-Konzentrationslagern*, Frankfurt/M. 1991.
Golowin, S.: *Die weisen Frauen*, Basel 1982.
Gomes de Brito, B.: *História trágico maritima*, ed. J. Pögl, Nördlingen 1987.
Goncourt, E. de/J. de Goncourt: *Die Frau im 18. Jahrhundert*, Bd. II, München 1920.
Goodrum, C./H. Dalrymple: *Advertising in America*, New York 1990.
Gordon, H.L.: »Sex Laws and Customs« in *The Universal Jewish Encyclopedia*, ed. I. Landman, Bd. IX, New York 1943.
Gordon, L.: *Woman's Body, Woman's Right*, Harmondsworth 1977.
Gouda, F.: »Frauen zwischen Schutz und Kontrolle« in *Freiheit, Gleichheit, Weiblichkeit*, ed. M. Christadler, Opladen 1990.
Graber, G.: »Alte Gebräuche bei der Flachsernte in Kärnten«, *Zeitschrift für österreichische Volkskunde* 1911.
Gradenwitz, P.: *Das Heilige Land in Augenzeugenberichten*, München 1984.
Granet, M.: *Die chinesische Zivilisation*, München 1976.
Grant, J.: *Worm-eaten Hinges*, South Yarra 1991.

Granzow, K.: *Letzte Tage in Pommern*, München 1984.
Grapow, H.: *Die bildlichen Ausdrücke des Ägyptischen*, Leipzig 1924.
–: *Grundriß der Medizin der alten Ägypter*, Bd. I, Berlin 1954.
Grau, K.F.: *Schlesisches Inferno*, Stuttgart 1966.
Graus, F.: *Pest, Geißler, Judenmorde*, Göttingen 1987.
Gravdal, K.: »The Poetics of Rape Law in Medieval France« in *Rape and Representation*, ed. L. A. Higgins/B. R. Silver, New York 1991.
–: »Chrétien de Troyes, Gratian, and the Medieval Romance of Sexual Violence«, *Signs* 1992.
Gravett, C.: *Knights and Tournament*, London 1988.
de Greef, J.: *Männermode: Wäsche*, München 1989.
Green, V.H.H.: *Medieval Civilization in Western Europe*, London 1971.
Greenberg, D.F.: *The Construction of Homosexuality*, Chicago 1988.
Gregor, T.: »Privacy and Extra-Marital Affairs in a Tropical Forest Community« in *Peoples and Cultures of Native South America*, ed. D.R. Gross, Garden City 1973.
–: »Secrets, Exclusion, and the Dramatization of Men's Roles« in *Brazil*, ed. M.L. Margolis/W.E. Carter, New York 1979.
–: *Anxious Pleasures: The Sexual Lives of an Amazonian People*, Chicago 1985.
Greilsammer, M.: »Rapts de séduction et rapts violents en Flandre et en Brabant à la fin du Moyen-Age«, *Tijdschrift voor Rechtsgeschiedenis* 1988.
–: »The Midwife, the Priest, and the Physician: The Subjugation of Midwives in the Low Countries at the End of the Middle Ages«, *Journal of Medieval and Renaissance Studies* 1991.
Greitner, U.: »»Die eigentlichen Enragées ihres Geschlechts‹« in *Grenzgängerinnen*, ed. H. Grubitzsch et al., Düsseldorf 1985.
Grémaux, R.: »Mannish Women of the Balkan Mountains« in *From Sappho to de Sade*, ed. J. Bremmer, London 1989.
Greve, R.: Brief vom 15. Januar 1988.
Griffiths, J.G.: *The Conflict of Horus and Seth*, Liverpool 1960.
Grimm, R.R.: »Die Paradiesehe: Eine erotische Utopie des Mittelalters« in ›*Getempert und gemischet*‹, ed. F. Hundsnurscher/U. Müller, Göppingen 1972.
Grinnell, G.B.: *The Cheyenne Indians*, Bd. II, New Haven 1923.
Grobman, A.: »Attempts at Resistance in the Camps« in *Genocide*, ed. A. Grobman/D. Landes, Los Angeles 1983.
Groddeck, G.: *Das Buch vom Es*, Frankfurt/M. 1979.
Groth, A.N./W. Burgess: »Male Rape«, *American Journal of Psychiatry* 1980.
Grube, F./G. Richter: *Flucht und Vertreibung*, Hamburg 1980.
Grubitzsch, H.: Brief vom 17. Februar 1992.
Grubitzsch, H./R. Bockholt: *Théroigne de Méricourt: Die Amazone der Freiheit*, Pfaffenweiler 1991.
Grünberg, G.: »Beiträge zur Ethnographie der Kayabí Zentralbrasiliens«, *Archiv für Völkerkunde* 1970.
Gudgeon, W.E.: »Phallic Emblem from Aitu Island«, *Journal of the Polynesian Society* 1904.

Günther, E.: *Die Faszination des Fremden*, Münster 1990.
Guest, E.M.: »Ballyvourney and Its Sheela-na-gig«, *Folklore* 1937.
Gugitz, G.: »Freiheit, Gleichheit, Brüderlichkeit« in *Sittengeschichte der Revolution*, ed. L. Schidrowitz, Wien 1930.
Guglielmi, W.: »Lachen« in *Lexikon der Ägyptologie*, Bd. III, ed. W. Helck/W. Westendorf, Wiesbaden 1980.
Gulbransson, O.: *Es war einmal*, Berlin 1934.
Gulickson, G.L.: »*La Pétroleuse*: Representing Revolution«, *Feminist Studies* 1991.
van Gulik, R.H.: *Sexual Life in Ancient China*, Leiden 1961.
Gundersheimer, W.L.: »Crime and Punishment in Ferrara, 1440-1500« in *Violence and Civil Disorder in Italian Cities 1200-1500*, ed. L. Martines, Berkeley 1972.
Gusinde, M.: *Die Kongo-Pygmäen in Geschichte und Gegenwart*, Halle 1942.
–: *Die Twiden*, Wien 1956.
–: *Von gelben und schwarzen Buschmännern*, Graz 1966.
Gutek, B.A.: *Sex and the Workplace*, San Francisco 1985.
Guth, S.: *Liebe und Mannesehre*, Berlin 1987.
Guthrie, R.D.: *Body Hot Spots*, New York 1976.
Gutmann, J.: *Buchmalerei in hebräischen Handschriften*, München 1978.

Haarbusch, E.: »Der Zauberstab der Macht: ›Frau bleiben‹« in *Grenzgängerinnen*, ed. H. Grubitzsch et al., Düsseldorf 1985.
–: Brief vom 25. Juni 1986.
Haasis, H.G.: »Die Pfälzer Revolution von 1849« in F.A. Karcher: *Die Freischärlerin*, Frankfurt/M. 1977.
Haberland, E.: »Die Bodi« in *Altvölker Südäthiopiens*, ed. A.E. Jensen, Stuttgart 1959.
Haddon, A.C.: »The Ethnography of the Western Tribe of Torres Straits«, *Journal of the Anthropological Institute of Great Britain and Ireland* 1890.
Hadjinicolaou, N.: »›La Liberté guidant le peuple‹ de Delacroix devant son premier public«, *Actes de la recherche en sciences sociales* 1979.
–: *Die Freiheit führt das Volk*, Dresden 1991.
Häfele, K.: *Die Godivasage und ihre Behandlung in der Literatur*, Heidelberg 1929.
Haerdter, M./S. Kawai: *Butoh*, Berlin 1986.
Hahn, T.: *The Supreme Being of the Khoi-Khoi*, London 1881.
Hale, J.R.: *Artists and Warfare in the Renaissance*, New Haven 1990.
Hallett, J.P.: »Perusinae Glandes and the Changing Image of Augustus«, *American Journal of Ancient History* 1977.
Hallowell, A.I.: *Culture and Experience*, Philadelphia 1955.
Hallpike, C.R.: *The Konso of Ethiopia*, Oxford 1972.
Halsband, M.: »Frauen in den Wechseljahren« in *Sexualität BRD/DDR im Vergleich*, ed. R. Kuntz-Brunner/H. Kwast, Braunschweig 1991.
Hamann, G.: »Das Leben der Chinesen in der Sicht eines Tiroler Missionars des 17. Jahrhunderts«, *Archiv für österreichische Geschichte* 1966.
Hammond-Tooke, W.D.: *Bhaca Society*, Cape Town 1962.

Hampe, R./E. Simon: *Tausend Jahre frühgriechische Kunst*, München 1980.
Hanak, G./J. Stehr/H. Steinert: *Ärgernisse und Lebenskatastrophen*, Bielefeld 1989.
Hanawalt, B.A.: »Fur-Collar Crime: The Pattern of Crime Among the Fourteenth-Century English Nobility«, *Journal of Social History* 1975.
–: *Crime and Conflict in English Communities 1300-1348*, Cambridge 1979.
Handel, P.: *Gemälde 1973-86*, Frankfurt/M. 1986.
Hanson, F.A./L. Hanson: *Counterpoint in Maori Culture*, London 1983.
Hanson, G.: *Original Skin*, London 1970.
Haring, D.G.: »Aspects of Personal Character in Japan« in *Personal Character and Cultural Milieu*, ed. D.G. Haring, Syracuse 1956.
Haritos-Fatouros, M.: »Trainingsprogramme der Obristendiktatur in Griechenland« in *Folter*, ed. J.P. Reemtsma, Hamburg 1991.
Harms, D.: »Anhaltervergewaltigungen« in *Gewalttätige Sexualtäter und Verbalerotiker*, ed. H. Schäfer, Bremen 1992.
Harris, E.M.: »Did the Athenians Regard Seduction as a Worse Crime Than Rape?«, *Classical Quarterly* 1990.
Harris, O.: »The Power of Signs: Culture and the Wild in the Bolivian Andes« in *Nature, Culture and Gender*, ed. C. MacCormack/M. Strathern, Cambridge 1980.
Harris, T.: *Exorcising Blackness*, Bloomington 1984.
Hartau, J.: »Louis Darcis' ›La Nature‹« in *Europa 1789*, ed. W. Hofmann, Köln 1989.
Harten, E./H.-C. Harten: *Frauen, Kultur, Revolution: 1789-1799*, Pfaffenweiler 1989.
Hart Hansen, J.P./J. Meldgaard/J. Nordqvist: *The Greenland Mummies*, Washington 1991.
Hartmann, G.: *Xingú*, Berlin 1986.
Hartmann, H.v.: »Reiseerlebnisse auf Java«, *Jahresbericht des Vereins für Naturkunde zu Zwickau* 1889.
Hartmann, R.: »Aufgaben, Rollen und Räume von Mann und Frau bei Inka und Azteken« in *Aufgaben, Rollen und Räume bei Mann und Frau*, Bd. I, ed. J. Martin/R. Zoeppfel, Freiburg 1989.
Haseman, J.D.: »Some Notes on the Pawumwa Indians of South America«, *American Anthropologist* 1912.
Hasenfratz, H.P.: »Der indogermanische ›Männerbund‹«, *Zeitschrift für Religions- und Geistesgeschichte* 1982.
Haslip, J.: *Marie Antoinette*, München 1988.
Hassel, W.E.: »Survivor's Story« in *Hate Crimes*, ed. G.M. Herek/K.T. Berrill, Newbury Park 1992.
Hastrup, K.: »Male and Female in Icelandic Culture«, *Folk* 1985.
Hatt, J.: *Une ville du XVe siècle: Strasbourg*, Straßburg 1929.
Hauenstein, A.: *Les Hanya*, Wiesbaden 1967.
Haug, F.: *Sexualisierung des Körpers*, Berlin 1988.
Hauptmann, G.: »Die Weber« in *Deutsches Theater des Naturalismus*, ed. W. Rothe, München 1972.
Hauschild, T.: *Der böse Blick*, Berlin 1982.
Hauser-Schäublin, B.: *Frauen in Kararau*, Basel 1977.

Haußig, T.: Mündliche Mitteilung vom 26. Januar 1992.
Hautz, J. F.: *Geschichte der Universität Heidelberg*, Bd. I, Mannheim 1864.
Hedrick, J. D.: »Small Nambas of South Malekula: Mbotgote«, *Expedition*, Spring 1975.
Heider, K. G.: »Attributes and Categories in the Study of Material Culture: New Guinea Dani Attire«, *Man* 1969.
–: »Dani Sexuality«, *Man* 1977.
–: *Grand Valley Dani*, New York 1979.
Heinen, H. D./K. Ruddle: »Ecology, Ritual, and Economic Organization in the Distribution of Palm Starch Among the Warao of the Orinoco Delta«, *Journal of Anthropological Research* 1974.
Heinrich v. Neustadt: *Apollonius von Tyrland*, Berlin 1906.
Heinz, H.-J./M. Lee: *Namkwa*, London 1978.
Heissig, W.: *Die Geheime Geschichte der Mongolen*, Düsseldorf 1981.
Hekma, G.: »Violence« in *Encyclopedia of Homosexuality*, Bd. II, ed. W. R. Dynes, New York 1990.
Helck, W.: *Betrachtungen zur Großen Göttin*, München 1971.
Held, G. J.: *The Papuas of Waropen*, The Hague 1957.
Helfer, C.: »Henker-Studien«, *Archiv für Kulturgeschichte* 1964.
Helfrich, K.: »Sexualität und Repression in der Kultur der Maya«, *Baeßler-Archiv* 1972.
Heller, J.: *War & Conflict*, Washington 1990.
Hellie, R.: *Slavery in Russia 1450-1725*, Chicago 1982.
Helming, E.: »Waschen als Beruf: Zugehfrau, Lohnarbeiterin, Unternehmerin« in *Die Große Wäsche*, ed. E. Helming et al., Köln 1988.
Henderson, J.: *The Maculate Muse*, New Haven 1975.
Henric, J.: *Pierre Klossowski*, Paris 1989.
Henry, J./Z. Henry: »Doll Play of Pilagá Indian Children« in *Personality in Nature, Society, and Culture*, ed. C. Kluckhohn et al., New York 1961.
Hentig, H. v.: *Die Besiegten*, München 1966.
–: *Vom Ursprung der Henkersmahlzeit*, Nördlingen 1987.
Hepp, M.: »Vorhof zur Hölle: Mädchen im ›Jugendschutzlager‹ Uckermark« in *Opfer und Täterinnen*, ed. A. Ebbinghaus, Nördlingen 1987.
Herber, J.: »Tatouages du pubis au Maroc«, *Revue d'Ethnographie et des Traditions Populaires* 1922.
Herbertz, R.: »Kollektive Straf- und Rachemaßnahmen unter Kameraden«, *Zeitschrift für Sexualwissenschaft und Sexualpolitik* 1929.
Herder, J. G.: *Der Cid*, Leipzig 1910.
Herdt, G. H.: *Guardians of the Flutes*, New York 1981.
–: »Fetish and Fantasy in Sambia Initiation« in *Rituals of Manhood*, ed. G. H. Herdt, Berkeley 1982.
–: »Semen Transactions in Sambia Culture« in *Ritualized Homosexuality in Melanesia*, ed. G. H. Herdt, Berkeley 1984.
Hergemöller, B.-U.: »Die ›unsprechliche stumme Sünde‹ in Kölner Akten des ausgehenden Mittelalters«, *Geschichte in Köln*, Dezember 1987.
Hermann, A.: »Sinuhe – ein ägyptischer Schelmenroman?«, *Orientalistische Literaturzeitung* 1953.
–: *Altägyptische Liebesdichtung*, Wiesbaden 1959.

Herramhof, H.: »Eine datierte hölzerne Neidfeige«, *Beiträge zur Oberpfalzforschung* 1969.
Hersh, S.M.: *My Lai 4*, New York 1970.
Herter, H.: »Genitalien« in *Reallexikon für Antike und Christentum*, ed. T. Klausner, Bd. X, Stuttgart 1976.
Hertz, N.: »Medusa's Head: Male Hysteria Under Political Pressure«, *Representations*, Fall 1983.
Herzfeld, M.: *The Poetics of Manhood*, Princeton 1985.
Heusler, A.: *Isländisches Recht: Die Graugans*, Weimar 1937.
Heyden, A. v.: *Die Tracht der Kulturvölker Europas*, Leipzig 1889.
Hieatt, A. K.: »Eve as Reason in a Tradition of Allegorical Interpretation of the Fall«, *Journal of the Warburg and Courtauld Institutes* 1980.
Hilberg, R.: *Die Vernichtung der europäischen Juden*, Berlin 1982.
Hildebrandt, D.: *Studentenbewegung in Heidelberg 1967-1973*, Heidelberg 1991.
Hilger, M.I.: *Araucanian Child Life and Its Cultural Background*, Washington 1957.
Hill, W.W.: »The Status of the Hermaphrodite and Transvestite in Navaho Culture«, *American Anthropologist* 1935.
Hillier, B.: *The Style of the Century*, London 1983.
Himmelheber, H.: *Der Gute Ton bei den Negern*, Heidelberg 1957.
–: Mündliche Mitteilung vom 16. März 1986.
Hinde, R.A.: »Why Do the Sexes Behave Differently in Close Relationships?«, *Journal of Social and Personal Relationships* 1984.
Hirschberg, W.: »Frühe Bildquellen von kapländischen Eingeborenen« in *Festschrift Paul Schebesta zum 75. Geburtstag*, Wien 1963.
Hirschfeld, M.: *Die Homosexualität des Mannes und des Weibes*, Berlin 1914.
–: *Geschlecht und Verbrechen*, Leipzig 1930.
His, R.: *Das Strafrecht der Friesen im Mittelalter*, Leipzig 1901.
–: *Das Strafrecht des deutschen Mittelalters*, Bd. II, Weimar 1935.
Hite, S.: *Das sexuelle Erleben des Mannes*, München 1982.
Hobsbawm, E.: *Die Banditen*, Frankfurt/M. 1972.
–: »Man and Woman in Socialist Iconography«, *History Workshop* 1978.
Hockman, L.: *French Caricature and the French Revolution, 1789-1799*, Chicago 1988.
Hodgson, A.G.O.: »Some Notes on the Wahehe of Mahenge District, Tanganyika Territory«, *Journal of the Royal Anthropological Institute* 1926.
Hoebel, E.A.: *Man in the Primitive World*, New York 1958.
–: »Clothing and Ornament« in *Dress, Adornment, and the Social Order*, ed. M.E. Roach/J.B. Eicher, New York 1965.
Hölscher, W.: *Libyer und Ägypter*, Glückstadt 1937.
Hoerning, E.M.: »Die Ausnahme ist die Regel: Frauen als Kriegsbeute« in *Gewaltverhältnisse*, ed. D. Janshen/M. Mandelartz, Sensbachtal 1987.
Höß, R.: *Kommandant in Auschwitz*, ed. M. Broszat, München 1963.
Hoevels, F.E.: Rezension von H.P. Duerrs *Nacktheit und Scham*, *System ubw*, Mai 1991.

Hoff, H.-H.: »Der vergewaltigende Spanner« in *Gewalttätige Sexualtäter und Verbalerotiker*, ed. H. Schäfer, Bremen 1992.
Hofland, H.J.A.: *Hollands dossier 1980-1990*, Amsterdam 1990.
Hogbin, H. I.: »The Sexual Life of the Natives of Ontong Java (Solomon Islands)«, *Journal of the Polynesian Society* 1931.
–: »Puberty to Marriage: A Study of the Sexual Life of the Natives of Wogeo, New Guinea«, *Oceania* 1946.
Hoig, S.: *The Sand Creek Massacre*, Norman 1961.
Hollander, A.: *Seeing Through Clothes*, New York 1978.
Hollender, M.H./C.W. Brown/H.B. Roback: »Genital Exhibitionism in Women«, *American Journal of Psychiatry* 1977.
Hollstein, F.W.H.: *German Engravings, Etchings and Woodcuts ca. 1400-1700*, Bd. I, Amsterdam 1954.
Holmberg, A.R.: *Nomads of the Long Bow*, Washington 1950.
Holzbecher, M.: »Empfindlich, prüde, humorlos? Sexuelle Belästigung am Arbeitsplatz«, *Psychologie heute*, Mai 1992.
Honig, E.: »Burning Incense, Pledging Sisterhood: Communities of Women Workers in the Shanghai Cotton Mills, 1919-1949«, *Signs* 1985.
Honig, E./G.Hershatter: *Personal Voices: Chinese Women in the 1980's*, Stanford 1988.
Honigmann, J.J.: *The Kaska Indians*, New Haven 1954.
Honour, H.: *The Image of the Black in Western Art*, Cambridge 1989.
Hoof, D.: »›Hier ist keine Gnade weiter, bei Gott ist Gnade‹: Kindsmordvorgänge in Hannover im 18. Jahrhundert«, *Hannoversche Geschichtsblätter* 1983.
van Hooff, A.J.L.: *From Autothanasia to Suicide: Self-Killing in Classical Antiquity*, London 1990.
Hopfner, T.: *Fontes historiae religionis aegyptiacae*, Bonn 1924.
Hornung, E.: *Der ägyptische Mythos von der Himmelskuh*, Göttingen 1982.
Howell, P.: *A Manual of Nuer Law*, London 1954.
Howitt, A.W.: »The Dieri and Other Kindred Tribes of Central Australia«, *Journal of the Anthropological Institute of Great Britain and Ireland* 1891.
Hrdy, S.B.: *The Langurs of Abu*, Cambridge 1977.
–: *The Woman That Never Evolved*, Cambridge 1981.
Hsia, R. P.-C.: *The Myth of Ritual Murder*, New Haven 1988.
Huber, A.: »Die Fickmühle«, *Mitteilungen der ANISA* 1992.
Huber, R.: »Stillakt und Liebesakt«, *Sexualmedizin* 1985.
Hudson, L./B. Jacot: *The Way Men Think*, New Haven 1991.
Hüllmann, K.D.: *Städtewesen des Mittelalters*, Bonn 1829.
Huemer, P.: »Die Angst vor der Freiheit« in *Die ›wilden‹ Fünfziger Jahre*, ed. G. Jagschitz/K.-D. Mulley, St. Pölten 1985.
Huffman, R.: *Nuer Customs and Folk-Lore*, London 1931.
Hufton, O.: »Aufrührerische Frauen in traditionalen Gesellschaften«, *Geschichte und Gesellschaft* 1992.
Huizinga, J.: *Herbst des Mittelalters*, Stuttgart 1952.
Hulme, P.: »Polytropic Man: Tropes of Sexuality and Mobility in Early Colonial Discourse« in *Europe and Its Others*, ed. F. Barker et al., Bd. II, Colchester 1985.

–: *Colonial Encounters: Europe and the Native Caribbean, 1492-1797*, London 1986.
d'Hulst, R.-A./M. Vandenven: *Rubens: The Old Testament*, London 1989.
Hults, L.C.: »Dürer's ›Lucretia‹«, *Signs* 1991.
Hunger, H.: *Die Heilige Hochzeit*, Wiesbaden 1984.
–: *Ritual Promiscuity in Ancient Australia*, Darwin 1988.
–: Brief vom 28. September 1989.
Hunt, L.: »Hercules and the Radical Image in the French Revolution«, *Representations*, Spring 1983.
Hunt, R.C.: »Components of Relationships in the Family: A Mexican Village« in *Kinship and Culture*, ed. F.L.K. Hsu, Chicago 1971.
Hurwitz, S.: *Lilith – die erste Eva*, Zürich 1980.
Hutchinson, S.: »Relations Between the Sexes Among the Nuer«, *Africa* 1980.
Hutton, J.H.: *The Sema Nagas*, London 1921.
Huxley, F.: *Affable Savages*, London 1957.

Iglitzin, L.B.: »War, Sex, Sports, and Masculinity« in *War*, ed. L.L. Farrar, Santa Barbara 1978.
Ingram, M.: *Church Courts, Sex and Marriage in England, 1570-1640*, Cambridge 1987.
Irwin, J.: *The Jail*, Berkeley 1985.
Isenmann, E.: *Die deutsche Stadt im Spätmittelalter*, Stuttgart 1988.

Jäckel, K.: ›*Es kann jede Frau treffen*‹, München 1988.
Jackson, H.C.: »The Nuer of the Upper Nile Province«, *Sudan Notes and Records* 1923.
Jackson, W.H.: »Die Märe von dem Frauenturnier« in *Kleinere Erzählformen im Mittelalter*, ed. K. Grubmüller et al., Paderborn 1988.
Jacob, G.: *Altarabisches Beduinenleben*, Berlin 1897.
Jacobelli, M.C.: *Ostergelächter*, Regensburg 1992.
Jäger, G.: *Aspekte des Krieges und der Chevalerie im XIV. Jahrhundert in Frankreich*, Bern 1981.
Jagchid, S./P. Hyer: *Mongolia's Culture and Society*, Boulder 1979.
Jagor, Hr.: »Bericht«, *Zeitschrift für Ethnologie* 1885.
Jakoby, R./F. Baasner: *Paris 1789*, Baden-Baden 1988.
Jakubassa, E.: *Märchen aus Neuseeland*, Köln 1985.
Jameson, R.D.: »Nudity« in *Standard Dictionary of Folklore*, ed. M. Leach, New York 1950.
Jamin, J.: »Faibles sauvages, corps indigènes – corps indigents« in *Le corps enjeu*, ed. J. Hainard/R. Kaehr, Neuchâtel 1983.
Jandesek, R.: *Der Bericht des Odoric da Pordenone über seine Reise nach Asien*, Bamberg 1987.
Jaritz, G.: »Die Bruoch« in *Symbole des Alltags – Alltag der Symbole*, ed. G. Blaschitz et al., Graz 1992.
Jay, T.: *Cursing in America*, Philadelphia 1992.
Jed, S.H.: *Chaste Thinking: The Rape of Lucretia and the Birth of Humanism*, Bloomington 1989.

Jeffords, S.: »Performative Masculinities, or, ›After a Few Times You Won't Be Afraid of Rape at All‹«, *Discourse* 1991.
Jeggle, U.: »Zur Dialektik von Anständig und Unanständig im Zivilisationsprozeß«, *Österreichische Zeitschrift für Volkskunde* 1992.
Jemison, M.: *Niederschrift der Lebensgeschichte*, ed. U. Lauer/J. Osolin, Frankfurt/M. 1979.
Jensen, A.E.: »Die Male« in *Altvölker Südäthiopiens*, ed. A.E. Jensen, Stuttgart 1959.
–: »Prometheus- und Hainuwele-Mythologem«, *Anthropos* 1963.
Jerouschek, G.: Rezension von H. P. Duerrs *Nacktheit und Scham*, *Zeitschrift der Savigny-Stiftung für Rechtsgeschichte*, Germanist. Abt. 1990.
Jocano, F.L.: *Sulod Society*, Quezon City 1968.
Jocelyn, J.D.: »A Greek Indecency and Its Students: λαικάζειν«, *Proceedings of the Cambridge Philological Society* 1980.
Jochelson, W.: *The Yakut*, Bd. II, New York 1933.
Jochens, J.M.: »The Church and Sexuality in Medieval Iceland«, *Journal of Medieval History* 1980.
Jochmann, C. G.: *Zur Naturgeschichte des Adels*, ed. U. Kronauer, Heidelberg 1982.
Johnson, C.: *History of the Robberies and Murders of the Most Notorious Pyrates*, London 1724.
–: *Histoire des Pirates Anglois*, Lyon 1774.
Johr, B.: »Die Ereignisse in Zahlen« in *BeFreier und Befreite*, ed. H. Sander/B. Johr, München 1992.
Jonaitis, A.: *From the Land of the Totem Poles*, New York 1988.
Jones, A.: »Schwarze Frauen, weiße Beobachter« in *Der europäische Beobachter außereuropäischer Kulturen*, ed. H.-J. König et al., Berlin 1989.
Jones, C.: *The Charitable Imperative*, London 1989.
Jordan, C.: *Renaissance Feminism*, Ithaca 1990.
Jordan, L.: »Die Renaissance in Piacenza«, *Archiv für Kulturgeschichte* 1907.
Jüptner, H.: »Geburtshilflich-gynäkologische Beobachtungen bei den Trobriandern« in *Die Geburt aus ethnomedizinischer Sicht*, ed. W. Schiefenhövel/D. Sich, Braunschweig 1983.
Jütte, R.: »Das Zepter der heroischen Medizin« in *Symbole des Alltags – Alltag der Symbole*, ed. G. Blaschitz et al., Graz 1992.
Jungwirth, N.: *Demo*, Weinheim 1986.
Junker, H.: *Der große Pylon des Tempels der Isis in Philä*, Wien 1958.
Justin, H.: Brief vom 1. November 1988.

Kahl, T.: *Sexualdelinquenz und Polizeiverhalten*, Marburg 1985.
Kahn, C. E.: »*Lucrece*: The Sexual Politics of Subjectivity« in *Rape and Representation*, ed. L. A. Higgins/B. R. Silver, New York 1991.
Kakar, S.: *Kindheit und Gesellschaft in Indien*, Frankfurt/M. 1988.
Kákosy, L.: »Atum« in *Lexikon der Ägyptologie*, Bd. I, ed. W. Helck/W. Westendorf, Wiesbaden 1975.
Kaminski, G.: *China gemalt: Chinesische Zeitgeschichte in Bildern Friedrich Schiffs*, Wien 1983.

Kando, T. M.: *Sexual Behavior & Family Life*, New York 1978.

Kaplan, L.: *Das Mona Lisa-Syndrom*, Düsseldorf 1990.

Kaplan, L. J.: *Weibliche Perversionen*, Hamburg 1991.

Kappeler, A.: »Die deutschen Flugschriften über die Moskowiter und Iwan den Schrecklichen« in *Russen und Rußland aus deutscher Sicht, 9.-17. Jahrhundert*, ed. M. Keller, München 1985.

Kappl, C.: *Die Not der kleinen Leute*, Bamberg 1984.

Karlinsky, S.: »Russia's Gay Literature and Culture« in *Hidden From History*, ed. M. B. Duberman, New York 1989.

Karmann, P.: »Aus den Censorprotokollen von Ransweiler«, *Nordpfälzer Geschichtsverein* 1988.

Karpman, B.: *The Sexual Offender and His Offenses*, New York 1954.

Karsch-Haack, F.: *Das gleichgeschlechtliche Leben der Naturvölker*, München 1911.

Kasiepo, V.: »Die frohe Botschaft Eurer ›Zivilisation‹« in *Kinder der Steinzeit?*, ed. M. Debout, Moers 1991.

Kathee, R.: »Schleppen für die Deppen«, *Stern* 42, 1987.

Kaufmann, C.: »Bekleidete Nackte in der Südsee« in *Kleidung und Schmuck*, ed. B. Hauser-Schäublin, Basel 1988.

Kaulbach, H.-M.: *Bombe und Kanone in der Karikatur*, Marburg 1987.

Kazhdan, A.: »Der Körper im Geschichtswerk des Niketas Choniates« in *Fest und Alltag in Byzanz*, ed. G. Prinzing/D. Simon, München 1990.

Kedward, R.: *Die Anarchisten*, Lausanne 1970.

Keel, O.: *Die Welt der altorientalischen Bildsymbolik und das Alte Testament*, Einsiedeln 1977.

Keen, S.: *Bilder des Bösen*, Weinheim 1987.

Kees, H.: »Zu den ägyptischen Mondsagen«, *Zeitschrift für ägyptische Sprache und Altertumskunde* 1925.

–: *Totenglauben und Jenseitsvorstellungen der alten Ägypter*, Leipzig 1926.

–: *Kulturgeschichte des alten Orients: Ägypten*, München 1933.

Kehoe, A. B.: »The Function of Ceremonial Sexual Intercourse Among the Northern Plains Indians«, *Plains Anthropologist* 1970.

Keidel, J. E.: *Nacktes und Allzunacktes*, München 1909.

Keil, E. W.: *Deutsche Sitte und Sittlichkeit im 13. Jahrhundert nach den damaligen deutschen Predigern*, Dresden 1931.

Keimer, L.: *Remarques sur le tatouage dans l'Égypte ancienne*, Le Caïre 1948.

Keith, B.: »*Machismo* in Südspanien« in *Die Braut*, ed. G. Völger/K. v. Welck, Bd. II, Köln 1985.

Kelly, H. A.: *Love and Marriage in the Age of Chaucer*, Ithaca 1975.

Kelly, I. T./C. S. Fowler: »Southern Paiute« in *Handbook of North American Indians*, Bd. 11, ed. W. L. D'Azevedo, Washington 1986.

Kelm, A./H. Kelm: *Ein Pfeilschuß für die Braut*, Wiesbaden 1975.

Kemink, F.: *Die Tegreñña-Frauen in Eritrea*, Stuttgart 1991.

Kenntner, G./W. A. Kremnitz: *Neuguinea: Expedition in die Steinzeit*, Frieding-Andechs 1984.

Kenrick, D./G. Puxon: *Sinti und Roma: Die Vernichtung eines Volkes im NS-Staat*, Göttingen 1981.

Kerényi, K.: *Die antike Religion*, Leipzig 1940.

Kern, L. J.: *An Ordered Love: Sex Roles and Sexuality in Victorian Utopias*, Chapel Hill 1981.

Kerner, C./A.-K. Scheerer: *Jadeperle und Großer Mut*, Ravensburg 1980.

Kerr, M.H./R.D. Forsyth/M.J. Plyley: »Cold Water and Hot Iron: Trial by Ordeal in England«, *Journal of Interdisciplinary History* 1992.

Kessler, C.S.: »Conflict and Sovereignty in Kelantanese Malay Spirit Seances« in *Case Studies in Spirit Possession*, ed. V. Crapanzano/V. Garrison, New York 1977.

Keuls, E.C.: *The Reign of the Phallus*, New York 1985.

Keupp, L.: *Aggressivität und Sexualität*, München 1971.

Khattab, A.: *Das Bild der Franken in der arabischen Literatur des Mittelalters*, Göppingen 1989.

Kilmer, M.: »Sexual Violence: Archaic Athens and the Recent Past« in ›*Owls to Athens*‹, ed. E.M. Craik, Oxford 1990.

Kim, Y.-C.: *Women of Korea*, Seoul 1976.

King, M.L.: *Women of the Renaissance*, Chicago 1991.

Kirch, M.S.: *Deutsche Gebärdensprache*, Hamburg 1987.

Kirkham, G.L.: »Homosexuality in Prison« in *Studies in the Sociology of Sex*, ed. J.M. Henslin, New York 1971.

Kisch, G.: *The Jews in Medieval Germany*, New York 1970.

–: »The ›Jewish Execution‹ in Mediaeval Germany« in *Ausgewählte Schriften*, Bd. II, Sigmaringen 1979.

Kislinger, E.: »Anasyrma: Notizen zur Geste des Schamweisens« in *Symbole des Alltags – Alltag der Symbole*, ed. G. Blaschitz et al., Graz 1992.

Kissling, E.: »Beweisführung in Vergewaltigungsfällen« in *Vergewaltigungen*, ed. H. Schäfer, Bremen 1985.

Kittel, R.: »Women Under the Law in Medieval England 1066-1485« in *The Women of England*, ed. B. Kanner, London 1980.

Klamper, E.: »Die Frau in der Revolution 1848« in *Die Frau im Korsett*, ed. R. Witzmann/R. Forstner, Wien 1984.

Klausner, T.: »Brust (weibliche)« in *Reallexikon für Antike und Christentum*, ed. T. Klausner, Bd. II, Stuttgart 1951.

Klebs, L.: »Die verschiedenen Formen des Sistrums«, *Zeitschrift für ägyptische Sprache und Altertumskunde* 1931.

Klee, E./W. Dreßen: ›*Gott mit uns*‹: *Der deutsche Vernichtungskrieg im Osten 1939-1945*, Frankfurt/M. 1989.

Klee, E./W. Dreßen/V. Rieß: ›*Schöne Zeiten*‹: *Judenmord aus der Sicht der Täter und Gaffer*, Frankfurt/M. 1988.

Klein, I.: *Zonenrandgebiete*, Hamburg 1989.

Kleinman, A.: *Patients and Healers*, Berkeley 1980.

Kleinspehn, T.: »Schaulust und Scham: Zur Sexualisierung des Blicks«, *Kritische Berichte* 3, 1989.

Klinck, A.L.: »Anglo-Saxon Women and the Law«, *Journal of Medieval History* 1982.

Klinger, D.M.: *Erotische Kunst in Europa*, Bd. I, Nürnberg 1982.

Klose, S.B.: *Darstellung der inneren Verhältnisse der Stadt Breslau vom Jahre 1458 bis zum Jahre 1526*, Breslau 1847.

Klüver, B./J. Martin: *Kiki's Paris*, New York 1989.
Kluge, F.: *Etymologisches Wörterbuch der deutschen Sprache*, Berlin 1989.
Knabe, E.: *Frauenemanzipation in Afghanistan*, Meisenheim 1977.
Knapp, H.: *Die Würzburger Zentgerichts-Reformation 1447*, Mannheim 1909.
–: *Alt-Regensburgs Gerichtsverfassung, Strafverfahren und Strafrecht bis zur Carolina*, Berlin 1914.
Knauft, B.M.: »Narrative ›Longing‹ and Bisexuality Among the Gebusi of New Guinea«, *Ethos* 1986.
–: »Bodily Images in Melanesia« in *Fragments for a History of the Human Body*, Bd. III, ed. M. Feher et al., New York 1989.
Knefelkamp, U.: *Das Gesundheits- und Fürsorgewesen der Stadt Freiburg i.Br. im Mittelalter*, Freiburg 1981.
Knobloch, J.: *Der deutsche Scharfrichter und die Schelmensippe*, Naumburg 1921.
Knox, D.: »*Disciplina*: The Monastic and Clerical Origins of European Civility« in *Renaissance Society and Culture*, ed. J. Monfasani/E.F. Rice, New York 1991.
Knußmann, R.: *Der Mann, ein Fehlgriff der Natur*, Hamburg 1982.
–: »Sexualität bei Tier und Mensch« in *Handbuch der Sexualpädagogik*, Bd. I, Düsseldorf 1984.
Kobelt-Groch, M.: »Von ›armen frowen‹ und ›bösen wibern‹: Frauen im Bauernkrieg zwischen Anpassung und Auflehnung«, *Archiv für Reformationsgeschichte* 1988.
Koch, E.: *Maior dignitas est in sexu virili*, Frankfurt/M. 1991.
Koch, F.: *Sexuelle Denunziation*, Frankfurt/M. 1986.
Koch, K.-F.: »Warfare and Anthropophagy in Jalé Society«, *Bijdragen tot de Taal-, Land- en Volkenkunde* 1970.
Koch, P./R. Oltmanns: *Die Würde des Menschen*, Hamburg 1977.
Koch, S.N.: »The Koches of Garo Hills« in *Garo Hills*, ed. L.S. Gassah, Gauhati 1984.
Köhler, E.: »Sexuelle Belästigung im Bayerischen Landtag« in *Tatort Arbeitsplatz*, ed. U. Gerhart et al., München 1992.
Koehler, L.: *A Search for Power: The ›Weaker Sex‹ in 17th-Century New England*, Urbana 1980.
Köhler, O.: *Die Welt der Kxoé-Buschleute im südlichen Afrika*, Bd. I, Berlin 1989.
König, O.: *Nacktheit*, Opladen 1990.
–: »Verteidiger der Schamhaftigkeit: Zur Elias-Duerr-Debatte«, *Psychologie heute*, Dezember 1991.
König, R.: »Busenfrei oder nicht?« in *Macht und Reiz der Mode*, Düsseldorf 1971.
Koenigswald, G.v.: »Die Carajá-Indianer«, *Globus* 1908.
Koepping, E.R.: *Too Hot, Too Cold, Just Right: Social Relations in a Kadazan Village of Sabah, Malaysia*, Brisbane 1981.
–: Mündliche Mitteilung vom 18. Juni 1992.
Koepping, K.-P.: »Baubo und Priapos« in *Graffiti*, ed. S. Müller, Bielefeld 1985.

–: Mündliche Mitteilung vom 23. Februar 1992.
Köstlin, K.: »Die ›Historische Methode‹ der Volkskunde und der ›Prozeß der Zivilisation‹ des Norbert Elias« in *Volkskultur, Geschichte, Region*, ed. D. Harmening/E. Wimmer, Würzburg 1990.
Kohl, K.-H.: *Abwehr und Verlangen*, Frankfurt/M. 1987.
–: »Über den Umgang mit Fremden: Ethnologische Beobachtungen in Ost-Flores« in *Antrittsvorlesungen der Johannes Gutenberg-Universität Mainz*, Bd. 6, Mainz 1992.
Kohler, J.: *Das Recht der Azteken*, Stuttgart 1892.
Kokula, I.: »Lesbisch leben von Weimar bis zur Nachkriegszeit« in *Eldorado*, ed. M. Bollé/R. Bothe, Berlin 1984.
Kollmann, N.S.: »Was There Honor in Kiev Ruś?«, *Jahrbücher für Geschichte Osteuropas* 1988.
–: »Women's Honor in Early Modern Russia« in *Russia's Women*, ed. B.E. Clements et al., Berkeley 1991.
Kolmer, L.: »Die Hinrichtung des hl. Emmeran« in *Regensburg und Bayern im Mittelalter*, ed. B. Callies et al., Regensburg 1987.
Komenda, J.: »Frauen im Revier von Birkenau« in *Die Auschwitz-Hefte*, Bd. I, Weinheim 1987.
Komorovský, J.: »The Evidence of the Bride's Innocence in the Wedding Customs of the Slavs«, *Ethnologia Slavica* 1974.
Konner, M.: *Die unvollkommene Gattung*, Basel 1984.
Konrad, G.: »Meaning of Phallic Display Among the Asmat and Other Societies of Irian Jaya«, *Ethnomedizin* 1977.
Kopelew, L.: *Aufbewahren für alle Zeit!*, Hamburg 1976.
Kornaros, T.: »Vor den Toren Athens: Chaidari«, *Dachauer Hefte* 5, 1989.
Koschorrek, W.: *Der Sachsenspiegel*, Frankfurt/M. 1989.
Kotelmann, L.: *Gesundheitspflege im Mittelalter*, Hamburg 1890.
Kracke, W.H.: *Force and Persuasion: Leadership in an Amazonian Society*, Chicago 1978.
Krämer, A.: *Die Samoa-Inseln*, Bd. II, Stuttgart 1903.
–: *Palau*, Bd. I, Hamburg 1917; Bd. III, 1926.
Krämer, J.: *Pfälzisches Wörterbuch*, Bd. III, Wiesbaden 1980.
Kramer, F.W.: *Der rote Fes*, Frankfurt/M. 1987.
–: Mündliche Mitteilung vom 5. Februar 1992.
Kramer, K.-S.: *Volksleben im Fürstentum Ansbach und seinen Nachbargebieten (1500-1800)*, Würzburg 1961.
–: *Das Scheibenbuch des Herzogs Johann Casimir v. Sachsen-Coburg*, Coburg 1989.
Kramer, K.-S./U. Wilkens: *Volksleben in einem holsteinischen Gutsbezirk*, Neumünster 1979.
Krása, J.: *Die Handschriften König Wenzels IV.*, Praha 1971.
Kraus, O./E. Kulka: *Die Todesfabrik Auschwitz*, Berlin 1991.
Krause, B.: »Scham und Selbstverhältnis in mittelalterlicher Literatur« in *Das Andere Wahrnehmen*, ed. M. Kintzinger et al., Köln 1991.
Krause, F.: *In den Wildnissen Brasiliens*, Leipzig 1911.
Kraushaar, W.: »Schreckensbilder« in *Folter*, ed. J.P. Reemstma, Hamburg 1991.

Krauss, F.S.: »Südslavische Volksüberlieferungen, die sich auf den Geschlechtsverkehr beziehen: Teil I«, *Anthropophyteia* 1904.
Krauss, F.S./T. Sato: *Japanisches Geschlechtsleben*, ed. G. Prunner, Hanau 1965.
Krauss, S.: »Bad und Badewesen im Talmud«, *Haḳedem* 1907.
Krekić, B.: »*Abominandum crimen*: Punishment of Homosexuals in Renaissance Dubrovnik«, *Viator* 1987.
Krenkel, W.: *Pompejanische Inschriften*, Heidelberg 1962.
Kreuzer, M.D.: *Prostitution*, Stuttgart 1989.
van Krieken, R.: »The Organisation of the Soul«, *Archives européennes de sociologie* 1990.
–: »Gewalt, Selbstdisziplin und Modernität«, *Psychologie und Geschichte* 1991.
Krige, E.J.: »Girls' Puberty Songs and Their Relation to Fertility, Health, Morality and Religion Among the Zulu«, *Africa* 1968.
Křížek, V.: *Kulturgeschichte des Heilbades*, Leipzig 1990.
Krockow, C. v.: *Die Stunde der Frauen*, München 1991.
Kroeber, A.L.: »Cheyenne Tales«, *Journal of American Folklore* 1900.
–: »The Arapaho«, *Bulletin of the American Museum of Natural History* 1907.
Kröhn, W.: »Tatmotiv Frauenverachtung«, *Sexualmedizin* 1985.
–: »Wer sind die Vergewaltiger?« in *Von der Last der Lust*, ed. J.C. Aigner/R. Gindorf, Wien 1986.
Krohn, R.: *Der unanständige Bürger*, Kronberg 1974.
Kroll, W.: *Die Kultur der ciceronischen Zeit*, Darmstadt 1963.
Kromm, J.: »›Marianne‹ and the Madwomen«, *Art Journal* 1987.
Kronberger, M.: »Die Amazonen« in *Nachrichten aus der Zeit*, ed. E. Specht, Wien 1992.
Kubary, J.S.: *Ethnographische Beiträge zur Kenntnis des Karolinen Archipels*, Leiden 1895.
Kuby, E.: *Als Polen deutsch war: 1939-1945*, Ismaning 1986.
Kuczynski, J.: *Geschichte des Alltags des deutschen Volkes*, Bd. I, Köln 1980.
Küpper, H.: *Illustriertes Lexikon der deutschen Umgangssprache*, Bd. III, Stuttgart 1983.
Kuhfus, P.M.: »Rot und Schwarz: Einige Beobachtungen zu Männerbund-Aspekten der Geheimgesellschaften Chinas« in *Männerbande, Männerbünde*, Bd. I, ed. G. Völger/K. v. Welck, Köln 1990.
Kummer, H.: »Geschlechtsspezifisches Verhalten von Tierprimaten« in *Geschlechtsunterschiede*, ed. N. Bischof/H. Preuschoft, München 1980.
Kunczik, M.: *Gewalt und Medien*, Köln 1987.
Kuntner, L.: Mündliche Mitteilung vom 15. Juni 1987.
Kunz, R.: »Aus Lindenfelser Rügenregistern des 17. Jahrhunderts«, *Geschichtsblätter Kreis Bergstraße* 1977.
Kunzle, D.: *The Early Comic Strip*, Berkeley 1973.
Kuppel, W.: *Nackt und nackt gesellt sich gern*, Düsseldorf 1981.
Kuret, N.: »Frauenbünde und maskierte Frauen«, *Schweizerisches Archiv für Volkskunde* 1972.

Kurz, F.: »Aus dem Tagebuch des Malers Friedrich Kurz über seinen Aufenthalt bei den Missouri-Indianern 1848-1852«, *Jahresberichte der Geographischen Gesellschaft von Bern* 1894.

Kuster, H.J./R.J. Cormier: »Old Views and New Trends: Observations on the Problem of Homosexuality in the Middle Ages«, *Studi Medievali* 1984.

Kuzmics, H.: »Zeitdruck und Individualisierung als Probleme der Moderne: Überlegungen zu den neueren Beiträgen von N. Elias und zu H.P. Duerrs Elias-Kritik«, *Österreichische Zeitschrift für Soziologie* 1988.

La Barre, W.: »Die kulturelle Grundlage von Emotionen und Gesten« in *Kulturanthropologie*, ed. W.E. Mühlmann/E.W. Müller, Köln 1966.

–: *Muelos: A Stone Age Superstition About Sexuality*, New York 1984.

La Belle, B.: »The Propaganda of Misogyny« in *Take Back the Night*, ed. L. Lederer, New York 1980.

Lacau, M.P.: *Les noms des parties du corps en égyptien et en sémitique*, Paris 1970.

Lacoste-Dujardin, C.: *Mütter gegen Frauen*, Zürich 1990.

Lagercrantz, S.: *Penis Sheaths and Their Distribution in Africa*, Uppsala 1976.

de Lamartine, M.A.: *Histoire des Girondins*, Bd. III, Leipzig 1847.

Lambertz, J.: »Sexual Harassment in the Nineteenth Century English Cotton Industry«, *History Workshop*, Spring 1985.

Lambroza, S.: »The Pogroms of 1903-1906« in *Pogroms: Anti-Jewish Violence in Modern Russian History*, ed. J.D. Klier/S. Lambroza, Cambridge 1992.

Lamm, M.: *The Jewish Way in Love and Marriage*, San Francisco 1980.

Landes, D.: »Modesty and Self-Dignity in Holocaust Films« in *Genocide*, ed. A. Grobman/D. Landes, Los Angeles 1983.

Landes, R.: *The Ojibwa Woman*, New York 1938.

Lane, M.: *Les soldats américains accusent*, Paris 1972.

Lang, B.: »No Sex in Heaven: The Logic of Procreation, Death, and Eternal Life in the Judaeo-Christian Tradition« in *Mélanges bibliques en l'honneur de Mathias Delcor*, Neukirchen 1985.

Langbein, H.: *Menschen in Auschwitz*, Wien 1987.

Lange, H.U./M.-P. Engelmeier: »Ladendiebstahl als sexuelle Deviation«, *Sexualmedizin* 1980.

Langlois, C.: »Counterrevolutionary Iconography« in *French Caricature and the French Revolution, 1789-1799*, ed. L. Hockman, Chicago 1988.

Langner, L.: »Clothes and Government« in *Dress, Adornment, and the Social Order*, ed. M.E. Roach/J.B. Eicher, New York 1965.

Langness, L.L.: »Ritual, Power, and Male Dominance in the New Guinea Highlands« in *The Anthropology of Power*, ed. R.D. Fogelson/R.N. Adams, New York 1977.

Laqueur, R.: *Schreiben im KZ*, Bremen 1991.

Laqueur, T.W. »›Amor Veneris, vel Dulcedo Appeletur‹« in *Fragments for a History of the Human Body*, Bd. III, ed. M. Feher et al., New York 1989.

–: *Auf den Leib geschrieben*, Frankfurt/M. 1992.

La Sale, A. de: *Die hundert neuen Novellen*, ed. A. Semerau, München 1907.
Laslett, P.: *Verlorene Lebenswelten*, Wien 1988.
Latzka, B.: *Sextourismus in Südostasien*, Frankfurt/M. 1987.
Laubscher, B. J. F.: *Sex, Custom and Psychopathology*, London 1937.
Laudowicz, E.: »Die Ehre, für Palästina zu kämpfen«« in *Befreites Land – befreites Leben?*, ed. E. Laudowicz, Köln 1987.
–: »Armee mit langen Haaren« in *Der große Unterschied*, ed. K. v. Soden, Berlin 1988.
Lauenstein, D.: *Die Mysterien von Eleusis*, Stuttgart 1987.
Lautmann, R.: *Der Zwang zur Tugend*, Frankfurt/M. 1984.
Lautmann, R. / M. Schetsche: *Das pornographierte Begehren*, Frankfurt/M. 1990.
Lavie, S.: *The Poetics of Military Occupation*, Berkeley 1990.
van Lawick-Goodall, J.: *Wilde Schimpansen*, Reinbek 1971.
Lawner, L.: *Lives of the Courtesans*, New York 1987.
Lawrenz, C. / P. Orzegowski: *Das kann ich keinem erzählen: Gespräche mit Frauen über ihre sexuellen Phantasien*, Darmstadt 1988.
Lawson, J. C.: *Modern Greek Folklore and Ancient Greek Religion*, Cambridge 1910.
Layard, J.: *Stone Men of Malekula*, London 1942.
Leach, E. R.: »A Trobriand Medusa?«, *Man* 1954.
Leaf, W.: *Homer's ›Iliad‹*, Bd. II, London 1902.
Leakey, L.: »Heirat und Verwandtschaft« in *Bild der Völker*, Bd. 2, ed. E. E. Evans-Pritchard, Wiesbaden 1974.
Leclant, J.: »Gotteshand« in *Lexikon der Ägyptologie*, Bd. II, ed. W. Helck / W. Westendorf, Wiesbaden 1977.
Lederer, L.: »Then and Now: An Interview With a Former Pornography Model« in *Take Back the Night*, ed. L. Lederer, New York 1980.
Lee-Linke, S.-H.: *Frauen gegen Konfuzius*, Gütersloh 1991.
Lefebvre, G.: *Tableau des parties du corps humain mentionnées par les Égyptiens*, Le Caïre 1952.
Lefkowitz, M. R.: *Die Töchter des Zeus*, München 1992.
Le Goff, J.: »Der Mensch des Mittelalters« in *Der Mensch des Mittelalters*, ed. J. Le Goff, Frankfurt/M. 1989.
Leguay, J.-P.: »Ein Fall von Notzucht im Mittelalter« in *Die sexuelle Gewalt in der Geschichte*, ed. A. Corbin, Berlin 1992.
Lehmann, K. / K. A. Eckhardt: *Leges alamannorum*, Hannover 1966.
Lehmann-Langholz, U.: *Kleiderkritik in mittelalterlicher Dichtung*, Frankfurt/M. 1985.
Lehndorff, H. v.: »Königsberg unter den Russen« in *Letzte Tage in Ostpreußen*, ed. H. Reinoß, Berlin 1985.
Leip, H.: *Bordbuch des Satans*, München 1959.
Leiris, M.: *Das Auge des Ethnographen*, Frankfurt/M. 1978.
Leith, J. A.: »The War of Images Surrounding the Commune« in *Images of the Commune*, ed. J. A. Leith, Québec 1978.
Lem, S.: »Noch einmal: Können Hexen fliegen?« in *Der gläserne Zaun*, ed. R. Gehlen / B. Wolf, Frankfurt/M. 1983.
Lenk, W.: *Dokumente aus dem deutschen Bauernkrieg*, Frankfurt/M. 1983.

Leonardo da Vinci: *Tagebücher und Aufzeichnungen*, Leipzig 1940.
Lerner, G.: »The Origin of Prostitution in Ancient Mesopotamia«, *Signs* 1986.
Le Roy Ladurie, E.: *Montaillou*, Frankfurt/M. 1980.
Lesnick, D.R.: »Insults and Threats in Medieval Todi«, *Journal of Medieval History* 1991.
Lésoualc'h, T.: *Érotique du Japon*, Paris 1978.
Lessa, W.A.: *Ulithi*, New York 1966.
Leverenz, I.: Brief vom 5. September 1986.
Le Vine, B.B.: »Die Initiation der Mädchen in Nyansongo« in *Initiation*, ed. V. Popp, Frankfurt/M. 1969.
Le Vine, R.A.: »Gusii Sex Offenses«, *American Anthropologist* 1959.
Le Vine, R.A./B.B. Le Vine: »Nyansongo: A Gusii Community in Kenya« in *Six Cultures*, ed. B.B. Whiting, New York 1963.
Lévi-Strauss, C.: *La vie familiale et sociale des Indiens Nambikwara*, Paris 1948.
–: *Traurige Tropen*, Frankfurt/M. 1978.
Lévy, I.: »Autor d'un roman mythologique égyptien« in *Mélanges Franz Cumont*, Bruxelles 1936.
Levy, R.I.: »The Community Function of Tahitian Male Transvestitism«, *Anthropological Quarterly* 1971.
–: *Tahitians*, Chicago 1973.
–: »Tahiti, Sin, and the Question of Integration Between Personality and Sociocultural Systems« in *Culture and Personality*, ed. R.A. LeVine, Chicago 1974.
Lévy-Hass, H.: *Vielleicht war das alles erst der Anfang*, ed. E. Geisel, Berlin 1979.
Lew v. Rožmital: *Ritter-, Hof- und Pilger-Reise durch die Abendlande 1465-1467*, ed. J.A. Schmeller, Stuttgart 1844.
Lewis, O.: *The Children of Sánchez*, New York 1961.
Lewy, G.: *America in Vietnam*, Oxford 1978.
Lexer, M.: *Mittelhochdeutsches Handwörterbuch*, Bd. I, Leipzig 1872.
Lexová, I.: *Ancient Egyptian Dances*, Praha 1935.
Li, D.: »The Kammu People in China«, *Asian Folklore Studies* 1984.
Licht, M.: *Vergewaltigungsopfer*, Pfaffenweiler 1989.
Lichtenberg, G.C.: *Schriften und Briefe*, Bd. I, München 1968.
Liebermann, F.: *Die Gesetze der Angelsachsen*, Bd. I, Halle 1903.
Liebert, R.S.: *Michelangelo*, New Haven 1983.
Liebrecht, F.: »Arsloh«, *Germania* 1886.
Lienhardt, G.: Brief vom 4. November 1986.
Lifton, R.J.: »America's New Survivors: The Image of My Lai« in *Our Selves / Our Past*, ed. R.J. Brugger, Baltimore 1981.
Lincoln, B.: »Revolutionary Exhumations in Spain, July 1936«, *Comparative Studies in Society & History* 1985.
Lindemann, B.S.: »›To Ravish and Carnally Know‹: Rape in Eighteenth-Century Massachusetts«, *Signs* 1984.
Lindholm, C./C. Lindholm: »Life Behind the Veil« in *Anthropology*, ed. D.E.K. Hunter/P. Whitten, Boston 1982.

Lindner, D.: *Der usus matrimonii*, München 1929.
Linton, R.: »Marquesan Culture« in *The Individual and His Society*, ed. A. Kardiner, New York 1939.
Linz, D./E. Donnerstein: »The Effects of Counterinformation on the Acceptance of Rape Myths« in *Pornography*, ed. D. Zillmann/J. Bryant, Hillsdale 1989.
Lipp, C.: »Die Innenseite der Arbeiterkultur« in *Arbeit, Frömmigkeit und Eigensinn*, ed. R. van Dülmen, Frankfurt/M. 1990.
Lippard, L.R.: *A Different War*, Seattle 1990.
Lisak, D.: »Sexual Aggression, Masculinity, and Fathers«, *Signs* 1991.
Lizot, J.: *Im Kreis der Feuer*, Frankfurt/M. 1982.
Llewellyn, K.N./E.A. Hoebel: *The Cheyenne Way*, Norman 1941.
Llewelyn-Davies, M.: »Two Contexts of Solidarity Among Pastoral Maasai Women« in *Women United, Women Divided*, ed. P. Caplan/J.M. Bujra, London 1978.
Loch, A.: »An'griff« in *Deutsches Rechtswörterbuch*, Bd. I, ed. R. Schröder/E.v. Künßberg, Weimar 1914.
Lodge, O.: »‹Babin Den›: Midwives' Day in Bulgaria«, *Man* 1947.
Lo Duca, J.M.: *Eros im Bild*, München 1968.
Löffler, L.G.: »Das zeremonielle Ballspiel im Raum Hinterindiens«, *Paideuma* 1955.
Löffler, S.: »Auf dem Schampfad«, *profil* 45, 5. November 1990.
Löwith, K.: »Unzulängliche Bemerkungen zum Unterschied von Orient und Okzident« in *Die Gegenwart der Griechen im Neueren Denken*, ed. D. Henrich et al., Tübingen 1960.
Lohs, M.: »Frauen äußern ihre sexuellen Phantasien« in *Ärztliches Handeln und Intimität*, ed. R. Lockot/H.P. Rosemeier, Stuttgart 1983.
Lohse, S.: ›*God Spared a Few to Tell the Tale*‹, Würzburg 1991.
Lombroso, C./M. Carrara: *Contributo all' antropologìa dei Dinka*, Lanciano 1897.
Lombroso, C./G. Ferrero: *Das Weib als Verbrecherin und Prostituierte*, Hamburg 1894.
van de Loo, E.L.H.M.: *Genital Exposing Behaviour in Adult Human Males*, Leiden 1987.
López de Gómara, F.: »Die Eroberung Mexikos durch Hernán Cortes« in *Der Griff nach der Neuen Welt*, ed. C. Strosetzki, Frankfurt/M. 1991.
López-Ríos Fernández, F.: *Arte y medicina en las misericordias de los coros españoles*, Salamanca 1991.
Lorand, S.: »The Psychology of Nudism«, *Psychoanalytic Review* 1933.
Loraux, N.: »Herakles: The Super-Male and the Feminine« in *Before Sexuality*, ed. D.M. Halperin et. al., Princeton 1990.
Loskiel, G.H.: *Geschichte der Mission der evangelischen Brüder unter den Indianern in Nordamerika*, Barby 1789.
Lourie, E.: *Crusade and Colonisation*, Aldershot Hampshire 1990.
Low, B./H. Ling Roth: »The Natives of Borneo«, *Journal of the Anthropological Institute of Great Britain and Ireland* 1892.
Lowen, A.: »In Defense of Modesty«, *Journal of Sex Research* 1967.
Lowenthal, A.W.: *Netherlandish Mannerism*, London 1990.

Lowie, R.H.: »Social Life of the Crow Indians«, *Anthropological Papers of the American Museum of Natural History*, New York 1912.

–: Notes on the Social Organization and Customs of the Mandan, Hidatsa, and Crow Indians«, *Anthropological Papers of the American Museum of Natural History*, New York 1917.

Lüsebrink, H.-J.: »Les crimes sexuels dans les *Causes célèbres*«, *Dix-huitieme siècle* 1980.

Lugand, R.: »Le viol rituel chez les Romains«, *Revue archéologique* 1930.

Luig, U.: »Körpermetaphorik, Sexualität und Macht der Frauen« in *Frauenmacht ohne Herrschaft*, ed. I. Lenz/U. Luig, Berlin 1990.

Lukas, M.: *Und die Kerle lechzen*, Essen 1986.

Lukesch, A.: »Kontaktaufnahme mit Urwaldindianern (Brasilien)«, *Anthropos* 1973.

Lullies, R./M. Hirmer: *Griechische Vasen der reifarchaischen Zeit*, München 1953.

Lundholm, A.: *Das Höllentor*, Reinbek 1988.

Luo, S.: Mündliche Mitteilung vom 30. November 1989.

Luria, Z./M.D. Rose: *Psychology of Human Sexuality*, New York 1979.

Lurie, N.O.: »Winnebago Berdache«, *American Anthropologist* 1953.

Luzbetak, L.J.: *Marriage and the Family in Caucasia*, Wien-Mödling 1951.

Lydall, J./I. Strecker: *The Hamar of Southern Ethiopia*, Bd. I, Hohenschäftlarn 1979.

Lyman, P.: »The Fraternal Bond as a Joking Relationship« in *Changing Men*, ed. M.S. Kimmel, Newbury Park 1987.

Lyman, S.M./M.B. Scott: »Coolness in Everyday Life« in *Sociology and Everyday Life*, ed. M. Truzzi, Englewood Cliffs 1968.

Lyons, A.P.: »Notes on the Gogodara Tribe of Western Papua«, *Journal of the Royal Anthropological Institute* 1926.

Maaskant-Kleibrink, M.: *Mythe in beeld*, Groningen 1990.

MacDonald, J.M.: *Rape*, Springfield 1971.

MacDonald, M.: »Women and Madness in Tudor and Stuart England«, *Social Research* 1986.

Machotka, P.: *The Nude*, New York 1979.

MacInnes, C.: *Out of the Way*, London 1979.

Mackay, A.: »Faction and Civil Strife in Late Medieval Castilian Towns«, *Bulletin of the John Rylands University Library of Manchester*, Autumn 1990.

MacKinnon, C.A.: *Sexual Harassment of Working Women*, New Haven 1979.

MacNamara, D.E.J./E. Sagarin: *Sex, Crime, and the Law*, New York 1977.

MacPherson, M.: *Long Time Passing*, Garden City 1984.

Maddern, P.C.: *Violence and Social Order: East Anglia 1422-1442*, Oxford 1992.

Maddow, B.: *Antlitz*, Köln 1979.

Madigan, L./N.C. Gamble: *The Second Rape*, New York 1991.

Märtin, R.P.: *Dracula: Das Leben des Fürsten Vlad Tepes*, Frankfurt/M. 1991.

Magyary-Kossa, J.v.: *Ungarische medizinische Erinnerungen*, Budapest 1935.
Maier, R.: *Das Strafrecht der Stadt Villingen*, Freiburg 1913.
Maier-Bode, S.: *Die Stellung der lesbischen Frau in der heutigen Gesellschaft und in früheren Jahrhunderten*, Bonn 1983.
Majer, F.: *Geschichte der Ordalien*, Jena 1795.
Makowski, E.M.: »The Conjugal Debt and Medieval Canon Law«, *Journal of Medieval History* 1977.
Malamuth, N.M.: »The Mass Media and Aggression Against Women« in *Rape and Sexual Assault*, ed. A.W. Burgess, New York 1985.
–: »Do Sexually Violent Media Indirectly Contribute to Antisocial Behavior?« in *The Psychology of Women*, ed. M.R. Walsh, New Haven 1987.
Malamuth, N./S. Haber/S. Feshbach: »Testing Hypotheses Regarding Rape«, *Journal of Research in Personality* 1980.
Malaurie, J.: *Die letzten Könige von Thule*, Frankfurt/M. 1979.
Malcolmson, P.E.: *English Laundresses*, Urbana 1986.
Malinowski, B.: *Das Geschlechtsleben der Wilden in Nordwest-Melanesien*, Frankfurt/M. 1979.
–: *Korallengärten und ihre Magie*, Frankfurt/M. 1981.
Malotki, E.: »The Story of the *tsimonmamant* or Jimson Weed Girls« in *Smoothing the Ground*, ed. B. Swann, Berkeley 1983.
Malti-Douglas, F.: *Woman's Body, Woman's Word*, Princeton 1991.
Mamozai, M.: *Komplizinnen*, Reinbek 1990.
Mandel, S.: »The Laughter of Nordic and Celtic-Irish Tricksters«, *Fabula* 1982.
van Mander, C.: *Das Leben der niederländischen und deutschen Maler von 1400 bis ca. 1615*, ed. H. Floerke, Worms 1991.
Mandeville, J.: *Reisebuch*, ed. G.E. Sollbach, Frankfurt/M. 1989.
Mandl-Neumann, H.: »Alltagskriminalität im spätmittelalterlichen Krems«, *Mitteilungen des Kremser Stadtarchivs* 1985.
Manniche, L.: *Sexual Life in Ancient Egypt*, London 1987.
Mansberg, R.v.: »Die antike Hinrichtung am Pfahl oder Kreuz«, *Zeitschrift für deutsche Kulturgeschichte* 1900.
Marco Polo: *Von Venedig nach China*, ed. T.A. Knust, Stuttgart 1983.
Marcus, M.: *Die furchtbare Wahrheit: Frauen und Masochismus*, Reinbek 1987.
Maréchal, G.M.O.: »Steden en hun sociale zorg« in *Steden & hun verleden*, ed. M. van Rooijen, Utrecht 1988.
Maréchal, M./J. Poumarède: *La Coutume de Saint-Sever (1380-1480)*, Paris 1988.
de Marly, D.: *Louis XIV & Versailles*, London 1987.
Marrinan, M.: *Painting Politics for Louis-Philippe*, New Haven 1988.
Marshall, D.S.: *Island of Passion*, London 1962.
–: »Sexual Behavior on Mangaia« in *Human Sexual Behavior*, ed. D.S. Marshall/R.C. Suggs, New York 1971.
Marshall, L.: »Marriage Among the !Kung Bushmen«, *Africa* 1959.
–: *The !Kung of Nyae Nyae*, Cambridge 1976.
–: »Sharing, Talking, and Giving: Relief of Social Tensions Among the

!Kung« in *Kalahari Hunter-Gatherers*, ed. R.B. Lee/I. DeVore, Cambridge 1976.
Martin, E./H. Lienhart: *Wörterbuch der elsässischen Mundarten*, Bd. II, Straßburg 1907.
Martin, P.: *Das rebellische Eigentum*, Frankfurt/M. 1988.
Martini, G.: »La giustizia veneziana ed il ›vitio nefando‹ nel secolo XVII«, *Studi Veneziani* 1986.
Martischnig, M.: »Schöner Vogel Jugend« in *Gegenwartsvolkskunde und Jugendkultur*, ed. K. Beitl/E. Kausel, Wien 1987.
Marwick, B.A.: *The Swazi*, London 1940.
Marzell, H.: »Lein« in *Handwörterbuch des deutschen Aberglaubens*, Bd. V, ed. H. Bächtold-Stäubli, Berlin 1933.
–: *Geschichte und Volkskunde der deutschen Heilpflanzen*, Stuttgart 1938.
Mason, P.: *The City of Men*, Göttingen 1984.
Massarella, D.: *A World Elsewhere: Europe's Encounter With Japan in the 16th and 17th Centuries*, New Haven 1990.
Masters, W.H./V.E. Johnson: *Homosexualität*, Frankfurt/M. 1979.
Masters, W.H. et al.: *Liebe und Sexualität*, Berlin 1987.
–: *Human Sexuality*, Glenview 1988.
Maurer, F.: »Der Phallusdienst bei den Israeliten und Babyloniern«, *Globus* 1907.
Maurer, H.: *Konstanz im Mittelalter*, Konstanz 1989.
Maurer, M.: *Britannien, von deiner Freiheit einen Hut voll*, München 1992.
Mauritsch, P.: *Sexualität im frühen Griechenland*, Wien 1992.
Maybury-Lewis, D.: *The Savage and the Innocent*, London 1965.
–: *Akwē-Shavante Society*, Oxford 1967.
Mayer, D.M.: *Angelica Kauffmann, R.A., 1741-1807*, Gerrards Cross 1972.
Mayer, G.: *Die jüdische Frau in der hellenistisch-römischen Antike*, Stuttgart 1987.
Mayer, H.: *Kolumbien: Der schmutzige Krieg*, Reinbek 1990.
Maynes, M.J.: »Gender and Class in Working-Class Women's Autobiographies« in *German Women in the Eighteenth and Nineteenth Centuries*, ed. R.-E.B. Joeres/M.J. Maynes, Bloomington 1986.
McCahill, T.W./L.C. Meyer/A.M. Fischman: *The Aftermath of Rape*, Lexington 1979.
McCall, D.: »The Dominant David Dyad: Mother-Right and the Iroquois Case« in *Theory and Practice*, ed. S. Diamond, The Hague 1980.
McCall, D.F.: *Wolf Courts Girl*, Athens 1970.
McCarthy, M.: *Medina: Die My Lai-Prozesse*, Zürich 1973.
McConell, U.: »The Wik-Mungkan and Allied Tribes of Cape York Peninsula, N.Q.«, *Oceania* 1934.
McDaniel, W.B.: »The Medical and Magical Significance in Ancient Medicine of Things Connected With Reproduction and Its Organs«, *Journal of the History of Medicine* 1948.
McDannell, C./B. Lang: *Heaven: A History*, New Haven 1988.
McDermid, J.: »Women in Urban Employment and the Shaping of the Russian Working Class« in *Women's Work and the Family Economy*, ed. P. Hudson/W. R. Lee, Manchester 1990.

McKnight, D.: »Sexual Symbolism of Food Among the Wik-Mungkan«, *Man* 1973.
McLeod, M. D.: *The Asante*, London 1981.
McLynn, F.: *Crime and Punishment in Eighteenth-Century England*, London 1989.
Mead, M.: *New Lives for Old*, New York 1961.
–: *Leben in der Südsee*, München 1965.
Meer, T. van der: »The Persecution of Sodomites in Eighteenth-Century Amsterdam« in *The Pursuit of Sodomy*, ed. K. Gerard/G. Hekma, New York 1989.
Mégier, E.: »Deux exemples de ›prépurgatoire‹ chez les historiens«, *Cahiers de civilisation médiévale* 1985.
Mehta, R. J.: *Scientific Curiosities of Love-Life and Marriage*, Bombay o. J.
Meigs, A. S.: *Food, Sex, and Pollution*, New Brunswick 1984.
Meiian, H.: Mündliche Mitteilung vom 27. Juni 1986.
Meijer, M. J.: *Murder and Adultery in Late Imperial China*, Leiden 1991.
Meißner, R.: *Bruchstücke der Rechtsbücher des Borgarthings und des Eidsivathings*, Weimar 1942.
Melegari, V.: *Die Geschichte der Piraten*, Hamburg 1978.
Ménard, P.: »Le rire et le sourire au Moyen Age dans la littérature et dans les arts« in *Le rire au Moyen Age*, ed. T. Bouché/H. Charpentier, Bordeaux 1990.
Mennel, R. M.: *Thorns & Thistles: Juvenile Delinquents in the United States*, Hanover 1973.
Mennell, S.: *Norbert Elias*, Oxford 1989.
Mensah-Brown, A. K.: »Marriage in Sefwi-Akan Customary Law«, *Sociologus* 1969.
Méricourt, T. de: *Aufzeichnungen aus der Gefangenschaft*, ed. H. Grubitzsch/R. Bockholt, Salzburg 1989.
Mernissi, F.: *Die Sultanin*, Frankfurt/M. 1991.
Mershen, B.: »Amulette als Komponenten des Volksschmucks im Jordanland« in *Pracht und Geheimnis*, ed. G. Völger et al., Köln 1987.
Mester, H.: »Der Wunsch einer Frau nach Veränderung der Busengröße«, *Zeitschrift für psychosomatische Medizin* 1982.
Métraux, A.: *Religions et magies indiennes d'Amérique du Sud*, Paris 1967.
Mey, W.: *Wir wollen nicht euch – wir wollen euer Land*, Gießen 1988.
Meyer, C.: *Das Stadtbuch von Augsburg*, Augsburg 1872.
–: »Der gerichtliche Zweikampf, insbesondere der zwischen Mann und Frau«, *Zeitschrift für deutsche Kulturgeschichte* 1873.
Meyer, K.: *Cáin Adamnáin*, Oxford 1905.
Meyer, W.: *Hirsebrei und Hellebarde*, Olten 1985.
Meyer-Knees, A.: »Gewalt als Definitionsproblem: Zur Debatte über die Möglichkeit der ›Nothzucht‹ im gerichtsmedizinischen Diskurs des 18. Jahrhunderts« in *Blick-Wechsel*, ed. I. Lindner et al., Berlin 1989.
–: *Verführung und sexuelle Gewalt*, Tübingen 1992.
Meyer-Seethaler, C.: *Ursprünge und Befreiungen: Eine dissidente Kulturtheorie*, Zürich 1988.
Meyerson, M. D.: *The Muslims of Valencia*, Berkeley 1991.

Michaïlidis, G.: »Moule illustrant un texte d'Hérodote relatif au bouc de Mendès«, *Bulletin de l'Institut d'Archéologie Orientale* 1965.
Michel, R.: »L'art des Salons« in *Aux armes & aux arts!*, ed. P. Bordes/R. Michel, Paris 1988.
Michelet, J.: *Die Frauen der Revolution*, ed. G. Etzel, Frankfurt/M. 1984.
–: *Geschichte der Französischen Revolution*, Bd. III, Frankfurt/M. 1988.
Michels, R.: *Sittlichkeit in Ziffern?*, München 1928.
Miklucho-Maclay, N. v.: »Anthropologische Notizen, gesammelt auf einer Reise in West-Mikronesien und Nord-Melanesien«, *Verhandlungen der Berliner Gesellschaft für Anthropologie, Ethnologie und Urgeschichte* 1878.
Miles, M. R.: »The Virgin's One Bare Breast« in *The Female Body in Western Culture*, ed. S. R. Suleiman, Cambridge 1986.
Milger, P.: *Die Kreuzzüge*, München 1988.
Miller, D.: »The Significance of Streaking«, *Medical Aspects of Human Sexuality* 1974.
Mills, J. P.: *The Rengma Nagas*, London 1937.
Milton, S.: »Sensitive Issues About Holocaust Films« in *Genocide*, ed. A. Grobman/D. Landes, Los Angeles 1983.
–: »Deutsche und deutsch-jüdische Frauen als Verfolgte des NS-Staats«, *Dachauer Hefte*, November 1987.
Minkkinen, A. F.: *New American Nudes*, New York 1981.
Mitchell, D.: *Piraten*, Wien 1977.
Mitchison, R./L. Leneman: *Sexuality and Social Control: Scotland 1660-1780*, Oxford 1989.
Mithers, C. L.: »Missing In Action: Women Warriors in Vietnam« in *The Vietnam War and American Culture*, ed. J. C. Rowe/R. Berg, New York 1991.
Mitterauer, M.: »Geschlechtsspezifische Arbeitsteilung und Geschlechterrollen in ländlichen Gesellschaften Mitteleuropas« in *Aufgaben, Rollen und Räume von Frau und Mann*, Bd. II, ed. J. Martin/R. Zoeppfel, Freiburg 1989.
Mittig, H.-E.: »Zur Funktion erotischer Motive im Denkmal des 19. Jahrhunderts«, *Kritische Berichte* 1981.
Mitton, R.: *The Lost World of Irian Jaya*, Melbourne 1983.
Mitzlaff, U. v.: *Maasai-Frauen*, München 1988.
Mizusawa, T.: »Nakamura Tsune's ›Nude Girl‹ (1914)« in *Paris in Japan*, ed. S. Takashina et al., Tōkyō 1987.
Möbius, P. J.: *Über die Wirkungen der Castration*, Halle 1903.
Möller, H.: *Die kleinbürgerliche Familie im 18. Jahrhundert*, Berlin 1969.
Möller, H.-M.: *Das Regiment der Landsknechte*, Wiesbaden 1976.
Mogk, E.: »Skaði« in *Reallexikon der Germanischen Altertumskunde*, Bd. IV, ed. J. Hoops, Straßburg 1918.
Mohler, A.: *Sex und Politik*, Freiburg 1972.
Mohr, R.: «Zur sozialen Organisation der Angas in Nord-Nigeria«, *Anthropos* 1958.
Monfasani, J.: »The Fraticelli and Clerical Wealth in Quattrocento Rome« in *Renaissance Society and Culture*, ed. E. F. Rice, New York 1991.

Monick, E.: *Die Wurzeln der Männlichkeit*, München 1990.
Montagu, A.: *Körperkontakt*, Stuttgart 1980.
Montaigne, M. de: *Les Essais*, Bd. I, Paris 1922.
Montanelli, I.: *Grandi manifesti del XX secolo*, Milano 1980.
Monti, N.: *Africa Then*, New York 1987.
Montrose, L. A.: »›Shaping Fantasies‹: Figurations of Gender and Power in Elizabethan Culture«, *Representations*, Spring 1983.
Moore, J. H.: *A Study of Religious Symbolism Among the Cheyenne Indians*, Ann Arbor 1978.
Morey, R. V. / D. J. Metzger: *The Guahibo*, Wien 1974.
Morgan, E. S.: »The Puritans and Sex« in *American Vistas, 1607-1877*, ed. L. Dinnerstein / K. T. Jackson, New York 1987.
Morgan, N.: »Matthew Paris, St Albans, London, and the Leaves of the ›Life of St Thomas Becket‹«, *Burlington Magazine*, February 1988.
Morgenthaler, F.: »Kwandemi« in *Gespräche am sterbenden Fluß*, ed. F. Weiss et al., Karlsruhe 1985.
Morris, A.: *Women, Crime and Criminal Justice*, Oxford 1987.
Morris, D.: *Körpersignale: Bodywatching*, München 1986.
Morris, D. / P. Collett / P. Marsh / M. O'Shaughnessy: *Gestures*, London 1979.
Morris, I.: *Der leuchtende Prinz*, Frankfurt/M. 1988.
Morris, T. / P. Morris / B. Barer: *Pentonville*, London 1963.
Morrison, D. E. / C. P. Holden: »The Burning Bra: The American Breast Fetish and Women's Liberation« in *Sociology For Pleasure*, ed. M. Truzzi, Englewood Cliffs 1974.
Morrison, K. F.: *History as a Visual Art in the Twelfth-Century Renaissance*, Princeton 1990.
Mors, O.: »Aus dem Höflichkeitskodex der Bahaya«, *Anthropos* 1961.
Moser-Nef, C.: *Die freie Reichsstadt und Republik Sankt Gallen*, Bd. V, Zürich 1951.
Mossuz-Lavau, J.: *Les lois de l'amour*, Paris 1991.
Much, R.: »Die germanischen Frauen in der Schlacht«, *Mitteilungen der Anthropologischen Gesellschaft in Wien* 1909.
Muchembled, R.: *L'invention de l'homme moderne*, Paris 1988.
Mühlberg, D.: *Proletariat*, Wien 1986.
Müller, A.: »Stigma und Stigmatisierungstechniken im Spätmittelalter« in *Symbole des Alltags – Alltag der Symbole*, ed. G. Blaschitz et al., Graz 1992.
Müller, C.: *Die Klempnerkolonne in Ravensbrück*, Berlin 1987.
Müller, D.: »Die Zeugung durch das Herz in Religion und Medizin der Ägypter«, *Orientalia* 1966.
Müller, E.: *Das Strafrecht der früheren freien Reichsstadt Überlingen*, Borna 1911.
Müller, J.: *Rheinisches Wörterbuch*, Bd. II, Bonn 1928.
Müller, K. O.: *Die älteren Stadtrechte von Leutkirch und Isny*, Stuttgart 1914.
Müller, M.: *Die Lehre des hl. Augustinus von der Paradiesesehe*, Regensburg 1954.

Müller, R. A. / B. Buberl / E. Brockhoff: *Reichsstädte in Franken*, München 1987.
Müller, W. A.: *Nacktheit und Entblößung in der altorientalischen und älteren griechischen Kunst*, Borna 1906.
Müller-Wille, L.: Brief vom 19. Februar 1986.
Muensterberger, W.: »Über einige Beziehungen zwischen Individuum und Umwelt, mit besonderer Berücksichtigung der Pomo-Indianer«, *Sociologus* 1951.
Münzel, M.: *Die Aché in Ostparaguay*, Frankfurt/M. 1983.
Müsch, H.: »Exhibitionismus, Phalluskult und Genitalpräsentieren«, *Sexualmedizin* 1976.
Mulcahy, F. D.: »Gitano Sex Role Symbolism and Behavior«, *Anthropological Quarterly* 1976.
Mullins, E.: *The Painted Witch*, London 1985.
Munske, H. H.: *Der germanische Rechtswortschatz im Bereich der Missetaten*, Berlin 1973.
Murner, T.: *Geuchmatt*, Basel 1519.
Murphy, R. F.: »Social Structure and Sex Antagonism«, *Southwestern Journal of Anthropology* 1959.
–: *Headhunter's Heritage*, Berkeley 1960.
Murphy, Y. / R. F. Murphy: *Women of the Forest*, New York 1974.
–: »Women, Work, and Property in a South American Tribe« in *Theory and Practice*, ed. S. Diamond, The Hague 1980.
Musculus, A.: *Vom Hosenteufel*, ed. M. Osborn, Halle 1894.

Nachman, S. R.: »Anti-Humor: Why the Grand Sorcerer Wags His Penis«, *Ethos* 1982.
Nachtigal, G.: *Sahara und Sudan*, Bd. II, Berlin 1881.
an-Nafzawi, A. ʿA. ʿO. b. M.: *Der duftende Garten*, ed. R. Burton / F. F. Arbuthnot, Hanau 1966.
Nag, M.: »Sex, Culture, and Human Fertility: India and the U. S.«, *Current Anthropology* 1972.
Nanda, S.: »The Hijras of India«, *Medicine and Law* 1984.
–: »The Hijras of India« in *The Many Faces of Homosexuality*, ed. E. Blackwood, New York 1986.
Nansen, F.: *Auf Schneeschuhen durch Grönland*, Bd. I, Hamburg 1891.
–: *Eskimoleben*, Leipzig 1903.
Napier, A. D.: *Masks, Transformation, and Paradox*, Berkeley 1986.
Napoleon: *Briefe*, ed. F. Schulze, Leipzig 1912.
Nash, M.: *The Golden Road to Modernity*, New York 1965.
Nawratil, H.: *Vertreibungsverbrechen an Deutschen*, München 1982.
Neckel, S.: *Status und Scham*, Frankfurt/M. 1991.
Négrier, P.: *Les bains à travers les âges*, Paris 1925.
Nelson, N.: »›Selling Her Kiosk‹: Kikuyu Notions of Sexuality and Sex for Sale in Mathare Valley, Kenya« in *The Cultural Construction of Sexuality*, ed. P. Caplan, London 1987.
Nelson, R. K.: »Hunters of the Northern Ice« in *Custom-Made*, ed. C. C. Hughes, Chicago 1976.

Néraudau, J.-P.: *Être enfant à Rome*, Paris 1984.
Néret, G.: *L'érotisme en peinture*, Paris 1990.
Nettelbeck, P./U. Nettelbeck: *Charlotte Corday*, Nördlingen 1987.
Neubauer, A./M. Stern: *Hebräische Berichte über die Judenverfolgungen während der Kreuzzüge*, Berlin 1892.
Neumann, E.: *Herrschafts- und Sexualsymbolik*, Stuttgart 1980.
Nevermann, H.: *Admiralitäts-Inseln*, Hamburg 1934.
–: »Die Kanum-irebe und ihre Nachbarn«, *Zeitschrift für Ethnologie* 1939.
–: »Die Sohur«, *Zeitschrift für Ethnologie* 1940.
Nevinson, J.L.: »Civil Costume« in *Medieval England*, Bd. I, ed. A.L. Poole, Oxford 1958.
Newberry, P.E.: *Beni Hasan*, Bd. IV, London 1900.
Newton, S.M.: *Fashion in the Age of the Black Prince*, Woodbridge 1980.
Ng, V.W.: »Ideology and Sexuality: Rape Laws in Qing China«, *Journal of Asian Studies* 1987.
–: »Homosexuality and the State in Late Imperial China« in *Hidden From History*, ed. M.B. Duberman, New York 1989.
Ngubane, H.: »Some Notions of ›Purity‹ and ›Impurity‹ Among the Zulu«, *Africa* 1976.
Nicholson, J.: »The Packaging of Rape« in *The Pin-Up*, New York 1972.
Niederhauser, E.: *1848: Sturm im Habsburgerreich*, Wien 1990.
Niemeyer, C.L./J.R. Anderson: »Primate Harassment of Matings«, *Ethology and Sociobiology* 1983.
Niestroj, B.H.E.: »Norbert Elias und Hans Peter Duerr«, Ms.
Nihill, M.: »The Bride Wore Black: Aspects of Anganen Marriage and Its Meaning«, *Social Analysis* 1989.
Nimuendajú, C.: »The Cawahib« in *Handbook of South American Indians*, ed. J.H. Steward, Washington 1948.
–: *The Tukuna*, Berkeley 1952.
Noël, B.: *L'enfer, dit-on...*, Paris 1983.
Nolte, H.-H.: *Der deutsche Überfall auf die Sowjetunion 1941*, Hannover 1991.
Noordam, D.J.: »Sodomy in the Dutch Republic, 1600-1725« in *The Pursuit of Sodomy*, ed. K. Gerard/G. Hekma, New York 1989.
Norden, E.: »American Atrocities in Viet-Nam« in *The Viet-Nam Reader*, ed. M.G. Raskin/B.B. Fall, New York 1967.
Norden, G.: *Saunakultur in Österreich*, Wien 1987.
Nordenskjöld, E.: *Indianerleben: El Gran Chaco*, Leipzig 1912.
Nordmann, P.I.: »Le ›Mahu‹, phénomène social de l'ancien Tahiti«, *Bulletin de la Société des Études Océaniennes* 1944.
Nyiszli, M.: »Die Todesfabrik« in *Wir haben es gesehen*, ed. G. Schoenberner, Wiesbaden 1988.

Oberzill, G.H.: *Die bewußten Demoiselles*, Wien 1984.
Obeyesekere, G.: »Pregnancy Cravings (*dola-duka*) in a Sinhalese Village« in *Culture and Personality*, ed. R.A. LeVine, Chicago 1974.
O'Brien, P.: *The Promise of Punishment: Prisons in Nineteenth-Century France*, Princeton 1982.

Ochs, E./K.F. Müller/G.W. Baur: *Badisches Wörterbuch*, Bd. II, Lahr 1974.

O'Connor, E.M.: *Symbolum Salacitatis*, Frankfurt/M. 1989.

Oehler, D.: *Ein Höllensturz der Alten Welt*, Frankfurt/M. 1988.

Oelsner, K.E.: *Luzifer*, Frankfurt/M. 1988.

Österberg, E./D. Lindström: *Crime and Social Control in Medieval and Early Modern Swedish Towns*, Uppsala 1988.

Oexmelin, A.-O.: *Histoire des aventuriers flibustiers qui se sont signalés dans les Indes*, Bd. II, Lyon 1774.

O'Flaherty, W.: *Women, Androgynes, and Other Mythical Beasts*, Chicago 1980.

–: *Śiva*, Oxford 1981.

Ohe, W.v.d.: »Gewalt und Kriminalität« in *Die Vereinigten Staaten von Amerika*, Bd. II, ed. W.P. Adams et al., Frankfurt/M. 1990.

Ohler, N.: *Sterben und Tod im Mittelalter*, München 1990.

Ohly-Dumm, M./K. Reichhold: *Attische Vasenbilder*, Bd. I, München 1975.

Ojoade, J.O.: »African Sexual Proverbs: Some Yoruba Examples«, *Folklore* 1983.

Okely, J.: »Gypsy Women« in *Perceiving Women*, ed. S. Ardener, New York 1975.

Olender, M.: »Aspects de Baubô«, *Revue de l'Histoire des Religions* 1985.

Oliver, D.L.: *Ancient Tahitian Society*, Bd. I, Honolulu 1974.

Omlin, J.A.: *Der Papyrus 55001*, Torino 1973.

Oncken, W.: *Stadt, Schloß und Hochschule Heidelberg*, Heidelberg 1874.

Opler, M.E.: *An Apache Life-Way*, Chicago 1941.

–: »The Hijarā (Hermaphrodites) of India and Indian National Character«, *American Anthropologist* 1960.

–: *Apache Odyssey*, New York 1969.

Oppel, J.J./H.L. Rauh/W. Brückner: *Frankfurter Wörterbuch*, Bd. II, Frankfurt/M. 1971.

Oppitz, M.: Brief vom 17. März 1986.

–: *Frau für Fron*, Frankfurt/M. 1988.

–: »Der männliche Pfeil durch den weiblichen Schmuck«, *Anthropos* 1988.

–: Brief vom 18. Oktober 1991.

–: *Onkels Tochter, keine sonst*, Frankfurt/M. 1991.

–: »Drawings on Shamanic Drums«, *Res*, Autumn 1992.

Opsomer, C.: *L'art de vivre en santé*, Liège 1991.

O'Rahilly, C.: *Táin Bó Cúalnge*, Dublin 1967.

Origo, I.: ›*Im Namen Gottes und des Geschäfts*‹, München 1985.

dall'Orto, G.: »Florence« in *Encyclopedia of Homosexuality*, Bd. I, ed. W.R. Dynes, New York 1990.

Osgood, C.: *Ingalik Social Culture*, New Haven 1958.

–: *The Chinese*, Tucson 1975.

Otto, E.: *Beiträge zur Geschichte der Stierkulte in Ägypten*, Leipzig 1938.

–: »Bastet« in *Lexikon der Ägyptologie*, Bd. I, ed. W. Helck/W. Westendorf, Wiesbaden 1975.

Outram, D.: *The Body and the French Revolution*, New Haven 1989.

Overing, J.: »Images of Cannibalism, Death and Domination in a ›Non-Violent‹ Society« in *The Anthropology of Violence*, ed. D. Riches, Oxford 1986.

Ovid: *Die Liebeskunst*, ed. M. v. Albrecht, München 1979.

Pache, A.: *Die religiösen Vorstellungen in den Mythen der formosanischen Bergstämme*, Mödling 1964.

Pachinger, A. M.: *Die Mutterschaft in der Malerei und Graphik*, München 1906.

Packard, R. M.: »Social Change and the History of Misfortune Among the Bashu of Eastern Zaïre« in *Explorations in African Systems of Thought*, ed. I. Karp/C. S. Bird, Bloomington 1980.

Pächt, O./D. Thoss: *Die illuminierten Handschriften der Österreichischen Nationalbibliothek: Französische Schule I*, Wien 1974.

Pagels, E.: *Adam, Eve, and the Serpent*, New York 1988.

Panofsky, E.: *Studien zur Ikonologie*, Köln 1980.

Papo, M.: »Die sexuelle Ethik im Qorân«, *Jahrbuch für Jüdische Volkskunde* 1925.

Parin, P.: Mündliche Mitteilung vom 21. Oktober 1986.

Parker, W. H.: *Priapea: Poems for a Phallic God*, London 1988.

Parry, N. E.: *The Lakhers*, London 1932.

Partridge, E.: *Shakespeare's Bawdy*, London 1968.

Patai, R.: *Sex and Family in the Bible and the Middle East*, Garden City 1959.

Patlagean, E.: »L'histoire de la femme déguisée en moine et l'évolution de la sainteté féminine à Byzance«, *Studi medievali* 1976.

Paulitschke, P.: *Ethnographie Nordost-Afrikas*, Bd. I, Berlin 1893.

Paulme, D.: *Une société de Côte d'Ivoire hier et aujourd'hui*, Paris 1962.

Paulson, R.: *Hogarth's Graphic Works*, London 1989.

Paulus Diakonus: *Geschichte der Langobarden*, ed. A. Heine, Essen 1986.

Pavan, E.: »Police des mœurs, société et politique à Venise à la fin du Moyen Age«, *Revue historique* 1980.

Pearce, R. H.: *Rot und Weiß*, Stuttgart 1991.

Pearson, J.: *The Prostituted Muse*, Hemel Hempstead 1988.

Peck, W. H.: *Ägyptische Zeichnungen aus drei Jahrtausenden*, Bergisch Gladbach 1979.

Pedrocco, F.: »Pittore veneto: ›Scena amorosa‹« in *Le cortigiane di Venezia dal trecento al settecento*, ed. I. Ariano et al., Milano 1990.

Peil, D.: *Die Gebärde bei Chrétien, Hartmann und Wolfram*, München 1975.

Peitmann, H.: »Der inszenierte Körper« in *Der andere Körper*, ed. D. Kamper/C. Wulf, Berlin 1984.

Pemberton, J.: »Descriptive Catalog« in *Yoruba Sculpture of West Africa*, ed. B. Holcombe, London 1982.

Pernoud, G./S. Flaissier: *Die Französische Revolution in Augenzeugenberichten*, München 1976.

Perrot, M.: »Rebellische Weiber« in *Listen der Ohnmacht*, ed. C. Honegger/B. Heintz, Frankfurt/M. 1981.

Peter, H.: »Die Entwicklung der Heilkunde in Stettin«, *Nordost-Archiv* 1983.
Petersen, A.: *Ehre und Scham*, Berlin 1985.
Petersen, R.: »East Greenland Before 1950« in *Handbook of North American Indians*, Bd. V, ed. D. Damas, Washington 1984.
Peterson, E.N.: *The Many Faces of Defeat*, New York 1990.
Petit, J.-G.: *Ces Peines obscures: La prison pénale en France (1780-1875)*, Paris 1990.
Petrocchi, C.: »B. Odorico da Pordenone e il suo ›Itinerario‹«, *Le Venezie francescane* 1932.
Petry, I.: »Golf-Krieg und Geschlechterverhältnis« in *Krieg und Frieden am Golf*, ed. G. Krell/B. W. Kubbig, Frankfurt/M. 1991.
Petz, W.: *Reichsstädte zur Blütezeit, 1350 bis 1550*, Kempten 1989.
Peuckert, W.-E.: *Geheimkulte*, Heidelberg 1951.
–: *Ehe*, Hamburg 1955.
Pfaff, C.: *Die Welt der Schweizer Bilderchroniken*, Schwyz 1991.
Pflug, J.B.: *Aus der Räuber- und Franzosenzeit Schwabens*, ed. M. Zengerle, Weißenhorn 1975.
Pfluger-Schindlbeck, I.: ›*Achte die Älteren, liebe die Jüngeren*‹, Frankfurt/M. 1989.
Pfrunder, P.: *Pfaffen, Ketzer, Totenfresser*, Zürich 1989.
Philipp, W.: *Weibwertung oder Mutterrecht*, Königsberg 1942.
Pingel, F.: *Häftlinge unter SS-Herrschaft*, Hamburg 1978.
Piponnier, F.: »Une révolution dans le costume masculin au XIVe siècle« in *Le vêtement*, ed. M. Pastoureau, Paris 1989.
Plant, R.: *Rosa Winkel*, Frankfurt/M. 1991.
Plesz, L.: »Fetischismus, Voyeurtum, Exhibitionismus, Triolismus« in *Das lasterhafte Weib*, ed. A. Gräfin Esterházy, Wien 1930.
Pleticha, H.: *Landsknecht, Bundschuh, Söldner*, Würzburg 1974.
Plogstedt, S.: »Wer lacht denn da? Witze und Belästigungen« in *Sexuelle Gewalt*, Sensbachtal 1985.
Plogstedt, S./K. Bode: *Übergriffe. Sexuelle Belästigung in Büros und Betrieben*, Reinbek 1984.
Ploß, H.: *Das Kind in Brauch und Sitte der Völker*, Leipzig 1911 f.
Pognon, E.: *Das Stundenbuch des Herzogs von Berry*, Fribourg 1979.
Pointon, M.: »Liberty on the Barricades: Women, Politics and Sexuality in Delacroix« in *Women, State and Revolution*, ed. S. Reynolds, Brighton 1986.
–: *Naked Authority*, Cambridge 1990.
Polek, J.: »Regenzauber in Osteuropa«, *Zeitschrift des Vereins für Volkskunde* 1893.
Polykrates, G.: *Menschen von gestern*, Wien 1984.
Pontius, A.: »Dani Sexuality«, *Man* 1977.
Pop-Câmpeanu, D.: *Se vêtir en Roumanie*, Freiburg 1984.
Pope, K.S./J.C. Bouhoutsos: *Sexual Intimacy Between Therapists and Patients*, London 1986.
Porter, R.: »Rape: Does It Have a Historical Meaning?« in *Rape*, ed. S. Tomaselli/R. Porter, Oxford 1986.
Powdermaker, H.: *Life in Lesu*, London 1933.

Power, J.: *Amnesty International*, Düsseldorf 1982.
Power, P.C.: *Sex and Marriage in Ancient Ireland*, Dublin 1976.
Powers, M.N.: »Menstruation and Reproduction: An Oglala Case«, *Signs* 1980.
Prado Valladares, C. do/L.E. de Melho Filho: *Albert Eckhout: Pintor de Maurício de Nassau no Brasil 1637/1644*, Rio de Janeiro 1981.
Prebble, J.: *Glencoe*, London 1966.
–: *Culloden*, Harmondsworth 1967.
Preuß, J.: *Biblisch-talmudische Medizin*, Berlin 1923.
Preuß-Lausitz, U.: »Vom gepanzerten zum sinnstiftenden Körper« in *Kriegskinder, Konsumkinder, Krisenkinder*, ed. U. Preuß-Lausitz et al., Weinheim 1983.
Prevenier, W.: »Violence Against Women In a Medieval Metropolis: Paris Around 1400« in *Law, Custom, and the Social Fabric in Medieval Europe*, ed. B.S. Bachrach/D. Nicholas, Kalamazoo 1990.
Price, J.: *Indians of Canada*, Scarborough 1979.
Prickler, H.: »Das Banntaiding von Pamhagen aus 1546«, *Burgenländische Heimatblätter* 1988.
Ptak, R.: »Die Andamanen und Nikobaren nach chinesischen Quellen (Ende Sung bis Ming)«, *Zeitschrift der Deutschen Morgenländischen Gesellschaft* 1990.
Puchner, W.: »Spuren frauenbündischer Organisationsformen im neugriechischen Jahreslaufbrauchtum«, *Schweizerisches Archiv für Volkskunde* 1976.
Pückler-Muskau, H.L.v.: *Aus Mehemed Alis Reich*, Bd. III, Stuttgart 1844.
Puhle, M.: *Die Vitalienbrüder*, Frankfurt/M. 1992.
Pushkareva, N.L.: »Women in the Medieval Russian Family of the Tenth Through Fifteenth Centuries« in *Russia's Women*, ed. B.E. Clements et al., Berkeley 1991.

Quaife, G.R.: »The Consenting Spinster in a Peasant Society: Aspects of Premarital Sex in ›Puritan‹ Somerset 1645-1660«, *Journal of Social History* 1977.
–: *Wanton Wenches and Wayward Wives*, London 1979.
Quain, B./R.F. Murphy: *The Trumaí Indians of Central Brazil*, Locust Valley 1955.
Quicherat, J.: *Procès de condamnation et de réhabilitation de Jeanne d'Arc dite La Pucelle*, Paris 1841 ff.
Quinsel, R.: *Exhibitionismus*, München 1971.

Rabelais, F.: *Gargantua und Pantagruel*, ed. E. Hegaur/Dr. Owlglass, München 1961.
Rachewiltz, B. de: *Schwarzer Eros*, Stuttgart 1965.
Rajal, J.S.: *Palestinian Costume*, London 1989.
Rancour-Laferrière, D.: »Some Semiotic Aspects of the Human Penis«, *Versus*, September 1979.
Rappaport, S.: »Reconsidering Apprenticeship in Sixteenth-Century London« in *Renaissance Society and Culture*, E.F. Rice, New York 1991.

Rasch, W.: »Motivische Hintergründe und Vergewaltigungen« in *Gewaltverhältnisse*, ed. D. Janshen / M. Mandelartz, Sensbachtal 1987.
Rasmussen, K.: *Neue Menschen*, Leipzig 1920.
Ratuschinskaja, I.: *Grau ist die Farbe der Hoffnung*, Hamburg 1988.
Rauers, F.: *Kulturgeschichte der Gaststätte*, Berlin 1941.
Raum, O.F.: *The Social Functions of Avoidances and Taboos Among the Zulu*, Berlin 1973.
Raupp, H.-J.: *Bauernsatiren*, Niederzier 1986.
Rauter, E.A.: *Folter in Geschichte und Gegenwart*, Frankfurt/M. 1988.
Ray, S.H.: »The People and Language of Lifu, Loyalty Islands«, *Journal of the Royal Anthropological Institute* 1917.
Read, K.E.: *The High Valley*, New York 1965.
Reading, A.: *Polish Women, Solidarity and Feminism*, Houndmills 1992.
Rehberg, K.-S.: »Mythenjäger unter sich: Zur Elias-Duerr-Debatte«, *Psychologie heute*, Dezember 1991.
Reichel-Dolmatoff, G.: *Amazonian Cosmos*, Chicago 1971.
Reichert, F.: »Eine unbekannte Version der Asienreise Odorichs von Pordenone«, *Deutsches Archiv für Erforschung des Mittelalters* 1987.
–: »Columbus und Marco Polo: Asien in Amerika«, *Zeitschrift für historische Forschung* 1988.
–: Mündliche Mitteilung vom 5. Juli 1988.
Reier, H.: *Heilkunde im mittelalterlichen Skandinavien*, Kiel 1976.
Reinalter, H.: *Am Hofe Josephs II.*, Leipzig 1991.
Reinberg, B./E. Roßbach: *Stichprobe: Lesben*, Pfaffenweiler 1985.
Reinhard, A.: *Burkardroth*, Haßfurt 1975.
Reinoß, H.: *Letzte Tage in Ostpreußen*, München 1983.
Reinsberg, C.: *Ehe, Hetärentum und Knabenliebe im antiken Griechenland*, München 1989.
Reiser, E.: *Der königliche Harim im alten Ägypten und seine Verwaltung*, Wien 1972.
Reiss, A.J.: »The Social Integration of Queers and Peers«, *Social Problems* 1961.
Reliquet, P.: *Ritter, Tod und Teufel*, Zürich 1984.
Retberg, R.v.: *Kulturgeschichtliche Briefe*, Leipzig 1865.
Rey, M.: »Police et sodomie à Paris au XVIIIe siècle«, *Revue d'histoire moderne et contemporaine* 1982.
–: »Parisian Homosexuals Create a Lifestyle, 1700-1750« in *'Tis Nature's Fault*, ed. R.P. MacCubbin, Cambridge 1987.
Reynolds, J.M.: »Rape as Social Control«, *Catalyst* 1974.
Ribeiro, A.: *Dress and Morality*, London 1986.
Ribo, É.-E.-R.: *Nudisme*, Bordeaux 1931.
Rice, J.: *Black Elk's Story*, Albuquerque 1991.
Richlin, A.: *The Gardens of Priapus*, New Haven 1983.
–: »Rereading Ovid's Rapes« in *Pornography and Representation in Greece and Rome*, ed. A. Richlin, Oxford 1992.
Richter, A./R. Wenzl: »Frauenbilder« in *München 1919*, ed. D. Halfbrodt/ W. Kehr, München 1979.
Richthofen, B.v./R.R. Oheim: *Die polnische Legende*, Kiel 1982.

Rieger, D.: »Le motif du viol dans la littérature de la France médiévale entre norme courtoise et réalité courtoise«, *Cahiers de civilisation médiévale* 1988.

Riesman, P.: *Société et liberté chez les Peul Djelgôbé de Haute-Volta*, Paris 1974.

Riester, J.: »Suwi-wúhu pena Guarasug' wä«, *Die Grünenthal-Waage* 1966.

Ringwald, W.: »Züge aus dem sozialen Leben in Asante (Goldküste)« in *Afrikanistische Studien*, ed. J. Lukas, Berlin 1955.

Ritter-Schaumburg, H.: *Sigfrid ohne Tarnkappe*, München 1990.

Rivière, P.G.: »The Honour of Sánchez«, *Man* 1967.

Robers de Blois: »Le Chastiement des Dames« in *Fabliaux et contes des poètes françois*, ed. Barbazan, Paris 1808.

Roberts, J.M./T. Gregor: »Privacy: A Cultural View« in *Privacy*, ed. J.R. Pennock/J.W. Chapman, New York 1971.

Roberts, M.J.D.: »Public and Private in Early 19th-Century London: The Vagrant Act of 1822 and Its Enforcement«, *Social History* 1988.

Robertson, D.W.: *Chaucer's London*, New York 1968.

Rocke, M.J.: »Sodomites in Fifteenth-Century Tuscany« in *The Pursuit of Sodomy*, ed. K. Gerard/G. Hekma, New York 1989.

Rodriguez, A.D.: »Imagines de la mujer en las Cantigas de Santa María« in *La imagen de la mujer en el arte español*, ed. M.A. Durán, Madrid 1983.

Roeck, B.: *Lebenswelt und Kultur des Bürgertums in der frühen Neuzeit*, München 1991.

Roecken, S./C. Brauckmann: *Margaretha Jedefrau*, Freiburg 1989.

Röhrich, L.: *Lexikon der sprichwörtlichen Redensarten*, Bd. I, Freiburg 1973.

Roeseler, H.: *Die Wohlfahrtspflege der Stadt Göttingen im 14. und 15. Jahrhundert*, Berlin 1917.

Rösener, W.: »Die höfische Frau im Hochmittelalter« in *Curialitas*, ed. J. Fleckenstein, Göttingen 1990.

Róheim, G.: »Women and Their Life in Central Australia«, *Journal of the Royal Anthropological Institute* 1933.

–: *Children of the Desert*, New York 1974.

–: *Psychoanalyse und Anthropologie*, Frankfurt/M. 1977.

Romanucci-Ross, L.: »Melanesian Medicine« in *Culture and Curing*, ed. P. Morley/R. Wallis, London 1978.

Roper, L.: *The Holy Household*, Oxford 1989.

–: »Sexual Utopianism in the German Reformation«, *Journal of Ecclesiastical History* 1991.

–: »›Wille‹ und ›Ehre‹: Sexualität, Sprache und Macht in Augsburger Kriminalprozessen« in *Wandel der Geschlechtsbeziehungen zu Beginn der Neuzeit*, ed. H. Wunder/C. Vanja, Frankfurt/M. 1991.

Roschen, A./T. Theye: *Abreise von China*, Basel 1980.

Roscoe, W.: *The Zuñi Man-Woman*, Albuquerque 1991.

Rosenplüt, H.: »Das Turken Vasnachtspil (1454)« in *Fastnachtspiele aus dem 15. Jahrhundert*, ed. A. v. Keller, Bd. I, Stuttgart 1853.

Ross, H.M.: *Baegu*, Urbana 1973.

Rossiaud, J.: *Dame Venus*, München 1989.

–: »Der Städter« in *Der Mensch des Mittelalters*, ed. J. Le Goff, Frankfurt/M. 1989.
Rossman, M.: »Plakate der Bewegung gegen den Vietnamkrieg in den USA« in *Kunst & Krieg*, ed. R. Schultz, Berlin 1990.
Rost, W.: *Die männliche Jungfrau*, Reinbek 1983.
Roth, W.: *Der Dokumentarfilm seit 1960*, München 1982.
Rotzoll, C.: »Ein Scherbenhaufen alter Regeln«, in *Liebe, Sexualität und soziale Mythen*, ed. H. Hegewisch, Weinheim 1985.
Rouch, J.: *Les Songhay*, Paris 1954.
Rousseau, G.: »Cultural History in a New Key: Towards a Semiotics of the Nerve« in *Interpretation and Cultural History*, ed. J.H. Pittock/A. Wear, Houndmills 1991.
Rousseau, J.-J.: *Bekenntnisse*, ed. E. Hardt, Berlin 1907.
Roux, J.-P.: »Le lait et le sein dans les traditions turques«, *L'Homme* 1967.
Rowland, B.: *Animals With Human Faces*, Knoxville 1973.
Roy, B.: »La problématique de l'accouplement dans un système anti-érotique: l'exemple du moyen âge« in *Le couple interdit*, ed. L. Poliakov, La Haye 1980.
Rubens, A.: *A History of Jewish Costume*, London 1973.
Rubini, D.: »Sexuality and Augustan England« in *The Pursuit of Sodomy*, ed. K. Gerard/G. Hekma, New York 1989.
Rublack, H.-C.: *Hat die Nonne den Pfarrer geküßt?*, Gütersloh 1991.
Rudeck, W.: *Geschichte der Öffentlichen Sittlichkeit in Deutschland*, Berlin 1905.
Rückert, H.: *Lohengrin*, Quedlinburg 1858.
Rühle, E.: »Versuchte Entzauberung eines Mythos«, *Esslinger Zeitung*, 1. Juni 1989.
Rürup, R.: *Der Krieg gegen die Sowjetunion 1941-1945*, Berlin 1991.
Ruggiero, G.: »Sexual Criminality in the Early Renaissance: Venice 1338-1358«, *Journal of Social History* 1975.
–: *The Boundaries of Eros*, Oxford 1985.
Rugoff, M.: *Prudery & Passion*, London 1972.
Ruhl, K.-J.: *Unsere verlorenen Jahre*, Darmstadt 1985.
Ruprecht v. Freysing: *Das Stadt- und Landrechtsbuch*, Stuttgart 1839.
–: *Das Rechtsbuch*, ed. H. Knapp, Leipzig 1916.
Russell, D.E.H.: »Pornography and Violence« in *Take Back the Night*, ed. L. Lederer, New York 1980.
Russell, D.E.H./L. Lederer: »Questions We Get Asked Most Often« in *Take Back the Night*, ed. L. Lederer, New York 1980.
Russell, D.E.H./N. Van de Ven: *Crimes Against Women*, Millbrae 1976.
Russell, H.D.: *Eva/Ave*, Washington 1990.
Russo, A./C. Kramarae: *The Radical Women's Press of the 1850s*, New York 1991.
Ruthven, M.: *Torture*, London 1978.
Ryan, G.D.: »Consequences for the Victim of Sexual Abuse« in *Juvenile Sexual Offending*, ed. G.D. Ryan/S.L. Lane, Lexington 1991.
Rydén, S.: *A Study of the Siriono Indians*, Göteborg 1941.

Sabatier, L.: *Recueil des coutumes Rhadées du Darlac*, Hanoi 1940.
Sabean, D.W.: *Das zweischneidige Schwert*, Berlin 1986.
Sablonier, R.: *Krieg und Kriegertum in der Crònica des Ramon Muntaner*, Bern 1971.
Sachs, C.: *Die Musikinstrumente des alten Ägyptens*, Berlin 1920.
Sadāwī, al-, N.: *Tschador*, Bremen 1980.
Safley, T.M.: *Let No Man Put Asunder: The Control of Marriage in the German Southwest, 1500-1600*, Kirksville 1984.
Sahagún, B. de: *Florentine Codex*, Bd. X, ed. C.E. Dibble/A.J.O. Anderson, Santa Fe 1961.
Sahlins, M.: *Islands of History*, London 1987.
Saito, E.: *Die Frau im alten Japan*, Leipzig 1989.
Saitz, R.L./E.J. Cervenka: *Handbook of Gestures: Colombia and the United States*, The Hague 1972.
Salewski, M.: »›Julian, begib dich in mein Boudoir‹: Weiberherrschaft und Fin de siècle« in *Sexualmoral und Zeitgeist im 19. und 20. Jahrhundert*, ed. A. Bagel-Bohlau/M. Salewski, Opladen 1990.
Salus, G.: *Niemand, nichts – ein Jude*, Darmstadt 1981.
Salzer, R.: *Zur Geschichte Heidelbergs von dem Jahre 1689-1693*, Heidelberg 1879.
Salzman, L.F.: *More Medieval Byways*, London 1926.
Samuel, P.: *Amazonen, Kriegerinnen und Kraftfrauen*, München 1979.
Sandberger, D.: *Studien über das Rittertum in England*, Berlin 1937.
Sander, H.: »Erinnern/Vergessen« in *BeFreier und Befreite*, ed. H. Sander/B. Johr, München 1992.
Sanders, V.: *The Private Lives of Victorian Women*, New York 1989.
Sandweiss, M.A.: *Masterworks of American Photography*, Birmingham 1982.
Sargent, W.: *People of the Valley*, London 1976.
Sarrel, P.M./W.H. Masters: »Sexual Molestation of Men by Women«, *Archives of Sexual Behavior* 1982.
Sarris, K.: »Survivor's Story« in *Hate Crimes*, ed. G.M. Herek/K.T. Berrill, Newbury Park 1992.
Sartori, P.: »Ein apotropäischer Kriegsbrauch«, *Archiv für Religionswissenschaft* 1935.
Saslow, J.M.: »Homosexuality in the Renaissance« in *Hidden From History*, ed. M.B. Duberman, New York 1989.
Sastawenko, G./G.A. Below/J.A. Boltin: *Eine Schuld, die nie erlischt*, Köln 1987.
Sastrow, B.: *Herkommen, Geburt und Lauff seines gantzen Lebens*, ed. G.C.F. Mohnike, Greifswald 1823 f.
Sato, T.: *Currents in Japanese Cinema*, Tōkyō 1982.
Savage-Rumbaugh, E.S./B.J. Wilkerson: »Socio-Sexual Behavior in Pan paniscus and Pan troglodytes«, *Journal of Human Evolution* 1978.
Sbrzesny, H.: *Die Spiele der !Ko-Buschleute*, München 1976.
Scattergood, J.: »Fashion and Morality in the Late Middle Ages« in *England in the Fifteenth Century*, ed. D. Williams, Woodbridge 1987.
Schäfer, P.: »Das Amerikabild in Günther Froebels ›Allgemeiner Auswan-

derungs-Zeitung‹, 1846 bis 1871« in *Mundus Novus*, ed. P. Mesenhöller, Essen 1992.
Schafer, E.H.: »Ritual Exposure in Ancient China«, *Harvard Journal of Asiatic Studies* 1951.
Schama, S.: *Der zaudernde Citoyen*, München 1989.
Schamoni, W.: Brief vom 12. März 1987.
Schaschynek, M.: »›Manche Zeugen hielten meine Hand fest‹« in *Die Frauen von Majdanek*, ed.I. Müller-Münch, Reinbek 1982.
Schebesta, P.: *Die Bambuti-Pygmäen vom Ituri*, Bd. 2.2, Brüssel 1948.
Schechner, R.: *Between Theater & Anthropology*, Philadelphia 1985.
Schefold, R.: *Spielzeug für die Seelen*, Zürich 1980.
Scheu, W.: *Verhaltensweisen deutscher Strafgefangener heute*, Göttingen 1971.
–: *In Haft*, München 1983.
Schieder, T.: *Dokumentation der Vertreibung der Deutschen aus Ost-Mitteleuropa*, München 1984.
Schiefenhövel, W.: »Kindliche Sexualität, Tabu und Schamgefühl bei ›primitiven‹ Völkern« in *Die Entwicklung der kindlichen Sexualität*, ed. T. Hellbrügge, München 1982.
–: *Geburtsverhalten und reproduktive Strategien bei den Eipo*, Berlin 1988.
–: »Ritualized Adult-Male / Adolescent-Male Sexual Behavior in Melanesia« in *Pedophilia*, ed. J.R. Feierman, New York 1990.
Schiff, G.: »Lachen, Weinen und Lächeln in der Kunst« in *Sachlichkeit*, ed. G. Dux/T. Luckmann, Opladen 1974.
Schiffauer, W.: *Die Gewalt der Ehre*, Frankfurt/M. 1983.
Schild, W.: »Geschichte des Verfahrens« in *Justiz in alter Zeit*, ed. C. Hinkkeldey, Rothenburg o.d.T. 1984.
Schindlbeck, M.: »Männerhaus und weibliche Giebelfigur am Mittelsepik«, *Baessler-Archiv* 1985.
–: Brief vom 14. Oktober 1987.
Schindler, G.: *Verbrechen und Strafen im Recht der Stadt Freiburg im Breisgau*, Freiburg 1937.
Schjelderup, K.: *Die Askese*, Berlin 1928.
Schlegel, A.: »Geschlechterantagonismus bei den geschlechtsegalitären Hopi« in *Frauenmacht ohne Herrschaft*, ed. I. Lenz/U. Luig, Berlin 1990.
Schlesier, E.: *Me'udana*, Bd. II, Berlin 1983.
Schlesier, K.H.: *Die Wölfe des Himmels*, Köln 1985.
Schlötterer, R.: *Vergewaltigung*, Berlin 1982.
Schlumbohm, C.: »Die Glorifizierung der Barockfürstin als ›Femme Forte‹« in *Europäische Hofkultur im 16. und 17. Jahrhundert*, Bd. II, ed. A. Buck et al., Hamburg 1981.
Schmeltz, J.D.E.: »Beiträge zur Ethnographie von Neu-Guinea«, *Internationales Archiv für Ethnographie* 1904.
Schmid, R.: *Die Gesetze der Angelsachsen*, Leipzig 1858.
Schmidt, M.: »Ergebnisse meiner zweijährigen Forschungsreise in Mato Grosso«, *Zeitschrift für Ethnologie* 1928.
Schmidtchen, V.: *Kriegswesen im späten Mittelalter*, Weinheim 1990.

Schmidt-Harzbach, I.: »Eine Woche im April: Berlin 1945« in *BeFreier und Befreite*, ed. H. Sander/B. Johr, München 1992.

Schmitt, I./J. Bartling/A. Heiliger: »Recht haben und Recht bekommen« in *Tatort Arbeitsplatz*, ed. U. Gerhart et al., München 1992.

Schnapp, A.: »Eros auf der Jagd« in *Die Bilderwelt der Griechen*, ed. C. Bérard et al., Mainz 1985.

Schneble, A./M. Domsch: *Sexuelle Belästigung von Frauen am Arbeitsplatz*, München 1990.

Schneegans, L.: »Die kurze schandbare Tracht des 15. Jahrhunderts zu Straßburg und im Elsasse«, *Zeitschrift für Kulturgeschichte* 1857.

Schneider, W.: *Das Buch vom Soldaten*, Düsseldorf 1964.

Schnell, R.: »Die ›höfische‹ Liebe als ›höfischer‹ Diskurs über die Liebe« in *Curialitas*, ed. J. Fleckenstein, Göttingen 1990.

Schoch-Joswig, B.: »Der Bilderkrieg um die Französiche Revolution« in *Freiheit, Gleichheit, Brüderlichkeit*, ed. G. Bott/R. Schoch, Nürnberg 1989.

Schodt, F.L.: *Manga! Manga! The World of Japanese Comics*, Tōkyō 1983.

Schoenberner, M./G. Schoenberner: *Zeugen sagen aus*, Berlin 1988.

Schreiber, S.: »›Keusch wie kaum ein anderes Volk‹?« in *Ägypten im afroorientalischen Kontext*, ed. D. Mendel/U. Claudi, Köln 1991.

Schreiner, K.: »Gregor VIII., nackt auf einem Esel« in *Ecclesia et regnum*, ed. D. Berg/H.-W. Goetz, Bochum 1989.

–: »›Si homo non pecasset...‹: Der Sündenfall Adams und Evas« in *Gepeinigt, begehrt, vergessen*, ed. K. Schreiner/N. Schnitzler, München 1992.

Schröder, F.R.: *Skadi und die Götter Skandinaviens*, Tübingen 1941.

Schröter, M.: »Scham im Zivilisationsprozeß: Zur Diskussion mit Hans Peter Duerr« in *Gesellschaftliche Prozesse und individuelle Praxis*, ed. H. Korte, Frankfurt/M. 1990.

Schubert, E.: *Einführung in die Grundprobleme der deutschen Geschichte im Spätmittelalter*, Darmstadt 1992.

Schubert, H.J.: »Das Altern der westeuropäischen Staatsgesellschaften« in *Gesellschaftliche Prozesse und individuelle Praxis*, ed. H. Korte, Frankfurt/M. 1990.

Schuder, R./R. Hirsch: *Der gelbe Fleck*, Berlin 1987.

Schütze, C.: *Skandal*, Bern 1985.

Schulte, R.: *Das Dorf im Verhör*, Reinbek 1989.

Schultheiss, B. v.: »Anti-Lesbian Assault and Harassment in San Francisco« in *Hate Crimes*, ed. G.M. Herek/K.T. Berrill, Newbury Park 1992.

Schultheiß, W.: *Die Acht-, Verbots- und Fehdebücher Nürnbergs von 1285-1400*, Nürnberg 1960.

Schultz, A.: *Das höfische Leben zur Zeit der Minnesänger*, Leipzig 1889.

–: *Deutsches Leben im XIV. und XV. Jahrhundert*, Wien 1892.

–: *Das häusliche Leben der europäischen Kulturvölker*, München 1903.

Schultz, D.: »Sexismus an der Hochschule« in *Frauenforschung*, ed. U. Beer et al., Frankfurt/M. 1985.

Schultz, P.: *Die erotischen Motive in den deutschen Dichtungen des 12. und 13. Jahrhunderts*, Greifswald 1907.

Schultz-Naumann, J.: *Mecklenburg 1945*, München 1989.

Schulz, E.: »Zur Mentalität von Stadt und Land im 13. Jahrhundert«, *Die alte Stadt* 1980.
Schurtz, H.: *Grundzüge einer Philosophie der Tracht*, Stuttgart 1891.
–: *Urgeschichte der Kultur*, Leipzig 1900.
Schwarberg, G.: *Die Mörderwaschmaschine*, Göttingen 1990.
Schweikle, G.: »Die *frouwe* der Minnesänger«, *Zeitschrift für deutsches Altertum und deutsche Literatur* 1980.
Schweinichen, H. v.: *Denkwürdigkeiten*, ed. H. Oesterley, Breslau 1878.
Schwerhoff, G.: »Bürgerliche Einheit und ständische Differenzierung in Kölner Aufwandsordnungen«, *Rheinische Vierteljahresblätter* 1990.
Scribner, R. W.: *Popular Culture and Popular Movements in Reformation Germany*, London 1987.
–: »Vom Sakralbild zur sinnlichen Schau: Sinnliche Wahrnehmung und das Visuelle bei der Objektivierung des Frauenkörpers in Deutschland im 16. Jahrhundert« in *Gepeinigt, begehrt, vergessen*, ed. K. Schreiner/N. Schnitzler, München 1992.
Scully, D./J. Marolla: »Rape and Vocabularies of Motive« in *Rape and Sexual Assault*, ed. A. W. Burgess, New York 1985.
–: »›Riding the Bull at Gilley's‹: Convicted Rapists Describe the Rewards of Rape«, *Social Problems* 1985.
Sebald, H.: *Hexen damals – und heute?*, Frankfurt/M. 1987.
Seelenfreund, B.: »Fliegen und Sexualfunktion«, *Zeitschrift für Sexualwissenschaft und Sexualpolitik* 1931.
Seeßlen, G.: *Der pornographische Film*, Frankfurt/M. 1990.
Segal, L.: *Slow Motion*, New Brunswick 1990.
Seidman, S.: *Romantic Longings*, New York 1991.
Seligman, C. G./B. Z. Seligman: *Pagan Tribes of the Nilotic Sudan*, London 1932.
Seltmann, F.: »Palang and Pûjâ«, *Tribus* 1975.
Senelick, L.: »Murderers« in *Encyclopedia of Homosexuality*, Bd. II, ed. W. R. Dynes, New York 1990.
Sengers, G.: »Freiheit für die Pussy!«, *Penthouse* 7, 1991.
Serpenti, L.: »The Ritual Meaning of Homosexuality and Pedophilia Among the Kimam-Papuans of South Irian Jaya« in *Ritualized Homosexuality in Melanesia*, ed. G. H. Herdt, Berkeley 1984.
Sethe, K.: *Übersetzung und Kommentar zu den altägyptischen Pyramidentexten*, Bd. III, Glückstadt 1937.
Seyfried, K. J.: »Thebanisches Kaleidoskop« in *5000 Jahre Ägypten*, ed. J. Assmann/G. Burkhard, Nußloch 1984.
Shah, A. M.: »A Note on the Hijadās of Gujarat«, *American Anthropologist* 1961.
Shah, P. G.: *Tribal Life in Gujarāt*, Bombay 1964.
Shakespeare, W.: »The Rape of Lucrece« in *The Complete Works*, ed. P. Alexander, London 1951.
Sharma, A.: »Nudity« in *The Encyclopedia of Religion*, Bd. XI, ed. M. Eliade, New York 1987.
Sharony, A./H. Spira: »The Approach to Sexual Assault«, *Medicine and Law* 1987.

Sharp, L.: »The Social Organization of the Yir-Yoront Tribe«, *Oceania* 1934.
Sharpe, J.A.: *Crime in Seventeenth-Century England*, Cambridge 1983.
Shelley, L.: *Schreiberinnen des Todes*, Bielefeld 1992.
Shelton, A.J.: *The Igbo-Igala Borderland*, Albany 1971.
Shephard, G.: »Transsexualism in Oman?«, *Man* 1978.
Sherfan, A.D.: *The Yakans of Basilian Island*, Cebu City 1976.
Shields, W.M./L.M. Shields: »Forcible Rape: An Evolutionary Perspective«, *Ethology and Sociobiology* 1983.
Shikita, M./S. Tsuchiya: *Crime and Criminal Policy in Japan*, New York 1992.
Shimada, S.: »Der Reisebericht der japanischen Delegation 1871-1873«, *Kea* 2, 1991.
Shirokogoroff, S.M.: *Psychomental Complex of the Tungus*, London 1935.
Shorter, E.: *From Paralysis to Fatigue*, New York 1992.
Showalter, E.: *The Female Malady*, London 1988.
Siebe, M.: »Vergewaltigung der Republik: Karikaturen aus der Zeit der Kommune« in *Blick-Wechsel*, ed. I. Lindner et al., Berlin 1989.
Siebenmorgen, H.: *Leonhard Kern (1588-1662)*, Sigmaringen 1988.
Siebold, P.F.v.: *Nippon*, Bd.I, Berlin 1897.
Siegel, E.V.: *Weibliche Homosexualität*, München 1992.
Silberman, C.E.: *Criminal Violence, Criminal Justice*, New York 1978.
Silbert, M.H.: »The Effects on Juveniles of Being Used for Pornography and Prostitution« in *Pornography*, ed. D. Zillmann/J. Bryant, Hillsdale 1989.
Sillitoe, P.: *Give and Take: Exchange in Wola Society*, Canberra 1979.
Silver, L.: »›Figure nude, historie e poesie‹: Jan Gossaert and the Renaissance Nude in the Netherlands«, *Nederlands Kunsthistorisch Jaarboek* 1986.
Simmons, D.C.: »Sexual Life, Marriage, and Childhood Among the Efik«, *Africa* 1960.
Simon, I.: »Die hebräische Medizin bis zum Mittelalter« in *Illustrierte Geschichte der Medizin*, ed. J.-C. Sournia et al., Bd. III, Salzburg 1980.
Simon-Muscheid, K.: »Gewalt und Ehre im spätmittelalterlichen Handwerk am Beispiel Basels«, *Zeitschrift für historische Forschung* 1991.
Singer, B.C.J.: »Violence in the French Revolution«, *Social Research* 1989.
Singer, K.: »Cowrie and Baubo in Early Japan«, *Man* 1940.
Sinha, A.P.: »Procreation Among the Eunuchs«, *Eastern Anthropologist* 1967.
Sinn, E.: »Ein halbes Jahr sollte es sein – lebenslanges Exil wurde daraus« in *Heimatfront*, ed. A. Friedlein et al., Stuttgart 1985.
Sissa, G.: *Greek Virginity*, Cambridge 1990.
Sittl, C.: *Die Gebärden der Griechen und Römer*, Leipzig 1890.
Skipper, J.K./W.L. McWhorter: »A Rapist Gets Caught in the Act« in *Feminist Frontiers*, ed. L. Richardson/V. Taylor, Reading 1983.
Skowronek, F.M.: *›Eigene‹ und ›fremde‹ Kultur in der Kontroverse zwischen H.P. Duerr und N. Elias*, Göttingen 1992.
Slater, P.E.: *The Glory of Hera*, Boston 1968.
Sloterdijk, P.: *Kritik der zynischen Vernunft*, Bd.I, Frankfurt/M. 1983.
Smart, C.: »Law and the Control of Women's Sexuality: The Case of the 1950s« in *Controlling Women*, ed. B. Hutter/G. Williams, London 1981.

–: »Penetrating Women's Bodies« in *Gender, Power & Sexuality*, ed. P. Abbott/C. Wallace, Houndmills 1991.
Smiley, P.M.: *La nascita di una nazione*, Bologna 1988.
Smith, A.: *Leben und Taten der berühmtesten Straßenräuber, Mörder und Spitzbuben, so in den letzten 50 Jahren in dem Königreich England sind hingerichtet worden*, München 1987.
Smith, B. R.: *Homosexual Desire in Shakespeare's England*, Chicago 1991.
Smith, J.Z.: »The Garments of Shame«, *History of Religions* 1965.
–: *Map Is Not Territory*, Leiden 1978.
Smith, M. B.: »Combat Motivations Among Ground Troups« in *The American Soldier*, Bd. II, ed. F. Osborn et al., Princeton 1949.
Smolev, J.: »Anatomie und Physiologie der männlichen Fortpflanzungsorgane« in *Die Sexualität des Mannes*, ed. J.M. Swanson/K.A. Forrest, Köln 1987.
Sørum, A.: »Growth and Decay: Bedamini Notions of Sexuality« in *Ritualized Homosexuality in Melanesia*, ed. G.H. Herdt, Berkeley 1984.
Sohn, A.-M.: »Unzüchtige Handlungen an Mädchen und alltägliche Sexualität in Frankreich (1870-1939)« in *Die sexuelle Gewalt in der Geschichte*, ed. A. Corbin, Berlin 1992.
Sokolowski, E.v.: *Krakau im 14. Jahrhundert*, Marburg 1910.
Solanki, A.N.: *The Dhodias*, Wien 1976.
Solschenizyn, A.: *Der Archipel GULAG*, Bd. II, Bern 1974.
Solomon, R.C.: »Emotions and Anthropology«, *Inquiry* 1978.
Soltau, H.: »Verteufelt, verschwiegen und reglementiert: Über den Umgang der Hanseaten mit der Prostitution« in *Hamburg im Zeitalter der Aufklärung*, ed. I. Stephan/H.-G. Winter, Hamburg 1989.
Solterer, H.: »Figures of Female Militancy in Medieval France«, *Signs* 1991.
Sombart, N.: »Die ›schöne Frau‹« in *Der Schein des Schönen*, ed. D. Kamper/C. Wulf, Göttingen 1989.
Somerville, B.T.: »Ethnological Notes on New Hebrides«, *Journal of the Anthropological Institute of Great Britain and Ireland* 1894.
Sommer, V.: *Die Affen*, Hamburg 1989.
–: *Wider die Natur? Homosexualität und Evolution*, München 1990.
Soultrait, G. de: »Défi d'une réplique pour une scène«, *Traverses* 1983.
Speiser, F.: »Versuch einer Kulturanalyse der zentralen Neuen Hebriden«, *Zeitschrift für Ethnologie* 1934.
Spencer, D.M.: »Etiquette and Social Sanction in the Fiji Islands«, *American Anthropologist* 1938.
Spencer, P.: *Nomads in Alliance*, London 1973.
Spencer, R.F.: »Spouse-Exchange Among the North Alaskan Eskimo« in *Marriage, Family and Residence*, ed. P. Bohannan/J. Middleton, Garden City 1968.
Spiegel, J.: *Die Erzählung vom Streite des Horus und Seth*, Glückstadt 1937.
Spiegel, W.: *Der Raum des Fortschritts und der Unnatur*, Trier 1992.
Spieler, S.: *Vertreibung und Vertreibungsverbrechen 1945-1948*, Bonn 1989.
Spielmann, H.: *Die japanische Photographie*, Köln 1984.
Spierenburg, P.: *The Broken Spell*, New Brunswick 1991.
Spiro, M.E.: *Buddhism and Society*, London 1971.

–: *Kinship and Marriage in Burma*, Berkeley 1977.
Spreitzer, B.: *Die stumme Sünde: Homosexualität im Mittelalter*, Göppingen 1988.
Spycher, A.: »Der Basler Lällenkönig, seine Nachbarn, Freunde und Verwandten«, *Neujahrsblatt der Gesellschaft für das Gute und Gemeinnützige*, Basel 1987.
Staal, J.: »The Dusuns of North Borneo«, *Anthropos* 1924.
Staehelin, E.: Brief vom 26. Mai 1986.
Stahl, P.-H.: *Histoire de la décapitation*, Paris 1986.
Stamm-Saurma, L. E.: »Zuht und wicze: Zum Bildgehalt spätmittelalterlicher Epenhandschriften«, *Zeitschrift des Deutschen Vereins für Kunstwissenschaft* 1987.
Stanek, M.: *Sozialordnung und Mythik in Palimbei*, Basel 1983.
Stanley, P.: *What Did you Do in the War, Daddy?*, Melbourne 1983.
Stannus, H. S.: »Notes on Some Tribes of British Central Africa«, *Journal of the Royal Anthropological Institute* 1910.
Starre, L. van der: »Darstellung des Geschlechtsrollenseminars in der Jugendanstalt Hameln« in *Sexualität BRD/DDR im Vergleich*, ed. R. Kuntz-Brunner/H. Kwast, Braunschweig 1991.
Staub, F./L. Tobler: *Schweizerisches Idiotikon*, Bd. I, Frauenfeld 1881.
Staubli, T.: *Das Image der Nomaden im Alten Israel und in der Ikonographie seiner seßhaften Nachbarn*, Fribourg 1991.
Steele, V.: *Fashion and Eroticism*, Oxford 1985.
Stefaniszyn, B.: *Social and Ritual Life of the Ambo of Northern Rhodesia*, London 1964.
Steinberg, L.: *The Sexuality of Christ in Renaissance Art and in Modern Oblivion*, New York 1983.
von den Steinen, K.: »Die Schingú-Indianer in Brasilien«, *Zeitschrift für Ethnologie* 1885.
–: *Unter den Naturvölkern Zentral-Brasiliens*, Berlin 1894.
Steinhausen, G.: *Deutsche Privatbriefe des Mittelalters*, Bd. I, Berlin 1899.
Stephan, I.: »Gewalt, Eros und Tod: Metamorphosen der Charlotte Corday-Figur vom 18. Jahrhundert bis in die Gegenwart« in *Die Marseillaise der Weiber*, ed. I. Stephan/S. Weigel, Hamburg 1989.
Sterly, J.: *Kumo*, München 1987.
Sternberg, L.: »Materials on the Sexual Life of the Gilyak«, *Anthropological Papers of the University of Alaska* 1961.
Stewart, C.: *Demons and the Devil*, Princeton 1991.
Stifter, K. F.: *Die dritte Dimension der Lust*, Frankfurt/M. 1988.
Stiglmayer, A.: »Vergewaltigung als Waffe«, *Stern* 49, 1992.
Stille, E.: »Zank um die Hosen« in *Kleider und Leute*, ed. C. Spiegel et al., Bregenz 1991.
Stockar, J.: *Kultur und Kleidung der Barockzeit*, Zürich 1964.
Stöckle, W.: *Deutsche Ansichten*, München 1982.
Stoll, O.: *Das Geschlechtsleben in der Völkerpsychologie*, Leipzig 1908.
Stoller, R. J.: *Perversion: Die erotische Form von Haß*, Reinbek 1979.
Stommel, E.: »Christliche Taufriten und antike Badesitten«, *Jahrbuch für Antike und Christentum* 1959.

Stopczyk, A.: »Leibphilosophie und Pornographie« in *Die alltägliche Wut*, ed. H. Bendkowski/I. Rotalsky, Berlin 1987.
Strätz, H.W.: Brief vom 15. April 1986.
Strasser, P.: »Kommentar zur Duerr-Elias-Kontroverse«, Ms.
Straten, N.H. van: *Concepts of Health, Disease and Vitality in Traditional Chinese Society*, Wiesbaden 1983.
Strathern, A.: *A Line of Power*, London 1984.
Stratz, C.H.: *Die Rassenschönheit des Weibes*, Stuttgart 1902.
Strauss, W.L.: *The German Single-Leaf Woodcut 1550-1600*, Bd. I, New York 1975.
Strehle, H.: *Mienen, Gesten und Gebärden*, München 1966.
Strobl, I.: ›*Sag nie, du gehst den letzten Weg*‹, Frankfurt/M. 1989.
Strong, J.S.: »Wenn der magische Flug mißlingt: Zu einigen indischen Legenden über den Buddha und seine Schüler« in *Sehnsucht nach dem Ursprung*, ed. H.P. Duerr, Frankfurt/M. 1983.
Strum, S.C.: *Leben unter Pavianen*, Wien 1990.
Stumpf, O.: »Bußgeldlisten aus den Rechnungen des Amtes Gießen von 1568-1599«, *Mitteilungen des Oberhessischen Geschichtsvereins Gießen* 1981.
Sturtevant, W.C./D.B. Quinn: »This New Prey: Eskimos in Europe in 1567, 1576, and 1577« in *Indians and Europe*, ed. C. Feest, Aachen 1987.
Süllwold, E.: »›Charlotte Corday‹ in Hamburg« in ›*Der Menschheit Hälfte blieb noch ohne Recht*‹, ed. H. Brandes, Wiesbaden 1991.
Sütterlin, C.: »Schreck-Gesichter« in *Symbole des Alltags – Alltag der Symbole*, ed. G. Blaschitz et al., Graz 1992.
Sugawara, K.: »Interactional Aspects of the Body in Co-Presence Observations on the Central Kalahari San« in *Culture Embodied*, ed. M. Moerman/M. Nomura, Osaka 1990.
Suggs, R.C.: »Sex and Personality in the Marquesas« in *Human Sexual Behavior*, ed. D.S. Marshall/R.C. Suggs, New York 1971.
Sun Chief: *The Autobiography of a Hopi Indian*, ed. L.W. Simmons, New Haven 1942.
Surminski, A.: »Der Schrecken hatte viele Namen« in *Flucht und Vertreibung* ed. F. Grube/G. Richter, Hamburg 1980.
Sutherland, A.: »The Body as a Social Symbol Among the Rom« in *The Anthropology of the Body*, ed. J. Blacking, London 1977.
Sutton, R.F.: *The Interaction Between Men and Women Portrayed on Attic Red-Figure Pottery*, Ann Arbor 1982.
Swaan, A. de: »Vom Befehlsprinzip zum Verhandlungsprinzip: Über neuere Verschiebungen im Gefühlshaushalt der Menschen« in *Der unendliche Prozeß der Zivilisation*, ed. H. Kuzmics/I. Mörth, Frankfurt/M 1991.
Sykes, C.S: *Ancient English Houses 1240-1612*, London 1988.
Sykes, G.M.: *The Society of Captives*, Princeton 1970.
Symonds, C.: »Sexual Mate-Swapping« in *Studies in the Sociology of Sex*, ed. J.M. Henslin, New York 1971.

Ṭaḥṭāwī, al-, R.: *Talḫīṣ al-ibrīz fī talḫīṣ Bārīz*, ed. K. Stowasser, Leipzig 1988.
Taplin, O.: *Greek Tragedy in Action*, London 1978.
Tarassuk, L./C. Blair: *Arms & Weapons*, London 1982.
Tardieu, A.: *Étude médico-légale sur les attentats aux mœurs*, Paris 1867.
Taylor, T.: *Nürnberg und Vietnam*, München 1971.
Tcheng-Ki-tong: *Les plaisirs en Chine*, Paris 1890.
Temkin, J.: »Women, Rape and Law Reform« in *Rape*, ed. S. Tomaselli/R. Porter, Oxford 1986.
Te Rangi Hiroa: *The Coming of the Maori*, Wellington 1962.
Teubner, U.: »Über die langen Folgen der Vergewaltigung« in *Sexuelle Gewalt*, Sensbachtal 1985.
–: »Vergewaltigung als gesellschaftliches Problem« in *Rechtsalltag von Frauen*, ed. U. Gerhard/J. Limbach, Frankfurt/M. 1988.
Theis, J.: »Nach der Razzia« in *Sudanesische Marginalien*, ed. F.W. Kramer/B. Streck, München 1991.
Theweleit, K.: *Männerphantasien*, Bd. I, Frankfurt/M. 1977.
Thietmar v. Merseburg: *Chronik*, ed. W. Trillmich, Darmstadt 1957.
Thode-Arora, H.: *Für fünfzig Pfennig um die Welt*, Frankfurt/M. 1989.
Thoman, M.: *Weissenhorner Historie*, Tübingen 1876.
Thomas, H.: *Der spanische Bürgerkrieg*, Berlin 1962.
Thomas, M.: *Buchmalerei aus der Zeit des Jean de Berry*, München 1979.
Thomas v. Aquin: *Die katholische Wahrheit oder Die theologische Summa*, Bd. VII, ed. C.M. Schneider, Regensburg 1888.
Thomasset, C.: »La représentation de la sexualité et de la génération dans la pensée scientifique médiévale« in *Love and Marriage in the Twelfth Century*, ed. W. van Hoecke/A. Welkenhuysen, Leuven 1981.
Thompson, J.G.: *The Psychobiology of Emotions*, New York 1988.
Thompson, R.: *Women in Stuart England and America*, London 1974.
Thornhill, R./N.W. Thornhill: »Human Rape: An Evolutionary Analysis«, *Ethology and Sociobiology* 1983.
Thorwald, J.: *Die große Flucht*, München 1979.
Thuillier, J./M. Laclotte/H. Loyrette: *Les frères Le Nain*, Paris 1978.
Thuillier, J.-P.: »La nudité athlétique (Grèce, Etrurie, Rome)«, *Nikephoros* 1988.
Thurneysser zum Thurn, L.: *Nothgedrungens Außschreiben Mein/Der Herbrottischen Blutschandsverkeufferey/Falschs vnd Betrugs*, Berlin 1584.
Tickner, L.: *The Spectacle of Women: Imagery of the Suffrage Campaign 1907-14*, London 1987.
Tiger, L.: *Men in Groups*, New York 1984.
Titiev, M.: *The Hopi Indians of Old Oraibi*, Ann Arbor 1972.
Todorov, T.: *Die Eroberung Amerikas*, Frankfurt/M. 1985.
Torday, E./T.A. Joyce: »Notes on the Ethnography of the Ba-Mbala«, *Journal of the Anthropological Institute of Great Britain and Ireland* 1905.
Toussaint, H.: *La Liberté guidant le peuple de Delacroix*, Paris 1982.
Trachtenberg, M.: *The Statue of Liberty*, London 1976.
Trexler, R.C.: »Der Heiligen neue Kleider« in *Gepeinigt, begehrt, vergessen*, ed. K. Schreiner/N. Schnitzler, München 1992.

Trimborn, H.: »Der Ehebruch in den Hochkulturen Amerikas«, *Anthropos* 1935.
–: »Die Erotik in den Mythen von Huarochiri«, *Tribus* 1951.
Troy, L.: *Patterns of Queenship in Ancient Egyptian Myth and History*, Uppsala 1986.
Trumbach, R.: »London's Sodomites: Homosexual Behavior and Western Culture in the 18th Century«, *Journal of Social History* 1977.
–: »The Birth of the Queen: Sodomy and the Emergence of Gender Equality in Modern Culture, 1660-1750« in *Hidden From History*, ed. M.B. Duberman, New York 1989.
–: »Sodomitical Assault, Gender Role, and Sexual Development in Eighteenth-Century London« in *The Pursuit of Sodomy*, ed. K. Gerard/G. Hekma, New York 1989.
Truswell, A.S./J.D.L. Hansen: »Medical Research Among the !Kung« in *Kalahari Hunter-Gatherers*, ed. R.B. Lee/I. DeVore, Cambridge 1976.
Tscharner, H.-F. v.: *Die Todesstrafe im alten Staate Bern*, Bern 1936.
Ts'e Shao-chen: *Flaneur im alten Peking*, ed. M. Miosga, Köln 1987.
Tügel, H./M. Heilemann: *Frauen verändern Vergewaltiger*, Frankfurt/M. 1987.
Tuetey, A.: *Journal d'un bourgeois de Paris*, Paris 1881.
Turan, S. G.: *Freiwild: Meine Zeit in einem deutschen Gefängnis*, Düsseldorf 1992.
Turi, J.: *Erzählung vom Leben der Lappen*, ed. E. Demant, Frankfurt/M. 1992.
Turk, M.H.: *The Legal Code of Ælfred the Great*, Halle 1893.
Turnbull, C.M.: *Molimo*, Köln 1963.
Turnbull, P.: »The Phallus in the Art of Roman Britain«, *Bulletin of the Institute of Archaeology* 1978.
Tuzin, D.Z.: »Yam Symbolism in the Sepik«, *Southwestern Journal of Anthropology* 1972.

Ubach, E./E. Rackow: *Sitte und Recht in Nordafrika*, Stuttgart 1923.
Uberoi, J.P.S.: Mündliche Mitteilung vom 13. Oktober 1990.
Ucko, P.J.: »Penis Sheaths«, *Proceedings of the Royal Anthropological Institute* 1969.
Uhr, H.: *Lovis Corinth*, Berkeley 1990.
Ulbrich, C.: »Unartige Weiber« in *Arbeit, Frömmigkeit und Eigensinn*, ed. R. van Dülmen, Frankfurt/M. 1990.
Ulbricht, O.: *Kindsmord und Aufklärung in Deutschland*, München 1990.
Unger, H.: *Text und Bild im Mittelalter*, Graz 1986.
Ungerer, T.: *Schutzengel der Hölle*, Zürich 1986.
–: *Photographie 1960-1990*, Heidelberg 1991.
Unseld, E.: »Libertinage oder Liberalisierung? Gedanken zur Reform des Sexualstrafrechts«, *Sexualmedizin* 1974.
Unterkircher, F.: *Maximilian I., ein kaiserlicher Auftraggeber illustrierter Handschriften*, Hamburg 1983.
Ussel, J. van: *Sexualunterdrückung*, Reinbek 1970.

Vaitna, A.: *Die Moral der Roten Armee*, Biel 1948.
Vandier, J.: »Iousâas et (Hathor)-Nébet-Hétépet«, *Revue d'Égyptologie* 1964.
–: *Manuel d'archéologie égyptienne*, Bd. IV, Paris 1964.
Vanggaard, T.: *Phallos*, Frankfurt/M. 1979.
Vanoverbergh, M.: *The Isneg*, Washington 1938.
Varawa, J. M.: *Nur ein paar Inseln weiter*, Reinbek 1990.
Veillard-Cybulska, H.: »Die Kriminalität der Frauen in der Schweiz« in *Weibliche und männliche Kriminalität*, ed. W. Haesler, Diessenhofen 1982.
Velde, H. te: *Seth, God of Confusion*, Leiden 1967.
Venzky, G.: »Die Bastion Pakistan im Ansturm der Fundamentalisten« in *Krieg*, ed. A. Schwarzer, Frankfurt/M. 1992.
Verdenius, W. J.: »Αἰδώς bei Homer«, *Mnemosyne* 1945.
Verdier, Y.: *Façons de dire, façons de faire*, Paris 1979.
Verdon, J.: »La femme et la violence en Poitou pendant la Guerre de Cent Ans«, *Annales du Midi* 1990.
Verebélyi, K.: *Bemalte Schießscheiben in Ungarn*, Budapest 1988.
Vermehren, I.: *Reise durch den letzten Akt*, Reinbek 1979.
Vernant, J.-P.: *Tod in den Augen*, Frankfurt/M. 1988.
Vespignani, R.: *Faschismus*, Berlin 1976.
Viano, E.: »Violence on College Campuses« in *Victims and Criminal Justice*, Bd. III, ed. G. Kaiser et al., Freiburg 1991.
Vicedom, G. F. / H. Tischner: *Die Mbowamb*, Bd. I, Hamburg 1948.
Vidal, P.: *Garçons et filles: Le passage à l'âge d'homme chez les Gbaya Kara*, Nanterre 1976.
Vieille, P.: *La féodalité et l'État en Iran*, Paris 1975.
Villeneve, R.: *Le musée de la bestialité*, Paris 1969.
Vincent, J. M.: *Costume and Conduct in the Laws of Basel, Bern, and Zurich 1370-1800*, New York 1969.
Vloberg, M.: *La vierge et l'enfant dans l'art français*, Paris 1954.
Vögel, B.: »›Wir haben keinen angezeigt‹: Sowjetische Zwangsarbeiterinnen in Nazi-Deutschland« in *Lust und Last*, ed. K. v. Soden, Berlin 1990.
Voght, M. / V. L. Bullough: »Homosexuality and Its Confusion With the ›Secret Sin‹ in Pre-Freudian America«, *Journal of the History of Medicine* 1973.
Vorberg, G.: *Die Erotik der Antike in Kleinkunst und Keramik*, München 1921.
Vorwahl, H.: »Ein apotropäischer Kriegsbrauch«, *Archiv für Religionswissenschaft* 1935.
Vries, J. de: *Keltische Religion*, Stuttgart 1961.
Vroklage, B. A. G.: *Ethnographie der Belu in Zentraltimor*, Bd. I, Leiden 1952.
Vuarnet, J.-N.: *Extases féminines*, Paris 1980.
Vukanović, T. P.: «Obscene Objects in Balkan Religion and Magic«, *Folklore* 1981.

Waal, F. de: *Peacemaking Among Primates*, Cambridge 1989.
Wagley, C.: *Welcome of Tears*, New York 1977.
Wagner, M.: »Freiheitswunsch und Frauenbild: Veränderung der ›Liberté‹ zwischen 1789 und 1830« in *Die Marseillaise der Weiber*, ed. I. Stephan/S. Weigel, Hamburg 1989.
Wagner, P.: *Eros Revived*, London 1988.
Walcot, P.: »Herodotus on Rape«, *Arethusa* 1978.
Walker, D. E.: »The Nez Perce Sweat Bath Complex«, *Southwestern Journal of Anthropology* 1966.
Walker, J. R.: *Lakota Society*, Lincoln 1982.
Wall, H. M.: *Fierce Communion*, Cambridge 1990.
Wallace, E./E. A. Hoebel: *The Comanches*, Norman 1952.
Wallace, W. J.: »Infancy and Childhood Among the Mohave Indians«, *Primitive Man* 1948.
Waltz, M.: »Der Traum von der archaischen Spontaneität und das Gesetz der Vergeltung« in *Haß*, ed. R. Kahle et al., Reinbek 1985.
Wang Shi-Tcheng: *Djin Ping Meh*, Berlin 1961.
Wappenschmidt, F.: »Das Bild der schönen Frau in der chinesischen Malerei« in *Ars et amor*, ed. K. Fischer/V. Thewalt, Wiesenbach 1992.
al-Wardi, A.: *Soziologie des Nomadentums*, Neuwied 1972.
Warner, M.: *Monuments and Maidens*, New York 1985.
Watson, B.: Brief vom 3. Juni 1986.
Watson, P. J.: *Costume of Ancient Egypt*, London 1987.
v. d. Way, T.: *Göttergericht und ›Heiliger‹ Krieg im Alten Ägypten*, Heidelberg 1992.
Webb, J. B.: *Shakespeare's Erotic Word Usage*, Hastings 1989.
Webb, P.: *The Erotic Arts*, London 1983.
Weber, D.: *Geschichtsschreibung in Augsburg*, Augsburg 1984.
Wees, H. van: *Status Warriors*, Amsterdam 1992.
Weigel, S.: »Die nahe Fremde: das Territorium des ›Weiblichen‹« in *Die andere Welt*, ed. T. Koebner/G. Pickerodt, Frankfurt/M. 1987.
Weiglein, W.: »Zu Fuß durch die Steinzeit« in *Expeditionen durch Indonesien*, ed. W. Weiglein/H. Zahorka, Dreieich 1986.
Weinberg, M. S.: »The Nudist Management of Respectability« in *Deviance*, ed. E. Rubington/M. S. Weinberg, New York 1981.
Weinberg, R.: »The Pogrom of 1905 in Odessa« in *Pogroms: Anti-Jewish Violence in Modern Russian History*, ed. J. D. Klier/S. Lambroza, Cambridge 1992.
Weinhold, K.: *Altnordisches Leben*, Stuttgart 1938.
Weininger, O.: *Geschlecht und Charakter*, Wien 1921.
Weir, A./J. Jerman: *Images of Lust*, London 1986.
Weir, S.: *Palestinian Costume*, London 1989.
Weiss, F.: *Die dreisten Frauen*, Frankfurt/M. 1991.
Weiss, H.: *Kostümkunde*, Bd. III, Stuttgart 1872.
Weiss, P.: *Die Verfolgung und Ermordung Jean Paul Marats*, Frankfurt/M. 1964.
Weiss, R.: »Auf einem fremden Planeten« in *Wir haben es gesehen*, ed. G. Schoenberner, Wiesbaden 1988.

Weisweiler, J.: »Die Stellung der Frau bei den Kelten«, *Zeitschrift für celtische Philologie* 1939.
Wemple, S.F.: *Women in Frankish Society*, Philadelphia 1981.
Wendt, H.: »Das Pervertieren der Sexualität« in *Sexuologie*, Bd. I, ed. P.G. Hesse/G. Tembrock, Leipzig 1974.
Wenk, S.: »Die steinernen Frauen: Weibliche Allegorien in der öffentlichen Skulptur Berlins im 19. Jahrhundert« in *Triumph und Scheitern in der Metropole*, ed. S. Anselm/B. Beck, Berlin 1987.
Wentersdorf, K.P.: »The Symbolic Significance of *Figurae Scatologicae* in Gothic Mss« in *Word, Picture, and Spectacle*, ed. C. Davidson, Kalamazoo 1984.
Werkmüller, D.: »Die Sulzheimer Gerichtsordnung des Mainzer Domdekans Lorenz Truchseß von Pommersfelden aus dem Jahre 1515«, *Archiv für hessische Geschichte und Altertumskunde* 1988.
Werner, S.: *Die Belagerung von K'ai-feng im Winter 1126/27*, Stuttgart 1992.
Wesel, U.: *Der Mythos vom Matriarchat*, Frankfurt/M. 1980.
West, D.J. et al.: *Understanding Sexual Attacks*, London 1978.
Westendorf, W.: »Beiträge aus und zu den medizinischen Texten«, *Zeitschrift für ägyptische Sprache und Altertumskunde* 1966.
–: »Bemerkungen zur ›Kammer der Wiedergeburt‹ im Tutanchamungrab«, *Zeitschrift für ägyptische Sprache und Altertumskunde* 1967.
–: »Noch einmal: Die ›Wiedergeburt‹ des heimgekehrten Sinuhe«, *Studien zur altägyptischen Kultur* 1977.
–: »Schießen und Zeugen« in *Ägypten und Kusch*, ed. E. Endesfelder et al., Berlin 1977.
–: »Ein neuer Fall der ›homosexuellen Episode‹ zwischen Horus und Seth? (pLeiden 348 Nr. 4)«, *Göttinger Miszellen* 1987.
Westermarck, E.: »Beliefs Relating to Sexual Matters in Morocco« in *Verhandlungen des I. Internationalen Kongresses für Sexualforschung*, Bd. V, ed. M. Marcuse, Berlin 1928.
Westphal, R.: *Die Frau im politischen Plakat*, Berlin 1979.
Wex, M.: ›*Weibliche*‹ *und* ›*männliche*‹ *Körpersprache als Folge patriarchalischer Machtverhältnisse*, Hamburg 1979.
Wheeler, H.: »Pornography and Rape« in *Rape and Sexual Assault*, ed. A.W. Burgess, New York 1985.
Wheelwright, J.: *Amazons and Military Maids*, London 1989.
White, S.M.: »Sexual Language and Human Conflict in Old French Fabliaux«, *Comparative Studies in Society & History* 1982.
Whiting, J.W.M.: *Becoming a Kwoma*, New Haven 1941.
Whiton, L.C./H.B. Greene/R.P. Momsen: »The Isconahua of the Remo«, *Journal de la Société des Américanistes* 1964.
Wickert-Micknat, G.: *Archaeologia Homerica: Die Frau*, Göttingen 1982.
Wickler, W.: *Sind wir Sünder?*, München 1969.
Wide, S.: *Lakonische Kulte*, Leipzig 1893.
Wijk, W. van: *A Sociological Study of the Gypsies*, Leiden 1948.
Wikan, U.: »Public Grace and Private Fears: Gaiety, Offense, and Sorcery in Northern Bali«, *Ethos* 1987.

Wikström, P.-O.H.: *Urban Crimes, Criminals, and Victims*, New York 1991.

Wilberg-Schuurman, T.V.: *Hoofse minne en burgerlijke liefde in de prentkunst rond 1500*, Leiden 1983.

Wild, H.: »Les danses sacrées de l'Égypte ancienne« in *Les danses sacrées*, Paris 1963.

Wilda, W.E.: *Das Strafrecht der Germanen*, Halle 1842.

Williams, F.E.: *Papuans of the Trans-Fly*, Oxford 1936.

Williams, W.L.: *The Spirit and the Flesh*, Boston 1986.

–: »Persistence and Change in the Berdache Tradition Among Contemporary Lakota Indians« in *The Many Faces of Homosexuality*, ed. E. Blackwood, New York 1986.

Williams-Forte, E.: »Annotations of the Art« in *Inanna*, New York 1983.

Winkler, D.: Brief vom 16. Juli 1991.

Winkler, J.J.: *The Constraints of Desire*, New York 1990.

Winter, U.: *Frau und Göttin*, Fribourg 1983.

Wirth, H.: »Das Turnier zu Heidelberg«, *Archiv für die Geschichte der Stadt Heidelberg* 1868.

Wirth, J.: *L'image médiévale*, Paris 1989.

Wirz, P.: »Het eiland Sabiroet en zijn bewoners«, *Nederlandsch-Indië* 1929.

Witkowski, G.-J.: *Curiosités médicales, littéraires et artistiques sur les seins et l'allaitement*, Paris 1898.

–: *Les seins dans l'histoire*, Paris 1903.

–: *Les seins à l'église*, Paris 1907.

–: *L'art profane à l'Église: France*, Paris 1908.

Witkowski, G.-J./L. Nass: *Le Nu au Théâtre*, Paris 1909.

Woldt, Hr.: »Bericht zur Sitzung vom 19. Dezember 1885«, *Zeitschrift für Ethnologie* 1885.

Wolfe, L.D.: »Japanese Macaque Female Sexual Behavior« in *Female Primates*, ed. M.F. Small, New York 1984.

Wolff, H.W.: *Anthropologie des Alten Testaments*, München 1984.

Wolfram, R.: »Weiberbünde«, *Zeitschrift für Volkskunde* 1933.

Wolkstein, D./S.N. Kramer: *Inanna*, New York 1983.

Wollenberg, H.-W.: *... und der Alptraum wurde zum Alltag*, ed. M. Brusten, Pfaffenweiler 1992.

Wolter, G.: *Die Verpackung des männlichen Geschlechts*, Marburg 1988.

Worobec, C.D.: »Accomodation and Resistance« in *Russia's Women*, ed. B.E. Clements et al., Berkeley 1991.

–: »Temptress or Virgin?« in *Russian Peasant Women*, ed. B. Farnsworth/L. Viola, Oxford 1992.

Wouters, C.: »Elias and Duerr«, Ms.

Wright, G.: *Between the Guillotine and Liberty*, Oxford 1983.

Wright, N.: »Ransoms of Non-Combatants During the Hundred Years War«, *Journal of Medieval History* 1992.

Wünschel, H.-J.: »Die pfälzische Frau im 19. Jh.«, *Pfälzer Heimat* 1976.

Wuhrmann, S.: »Théophile-Alexandre Steinlen: ›Louise Michel sur les barricades‹« in *Emblèmes de la liberté*, ed. D. Gamboni et al., Bern 1991.

Wyre, R./A. Swift: *Die Täter*, Köln 1991.

Yamanashi, E.: »Kuroda Seiki's ›Woman With a Mandolin‹ (1891)« in *Paris in Japan*, ed. S. Takashina et al., Tōkyō 1987.
Yang, H.: »The Chinese Nude Is Revealed«, *China Daily*, 13. Mai 1988.
Ye'or, B.: *The Dhimmi*, Cranbury 1985.
Yoshida, K.: *Betrachtungen aus der Stille*, Frankfurt/M. 1985.
Yuan, Z.: »In China und im Westen«, *Unesco Kurier* 4, 1987.
Yüksel, Ş.: »Körperliche Mißhandlung in der Familie und die Solidaritätskampagne ›Gegen Gewalt an Frauen‹« in *Aufstand im Haus der Frauen*, ed. A. Neusel et al., Berlin 1991.

Zander-Seidel, J.: »Der Teufel in Pluderhosen«, *Waffen- und Kostümkunde* 1987.
–: *Textiler Hausrat: Kleidung und Haustextilien in Nürnberg von 1500-1650*, München 1990.
Zapotetzky, W.: *Karlstadt*, Karlstadt 1980.
Zedler, J. H.: *Großes vollständiges Universal-Lexikon*, Leipzig 1740.
Zeller, U.: *Die Frühzeit des politischen Bildplakats in Deutschland (1848-1918)*, Stuttgart 1988.
Ziegler, C.: »Sistrum« in *Lexikon der Ägyptologie*, Bd. V, ed. W. Helck/W. Westendorf, Wiesbaden 1984.
Ziegler, E.: *Sitte und Moral in früheren Zeiten*, Sigmaringen 1991.
Ziegler, J. G.: *Die Ehelehre der Pönitentialsummen von 1200-1350*, Regensburg 1956.
Zijlstra-Zweens, H. M.: *Of His Array Telle I No Longer Tale*, Amsterdam 1988.
Ziller, L.: »Von Schelmen und Schergen«, *Mitteilungen der Gesellschaft für Salzburger Landeskunde* 1973.
Zillmann, D.: *Connections Between Sex and Aggression*, Hillsdale 1984.
Zillmann, D./J. B. Weaver: »Pornography and Men's Sexual Callousness Toward Women« in *Pornography*, ed. D. Zillmann/J. Bryant, Hillsdale 1989.
Zimmermann, G.: *Ordensleben und Lebensstandard*, Münster 1973.
Zuckmayer, C.: *Als wär's ein Stück von mir*, Hamburg 1977.
Zürcher, M.: *Die Behandlung jugendlicher Delinquenten im alten Zürich (1400-1798)*, Winterthur 1960.
Zwahr, H.: *Herr und Knecht*, Jena 1990.
Zwernemann, J.: »Überlegungen zum Ursprung der Kleidung« in *Verhaltensforschung in Österreich*, ed. O. Koenig, Wien 1983.
Zwilling, L.: »Homosexuality as Seen in Indian Buddhist Texts« in *Buddhism, Sexuality, and Gender*, ed. J. I. Cabezón, Albany 1992.
Zywulska, K.: *Wo vorher Birken waren*, München 1979.
–: *Tanz, Mädchen...: Vom Warschauer Getto nach Auschwitz*, München 1988.

Register

SACHREGISTER

AAO-Kommune 124f.
Adamiten 468
Affen 170f., 560f.
After 148, 551, 567
Aggressivität 29, 39, 72, 80f., 128f., 144f., 237ff.
Aktbilder 87ff., 94f., 503
Aktmodelle 90, 501, 503, 515, 534
Amazonen 84, 222, 479, 485, 571
Amok-Läufer 165, 502
Analverkehr 120ff., 217f., 248ff., 580f.
Anarchisten 65f., 301, 490
angeboren/erworben 15f., 464f.
Angsterektion 145, 267, 529, 652
Anilingus 152f., 532
Anorexie 534
Arbeiterinnen 167, 335f., 499, 614, 621
Armhaltung 203f.
Arschlecken 150, 152, 452, 514

Bademägde 493
Baden 86f., 122, 179, 338, 500, 522, 539, 554
Badstuben 20f., 120, 250, 497f., 510
Barrikadenfrauen 58ff., 485ff.
Baubo 97
Bauern 139, 325, 387, 630
Bauernkrieg 37f., 300, 396f., 399, 634
Befleckung 130, 170, 377f., 450, 471, 522
Beginen 327, 385
Begrüßung 541, 588
Beinhaltung 86f., 89, 130, 181, 521, 537f.
berdache 218, 241, 568ff.
Berserker 654
Beschneidung 36, 137, 179, 239, 284ff., 517, 540, 543, 598, 601, 619
Betasten, unzüchtiges 319ff., 611ff., 631
Bettlerinnen 517

Bevölkerungsfluktuation 21f.
Bisexuelle 265
Blitzen 155f., 533
Böser Blick 41, 286, 504
Bogenschießen 233f.
Bombe 171, 228, 573
Bonobos 171, 268, 614
Bordell 269, 311f., 357f., 363, 366, 406f., 412, 556, 591f., 623, 625, 635, 652
Boxeraufstand 86, 600
Braguette 193ff., 214, 558ff.
Brechlerinnen 136
Bruche 194f., 203f., 296, 299, 304, 558, 605
Brünhild 453
Brüste 17, 33ff., 229, 278f., 286ff., 319ff., 425f., 475ff., 599ff.
Brunftzyklus 16
Brustwarzen 46, 479
Brustweisen 33ff., 477ff.
Brustzauberer 169
Büffelkappe 84, 571
Büstenhalter 52f., 482, 554

Cangaçeiros 644
coitus reservatus 555, 597
Cú Chulainn 82, 519, 648
Culotte 209f.
Cunnilingus 146, 236f., 529, 532, 598

Dämonen 41f., 116f., 120ff., 509f., 519f.
Damensitz 119
Defloration 233f., 322, 366, 454, 576
Dekolleté 130, 333, 480ff., 499
Demeter 96f.
derriere, faux 154
Dildo 95, 146, 290, 643, 656

Ehebruch 248, 309, 343, 571, 576f., 628, 653, 655
Ehre, weibliche 384f., 389, 629

Eichel 129f., 175ff., 540ff.
Eifersucht 457, 655
Einhorn 124
Ejakulation 45, 140, 144, 159, 166, 228ff., 376ff., 414f.
Entblößung 296ff., 483f., 601ff.
Entführung 626
Epilation 83, 247f.
Erektion 144f., 170f., 175ff., 211ff., 227ff.
essen 576, 586f.
Euphemismen 579, 620
Exhibitionismus 131, 153ff., 166, 206, 340, 533ff.

Falsifikation 468
Feigheit 217
Fellatio 126, 228f., 253f., 261ff., 516f., 529f., 585ff., 646
Feministinnen 53, 81, 107, 168, 191, 198, 213, 241, 439, 473, 518, 523, 647
fica 256f., 582
Fichu 67f.
Fischweiber 56, 484
Fluchen 43f., 74, 137, 514
Folter 144, 232, 255, 448, 599, 603, 638, 652
Frauenfeste 137
Frauengangs 147
Frauenlederhosen 458, 512, 655f.
Frauenröcke 207
Fremdarbeiterinnen 318, 417, 419f.
Fremde 22, 24
Fremdzwänge 472
Frigidität 213, 649
Frotteure 329
Furzen 127, 151, 532
Fußballspieler 165

Galli 516
Gefängnis 146, 154, 255, 268ff., 311, 423ff., 530, 591ff., 640
Germania 60, 487
Geruch 511, 525, 530, 544, 565, 632
Geschlechterkampf 202

Geschlechtslust 174, 249, 311ff., 371ff., 438ff., 539f., 554ff., 647ff.
Gladiatoren 248
Godiva 118f., 515
Gorillas 567
Graue Languren 590
Grausamkeit 30, 93f., 408, 600

Haar 36, 38, 41, 54, 74, 86, 98, 118, 373, 377, 478, 483, 524, 612
Hängen 602, 605, 633
Hathor 98ff., 506
Hausfriedensbruch 383
Hedonismus 411, 637
Henker 68, 203, 282, 296, 329, 597, 604
Hexen 41, 138, 152, 164, 288, 514, 525, 539, 645
hijrās 46, 120, 480, 516ff.
Hinterweisen 122, 124f., 127, 148ff., 247, 509, 514, 520, 531ff.
Hoden 100, 172ff., 214ff., 566f., 586ff., 597, 620
Hölle 188, 244f.
Homosexualität 22, 24, 49, 143, 259ff., 281f., 516f., 568ff., 579, 581, 584f., 587
Hooligans 638
Hosen 194f., 563f.
Hosenlatz 197ff., 564
Huren 37, 42, 62f., 78, 85f., 90, 110, 123, 188, 212, 225, 363ff., 397ff., 516f., 621, 633ff., 644
ḥūrīyah 556, 598
Hysterie 483

Iambe 96f., 504
Illegitimität 471
Impotenz 516, 522, 529
Infibulation 286, 598f.
Internalisierung 334
Inzest 80, 109, 430, 511, 606, 630, 637
ius spolii 296

Jagd 239ff., 539, 576f.
Jagdflieger 228, 571f.
Jesus 76

Judith 54, 70f., 484
Jugendbanden 264, 364f., 403, 452ff., 583, 624
Jungfräulichkeit 221ff., 571ff., 617, 632
Jungfrau, hl. 74ff., 285, 492, 500

Kannibalismus 587f.
Kanone 66, 85f., 226f., 490
Kastration 46, 60, 120, 130ff., 136, 144, 257f., 269, 274ff., 382, 400, 516, 593ff., 620, 624
Kinder 10f., 421f., 527f., 582f.
Kindstötung 23
Klistier 253, 581
Klitoridektomie 137
Klitoris 46, 85, 95, 139, 441f.
Klitoris, künstliche 517
Koitus 100ff., 235ff., 371f., 555f., 575f.
Kolonialismus 9ff., 463
Kommunisten 87ff., 165
Konsumgesellschaft 411, 637
Konstruktivismus 537
Kopfjagd 238, 286
Krankenhaus 167, 329
Krieg 36ff., 83f., 218f., 244ff., 275ff., 296f., 391ff., 413ff., 600ff., 632ff.
Küssen 263, 323f., 331, 345, 585, 606, 613, 615
Ku-Klux-Klan 279
KZ 146, 230, 269, 293, 308ff., 433, 522, 530, 574, 591f., 596f., 608ff., 641

Lachen 91ff., 499, 502ff.,
Ladendiebinnen 145, 448
Lascivia 45, 78f., 83
Lesbierinnen 46, 146f., 166, 284, 290, 433, 450, 475f., 480, 530, 590f., 600, 645, 652
lex talionis 244, 280f., 324, 362
Liberté 60ff., 486ff.
Liebe 573, 630
Liebeslieder 505
Lustmörder 229f., 288, 295, 530, 599

machismo 130, 144, 212ff., 257, 569
Macht 16ff., 28f., 128f., 264ff., 349ff., 431ff., 455ff., 647ff.
Männerbünde 454f., 654
Männerröcke 195ff., 559ff.
māhū 585ff.
Makaken 216, 268, 539, 590, 648
Masochismus 449, 572
Masturbation 138ff., 255f., 354ff., 505, 620
Matriarchat 218
Medusa 213, 497, 504
Menstruation 86, 129f., 137, 323, 411, 417, 475, 496, 522, 571
Mieder 336ff.
mikwe 306f., 311, 607
Milchspritzen 43ff., 77
Minirock 607
Mooning 154ff., 535

Najaden 528
Nasenreiben 263
Nekrophilie 281
Neonazis 165f., 433
Nötigung, sexuelle 341, 375, 437, 530, 633, 643, 656
Nonnen 301, 317, 321, 360, 397, 598, 604
Nudisten 159, 187, 191, 534, 553
Nymphomanie 483f.

»oben ohne« 52f., 197, 482, 502
Orang Utans 648
Orgasmus 144, 146, 265ff., 446f., 555f., 648ff.
Osterlachen 97
Ovulation 590

Pädophile 338
Pan 250, 261, 509
Paradies 187f., 305, 427, 518, 526, 554ff., 598
Partisaninnen 416, 642
Partnerbindung 16, 18, 466
Partnertausch 554
Paviane 123, 519
Penis 131f., 158ff., 189f., 211ff., 223ff., 275ff., 354ff., 587f.

Penis, künstlicher 476
Penisfutterale 163 ff., 540 ff., 619 ff.
Penisneid 166
Penisweisen 131, 162 ff., 503, 514, 520, 538
Permissivität 637
Pétroleuses 59
Pfählen 232, 242 ff., 574, 578
Phallisches Drohen 40, 43, 163 ff., 174, 206, 253, 523, 562, 589
Piratinnen 33 ff., 474
Plündern 639
Pornographie 30, 87 ff., 92 f., 101, 168, 290, 348, 443, 449 ff., 539, 615, 650
Postpartumtabu 540
Potenz 211 f., 256, 275, 279, 283, 480, 523, 566 f.
Priapus 173, 224, 248 f., 261, 580
Privatsphäre 127, 383
Pseudohermaphroditismus 643
Psychoanalyse 31, 130 f., 441 f., 522 f.
Puritaner 556
Pyromanie 448

Rassenschande 269, 316
Rassismus 617
Räuber 87, 299 f., 396, 499 f., 589, 601, 624, 637, 643 f.
Relativismus 472 f.
Rhesusaffen 590 f.
Ritterrüstung 199 f., 296, 561
Romantik 14, 31
Rose 574

Sadismus 573, 642
Sauna 167 f., 550
Scham 15 ff., 172 ff., 297 ff., 540 ff., 605 ff.
Schamaninnen 91, 116
Schamhaar 83, 247, 302, 312 ff., 495, 525, 542, 545, 618
Schamlippen 284 ff.
Schande 366, 443, 623, 626
Schenkelverkehr 239, 260, 516, 583

Scheren 247 f., 302, 313 f., 395, 495, 623
Schimpansen 170 f., 216, 264, 567
Schleier 40, 310, 477 f.
Schwängerung 424, 474 f.
Schwiegermutter 538, 551
Schwur 492
Selbstkontrolle 94, 184, 190, 288, 408 f.
Sexualneid 596
Sexualtherapie 342, 607
Shaker 188, 246
Sheila-na-gig 42 f., 82 f., 121 f., 150 f.
Sirenen 138 f.
Sistrum 100 ff., 506
Sklaven 254, 280, 334, 389, 405, 568, 611 f., 620, 623, 631
sodomia 597 f.
Soziale Kontrolle 21 ff., 26 f.
Speichel 129
Sperma 227, 230, 247, 376 ff., 555, 567, 586, 598, 627, 655
Sphinx 138, 485, 527, 585
Stadt 21 ff., 220 f., 470 f.
Sterilität 214
Stierkampf 238
Stillangebot 44 f., 72 ff., 122, 488 f.
Stillen 478, 521, 620
Striptease 95, 128, 191, 557
Studentenverbindung 146, 166, 190, 582
Sündenfall 359, 465, 554 f.
Suffragetten 339
Syphilis 634

Tantra 524
Tanz 101 ff., 134 ff., 345 f., 507 f.
tapu 211
Terroristinnen 70 f.
Toplesstanz 128, 233
Totenkopfaffen 170
Tränen 129
Transsexualität 46, 120, 568 ff.
Transvestismus 34, 218, 260, 424 f., 474 ff., 516, 571, 635, 642 f.
Turnierstechen 235 f., 575

Umgangsformen 27, 502, 636
Unterwäsche 130, 333, 336, 558, 610
Urinieren 18, 86, 111, 127, 130, 160, 170, 174, 378 f., 511 f.,
Uzume 91 f., 95

Vagina 222 f., 232 f., 567 f., 655
vagina dentata 133, 534
Vaginalsekret 129, 522, 554, 557, 656
Vaginismus 449
Venus pudica 518
Verbrechen 22 f., 411, 459 f.
Verführung 385, 527, 631
Vergewaltigung 22 f., 29, 36 f., 134 ff., 217 ff., 232 f., 310 ff., 362 ff., 470 f., 526 ff., 571 ff., 622 ff.
Vergewaltigung, anale 40, 242 ff., 259 ff., 394, 407, 435 f., 459, 546, 568, 578 ff., 646 f.
Vergewaltigungsphantasien 450, 529, 649

Verrücktheit 111
Verwandtschaft 498, 544, 551, 577, 624
Vorhaut 164, 175 ff.
Voyeurismus 87 f., 92, 119, 136, 440, 519 f., 522, 580, 588
Vulva 130 ff., 297 f., 476 f., 498 f., 511 ff., 587 f.
Vulvaweisen 37, 42 ff., 82 ff., 493 ff., 508 ff.

Waffen 223 ff., 572 ff.
Wahnsinnige 483 f.
Wams 195 ff.
Waschweiber 92 f., 106 f., 137, 403, 510
Weißlippen-Krallenaffe 539

Yams 565

Zivilisationstheorie 9 ff., 26, 408 ff., 463 ff., 553
Zunge 497, 539
Zweikampf 361, 622

ETHNIENREGISTER

Abelam 565
Aborigines 185, 264, 453 f., 619
Abrau 576
Aché 184, 588
Admiralitäts-Insulaner 24
Ägypter, alte 97 ff., 217, 274, 351, 505 ff., 563, 577 ff.
ʿAfar 373, 594
Ainu 41, 478
Akan 347
Akkader 123
Albaner 512
Alemannen 611
Alfuren 169
Ambo 544
Ammoniter 247, 309
Andalusier 214, 216, 223, 238, 253, 392

Andamaner 551
Anganen 575
Angas 617
Angelsachsen 321
Angmagssalik 549
Anyanja 355
Ao 548
Apache 525, 570
Araber 36, 39 f., 46, 83, 190 f., 212, 221, 236, 251 f., 262, 298, 310, 391, 398 f., 423, 440, 476, 522, 556, 585, 590, 598, 603, 644
Aranda 577
Arapaho 655
Arapesh 183, 565, 573
Araukaner 616
Aschanti 347, 617
Asmat 162 f., 263

Assyrer 123, 248, 309, 579, 638
Asuriní 542
Ata Kiwan 344, 548, 576, 656f.
Atcholi 551
Auca 177
Auyu 162
Avaren 41, 578, 632
Azande 512
Azteken 146, 218, 394f., 479, 568, 634

Babamba 512
Babylonier 78, 123, 268
Baegu 225
Bahaya 356
Bajuwaren 322
Bakaïri 547
Baktaman 588
Bakweri 108
Balinesen 45, 94, 378, 483, 494, 502, 519, 527, 562, 615, 621
Balong 511
Baluba 511
Bambara 511
Baruya 238, 518, 548
Bashu 124, 496
Basken 475
Bassari 543
Baule 111, 544
Bedamini 518
Bekr 36
Bellona-Insulaner 263
Belu 547
Bemba 234
Bena Bena 653
Bengalen 429f., 524
Bhaca 180
Bime 165
Blackfeet 546, 655
Bobo 178
Bodi 594
Bolia 628
Bororó 542
Bosniaken 279, 346, 407, 422, 439, 574, 635, 641
Bulgaren 513, 526, 576
Burgunder 37, 244, 560, 612

Byzantiner 242, 391, 399, 428, 497, 512, 568, 581, 594, 612

Canela 453
Carajá 455, 542, 547, 654
Cayuga 518
Chané 253
Cherokee 568
Cheyenne 84, 218f., 278, 291, 346, 355, 568ff., 655
Chimbu 541
Chinesen 85ff., 116, 374f., 406, 420, 497ff., 513, 552, 600, 626, 637
Chiricahua 524
Chol 657
Colville-Eskimo 452
Comanche 180, 545, 570, 655
Cook-Insulaner 179, 598
Crow 346, 569, 616f.

Dan 544
Danakil 594
Dani 44, 164, 174, 207, 540f., 588
Dayak 344, 616
Delawaren 14, 217, 274
Desana 240, 520, 539
Dhodia 539
Dieri 454
Dinka 140, 185, 551
Djelgobe 94, 502
Duludy 543
Dusun 344f.

Efik 347
Eipo 43f., 151, 164, 175, 458
Epiroten 38
Etrusker 180, 497

Fang 512, 557
Fellachen 517
Fidschianer 27
Filipinos 48f.
Fingo 543
Finnen 572
Fore 237, 456
Franken 66, 322
Friesen 286, 323, 496
Fulbe 124

Gahuka-Gama 264
Galicier 378f.
Galla 594
Gallier 38f., 66
Garo 343
Gbaya 544
Gebusi 575
Gende 263, 587
Georgier 478
Germanen 37, 122, 223f., 321ff., 477, 631f.
Gilyaken 345
Gimi 587
Gogodara 594
Goroka 588
Goten 629
Griechen, alte 51, 57ff., 96f., 136, 169f., 180, 248ff., 259, 305, 347, 385, 491, 522, 566, 585, 617, 649
Griechen, neue 478, 480, 526, 581, 601
Guahibo 656
Guajiro 345
Guayakí 547
Guarasug'wä 495
Gurage 124
Gusii 137, 354, 625

Hagenberg-Stämme 575
Haida 404f.
Haliwa-Saponi 569
Hamar 479, 544, 577
Hanya 454
Haussa 546
Hawaiianer 274
Himba 627
Hopi 527, 545, 576, 620
Hua 518
Hupa 569

Ibo 544
Ifaluk 547
Igbo 41
Ila 543
Ilahita 183, 565, 573
Ilayę 651
Inder 46, 72f., 120, 132f., 169, 478, 501, 513, 516f., 524, 548

Ingalik 355
Inkas 393ff., 399, 493, 529
Iowa 546
Iraker 167, 279, 423, 642
Iren, alte 82f., 85, 286, 322, 495
Irokesen 14, 218, 274, 546, 568, 570
Isconahua 542
Isländer 566f., 624
Isneg 538

Jakuten 458
Jalé 588
Japaner 91ff., 224, 278, 406, 420, 463, 478, 498, 500ff., 510, 573, 623, 637
Jarawa 552
Jate 237, 456
Jatmül 237, 518, 575, 653, 655
Javaner 124, 264, 621
Juden 246ff., 269, 288, 293, 304ff., 356, 364, 385, 418, 579, 599, 605ff., 638, 642

Kabylen 527
Kadazan 345
Kaffa 275
Kaguru 240, 544
Kalabresen 169, 495
Kalinga 380
Kamano 237, 456
Kamanugu 534
Kamar 146
Kambodschaner 87
Kanum-irebe 182
Kap Bille-Eskimo 549
Kappadokier 496
Karanga 576, 618
Kariben 371
Kaska 138, 168, 537
Katukina 464
Kavahib 180, 185
Kayabí 542
Kayapó 542, 653
Kelten 38f., 66, 82, 477, 590
Keraki 238, 541
Kikuyu 107f., 354
Kimam-Papua 528
Kimbrer 39f.
Kipsigi 453

739

Kiwai-Papua 183
!Ko 127, 520
Koch 343
Kogi 137
Kom 511
Koma 225
Konso 275
Konyăk 548
Koreaner 406, 420
Kroaten 279, 439, 513, 600, 635, 642
Kulere 547
Kunandaburi 454
!Kung 502, 520f., 577
Kuweitis 222, 279, 582, 642
Kwieftim 576
Kwoma 185f., 553
Kxoé 578

Labrador-Eskimo 549
Lakedaemonier 481
Lakher 628
Lakota 569ff.
Lango 551
Langobarden 321, 632
Lappen 112, 512, 549f.
Laymi 212
Lenape 274
Lesghier 345
Lesu 128, 521, 628
Letten 165
Libyer 274
Lifu-Insulaner 531
Litauer 607
Liven 231
Loita 511
Loritja 128, 575
Luo 551
Lyela 110f.
Lyker 84f.

Mabuiag-Insulaner 204
Magar 233, 503, 547, 657
Malaien 165, 431
Male 594
Malekula-Insulaner 172f., 193
Mandan 570
Mandaya 347
Mangaier 179, 453

Manus 165, 175, 453, 547, 654
Maori 211, 236, 503, 532, 565
Marind-anim 184, 547, 550
Marokkaner 262, 310, 519, 539, 590, 639
Marquesaner 179, 525
Massai 109, 511
Matankol 165, 175
Matuntara 575
Maya 463, 599, 657
Mazedonier 275, 348, 620
Mbala 594
Mbotgote 540
Mbowamb 182, 267
Mbuti 77, 493, 548
Meder 477, 495
Mehináku 136, 211, 455, 547
Merille 594
Mescalero 524
Messenier 481
Me ʿudana 651
Midianiter 248
Mindassa 512
Minoer 562f.
Miri 548
Mōfu 181
Mohave 45, 242, 454, 523, 545f., 569, 645
Mokerang 24
Mongolen 72f., 116, 491
Montenegriner 169, 275, 475, 512, 514, 539
Motu 541
Mundurucú 454, 547, 654
Muria 189
Murin'bata 455
Mursi 594
Muskhogee 568
Mzeina 190, 237

Naga 548
Nambikwara 184
Namdji 543
Navaho 354, 458, 569
Nduindwi 129
Nez Perce 545
Ngqika 543
Nharo 241

Niasser 343
Nikobaresen 552f.
Nimar Balahi 616
Nissan-Insulaner 502
Nootka 635
Nsukka-Igbo 41
Ntomba 628
Nubier 275, 598
Nuer 184, 551
Nunivak-Eskimo 512

Ojibwa 240, 546, 655
Ona 123, 519
Ontong Javaner 585f.
Orang Belogili 344, 459
Orang Hutan 541
Oyọ 656

Paiute 546
Pakidái 177, 456
Palästinenser 46, 252f., 280, 283, 430, 519, 582
Palauer 121
Pano 575
Parakuyo 109, 511
Parintintin 180, 546
Paschtunen 40, 214
Pauserna 495
Pawumwa 547
Perser 36, 221, 250ff., 348, 427, 430, 442, 477, 495, 522, 620, 643, 654
Peul 94, 110, 502
Phönizier 138
Piaroa 576
Piegan 568
Pilagá 253, 581
Pima 579
Pitjantara 211
Point Barrow-Eskimo 452
Pokot 111, 570
Polar-Eskimo 549
Polen 284, 302f., 317, 416ff., 610, 612, 640f.
Pomo 354
Pueblo-Indianer 112

Qipi 549
Quiché-Maya 601

Rājpūten 524
Rendille 594
Rhadé 628
Rindi 239, 576
Römer, alte 85, 248ff., 256, 261f., 274, 514, 566, 649
Róm 129, 642
Russen 216, 219, 231f., 277f., 292ff., 301, 312, 318, 389, 403, 416ff., 435, 444, 595, 612, 639ff.
Rwala 36

Sakuddai 547f.
Ša'lān 36
Sambia 126, 189, 547, 587
Šammār 36
Samoaner 179
Santa Cruz-Insulaner 547
Santal 548
Sarazenen 235, 286, 298, 391, 512
Sawos 518
Schilluk 551
Schoschonen 568
Schotten 215, 274, 297, 404, 409
Sebei 656
Sedang Moi 267, 520, 590
Sedeq 138
Selk'nam 123
Semai 548
Sema-Naga 548
Seneca 14, 518
Sengele 628
Serben 149, 279, 294, 407, 439, 513, 574, 596, 600, 641
Seycheller 625
Shavante 176, 542
Sikka 162, 483
Simbu 263f., 541
Simeoniter 248
Singhalesen 566
Sinti 521
Sioux 346
Sirionó 177
Sizilianer 42, 214, 275f., 478, 621
Sohur 541, 547
Somāli 373, 594
Songhai 544
Sori 24

Spartaner 495, 594
Suk 570
Sukawamayun 343
Sulod 566
Sumerer 123
Surára 176, 456
Susquehannock 518
Swazi 546

Taglib 36
Tahitianer 23, 585 f.
Tahtacī 346
Tai 500
Taiwanesen 86 f.
Tallensi 491
Tamang 234
Tamberma 543
Tana-Insulaner 149, 173
Tapirapé 184, 547
Tasmanier 163 f.
Taui-Insulaner 176
Tegreñña 437, 453
Tembu 543
Thai 509
Thai-dam 575
Thai-khao 575
Thakali 138
Thonga 543
Tibeter 138, 262, 523
Tikopia 179
Timucua 242
Tiv 502
Tlingit 405
Toradja 547
Trobriander 134 ff., 525 f.
Truk-Insulaner 547
Trumaí 542, 547, 654
Tschuden 112
Tsimshian 405
Tubu 107 f.
Tubuaï-Insulaner 211
Türken 64, 179, 201, 206, 232, 236, 256, 266 f., 283, 286 f., 346, 459, 471, 488, 490, 572, 581, 597, 601, 620, 622, 647
Tugen 109, 354
Tukuna 547

Tungusen 162
Tupari 177 f., 546
Tupinamba 242 f., 588
Turkana 511

Ukrainer 318, 608 f.
Ulithi-Insulaner 544
Umeda 175, 547, 576, 587
Umotína 542
Ungarn 149, 243, 528
Urubu 542
Usurufa 237, 456
Utkuhikhalingmiut 549

Vietnamesen 94, 222, 238, 257 f., 278 f., 294 f., 303, 406, 413 ff., 435, 596, 638 f.

Wagogo 594
Wahehe 579, 594
Waina-Suwanda 537
Walachen 285, 578
Waliser 378
Warao 526
Waropen-Papua 182
Wikbun 588
Wik-Mungkan 77, 577
Winnebago 218
Wogeo-Insulaner 530
Wola 656

Xhosa 543

Yahgan 520
Yakan 538, 616
Yamana 520
Yanomamö 151, 185, 253, 456, 532, 542, 581
Yao 498
York Sund-Eskimo 549
Yoruba 41, 478, 651, 656
Yurúna 542

Zigeuner 129 f., 133, 169, 351, 521 f.
Zulu 84, 136, 178, 275, 298, 354, 496, 544, 557
Zuñi 138, 569